Phänomen-Verlag

Lene Rachel Andersen & Tomas Björkman

Das skandinavische Geheimnis

Eine europäische Geschichte von Schönheit und Freiheit

Bibliografische Information Der Deutschen Bibliothek:

Die Deutsche Bibliothek verzeichnet diese Publikation in der Deutschen Nationalbibliografie; detaillierte bibliografische Daten sind im Internet über http://dnb.ddb.de abrufbar.

Lene Rachel Andersen & Tomas Björkman
Das skandinavische Geheimnis
EAN 9788412201253
Übersetzt von Tom Amarque

Phänomen-Verlag
Web: www.phaenomen-verlag.de
E-Mail: kontakt@phaenomen-verlag.de

Satz & Gestaltung: Phänomen-Verlag

Inhaltsverzeichnis

VORWORT

Im Allgemeinen lösen wir Menschen nicht die Probleme, die wir haben; wir lösen die Probleme, die wir verstehen – wenn wir das Gefühl haben, dass es unsere Probleme sind, die wir lösen müssen. Was aber manchmal passiert, ist, dass wir vor einem neuen Problem stehen und es als unser zu lösendes Problem betrachten, aber die Komplexität des Problems nicht verstehen und statt das Problem zu lösen, ein neues Problem erschaffen.

Abgesehen von einem Meteoriten, der die Erde zu treffen vermag, sind die Probleme, mit denen wir als Spezies konfrontiert sind, Probleme, die wir selbst geschaffen haben. Klimawandel, Überbevölkerung, Armut, Umweltverschmutzung, Kriege, Terrorismus usw. haben wir selbst hervorgebracht. Ironischerweise war das, was viele dieser Probleme erzeugt hat, einst die Lösung für etwas anderes. Die gute Nachricht ist, dass das Wissen zur Lösung unserer Probleme vorhanden ist; die schlechte Nachricht ist, dass wir mehr noch verstehen müssen, um auch etwas dagegen tun zu können. Wir brauchen auch ein Gefühl der Verantwortung. Wir brauchen Bewusstsein und Gewissen.

Die größten Probleme, mit denen wir konfrontiert sind, sind sehr komplex, und deshalb müssen wir auch unsere eigene Welt auf einer höheren Komplexitätsebene verstehen.

Was wir daher brauchen, ist eine Systemperspektive: die Fähigkeit, Systeme innerhalb von Systemen zu beobachten. Die Fähigkeit, die großen Muster in den Angelegenheiten der Welt zu sehen, sowie die Fähigkeit, in die Details hinein- und auf das Gesamtbild interagierender Systeme herauszuzoomen. Nicht viele Menschen verfügen über diese Art von Komplexität des Geistes, aber fast alle von uns haben das Potenzial dazu.

Die skandinavischen Länder (Dänemark, Finnland, Island, Norwegen und Schweden) wirken so, als hätten wir alles im Griff: stabile Gesellschaften, ein hohes Maß an individueller Freiheit, ein niedriges Maß an Korruption, die glücklichsten Menschen der Welt, funktionierende öffentliche Institutionen, öffentliche Wohlfahrtssysteme, die die Gesundheitsfürsorge für jedermann abdecken, kostenlose *Bildung* von der Grundschule bis zum Master-Abschluss, hoher Lebensstandard, bestes Klima für Unternehmen, ein hohes Maß an Vertrauen und vieles mehr.

Dieses Füllhorn an Qualitäten eines guten Landes entstand durch die Entwicklung und Nutzung des Potenzials eines jeden Einzelnen. Es entstand durch Führungspersönlichkeiten, die eine Systemperspektive auf unsere Länder hatten, und durch Wähler, die qualifiziert waren, sie zu wählen, und die sie tatsächlich auch wählten. Unsere Länder wurden von Bevölkerungen entwickelt, unter denen eine kritische Anzahl von Menschen die Nation als Ganzes sehen konnte, die sich um die Gesamtbild sorgten und Führungspersönlichkeiten wählten, die das gleiche große und doch detaillierte Bild vor Augen hatten. Wir wissen, dass dies ein hoher Anspruch ist, aber es ist Teil des skandinavischen Geheimnisses, und wir haben dieses Buch geschrieben, um zu zeigen, was wir damit meinen.

Da wir in Dänemark bzw. Schweden aufgewachsen sind, können wir bestätigen, dass all die oben erwähnten guten Eigenschaften eines Landes für uns da waren, als wir aufwuchsen, und dass es ein Segen ist, in einer so sicheren, unterstützenden und großzügigen Umgebung erwachsen zu werden. Unsere Großeltern waren Landwirte, unsere Eltern Vorstadtbürger, und wir mussten nur entscheiden, wie wir das Beste daraus machen wollten. Mit ein wenig persönlichem Einsatz konnten wir gut ausgebildet, schuldenfrei und mit der Gewissheit in unser Erwachsenenleben eintreten, dass das System funktioniert und uns helfen würde, wenn etwas schief geht.

Wir schreiben dieses Buch aus drei Gründen:

Wir sind davon überzeugt, dass die Art und Weise, wie die skandinavischen Länder es jedem ermöglicht haben, sein Potenzial zu entwickeln, überall kopiert werden kann. Schließlich wurde die Lehr- und Lernmethode von einem Pfarrer, einem Lehrer und einigen Landarbeitern erfunden, sobald das notwendige Wissen über das menschliche Potenzial und die Entwicklung des Menschen vorhanden war. Sie wurde dann durch die Eigeninitiative der Menschen verbreitet. Das könnte wieder geschehen.

Das Wissen und die Methode wurden entwickelt, als Europa den Übergang von feudalen, landwirtschaftlichen, absolutistischen Monarchien zu modernen industrialisierten Demokratien durchlief, und es ermöglichte den Völkern des Nordens, diesem Übergang Sinn abzugewinnen, ihn friedlich zu gestalten und davon zu profitieren. Anstatt Kriege zu führen, bauten unsere Vorfahren Institutionen und Wohlfahrtsstaaten auf, die den Bedürfnissen der Industriegesellschaften entsprachen. Als Spezies befinden wir uns Menschen derzeit in einem neuen Übergang von den industrialisierten Nationalstaaten zu einer digitalen globalen Wirtschaft – einige machen diesen Übergang sogar von einem vormodernen, nichtindustrialisierten Ausgangspunkt aus. Wir brauchen nicht nur neue Institutionen, sondern der Übergang muss auch für die Menschen sinnvoll sein und ihnen Hoffnung geben, sonst werden sie Kriege führen.

Unser dritter Grund, dieses Buch zu schreiben, ist eine tiefe Frustration: Die skandinavischen Länder, die den vorherigen Übergang so gut gemeistert haben, rüsten sich nicht für die aktuellen Herausforderungen. Was wir sehen sind einige skandinavische Länder, die einst extrem arm waren, die dann im Industriezeitalter die bestmöglichen Lösungen entwickelten und auf jede erdenkliche Weise reich wurden, und die gegenwärtig ihren eigenen Erfolg zerstören. Wir sehen, dass mehrere Institutionen nicht mehr richtig funktionieren und dass es weder den institutionellen oder politischen Willen noch die Fähigkeit gibt, die nächste Generation von Institutionen zu entwickeln, den Herausforderungen des 21. Jahrhunderts entgegentreten zu können. Wir stehen vor Problemen, die unsere politischen Systeme nicht verstehen, und deshalb entwickeln wir auch keine angemessenen Lösungen.

Stattdessen übernimmt der „McKinseyismus" die Politik; Berater, die von den Wählern niemals zur Rechenschaft gezogen werden, erstellen teure Berichte, die von den Politikern in Gesetze umgewandelt werden, die dann behaupten, sie hätten die weiseste Entscheidung getroffen, als sie die Empfehlungen der Berater umsetzten. Irgendwie empfehlen die Berichte immer die Privatisierung, und statt die entscheidende Infrastruktur zu modernisieren und neu zu erfinden, werden Institutionen, die unsere Länder am Laufen halten, an den Meistbietenden verkauft. Während die einfachen Menschen Globalisierung und Einwanderung fürchten und sich nach nationaler Identität und Sicherheit sehnen, verkaufen Politiker unser Familiensilber. Was einst Nationen mit einer Vision waren, wird auf korporative Landmassen mit konkurrierenden Arbeitskräften reduziert.

Politiker und Aktivisten rund um den Globus blicken auf die skandinavischen Länder, weil es so aussieht, als hätten wir alles im Griff. Das stimmte früher, jetzt aber nicht mehr. Dennoch lohnt es sich, aus der historischen Erfahrung der skandinavischen Länder zu lernen: Wir Nordländer haben herausgefunden, wie wir das Potenzial aller Menschen entwickeln und nutzen können, und genau das braucht die Menschheit rund um den Globus mehr denn je. Wir wollen hier nicht mit den skandinavischen Ländern prahlen. Unser Ziel ist es, eine fantastische Geschichte über Freiheit, Schönheit und erfolgreiche, sinnvolle Veränderungen zu erzählen.

Wie sind die Nordländer also überhaupt erfolgreich geworden? Wie konnten wir unser Potenzial entwickeln? Was ist unser Geheimnis, und können andere Länder daraus lernen? In den 1800er Jahren gehörten die skandinavischen Länder zu den ärmsten in Europa; Schweden war so arm, dass Waisenkinder als billige Arbeitskräfte versteigert wurden.

Als wir anfingen, für dieses Buch zu recherchieren und es zu schreiben, dachten wir, wir hätten eine gute Idee, ja dass wir etwas Wichtiges entdeckt hätten und dass wir eine andere Art von politischer Debatte anstoßen könnten. Als wir weiter recherchierten, stellten wir fest, dass es eine skandinavische, europäische und amerikanische Geschichte darüber gab, wie und warum sich unsere Demokratien und Freiheiten entwickelten, die selbst nie erzählt worden war. Wir fanden auch mehr historische Beweise für unsere Hypothese, als wir uns je vorgestellt hatten. Was als ein kurzes Debattenbuch begann, entwickelte sich bald zu solider akademischer Arbeit, und wir beschlossen, dass wir die Kernelemente dessen, was wir gefunden hatten, mit anderen teilen wollten; zum Teil, weil es eine faszinierende Geschichte ist, zum Teil, weil sie uns hilft zu verstehen, wie Wohlstand und gute Gesellschaften entstehen. Vor allem aber, weil die Menschheit vor komplexen Problemen steht und mehr von uns in der Lage sein müssen, sie zu verstehen, damit wir sie lösen können. Das Verständnis der Quellen unserer gesellschaftlichen und politischen Entwicklung der letzten 250 Jahre lässt ein kulturelles Gefüge hervortreten, das erklärt, warum einige Länder so gut funktionieren. Die Quellen bergen den Schlüssel, und sie sind nicht nur skandinavisch, sondern auch britisch, französisch, deutsch und schweizerisch, mit einigen wichtigen Beiträgen aus Griechenland, Italien, Mähren (in der heutigen Tschechischen Republik) und den Vereinigten Staaten. Dies hat nicht nur Europa, sondern auch die Vereinigten Staaten geprägt. Dies ist eine Geschichte von transatlantischer Schönheit und Freiheit.

Mit diesem Buch hoffen wir, vier Hauptgruppen von Lesern zu erreichen, die normalerweise nicht die gleichen Bücher lesen – was genau eines der Probleme ist, mit denen wir heute konfrontiert sind: Echokammern unzureichenden Wissens. Die vier Gruppen sind:

- Menschen in Bereichen mit Bezug zu Politik und Wirtschaft.
- Menschen in Bereichen mit Bezug zur menschlichen Entwicklung.
- Menschen in Bereichen, die mit Literatur und Kunst zu tun haben.
- Bürgerinnen und Bürger, die sich in ihrer Gesellschaft engagieren, sei es als Politiker, Freiwillige, Parteimitglieder oder Wählerinnen und Wähler auf der Suche nach neuen Perspektiven.

Angesichts dieser vielfältigen Zielgruppe von Lesern werden sich einige wahrscheinlich über Teile dieses Buches wundern: Warum muss ich dies oder das über Rousseau und Herder wissen? Warum muss ich das Pro-Kopf-BIP betrachten? Warum so viele Zitate von Schiller? Ist dieser dänische König wirklich so relevant, ich bin ja kein Däne! Wie kann dieses alte Zeug im 21. Jahrhundert relevant sein? Und so weiter ... Andere lesen vielleicht mit einer anderen Art von Verwunderung: Wie kommt es, dass ich diese Verbindung nicht schon vorher erkannt habe? Warum ging es im Geschichtsunterricht in der Schule nicht darum? Ist die Wirtschaft meines Landes tatsächlich von der Philosophie abhängig? Wie würde eine ähnliche Entwicklung oder Institution heute aussehen?

Wo könnte mein Wissen einen Unterschied machen? Wer wären die besten Leute, mit denen man darüber diskutieren könnte?

Angesichts der vielfältigen Zielgruppe von Lesern haben wir uns dafür entschieden, einer guten Leseerfahrung Vorrang vor akademischer Dokumentation und Fußnoten im Buch selbst einzuräumen. Stattdessen werden die Hauptquellen im Text erwähnt, es gibt eine Literaturliste am Ende des Buches, und alle unsere Quellen einschließlich nützlicher Links sind online zu finden unter:

http://www.nordicsecret.org/sources-alphabetically/
http://www.nordicsecret.org/sources-by-chapter/

Auf nordicsecret.org haben Sie auch die Möglichkeit, sich an Diskussionen zu beteiligen, Kommentare auszutauschen und uns mit zusätzlicher und/oder widersprüchlicher Dokumentation zu helfen. Als wir den ersten Entwurf geschrieben hatten, schickten wir ihn an etwa 100 europäische und amerikanische Forscher, politische Entscheidungsträger und Kulturschaffende, um Feedback und Verbesserungsvorschläge zu erhalten. Außerdem hielten wir drei Roundtable-Gespräche in Berlin, Leiden und Stockholm ab, um ein forschungsbasiertes europäisches Gespräch über die menschliche und gesellschaftliche Entwicklung im 21. Jahrhundert einzuleiten.

Für Rückmeldungen, Input und große Gedanken möchten wir uns bedanken: *Michel Al-hadeff-Jones, Dan H. Andersen, Bo Andersson, Lars Andreassen, Richard Bell, Sturla Bjerkaker, Lars Thorkild Bjørn, Mette Hvid Brockmann, Jos van den Broek, Arthur Brühlmeier, Anders Burman, Michael Bøss, Paul Cobben, Lars Dencik, Peter Duetoft, Kristina Elfhag, Tobias Etzold, Merel van Geel, Rasmus Glenthøj, Dick Holmgren, Thomas Jordan, Bent Raymond Jørgensen, Flemming Jørgensen, Arthur Kok, Teddy Hebo Larsen, Jeroen Lutters, Kyra Mensink, Mar-ijn Moerman, Jo Moran-Ellis, Jonathan Reams, Beate Richter, Myrte Rischen, Jonathan Rowson, Ginie Servant, Heinz Sünker, Eugene Sutorius, Michiel Tolman, Ad Verbrugge, Ole Vind, Jan Visser, Christian Welzel, Koen Wessels, Matil-da Westerman, Gunnar Wetterberg, Michael Winkler, Oliver Zöllner und Jens Østergaard.*

Tomas möchte Lene auch dafür danken, dass sie der starke und unermüdliche Motor dieses Buchprojektes war und den Großteil der harten Arbeit geleistet hat, die erforderlich war, als das Projekt über unsere ursprünglichen Pläne hinaus wuchs.

Lene möchte Tomas für anregende und fruchtbare Diskussionen, Meinungsverschiedenheiten, Arbeitssitzungen und stundenlange Telefongespräche danken. Das hat so viel Spaß gemacht.

Wir hatten das persönliche Glück, in Gesellschaften aufzuwachsen, die die größten Hoffnungen in uns setzten und uns mit Lebenskompetenzen ausstatteten, die uns einzigartige Möglichkeiten boten. Wir sehen keinen Grund, warum nicht alle Menschen auf dem Planeten die gleichen Chancen und den gleichen Zugang zu einem sinnvollen und erfüllenden Leben und zu Freiheit haben sollten. Darüber hinaus sind wir davon überzeugt, dass wir unsere Probleme lösen, eine nachhaltige globale Wirtschaft schaffen und nicht nur die Umwelt retten, sondern auch einen blühenden Planeten entwickeln könnten, wenn jeder Mensch ähnliche Chancen hätte.

Wir schätzen die kulturelle Vielfalt und die unterschiedlichen Traditionen rund um den Globus. Unser skandinavisches Geheimnis könnte dazu beitragen, diese Vielfalt zu stärken und eine globale Wertschätzung dieser Vielfalt zu fördern sowie die lokalen Wurzeln zu vertiefen. Wir hoffen, dass wir strukturelle Veränderungen und menschlichen Fortschritt inspirieren können, nicht kulturellen Imperialismus oder eine globale Monokultur. Wir hoffen, dass das skandinavische Geheimnis die Menschen in die Lage versetzen kann, ihr lokales kulturelles Erbe zu bewahren und weiterzuentwickeln und ihnen helfen kann, mehr Sinn und Zweck in einer sich rasch verändernden Welt zu finden.

Also, worum geht es bei diesem Geheimnis? Was verstehen wir unter geistiger Komplexität und der Entwicklung des Potenzials jedes Einzelnen? Was genau ist eine Systemperspektive und wie bekommt man sie? Wir hoffen, dass es Ihnen Spaß macht, dies herauszufinden.

Lene Rachel Andersen & Tomas Björkman

EINFÜHRUNG UND ÜBERBLICK

Wir werden uns auf eine lange Reise begeben, historisch, kulturell, akademisch, intellektuell und – vielleicht – emotional. Bevor wir also beginnen, lassen Sie uns erklären, was wir gleich tun werden.

Wir werden dafür plädieren, dass der Erfolg der skandinavischen Länder – nicht zuletzt der erfolgreiche Übergang von den armen Agrar- zu den reichen Industrieländern – auf ein sehr spezifisches und zielgerichtetes politisches Projekt zurückzuführen ist: Kulturelle und politische Schlüsselfiguren des 18. Jahrhunderts sahen die Notwendigkeit der Enkulturation und persönlichen Emanzipation der Landbevölkerung. Visionäre Pastoren, Intellektuelle, Schriftsteller, Politiker und einige Aristokraten und Könige sahen, dass die feudale Struktur kurz vor dem Zusammenbruch stand, dass es eine Massenmigration in die Städte gab und dass die Teilpächter, Bauern, Bäuerinnen und später auch die Arbeiter mehr als nur Lese- und Schreibkenntnisse brauchten, um zu verantwortungsbewussten Bürgern zu werden.

Die Allgemeinbevölkerung, einschließlich Landarbeiter, ungelernte Arbeiter und Frauen außerhalb der städtischen Bourgeoisie, musste mehr als eine Arbeitskraft sein; sie mussten verantwortungsbewusste Personen sein, die sich um ihr Land kümmerten und sich in ihrer Gesellschaft engagieren konnten. Um dies zu erreichen, mussten sie sich mit ihrer Nation identifizieren, und sie brauchten ein Gefühl der kollektiven Identität als Volk. Um 1800 hätte sich die Mehrheit der Bevölkerung hauptsächlich mit ihrer Familie und ihrem Dorf identifiziert. Ihr Pastor und ihr Landbesitzer wären ihre lokale Autorität gewesen, und sie hätten den König als eine strenge Vaterfigur in weiter Ferne betrachtet, aber sie hätten keine Vorstellung davon, dass andere Menschen wie sie selbst in anderen Teilen ihres eigenen Landes leben.

Damit all diese Menschen diese Art von Identifikation sowie nationale Loyalität und Zusammenhalt entwickeln konnten, brauchten sie eine reichere und komplexere innere Welt. Sie mussten ein Verantwortungsgefühl gegenüber sich selbst und der Gesellschaft entwickeln; sie brauchten eine moralische, emotionale und kognitive Entwicklung. Sie brauchten das, was in moderner psychologischer Hinsicht als *Ich-Entwicklung* bezeichnet wird.

Wenn wir es so ausdrücken, klingt es wie eine sehr seltsame Behauptung, zumal wir behaupten, dass dies vor 150-200 Jahren ein politisches Projekt war. Nichtsdestotrotz werden wir dies argumentieren: Es gab im 19. Jahrhundert ein Verständnis des menschlichen Geistes, das überraschend „modern" war, aber übersehen wurde und verloren ging, und dieses Verständnis stand hinter bewussten politischen Bemühungen, die tatsächlich funktionierten. Der Schlüssel liegt darin, dass die Menschen damals es nicht psychologische oder Ich-Entwicklung bezeichneten, sondern als etwas anderes.

In den obersten Schichten der skandinavischen Gesellschaften gab es Menschen, die den Mangel an geistiger Komplexität sahen, darüber diskutierten und schrieben; es gab ein Bewusstsein dafür, dass das einfache Volk nicht bereit war für die Veränderungen, die ihre Gesellschaft durchmachte, und dass etwas dagegen getan werden musste. Einige der Intellektuellen äußerten sich recht deutlich darüber, dass die Menschen nicht über das nötige Wissen, Selbstvertrauen und die geistige Komplexität verfügten, um den Herausforderungen des 19. Jahrhunderts gerecht zu werden. Sie benutzten ein sehr unterschiedliches – und in einigen Fällen nicht sehr politisch korrektes – Vokabular in Bezug auf die unteren Klassen, aber das war es, was sie meinten. Sie wollten, dass die Menschen auf unterschiedliche Weise denken, fühlen und handeln. Aber hier ist der interessante und bedeutsame Teil: Obwohl sie Verantwortungsgefühle und Volkstümlichkeit fördern wollten, wollten sie den Menschen nicht vorschreiben, was sie denken oder wie sie handeln sollten. Sie wollten eine Bevölkerung, die ihr eigenes Leben „hervorbringen" und an der Gestaltung einer neuen Gesellschaft mitwirken kann. Was sie wollten, war eine allgemeine Bevölkerung, die selbstständig denken und auf einer höheren Ebene anderer Meinung sein konnte.

Die Inspiration kam aus dem Vereinigten Königreich, Deutschland, den Vereinigten Staaten, Frankreich und der Schweiz. Der Philosoph

Shaftesbury inspirierte in den 1700er Jahren kontinentale Philosophen, Goethe löste 1774 *Sturm und Drang* aus, und die amerikanische Unabhängigkeitserklärung von 1776 weckte auch in Europa die Hoffnung auf Emanzipation. Die Französische Revolution 1789 inspirierte Intellektuelle in ganz Europa, auf politische Freiheit wie in den Vereinigten Staaten zu hoffen, aber das folgende Blutbad entsetzte alle, und die Enttäuschung war spürbar.

Mit den Hoffnungen auf politische Freiheit so in Scherben liegend, entwickelten die deutschen Denker in den 1790er Jahren die Romantik, die napoleonischen Kriege lösten um 1810 den Nationalismus aus, und das alles führte zur Entstehung des romantischen Nationalismus, der ab den 1810er Jahren zu einem wichtigen kulturellen Faktor wurde. Im Gegensatz zu den Deutschen schrieb der Schweizer Pädagoge Pestalozzi offen über gesellschaftliche Veränderungen, und sein Schwerpunkt lag auf der Pädagogik und der Stärkung der Armen durch *Bildung*.

Was sich herauskristallisierte, war das Verständnis, dass Menschen in der Lage sein müssen, ihre Emotionen zu kontrollieren, die Normen der Gesellschaft zu verinnerlichen und individuelle moralische Verantwortung zu übernehmen. Im Deutschen wird diese Art der persönlichen Ich-Entwicklung unter dem Namen *Bildung* zusammengefasst.

Der Lese- und Schreibunterricht in den skandinavischen Ländern wurde von diesem Idealismus, dem romantischen Nationalismus und der Philosophie der *Bildung* inspiriert, und *Bildung* wurde der letzte Schrei. Aber das deutsche Denken war viel zu hochtrabend, um Bauern zu erreichen, denen das fehlte, was man heute als kulturelles Kapital bezeichnen würde. Es waren gottesfürchtige, pragmatische, ländliche Menschen, die nur ihre Bibel, das Gesangbuch und Luthers Katechismus lasen. Um diese Bauern zu erreichen, mussten mehrere Anstrengungen unternommen werden. Zuerst wurde das dänische Schulsystem durch eine fortschrittliche Gesetzgebung umgestaltet, dann entzündeten Dichter den Nationalismus, und schließlich fügte ein kluger Pastor einen englischen Pragmatismus in den Cocktail ein, um die hochfliegenden deutschen Ideale auf die Erde zurück zu bringen und in die Praxis umzusetzen.

So seltsam es klingen mag, aber die Hoffnungen der amerikanischen und französischen Revolution, der romantische Nationalismus der deutschen Idealisten und der fleißige Pragmatismus aus Großbritannien trafen 1851 in einem Bauernhaus auf der kleinen dänischen Insel Fünen zusammen. Der bereits erwähnte clevere Pastor war einer der finanziellen wie intellektuellen Förderer, und die Menschen, die den großen Durchbruch schafften, waren ein sturer Lehrer und einige 18-jährige Landarbeiter. Was sie gerade erfunden hatten, war eine bewusste Ich-Entwicklung, die als *Volksbildung* bekannt wurde. Es war ein Weg erfunden worden, um das Potenzial eines jeden Menschen zu entwickeln.

Infolgedessen wandelten sich die skandinavischen Länder in den nächsten 100 Jahren friedlich von schmutzigen und armen Agrarländern zu einigen der reichsten Industrieländer der Welt. Es ist eine erstaunliche Geschichte, und wir erzählen sie mit großer Freude.

Unsere Hypothesen und Fragen

Zwei Dinge haben uns veranlasst, dieses Buch zu schreiben: Erstens die Vermutung, dass es eine Überschneidung zwischen der Ich-Entwicklung, wie sie von der aktuellen Entwicklungspsychologie beschrieben wird, und dem alten Konzept der *Bildung* gibt; und zweitens eine ziemlich starke Vermutung, aber nur vage Erkenntnis, über die Auswirkungen der Volksbildung in den skandinavischen Ländern. Als wir begannen, die Entwicklung des Konzeptes der *Bildung* und der Volks-*Bildung* der skandinavischen Länder zu untersuchen, gingen wir schließlich von den folgenden fünf Hypothesen und neun Fragen aus:

1. Das moderne Konzept der Ich-Entwicklung ist mehr oder weniger dasselbe wie das alte Konzept der *Bildung*;
   - Wenn dies zutrifft, wie nahe stehen sie sich dann tatsächlich?
2. Volks-*Bildung* ist anders als reine Erwachsenenbildung;
   - . Wie groß ist der Unterschied?
3. Volks-*Bildung* hat eine bedeutende Rolle in der Entwicklung der skandinavischen Gesellschaften ab Mitte der 1800er Jahre gespielt;

- Welche Rolle hat sie gespielt?
- Wie viel Verständnis für die ursprüngliche Bedeutung von *Bildung* und damit für die Ich-Entwicklung hatten die Lehrer, Pastoren, Politiker und andere Initiatoren der Volksbildung in den skandinavischen Ländern vor 150-200 Jahren?
- Wenn die Initiatoren der Volksbildung tatsächlich Entwicklungspsychologie verstanden haben, wie groß war dann die Rolle der psychologischen Entwicklung in der Entwicklung der modernen skandinavischen Länder?

4. Die skandinavischen Länder wurden durch eine bewusste kulturelle, intellektuelle, moralische und emotionale Kultivierung des am wenigsten gebildeten Teils der Bevölkerung erfolgreich;
   - Wie absichtlich war es?
   - Wie viele Menschen waren betroffen und wie?
5. Es gibt eine universelle Lektion über die Schaffung von Demokratie und stabilen Gesellschaften, die man von den skandinavischen Ländern lernen kann;
   - Wie kann die skandinavische Erfahrung dem Rest der Welt zugute kommen?
   - Kann uns diese historische Erfahrung im Hinblick auf den Übergang von feudalen absoluten Monarchien zu industrialisierten demokratischen Nationalstaaten in irgendeiner Weise helfen, wenn wir uns im Übergang von den industrialisierten Nationalstaaten zu einer digitalisierten, globalisierten Wirtschaft befinden, die irgendwie zu einer globalen Gemeinschaft werden muss?

Der Inhalt dieses Buches

Wir schreiben dieses Buch nicht, um mit unserer Ecke der Welt zu prahlen, sondern um einige Lektionen darüber zu vermitteln, wie wohlhabende und gut organisierte Gesellschaften aufgebaut werden können, in denen glückliche Menschen ein sinnvolles Leben führen.

Aus praktischen Gründen werden wir uns auf die drei skandinavischen Länder konzentrieren: Dänemark, Norwegen und Schweden. Wenn wir die Situation in den skandinavischen Ländern heute untersuchen, werden wir auch Island und Finnland betrachten, aber wenn wir in der Geschichte zurückgehen, werden wir unseren skandinavischen Fokus verengen. Erstens wegen der Sprachbarriere: keiner von uns liest Isländisch oder Finnisch; zweitens, um das Buch so kurz wie möglich zu halten. Stattdessen benutzen wir Finnland als „Kontrollfall" und hoffen, dass uns die Isländer und Finnen verzeihen werden.

Das Buch besteht aus fünf Teilen und 20 Kapiteln, die sich sowohl inhaltlich als auch in Länge und Stil etwas voneinander unterscheiden:

TEIL I – DEN RAHMEN ABSTECKEN

Kapitel 1: Sind die skandinavischen Länder wirklich so bemerkenswert?

Fakten und Statistiken über die skandinavischen Länder heute.

Kapitel 2: Persönliche Freiheit und Verantwortung - Psychologie

Zeitgenössische Modelle menschlicher Entwicklung und Sinnfindung; was ist Ich-Entwicklung?

TEIL II – PERSÖNLICHE FREIHEIT UND VERANTWORTUNG – BILDUNGSPHILOSOPHIE

Kapitel 3: Ein Europa ganz anderer Art

Wir gehen 350 Jahre zurück, um herauszufinden, wie die Europäer die Welt verstanden haben, bevor sie die *Bildung* erfanden.

Kapitel 4: Der Auftakt zur *Bildung*

Einige Philosophen erforschte unsere Gefühle und wie unser Verstand funktioniert.

Kapitel 5: Der deutsche Frühling

Konzepte von Freiheit und menschlicher Entwicklung in den späten 1700er und 1800er Jahren; was ist *Bildung*?

Kapitel 6: Bildung und Ich-Entwicklung

Inwieweit sind sie gleich? Es gibt eine ziemliche Überschneidung, aber *Bildung* ist komplexer.

TEIL III – DER SKANDINAVISCHE FRÜHLING – UMSETZUNG VON BILDUNG

Kapitel 7: Der dänische Frühling

Wie aus Bildung Volksbildung wurde und ein Land verwandelte.

Kapitel 8: Der norwegische Frühling

Wie die dänische Erfindung es bis nach Norwegen schaffte und eine zusätzliche Schicht erhielt.

Kapitel 9: Der schwedische Frühling

Wie der deutsche, französische und dänische Input die Schweden inspirierte.

Kapitel 10: Den skandinavischen Frühling zusammenfassen – Volksbildung 1.0

Was waren die Gemeinsamkeiten und Unterschiede zwischen Dänemark, Norwegen und Schweden bei der Entwicklung der Volksbildung?

Kapitel 11: Der moderne Frühling – Volksbildung 2.0

Die Umgestaltung ganz Skandinaviens nach 1880.

TEIL IV - ERFORSCHEN, WAS WIR GEFUNDEN HABEN

Kapitel 12: Was geschah anderswo? - Kontrollfälle

Wie können wir die Bedeutung und die Ergebnisse der Volksbildung testen, wenn wir die Geschichte nicht neu schreiben können? Wir betrachten Finnland, die Schweiz, wie schlecht es in Deutschland während der Nazizeit lief, die Bürgerrechtsbewegung in den Vereinigten Staaten, skandinavische Einwanderer in die Vereinigten Staaten und den Beitrag der Genossenschaften zur Wirtschaft in 19 Ländern.

Kapitel 13: Hält unser Denken stand?

Wir schließen mit unseren Hypothesen 2, 3 und 4.

Kapitel 14: Skandinavien heute - Selbstzerstörung im Entstehen

Wir sehen uns an, wie Dänemark und Schweden ihr Erbe und ihren Erfolg demontieren.

Kapitel 15: Was wir beim Schreiben dieses Buches entdeckt haben

Wir untersuchen einige Bonuseinsichten, die uns überrascht haben. Unter anderem sind wir ziemlich sicher, dass wir nicht nur das skandinavische Geheimnis gefunden haben, sondern auch die Geheimnisse der Freimaurer ...

TEIL V - DER BLICK NACH VORN

Kapitel 16: Kann die skandinavische Erfahrung dem Rest der Welt zugute kommen?

Einige konkrete Lehren und Schlussfolgerungen zu unserer 5.ten Hypothese.

Kapitel 17: Gesellschaftliche Übergänge

Wie verändern sich Gesellschaften im Allgemeinen aufgrund der technologischen Entwicklung und werden komplexer?

Kapitel 18: Wo stehen wir jetzt? - Herausforderungen, Hindernisse und Wahlmöglichkeiten

Was geschieht eigentlich gerade in der Welt aufgrund der neuen Technologien?

Kapitel 19: Wie könnte Bildung und Volksbildung 3.0 aussehen?
Wir teilen einige Vorschläge für den vor uns liegenden Weg.

Kapitel 20: Abschließende Bemerkungen
Das Gespräch in Gang halten.

VOLKSBILDUNG ZUR RETTUNG – UNSER FAZIT

Wenn wir das skandinavische Geheimnis zusammenfassen wollen, so haben wir Folgendes herausgefunden:

Bildung ist die Art und Weise, wie das Individuum reift und immer größere persönliche Verantwortung gegenüber Familie, Freunden, Mitbürgern, Gesellschaft, Menschheit, unserem Globus und dem globalen Erbe unserer Spezies übernimmt, während es immer größere persönliche, moralische und existentielle Freiheiten genießt. Es ist die Enkulturation und das lebenslange Lernen, die uns zwingen, zu wachsen und uns zu verändern, es ist existentielle und emotionale Tiefe, es ist lebenslange Interaktion und Auseinandersetzung mit neuem Wissen, Kultur, Kunst, Wissenschaft, neuen Perspektiven, neuen Menschen und neuen Wahrheiten, und es ist ein aktiver Bürger im Erwachsenenalter. *Bildung* ist ein ständiger Prozess, der niemals endet.

Ab etwa 1800 sahen visionäre Pastoren, Intellektuelle, Pädagogen, Schriftsteller und Politiker in den skandinavischen Ländern, dass sich die Welt veränderte. Um 1850 und insbesondere ab den 1860er Jahren wurde dies zu einer bewussten Agenda: die groß angelegte Entwicklung des inneren Selbst, des Egos. Die Menschen brauchten *Bildung*, ein Phänomen, das von einer Reihe europäischer Denker gründlich erforscht und beschrieben worden war. Vor allem die Bauern mussten wachsen und sich verändern, wenn sie den gesellschaftlichen Wandel bewältigen wollten, und eine gebildete Elite entwickelte die Institutionen dafür. Weil es zutiefst bedeutsam war und die Menschen ermächtigte, liebten sie es, und sie nahmen daran teil und übernahmen die Verantwortung dafür. Wer auch immer daran teilnahm, hatte Spaß und konnte sein Potenzial in seinem eigenen Tempo entwickeln. In den skandinavischen Ländern haben wir eine Entwicklungspsychologie eingeführt, die darauf abzielt, unsere Art und Weise, uns durchs Leben zu tragen, zu verändern. Sie emanzipierte unsere Ur-(Ur)-Großeltern, und bis etwa um die Jahrtausendwende hat es unsere Erwartungen an uns selbst und an unsere politischen Führer erhöht. Sie ermöglichte es unseren unmittelbaren Vorfahren, mit der zunehmenden Komplexität umzugehen und gesunde Institutionen und blühende Gesellschaften zu entwickeln. Sie ermöglichte es ihnen auch, einen gesunden Nationalismus zu entwickeln, der nicht zu einem nationalen Chauvinismus wurde, sondern ein hohes Maß an Verantwortung und Vertrauen ermöglichte. Und das ist das skandinavische Geheimnis: *Volksbildung.*

TEIL I

Den Rahmen abstecken

Über die skandinavischen Länder heute und eine Untersuchng von Ich-Entwicklung; was ist es genau?

KAPITEL 1

SIND DIE SKANDINAVISCHEN LÄNDER WIRKLICH SO BEMERKENSWERT?

Fakten und Statistiken über die skandinavischen Länder heute; warum sind die skandinavischen Länder überhaupt eine Untersuchung wert?

Wie bemerkenswert sind die skandinavischen Länder? Sind sie wirklich so bemerkenswert? Sind wir nur selbstdarstellerische „Nordländer", die nur im Auftrag unserer nationalen Tourismusabteilungen handeln, oder gibt es etwas Wichtiges in Island, Dänemark, Norwegen, Schweden und Finnland, das es wert ist, untersucht zu werden?

Beginnen wir mit einer Geschichte aus dem wirklichen Leben, denn Lene ist auf dem Weg zu einem Vortrag in Schweden:

> Es ist ein eiskalter Novembermorgen, und es ist gerade erst hell geworden, als ich mit dem Fahrrad zum Bahnhof fahre. Während ich auf dem Bahnsteig auf den Zug warte und auf den Platz springe, um warm zu bleiben, denke ich darüber nach, dass drei dunkle Monate vor uns liegen. Zwischen Mitte November und Mitte Februar wird die allgemeine arbeitende Bevölkerung morgens in der Dunkelheit zur Arbeit gehen, die wenigen Stunden des Tageslichts im Büro verbringen und dann in pechschwarzer Dunkelheit nach Hause zurückkehren. Ich bin in Kopenhagen, Dänemark, oben in Island, Norwegen, Schweden und Finnland ist es noch dunkler; einmal blinzeln und man hat an diesem Tag die Sonne verpasst.

Dennoch gehören wir laut dem Welt-Glücksbericht Jahr für Jahr zu den glücklichsten Menschen der Welt:

Tabelle 1 - Die glücklichsten Menschen

RANG	2015	2016	2017
1	Schweiz	Dänemark	Norwegen
2	Island	Schweiz	Dänemark
3	Dänemark	Island	Island
4	Norwegen	Norwegen	Schweiz
5	Canada	Finnland	Finnland
6	Finnland	Canada	Niederlande
7	Niederlande	Niederlande	Canada
8	Schweden	Neuseeland	Neuseeland
9	Australien	Australien	Australien
10	Neuseeland	Schweden	Schweden

Der Welt-Glücksbericht ist eine Umfrage, in der 155 Länder nach sechs Indikatoren bewertet werden: Freiheit, Großzügigkeit, Gesundheit, soziale Unterstützung, Einkommen und vertrauenswürdige Regierung. http://worldhappiness.report/

Seltsamerweise sind sie im ebenso dunklen und kalten Kanada glücklicher als die Schweden, und die Schweizer, die das gleiche Klima, aber mehr Sonnenstunden haben, sind die einzigen, die die Nordländer wirklich herausfordern. Auch die Niederlande, Neuseeland und Australien gehören dem glücklichen Klub an, und insgesamt treten zehn Länder Jahr für Jahr in den Top Ten an, und alle fünf skandinavischen Länder sind dort oben. Und warum?

> Als ich in den Zug einsteige, ist die Rushhour vorbei, und ich bekomme einen Platz für mich allein, ebenso wie der Mann auf der anderen Seite, und wir nicken und lächeln kurz vage, um die Existenz des anderen anzuerkennen. Ein anderer Mann sitzt allein vor mir, aber ich kann ihn wegen der hohen Rückenlehnen nicht sehen. Als wir die Brücke nach Schweden

überqueren, klingelt sein Telefon, und es kommt zu einem wichtigen Geschäftsabschluss.

Ich habe drei Stunden im Zug vor mir, nehme ein Buch heraus und stecke meine Kopfhörer ein.

Als der Zug die Brücke nach Schweden überquert, wollen zwei Zollbeamte meinen Ausweis sehen, und ich zeige ihnen meinen Führerschein.

Seit der Flüchtlingskrise im Jahr 2015 müssen wir uns auf Reisen von Dänemark nach Schweden ausweisen können. Das ist ungewöhnlich. Wir haben seit Mitte der 1960er Jahre eine Passunion, die es Isländern, Dänen, Norwegern, Schweden und Finnen erlaubt, innerhalb der skandinavischen Länder frei zu reisen, aber die Tausenden von Flüchtlingen, die durch Europa gelaufen sind, haben dem ein Ende gesetzt. Es ärgert mich, dass meine Politiker dies nicht gelöst haben und dass ich mich auf meinem Weg nach Schweden identifizieren muss, aber ich werde von den beiden Offizieren mit größter Freundlichkeit behandelt. Sogar zwei syrischen Frauen, die bei meiner letzten Reise im Zug saßen, wurde nichts als Freundlichkeit und Respekt entgegengebracht; sie mussten zwar aus dem Zug aussteigen, aber sie wurden über ihr Recht, Asyl zu beantragen, auf die freundlichste Art und Weise informiert. Dies ist eine Grenzkontrollbehörde, die das Humankapital auf seinem Höhepunkt zeigt. Es handelt sich auch um zwei der reichsten Länder der Welt, die darum kämpfen, Menschenrechte mit nationaler Sicherheit und sozialer Wohlfahrt, Idealismus mit Realismus in Einklang zu bringen.

Laut dem Weltwirtschaftsforum gehören Dänemark, Norwegen, Schweden und Finnland zu den Top 10 beim Humankapital, Island liegt auf Platz 20. Wir haben auch einige der wettbewerbsfähigsten Volkswirtschaften:

Tabelle 2 – Humankapitalindex 2016

	RANG	PUNKTE
Finnland	1	85.86
Norwegen	2	84.64
Schweiz	3	84.61
Japan	4	83.44
Schweden	5	83.29
Neuseeland	6	82.79
Dänemark	7	82.47
Niederlande	8	82.18
Canada	9	81.95
Belgien	10	81.59
Deutschland	11	81.55
Österreich	12	81.52
Singapur	13	80.94
(…)		
Island	20	79.74

Tabelle 2 – Der Humankapitalindex des Weltwirtschaftsforums quantifiziert, wie 130 Länder ihr Humankapital entwickeln und einsetzen, und verfolgt den Fortschritt im Laufe der Zeit. http://reports.weforum.org/humankapital-bericht-2016/rankings/

Wir haben auch einige der wettbewerbsfähigsten Volkswirtschaften:

Tabelle 3 – Rangliste der Wettbewerbsfähigkeit 2016

	RANG	WERT
Schweiz	1	5.8
Singapur	2	5.7
Vereinigte Staaten	3	5.6
Deutschland	4	5.5
Niederlande	5	5.5
Japan	6	5.5
Hong Kong	7	5.5
Finnland	8	5.5
Schweden	9	5.4
Großbritannien	10	5.4
Norwegen	11	5.4
Dänemark	12	5.3
Canada	13	5.3
(...)		
Island	29	4.8

T*abelle 3 – Der Global Competitiveness Report des Weltwirtschaftsforums reiht Länder nach ihrer Produktivität. http://reports.weforum.org/*

Die skandinavischen Länder sind sogar was den Rest der Welt angeht. Gemäß dem *Good Country Index* befinden sich drei von fünf Ländern unter den ersten zehn, Norwegen liegt auf Platz 13, und Island ist nicht Teil dieser Erhebung, die nur 163 Länder umfasst:

Tabelle 4 – Index der guten Länder

GESAMTER GLOBALER BEITRAG								
GESAMTER GLOBALER BEITRAG		Wissenschaft & Technik	Kultur	Internatinaler Frieden & Sicherheit &	WELT ORDNUNG	PLANET & KLIMA	Wohlstand & Gleich-berechtigung	Gesund-heit
1	Schweden	8ter	3ter	52ter	11ter	7ter	1ter	1ter
2	Dänemark	4ter	2ter	49ter	3ter	19ter	3ter	6ter
3	Niederlande	15ter	5ter	42ter	4ter	15ter	10ter	10ter
4	Großbritannien	1ter	11ter	64ter	14ter	22ter	5ter	2ter
5	Schweiz	10ter	31ter	61ter	10ter	3ter	2ter	5ter
6	Deutschland	11ter	7ter	44ter	2ter	17ter	30ter	13ter
7	Finnland	7ter	16ter	65ter	12ter	26ter	4ter	4ter
8	Frankreich	13ter	20ter	47ter	15ter	8ter	20ter	18ter
9	Österreich	2ter	4ter	71ter	1ter	23ter	18ter	23ter
10	Canada	21ter	22ter	36ter	8ter	29ter	24ter	3ter
11	Irland	18ter	13ter	51etr	17ter	13ter	23ter	17ter
12	Neuseeland	6ter	28ter	31ter	19ter	31ter	26ter	14ter
13	Norwegen	41ter	36ter	58ter	6ter	2ter	17ter	8ter

Der Good Country Index misst, was jedes Land zum Gemeinwohl der Menschheit und zum Planeten beiträgt. https://goodcountry.org/index/overall-rankings

Als ich aus dem Fenster schaue, sehe ich diesmal keine Asylbewerber auf dem Bahnsteig. Der Realismus siegte über den Idealismus, Dänemark führte Grenzkontrollen an der dänisch-deutschen Grenze ein, und die skandinavischen Politiker kämpfen immer noch untereinander um eine dauerhafte Lösung. Keine ist in Sicht, als sich der Zug wieder in Bewegung setzt; wir müssen nur die Grenzkontrollen zwischen Dänemark und Schweden hinnehmen.

Draußen ist die schwedische Landschaft frostig und weiß, drinnen ist es schön warm, und über die Lautsprecher werden wir darüber informiert, wo man Kaffee und Tee kaufen kann. Das Handy des Mannes, den ich nicht sehen kann, beginnt wieder zu klingeln, aber er nimmt es nicht ab.

Mein Gott!

Waren die skandinavischen Länder schon immer so wohlhabend und reich? Nein. Wir waren nicht reich. Laut dem Wirtschaftshistoriker Paul Bairoch und dem Projekt Maddison Historical GDP gehörten die skandinavischen Länder 1830 zu den ärmsten in Europa; niemand hätte den geringsten Verdacht gestanden, wegen des Geldes hierher geflohen zu sein – und schon gar nicht bei diesem Klima!

Bemerkenswert ist jedoch, dass von 1850 bis 1950 Dänemark, Norwegen und Schweden nacheinander an die Spitze der europäischen Volkswirtschaften aufstiegen; für jedes Land dauerte es nur etwa 50 Jahre. Kein anderes Land schaffte etwas Ähnliches, mit Ausnahme Finnlands, das um 1920 die gleiche wirtschaftliche Reise begann und sie in nur 30 Jahren schaffte.

Die beiden Grafiken unten zeigen das BSP (KKP) (Kaufkraftparität) und das BIP (Bruttoinlandsprodukt) pro Kopf in Europa ab 1800 nach zwei verschiedenen Studien: Paul Bairoch 1976 und das Maddison-Projekt, das 2010 begann.

- Belgien, Frankreich, Deutschland, die Niederlande und das Vereinigte Königreich folgen sehr ähnlichen Pfaden, so dass wir sie als die reichen Länder zusammengefasst haben, und
- Österreich-Ungarn, Griechenland, Italien, Portugal und Spanien haben wir zu den Armen Ländern zusammengefasst; diese Länder waren zu Beginn des 18. Jahrhunderts jedoch nicht arm, sondern vergleichsweise reich (weitere Einzelheiten finden Sie in Anhang 1).
- Die Schweiz ist bemerkenswert reich, so dass sie eine eigene Grafik erhält.

Interessant sind in unserem Zusammenhang die individuellen wirtschaftlichen Reisen Dänemarks, Norwegens, Schwedens und Finnlands (Island gehörte bis 1944 zu Dänemark und ist daher nicht ausgewiesen):

Abbildung 1 – Paul Bairoch: Pro-Kopf-BSP (KKP) in US-Dollar 1960

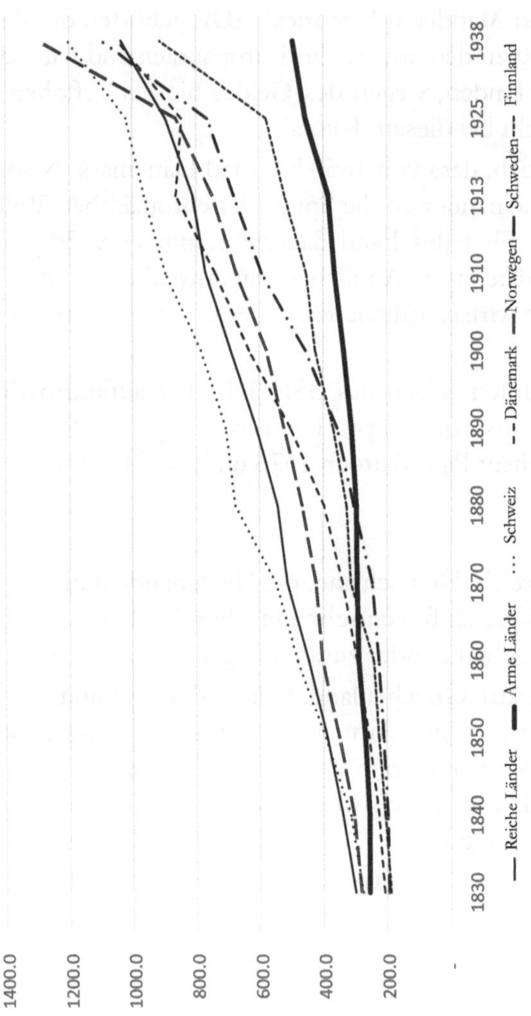

Quelle: Das Maddison-Projekt. http://www.ggdc.net/maddison/maddison-project/home.htm, Fassung 2013.

Abbildung 2 – Maddison Pro-Kopf-BSP 1800 bis 1950 in 1990 US-Dollar

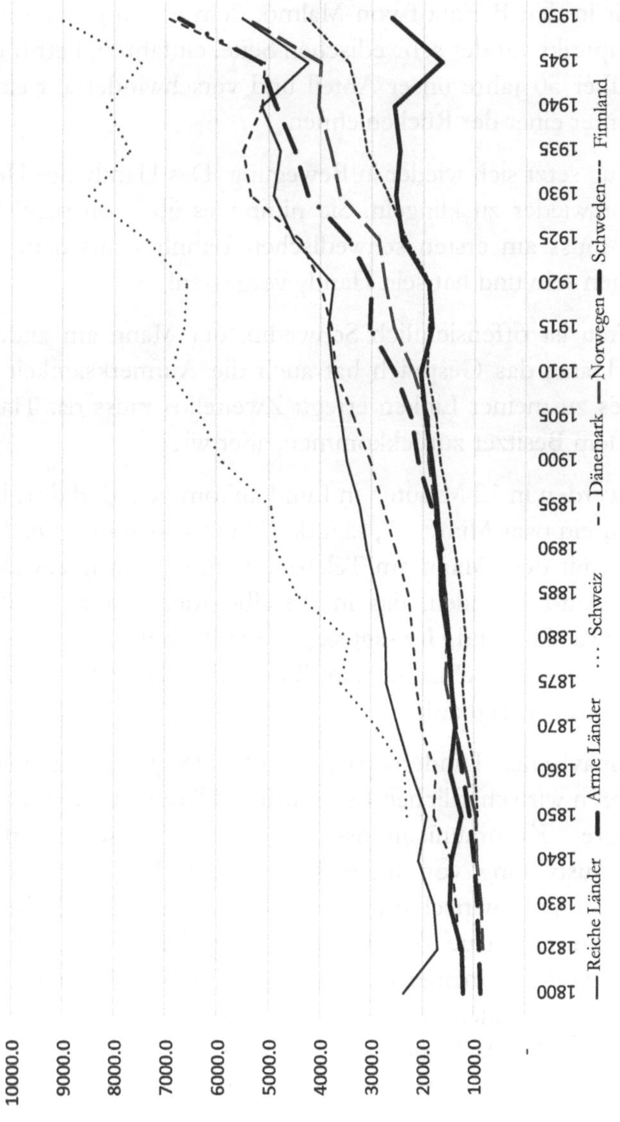

Was wir vor uns haben, ist offensichtlich eine Art skandinavisches Geheimnis, das sich entfaltet – und ein Schweizer Wunder. Kann die Aufwertung der *Bildung*, die wir gerade behauptet haben, ein Grund dafür sein?

> Als wir in den Bahnhof von Malmö, dem ersten großen Zugknotenpunkt auf der schwedischen Seite, einfahren, betritt eine Frau über 50 Jahre unser Abteil und verschwindet auf einem Sitz hinter einer der Rückenlehnen.
>
> Der Zug setzt sich wieder in Bewegung. Das Handy des Herrn beginnt wieder zu klingeln. Sie nimmt es ab – oh nein! Der Mann muss am ersten schwedischen Bahnhof aus dem Zug gestiegen sein und hat sein Handy vergessen!
>
> Die Frau ist offensichtlich Schwedin, der Mann am anderen Ende Däne; das Gespräch hat auch die Aufmerksamkeit des Mannes zu meiner Linken erregt: Zweifellos muss das Handy zu seinem Besitzer zurückkommen, aber wie?
>
> „Wir werden in 12 Minuten in Lund ankommen, und dort bleiben wir ein paar Minuten", sagt der Mann neben mir. Die Frau spricht mit dem Mann am Telefon; er muss sich irgendwo in einem Auto befinden, das in dieselbe Richtung fährt, denn nach etwas Hin und Her sagt sie, sie werde in der Zugtür bereit sein, wenn er es rechtzeitig zum Bahnsteig schafft. Sie sind einverstanden, sie legt auf.

In den skandinavischen Ländern passierten im 18. Jahrhundert viele Dinge, die unseren wirtschaftlichen Fortschritt erklären könnten. Eisenbahnen, bessere Kommunikationstechnologien, wissenschaftliche Durchbrüche, Ausbildung von mehr Ingenieuren, Industrialisierung, Liberalisierung der Volkswirtschaften (d.h. Abschaffung der Zünfte und alten Feudalstrukturen), neue Technologien in der Landwirtschaft, öffentliche Schulen und allgemeiner Zugang zur Grundschulbildung. Aber diese Veränderungen fanden auch in anderen Teilen Europas statt. In Belgien, Frankreich, Deutschland, den Niederlanden, der Schweiz und dem Vereinigten Königreich führten diese Verbesserungen zu einem kontinuierlichen Anstieg des Pro-Kopf-BIP. Doch diese Länder begannen reich und standen geographisch gesehen im Zentrum des Geschehens. In Österreich-Ungarn, Griechenland, Italien, Portugal und Spanien wurden solche Verbesserungen entweder nicht umgesetzt oder haben keinen großen wirtschaftlichen Unterschied gemacht.

> Als wir in den Bahnhof Lund einfahren, geht die Frau mit dem Telefon in den Korridor, und als der Zug anhält, ist kein Mann in Sicht.

Der Soziologe Max Weber würde die Unterschiede in der wirtschaftlichen Entwicklung zwischen den skandinavischen Ländern und Südeuropa wahrscheinlich als den Unterschied zwischen protestantischen und katholischen/orthodoxen christlichen Ländern erklären. Der theologische Wert der Arbeit ist im Protestantismus anders als im Katholizismus, was sowohl auf Luthers als auch auf Calvins Lehren über die Beziehung zwischen Arbeit und Erlösung zurückzuführen ist. Ebenso bewirkte der Protestantismus im Allgemeinen eine vergleichsweise höhere Alphabetisierungsrate als unter Katholiken, da Lutheraner in der Lage sein sollten, die Bibel und den Katechismus Luthers zu lesen, und die Alphabetisierung in der Regel die wirtschaftliche Entwicklung beeinflusst, ebenso wie eine hart arbeitende Bevölkerung. Doch Dänemark, Norwegen, Schweden und Finnland waren seit den 1530er Jahren protestantisch, und die vier Länder, insbesondere Schweden, wiesen in den 1700er Jahren eine der höchsten Alphabetisierungsraten Europas auf. Dennoch traten die Länder, insbesondere Schweden, arm in die 1800er Jahre ein. Das Frankreich des 19. Jahrhunderts war überwiegend katholisch, ebenso wie viele Schweizer Kantone; Frankreich war seit Karl dem Großen 1.000 Jahre zuvor katholisch, die Schweizer Kantone mindestens ebenso lange. Dennoch trat Frankreich reich in das Jahrhundert ein, und die Schweizer arbeiteten sich zu wirtschaftlichen Leistungsträgern hoch. Mit anderen Worten: Webers protestantische Erklärung macht nur bedingt Sinn.

> Und dann, als sich die Uhr auf dem Bahnsteig unserer Abfahrtszeit nähert, kommt der Besitzer des Telefons angerannt. Er sieht die Frau winken, beide lassen einen Seufzer der

> Erleichterung los, er nimmt sein Telefon, sie lachen und tauschen einige Höflichkeiten über den Schrecken des Verlust des-Telefons aus. Der Zug signalisiert, dass sich die Türen schliessen werden, sie wünschen sich einen schönen Tag, die Türen schliessen, und der Zug setzt sich in Bewegung.
>
> Als sie wieder in unser Abteil einsteigt, nicken wir uns zu. Hätte sie nicht zum Telefon gegriffen und dafür gesorgt, dass der Mann es zurückbekommt, hätte jeder von uns dasselbe getan. Denn das ist es, was man tut. Wäre der Besitzer nicht da gewesen, um sein Telefon am Bahnhof abzuholen, hätte er noch einmal angerufen, und sie hätten wahrscheinlich herausgefunden, dass sie das Telefon dem Zugpersonal übergeben hätte.

Eines der Dinge, die Forscher über die skandinavischen Länder immer wieder verwirren, ist unser hohes Maß an Vertrauen. Die globale Vertrauensumfrage von Our World In Data stellt alle fünf skandinavischen Länder über alle anderen in Europa:

Abbildung 3 - Zwischenmenschliches Vertrauen

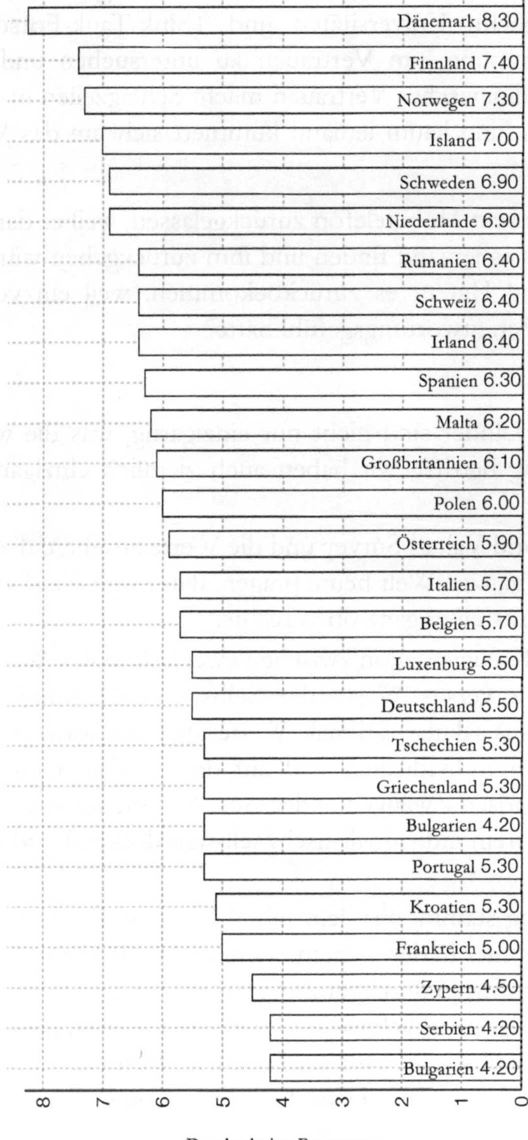

Befragte beantworten de Frage "Würden Sie sagen dass den meisten Menschen vertraut werden kann?", in einer 11-Punkt Skala von 0 bis 10. Quelle: https://ourworldindata.org/trust

Das Merkwürdige ist, dass es einen so starken Fokus auf Vertrauen gibt, aber nicht auf das zugrunde liegende Verantwortungsgefühl, das uns Vertrauen ermöglicht. Universitäten und Think-Tank-Forscher haben vielfältige Programme, um Vertrauen zu untersuchen und zu erforschen, unser skandinavisches Vertrauen macht Schlagzeilen in den internationalen Medien, und kaum jemand kümmert sich um das Verantwortungsbewusstsein.

> Hat der Mann sein Mobiltelefon zurückgelassen, weil er darauf vertraute, dass es jemand finden und ihm zurückgeben würde? Definitiv nicht! Hat er es zurückbekommen, weil ein völlig Fremder ein Verantwortungsgefühl hatte?
>
> Ja, in der Tat.

Die skandinavischen Länder sind nicht nur einzigartig, was die wirtschaftliche Entwicklung betrifft, wir haben auch ziemlich einzigartige Werte.

Wenn wir uns die World Values Survey und die Werte ansehen, die die Gesellschaften auf der ganzen Welt heute prägen, dann sind die skandinavischen Länder die Ausreißer ganz oben rechts.

Das Modell zeigt die Kreuzvariation zwischen zwei kulturellen Werteskalen: Überlebenswerte versus Werte der Selbstverwirklichung und traditionelle Werte versus säkular-rationale Werte. Auf der horizontalen Achse geht es also um Individualität und auf der vertikalen um die Emanzipation von religiösen Zwängen in der Gesellschaft; die skandinavischen Länder sind extrem individualistisch/selbstentdeckend und säkular/modern.

Die früheste Erhebung stammt aus dem Jahr 1981, und die skandinavischen Länder lagen immer in der rechten oberen Ecke. In den über 30 Jahren, in denen die Umfragen durchgeführt wurden, hat es eine globale Reise hin zu mehr Selbstverwirklichung und säkularen Werten gegeben; als Spezies bewegen wir uns insgesamt auf liberalere Werte zu. Im Verhältnis zueinander sind die verschiedenen Kulturkreise und die meisten Länder jedoch im gleichen Teil des Gesamtbildes geblieben.

Es besteht eine starke Korrelation zwischen den Ländern, die einen hohen Grad an Selbstverwirklichung und säkular-rationalen Werten aufweisen (obere rechte Ecke), und den Ländern, die in den anderen von uns zitierten Umfragen und Statistiken einen hohen Rang einnehmen. Die Korrelation ist interessant, aber gibt es eine Ursache und eine Wirkung? Wie sind die skandinavischen Länder dorthin gekommen, wo wir heute stehen? Eine Reihe von Werten mag objektiv nicht besser sein als eine andere, aber die meisten würden wahrscheinlich ein hohes Pro-Kopf-BIP und Glück unter verantwortungsbewussten Menschen einem niedrigen BIP und Unglück unter Opportunisten vorziehen. Was hat sich zuerst geändert: Werte oder Reichtum?

Abbildung 4 -Weltwerte-Umfrage

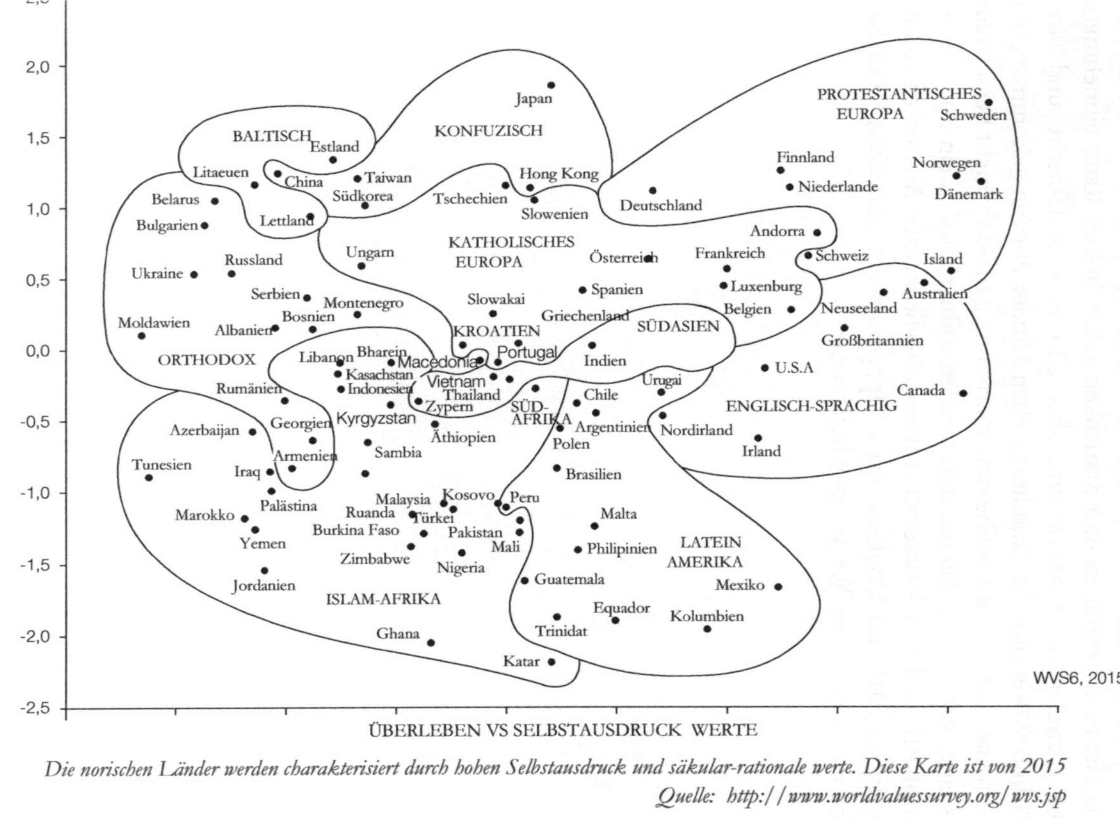

Die norischen Länder werden charakterisiert durch hohen Selbstausdruck und säkular-rationale werte. Diese Karte ist von 2015
Quelle: http://www.worldvaluessurvey.org/wvs.jsp

Es ist nicht sehr wahrscheinlich, dass die skandinavischen Länder 1830 zu den ärmsten Ländern Europas gehört und gleichzeitig Werte gehabt hätten, die grundlegend moderner sind als der Rest Europas. Tatsächlich war der staatlich geförderte religiöse Fundamentalismus in Schweden in den 1850er Jahren so stark, dass die Vereinigten Staaten und mehrere europäische Länder bei der schwedischen Regierung offiziell gegen die Verfolgung der Schweden protestierten; Armut war ein Hauptgrund für die schwedische Auswanderung, Religionsfreiheit war der andere.

Was wir in der World Values Survey in Bezug auf die skandinavischen Länder sehen, ist das Ergebnis einer buchstäblichen Volksbewegung in Richtung Emanzipation und Modernität.

> Während ich meinen Kaffee hole und der Zug seine Fahrt durch das eiskalte Südschweden fortsetzt, setze ich meine Recherchen für dieses Buch fort: Was war es, was wir erfunden haben, woher hatten wir die Inspiration, und was ist tatsächlich geschehen, das uns einen friedlichen Übergang von der schmutzig-armen Feudalmonarchie zu einer wohlhabenden industrialisierten Demokratie ermöglichte... Und wie entwickelt man moderne Gesellschaften, in denen vergessliche Menschen ihr Handy zurückbekommen?

Wenn wir uns die Umfragen und Statistiken ansehen, kommen wir zu dem Schluss, dass die skandinavischen Länder etwas Bemerkenswertes an sich haben, obwohl wir dabei nicht allein sind. Ein anderes Land schlägt uns immer wieder oder zwickt uns an den Fersen: die Schweiz. Eine Handvoll Länder sind harte Konkurrenten – auch wenn wir sie persönlich lieber als unsere Gefährten bezeichnen. Diese Länder haben offensichtlich etwas herausgefunden, über das es sich zu wissen lohnt; es ist ein Geheimnis, das es zu erforschen lohnt.

> Als wir in Växjö ankommen und ich aus dem Zug aussteige, überprüfe ich noch einmal, ob ich mein Handy dabei habe. Ich neige dazu, Verantwortung zu zeigen, aber würde ich völlig Fremden mein Handy anvertrauen? Selbst in den skandinavischen Ländern? Verdammt, nein!

Kapitel 2

PERSÖNLICHE FREIHEIT UND VERANTWORTUNG - PSYCHOLOGIE

In diesem Kapitel untersuchen wir aktuelle Modelle der menschlichen Entwicklung und Bedeutungsbildung. Zunächst werden wir uns ansehen, wie sich das Selbst selbst entdeckt; wie das Ego das Ich entdeckt. Dann sehen wir uns an, wie unser Solidaritäts- und Verantwortungsgefühl mit zunehmender Reife wächst; wir führen in die Moralpsychologie von Lawrence Kohlberg und dann in Robert Kegans Modell der Ich-Entwicklung in fünf Stufen ein. Wir werden auch eine Veränderung des Vokabulars vorschlagen, die weniger akademisch ist und mehr damit übereinstimmt, wie die meisten von uns bereits über Charakter, Persönlichkeit und menschliche Entwicklung sprechen. Schließlich werden wir diese verschiedenen Modelle zu einem Gesamtbild der menschlichen Freiheit und Verantwortung zusammenführen.

Als wir beide uns zum ersten Mal trafen, bestand unser großes, gemeinsames Interesse darin, wie man die Grundlagen für die Entwicklung der bestmöglichen Gesellschaften für das 21. Jahrhundert erschaffen könnte. Wie können wir die gesellschaftliche Entwicklung vorantreiben und sicherstellen, dass jeder seinen Beitrag leistet und sich einbezogen und geschätzt fühlt? Wie können wir die gesellschaftlichen Strukturen für ein erfülltes Leben schaffen, und wie kann jeder einen Sinn und Zweck finden? Wie können wir unsere Gesellschaften durch die gegenwärtigen technologischen Veränderungen führen und eine Wirtschaft entwickeln, die niemanden ausschließt?

Lenes Antwort war *Bildung*; Tomas sagte *Ich-Entwicklung*. Für Lene bedeutete „Ich-Entwicklung" New-Age-Hokuspokus und violette Einhörner, und sie konnte darin keine Möglichkeit zur Lösung wichtiger gesellschaftlicher Probleme sehen. Für Tomas bedeutete *Bildung* bürgerliche Tischmanieren des 19. Jahrhunderts und die Lektüre von Proust oder Shakespeare, und er konnte nicht erkennen, dass dies irgendeine der großen gesellschaftlichen Fragen des 21. Jahrhunderts lösen würde. Zwei Jahre lang dachten wir, der andere sei ein bisschen dumm, aber wir genossen auch die Gesellschaft des anderen und die vielen anderen Diskussionen, die wir führten, so dass die Freundschaft als solche nicht darunter litt. Erst als Tomas Lene aufforderte, die Bücher von Robert Kegan, Harvard-Professor für Entwicklungspsychologie, zu lesen, fingen die Stücke an, sich zusammenzufügen. Der große Durchbruch kam, als Lene einen schwedischen Bildungstext aus dem Jahr 1840 fand, in dem *Bildung* fast identisch mit Kegans Beschreibungen der Ich-Entwicklung beschrieben wurde. Hatten wir die ganze Zeit über über dieselbe Sache gesprochen?

Als wir weiter lasen – Lene mehr über die Pschologie der Ich-Entwicklungs und Tomas mehr über *Bildung* –, wurde uns klar, dass wir vielleicht über eine Verbindung zwischen *Bildung* und Ich-Entwicklungs-Theorie gestolpert sind, auf die noch niemand im akademischen Bereich gestoßen war. Als wir weiter lasen und die deutschen Quellen aufsuchten, erkannten wir vielfältigere und stärkere Ähnlichkeiten zwischen der *Bildung*, wie sie von den deutschen Philosophen beschrieben wurde, und der Ich-Entwicklung, wie sie von den zeitgenössischen Entwicklungspsychologen beschrieben wurde, als wir uns je vorgestellt hatten.

Als wir uns dann entschlossen haben, dieses Buch zu schreiben, haben wir auch beschlossen, eine gründliche Darstellung sowohl der Ich-Entwicklung als auch der *Bildung* anzubieten, so dass jeder für sich selbst urteilen könne: Verfügt Europa tatsächlich über 250 Jahre vertieftes Wissen über die Entwicklungspsychologie? Und in diesem Fall: Wie kommt es, dass wir uns dessen nicht bewusst sind?

Ich-Entwicklung

Zwei gemeinsame menschliche Erfahrungen stehen im Mittelpunkt der Ich-Entwicklung: eine Zunahme dessen, was der Einzelne wahrnehmen oder worüber er sich bewusst sein kann, und eine Zunahme dessen, wofür sich der Einzelne verantwortlich fühlt; Bewusstsein und Gewissen. Letzteres hängt vom ersteren ab; beide können und sollte sich im Laufe unseres Lebens weiterentwickeln.

Während wir auf diese Weise reifen, durchlaufen wir größere und kleinere Übergänge, von denen einige sehr frustrierend, wenn nicht gar schmerzhaft sein können. Das allgemeine Muster in Bezug auf diese Entwicklung besteht darin, dass wir, sobald wir „auf der anderen Seite" eines Übergangs sind, nicht zu unserer früheren Art der Wahrnehmung und Interaktion mit der Welt zurückkehren, sondern dass wir uns verändert haben.

Haben oder gehabt werden – das Selbst entdecken

Ein entscheidender Teil von Robert Kegans Modell der Ich-Entwicklung besteht darin, dass das, was uns in einer Lebensphase kontrolliert, später im Leben zu einem Objekt unserer Kontrolle werden kann. Wenn wir diese zusätzliche Kontrolle über uns selbst entwickeln, nimmt unsere Freiheit zu; Kegan beschreibt diese Entwicklung erstmals in seinem Buch *The Evolving Self* von 1982.

Wenn das Kleinkind in diese Welt eintritt, verfügt es über eine Reihe von Sinnen, kognitiven Fähigkeiten und Reflexen, aber es hat kein Gefühl für sich selbst und sein Ego. Für das Kind ist die Welt ein großes, miteinander verbundenes Ganzes, und das kindliche Gehirn arbeitet ständig daran, Muster in diesem eingehenden Strom von Input und Empfindungen zu erkennen. Ohne ein Selbstgefühl, ohne ein Ego, „hat" das Kind die äußere Welt nicht als Objekt, weil es kein Selbst, Ego oder Subjekt gibt, das es „haben", halten oder wahrnehmen kann. Die körperlichen Empfindungen und die äußere Welt „haben" sozusagen das Kind; der kindliche Verstand ist eine Mischung aus eingehenden

Eindrücken und körperlichen Reaktionen und Reflexen. Dieser neugeborene Geist kann nicht zwischen den Inputs wählen und sich nicht als von ihm getrennt betrachten.

Wenn das Kind heranwächst und der Welt begegnet, lernt der Verstand, die Welt als etwas „da draußen" zu sehen, und der Verstand des Babys wird von der Welt nicht mehr auf die gleiche Weise in Anspruch genommen; der Verstand hat die Welt als Objekt. Was früher den Verstand des Säuglings beherrschte, ist für das Baby zu einem Objekt geworden.

Eine Zeit lang kann das Kind zwischen mir und nicht-mir unterscheiden, ohne sich des Ichs voll bewusst geworden zu sein. Irgendwann entdeckt das Kind auch das: Ich bin es, den Papa liebt, ich bin es, der den Hund tätschelt, ich bin es, der Hunger hat, und ich bin es, der im Supermarkt Lakritz will. Wenn ich es nicht bekomme, kriege ich einen Wutanfall; ich will! Das Subjekt wird sich seiner selbst in der Welt bewusst. Was das Subjekt nicht sieht, sind die Reflexe und spontanen Wünsche, die das Selbst, das Subjekt, das Ego antreiben; die Instinkte, die Körperfunktionen und die Reaktionen auf Eingaben aus der Außenwelt haben das Kind unter Kontrolle. Sie „haben" dieses Ich im Kind oder sind das Ich.

Wir, die Erwachsenen in der Umgebung, wollen, dass das Subjekt des Kindes das Verweilen im Spannungsfeld dieser Funktionen und Reaktionen transzendiert und die Kontrolle über sie übernimmt. Wir wollen, dass das Kind fühlt und weiß, wann es Zeit ist, z.B. auf die Toilette zu gehen, und dass es in der Lage ist, den Körper zu kontrollieren, bis die entsprechenden sanitären Umstände vorhanden sind. Was wir wollen, ist, dass das *in einen Körper eingebettete* Kleinkind-Subjekt sich über sich selbst hinaus entwickelt und zu einem Kind-Subjekt wird, *das einen Körper hat.* Wir wollen, dass das Ego die Empfindungen und Instinkte transzendiert und sie eindämmt, dass es sie „hat". Wenn die Instinkte nicht mehr das Kind haben, sondern das Kind sie hat, sie kontrollieren kann und die Verantwortung für sie übernimmt, d.h. keine Windel mehr braucht, erfährt das Kind einen neuen Freiheitsgrad.

Ebenso die Gefühle: Wir wollen, dass das Subjekt im Kind in der Lage ist, die Gefühle als Objekte zu sehen. Anstatt nur ein weinendes oder wütendes Kind zu sein, wollen wir, dass das Kind zu gegebener Zeit sagen kann: „Ich bin traurig" oder „Ich bin wütend", und mit den Emotionen als etwas umgehen kann, das das Kind hat. Wo das kleine Kind in Emotionen eingebettet war oder von Emotionen gepackt wurde, transzendiert das ältere Kind sie und hat Emotionen.

Wenn das ältere Kind und der ältere Teenager die Emotionen transzendiert und sie als Objekt hat, ist es in die Normen der Umgebung eingebettet und wird von diesen Normen „gehabt". Das Subjekt sieht seine eigenen Emotionen als Objekte durch die Normen zunächst seiner Eltern und anderer enger Beziehungen, dann der Peer-Gruppe und schließlich der Gesellschaft. Die Normen bezüglich des Umgangs mit Gefühlen unterscheiden sich von Familie zu Familie und von Gesellschaft zu Gesellschaft, aber der sehr grundlegende Prozess, die Normen darüber entscheiden zu lassen, wie man seine eigenen Gefühle betrachtet und damit umgeht, ist in allen Familien und Gesellschaften gleich. Wenn wir in einer Kultur aufwachsen, die große Emotionen zeigt, tun wir selbst in der Regel dasselbe, und wenn die Normen besagen, dass die Emotionen stärker eingedämmt werden, dann reproduzieren wir das auch.

Wenn man sich an diese gesellschaftlichen Normen gewöhnt und sie zu einem integrierten Teil dessen werden, was man ist, kann das Subjekt diese Normen auch als Objekte betrachten. Man kann die Normen der Gesellschaft subjektiv transzendieren und eine persönliche Meinung über sie entwickeln. Wie beispielsweise in „Wir sind immer so verkrampft in diesem kalten, skandinavischen Land, die Italiener scheinen mehr Spaß zu haben...".

Mit anderen Worten, es gibt ein Muster in der Art und Weise, wie sich das Ego entwickelt: Was das Subjekt in einer Lebensphase „ist" oder „hat", kann später zum Objekt eines komplexeren Subjekts, Egos oder Selbstgefühls werden. Wenn wir einmal in einer Art und Weise, Subjekt zu sein, verwurzelt sind, uns in darin zu Hause fühlen und es meistern, können wir es transzendieren und uns entwickeln, um unser Selbst und das, was in uns vorgeht, aus einer komplexeren Perspektive zu sehen. Tomas hatte die seltene Gelegenheit, Zeuge eines solchen Übergangs zu werden, der sehr explizit stattfand, als er vor einigen Jahren Leiter eines

Jugendlagers in seiner Stiftung Ekskäret war. Ein 14-jähriges Mädchen beklagte sich bei einer der anderen Leiterinnen, die einige Jahre älter war, dass sie von all den Dingen, die sie tun wollte, so gestresst war: mit Freunden abhängen, sich in der Schule wohlfühlen, Fußball spielen, Zeit auf Facebook verbringen usw. Die ältere Leiterin stellte einige kluge Fragen, und dann brach das Mädchen überrascht heraus: „Jetzt verstehe ich, dass ich eigentlich nicht alles tun muss, was ich tun will." Bis zu diesem Moment hatten ihre Wünsche sie „gehabt". Jetzt könnte sie vielleicht zum ersten Mal überhaupt ihre eigenen Wünsche als Gegenstand der Reflexion sehen und entscheiden, was sie damit machen will. Jetzt „hatte" sie ihre Wünsche. Indem sie erkannte, dass sie nicht alles tun konnte, was sie wollte, indem sie einige Wünsche aufgab, hatte ihre Freiheit zugenommen.

Jedes einzelne Kind, ob Teenager oder Erwachsener, hat natürlich seine eigene Persönlichkeit: einige sind neugierig, andere fröhlich, mürrisch, kreativ, sozial, introvertiert, extravagant usw. Einige lieben Sport, andere Musik, einige lieben Reisen, andere sind nur glücklich, wenn sie Zeit in ihrem Garten verbringen dürfen. Wir kommen in allen Formen und Größen, aber die Art und Weise, wie wir uns im Inneren entwickeln, die Entwicklung unserer Selbststruktur, die Art und Weise, wie wir uns selbst verstehen und uns selbst und unsere Beziehungen zu anderen sehen, bewegt sich von weniger komplex zu mehr komplex. Wenn diese Komplexität zunimmt, nimmt auch unsere Freiheit zu.

Kreise der Solidarität, der moralischen Komplexität und der Zugehörigkeit

Parallel zu dieser Entwicklung in unserem Selbstverständnis erweitern wir auch unser Verantwortungsbewusstsein von ganz nah und konkret auf das physisch distanziertere und abstraktere; auf mehr Menschen und verschiedene Arten von Versammlungen. Aus der Verantwortung für unseren Körper, unsere eigenen Handlungen und Emotionen entwickeln wir ein Verantwortungsgefühl gegenüber unserer engsten Familie, gegenüber Freunden und der örtlichen Gemeinschaft, dann gegenüber größeren Gemeinschaften und unserem Land und schließlich gegenüber einer Reihe abstrakter Werte wie Demokratie und Menschenrechte. Unser Zugehörigkeits- und Verantwortungsgefühl, unser Gewissen und unser Vertrauen in unsere eigenen Fähigkeiten können wachsen, wenn wir reifer werden und uns noch größere Gruppen und Ideen zu eigen machen.

Christian Welzel, der einer der Hauptforscher des World Values Survey ist, spricht in seinem Buch *Freedom Rising* (2013) über *Solidaritätskreise*. Die Menschen entwickelten sich in Gruppen und als Gruppen, wir entwickeln ein kollektives Selbstverständnis, ein Wir, das andere einschließt, die wir als gleichwertig wahrnehmen. Diese Wirs können größer oder kleiner sein, je nachdem, welche Ressourcen wir haben, um mit der Freiheit umzugehen. Welzel bezieht sich auf sieben Solidaritätskreise: Ego, Familie, in der Gruppe, Nation, Kulturkreis (z.B. die westliche Zivilisation), Menschheit und der Planet als Ganzes.

Abbildung 5 – Kreise der Solidarität

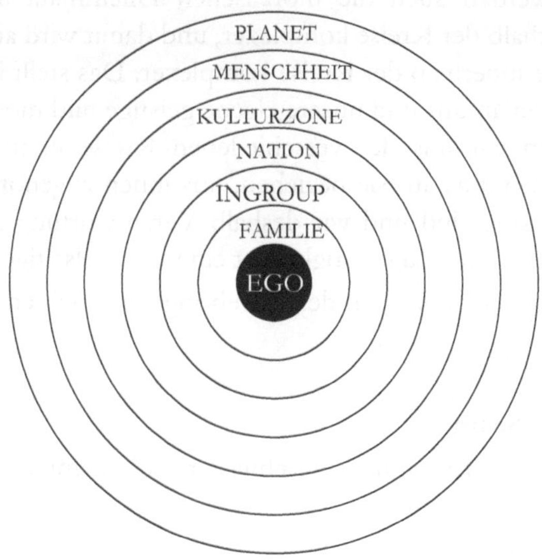

Christian Welzel bezieht sich in seinen Vorträgen auf sieben Solidaritätskreise, die in seinem Buch Freedom Rising nicht genannt werden.

Wir betrachten sie als Kreise der Solidarität, aber wir sehen sie auch als Kreise der moralischen Komplexität und Verantwortung, und wir ziehen es vor, sie als Kreise der Zugehörigkeit zu bezeichnen. Dazuzugehören ist ein Bedürfnis, das wir alle haben; es ist Teil des Menschseins. Solidarität ist auch notwendig; im Allgemeinen wachsen wir, indem wir sie zeigen, und sie ist es, die uns auf lange Sicht Zugehörigkeit ermöglicht, aber es ist auch leicht, anderen die (ungerechtfertigte) Schuld an mangelnder Solidarität zuzuschieben. Wenn wir nirgendwohin gehören, neigen wir dazu, unglücklich zu sein; andererseits kann es uns gut gehen, auch wenn wir keine Solidarität zeigen oder uns gar nicht solidarisch fühlen.

Die Kreise repräsentieren soziale und kulturelle Gruppen, in denen wir emotionalen und existentiellen Trost suchen können, wo wir vielleicht dazugehören und uns identifizieren wollen und wo wir uns genug um jeden innerhalb des Kreises kümmern, um ein Gefühl der Verantwortung gegenüber dem Kreis als Ganzem zu empfinden.

Je größer und abstrakter die Kreise sind, desto komplexer werden sie, und damit werden auch die moralischen Dilemmata und Entscheidungen innerhalb der Kreise komplexer, und damit wird auch das moralische Gefüge innerhalb der Kreise komplexer. Das stellt immer höhere Anforderungen an uns und unsere eigene geistige und moralische Komplexität, wenn wir uns der verschiedenen Kreise in unserem Leben bewusst werden, uns auf sie beziehen, uns ihnen zugehörig fühlen und sie uns zugehörig sind und wir deshalb Verantwortung für sie übernehmen sollen. Wahre Zugehörigkeit ist eine wechselseitige Beziehung.

Anstelle von sieben Kreisen der Zugehörigkeit möchten wir zehn vorstellen:

1. Ego / Selbst
2. Familie 1 (Eltern und Geschwister – die Familie, in die wir hineingeboren werden)
3. Peer-Gruppe
4. Familie 2 (Ehepartner, Kinder, Schwiegereltern – die Familie, die wir selbst schaffen)

5. Gemeinschaft (Nachbarschaft, Kirche, politische Partei, Sportmannschaft, Kollegen am Arbeitsplatz usw.)
6. Vorgestellte Gemeinschaft (Gesellschaft / Land / Nation / Volk // religiöse Konfession)
7. Kultur-Zone
8. Universelle Grundsätze / internationale Konventionen / multilaterale Allianzen
9. Die Menschheit heute
10. Planet und zukünftige Generationen jenseits der Urenkel

Jeder Zugehörigkeitskreis stellt eine Ebene der Komplexität dar und kann daher in unserem konkreten Leben eine oder mehrere Gruppen umfassen; wir können zum Beispiel mehr als eine Peer-Gruppe haben; nach ein paar Scheidungen haben wir vielleicht sogar ein paar 2er Familien, und viele Menschen gehören mehr als einer Gemeinschaft außerhalb der Familie an. Da wir uns im ganzen Buch immer wieder auf Kreise der Zugehörigkeit beziehen und sie z.B. als 4. Kreis oder Kreis 4 bezeichnen, beziehen wir uns damit auf eine Ebene der Komplexität, nicht notwendigerweise auf eine bestimmte Art von Personengruppe. Der erste Kreis der Zugehörigkeit ist kein Kreis als solcher, er ist natürlich das allgegenwärtige Zentrum unseres eigenen Lebens, aber er wird als „Kreis" einbezogen, weil in Konflikten Moral, Solidarität und Loyalität konkurriert er mit Gruppen in den anderen Kreisen.

Die Kreise der Zugehörigkeit 2-4 repräsentieren emotional intime und sehr persönliche Gruppen, die Kreise der Zugehörigkeit 2-7 repräsentieren alle Gruppen mit zunehmender Komplexität und abnehmender Intimität. Es sind die Quellen unserer moralischen Werte in unseren prägenden Jahren. Diese In-Groups sind diejenigen, die uns mit Sprache, Symbolen, Ritualen, moralischen Werten und Erzählungen versorgen, die es uns ermöglichen, die Welt zu verstehen und für sinnvoll zu halten – vielleicht nicht so sehr Kreis 7, insbesondere nicht in Bezug auf die Sprache, aber sie spielt dennoch eine entscheidende Rolle. Erst allmählich werden wir uns dieser Kreise bewusst, verstehen sie, nehmen sie in unser Gewissen auf und fühlen uns ihnen gegenüber zugehörig und verpflichtet. In der westlichen Gesellschaft, so könnte man argumentieren, können wir, da wir unsere eigenen Familien erst so spät gründen, unsere Gemeinschaft, Gesellschaft und globale Fragen entdecken und uns für sie engagieren, bevor wir Familie 2 gründen, aber sobald wir beides haben, opfern wir selten unsere Familie für die Gemeinschaft. Vielleicht verbringen wir im Vergleich zur Familienzeit zu viel Zeit in der Gemeinschaft oder am Arbeitsplatz, aber die emotionale Bindung ist in der Regel gegenüber der Familie größer.

Die Kreise 1-5 sind konkret, und wir kennen entweder jeden in jeder Gruppe in diesen Kreisen oder wir teilen eine konkrete Umgebung, die es uns erlaubt, einzelne Personen anzuerkennen, auch wenn wir sie nicht persönlich kennen (Schulhof, öffentliche Bibliothek oder Schwimmbad, Kirche, Arbeitsplatz usw.). Gruppen, die in diesen Kreisen auftreten, können als echte Gemeinschaften bezeichnet werden.

Die Kreise 6-10 sind abstrakt, und es ist unmöglich, alle oder sogar die Mehrheit der Menschen in ihnen zu kennen; die Art und Weise, wie wir uns mit den anderen Menschen in diesen Kreisen verbinden und ein Gefühl der Zugehörigkeit entwickeln, geschieht durch Symbole und Erzählungen. Im 6. Kreis der Zugehörigkeit, sei es unsere Nation und/oder unsere religiöse Konfession, teilen wir mehrere Gruppen von Symbolen, die wichtigsten typischerweise unsere Sprache, aber auch nationale oder religiöse Erzählungen, Rituale, Feiertage, Fußballmannschaften, Glaubensvorstellungen usw. Diese verbinden uns miteinander und lassen uns ein Gefühl der Verbundenheit spüren. In der Kulturzone teilen wir auch eine Erzählung, nicht zuletzt über die Geschichte und die Werte, die wir ebenfalls teilen. Die Kreise der Zugehörigkeit 6 und 7 repräsentieren das, was Soziologen und Kulturtheoretiker *imaginierte Gemeinschaften* nennen; ein Begriff, der von dem Politikwissenschaftler Benedict Anderson geprägt wurde.

Die Kreise der Zugehörigkeit 8-10 repräsentieren keine Gruppen oder Gemeinschaften als solche, aber man kann sich dennoch mit den „Entitäten" in ihnen verbinden, sie als zutiefst bedeutsam empfinden und ein Gefühl der Zugehörigkeit, des Gewissens und der Verantwortung ihnen gegenüber empfinden. Wir haben den Eindruck, dass man dazu typischerweise eine Systemperspektive auf die kleineren Kreise entwickeln muss, in der man sie als Systeme innerhalb von Systemen sieht, die andere Systeme enthalten, und in der Lage ist, ihre Komplexität einzuschätzen.

Systemperspektive

Man braucht keine Systemperspektive, um ein Zugehörigkeitsgefühl zu haben. Das sind zwei sehr unterschiedliche Phänomene.

Die Systemperspektive kann von jedem Kreis erworben werden, der kleinere Kreise enthält; es ist also möglich, z.B. eine Systemperspektive auf den Nationalstaat aus der Perspektive der Kulturzone und der universellen Prinzipien zu haben, d.h. von den Kreisen 7 und 8 auf die Kreise 1-6. Die komplexeste Systemperspektive besteht also darin, dass wir uns kognitiv über den zehnten Kreis der Zugehörigkeit hinaus erheben.

Kohlberg: sechs Stufen der moralischen Entwicklung

Die Ich-Entwicklung ist von verschiedenen Entwicklungspsychologen auf unterschiedliche Weise beschrieben worden. Der bekannteste ist wohl der Schweizer Kinderpsychologe Jean Piaget. In den 1920er Jahren beschrieb er die Ich-Entwicklung von der Geburt bis in die Teenagerjahre in Form von Stufen und Unterstufen.

In Anlehnung an Piaget identifizierte der Psychologe Lawrence Kohlberg in den 1960er Jahren sechs Stadien der moralischen Entwicklung von der frühen Kindheit über das Erwachsenenalter bis ins hohe Alter:

1. Die erste moralische Stufe ist auf Gehorsam und der Vermeidung von Strafe ausgerichtet (Werde ich erwischt?),
2. die zweite Phase ist auf das Eigeninteresse ausgerichtet (Dient mir das?).

3. Die dritte Stufe ist auf zwischenmenschliche Beziehungen und Konformität ausgerichtet (Werden sie mich mögen und mir vertrauen?),
4. die vierte Stufe ist auf Autorität und die Aufrechterhaltung der sozialen Ordnung ausgerichtet (Dient dies gesellschaftlichen Strukturen?).
5. Die fünfte Stufe ist auf den Gesellschaftsvertrag im allgemeinen ausgerichtet (Dient dies allen und dem Gesamtbild?) und
6. die sechste Stufe in Richtung universelle ethische Prinzipien (Dient dies einem Zweck, der über unsere Zeit hinausgeht?).

Die Etappen sind aufeinanderfolgend, was bedeutet, dass sich jede Etappe aus der vorhergehenden entwickelt, und sie werden immer komplexer. In späteren Phasen neigt man dazu, die vorhergehenden Phasen als zu einfach und unzureichend, wenn nicht gar als unmoralisch zu empfinden.

Interessant wird die Kombination aus den Kreisen der Zugehörigkeit, insbesondere den gruppeninternen, und Kohlbergs moralischen Stufen: Auf welche gruppeninternen Stufen richten wir unser moralisches Bewusstsein und Gewissen aus? Ist es nur meine Familie, die mich mögen und mir vertrauen muss, oder ist es die Nation, die mich beispielsweise als Polizist oder Lehrer einstellt? Wenn ich in Begriffen wie „dient das allen und dem großen Ganzen" denke, wie groß ist dann das Bild? Meine Gemeinde? Die Nation oder die gesamte Spezies?

Existenzebenen und Spiral Dynamics

In den 1970er Jahren wurden zwei weitere Modelle der Ich-Entwicklung entwickelt: eines von Clare W. Graves, der über „Ebenen der Existenz" schrieb, und ein weiteres von Don Edward Beck, der *Spiral Dynamics* entwickelte. Diese Modelle beschreiben auch die psychologische Entwicklung in fortschreitenden und immer komplexeren Stufen, aber sie haben die Entwicklung in mehrere Stufen aufgeteilt. Dies legt ein detaillierteres und präziseres Modell nahe, aber wir stellen fest, dass das Ergebnis ein Modell ist, das außerhalb spezifischer akademischer Studien in der Entwicklungspsychologie schlechter anwendbar ist; je detaillierter das Modell, desto schwieriger wird es, das Gesamtbild zu erforschen.

Kegan: Fünf Ordnungen mentaler Komplexität

Kegans Modell der Ich-Entwicklung hat nur fünf Stufen oder Ordnungen der Entwicklung, wie er sie nennt, und obwohl das Modell recht einfach ist und somit ein stumpfes Analyseinstrument darstellt, hat es eine breitere und tiefere Perspektive auf unser Ich als nur moralische Werte. Kegans fünf Ordnungen mentaler Komplexität sind:

1. die frühe Kindheit
2. Kindheit
3. sozialisierter Geist
4. selbst-hervorbringende (‚self-authoring') Geist
5. sich selbst transformierende Geist.

Zwischen den jeweiligen Ordnungen mentaler Komplexität gibt es eine Phase des Übergangs, bis sich das Individuum in die neue Seinsweise eingependelt hat. Wie die Kreise der Zugehörigkeit und Kohlbergs Stufen entwickeln sich diese Ordnungen mentaler Komplexität in einer bestimmten Reihenfolge; wenn sich unser Geist einmal in einer bestimmten Weise entwickelt hat, gehen wir nicht mehr zurück. Sobald wir uns daran gewöhnt haben, unsere eigenen Entscheidungen in einem bestimmten Lebensbereich zu treffen, geben wir unsere Autonomie nicht mehr an jemand anderen ab, es sei denn, Demenz oder eine andere Verschlechterung des Geistes tritt ein.

Das Kegan-Modell wurde in 40 Jahren entwickelt, aber es gibt keine zugänglichen empirischen Daten in Form von großen Bevölkerungsumfragen oder Tests. Das Modell ist daher nicht in der Weise dokumentiert, wie man es sich erhoffen könnte. Es ist auch nicht hinreichend klar, wie viel der beschriebenen Ich-Entwicklung auf die menschliche

Natur und wie viel auf die westliche Kultur zurückzuführen ist; es untersucht seinen eigenen Eurozentrismus nicht sehr gut. Dennoch akzeptieren wir das Modell, da Kegan Professor in Harvard ist und fünf oder mehr Bücher zu diesem Thema veröffentlicht hat. Im Laufe der Jahre hat Kegan von Buch zu Buch auch die Terminologie des Modells angepasst, was uns sagt, dass, auch wenn es vielleicht keine große Bevölkerungsstudie gibt, die das Modell bestätigt, die Anwendung des Modells als Instrument zur Arbeit mit der Ich-Entwicklung und zur Unterstützung der Menschen bei der Transformation Rückkopplungsschleifen erzeugt, die wiederum das Modell kalibrieren. Das Kegan-Modell hat also seine Unzulänglichkeiten, aber es ist leicht zu erklären, und statt verschiedene Schulen der Entwicklungspsychologie zu erforschen, brauchen wir ein Modell, mit dem sich die Philosophie der *Bildung* vergleichen lässt.

Frühe Kindheit – 1. Ordnung der mentalen Komplexität – Selbst-Entdeckung

Die frühe Kindheit ist der Zeitraum von 2 bis 6 Jahren. In diesem Alter hat das Kind ein Selbstbewusstsein, aber es kann dieses Selbst nicht als im Laufe der Zeit beständig betrachten und eine Vergangenheit und eine Zukunft haben, was bedeutet, dass für das Kind eine zukünftige Belohnung keinen Vorrang vor dem haben kann, was es im Moment will. Es kann Befriedigung nicht hinauszögern und es fehlt ihm an Impulskontrolle.

Es erkennt, dass Objekte existieren, wenn sie nicht da ist oder sie nicht sieht, und es weiß, dass andere Menschen getrennt von ihm existieren, aber es erkennt nicht, dass andere Personen ihren eigenen Standpunkt oder ihre eigenen Ziele haben; wenn es etwas fühlt, geht es davon aus, dass andere es auch fühlen. Es hat ein magisches und animistisches Weltbild und das Kind kann keine logische Beziehung zwischen Ursache und Wirkung konstruieren; eine der Folgen davon ist, dass es Geschichten nicht als eine Reihe zusammenhängender Ereignisse erzählen kann: Der Dinosaurier ist plötzlich eine Prinzessin, die Darth Vader heiratete und dann den gelben Fisch bekam.

Kegans 1. Ordnung entspricht Kohlbergs 1. moralischer Stufe; Orientierung an Bestrafung und Gehorsam.

Psychologen haben eine Reihe von Namen für diese Lebensphase; wir nennen diese Phase Selbst-Entdeckung. Die Impulse hat das Kind und es findet sich oft in Situationen wieder, in denen sie einfach überhand nehmen.

Übergang aus der frühen Kindheit – geistige Komplexität 1½

In der frühen Kindheit bestätigen Eltern, Familie, Krippe / Kindergarten etc. diesen sich selbst-entdeckenden Modus des Seins, indem sie Phantasie und intensive Bindungen anerkennen und sogar kultivieren, aber allmählich fordern sie Realitätsprüfung und Impulskontrolle. Die Erwachsenen machen das Kind zunehmend und oft zur großen Frustration des Kindes für seine Gefühle und seine Reaktionen darauf verantwortlich, und sie ziehen eine Reihe von Grenzen zwischen ihm und seinen engsten Verwandten nach sich; typischerweise haben die Erwachsenen einen privaten Raum, den es zu respektieren lernen muss, und Geschlechtsteile werden zu Geschlechtsteilen. Als Teil des Weges zu einem größeren Kind tritt es durch die Schule in die größere Kultur ein und beginnt, Beziehungen zu Gleichaltrigen zu entwickeln.

Kindheit – 2. Ordnung der geistigen Komplexität - selbst-konsolidierend

Etwa ab dem Alter von 6 Jahren wird das Kind fast zu einer anderen Art von Wesen. Als Elternteil oder Großeltern bekommt man einen neuen kleinen Freund, einen egozentrischen und sehr oft manipulierenden Freund, aber trotzdem: es können echte Gespräche stattfinden.

Ab dem Alter von 6 Jahren kann das Kind in Form von Ursache und Wirkung denken und aus den Ereignissen narrative Sequenzen konstruieren, d.h. Geschichten, die wir als Erwachsene als Geschichten wahrnehmen, nicht nur zusammengewürfelte Sachen. Dieses Gefühl der zusammenhängenden Erzählung ist eng damit verbunden, dass das eigene Selbst- und Weltgefühl im Laufe der Zeit konsistent wird; es gibt ein Vorher, ein Jetzt und ein Nachher, ich bin dasselbe Ich, das sie alle durchlebt, und Entscheidungen haben Konsequenzen für das zukünftige Ich; es zahlt sich aus, ein guter Freund zu sein. Das Kind kann auch feste Kategorien und Klassen konstruieren, in die Dinge dauerhaft eingeordnet werden können; z.B. Hunde, Eidechsen und Elefanten werden immer zur Kategorie Tiere gehören.

Die Welt wird konkret verstanden, und so kann das Kind weder Abstraktionen noch abstraktes Denken begreifen.

Nach und nach kann das große Kind seinen eigenen Standpunkt konstruieren und versteht, dass andere ihren eigenen haben; es kann die Rolle eines anderen Menschen übernehmen und andere für seine eigenen Ziele manipulieren („Mama sagte, ich kann das, wenn es für dich in Ordnung ist..."). Es kann auch Abmachungen, Pläne und Strategien treffen, aber es kann nicht seinen eigenen Standpunkt als Objekt nehmen und ihn mit den Augen eines anderen betrachten, und es kann auch nicht gleichzeitig seinen eigenen Standpunkt und den eines anderen einnehmen oder mehr als einen Standpunkt in seinem Kopf koordinieren. Es ist vielleicht in der Lage, die Dinge aus der Sicht des Vaters zu sehen („Oh-oh, jetzt lässt er mich den Hammer nicht mehr benutzen"), aber nicht so, wie er das Kind versteht („Er weiß, dass ich diese Markierungen auf dem Couchtisch nicht machen wollte, er ist wütender auf sich selbst, weil er mich den Hammer benutzen lässt, als auf mich").

In der Kindheit kann das Kind Termine einhalten und seinen Verpflichtungen und Erwartungen gerecht werden, aber die Erwachsenen müssen die Bedingungen festlegen oder, wenn die Bedingungen gemeinsam ausgehandelt werden, ausdrücklich erklären, was die Abmachung ist, damit das Kind sie einhält. Das Kind wird zunehmend fähig, solche Verpflichtungen über seine eigenen Bedürfnisse hier und jetzt zu stellen, wenn sie seinen eigenen Interessen dienen („Wenn ich einen Monat lang den Abwasch mache, bekomme ich das neue Fahrrad"). Es kann sofortige Befriedigung hinauszögern und dauerhafte Eigenschaften an sich selbst erkennen und ist daran interessiert, diese Eigenschaften an sich selbst zu definieren, wie z.B. „Ich kann gut zeichnen und mag Pizza wirklich gern". Aber es kann seine Wünsche nicht von sich selbst unterscheiden.

Kegans 2. Ordnung stimmt mit Kohlbergs 2. moralischer Stufe überein; instrumentelle Orientierung an „Was ist für mich drin?"; sie beinhaltet ein Gewissen gegenüber sich selbst und seinen Eltern und Geschwistern und ein sich entwickelndes Bewusstsein über Peer-Gruppen und Gemeinschaft.

Psychologen haben verschiedene Namen für diese Phase; wir nennen sie selbst-konsolidierend.

Übergang von der Kindheit zum sozialisierten Geist - mentale Komplexität 2½

Seit seiner Jugend anerkennen und kultivieren Eltern, Lehrer und Gleichaltrige des Kindes zunehmend seine Selbstständigkeit und Kompetenz, aber sie wollen mehr als Selbstständigkeit und Eigeninteresse, sie fordern Verantwortung, Gegenseitigkeit und dass es seine Versprechen hält und seine Verantwortungen in Bezug auf Beziehungen einhält. Die Umgebung fängt an, Vertrauenswürdigkeit zu erwarten, und aus seinem eigenen Wirken heraus beginnt das Kind, sich den Normen entsprechend zu verhalten. Dieser Prozess des Selbstregierungslernens ist sowohl für das Kind als auch für seine Umgebung eine stressige Phase; in einem Moment ist es sehr erwachsen und besteht auf mehr Freiheit und Verantwortung, im nächsten hat es den gesunden Menschenverstand einer 8-Jährigen.

Sozialisierter Verstand – 3. Ordnung der mentalen Komplexität – Selbst-Verwaltung.

In der Pubertät öffnet sich in uns ein Gefühlsbereich, der uns neue Arten von intimen Beziehungen ermöglicht. Wir können uns mit anderen Menschen auf einer tieferen Ebene verbinden, sei es mit Freunden oder sexuell und emotional mit einem Partner/Ehepartner. Die Intimität und der Schmerz, wenn wir das Vertrauen in solch tiefe Beziehungen brechen, zwingen uns, eine neue Art von Verantwortung für unser eigenes Verhalten zu übernehmen und den Erwartungen anderer gerecht zu werden.

Wir entwickeln eine neue Fähigkeit zur Empathie und zum Teilen auf innerer Ebene, anstatt den sozialen Austausch nur als Transaktion zu betrachten. Dieser neue Bereich der Intimität ermöglicht auch ein tiefes Gefühl der Verbundenheit mit Gott, der Kunst, unserem Land oder bestimmten Idealen. Wir können die Emotionen und den Standpunkt des anderen verinnerlichen und die Welt aus der Perspektive des anderen sehen. Dies erlaubt uns, ein Pflichtgefühl zu empfinden und zum Aufbau gemeinsamer Erfahrungen und dauerhafter Beziehungen beizutragen. Wir erwarten bestimmte Dinge von einander und von uns selbst, und wir drücken Enttäuschung oder Schmerz aus, wenn unsere Erwartungen nicht erfüllt werden. Mit einem gut gefestigten und stabilen Selbstgefühl wird es möglich, dieses Selbst zu transzendieren und in emotional und moralisch bindende Beziehungen einzutreten.

Wir entdecken die Fähigkeit zur gemeinschaftlichen Selbstaufopferung in Gruppen, in denen wir eine gemeinsame Geschichte und ein gemeinsames Narrativ wie unsere Nation haben; wir treten in die Armee ein, nicht nur, weil wir eingezogen werden oder weil sie kostenlose *Bildung* anbieten, sondern aus Pflichtgefühl und weil das Land schützenswert ist.

Wir genießen gemeinsame Erfahrungen, Gefühle und Stimmungen, und den Gefühlen von Freunden und Familienmitgliedern gegenüber loyal zu sein, ist von höchstem moralischen Wert; dasselbe gilt für jede unserer anderen Gruppen, sei es die Fußballmannschaft oder unsere Nation. Da wir unser moralisches Gerüst in unseren Gruppen finden und uns diese Gruppen Identität verleihen, fühlen sich Bedrohungen für jede dieser Gruppen höchst persönlich und als existentielle Bedrohung an. Als selbstverwaltete, sozialisierte Erwachsene neigen wir daher dazu, die Welt in Begriffen von „wir gegen sie" zu konstruieren: zwischen denen, die mir ein Gerüst bieten und mich unterstützen, und denen, die es wahrscheinlich nicht tun und daher eine Bedrohung darstellen.

Sozialisierte Jugendliche und Erwachsene können im Allgemeinen in einfachen Abstraktionen denken, was bedeutet, dass wir den Unterschied zwischen Religion und Nation und zwischen politischen Ideologien wie Sozialismus und Konservatismus verstehen können.

Angesichts unserer Gruppenabhängigkeit sehen wir unsere Ideologie und/oder Religion als die Wahrheit an, und wir beziehen unsere Identität aus diesen Wahrheiten. Wir identifizieren uns mit ihnen auf eine Weise, die keinen Raum für die Annahme von Wahrheiten und moralischen Werten von nicht zustimmenden Gruppen lässt; „Sie denken anders" bedeutet meistens „Sie irren sich".

Als selbst-verwaltete Menschen können wir uns der gemeinsamen Gefühle, Vereinbarungen und Erwartungen bewusst sein und ihnen den Vorrang vor individuellen Interessen einräumen. Aber wir können mental kein verallgemeinertes Modell konstruieren, das Beziehungen regelt, d.h. wir können an Beziehungen und Beziehungskonstellationen in Peer-Gruppen und unter Kollegen teilnehmen, aber wir können auf dieser Grundlage nicht allein die gemeinsamen Normen finden, die das Funktionieren solcher Gruppen und Aktivitäten ermöglichen. Ein Beispiel aus der Erwachsenenwelt wäre der Arbeitsplatz, an dem Mitarbeiter und Manager, die die Welt aus einer Perspektive der 3. Ordnung verstehen, sich zwar hervorragend in bestehenden komplexen Organisationsstrukturen zurechtfinden, aber wahrscheinlich nicht in der Lage sind, die Struktur aus einer Außenperspektive zu beschreiben. Sie hätten Schwierigkeiten, im Voraus zu verstehen, wie strukturelle Veränderungen sich auf einzelne Teile und deren Zusammenwirken auswirken würden. Sie sind möglicherweise nicht in der Lage vorherzusagen, dass, wenn z.B. der Vertrieb und das Marketing ihren Teil der Organisation umstrukturiert, die Produktion das Verbraucher-Feedback nicht mehr so erhält, wie sie ihre Abteilung eingerichtet hatten, um es zu erhalten.

Selbst-verwaltete, sozialisierte Menschen mögen wirklich großartige und hilfsbereite Kollegen sein, die zu einer großartigen Atmosphäre beitragen, aber sie sind vielleicht nicht in der Lage zu erkennen, wie andere Kollegen miteinander umgehen. Würden sie in eine Führungsposition befördert, sind sie nicht wirklich in der Lage, die psychologische Dynamik unter allen Mitarbeitern als Ganzes zu sehen; sie haben keine Systemperspektive.

Kegans 3. Ordnung, die Selbst-Verwaltung, entspricht Kohlbergs 3.er moralischer Stufe: Orientierung an der zwischenmenschlichen Übereinstimmung „Werden sie mich mögen?", und der 4.ten: Orientierung an Autoritäten und dem Erhalt der sozialen Ordnung.

Übergang vom sozialisierten Verstand zum Geist der Selbst-Autorenschaft - mentale Komplexität 3½

Mit einem selbst-verwalteten, sozialisierten Geist sind wir in hohem Maße auf unsere Umgebung abgestimmt, aber wir sehen uns nicht als Urheber unseres inneren psychologischen Lebens, und wir können nicht selbst herausfinden, welche Veränderungen wir im Leben vornehmen müssen, um zufrieden und glücklich zu werden. Da wir jedoch nicht immer mit dem, was alle anderen tun oder erwarten, zufrieden sind, kann diese Frustration so stark werden, dass wir sie überwinden und persönliche Verantwortung für unser eigenes Glück übernehmen wollen, auch wenn dies vielleicht keine populäre Entscheidung ist. Die Entwicklung über den selbstverwalteten, sozialisierten Geist hinaus ist ein individueller Prozess und sehr persönlich. Vielleicht gibt es in der Umgebung niemanden, der voll und ganz versteht, was wir brauchen und was wir suchen, und deshalb gibt es vielleicht niemanden, der diese persönliche Reise unterstützt. Dies ist besonders in traditionellen Gesellschaften der Fall; in modernen, hoch individualistischen Gesellschaften erwarten wir, dass die Menschen „zu sich selbst finden", was es im Allgemeinen einfacher macht. Die Übergänge von der Selbstfindung (Stufe 1) zur Selbst-Konsolidierung (Stufe 2) und von dort zur Selbst-Verwaltungung (Stufe 3) werden typischerweise von Erwachsenen und der Gesellschaft eingerahmt, und es gibt Menschen, die unseren Fortschritt schätzen. In der Reise von der Selbst-Verwaltung zur Selbst-Autorenschaft erhalten wir zwar Unterstützung, aber wir betreten eine Landschaft, die wir selbst definieren müssen.

Für viele Menschen geschieht der Übergang vom sozialisierten, selbstverwalteten Geist zum selbst-hervorbrigenden (‚self-authoring') Geist im Zusammenhang mit einer persönlichen oder sozialen Krise, wie etwa einer Scheidung oder dem Tod eines Elternteils: Etwas in unserem

Leben verändert sich so tiefgreifend, dass wir nicht umhin können, uns mit unseren Entscheidungen zu konfrontieren.

GEIST DER SELBST-AUTORENSCHAFT - 4. ORDNUNG DER MENTALEN KOMPLEXITÄT

Früher gab es in Dänemark einen Witz namens „Scheidungshaar"; wenn Frauen sich scheiden ließen, machten sie sich auch häufig einen neuen Haarschnitt, und wer – ob geschieden oder nicht – größere Veränderungen an ihren Haaren vornahm, bekam stets den Kommentar „Hast Du Dich scheiden lassen?". Immer, wenn wir den großen Schritt in unserem Leben machen, um selbst-hervorbringend[1] zu werden und die Komfortzone zu verlassen, in der wir tun, was alle erwarten, neigen wir dazu, auch jemand anderen im Badezimmerspiegel sehen zu wollen.

Das Individuum als Selbst-Autor, so Kegan, strebt nach Selbstverwirklichung und ist in der Lage, die Normen und Wahrheiten der Gesellschaft als ein Objekt unter anderen Objekten zu betrachten, sich emotional oder intellektuell außerhalb der allgemeinen Perspektiven der Gesellschaft zu positionieren und einen persönlichen Standpunkt einzunehmen, auch wenn dies bedeutet, von Familie und Freunden abgelehnt zu werden. Die Gruppe und ihre Wahrheiten zu transzendieren und Selbst-Autor zu werden, beinhaltet erhöhte Anforderungen an die Übernahme von Verantwortung, nicht nur für uns selbst und unsere eigenen Initiativen und Präferenzen, sondern auch an die Behauptung der Unabhängigkeit anderer Menschen sowie unserer eigenen.

Natürlich genießen wir nach wie vor intime persönliche Beziehungen und die Zugehörigkeit zu Gruppen, aber allgemeine und universelle Prinzipien haben eine höhere Autorität als die Emotionen der Menschen in der Gruppe und als Gruppe als solche. Familie, Nation, Mitbürger und geistliche Führer sind keine letztendlichen Autoritäten; sie

1.Anm. d Ü.: Schicht 4 im englischen original ‚self-authoring'; hier wahlweise übersetzt mit ‚Selbst-Autorenschaft' oder als ‚sich selbst hervorbringend' müssen höheren moralischen und ethischen Werten wie Ehrlichkeit, Würde, Transparenz, Gleichheit usw. entsprechen.

Es gibt kollektive Fakten, aber keine absolute, kollektive moralische Wahrheit. Es gibt eine Reihe von moralischen Wahrheiten, und jeder von uns muss sein eigenes sinnvolles Paket dieser Wahrheiten zusammenstellen. Wir werden zur höchsten Autorität in unserem eigenen Leben und zum Autor unseres eigenen Selbst, moralisch, existenziell, kulturell und zu einem großen Teil emotional. Wir machen nicht mehr andere für unsere Gefühle verantwortlich, sondern verstehen, dass die einzige Person, die wir ändern können, wir selbst sind.

Die sich selbst-hervorbringende Person ist in sich geschlossen; es gibt niemanden außer uns selbst, der uns sagen kann, ob wir die richtige Version von uns selbst sind. Da wir aus einer bestimmten Reihe von Umständen hervorgehen und von der umgebenden Gesellschaft, den Normen und der Kultur geformt wurde, ist das wahre selbst-schöpferische Ich vor diesem Hintergrund selbst erschaffen oder selbst definiert. Wir brauchen immer noch andere, die uns helfen und unterstützen, aber wir gestalten unsere Beziehungen mit und übernehmen Verantwortung für unsere eigene Rolle in ihnen. In der modernen Gesellschaft finden wir Unterstützung in einer Kultur der Identität und der Selbst-Autorenschaft. Wir brauchen immer noch andere, die uns helfen und unterstützen, aber wir gestalten unsere Beziehungen mit und übernehmen Verantwortung für unsere eigene Rolle in ihnen.. Unabhängigkeit, persönliche Weiterentwicklung, Ehrgeiz und/oder Leistung bestätigen; wir arbeiten daran, die Karriereleiter zu erklimmen und uns zu verwirklichen. Wir haben eher eine Karriere als einen Job und einen Lebenspartner als einen Helfer oder süßholzraspelnden Tröster.

Kegans 4. Ordnung entspricht mehr oder weniger Kohlbergs 5. moralischer Stufe: Orientierung am Gesellschaftsvertrag im Allgemeinen, und der 6. Stufe: Eine Orientierung hin zu einer universellen Ethik.

Übergang von der Selbstschöpfung zur Selbst-Transformation 4½

Eines der Dinge, die einen Übergang von der Selbst-Autorenschaft zur Selbst-Transformation einleiten können, ist die Frustration über formalisierte Beziehungen, die durch Konventionen und nicht durch Aufrichtigkeit oder Zweck definiert sind. Zum Beispiel, wenn das Erklimmen der Karriereleiter im Vergleich zur Neudefinition dessen, was das Unternehmen tun sollte, an Bedeutung verliert; oder wenn es zum Beispiel sinnvoller wäre, die Produktion nachhaltig zu gestalten, als eine Beförderung zu erhalten. Beziehungen müssen echt sein, seien es Beziehungen zu Dingen, Einzelpersonen, Gruppen, Ideologien, Handlungen oder Ritualen, wenn wir sie respektieren wollen. Wenn wir wirklich Selbst-Autoren werden, kann das Streben nach persönlichem Erfolg bedeuten, dass wir Normen und Regeln akzeptieren, wenn diese es uns ermöglichen, zu gedeihen und zu wachsen, aber wenn das nicht mehr ausreicht, wollen wir, dass die Welt um uns herum ebenfalls wächst; Normen und Regeln werden oberflächlich. Ein Zeichen für diesen Übergang ist, dass wir uns ausgelaugt fühlen, wenn wir diesen Normen folgen, und vielleicht entwickeln wir eine ironische Distanz zu ihnen, dekonstruieren sie oder verabscheuen sie einfach. Dasselbe gilt in der Ehe/Partnerschaft oder in den Gemeinschaften oder Clubs, in denen wir uns engagieren: Wenn die Beziehung nicht über sich selbst hinausgeht, wird sie beengend und auslaugend. Die Etappe 4½ könnte daher als selbstdistanzierend bezeichnet werden, weil wir uns mit mehr als nur unseren eigenen Agenden und Ambitionen verbinden wollen.

Da die Startposition der Selbst-Autorenschaft für diesen Übergang bereits sehr individuell ist und nur sehr wenige Menschen sie durchlaufen, bevor sie Enkelkinder haben, gibt es normalerweise keine Hilfe, um auf eine tiefere Ebene zu gelangen. Menschen, die diesen Mentalitätswandel mit der Ankunft der Enkel erleben, haben ein gemeinsames Vokabular für diese spezielle Version des Übergangs, auch wenn dieses Vokabular nicht das Gesamtbild erfasst.

Selbst-transformierender Geist - 5. Ordnung der mentalen Komplexität - eine Systemperspektive

Dieses Stadium der Ich-Entwicklung ist am schwersten zu beschreiben, aber wie bereits angedeutet, kennen es viele Großeltern, zumindest innerhalb der Familie. Es ist das Gefühl, das man hat, wenn man nicht nur sehen kann, wie sich andere Menschen und ihre Interaktionen auf jeden Einzelnen und als Gruppe auswirken, sondern auch, wie sich die eigenen Handlungen, Einstellungen und Eigenheiten auf alle und die Gesamtheit auswirken. Als Großeltern wissen viele, bei welchen Konflikten zwischen Enkelkindern und Kindern man explizit Hilfe anbieten sollte, welche Konflikte man durch ein wenig diskrete praktische Hilfe entschärfen sollte und bei welchen Konflikten man nichts tun sollte, entweder weil es die Dinge nur noch schlimmer machen würde oder weil jeder seine eigenen Fehler machen und aus ihnen lernen muss. Letzteres wird begleitet von dem Gefühl: „Dies ist eine schreckliche Situation, aber auf einer tieferen Ebene entwickeln sich die Dinge so, wie sie sich entwickeln müssen."

Mehr noch als in der Familie – während wir eine Systemperspektive auf Gruppen in den komplexeren Kreisen der Zugehörigkeit wie Gemeinschaft, Nation usw. entwickeln –, ist diese 5. Ordnung eine komplexe Orientierung, in der Menschen, Situationen und Prinzipien miteinander verbunden sind und kein Prinzip absolut ist; man kann „Großeltern" in der größeren Gesellschaft oder auf globaler Ebene sein. Ideologien neigen dazu, sich selbst aufzulösen, und Überzeugungen können relativiert werden. Es gibt keine absoluten kollektiven Wahrheiten und keine „ewigen" persönlichen Wahrheiten, aber es gibt individuelle Wahrheiten, die ihre Glaubwürdigkeit durch ihre Beziehungen zu anderen Wahrheiten gewinnen. Einige Wahrheiten mögen wahrer sein und mehr Gewicht haben als andere, aber keine hat absoluten Ernst oder Unfehlbarkeit, und jede Wahrheit (aber nicht die Fakten) kann immer durch die Umstände in Frage gestellt werden. Als globaler Großelternteil oder Selbst-Transformator mit einer Systemperspektive genießt man den multidimensionalen dynamischen Fluss der Umstände und kommt dazu, Paradoxe zu akzeptieren, wenn nicht gar zu genießen.

Die selbst-transformierende Person transzendiert sich selbst und sieht sich selbst als Teil eines größeren Ganzen, ihr Weltverständnis ist ganzheitlich und sie sieht ihr eigenes Sein als eng mit der Welt verbunden, nicht nur mit den Menschen und Dingen, die ihren eigenen Vorlieben entsprechen, sondern auch mit den Dingen, die ihnen entgegengesetzt sind oder sogar widersprechen. Gegensätze werden so wahrgenommen, dass sie sich gegenseitig ergänzen und ein Ganzes bilden; es gibt kein Oben ohne Unten, kein Heiß ohne Kalt oder, wie die östliche Philosophie sagt, kein Yin ohne Yang.

Bei einer Systemperspektive ist das Selbst ein Teil eines miteinander verbundenen Ganzen, und ohne sich aufzulösen, akzeptiert man den Fluss und nutzt ihn konstruktiv, ähnlich wie beim Tai Chi: Schätze die Welt, wie sie sich um dich herum entwickelt, und wandle die Energie so um, dass sie deinem in die Gesamtheit integrierten Zwecke dient. Das ist der Zeitpunkt, an dem wir die Unterschiede und die Vielfalt der Meinungen und Werte voll und ganz schätzen.

In der komplexesten Form erstreckt sich die Verbundenheit nicht nur in der Zeit, sondern auch über die Zeit. In der Kindheit hat sich das Subjekt eine Vergangenheit, eine Gegenwart und eine Zukunft angeeignet; ebenso ist eine transformierende, transzendierende Person mit ihrer Verbundenheit durch ihr Erbe geprägt, und sie formt ein Vermächtnis über ihre eigene Lebenszeit hinaus. Vergangenheit, Gegenwart und Zukunft der Spezies werden zu einem integrierten Ganzen und zu einem Teil dessen, was sie ist.

Es mag wie ein instabiler Zustand rüberkommen, zumal man keine dogmatische Sicherheit hat, an der man sich festhalten kann, aber in Wirklichkeit ist es der in sich geschlossenste und ruhigste Zustand von allen.

Kegan bezeichnet die 5. Stufe nicht als Tai Chi oder Systemperspektive, sondern bezieht sich darauf, die Welt als Systeme von Systemen zu sehen. Er bezieht sich auch nicht auf Großeltern, aber wir haben die Erfahrung gemacht, dass diese Begriffe am leichtesten zu verstehen sind, wenn es um die Erklärung der Selbst-Transformation geht.

Kegans 5. Ordnung entspricht der Fähigkeit, Kohlbergs 6. moralische Stufe zu transzendieren und universelle Prinzipien als Objekte zu behandeln.

DIE FÜNF ORDNUNGEN DER KOMPLEXITÄT -SIND DIESE ENTWICKLUNGSSTUFEN REAL?

Zusammenfassend kann man sagen, dass Kegans fünf Ordnungen mentaler Komplexität so aussehen:

Tabelle 5 – Kegans fünf Ordnungen der Ich-Entwicklung Teil I

1ste Ordnung	2te Ordnung	3te Ordnung	4te Ordnung	5te Ordnung
Alter 2-4	Alter 6 -Teenager	Teen & Erwachsener	Erwachsener	Erwachsener
Selbst-Entdeckend*	Selbst-Konsolidierend*	Selbst-Verwaltend	Selbst-Autorschaft	Selbst-Transformierend
• Autorität außen • Benötigt Grenzen • Unklares Denken • Das Kind wird von seinen Impulsen besessen.	• Autorität außen • Benötigt Grenzen • Sucht nach Gruppe • Konkretes Denken • Das Kind wird von seinen Emotionen besessen.	• Internalisierte Normen • Konformität • Gruppe über Prinzipien • Einfache Abstraktionen • Die Person wird von Idealen und Werten der Gruppe besessen.	• Eigene Normen • Hat Ideale und Werte • Prinzipien über Gruppe • Abstraktes Denken • von persönlicher Autonomie geleitet	• Gegenseitigkeit • Normen erneuern • Systemperspektive / sieht Gesamtbld wie auch Selbst • Holistisches Denken • Sieht den Prozess und setzt Tai Chi um

** Kegan nutzt andere Begriffe*

Unter Psychologen wird weithin diskutiert, ob es solche Stufen oder klar unterscheidbare Ordnungen geistiger Komplexität tatsächlich gibt und ob die Entwicklung in solchen Schritten erfolgt oder ob die Entwicklung kontinuierlich verläuft und die Komplexität des Geistes reibungslos zunimmt.

Es ist auch umstritten, ob die Komplexität des Geistes in allen Kulturen auf diese besondere Weise fortschreitet oder ob das Modell nur widerspiegelt, wie wir im Westen reifen. Ferner ist umstritten, ob bestimmte Teile jeder Komplexitätsordnung bei allen Individuen immer in die gleiche Komplexitätsordnung passen.

Wir werden die Diskussion über das Kegan-Modell vorerst verlassen und zu ihr zurückkehren, wenn wir uns mit *Bildung* befasst haben und mit der Frage, wie sich dieses Konzept in einer Kultur entwickelt hat, die sich sehr von unserer heutigen unterscheidet.

Intelligenz, Pushback und Gerüste

Eine weitere Frage, die sich stellen könnte, ist, ob diese Art von erhöhter mentaler Komplexität mit dem IQ korrespondiert. Die kurze Antwort lautet: Das tut sie nicht. Die längere Antwort ist komplexer, und Tatsache ist, dass es fast keine Forschung über Erwachsene gibt.

Das eine Phänomen, das zu einer Zunahme der mentalen Komplexität führt, ist, wenn sich unsere bestehenden Annahmen über die Welt als nicht ausreichend oder falsch erweisen. Solange unsere Annahmen, unser mentales Modell der Welt, unsere Weltsicht oder Erkenntnistheorie bestätigt werden, besteht keine Notwendigkeit, sie zu ändern oder zu vergrößern, und wir wachsen nicht besonders. Aber wenn wir unser Modell, unsere Weltanschauung neu konfigurieren müssen, um sie der Realität anzupassen, dann wachsen wir. Vor allem dann, wenn wir mehrere Annahmen auf einmal revidieren müssen und uns der Schmerz veranlasst, uns gründlich mit uns selbst und mit der Frage auseinanderzusetzen, warum wir falsche oder zu vereinfachende Annahmen hatten.

Verschiedene Psychologen haben unterschiedliche Namen für dieses „in die Welt stoßen und unser mentales Modell entsprechend revidieren"; wir nennen es Pushback.

In der Kindheit geschieht ein typischer großer Pushback das erste Mal, dass wir entdecken, dass unser Vater nicht alles weiß. Oder dass der Weihnachtsmann in Wirklichkeit Onkel Chuck ist. Glücklicherweise finden die Pushbacks in der Kindheit oft mit Betreuern um uns herum statt, die uns führen und unterstützen und uns als Gerüst dienen können, wenn die Welt ‚zurück stößt'. Wenn wir älter werden und das Nest verlassen, müssen wir mit den Rückschlägen selbst fertig werden und unser Gerüst an neuen Orten finden.

Teile des Weges zu mehr geistiger Komplexität können mit einem höheren IQ leichter zu bewältigen sein, insbesondere wenn die Dinge abstrakter werden. Andererseits spricht gegen einen hohen IQ, der die Entwicklung des Egos fördert, dass hochintelligente Menschen möglicherweise nie ernsthaften Herausforderungen begegnen. Sie waren vielleicht schon immer in der Lage, ihre Altersgenossen, Eltern und Lehrer zu überlisten, so dass sie nie einen ernsthaften Pushback erfahren haben, nie gezwungen waren, sich an die Perspektiven anderer Menschen anzupassen und an ihren eigenen Fehlern zu wachsen. Mit anderen Worten: Der quälend unreife Professor ist nicht so selten, wie man vielleicht lieber glauben möchte.

Eine Veränderung des Vokabulars

Seitdem wir diese Modelle der Ich-Entwicklung studieren, wurden wir durch das Vokabular abgestoßen und hatten das Gefühl, es sei viel zu akademisch und, schlimmer noch, ihm fehle es an Tiefe. Wir wurden zwar etwas unempfindlich dagegen, aber schließlich beschlossen wir, ein besseres Vokabular und bessere Metaphern zu entwickeln, die mit den in unserer Kultur vorhandenen Idiomen in Verbindung stehen.

Anstatt die Ich-Entwicklung in Stufen oder „Ordnungen" zu sehen, ziehen wir es daher vor, die Metapher eines persönlichen Kerns zu verwenden, der sich in neuen Schichten aufbaut und ausdehnt. Ein Samenkorn, das in Schichten wächst und reift, eine Frucht, die reift.

Dies, so denken wir, erleichtert das Verständnis der Ich-Entwicklung und die Konzeptualisierung des inneren Wachstums. Es erlaubt uns, darüber zu sprechen, wie man ein umfassenderer Mensch wird und wie die früheren Schichten im Leben ein integraler Bestandteil des gegenwärtigen Selbst, des eigenen Kerns, sind. Das Bild erlaubt ferner die Verwendung des umgangssprachlichen Ausdrucks „eine abgerundete Persönlichkeit"; eine Schicht muss voll entwickelt, reif, rund und reif sein, bevor man die nächste entwickeln kann. Man kann, sagen wir, ein abgerundeter 11-Jähriger sein, der fähig ist, das zu tun, was von einem Kind in diesem Alter erwartet wird, oder ein einseitiger 11-Jähriger, der kognitiv und moralisch seinen Altersgenossen voraus ist, aber emotional verkrüppelt ist. Man kann auch reif für einen Übergang sein, d.h. eine neue, äußere Schicht wachsen lassen.

Abbildung 6 – Fünf Schichten der Ich-Entwicklung

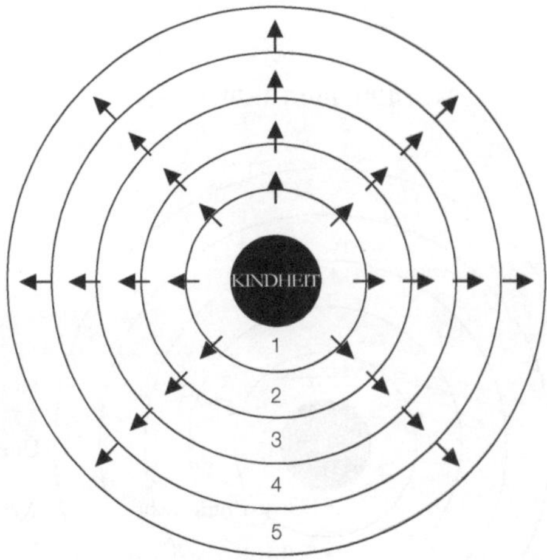

Die Schichten repräsentieren eine mit Erfahrung und Alter zunehmende mentale Komplexität.

Diese abgerundete Persönlichkeit stellen wir uns als dreidimensionale, konzentrische Sphären vor. Jede Kugel ist eine Landschaft mit einer Grenze oder einem Horizont, hinter der oder dem ein uns unbekanntes Gebiet liegt. In den frühen Schichten 1, 2 und 3 sind bereits andere Menschen da draußen, die uns aufnehmen, Erwachsene, die in die gleichen Schichten gewachsen sind und sich in ihnen niedergelassen haben. In den Schichten 4 und 5 betreten wir unbekanntes Territorium, und auch wenn andere die Reise in die Selbst-Autorenschaft und Selbst-Transformation gemacht haben mögen, werden wir es nie so machen wie sie; wir müssen unsere eigenen, persönlichen Schichten 4 und 5 entwickeln. Diese Landschaftsmetapher erlaubt es uns, über eine persönliche Reise zu sprechen, darüber, in eine neue Landschaft zu ziehen und sie zu besitzen, und darüber, „in unserer neuen Landschaft zu stehen und auf den Ort zurückzublicken, von dem wir gekommen sind".

Abbildung 7 – Dreidimensionale Schichten der Ich-Entwicklung

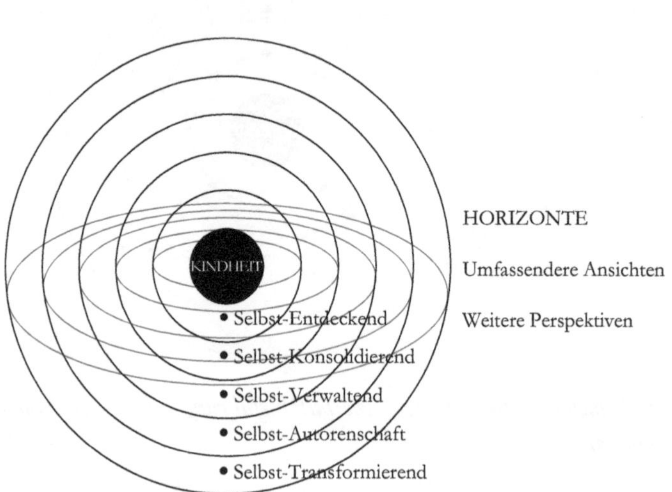

Die Schichten repräsentieren sowohl moralische Bestrebungen und Tiefe, als auch Wissenshorizonte.

Da die Sphären dreidimensional sind, sehen wir die horizontale Ebene als Darstellung von Wissen, Fakten über die Welt und die Erfahrungen, die wir mit anderen Menschen teilen können. Sozusagen unsere kulturelle Ich-Entwicklung. Die vertikale Achse stellt unsere emotionalen Wurzeln nach unten hin und unsere moralischen Bestrebungen nach oben hin dar; wenn wir reifen, wird unser Verständnis unserer Wurzeln und unserer selbst tiefer, und unsere moralischen Bestrebungen können sich weiterentwickeln. Die vertikale Achse stellt unsere spirituelle Ich-Entwicklung und Wege zu moralischen Wahrheiten dar. Sie repräsentiert emotionale Wahrheiten, die wir gelernt haben. durch Erfahrung, nicht Fakten durch rationales Lernen.

Ein Beispiel wäre der Weihnachtsmann: Als Kleinkind vertrauen wir unseren Eltern, und je nach Kultur „wissen" wir vielleicht, dass der Weihnachtsmann der Weihnachtsmann ist und jedes Jahr zu Weihnachten zu Besuch kommt. Irgendwann brauchen wir den Pushback, der uns lehrt, dass der Weihnachtsmann nicht wirklich der Weihnachtsmann ist, sondern Onkel Chuck. Auf der horizontalen Ebene haben wir nun einige neue Fakten über den Weihnachtsmann erfahren: Es ist nur Onkel Chuck in einem roten Anzug und mit einem falschen Bart; den echten Weihnachtsmann gibt es nicht. Auf der vertikalen Achse haben wir gelernt, dass unsere Eltern gerne mit uns spielen, dass man sich etwas vormachen kann und dass wir uns täuschen lassen können. Nächstes Jahr sind wir in das Geheimnis eingeweiht und haben Freude daran, unseren jüngeren Geschwistern etwas vorzumachen. Ohne dass uns jemand ausdrücklich dazu auffordert, haben wir jetzt ein neues Verständnis entwickelt: Andere wissen nicht alles, was wir wissen.

Wenn wir unsere Ich-Entwicklung auf diese Weise veranschaulichen, nämlich als konzentrische Globen mit horizontalem Wissen und vertikalen Wahrheiten, können wir über eine tiefe Persönlichkeit, Charaktertiefe und innere Weite sprechen, während unsere geistige Komplexität wächst und wir reifen. Nur wenn wir reifen und Schichten in alle Richtungen hinzufügen, können wir tiefe, weise und abgerundete Personen werden. Das Bild eines sich ausdehnenden Raumes in uns erleichtert auch das Verständnis eines zunehmend komplexen moralischen Gefüges: Mehr Schichten in mehreren Richtungen können auf unterschiedliche Weise mehr Bewusstsein und Gewissen verbinden.

Wenn wir uns nicht speziell auf Kohlbergs Stadien der moralischen Entwicklung beziehen, werden wir im gesamten Buch die „Schichten"-Terminologie anstatt Stadien und Ordnungen verwenden. Wir werden die Schichten als Ego-Schichten und die Schichten 1 bis 5 und die Übergänge zwischen ihnen als, sagen wir, Schicht 2½ bezeichnen. Wir werden die fünf Schichten als selbst-entdeckend, selbst-konsolidierend, selbst-verwaltend, selbst-hervorbringend (self-authoring) und selbst-transformierend bezeichnen. Schicht 4½ werden wir als selbst-distanzierend bezeichnen.

Wir werden den Begriff Epistemologie dabei für das verwenden, durch das man die Welt verstehen kann, und somit für dasjenige, das definiert, wie man die Welt versteht. Sprache und Kultur sind entscheidende Teile unserer Erkenntnistheorie; wir werden den Begriff insbesondere dann verwenden, wenn wir über kollektive Erkenntnistheorie und kulturelle Entwicklung sprechen. Zum Beispiel, wenn Philosophen neue Konzepte schaffen, die erweitern, wie oder was jeder denken kann. Als Jean-Jacques Rousseau über die Bedeutung der Emotionen des Kindes schrieb, erweiterte es die Erkenntnistheorie kollektiv und individuell. Unsere Zivilisation erhielt eine neue Art und Weise, das Kind und seine Entwicklung zu verstehen, ebenso wie jeder Einzelne, der sein Werk las oder davon erfuhr. Aber das ließ nicht jeden Leser wachsen; die Epistemologie erweiterte sich, aber die Ich-Entwicklung fand nicht unbedingt statt.

Bezieht sich das auf die World Values Survey?

Da sich sowohl Kegan als auch der World Values Survey mit Selbstverwirklichung und Emanzipation befassen, fragen wir inwieweit die beiden Modelle miteinander verwandt sind.

Die Werte der Selbstverwirklichung auf der X-Achse im World Values Survey überschneiden sich mit der von Kegan beschriebenen Ich-Entwicklung, aber es ist nicht dieselbe Forschung, und Werte sind nicht dasselbe wie Ich-Entwicklung; die Werte sind ein Teil unserer Normen.

Die Daten der World Values Survey werden weltweit in Form von Fragebogenerhebungen erhoben, die von den Politikwissenschaftlern Ronald Inglehart und Christian Welzel und ihren Forschungsteams entworfen wurden, und die Erhebungen werden in jedem Land von Umfrageinstituten wie Gallup durchgeführt, die in jedem Land 1.500 Personen anrufen. Ihr Schwerpunkt liegt auf dem kollektiven Wertewandel.

Robert Kegan und seine Kollegen untersuchen die Ich-Entwicklung, ihre Daten werden in den Vereinigten Staaten erhoben, die Methode ist viel komplexer und beinhaltet eine andere Art der Prüfung von Denkweisen der Menschen, und der Schwerpunkt liegt auf der persönlichen Veränderung von Individuen.

Inglehart/Welzel und Kegan beschäftigen sich beide mit zunehmender individueller, emotionaler Emanzipation und persönlicher, existentieller Freiheit, aber die von Kegan beschriebene Ich-Entwicklung ist ein reichhaltigeres Phänomen als nur Werte. Kegan erforscht die psychologischen Mechanismen in diesem Prozess und wie wir als Individuen mentales Neuland betreten.

Die y-Achse im World Values Survey, die traditionellen vs. säkularen Werte, beschreibt die religiöse, kulturelle und gesellschaftliche Emanzipation, deren Zunahme sich in Modernität und politischen Freiheiten niederschlägt. Das Modell von Kegan sagt dazu nichts aus.

Die Modelle zusammenbringen

Wenn wir über die Charakterentwicklung sprechen, müssen die fünf Schichten von Kegan irgendwie Kohlbergs moralische Stufen und die Kreise der Zugehörigkeit, derer man sich bewusst sein und denen man sich bewusst sein kann, einschließen oder ihnen entsprechen; zusammen bilden sie unser emotionales und moralisches Gefüge. Je mehr Ich-Schichten, je höher die moralischen Stufen, je mehr Zugehörigkeitskreise, desto komplexer ist unsere innere Welt.

Es gibt einen entscheidenden gemeinsamen Nenner in den Prozessen, von der weniger komplexen Ich-Schicht, der moralischen Stufe oder dem Kreis der Zugehörigkeit zur nächsten überzugehen, nämlich das Gefühl der Hingabe, um mehr Freiheit zu erlangen. Es ist ein emotionales und philosophisches Paradoxon, aber immer dann, wenn wir bereit sind, unser gegenwärtiges Selbstverständnis abzugeben und einen neuen Grad an Verantwortung auf uns zu nehmen, erwerben wir auch einen neuen Grad an Freiheit. Wenn unser Körper sich unserem Verstand „hingibt" und wir akzeptieren, die Kontrolle über unseren Körper zu haben, erhalten wir die Freiheit, auf unsere Emotionen zu hören. Indem sich unsere Emotionen den Normen unserer Gesellschaft ergeben und wir diese Normen als unsere eigenen akzeptierten, erhielten wir die Freiheit, uns mit anderen intim zu beschäftigen, weil man uns vertrauen konnte; indem wir uns emotional zurückhielten, konnten wir neue emotionale Erfahrungen entwickeln. Auf jeder Stufe der Entwicklung gibt es eine Hingabe und eine Öffnung neuer Bereiche. Der innere Aufruhr, den wir in solchen Phasen des Übergangs spüren, ist der Kampf zwischen zwei Ebenen von Verantwortung und Freiheit.

Wir stehen diesem Kampf besonders dann gegenüber, wenn wir in die Pubertät eintreten und versuchen, eine erwachsene Unabhängigkeit zu erlangen, während wir gleichzeitig wollen, dass unsere Eltern unser Zimmer putzen – oder wie ein Buchtitel es ausdrückt: „Verschwinde aus meinem Leben, aber könntest du mich und Cheryl zuerst zum Einkaufszentrum fahren?" Manche Menschen sehen sich mit dieser Kapitulation und Freiheit konfrontiert, wenn sie jahrelang eine nationale oder religiöse chauvinistische Agenda gefördert haben und plötzlich sehr netten und vernünftigen, vielleicht sogar leidenden Menschen aus den Gruppen gegenüberstehen, die sie geächtet hatten. Die alte Sichtweise muss sich der neuen hingeben, damit ein Mehr an Verantwortung, Freiheit und geistiger Komplexität zum Vorschein kommt.

Als wir Kegans Modell vorstellten, haben wir Kohlbergs moralische Stadien einbezogen; diese Entwicklungen des Egos und der Moral korrespondieren relativ leicht. Schwieriger ist es zu sagen, wie Kegans Modell mit unserem Bewusstsein und Gewissen in Bezug auf die Kreise der Zugehörigkeit korrespondiert. Ein Grund dafür ist, dass diese Kreise in hohem Maße kulturabhängig sind, und Bewusstheit, Bewusstsein und Gewissen höchst individuell sind. Aber wir werden ein allgemeines Muster für einen zeitgenössischen Westler vorschlagen:

Wenn das Kind die Ich-Schicht 2 entwickelt und sich selbst-konsolidiert, geschieht dies typischerweise im Kontext von Familie 1, Peer-Group und lokaler Gemeinschaft, wo es ein Gefühl der Zugehörigkeit empfindet – also in den Kreisen der Zugehörigkeit 2, 3 und 5. Nach und nach wird es beispielsweise verstehen können, „wir in unserer Familie sind katholisch und in Italien leben, Ashish und seine Eltern aus Indien kommen und sie Hindus sind". Die ersten Erklärungen für diese Unterschiede müssen ziemlich konkret sein, wenn sie für das Kind einen Sinn ergeben sollen: Als Christen feiern wir diese Feiertage, Hindus feiern andere; in Italien sprechen wir Italienisch und haben diese Flagge, in

Indien haben sie jene Flagge und sprechen viele verschiedene Sprachen. Es wird einige Jahre und ziemlich viel Erklärungsarbeit erfordern, bis es versteht, was eine Religion und ein Land sind, und bis es die Unterschiede zwischen den Religionen und Staaten versteht. So wird es sich allmählich des 6. Kreises der Zugehörigkeit bewusst werden, sei es seine Nation und/oder seine Religion, d.h. es wird sein erstes Gefühl der Zugehörigkeit zu einer imaginären Gemeinschaft entwickeln, aber es ist noch zu früh, um auf dieser Ebene der Kompliziertheit irgendeine Art von Gewissen zu erwarten. Kreise 7-10 wird es vielleicht kennen lernen, und es wird vielleicht ein Bewusstsein für einzelne Elemente wie z.B. arme Kinder in anderen Teilen der Welt entwickeln, aber ein Verständnis dieser komplexen Kreise ist nicht wahrscheinlich. Sich im Teenageralter selbst zu steuern und die Ego-Schicht 3 bis ins Erwachsenenalter zu entwickeln, schließt ein Gewissen gegenüber den ersten sechs Kreisen der Zugehörigkeit ein: Ego/Selbst, Familie 1, Peer-Gruppe, Familie 2 (feste Beziehung, Kinder haben), Gemeinschaft und Gesellschaft/ Land/Nation und Konfession. Was diese ersten sechs Kreise charakterisiert, ist, dass sie entweder reale Gemeinschaften sind, in denen wir alle oder einige der anderen Menschen kennen (Kreise 2-5), oder imaginäre Gemeinschaften, in denen wir eine Erzählung und Normen teilen (Kreis 6). Es ist relativ einfach, unsere Normen aus diesen ersten sechs Kreisen der Zugehörigkeit zu erhalten, weil wir Sprache, Symbole, Rituale, Epistemologie und Kernbestandteile unserer Identität in diesen Kreisen teilen. Daher ist es auch relativ leicht, in ihnen ein Zugehörigkeitsgefühl und ein Gewissen ihnen gegenüber zu empfinden: sie prägen uns, und es fühlt sich gut an, den Gefallen zu erwidern. Die Kreise 7-10 hingegen mögen relativ leicht bewusst zu machen sein, aber in Bezug auf Gewissen und Zugehörigkeitsgefühl wird es schwieriger: Diese Kreise versorgen uns nicht automatisch mit Sprache, Symbolen und einer Epistemologie.

Vielmehr neigen sie dazu, unsere Erkenntnistheorie und Symbole in Frage zu stellen, und die meisten von uns werden mindestens eine weitere Sprache lernen müssen, um sich auf diesen Komplexitätsebenen voll engagieren zu können. Um in den Kreisen 7-10 ein Gefühl der Zugehörigkeit zu empfinden, müssen wir eine Reihe von Rückschlägen überwinden. Wir müssen bereit sein zu akzeptieren, dass unsere eigene Religion und/oder kulturelle Normen in Frage gestellt werden.

Als Individuum, das sich selbst hervorbringt, ist unser größter Kreis der Zugehörigkeit nicht mehr unsere Nation und die konkreten Gruppen, sondern vielmehr sollten die Prinzipien, die wir persönlich entdecken, diese Gruppen leiten. Abstraktionen wie Ideologien, Religionen und kulturelle Werte stehen für uns zur Überprüfung, Diskussion und persönlichen Präferenz, und wir schätzen Meinungsverschiedenheiten und machen Platz für andere Perspektiven. Man wird nicht nur tolerant, man schätzt auch die Vielfalt.

Da wir unsere Normen und Werte nicht mehr in unseren Gruppen suchen, sondern sie selbst binden, können wir irgendwann anfangen, nicht nur unser Bewusstsein, sondern sogar unser Gewissen auf unseren Kulturkreis, auf universelle Prinzipien, auf den Planeten als solchen und auf das Leben selbst, auf Vergangenheit, Gegenwart und Zukunft, auszurichten. Auf diese Weise beginnen wir als Selbst-Autoren ein Gewissen in Bezug auf die Kreise der Zugehörigkeit außerhalb unserer Gruppen zu entwickeln: Wir beginnen, Sinn außerhalb der Kreise zu suchen und zu schaffen, die uns mit den Symbolen und der Erkenntnistheorie versorgt haben und die es uns überhaupt erst ermöglicht haben, einen Sinn für die Welt zu finden.

Diese Fähigkeit, über den kollektiven Rahmen unserer verschiedenen Gruppen hinauszudenken, ist, wie wir später noch weiter ausführen werden, für das Funktionieren der Demokratie von entscheidender Bedeutung; im Idealfall wären wir alle Selbst-Autoren und in der Lage, uns unabhängig unsere eigene Meinung über wichtige Angelegenheiten zu bilden und unsere Gruppen über die Loyalität innerhalb der Gruppe hinaus nach höheren moralischen Maßstäben zur Rechenschaft zu ziehen.

Die Systemperspektive, die damit verbunden ist, sich selbst zu transformieren und in der Ego-Schicht 5 angesiedelt zu sein, mag nur unsere Peer-Gruppe und Familie 2 berücksichtigen, und das ist wahrscheinlich die häufigste. Sie kann sich aber auch auf lokale Gemeinschaften, die eigene Nation, die eigene Religion, den Kulturkreis und alles darüber hinaus erstrecken. Das geschieht natürlich nicht von heute auf morgen, aber es ist die Komplexität des Geistes, des Bewusstseins, des Gewissens, der Epistemologie, der Bedeutungsgebung und der Zugehörigkeit, die notwendig ist, wenn wir unsere Probleme als Spezies lösen wollen.

TEIL II

Persönliche Freiheit und Verantwortung – Bildungsphilosophie

Ein Europa ganz anderer Art, der Auftakt zur Bildung, der deutsche Frühling und wie sich Bildung zur Ich-Entwicklung verhält.

KAPITEL 3

EINE GANZ ANDERE ART EUROPA

Wir gehen zurück nach Europa vor 350 Jahren und sehen uns mit dem völlig anderen Geisteszustand konfrontiert, in dem unsere Vorfahren lebten. Es war die Zeit der frühen Industrialisierung, die Aufklärung brach an, und in den frühen 1700er Jahren beeinflusste eine neue Art des persönlichen Glaubens die Gemüter im protestantischen Europa.

Wann immer wir die Geschichte betrachten, neigen wir dazu, sie aus unserer heutigen Perspektive zu betrachten, und unser Urteil über unsere Vorfahren fällt daher selten sehr günstig aus. Ihre moralischen Werte und politischen Entscheidungen – ganz zu schweigen von den ständigen Kriegen – erscheinen weniger kultiviert, wenn nicht sogar geradezu primitiv.

Wenn wir hingegen in der Reihenfolge, in der sich die Ereignisse abgespielt haben, in die historische Entwicklung eintauchen, erhalten wir ein viel besseres Verständnis dafür, warum die Menschen so dachten und handelten, wie sie es taten. Wir können uns plötzlich viel besser mit den Entscheidungen und Kämpfen identifizieren, mit denen diese Menschen zu tun hatten. Um also das bestmögliche Verständnis dafür zu bekommen, wann, wo, wie und warum der Begriff der *Bildung* entstanden ist und welche enormen Folgen er für uns heute hat, beginnen wir unsere Reise etwas früher.

Das waren andere Zeiten

Willkommen in Europa 1650! Der Dreißigjährige Krieg ist soeben zu Ende gegangen, und der Westfälische Friede von 1648 hat die Machtstruktur und das theologische Gefüge Europas neu gestaltet: Im katholischen Europa hat der Papst die religiöse Macht über die Staaten und damit auch die politische Macht; im protestantischen Europa haben die Herrscher der Staaten souveräne politische Macht, auch über die Religion. Jeder Herrscher entscheidet über die Konfession seines Staates, es gibt also keine individuelle Religionsfreiheit, sondern eine staatlich geregelte Religionsfreiheit: Katholiken und Protestanten haben sich gegenseitig erlaubt, Ungläubige zu sein, um den Krieg zu beenden.

Dies war ein ganz anderes Europa. Abgesehen von einer winzigen Elite war die Mehrheit der Bevölkerung arm und unterdrückt. Das Feudalsystem bedeutete, dass jeder in eine bestimmte Kaste in der Gesellschaft hineingeboren wurde, und es gab praktisch keine Möglichkeit für den Einzelnen, sich daraus zu befreien. Die einzige Ausnahme bildeten die Söhne der Aristokratie und in einigen Fällen Söhne von Bürgern, die Geistliche wurden, und die Töchter, die Nonnen wurden – letztere Möglichkeit verschwand mit dem Protestantismus.

Das Feudalsystem wies in Europa geringfügige Unterschiede auf, aber insgesamt hatte es drei Stände: Klerus, Adel und Bürgertum, und über allen stand der Herrscher (und in katholischen Gebieten der Papst). Der Klerus war der erste Stand und der privilegierteste; abgesehen von einigen asketischen Mönchen lebten Priester (katholisch) und Pfarrer (protestantisch) in relativem Luxus und waren für die Schulen zuständig, führten Geburts- und Sterbebücher und kümmerten sich um die Armen. Angesichts der Tatsache, dass die einzige Möglichkeit des sozialen Aufstiegs darin bestand, Teil des Klerus zu werden, konnte dieser erste Stand tatsächlich einige der besten Köpfe ihrer Zeit hervorbringen. Der zweite Stand, die Aristokratie, wurde in ihre Privilegien hineingeboren, und das Einzige, was über die Stellung eines jeden hier entschied, waren die Lenden des Vaters. Man konnte auch General in der Armee werden und Ehre und Ruhm erlangen oder sich dem Klerus anschließen, aber man konnte genauso gut ein kompletter Witzbold sein und viel Macht erben.

Die Bürgerlichen waren die Gruppe, deren Status sich von Ort zu Ort unterschied. Unter ihnen waren Bürger, d. h. Handwerker in privilegierten Städten, die bürgerliche Privilegien besaßen, Städter ohne Privilegien wie Köche, Kutscher und andere nicht zunftgebundene Arbeiter, Bauern, die Land besaßen, d. h. Grundbesitzer, Bauern, die kein Land besaßen, d. h. Teilpächter, Häusler, Leibeigene, Arme und Bettler. An einigen Orten gab dieser dritte Stand nur den Bürgern Rechtsstatus, und die übrige Bevölkerung wurde nur mehr oder weniger als natürliche Ressource betrachtet. Ursprünglich waren die Grundherren hauptsächlich Bauern/Freiherren gewesen, aber als die Bürger in den Städten während der Renaissance ihren Reichtum vermehrten, verlagerte sich die wirtschaftliche Macht zu ihnen hin und sie wurden zu einer Mittelschicht, die nicht in das feudale Modell passte.

Eine Versammlung, in der die Vertreter der drei Stände und der König über politische Angelegenheiten entschieden, traf sich in der Regel alle, alle zwei oder nur alle drei oder vier Jahre. Jeder Stand stimmte kollektiv ab, was bedeutete, dass die zahlreicheren Bürgerlichen mit insgesamt einer Stimme vertreten waren und meistens von den beiden anderen dagegen gestimmt wurden.

Nach dem dänischen Historiker Hartvig Frisch und seiner *Europas Kulturhistorie* (1962) waren 80 % der Bevölkerung Städter, Bauern, Leibeigene usw. und hatten keinerlei Einfluss. Um 1700 waren schätzungsweise 10 % der Bevölkerung in Frankreich Bettler, und in England waren 400.000 Familien von 5.000.000 Einwohnern Bettler. In Deutschland kamen in einigen Gebieten 260 Bettler auf 1.000 Einwohner, in Köln gab es schätzungsweise 12.000 von ihnen.

Die Lebensbedingungen und die Lebenserwartung der Bauern ähnelten den Bedingungen in einigen der am wenigsten entwickelten Teile der heutigen Welt, und die Leibeigenschaft, die nur geringfügig weniger schrecklich war als die tatsächliche Sklaverei, war die Norm auf Großgrundbesitzen. Insgesamt war es sicherer, Bier zu trinken als Wasser (im Bier wurden durch das Kochen die Keime abgetötet). Die Kindersterblichkeit lag bei über 30%, die Großstädte waren immer noch ummauert;

innerhalb dieser Städte waren die Straßen zwar gepflastert, außerhalb der Straßen jedoch nicht, ein Pflug musste untereinander geteilt werden, nicht alle Bauern hatten ein Tier, um ihn zu ziehen oder Zugang zu einem solchen zu haben, und die Bauernhäuser hatten keinen Bodenbelag (außer gedroschenem Stroh).

In England stand die Industrialisierung kurz davor, das Land völlig umzugestalten. Kinder im Alter von 5 Jahren würden unter schrecklichen Bedingungen in Fabriken Vollzeit arbeiten, und verschuldete Erwachsene könnten als Sklaven in die Kolonien verschleppt werden. Auf dem Kontinent setzte sich die Industrialisierung nur wenig durch.

Körperliche Strafen wie Auspeitschen und der Pranger waren weit verbreitet. In England lautete die Strafe für Hochverrat „Hängen, Ziehen und Vierteilung", was bedeutete, dass der Täter zunächst von einem Pferd an den Füßen zum Galgen geschleift wurde, dann wurde er so aufgehängt, dass er nicht starb, dann wurden ihm seine Eingeweide herausgeschnitten, damit er zusehen konnte, und schließlich wurde er in vier Stücke gehackt. Frauen, die Verrat begangen hatten, wurden verbrannt. Die britische Gesetzgebung, die diese edle Ermutigung zur Loyalität gegenüber dem König vorgeschrieben hatte, wurde erst 1870 aufgehoben.

Auch die kulturelle Identität und die Gesprächs-/Kommunikationswege in der Gesellschaft waren radikal anders. Heute führen wir in unseren Ländern eine öffentliche Debatte und erwarten, dass die Ober- und die Unterschicht unserer Nationalstaaten am selben Gespräch teilnehmen. Es mag sein, dass die Menschen einander nicht immer die gebührende Aufmerksamkeit und den gebührenden Respekt entgegenbringen, aber die Reichen und die Armen in, sagen wir, Großbritannien sehen sich als Teilnehmer am selben britischen Gespräch (oder zumindest als Kämpfer um dasselbe Steuersystem und Brexit).

Vor 300 Jahren war das noch nicht so: Im Zeitalter der Aufklärung kommunizierten die europäischen Eliten untereinander über Staatsgrenzen hinweg in einem hauptsächlich französisch- und deutschsprachigen Netzwerk. Sie schrieben einander, lasen gegenseitig ihre Bücher, besuchten einander, halfen sich gegenseitig finanziell und sahen sich nicht oder nur sehr wenig mit ihren bäuerlichen oder bettelnden Landsleuten gemein.

Kurz gesagt: Europa sah den größten Teil des Jahres aus wie ein Schlammfest mit Pocken und Masern; von jeher wurden die Massen mit weit verbreiteter Folter und körperlicher Bestrafung in ihre Schranken verwiesen, und während der gesamten Aufklärung fühlten sich die Eliten untereinander wohl und sorgten sich nicht. Um 1740 behauptete ein französischer Schriftsteller, dass das Betteln mit der Barbarei des Landes zunahm, eine Behauptung, die Voltaire widerlegte, indem er sagte, dass Betteln ganz im Gegenteil das Zeichen der höchsten Zivilisation sei: Keine Stadt war zivilisierter als Paris, und keine Stadt hatte so viele Bettler!

Bildung und Erziehung

Das Bildungsniveau und die Alphabetisierungsrate in Europa waren vor 300 Jahren erschreckend niedrig, aber es gibt Vorläufer der modernen *Bildung*, über die man sich informieren sollte, um ein vollständiges Bild der geistigen Landschaft in Europa zu erhalten.

Sie erzählt uns etwas über das enorme ungenutzte Potenzial, wie privilegiert wir heute sind, wie es möglich war, nicht noch mehr Fortschritt zu erfahren, und warum der Fortschritt den Menschen so überwältigend erschien, als er dann stattfand: Jeder wurde in dem Glauben erzogen, dass sich nie etwas ändern würde. Man kann mit Fug und Recht davon ausgehen, dass etwa 80 % nur das praktische Wissen ihrer Eltern reproduzieren konnten.

Der Beginn der organisierten Bildung

Solange es Schrift und Reiche mit einer staatlichen Bürokratie gibt, also seit 5-6.000 Jahren, scheint es eine Art organisiertes Lernen für die Söhne der Elite, d.h. die Priester, gegeben zu haben.

Die erste Zivilisation, von der bekannt ist, dass sie unter ihren Gelehrten Diskussionen über die notwendige *Bildung* all ihrer freien Bürger (der Männer) geführt hat, war das antike Griechenland. Interessant aus unserer Bildungsperspektive ist, dass die griechischen Philosophen während ihrer 200 Jahre Demokratie, die von etwa 500 bis 300 v. Chr. währte, nicht nur über *Bildung* im Sinne von Wissen und praktischen Fertigkeiten sprachen, sondern auch über die Entwicklung des moralischen Charakters: *Paideia*. Der ideale Mann war eine vielseitige Persönlichkeit. Er war intellektuell und moralisch veredelt, und sein Paideia umfasste Rhetorik, Grammatik, Logik, Poesie, Musik, Arithmetik, Geometrie und Astronomie sowie eine Ausbildung in Gymnastik und Ringen.

Unter den Römern hatte Cicero ein Verständnis für die Entwicklung des menschlichen (männlichen) Charakters im Erwachsenenalter und schrieb darüber, was bedeutet, dass auch andere dieses Verständnis gehabt haben müssen.

Sowohl das Judentum als auch der Islam sahen von Anfang an die Alphabetisierung als eine religiöse Verpflichtung für alle ihre Anhänger, zum Teil auch für die Frauen.

Gerade im Zusammenhang mit dem Islam ist die Entwicklung von Ich-Schichten interessant: Islam bedeutet Unterwerfung oder Hingabe. Wir sehen Hingabe im Allgemeinen als etwas Schlechtes, aber sowohl im Hinblick auf die arabischen Gesellschaften vor 1400 Jahren als auch im Hinblick auf das einzelne Kind oder den einzelnen Jugendlichen, der heute erwachsen wird, ist die Hingabe an die religiöse Praxis des Islam eine sehr wörtliche Verinnerlichung gesellschaftlicher Normen und ein neues Gefühl von Verantwortung, Freiheit und geistiger Komplexität. Auch der Sufismus, die islamische Mystik, die sich in den 800er Jahren zu entwickeln begann, entwickelte sieben Seinsebenen oder *Dschihad al-Nafs*, die das Ego oder die Wünsche bekämpfen. (*Jihad al-Nafs* bedeutet wörtlich „Kampf des Selbst"). Die Annäherung an die höchste Ebene des Seins erfolgt schrittweise, und der Fortschritt wird von Gott und nicht von Menschen gerichtet.

Die Reformation und die Alphabetisierung

Die Reformation ab 1517 machte das Lesen der Bibel und des Katechismus Luthers für den Vater eines jeden Haushalts zur Pflicht, und so verbreitete sich die Alphabetisierung im protestantischen Europa – auch unter Katholiken. In ganz Deutschland begannen die Pfarrgemeinden, eine gewisse Grundschulbildung anzubieten, und Mitte des 15. Jahrhunderts wurde die Alphabetisierung in den höheren Rängen der Gesellschaft als selbstverständlich angesehen, unter Handwerkern war sie normal und unter Bauern nicht überraschend.

In den akademischen Studien zur Alphabetisierung vor 1800 ist eine typische Vorgehenseise die Fähigkeit der Menschen zu beobachten, ihren Namen auf offiziellen Dokumenten wie Eheverträgen oder Testamenten zu unterzeichnen. Laut Harvey J. Graff (1981), *Literacy and Social Development in the West,* konnten in bestimmten Teilen Frankreichs um 1570 herum 3 % der Landarbeiter und 10 % der wohlhabenderen Bauern mit ihren Namen unterzeichnen. In England um 1650 lag diese Art der Unterschriften-Alphabetisierungsrate bei etwa 40% der erwachsenen Männer und unter den europäischen Siedlern in Neuengland bei etwa 60% der erwachsenen Männer. Die verstreute Bevölkerung in Neuengland erschwerte den Schulbesuch, und erst um 1760 erreichte die Alphabetisierungsrate bei den Männern 80%, um 1790 lag sie bei 90%.

Der Vater der modernen Bildung

Der erste Mensch in Europa, der systemisch über das Lehren nachdachte, war John Amos Comenius, der in Mähren in der heutigen Tschechischen Republik geboren wurde und von 1592 bis 1670 lebte. Dies war während der Gegenreformation, und als protestantischer Theologe und Pastor musste er mehrmals umziehen, als sich die religiöse Landschaft Europas während des Dreißigjährigen Krieges und danach neu gestaltete. 1656 brannten polnische Partisanen sein Haus in Leszno nieder, einschließlich seiner Manuskripte und der Druckerpresse seiner Schule.

Wenn er nicht als Pfarrer arbeitete und/oder eine Schule leitete, war Comenius das, was wir heute einen Bildungsberater nennen würden. Schwedische, englische, niederländische, siebenbürgische, polnisch-litauische und andere Herrscher und Regierungen beauftragten ihn in den 1640er-1660er Jahren mit der Reform ihrer Schulsysteme. Er ist einer jener Persönlichkeiten, von denen nur wenige von uns je gehört haben, die aber enorme Konsequenzen für uns alle hatten und die Europa buchstäblich miteinander verbunden und dazu beigetragen haben, dass es auf dem ganzen Kontinent eine Art zusammenhängende Entwicklung gab; er wurde als der Vater der modernen *Bildung* bezeichnet.

Man hätte gedacht, dass die Schaffung verschiedener Schulen für verschiedene Altersgruppen, d.h. Vorschule, Grundschule, Gymnasium (Oberschule) und Universität, selbstverständlich gewesen wäre, aber es war Comenius, der dieses System entwickelt hat. Er revolutionierte auch die *Bildung*, indem er darauf bestand, dass die Kinder tatsächlich verstehen müssen, was gelehrt wird: *Bildung* muss innerhalb eines Bezugsrahmens beginnen, der den Kindern vertraut ist, und sich von dort aus allmählich entwickeln.

Comenius wurde auch zu einer der führenden Figuren in der enzyklopädischen Bewegung der 1600er Jahre, als er die erste tschechische Enzyklopädie *Theatrum universitatis rerum / Das Theater aller Dinge* verfasste.

Enzyklopädien, Salons und Kneipen

Im Zuge der frühen Aufklärung nach dem Dreißigjährigen Krieg tauchten mehrere neue Phänomene auf; Enzyklopädien, Salons und Kneipen waren drei davon, und sie alle trugen zur Erhöhung der kulturellen und gesellschaftlichen Komplexität bei.

Seit dem Mittelalter hatte es Bücher gegeben, die verschiedene Wissensgebiete darstellten, aber sie wurden von Hand kopiert und waren schwer zugänglich. Als Gutenberg in den 1440er Jahren den Buchdruck mit beweglichen Lettern erfand, lenkte er die Welt in eine völlig neue Richtung. In den 1600er Jahren konnten europäische Gelehrte ihre eigenen Exemplare von Büchern erhalten, und sie konnten sich den Besitz mehrerer solcher Titel leisten. Mit der Aufklärung wurde die Enzyklopädie erfunden; das Wort Enzyklopädie stammt aus dem Griechischen *enkyklios paideia*: Zyklen von *paideia*.

Während der Renaissance weckten die vielen neuen Gedanken und Entdeckungen bei den gesellschaftlichen Eliten den Appetit auf Wissen und Diskussionen. Im norditalienischen Mantua und Urbino entstanden um 1500 die ersten Salons; in den folgenden 200 Jahren verbreitete sich das Konzept in Paris und anderen europäischen Großstädten. Hier wurden sie zu Brutstätten neuer Ideen und kultureller Entwicklung. Es handelte sich um gesellige Zusammenkünfte in Privathäusern, bei denen Aristokraten, Wissenschaftler, Intellektuelle, Dichter, Künstler und Musiker zusammenkamen und über Wissenschaft, Philosophie und Kunst diskutierten. Ob sie auch über Politik diskutierten, ist umstritten; es war die Zeit der absoluten Monarchien, und die Salons wären vielleicht nicht erlaubt gewesen, wenn die Teilnehmer über Politik diskutiert hätten. Da es damals auf dem Kontinent keine öffentlichen Versammlungsorte oder modernen Zeitungen gab, gab es nirgendwo sonst auf dem Kontinent einen öffentlichen Raum für diese Art von Diskussionen, ob sie nun politisch waren oder nicht.

Die Salons waren wichtig für die Erstellung von Enzyklopädien und für die Verbreitung der Ideen der Aufklärung in ganz Europa. Sie waren noch in mindestens zweierlei Hinsicht bemerkenswert: Erstens wurden sie in der Regel von Frauen ausgerichtet, den so genannten *Salonnières*, die typischerweise zum wohlhabendsten Teil des Bürgertums oder der Aristokratie gehörten; zweitens trafen sich dort, einmal eingeladen, alle zu gleichen Bedingungen. Für den modernen Leser mag dies nicht so merkwürdig erscheinen, aber in Gesellschaften mit getrennten Ständen war es höchst ungewöhnlich, dass Bürger und Aristokraten unter sehr informellen Umständen zusammenhingen und offen ihre Meinung sagten, das war höchst ungewöhnlich!

In England setzten sich die Salons nicht durch; stattdessen trafen sich die Männer in Kaffeehäusern oder Kneipen, vielleicht weil es in England mehr politische Freiheit gab und Gespräche in diesen „Pubs" freier geführt werden konnten.

Christliche Bildung und Ich-Entwicklung

Wenn wir die 1600er Jahre verlassen, definiert das Christentum die moralischen Werte in Europa. Die Hexenjagd hat ein Ende, aber der katholische oder protestantische Klerus ist die moralische Autorität und wehe der armen Seele, die sich nicht fügt.

Der kirchlich-pädagogische Werkzeugkasten der damaligen Zeit besteht aus majestätischen Kirchen, Chören, die schöne, erhebende Hymnen singen, und unverständlichen Messen auf Latein (katholische Kirche). Der Segen der Eucharistie „*Hoc Est Corpus*" wird als eine Art Magie verstanden, was zu dem Ausdruck „Hokus Pokus" führt. In den katholischen Kirchen zeigen Fresken, wie die Teufel die Sünder in der Hölle in alle Ewigkeit foltern werden; in den protestantischen Kirchen sind die Fresken übermalt und die Predigten in der lokalen Volkssprache beschreiben die Qualen, die die Übeltäter in der Hölle erleiden werden.

Das Christentum will auf der einen Seite, dass die Menschen ihre Normen verinnerlichen und selbst-verwaltet werden, auf der anderen Seite sagt Jesus nach Matthäus 18,3: „Wahrlich, ich sage euch: Wenn ihr nicht umkehrt und werdet wie die Kinder, so werdet ihr nicht ins Himmelreich kommen". Wir würden also sagen, dass die Kirche in Wirklichkeit, sei sie katholisch oder protestantisch, in Bezug auf Bewusstsein und Gewissen die überwiegende Mehrheit der Erwachsenen in Europa in der Ich-Schicht 2 (der mentalen Komplexität der heutigen späten Kindheit) gehalten hat, vielleicht sogar in Schicht 1: Wenn Gott – oder dein Herr in seinem Namen – dich beim Sündigen erwischt, steht dir eine schwere Strafe bevor! Die einzige sinnvolle Annäherung an Gott, den Glauben und die weltlichen Autoritäten für den ungebildeten Bauern, Leibeigenen oder Bettler zu jener Zeit hätte der 1. und 2. moralischen Schicht Kohlbergs entsprochen: „Werde ich erwischt?" und „Was springt für mich dabei heraus?"

Menschen mit Macht, Herkunft und/oder Geld werden als solche vielleicht nicht mit viel höheren moralischen Erwartungen erfüllt, aber sie würden nicht von ihren Herren wegen der geringsten Übertretung geschlagen werden. Stattdessen würden sie die Gewalt gegen die Bauern und Leibeigenen ausüben, und zwar entweder, weil sie die Auswirkungen von anderen Mächtigen fürchteten, wenn sie das nicht täten, oder weil sie die Normen der feudalen Ständegesellschaft verinnerlicht hätten. Mit anderen Worten, die Verantwortlichen für die Peitsche, des Spanischen Bocks und das Brandmarken von Übeltätern mit heißen

Eisen hätten die Ich-Schicht 2 (selbstverfestigende Kindheit) oder Schicht 3 (selbstverwalteter, sozialisierter Geist) entwickelt; nicht viele aber würden kritisch darüber nachdenken und die Art und Weise des Handelns in Frage stellen (Selbst-Autorenschaft, Schicht 4). Sie hätten wahrscheinlich auch Kohlbergs dritte moralische Stufe „Werden sie mich mögen?" entwickelt, aber nur im Hinblick auf einige sehr enge Zugehörigkeitskreise: die Familie und die kleine Gruppe aristokratischer oder bürgerlicher Gleichaltriger. Sie alle würden die wachsamen Augen des ersten Standes, des Klerus, fürchten, und wenn sie auch nur die geringste Verbindung zum Herrscher hätten, würden sie sich auf jeden Fall überlegen, ob er sie beim Betrügen erwischen würde, und alles tun, damit sie gut bei ihm stehen; es wäre eine sehr instrumentale Version von Kohlbergs dritter Stufe.

Es ist leicht zu erkennen, wie viele Menschen es gewagt haben, bestehende Normen selbst-hervorbringend zu kritisieren: kaum jemand. Wie viele es waren, die sich selbst hervorbrachten, aber ihre Gedanken für sich behielten, ist viel schwieriger zu wissen, vielleicht waren es Tausende.

Die Überschreitung der Normen der feudalen Gesellschaft wurde als etwas jenseits des Verächtlichen angesehen, und die Infragestellung religiöser Dogmen, des Status oder der Macht wurde als Bedrohung für die gesamte Gesellschaft empfunden, weil sie den Zorn Gottes provozieren könnte. Daher ging es in der gesamten Theologie und den meisten Philosophien darum, das Denken an bereits akzeptierten Wahrheiten auszurichten. Nur sehr wenige Menschen entwickelten die Einsicht und fanden den Mut, etwas auszudrücken, was nicht bereits akzeptiert war und im Einklang mit der Bibel stand. Zu denjenigen, die Selbst-Autorenschaft (Schicht 4) ausdrückten, gehörten Männer wie Leonardo da Vinci, Nikolaus Kopernikus, Galilei, Martin Luther und Shakespeare in den 1500er Jahren und Descartes, Newton und Locke in den 1600er Jahren. Um 1700 gab es mehr Menschen, die außerhalb der Normen dachten und sich äußerten, aber sie waren immer noch eine winzige Minderheit, und nur wenige, wenn überhaupt, sprachen sich direkt gegen den christlichen Glauben aus.

Wenn wir uns ansehen, was sie schrieben und was damals vor sich ging, dann scheint auch ihre moralische Entwicklung ihre Mängel gehabt zu haben. Diese Menschen, die so große Beiträge zu unserer Zivilisation geleistet haben, mögen Kohlbergs 4. Stufe „Wird dies gesellschaftliche Strukturen zusammenbrechen lassen?" entwickelt haben, aber Kohlbergs 5. Stufe „Dient dies allen und dem größeren Ganzen?" hätte wahrscheinlich recht verkümmert ausgesehen. Ihr „Gesamtbild" und „jeder" hätte nicht 80+% der Menschen um sie herum einbezogen; mit Ausnahme von Luther und einigen anderen wäre ihr komplexester Zugehörigkeitskreis ihre Peer-Gruppe und ihr Umfeld gewesen.

Was wir verstehen müssen, ist die radikal andere Art und Weise, wie die Europäer vor 300 Jahren füreinander und für die Gesellschaft empfunden haben. Zunächst einmal war das Christentum eine Kultur und eine Reihe von Normen, die man auf die eine oder andere Weise verinnerlicht hatte. Es war kein persönlicher Glaube, so wie der christliche Glaube heute ein bewusster und persönlicher Glaube ist, wo unsere Kultur individualistisch ist und es mehrere Alternativen dazu gibt. Die Strukturen der Gesellschaft, des Christentums und der Kirche waren so miteinander verflochten, dass jeder in die gleiche Seinsweise eingebettet war. Zweitens gab es keine Solidarität oder ein moralisches Verantwortungsgefühl über Gutsgrenzen oder über den Kreis der Menschen hinaus, die man persönlich kannte; es gab keine imaginären Gemeinschaften, die die Menschen zu einem Gefühl der Loyalität oder Pflicht gegenüber Menschen, die man nicht persönlich kannte, oder zu einem Gefühl der gemeinsamen Menschlichkeit inspirierten.

Eine neue Art der Frömmigkeit

Aber etwas begann in den späten 1600er Jahren zu geschehen. In der germanisch-protestantischen Theologie entwickelte sich ein religiöser Bildungsbegriff: der Drang und das Bemühen, ein moralischer Mensch (Mensch) nach dem Bilde Gottes zu werden. Dieser *Bild & Bildung*-Begriff ließ nicht viel Raum für Interpretationen, und obwohl er bedeutete, dass es ein Verständnis dafür gab, dass Menschen sich verbessern können, bedeutete er auch, dass nur eine Art von Verhalten als tatsächliche Verbesserung zählte: ein gehorsamer, frommer und kirchentreuer Diener Gottes zu sein.

Neu war jedoch, dass emotionale Aufrichtigkeit und religiöse Leidenschaft zentral wurden, um die Person in einen wahren Christen zu verwandeln. Überall im Neuen Testament wird zur persönlichen Umkehr und Buße aufgerufen, zu einer Annäherung an den wahren Glauben. In dem obigen Zitat „Es sei denn, ihr bekehrt euch und werdet wie kleine Kinder..." lautet das Wort für Bekehrung im griechischen Originaltext *straphéte*, was umkehren bedeutet. Aber umkehren ist nur ein Wort, ein anderes Wort im griechischen Originaltext ist *metanoia*, was „jenseits des Verstandes" bedeutet, eine Umgestaltung des Verstandes.

Dieser neue, persönliche religiöse Eifer und Drang nach religiöser Intimität mit Christus wurde *Pietismus* genannt, und in der obersten Schicht der Gesellschaft wurde daraus der neueste Schrei. Wörtlich: Kleidung und Lebensstil mussten eine tiefe, emotionale Aufrichtigkeit zeigen, die jede Art von Exzess scheute. Persönliche Hingabe wurde zum Markenzeichen dieses neuen Geschmacks des Christentums, das eine persönliche Verinnerlichung des Glaubens erforderte.

Aus einer säkularen, modernen Perspektive sieht der Pietismus wie eine schreckliche und intolerante fundamentalistische Art von Religion aus (nach modernen Maßstäben war sie das auch), aber zu Beginn des 17. Jahrhunderts bedeutete es eine radikal neue Art, Christ zu sein. Statt sich von außen durch explizite soziale Normen, wie sie in der Kirche und in der gesamten Gesellschaft präsentiert wurden, kontrollieren zu lassen, sollte der Einzelne den Glauben, die Wahrheit und die Verbindung zu Christus spüren und darauf aufbauend sich selbst regieren. Es war ein Erwachen einer neuen Art von Emotionen und Individualität, einer neuen Art der Selbstverwaltung und des Selbstbewusstseins. Neu war auch, dass die Frauen sie annehmen konnten; ihr spirituelles Leben war plötzlich von Bedeutung, und zwar auf eine Weise, die der der Männer ähnelte.

Trotz der Tatsache, dass die *Metanoia* bereits überall im Neuen Testament vorkam (sie wird 66 Mal erwähnt), war der Pietismus auch insofern radikal neu, als er die Idee einführte, dass Menschen sich verändern können. Ihr Glaube und ihre Frömmigkeit konnten sich verbessern, und es war eine persönliche Entscheidung, ob sie das taten oder nicht. Bis zum Pietismus hatte sich der Protestantismus nicht mit persönlichen Veränderungen befasst, sondern nur mit der persönlichen Prädestination und bis zu einem gewissen Grad mit der persönlichen Wahl. Aber nicht einmal das war wirklich persönlich, denn die Doktrin der Erbsünde machte alle zu Sündern, und die Wahrnehmung war, dass der Teufel die Menschen verführte oder vielleicht sogar ihre Entscheidungen kontrollierte. Mit dem Pietismus wurden die Seele, der Glaube, der Verstand, das Herz und die Gefühle der Menschen auf eine neue Art und Weise zu ihren eigenen.

Johann Sebastian Bach ist eine Schlüsselfigur dieser Zeit: er wurde 1685 geboren und starb 1750. In der Zwischenzeit transformierte er die Musik und führte sie zu neuen spirituellen und mathematischen Höhen und komponierte einige der komplexesten und erhebenden Musikstücke aller Zeiten. Er war ein frommer Protestant, und seine geistliche christliche Musik war und ist eine natürliche Erweiterung und Förderer der vom Pietismus geforderten persönlichen Hingabe.

Neue Gedanken

Zu Beginn des 17. Jahrhunderts sind also zwei große kulturelle Kräfte dabei, Europa umzugestalten: die Aufklärung, die gegen alten Aberglauben und für Wissenschaft und Humanismus kämpft und die zerebral und rational ist, und der Pietismus, der starke Emotionen und tiefen Glauben und Hingabe verlangt. Die Aufklärung verbreitet sich in intellektuellen Kreisen in ganz Europa, der Pietismus bleibt mehr oder weniger in den germanischen, protestantischen Teilen Europas. Die Aufklärung bedroht das bestehende Feudalsystem wegen seines Beharrens auf den Menschenrechten und der persönlichen Freiheit; der Pietismus löst den individuellen Verstand und Geist vom Kollektiv und fördert auf diese Weise eine neue Art von Individualismus.

Kapitel 4

DAS BILDUNGS-PRÄLUDIUM

Die soeben beschriebenen Veränderungen lösten viele neue Gedanken darüber aus, was es heißt, Mensch zu sein. Nicht zuletzt in Bezug auf Schönheit, Bedeutungsgebung und unsere Emotionen.

In den 1700er Jahren erscheint in Europa eine neue Art von Philosophen. Sie sind säkular und erforschen unsere innere Welt. John Locke gehört zu den ersten, mehrere weitere tauchen auf; wir werden uns hier auf Shaftesbury, Hume, Klopstock, Wieland und Rousseau konzentrieren.

Shaftesbury – Entstehung und Ego-Entwickung

Anthony Ashley-Cooper, 3. Graf von Shaftesbury, wurde 1671 in Shaftesbury in Südengland geboren, wobei John Locke als Arzt bei der Entbindung assistierte. Das selbst machte wahrscheinlich keinen großen Unterschied für den jungen Shaftesbury, aber als er drei Jahre alt war, wurde Locke mit der Erziehung beauftragt, und auf der Grundlage von Lockes Gedanken zur Erziehung lernte der zukünftige Graf Latein und Griechisch durch Konversation und konnte beide Sprachen etwa im Alter von 11 Jahren lesen. Als Teenager wurde Shaftesbury auf eine große Reise durch Europa geschickt, und im Alter von 26 Jahren kandidierte er für das Parlament.

Shaftesbury wurde von 1695 bis 1698 ein unabhängiger Whig im britischen Parlament, und er war einer der Männer, die den Gesetzentwurf zur Regelung von Prozessen in Fällen von Verrat nachdrücklich unterstützten. Nach dem Gesetzesentwurf sollte einer Person, die wegen Hochverrats oder falscher Verurteilung angeklagt war, die Unterstützung eines Rechtsbeistands, d.h. einer Art Anwalt, gewährt werden (ja, derselbe oben erwähnte Hochverrat, durch den man einen Einblick in die eigenen Eingeweide erhalten könnte).

Shaftesbury litt an Asthma und las daher schon früh eher Bücher als jene Aktivitäten im Freien zu unternehmen, die ein junger britischer Adliger normalerweise genießen würde. Nach seiner Zeit im Parlament und bis zu seinem Tod im Jahre 1713 schrieb er eine Reihe von Büchern und Essays, die ihrer Zeit bemerkenswert voraus sind.

Shaftesburys Verständnis der menschlichen Entwicklung und unseres Geistes kommt einigen Aspekten der Schichten der Ich-Entwicklung sehr nahe, was ziemlich erstaunlich ist, wenn man bedenkt, dass er dies vor mehr als 300 Jahren geschrieben hat. Da er so früh in der Geschichte auftrat und einige der deutschen Denker inspiriert hat, werden wir den guten Grafen hier durch eine Reihe von Zitaten für sich selbst sprechen lassen.

Einer von Shaftesburys Texten ist *An essay on the Freedom of Wit and Humour*, in dem er über das Glück schreibt. Er sagt, man solle es weiterverfolgen, aber es müsse diskutiert werden, ob das Glück nur durch das Dienen der eigenen Bedürfnisse oder durch das Dienen des Lebens selbst entsteht. Seine Schlussfolgerung ist, dass man „zu Recht selbstsüchtig" sein und die Kontrolle über sich selbst haben muss, und hier schreibt er über *Bildung* und nennt sie „geformt", wie er schreibt:

> Ich bin mir gewiß, dass es von alters her der Brauch war, die Jugend zu *Philosophen* von höchster Qualität zu schicken, um geformt zu werden. Es geschah in ihren Schulen, in ihrer Gesellschaft und durch ihre Gebote und ihr Beispiel, dass die Schüler gegen Not geimpft und sich in den strengsten Kursen der Mäßigung und Selbstverleugnung üben mussten. Durch eine so frühe Disziplin waren sie für die Befehlsgewalt anderer gerüstet, um die Ehre ihres Landes im Krieg aufrechtzuerhalten, den Staat weise zu regieren und in Zeiten von Wohlstand und Frieden gegen Luxus und Korruption zu kämpfen.

Daher, so Shaftesbury, bedeutet, als Individuum geformt zu werden, Selbstverleugnung zu meistern. Im Essay *Advice to an Author* schreibt er über die Bildhauer im Gegensatz zu den Autoren; letztere kennen sich selbst und können sich verbessern, während die bildenden Künstler:

> ...niemals mit all ihrer Genauigkeit oder Korrektheit der Gestaltung in der Lage sein können, sich selbst zu reformieren oder in ihren Personen ein Stückchen wohlgeformter zu werden. Aber jene Künstler, die aus einem anderen Leben kopieren, die den Anmut und die Vollkommenheit des *Geistes* studieren, sind wahre Meister jener Regeln, die diese letztere Wissenschaft ausmachen; 'es ist unmöglich, dass sie daran scheitern würden, selbst verbessert und zum Besseren abgeändert zu werden'. (...) Der moralische Künstler, der auf diese Weise den Schöpfer nachahmen kann und somit innerlich die Form und Struktur seiner Mitgeschöpfe kennt, wird kaum, nehme ich an, unwissend in sich selbst gefunden werden, oder ratlos in jenen Zahlen, die die Harmonie des Geistes ausmachen.

Mit anderen Worten: Die Beschreibung der Psychologie anderer muss den Schriftsteller in die Lage versetzen, auch an sich selbst zu arbeiten. Shaftesbury beklagt sich dann darüber, dass die Akademien, die für die *Bildung* eines vornehm-liberalen Charakters so wesentlich sind, vernachlässigt werden und dass ihre jungen Studenten zwischen zwei gleichermaßen unzureichenden Wegen wählen müssen: dem der „Pedanterie und des Schulunterrichts" oder dem der „modischen Analphabetenwelt". Der Weg, auf den es ankommt, der Weg, der einen höflichen Charakter bildet und das individuelle Urteilsvermögen formt, ist der Weg der Perfektion in den Künsten und Wissenschaften, und den gibt es heute nicht mehr.

Im Jahr 1709 schreibt Shaftesbury *The Moralists, A Philosophical Rhapsody*, und hier hat das, was er schreibt, eine deutliche Ähnlichkeit mit den Ego-Schichten. Der Text ist ein Dialog, in denen fiktive Figuren eine philosophische Frage untersuchen; der junge Palemon und Philokles diskutieren mit dem älteren und weiseren Theokles. Sie sprechen über drei Arten von Schönheit:

> Ist SCHÖNHEIT dann nur im Körper begründet; und nicht in Aktion, Leben oder Unternehmung? (...)

> ...das Schöne, das Hübsche waren nie in der Materie, sondern in der Kunst und im Design; nie im Körper selbst, sondern in der Form oder der formenden Kraft. (...) Was ist es, das Sie bewundern, außer dem GEIST oder der Wirkung des Geistes? Es ist allein der Geist, der formt. Alles, was ohne Geist ist, ist schrecklich: und Materie formlos ist die Deformation an sich selbst.

Das Fazit für Shaftesbury und seine drei imaginären Freunde lautet, dass es drei Ordnungen von Schönheit gibt: 1: tote Formen, 2: lebendige Formen und Geist, der Formen bildet, und 3: der Geist, der andere Geister formt:

> Sehen Sie denn nicht, antwortete THEOKLES, dass Sie *drei* Grade oder Ordnungen der Schönheit festgestellt haben? Aber wie? Warum zuerst die *toten Formen,* wie Sie sie korrekterweise genannt haben, die eine Mode zum Ausruck bringen und geformt sind, sei es durch den Menschen oder die Natur; aber sie haben keine formende Kraft zum Handeln oder Intelligenz. Richtig. Als nächstes, und als *zweite* Art, die *Formen*, die formen, das heißt, die Intelligenz, Aktion und Unternehmung haben. Immer noch richtig. Hier ist also die doppelte Schönheit. Denn findet sicht sowohl die Form (die Wirkung des Geistes) als auch der Geist selbst: Die erste Art ist niedrig und verächtlich in Bezug auf diese andere; von ihr erhält die tote Form ihren Glanz und ihre Kraft der Schönheit. Denn was ist ein bloßer *Körper*, zu einem menschlichen – und immer so genau in Mode, wenn die *innere* Form fehlt und der *Geist* monströs oder unvollkommen ist, wie bei einem Idioten oder Wilden? Auch das kann ich begreifen, sagte ich; aber wo ist die dritte Ordnung? (…)
>
> ... aber das, was sogar die Gemüter selbst gestaltend beeinflusst, enthält in sich selbst all die Schönheit, die diese Gemüter in Gestalt gebracht haben, und ist folglich das Prinzip, die Quelle und der Brunnen aller Schönheit.

Shaftesburys erste Ordnung der Schönheit ist die physische Schönheit, die eben von jemandem oder von der Natur geschaffene Objekte sind. Die zweite Ordnung ist innere Schönheit, die Normen und Befehle von außen, von anderen, annimmt; es mag gut aussehende Körper mit einem unterentwickelten Geist geben, aber sie sind nicht schön. Die dritte Ordnung der Schönheit ist das Selbst, das sich selbst und somit auch andere formen kann.

Was in der zweiten Ordnung schön ist, stammt aus der dritten und schöneren Ordnung:

> DAHER löst sich Architektur, Musik, und alles, was von menschlicher Erfindung ist, selbst in dieser *letzten* Ordnung auf. Richtig, sagte ich: und so lösen sich alle *Begeisterungen* anderer Art in die unsere auf. Die gestaltenden Arten leihen sich von uns, und sind nichts ohne uns. Wir haben zweifellos die Ehre, *Originale* zu sein.

Für den modernen Leser mag es scheinen, als ob Shaftesbury die kreative Klasse als moralisch überlegen ansieht. Doch es ist genau umgekehrt: Nur wenn man moralisch überlegen ist, kann man wahre und ursprüngliche Schönheit schaffen, und wenn man nicht seinen persönlichen, inneren moralischen Kompass und ein persönliches moralisches Rückgrat entwickelt, kann man nur der Mode folgen; man bleibt in Shaftesburys zweiter Ordnung.

Theokles fragt auf rhetorische Weise, was die wirklich größten Schönheiten sind, und da Palemon nicht antworten kann, ist Theokles' Antwort ein wenig sarkastisch:

> Möchtest du, dass ich mir für dich bewusst über das bin, was unmittelbar *dein Eigenes* ist, und was nur in dir und von *dir selbst* ist? Du meinst meine Empfindungen, sagte ich. Sicherlich, antwortete er: und zusammen mit deinen *Empfindungen*, deinen *Entschlüssen*, *Prinzipien*, *Entschlossenheiten*, *Handlungen*; was auch immer in der Art schön und edel ist; was auch immer aus deinem guten Verständnis, deinem Sinn, deinem Wissen und deinem Willen fließt; was auch immer (...) sich selbst aus deinem *Eltern-GEIST* ableitet, der im Gegensatz zu anderen Eltern nie

> verbraucht oder erschöpft ist, sondern Kraft und Stärke gewinnt, indem er produziert. (...) diese guten Teile, die du von einem natürlichen Genie durch gebührende Verbesserung hervorgebracht hast.

Unter Verwendung der Metapher der Eltern besteht das Ziel in dieser dritten Ordnung der Schönheit darin, „diese liebliche Rasse geistiger Kinder zu propagieren". Da Palemon und Philokles ihre eigenen Schwächen kennen, sind sie sich bewusst, dass sie Theokles als Hebamme brauchen; andernfalls befürchten sie, dass „diese Vorstellungen (...) sich als misslungen erweisen werden".

Theokles behauptet, dass die Fähigkeit, zwischen Gut und Böse zu unterscheiden, in unserer inneren Natur liegt, aber sie muss trainiert werden, um der Meinung und Mode aller anderen zu widerstehen:

> *Alle besitzen den Standard,* die *Regeln* und das *Maß*: Aber bei der Anwendung auf die Dinge entsteht Unordnung, Unwissenheit überwiegt, Interesse und Leidenschaft erzeugen Störungen. (…)

Die Tatsache, dass wir die Störung bemerken, sagt uns, dass wir ein Urteilsvermögen haben, das nur uns allein gehört. Das ist der Grund, warum selbst „die Bösesten der Menschheit oft das Interesse ihrer Rache allen anderen Interessen vorziehen", wie er schreibt; sie sind vielleicht bereit, dafür ihr Leben aufzugeben. Diese Gefühle reichen jedoch nicht aus:

> WENN ROHLINGE daher, so sagte er, unfähig sind, Schönheit zu kennen und zu genießen, da er eben ein *Rohling* ist und nur den *SINN* (den brutalen Teil) für ihren eigenen Anteil haben; daraus folgt: „Dass weder der Mensch mit dem gleichen Sinn oder rohen Teil Schönheit empfangen oder genießen kann: Aber alles Schöne und Gute, das er genießt, ist auf edlere Weise und mit Hilfe dessen, was am edelsten ist, sein Geist und seine Vernunft. Hier liegt seine *Würde* und sein höchstes *Interesse*: Hier ist die Beharrlichkeit gegenüber dem Guten und Glück. (…)

Denn so wie der *aufrührerische* GEIST, gefangen den *Sinnen*, niemals mit dem *virtousen* VERSTAND der Kultur der Vernunft um Schönheit wetteifern kann, so können auch die Gegenstände, die die ersteren verlocken, nicht mit denen verglichen werden, die die letzteren anziehen und bezaubern. (...) wenn man eine Freude anderswo als im Verstand platziert; der *Genuss* selbst wird kein schönes Subjekt sein, noch von anmutiger oder angenehmer Erscheinung. Aber wenn man daran denkt, wie *Freundschaft* genossen wird, wie auch *Ehre*, *Dankbarkeit*, *Aufrichtigkeit*, *Güte* und alle innere Schönheit; wie all auch die *sozialen* Freuden, die Gesellschaft an sich und alles, was den Wert und das Glück der Menschheit ausmacht; dann werden Sie hier sicherlich Schönheit in den Akt einfließen lassen, und Sie werden es für würdig erachten, angesehen zu werden und oft von dem frohen Geist, der sich des großzügigen Teils und seines eigenen Aufstiegs und Wachstums in Schönheit glücklich bewußt ist, überprüft zu werden. (…)

es sollte aus unserer strengen Suche erscheinen, dass es nichts Göttlicheres gibt als SCHÖNHEIT: was nicht zum Körper gehört, noch irgendein Prinzip oder eine Existenz außer in GEIST und VERNUNFT hat, wird allein von diesem göttlichen Teil entdeckt und erworben, wenn er sich selbst inspiziert, das einzige Objekt, das seiner selbst würdig ist. Denn was leer ist vom Geist, ist Leere und Dunkelheit für das AUGE des Geistes. Dieser Teil spricht und verdunkelt sich, wenn er fremde Subjekte zurückhält; aber er gedeiht und erlangt seine natürliche Kraft, wenn er in der Kontemplation dessen, was wie er selbst ist, eingesetzt wird. Es ist also der sich verbessernde GEIST, der andere Objekte leicht überblickt und über Körper und die gewöhnlichen Formen (wo nur ein Schatten der Schönheit ruht) hinweggeht und ehrgeizig zu seiner Quelle vordringt und das Original von Form und Ordnung in dem betrachtet, was intelligent ist. Und so, O PHILOKLES! mögen wir uns verbessern und Künstler dieser Art werden, indem wir lernen, „uns selbst und das, was das ist, kennen zu lernen, wodurch wir sicher sein können, durch Verbesserung unseren Wert und unser echtes Eigeninteresse zu steigern".

Mit anderen Worten, Shaftesburys drei Stufen der Schönheit sind in Wirklichkeit vier: 1: tote Dinge und körperliche Formen, die so geformt sind, dass sie schön sind; 2a: fühlende Wesen und bloße Rohlinge, die zwar gut aussehen mögen, aber einen ungeschliffenen Geist haben; 2b: Menschen, die ihre innere Form aus Quellen außerhalb ihrer selbst beziehen; Menschen, die die äußeren Dinge schätzen und „ein Sklave und folglich unglücklich" sind, wie er schreibt; 3: die Philosophen, d.h. jeder, der bereit ist, für seine eigene, innere Freiheit zu arbeiten:

> Oder ist es nicht gerade diese Freiheit von unseren Leidenschaften und niederen Interessen, die uns mit der guten Ordnung des Universums versöhnt, uns mit der Natur in Einklang bringt und uns in Freundschaft mit GOTT und Mensch leben lässt? (...) Ist männliche *Freiheit*, *Großzügigkeit*, *Großmut* nicht ein GUT? Dürfen wir nicht jenen Selbstgenuß, der aus der Kohärenz des Lebens und der Umgangsformen, aus der Harmonie der Zuneigung, aus der Freiheit vom Vorwurf der Schande oder der Schuld und aus dem Bewußtsein des Wertes und des Verdienstes mit der ganzen Menschheit, unserer Gesellschaft, unserem Land und unseren Freunden entsteht, als Glück wertschätzen: alles, was nur in der Tugend begründet ist?

Wenn wir Shaftesburys Beschreibungen mit den Schichten der Ich-Entwicklung vergleichen, könnten wir sagen, dass seine erste Ordnung der Schönheit nicht menschlich ist, und dass seine zweite Ordnung den Ich-Schichten 2 und 3 entspricht, und was er die dritte Ordnung der Schönheit nennt, ist tatsächlich eine vierte Stufe, und sie entspricht der Ich-Schicht 4. Vor 300 Jahren war das Vokabular nicht gerade politisch korrekt, und das, was Shaftesbury die Bösen und Rohlinge seines zweiten Grades oder seiner zweiten Ordnung nennt, entspricht der Ich-Schicht 2, die eine Kindheitsschicht ist, in der aber auch heute noch eine Reihe von Erwachsenen in ihren Leidenschaften feststeckt. Die anderen Erwachsenen in dem, was Shaftesbury als zweite Ordnung bezeichnet, sind Sklaven der Mode und finden außerhalb ihrer selbst einen höheren

Wert als innerhalb; mit einem modernen Vokabular würden wir sagen, dass sie die Normen der Gesellschaft verinnerlicht haben und von diesen Normen vereinnahmt werden, daher Ich-Schicht 3.

Shaftesburys dritte Ordnung der Schönheit kommt dem, was die Ich-Schicht 4 mit sich bringt, so nahe, dass man kaum glauben kann, dass der Text 300 Jahre alt ist. An anderer Stelle beschreibt er den sozialen Preis, den man möglicherweise zahlen muss, um seinem wahren Selbst zu folgen, und er ist auch heute noch genau richtig. Auch wenn Theokles ein paar Mal fragt, wie er diese persönliche Veränderung zur höchsten Stufe der Schönheit machen kann, bietet der Text keine andere Anregung als: Je mehr man es versucht und je öfter man es versucht, desto besser sind die Chancen.

1710 wurde Shaftesburys *An Essay on the Freedom of Wit and Humour* ins Französische übersetzt, und 1738 wurde *Advice to an Author* als Unterricht für den Schriftsteller ins Deutsche übersetzt. Interessanter ist in unserem Zusammenhang, dass das Wort 'formation', das für Shaftesbury offensichtlich säkular war, mit '*Bildung*' übersetzt wurde. Wir haben Shaftsbury nicht auf Deutsch gelesen, aber 1931 führte eine deutsche Doktorandin, Ilse Schaarschmidt, die Ursprünge eines säkularen Verständnisses von *Bildung* auf Shaftesbury und seine Verwendung des Wortes „formation" zurück. Wie oben erläutert, hätte das Wort *Bildung* für jeden deutschen Leser im Jahr 1738 normalerweise eine religiöse Bedeutung gehabt, aber hier bedeutet es eine moralische, intellektuelle und emotionale Transformation des Geistes. Gott ist nicht Teil der Gleichung.

Shaftesbury konzentrierte sich sehr stark auf den Verstand [mind] selbst, und in *Verschiedene Überlegungen IV*, Kapitel 1 geht er der Frage nach, was es ist, das in uns denkt und zweifelt, und wie dieser Verstand konstant bleibt und sich doch im Laufe unseres Lebens weiterentwickelt:

> So wird endlich ein VERSTAND, indem er sich selbst und seine eigenen Kräfte und Tugenden kennt, frei und unabhängig. Er sieht seine Hindernisse und Hemmnisse und stellt fest, dass sie ganz und gar von ihm selbst und von falsch verstandenen

> Meinungen herrühren. Je mehr es in dieser Hinsicht erobert, (sei es auch nur im Geringsten) desto mehr ist es sein eigener Herr, fühlt seine eigene natürliche FREIHEIT und beglückwünscht sich mit sich selbst zu seinem eigenen Fortschritt und Wohlstand.
>
> OB einige, die Philosophen genannt werden, ihre Meditationen so angewandt haben, dass sie irgendetwas von dieser Sprache verstehen, weiß ich nicht.

Shaftesbury hat die Unzulänglichkeiten seines eigenen Geistes entdeckt und festgestellt, dass er sich selbst von den Unzulänglichkeiten befreien kann, aber er hat keine Ahnung, ob jemand anderes jemals die gleiche Erfahrung gemacht hat. Wir interpretieren es so, als könne er sich aus seinem eigenen mentalen Modell der Welt, seiner Erkenntnistheorie, herausziehen und sehen, *wie* er versteht, und er kann sein eigenes Verständnis und seine Mängel als Objekt sehen. Er transformiert sich also auf sehr bewusste Weise selbst, und er ist nach bestem Wissen und Gewissen der erste in Europa, der über dieses mentale Unterfangen geschrieben hat.

Shaftesburys Denken verbreitete sich in den 1740er Jahren in Deutschland, und 1776-79 wurden seine Texte auf Deutsch in drei Bänden veröffentlicht: Des Grafen von Shaftesbury philosophische Werke. Auch wenn wir vielleicht wissen, wann Shaftesbury ins Deutsche übersetzt wurde, ist es natürlich schwer zu wissen, welche anderen Denker ihn gelesen haben, es sei denn, sie beziehen sich ausdrücklich auf ihn. Wie wir bald sehen werden, taten dies eine Reihe von Denkern, die sich mit *Bildung* befassen.

David Hume – die schottische Konstruktion der Wirklichkeit

Obwohl ein Mitglied der schottischen Aristokratie, wuchs David Hume mit bescheidenem Besitz auf; sein Vater starb, als David zwei Jahre alt war, und seine Mutter heiratete nie wieder. Stattdessen widmete sie sich der Erziehung von David und seinen älteren Geschwistern. Der

Junge war äußerst intelligent, und als sein älterer Bruder um 1722 das Haus verließ, um an die Universität von Edinburgh zu gehen, folgte ihm der 11-jährige David. Die Familie wollte, dass er Rechtsanwalt wird, aber er zog Geschichte und Philosophie vor.

Im Jahr 1737 schrieb der 26-jährige Hume *A Treatise of Human Nature.* Wie Shaftesbury erforschte er sein eigenes Denken und zog sich aus seinem mentalen Modell der Welt heraus, um den menschlichen Geist aus einer Innenperspektive zu erforschen. Hume war der erste europäische Philosoph, der erforschte, wie wir die Wirklichkeit konstruieren. Im Jahr 1748 kehrte er zu diesem Thema zurück und schrieb *An Inquiry Concerning Human Understanding*, eine kürzere Version von vielen der gleichen Gedanken:

> Die Beherrschung des Geistes über sich selbst ist begrenzt, ebenso wie seine Beherrschung des Körpers; und diese Grenzen sind nicht durch die Vernunft oder die Kenntnis der Natur von Ursache und Wirkung bekannt, sondern nur durch Erfahrung und Beobachtung, wie bei allen anderen Naturereignissen und bei der Handhabung von äußeren Objekten.

Anstatt über menschliches Verhalten „da draußen" zu philosophieren, studierte er dabei seinen eigenen Verstand und erforschte diesen Selbstprozess, der sich in ihm abspielte.

> Unsere Autorität über unsere Gefühle und Leidenschaften ist viel schwächer als die über unsere Ideen, und selbst letztere Autorität ist innerhalb sehr enger Grenzen eingeschränkt. Wird irgendjemand so tun, als ob er den letztendlichen Grund für diese Grenzen angeben würde, oder zeigen, warum die Macht in dem einen Fall mangelhaft ist und in einem anderen nicht.

Auffallend ist auch, dass er das entdeckt hat, was wir Pushbacks genannt haben:

> Es gibt keinen Menschen, der so jung und unerfahren ist, dass er nicht aus der Beobachtung heraus viele allgemeine und gerechte Maximen über menschliche Angelegenheiten und die Lebensführung gemacht hätte, aber es muss zugegeben wer-

den, dass ein Mensch, wenn er diese in die Praxis umsetzt, äußerst fehleranfällig ist, bis die Zeit und weitere Erfahrungen sowohl diese Maximen erweitern als auch ihn ihre richtige Verwendung und Anwendung lehren.

Bis Shaftesbury und Hume war die allgemeine europäische Grundannahme eine Dualität von Körper und Geist, und der Geist war etwas, der nicht aus dem Körper bestand, sondern aus etwas anderem (möglicherweise dem göttlichen Schöpfer), das die geistige Maschinerie antreibt. Hume machte den Verstandesprozess zu einer Angelegenheit seines eigenen Willens – und erkannte, dass er irgendwie nicht willentlich kontrollieren konnte, was vor sich ging, er konnte nur seinen eigenen Verstand beobachten. Er beschäftigte sich auch mit unseren Fähigkeiten zur Veränderung:

> Sind die Umgangsformen der Menschen in verschiedenen Zeitaltern und Ländern unterschiedlich? Dadurch erkennen wir die große Kraft von Sitte und Erziehung, die den menschlichen Geist von seinen Anfängen an prägen und ihn zu einem festen und gefestigten Charakter formen. (...) Sind die Handlungen ein und desselben Menschen in den verschiedenen Perioden seines Lebens, von der Kindheit bis ins hohe Alter, sehr unterschiedlich? Dies bietet Raum für viele allgemeine Beobachtungen über den allmählichen Wandel unserer Gefühle und Neigungen und über die verschiedenen Maximen, die in den verschiedenen Zeitaltern der menschlichen Geschöpfe vorherrschen.

Im Grunde sagt er, dass wir uns im Laufe der Zeit verändern, indem wir unsere mentalen Modelle der Welt verändern; man kommt im Jahr 1748 nicht sehr viel näher an die Entwicklungspsychologie von Piaget und Kegan heran. Hume unterscheidet dann zwischen den Einfältigen und den Philosophen, die eine Systemperspektive haben und denen die dialektischen Eigenschaften der Welt, das Yins & Yangs der Realität, aufgefallen sind:

> Die Vulgären, die die Dinge nach ihrem ersten Erscheinen beurteilen, führen die Ungewissheit der Ereignisse auf eine solche Unsicherheit der Ursachen zurück, dass letztere oft an

> ihrem gewohnten Einfluss scheitern, obwohl sie in ihrem Wirken auf keinerlei Hindernis stoßen. Aber Philosophen, die beobachten, dass fast in jedem Teil der Natur eine große Vielfalt von Quellen und Prinzipien enthalten ist, die aufgrund ihrer Kleinheit oder Abgeschiedenheit verborgen sind, stellen fest, dass es zumindest möglich ist, dass die Widersprüchlichkeit der Ereignisse nicht von einer Kontingenz in der Ursache ausgeht, sondern durch die die geheime Wirkweise gegenteiliger Ursachen. (...) Aus der Beobachtung mehrerer paralleler Instanzen bilden die Philosophen eine Maxime, dass die Verbindung zwischen allen Ursachen und Wirkungen gleichermaßen notwendig ist und dass ihre scheinbare Unsicherheit in einigen Fällen aus der geheimen Gegenüberstellung gegensätzlicher Ursachen resultiert.

Hume unterscheidet hier zwischen dem Vulgären und dem Philosophen und stellt dazwischen den Handwerker. Er verwendet das Beispiel einer Uhr und eines Uhrmachers: Der Vulgäre kann sagen, dass die Uhr stehen geblieben ist, der Uhrmacher kann sagen, was die Uhr angehalten hat (z.B. etwas Staub in einem Rad), und der Philosoph kann die Welt als ein komplexes, miteinander verbundenes Ganzes sehen, in dem Uhren und Staub gegensätzliche Kräfte sind, die zusammenwirken. Hume sieht also verschiedene Stufen mentaler Komplexität, und wir würden sagen, dass er hier Schicht 2 als das Vulgäre, Schicht 3 als das Handwerkliche erforscht, dann Schicht 4 überspringt und mit dem, was er den Philosophen nennt, direkt zur Komplexität des Geistes und des systemischen Bewusstseins der Schicht 5 springt.

Friedrich Gottlieb Klopstock – Frühjahrsprognose

Friedrich Gottlieb Klopstock ist ein Schriftsteller, von dem wir vor Beginn der Arbeit an diesem Buch noch nie etwas gehört hatten. Das Faszinierende an Lenes Unwissenheit ist vor allem, dass er einige seiner einflussreichsten Gedichte in Dänemark geschrieben hat. Das ist aber nicht der Grund, warum wir ihn zur Sprache bringen, sondern dass die großen deutschen Philosophen der späten 1700er Jahre ihn lasen und sich auf ihn bezogen: Er lieferte etwas von dem emotionalen Material, das die zerebrale Aufklärung selbst nicht liefern konnte.

Klopstock gehörte zu den Schriftstellern, die *Bildung* als religiöses Unterfangen betrachteten. Er war ein Theologe und Mystiker, der in einer pietistischen Familie aufgewachsen war, aber anstatt Pastor zu werden, war die Poesie seine Berufung. Er war sehr begabt und wurde 1750, im Alter von 26 Jahren, von dem Philologen Johann Jakob Bodmer nach Zürich eingeladen. Bodmer war eine zentrale Persönlichkeit, nicht nur in der Schweizer Kultur und Wissenschaft, sondern auch unter den europäischen Wissenschaftlern im Allgemeinen. Der junge Klopstock verbrachte dort 10 Monate und genoss Bodmers Gastfreundschaft und seine umfangreiche Bibliothek. Dann lud ihn der dänische Botschafter in Frankreich, Johann Hartvig Ernst Bernstorff, nach Dänemark ein. Der Sponsor war der Dänische absolute Monarch, König Frederik V., der sein eigenes Image aufbessern und ein bisschen Sternenstaub auf seine Hauptstadt Kopenhagen werfen wollte. Die herrschenden Klassen in Dänemark sprachen damals hauptsächlich Deutsch und Französisch, und Klopstock verbrachte schließlich rund 20 Jahre dort.

1759 schrieb Klopstock, inspiriert von der üppigen Natur nördlich von Kopenhagen, genauer gesagt um Lyngby (das zwar immer noch einen schönen See hat, aber ansonsten meist ein Reihenhausvorort mit einer Ingenieurhochschule und einem IKEA ist), das Gedicht *Die Frühlingsfeyer*. Unter den Bürgern in Deutschland und anderswo wurde dieses Frühlingsfest als Metapher für mehr politische Freiheit interpretiert. In dem Gedicht schrieb Klopstock über das niedrigste aller Tiere, den kleinen Wurm, und dass Gott vielleicht sogar in dieses sanfte Geschöpf eine Seele gesteckt hat. Die politische Deutung lautete: Wenn das so ist, dann ist alles Leben göttlich und von höchstem Rang, und die Aufteilung zwischen den Ständen ist falsch. Mit Klopstocks starken Emotionen und emanzipatorischen Andeutungen war seine Lektüre damals eine Art politischer Protest, nicht zuletzt in Deutschland, wo er sehr beliebt war. In Dänemark hingegen hatte sein Schreiben keine große Wirkung, und keine seiner Schriften enthielt jemals etwas besonders Dänisches; der

Lyngby-Wurm und seine anderen Natureindrücke könnten von überall her stammen.

1770 verließ Klopstock Dänemark und zog nach Hamburg, wo er weiter schrieb und sich den Freimaurern anschloss. Sein beeindruckendstes Werk ist das Gedicht *Messias* in 19.458 hexametrischen Versen, das er 1748 zu schreiben begann und 1773 vollendete.

Christoph Martin Wieland – die Français-Verbindung

1750 erkannte ein 17-jähriger Jurastudent an der Universität Tübingen in Süddeutschland, dass er viel lieber Dichter werden wollte. Er hieß Christoph Martin Wieland und las u.a. die griechischen und römischen Klassiker und Klopstock. Zwischen 1750 und 1752 schrieb Wieland eine Reihe von Gedichten, darunter das Heldengedicht *Hermann* und die *Zwölf moralischen Briefe in Versen*. In *Hermann* geht er der Frage nach, wie ein Held zum Helden wird, und nach Ilse Schaarschmidt verwendet er das deutsche Wort *Bildung* erstmals in einem nicht religiösen Sinn.

Wieland sieht *Bildung* als etwas, das durch Erziehung, durch den Einfluss von Lehrern, älteren Generationen, Freunden und Lieben entwickelt wird, nicht durch göttliche Verbindung oder mystische Einmischung.

Wieland schickt Hermann zu Johann Jakob Bodmer, und sie beginnen eine Korrespondenz, und 1752 lädt Bodmer den heute 19-jährigen Wieland ein, bei ihm zu bleiben und in Zürich zu studieren. In Bodmers Bibliothek begegnet Wieland den Schriften von Horaz, Cervantes, Voltaire, Shaftesbury und vielen anderen, und in den nächsten zwei Jahren durchläuft er eine völlige Wandlung. Er bekennt sich zur Aufklärung, zieht 1754 von Bodmer weg und beginnt neben der Lyrik auch über *Bildung* zu schreiben. Mit anderen Worten: Indem Wieland bei Bodmer bleibt, Zugang zu seiner Bibliothek hat und wahrscheinlich einige wirklich lange und tiefe existenzielle Gespräche mit Bodmer führt, der Mitte 50 ist, durchläuft Wieland im Alter von etwa 20 Jahren eine persönliche Transformation. Wir vermuten, dass er sich von der Selbst-Verwaltung zur Selbst-Autorenschaft gewandelt hat.

Zunächst schreibt Wieland nur in privaten Briefen über *Bildung*, aber bis 1758 werden seine Gedanken zum *Plan einer Academie, zur Bildung junger Leute*. In diesem Text, wiederum nach Schaarschmidt, übersetzt Wieland zum ersten Mal das französische Wort éducation in *Bildung* und gibt ihm im Deutschen eine ausgeprägte nicht-religiöse Bedeutung: Er erklärt es mit „information des Verstandes und Herzes".

Wieland zieht dann nach Bern, wo er sich verliebt und 1759 der 27-jährigen Julie Bondelli einen Heiratsantrag macht. Sie ist sehr gebildet und eine der Salonnières, die die lokalen Intellektuellen verbinden, und sie sind wirklich füreinander bestimmt. Doch der 26-jährige Wieland findet keine richtige Arbeit und muss Bern 1760 und sie verlassen. Er zieht zurück nach Deutschland, wo er Bürokrat wird, genauer gesagt: Leiter der Kanzlei in seiner Heimatstadt Biberach – ein Mann muss eben leben!

In den 1700er Jahren gab es nicht viele Karrieremöglichkeiten, aber ein Teil der Aufklärung war die Entwicklung der staatlichen Bürokratien außerhalb der Kirche. Sie eröffnete jungen Männern der Aristokratie und einigen der Bürger ein neues Reich der Möglichkeiten. Sie schrieben mit Gänsefedern, verschickten ihre mit Wachs versiegelten Briefe mit der Postkutsche und legten ihre Kritzeleien in hölzerne Schränke, und diese Männer mit Perücken strukturierten die Struktur der Staatsführung um.

Wieland war jedoch im Grunde kein Bürokrat: Das Schreiben, das ihm wichtig war, war seine Poesie, und um 1761 nahm seine schriftstellerische Karriere ihren Lauf. Im Jahr 1766 schrieb er den Roman *Agathon*, der einen klassischen griechischen Hintergrund hat, in dem aber die innere Entwicklung der Hauptfigur auf Wielands eigener spiritueller und psychologischer Reise basiert. Er war so neu in seiner Herangehensweise an die persönliche Entwicklung, dass er als der erste Roman in einer ganz neuen literarischen Gattung gilt: dem *Bildungsroman*, d.h. einem Roman, in dem die Hauptfigur eine Verwandlung durchläuft und sich zu ihrem wahren Selbst entwickelt. Oder wie wir sagen würden: Er wächst über die Ich-Schicht 3 hinaus und entwickelt die Ich-Schicht 4.

Die junge Frau, die Wieland zurückgelassen hat, Julie Bondelli, hat nicht den Rest ihres Lebens in Einsamkeit verbracht, ganz im Gegenteil.

Sie verband die Menschen in Bern weiterhin durch ihre Salons und ihr persönliches Engagement, und um 1762 schrieb sie Jean-Jacques Rousseau. Sie wurden Brieffreunde, trafen sich schließlich und wurden Freunde.

Jean-Jacques Rousseau – Erziehung und Ich-Entwicklung

Rousseau wurde 1712 in Genf geboren, das ein souveräner Stadtstaat war und in dem es, was für die damalige Zeit sehr ungewöhnlich war, ein politisches System mit Volksabstimmungen unter den Bürgern gab. Das System war in den 1400er Jahren eingeführt worden; die Aristokraten hatten einen Rat von fünfundzwanzig Leuten und die Bürger hatten den Allgemeinen Rat, der von den Aristokraten anerkannt wurde und das zentrale gesetzgebende Organ der Stadt war. Zu Beginn des 17. Jahrhunderts wurden die Befugnisse des aristokratischen Rates der Fünfundzwanzig jedoch erheblich gestärkt, und zwar auf Kosten des Allgemeinen Rates, der mehr zu einem Stempel für die Entscheidungen der Magistrate geworden war.

Nichtsdestotrotz gehörte Rousseaus Familie zu den stimmberechtigten Bürgern, und dieser Status spielte in seinem Selbstverständnis, in seinem Schreiben und in seinen Gründen für das Schreiben eine entscheidende Rolle. Obwohl er ein stolzer Bürger war, reiste er ziemlich viel zwischen Genf, den schweizerischen und italienischen Staaten und Frankreich umher. Vor allem aber zog er 1742 nach Paris und von dort (nach weiteren Umzügen) 1754 wieder zurück nach Genf. Genf war calvinistisch, ebenso wie Rousseaus Familie, die von französischen Hugenotten abstammte. In seiner Jugend konvertierte Rousseau zum Katholizismus, doch nach seiner Rückkehr nach Genf kehrte er zum Calvinismus zurück, wodurch er seine Bürgerrechte zurückerhielt.

Jean-Jacques war eine komplexe Persönlichkeit ohne abgeschlossene Ausbildung und mit einem verkorksten Privatleben. Die Frau, die in seiner Jugend seine Wohltäterin war, Françoise-Louise de Warens, wurde seine Geliebte, als er etwa 20 Jahre alt war; es war eine ménage à trois, zu der auch der Verwalter ihres Hauses gehörte. In Paris lernte er 1745

Thérèse Levasseur kennen, eine 24-jährige Näherin, die seine Geliebte wurde und die einer Ehefrau in seinem Leben am nächsten kam. Aus ihrer Beziehung gingen fünf Kinder hervor, von denen er sie in infamer Weise davon überzeugte, sie in ein Kinderasyl zu geben, weil er – der später zum Vater der modernen Pädagogik wurde – sich als Elternteil als unzulänglich empfand. Jedes Mal flehte sie ihn an, das Kind behalten zu dürfen, aber er ließ sie nicht, eine Tatsache, die von vielen als Argument benutzt wurde, um ihn und sein Denken zu diskreditieren. Es besteht kein Zweifel daran, dass seine Weigerung, eine Mutter ihre Kinder behalten zu lassen, schrecklich unmoralisch ist; andererseits hätten wir seine vielen Gedanken, die die westliche Zivilisation veränderten, vielleicht nicht gehabt, wenn er sich entschieden hätte, sein Schreiben aufzugeben und eine normale Arbeit anzunehmen, um sie zu unterstützen. Soll derjenige, der einen zugewiesenen Büroraum, eine Altersversorgung und Zugang zur Geburtenkontrolle hat, doch diese drei Dinge aufgeben, um Philosophie zu schreiben oder sonst seinen Mund halten.

Rousseaus wurde bekannt, als die Akademie von Dijon 1749 einen Preis für einen Aufsatz ausschrieb, der die Frage „Hat die Wiederherstellung der Künste und Wissenschaften eine reinigende Wirkung auf die Moral gehabt? In seinem Aufsatz *Discours sur les sciences et les arts (Ein Diskurs über die Wissenschaften und Künste)* erklärte der 38-jährige Rousseau, warum die Künste und Wissenschaften unsere Moral korrumpiert hatten, und 1750 gewann sein Text den Preis. In seinem gesamten Essay konzentriert er sich darauf, dass weniger entwickelte Gesellschaften aufrechtere und mutigere Männer haben und dass die Künste und Wissenschaften uns zu Schwächlingen und glücklichen Sklaven machen.

Der preisgekrönte Essay über Wissenschaft und Kunst fand breite Beachtung und wurde im folgenden Jahr ins Englische übersetzt. Rousseau schrieb weiterhin Essays, und 1761 erweiterte er sein Repertoire und schrieb den Roman *Julie, ou la nouvelle Héloïse (Julie, oder die neue Heloise).* Er ist als dampfender (für die damalige Zeit) Liebesbrief zwischen einem jungen Mann aus dem Bürgertum und einer jungen Dame aus der Aristokratie geschrieben und wurde wegen seiner Saftigkeit sowie der vorgeschlagenen Überwindung der Barriere zwischen den beiden Ständen sofort ein Bestseller – und von der katholischen Kirche verboten.

Rousseau war sehr produktiv und schrieb weiterhin über verschiedene Themen und experimentierte mit verschiedenen Genres, aber er kehrte immer wieder zum gleichen Thema zurück: der Konflikt zwischen unseren Emotionen und den Normen der Gesellschaft. Er sah generell eine Korruption unserer Emotionen und unserer Moral in den Normen: Das Feudalsystem, die allgemeine Unterdrückung, verzerrte Erwartungen und die Religion erlaubten es den Menschen nicht, sich als emotional gesunde Individuen zu entwickeln und ihr Leben in vollen Zügen zu leben. Im Jahre 1762, etwa im Alter von 50 Jahren und nach einigen turbulenten Jahren, veröffentlichte er *Du Contrat Social (Über den Sozialvertrag)* über politische Freiheit und die Notwendigkeit, dass das Volk über sich selbst herrschen sollte. Die Eröffnungszeile ist berühmt: „Der Mensch wird frei geboren und überall ist er in Ketten".

Im selben Jahr veröffentlichte er das Buch, das das westliche Verständnis von Kindheit und Erziehung für immer veränderte: *Émile, ou de l'éducation (Émile, oder Über Bildung)*. Das Buch umfasst rund 500 Seiten in fünf Bänden und handelt davon, wie der fiktive Émile von seinen frühesten Jahren bis zur Männerwelt erzogen werden sollte. Aufgrund eines langen Kapitels über Religion, in dem Rousseau die Meinung vertritt, dass, solange Religion Menschen zu Tugend führt, eine Religion nicht besser als die andere ist, wurden das Buch und Rousseau selbst aus Frankreich und Genf verbannt. Voltaire lud ihn ein, bei ihm zu bleiben, aber Rousseau antwortete nie.

Jahre später, als Rousseau aus Bern verbannt wurde, nahm er eine ähnliche Einladung von David Humé an – sie wurden nur ein Jahr auseinander geboren, und als sie sich trafen, wurden sie bald Freunde. Doch die Freundschaft zwischen dem einsamen und bescheidenen Schotten und dem französisch-genferischen Entdecker der Gefühle mit Hummeln im Hintern verschlechterte sich schnell. Rousseau wurde paranoid, Hume veröffentlichte ihre privaten Briefe, und ganz Europa konnte den Zusammenbruch der Beziehung zwischen den beiden großen Geistern mitverfolgen.

Rousseaus Erziehungskonzept wird oft so dargestellt, als solle das Kind einfach frei nach seinen Emotionen herumlaufen und durch Versuch und Irrtum selbstständig lernen, und dafür hat Rousseau viel Kritik erhalten. Es ist jedoch eine schreckliche Fehldarstellung von Rousseau und seinem *Émile.* Was Rousseau vielmehr vorschlägt, ist ein sorgfältiges und starkes Gerüst für die natürliche emotionale Entwicklung des Kindes, was sich in einer fast konstanten Aufmerksamkeit des Lehrers niederschlägt:

> Wir werden schwach geboren, wir brauchen Stärke; hilflos, wir brauchen Hilfe; töricht, wir brauchen Vernunft. Alles, was uns bei der Geburt fehlt, alles, was wir brauchen, wenn wir in den Besitz des Menschen kommen, ist das Geschenk der Erziehung.
>
> Diese Erziehung kommt zu uns von der Natur, vom Menschen oder von den Dingen. Das innere Wachstum unserer Organe und Fähigkeiten ist die Erziehung der Natur, der Nutzen, den wir aus diesem Wachstum ziehen lernen, ist die Erziehung der Menschen, was wir durch unsere Erfahrung mit unserer Umgebung gewinnen, ist die Erziehung der Dinge.
>
> So werden wir jeweils von drei Meistern unterrichtet. Wenn ihre Lehre widersprüchlich ist, ist der Gelehrte schlecht erzogen und wird nie mit sich selbst im Frieden sein; wenn ihre Lehre übereinstimmt, geht er direkt zum Ziel, er lebt im Frieden mit sich selbst, er ist gut erzogen.
>
> (...) Da alle drei Erziehungsformen zusammenwirken müssen, müssen die beiden, die wir kontrollieren können, der Führung dessen folgen, was sich unserer Kontrolle entzieht.[2]

Mit anderen Worten: Die Erziehung durch den Menschen und die Umgebung muss dem Wachstum des Körpers und der Fähigkeiten folgen; für die damalige Zeit war dies eine fast kopernikanische Wende im Blick auf Kinder und Erziehung. Bis dahin – abgesehen von Comenius' Beharren darauf, dass die Erziehung für die Kinder einen Sinn ergeben

2. Die Zitate von Émile in englischer Sprache stammen (sofern nicht anders angegeben) aus Project Gutenberg emile10.txt, in einer Übersetzung von Barbara Foxley.

musste – ging es bei der Erziehung darum, Emotionen und natürliche Neigungen im Kind zu unterdrücken; Erziehung wurde als disziplinierende und zwangsernährende Wissensvermittlung verstanden. Nun drehte Rousseau die Sache um und sagte: Nutzen Sie die natürliche Neugier und den Eifer, sich zu engagieren und anerkannt zu werden, und lassen Sie die Lernaktivitäten der natürlichen Entwicklung des Kindes folgen.

Rousseau schrieb auf Französisch und unterschied scharf zwischen *Erziehung, Disziplin* und *Unterricht.* Im Text behauptet er, dass *éducation* früher *Erziehung* bedeutete, und im ganzen Buch verwendet er eine Reihe von Wörtern für Lehren/Lernen, aber er verwendet „éducation" ganz klar für die Art von *Bildung* und Lernen, die er empfiehlt; es ist das am häufigsten verwendete Wort. Er behält das Wort Instruktion für das Lehren/Lernen, vor dem er warnt, und das zweite Mal, wenn er das Wort Instruktion verwendet, bezieht es sich auf Tiere, wenn er sagt:

> Tout est instruction pour les êtres animés & sensibles.
>
> Alles ist Instruktion für lebende, fühlende Wesen.

Wir kommen daher zu dem Schluss, dass Rousseau immer dann, wenn er das Wort éducation verwendet, bewusst nicht von Unterricht spricht, der ins Englische als Lehre übersetzt werden sollte, sondern er meint speziell éducation, das französische Wort, das Wieland einige Jahre zuvor in *Bildung* übersetzt hatte. Für uns ist klar, dass das, was Rousseau éducation/*Bildung* nennt, genauso gut Ego-Entwicklung hätte genannt werden können. Aus *Émile*:

> Wer die Vormachtstellung der natürlichen Gefühle im gesellschaftlichen Leben bewahren würde, weiß nicht, was er verlangt. Immer im Krieg mit sich selbst, zögernd zwischen seinen Wünschen und seinen Pflichten, wird er weder ein Mann noch ein Bürger sein. Er wird weder sich selbst noch anderen von Nutzen sein. Er wird ein Mann unserer Tage sein, ein Franzose, ein Engländer, einer der großen Mittelschicht.
>
> Um etwas zu sein, um er selbst zu sein und immer eins mit sich selbst zu sein, muss ein Mann so handeln, wie er spricht, er

> muss wissen, welchen Kurs er einschlagen muss, und er muss diesen Kurs mit Nachdruck und Beharrlichkeit verfolgen. Wenn ich diesem Wunder begegne, wird es Zeit genug sein, zu entscheiden, ob er ein Mann oder ein Bürger ist, oder wie er es schafft, beides zu sein.

Der erste Absatz beschreibt ein Individuum, aber es ist ein Konglomerat von Schichten, die noch nicht Selbst-Autorenschaft sind: „Derjenige, der die Vorherrschaft der natürlichen Gefühle im gesellschaftlichen Leben bewahren würde", ist jemand, der seine Emotionen und seine Reaktionen darauf nicht kontrollieren kann, d.h. er ähnelt der Ego-Schicht 1 oder 2. „Immer im Krieg mit sich selbst, zögernd zwischen seinen Wünschen und seinen Pflichten" können wir als jemand interpretieren, der fähig ist, sich selbst zu kontrollieren, es aber lieber nicht tun würde, daher Schicht 2 oder 2½. „Er wird ein Mann unserer Tage sein, ein Franzose, ein Engländer, einer der großen Mittelschicht" interpretieren wir als jemanden, der soziale Normen entweder bereitwillig befolgt oder sie verinnerlicht hat und sie sich wirklich zu eigen gemacht hat, also Schicht 3. Den gesamten zweiten Absatz sehen wir als Beschreibung der Ich-Schicht 4: ein entwickeltes Selbstverwirklichungsgefühl und die Fähigkeit, es auszudrücken. Basierend natürlich nicht nur auf dem obigen Zitat, sondern auf der gesamten Transformation von Émile auf diesen 500 Seiten, würden wir sagen, dass Rousseaus Ziel mit éducation/*Bildung* in der persönliche Entwicklung liegt, die die Ebene 4 und die Selbst-Autorenschaft hervorbringt.

Bildung beginnt in der Kindheit, und im gesamten Text von Rousseau finden wir Beobachtungen, die heute genauso unter Psychologie und Kognitionswissenschaften gehören würden wie unter *Bildung*. Über das Kleinkind:

> Erst durch Bewegung lernen wir den Unterschied zwischen dem Selbst und Nicht-Selbst;

und spätere Kindheit:

> Mit zunehmender Stärke haben Kinder auch weniger Bedürfnis nach Tränen. Sie können mehr für sich selbst tun, sie brauchen

weniger häufig die Hilfe anderer. Mit der Stärke kommt der Sinn, sie zu nutzen. Mit dieser zweiten Phase beginnt das wirkliche persönliche Leben; erst dann wird sich das Kind seiner selbst bewusst. In jedem Augenblick seines Lebens ruft die Erinnerung das Gefühl von sich selbst hervor; es wird wirklich zu einer Person, immer dieselbe, und deshalb fähig zu Freude oder Leid. Deshalb müssen wir anfangen, ihn als moralisches Wesen zu betrachten.

Diese Beschreibung des Kindheits-Selbst passt perfekt zur Ich-Schicht 2, und Émile entwickelt sich durch diese 2. Schicht hindurch und auch durch und über die 3:

> Verschieben Sie also die Szenen des Lebens; jedes Zeitalter wird von seinen eigenen Motiven beeinflusst, aber der Mann ist derselbe. Mit zehn Jahren denkt er an Kuchen, mit zwanzig an seine Geliebte, mit dreißig an das Vergnügen, mit vierzig an den Ehrgeiz, mit fünfzig an den Geiz; wann wird er nur nach Weisheit streben? (...) Nun, nachdem er sich selbst in seinen körperlichen Beziehungen betrachtet hat zu anderen Geschöpfen, in seinen moralischen Beziehungen zu anderen Menschen, bleibt seine bürgerlichen Beziehungen zu seinen Mitbürgern zu berücksichtigen.
>
> (...) Wollen Sie von Menschen abhängig sein, die Sie verachten? Wollen Sie Ihr Vermögen und Ihre Stellung durch bürgerliche Beziehungen bestimmen, die Sie immer von der Wahl anderer abhängig machen, die Sie, wenn Sie den Schurken entkommen wollen, dazu zwingen werden, selbst zum Schurken zu werden?

Rousseau ermutigt Émile nachdrücklich, sich über diese Koabhängigkeit hinaus zu entwickeln und in Schicht 4 selbst zum Schurken zu werden. Gegen Ende des Buches rät er Émile, unter seinen Landsleuten zu leben, aber jederzeit bereit zu sein, seinem Gewissen und nicht ihren Wegen zu folgen. Seien Sie ein prinzipientreuer Mensch der Selbst-Autorenschaft.

Rousseaus Unzulänglichkeiten

Es gibt jedoch einige merkwürdige Dinge in Bezug auf Rousseaus Empfehlungen. Eine Sache, die sowohl praktisch schwer durchzusetzen ist als auch überhaupt keine gute Idee in Bezug auf diese ideale *Bildung*, ist, dass sich das Kind immer nur auf den Lehrer bezieht und nie auf andere Kinder oder andere Arten von Peer-Gruppen. Émile hat außer dem Lehrer keine Freunde oder Spielkameraden, und es fehlt Émile ein ganzer Enkulturations- und Sozialisationsaspekt. Oder um es anders auszudrücken: Émile nimmt an keinem Kreis der Zugehörigkeit teil, der über die Beziehung zum Lehrer hinausgeht, und doch soll er plötzlich, als er volljährig wird, ein guter und fürsorglicher Bürger sein.

Außerdem gibt es keinen Hinweis darauf, dass Émile ermutigt wird, seinen eigenen Entwicklungsprozess zu sehen und daraus zu lernen, oder dass er seine *Bildung* über die Selbstverwirklichung hinaus ständig verändert und erweitert, also keine Schicht 5. Aber es besteht kein Zweifel daran, dass Rousseau selbst ab Schicht 5 schreibt, nicht zuletzt deshalb, weil er in dem Buch eine Geschichte über seinen eigenen persönlichen Weg vom Calvinismus zum Katholizismus aufnimmt und weil er über seine eigenen Unzulänglichkeiten im Leben reflektiert (von denen es zufällig viele gibt). Selbst als Émile ein junger Erwachsener wird, ist Rousseau als Gerüst oder überlegener Verstand und Wächter da, der einen Teil seiner Umgebung ausmacht, und während all der Jahre der Erziehung hat sich keiner von beiden über kurze Begegnungen hinaus mit anderen Menschen beschäftigt. Sie scheinen in einem seltsamen Vakuum zu existieren; wenn sie andere Zugehörigkeitskreise haben, sind diese nicht Teil der Erzählung.

Andere Werke von Rousseau

Nach Émile schrieb Rousseau mehrere weitere Essays und Bücher. Darunter *Considérations sur le gouvernement de Pologne (Überlegungen zur Regierung Polens)*, was interessant ist, weil er darüber schreibt, wie man ein Gefühl der Volkstümlichkeit, der imaginären Gemeinschaft einer Nation, schaffen kann.

1770 beauftragte eine Vereinigung polnischer Aristokraten Rousseau mit der Ausarbeitung einer Verfassung für sie. Stattdessen schlug er vor, dass Polen nie in der Lage sein würde, sich selbst zu verteidigen, wenn es nicht in der Lage wäre, die Bevölkerung emotional zusammenzuhalten, so dass die Polen sich selbst verteidigen würden, weil sie sich eben als Polen fühlen. Dies geschah in der Zeit der Söldnerarmeen, so dass die Herrscher und Aristokraten normalerweise riesige Geldsummen ausgeben müssten, um ihren Staat zu schützen. Nun schlug Rousseau vor, dass Millionen von Menschen sich als ein Volk fühlen und bereit sein könnten, für dieses Volk zu sterben, wenn sie alle emotional aufgeheizt wären:

> Warum also nicht statt regulärer Truppen, die für ein an Eroberungen uninteressiertes Volk hundertmal belastender als nützlich sind, in Polen eine echte Miliz aufbauen, genau wie in der Schweiz, wo jeder Einwohner Soldat ist, aber nur, wenn es notwendig ist? Die Institution der Leibeigenschaft in Polen macht es zugegebenermaßen unmöglich, dass die Bauern sofort bewaffnet werden; Waffen in unterwürfigen Händen werden für den Staat immer mehr gefährlich als nützlich sein. In Erwartung des glücklichen Moments der Emanzipation wimmelt es in Polen jedoch von Städten, und ihre Einwohner könnten, wenn sie zwangsverpflichtet würden, in der Not zahlreiche Truppen aufstellen, deren Unterhalt, außer in der Zeit der gleichen Not, den Staat nichts kosten würde. Die Mehrheit dieser Einwohner, die kein Grundstück besitzen, würde also ihre Steuern im Dienst zahlen; und dieser Dienst könnte leicht so verteilt werden, dass er für sie überhaupt nicht belastend wäre, auch wenn sie ausreichend gedrillt wären.[3]

Was Rousseau vorschlägt, ist die Bewaffnung nicht nur der Aristokratie, sondern aller in den Städten und schließlich, wenn die Bauern eman-

3. Das Zitat stammt aus *Considerations on the Government of Poland and on its Proposed Reformation*, http://www.css.ethz.ch; Eidgenössische Technische Hochschule Zürich.

zipiert sind – und das ist zu der Zeit fast frevelhaft – auch der Bauern. Seine vorgeschlagene Methode, um die Loyalität des Volkes zu gewinnen, bestand in eindrucksvollen visuellen Darbietungen und Feiern, um den Massen Ehrfurcht und den Ruf nach einem höheren Ziel einzuflößen. Aufgrund dieses Vorschlags wurde Rousseau auch die Erfindung der faschistischen Propaganda zugeschrieben, aber nach den Maßstäben von 1770 war die bloße Vorstellung, dass die Menschen ein Gefühl gegenseitiger Loyalität gegenüber einander als Nation und nicht zuletzt über die Grenzen der Ländereien innerhalb der Nation hinweg entwickeln könnten, jenseits dessen, was sich ein anderer jemals vorstellen konnte.

Es dauerte einige Zeit, bis Rousseau den Text schrieb, und als er ihn 1772 fertig stellte, war Polen von Preußen erobert und geteilt worden, Russland und Österreich, und der Text wurde erst 1782, vier Jahre nach seinem Tod, veröffentlicht. Aus Gründen, die wir später sehen werden, ist es jedoch interessant, dass der Vater der modernen pädagogischen Philosophie und *Bildung* in Form von emotionaler Entwicklung auch den Nationalismus konzeptualisiert hat.

Wolfgang Amadeus Mozart

Mozart hat keine Gedanken niedergeschrieben oder produziert, die in irgendeinem akademischen Sinn direkt mit unserem Thema verbunden sind. Aber er war ein genialer Komponist, dessen Musik ein untrennbarer Teil des kulturellen Gefüges Europas ist, und man kann kein eingefleischter Westler sein und nichts von Mozarts Musik kennen, das ist einfach nicht möglich. Deshalb haben wir uns aus Gründen des Kontextes entschlossen, ihn mit einzubeziehen.

Mozart wurde 1756 in Salzburg geboren. Im Alter von 3 Jahren interessierte er sich für den Klavierunterricht seiner 7-jährigen Schwester (ihr Vater war Komponist und Musiklehrer), er erhielt schnell eigenen Unterricht, mit 4 oder 5 Jahren komponierte er seine ersten Musikstücke, und mit 6 Jahren trat er an den Höfen von München, Wien und Prag auf. Das war 1762 (im selben Jahr wie Rousseaus Émile), und von dort aus reiste die Familie in den nächsten Jahren an die Höfe von

Mannheim, Paris, London, Den Haag, Zürich und eine Handvoll anderer Orte, damit sowohl Amadeus als auch seine Schwester auftraten. Im Alter von 8 Jahren komponierte Mozart seine erste Sinfonie, und bis 1773 reiste seine Familie – oder nur er und sein Vater – durch ganz Europa, damit er auftrat. Im Alter von 17 Jahren erhielt er seine erste von vielen Vollanstellungen an einem europäischen Königshof, mit 28 Jahren wurde er Freimaurer in Wien, und 1791 starb er im Alter von 35 Jahren.

Damals reiste die Musik auf Papierblättern und zusammen mit Musikern und Komponisten zu Fuß oder in Pferdekutschen, und die Zuhörer für nicht-kirchliche Musik waren die wenigen Auserwählten, also denken Sie nicht an Mozarts Musik als etwas, das plötzlich überall zu hören war. Trotzdem, wenn wir uns den 1770er Jahren nähern, behalten Sie ihn als Ihren mentalen Soundtrack...

Kapitel 5

DER DEUTSCHE FRÜHLING

Emanzipation, Menschsein und menschliche Entwicklung – was ist Bildung? Das ist eine faszinierende Geschichte über den Kampf für Freiheit und darüber, dass er zunächst nirgendwo wirklich hinführte. Es ist auch das längste Kapitel des Buches. Wenn Sie sich auf eine Reise durch die Geschichte und zum Kern des Nationalismus und zur Seele Europas begeben wollen, lesen Sie weiter; wenn Sie einen schnellen Überblick wünschen, haben wir gegen Ende des Kapitels auf Seite 157 eine Zusammenfassung für Sie gemacht – aber wir empfehlen Ihnen die ganze Geschichte.

Bis 1770 halten die Strukturen der absoluten Monarchie und der feudalen Gesellschaft Europa immer noch in einem erstickenden Griff.

Das Gebiet, das wir heute als Deutschland, Belgien, einige der Niederlande, Österreich, ein Teil Norditaliens, die Tschechische Republik, die Slowakei und ein beträchtlicher Teil Polens kennen, bildeten das Heilige Römische Reich. Das heißt aber nicht, dass es als politische Einheit funktioniert. Das Reich besteht aus mehr als 1.000 großen und kleinen Staaten, darunter auch Preußen, und obwohl es einen Kaiser gab, hat er nicht viel Macht; die Macht lag bei den lokalen Machthabern. Alle diese Staaten waren in hohem Maße autoritär, und ein falsches Wort in einem Buch oder Pamphlet, insbesondere wenn es um den Herrscher geht, kann zu Jahren Gefängnis ohne Prozess führen.

Selbst unabhängige Stadtstaaten wie Genf, Bern und Zürich, in denen die Bürger gewisse Bürgerrechte und Einflussmöglichkeiten haben, boten nicht viel Raum für persönliche Freiheit. In England ist es besser, aber nicht viel.

Ältere Generationen von Königen, Klerikern, Aristokraten und Bürgern waren größtenteils selbstgefällig, mit der Ordnung der Dinge vollkommen zufrieden und nicht an Veränderungen interessiert – sie hatten die Normen verinnerlicht und sind sesshaft geworden.

Die Jugendlichen empfanden das anders. Immer mehr jüngere Bürger und Aristokraten sehnten sich nach persönlicher, politischer, religiöser und intellektueller Freiheit, und sie waren frustriert und wütend. Sie konnten jedoch nicht viel tun, weil sie zersplittert sind und keine kritische Masse bildeten, die viel bewirken kann. Sie trafen sich in den Salons, aber es gab keinen öffentlichen Raum als solchen, in dem sie ihre Gedanken austauschen oder sich dafür einsetzen konnten, etwas zu verändern.

Die Schriften von Menschen wie Voltaire, Locke, Shaftesbury, Hume und Rousseau verbreiteten sich über Staatsgrenzen hinweg und schenkten den jungen Mitgliedern der Eliten Hoffnung, aber es ist zumeist eher geheim. Es mag sicher sein, die Bücher zu besitzen, aber den Inhalt zu befürworten und tatsächliche Veränderungen vorzuschlagen, ist es nicht. Mehrere von Rousseaus Büchern waren in Paris und anderen Orten verboten, einige von ihnen wurden verbrannt, und er selbst wurde aus Frankreich, Genf und Bern vertrieben.

In diesem politischen Klima gab es eine Art von Freiheit, über die man getrost sprechen kann: emotionale Freiheit. Sich über die eigenen Emotionen hinaus zu entwickeln und das tun zu wollen, was nach den Normen der Gesellschaft richtig ist. Mit anderen Worten, der Übergang von der zweiten zur dritten Schicht und die Entwicklung dieser selbstverwalteten dritten Schicht; die Emotionen zu überwinden, Freiheit von ihnen zu erlangen und die Normen der Gesellschaft zu verinnerlichen.

Die Entwicklung von der Selbstverwaltung nach den Normen zu einer sich selbst schaffenden Person ist dagegen schwieriger, da sie eine Opposition zu den Normen und Regeln der Gesellschaft bedeuten kann. Die Überwindung der kollektiven, oder wie wir sagen würden, die Entwicklung der Schicht 4 bedeutet eine hohe Wahrscheinlichkeit, sich den moralischen, kulturellen und politischen Autoritäten zu widersetzen, und das ist nicht etwas, das die Kultur der 1700er Jahre zu schätzen oder gar zu handhaben eingerichtet ist.

Dennoch, wenn die deutschen Denker der zweiten Hälfte des 17. Jahrhunderts von Freiheit sprechen, dann ist es diese innere Wandlung zur persönlichen Autorität, die sie meinen. Es schwelt eine Jugendrevolte ...

Gotthold Ephraim Lessing – der deutsche Molière

Im Alter von 17 Jahren, 1746, beginnt der junge Lessing sein Theologiestudium an der Universität Leipzig. Inspiriert von den römischen Klassikern träumt er davon, Komödien zu schreiben, und als er sein Studium in Leipzig in Richtung Literatur, Philosophie und Theater abdriften lässt, ist sein Vater, der Oberpfarrer im sächsischen Kamenz ist, nicht glücklich.

Lessing will aber unbedingt der deutsche Molière werden, und als er seine Eltern davon überzeugt, dass er vielleicht Medizin statt Theologie studieren sollte, wechselt er das Studium – und schreibt weiter. Auch sein Medizinstudium schließt er 1752 ab.

Lessing ist der Satiriker, Komödienschriftsteller, Dramatiker, Literaturkritiker, Herausgeber und Philosoph, der eine neue Entwicklung in der deutschen Literatur auslöst. Wie wir sehen werden, ist er auch nur der erste in einer Reihe von Teenagern und 20-Jährigen, die die Nase voll haben von dem, wie die Dinge sind, die Selbst-Autoren werden und schließlich dazu beitragen, die Denkweise aller zu verändern.

Thomas Abbt – nationale und persönliche Bildung

1759 erleidet das Königreich Preußen im Siebenjährigen Krieg eine schreckliche Niederlage. Zu den patriotischen Bürgern, die in der Folge mit ihrer preußischen Identität kämpfen, gehört der 21-jährige Thomas Abbt. Er hat Theologie, Mathematik und Philosophie studiert und setzt seinen emotionalen Kampf in dem Buch *Vom Tode für das Vaterland* um. Es ist die Art von Titel, die man bei Nazis vermuten würde, und Auszüge des Buches wurden tatsächlich 1943 in München veröffentlicht. Das ursprüngliche Buch erschien 1761, und es ist ein Versuch, den

Schmerz des Verlustes sinnvoll zu machen, auch wenn man für einen Monarchen und nicht als freier Bürger für eine Republik kämpft:

> Ich weiß nicht, durch welchen unglücklichen Zufall die Meinung fast allgemein akzeptiert wird, dass nur Republikaner stolz auf ein Vaterland sein können, und dass in Monarchien dieser Stolz nichts als ein bloßer Name, eine leere Phantasie ist.
>
> (...) Die Liebe zum Vaterland macht uns nicht zur Geißel des Menschengeschlechts, sondern zu mutigen Männern.

Abbt ist erst 22 Jahre alt, als er 1760 Professor für Philosophie wird, und er ist 25 Jahre alt, als er das wird, was man am besten als Bildungsminister im Fürstentum Fürsten Graf Wilhelm von Schaumburg-Lippe in Bückeburg bei Hannover beschreiben kann.

Als Abbt 25 Jahre alt ist, schreibt er sein letztes und wichtigstes Werk, das 1765 veröffentlicht wird: *Vom Verdienste*. Auf 380 Seiten spricht er über moralische Entwicklung, darüber, ein Ziel im Leben zu haben, anderen zu dienen, über Wohlwollen, die Verbindung zur Menschlichkeit und was Verdienste sind. Um diese Dinge zu erreichen, verwendet er im Grunde jedes deutsche Pseudonym für *Bildung* und benutzt das Wort *Bildung* nur einmal, was interessant ist, weil Wieland *Bildung* damals kaum eine säkulare Bedeutung gegeben hat. Abbt hätte *Bildung* also wohl als eine religiöse Entwicklung gedacht, aber was er befürwortet, ist eine breite *Bildung* oder Erziehung, was heute *Allgemeinbildung* oder Allgemeinwissen genannt wird. Er schlägt sie sowohl auf persönlicher als auch auf nationaler Ebene vor; in der Einleitung schreibt Abbt:

> Lehren aus der Geschichte! Unsere eigene Reflexion! Belehrung durch unsere Zeitgenossen! Drei Mittel, deren Kombination uns nicht daran hindern wird, unseren Zweck und unser Verdienst zu beurteilen und zu erreichen. Ich kann mir vorstellen, dass wir in der Lage sind, zwölf Tafeln für die Verdienstrichter herzustellen. Ich kann noch mehr sehen. Sehen Sie den Richterstuhl, den jeder in seinem eigenen Raum aufstellen kann, um sich selbst zu beurteilen. Heilige unsterbliche Gesetze!

Im ersten Kapitel betont er, dass Verdienste nur dann zählen, wenn sie sowohl eine innere Errungenschaft als auch etwas sind, das anderen zugute kommt, und – und das war es, was unsere Aufmerksamkeit in erster Linie erregte – wie Kegan hat er fünf Stufen der persönlichen Entwicklung:

> Aber ist es die Aktivität des Körpers oder die Aktivität der Seele, die Verdienste ausmacht? (...) Sammeln wir diese verstreuten Strahlen des Verdienstes und ordnen wir sie zu einem klaren Bild an.
>
> 1. Handlungen, oder Aktivität überhaupt,
> 2. Das, was anderen nützt,
> 3. Das, was wir aus freierer Entschlossenheit und reinen Absichten tun, oder, was in irgendeiner Form aus Wohlwollen kommt,
> 4. Das, was einen bedeutsamen Zweck hat,
> 5. Das, was durch die Kräfte der Seele ausgeübt wird, diese können wir Verdienst nennen.
>
> Jeder Mensch hat also ein gewisses Verdienst. Denn wer ist so machtlos, dass er durch seinen Vorsatz und seine Einsicht keinem anderen Gutes tun kann? Und so absolut böse, dass er niemandem etwas Gutes tun möchte? Die Zahl und die Summe der Handlungen, die am meisten zum Ziel haben und die auf Wohlwollen und der Kraft der Seele beruhen, machen daher das Verdienst jedes einzelnen Menschen aus, dessen Zu- oder Abnahme von der Vergrößerung oder Verkleinerung all dieser Teile abhängt. Je nachdem, ob die Summe größer oder kleiner ist, die Handlungen mehr oder weniger ausgeweitet, das Ziel erhaben oder niedriger, das Wohlwollen rein oder vermischt, die geistigen Kräfte mit mehr oder weniger Anstrengung beansprucht werden, desto mehr steigt oder sinkt der Verdienst.

Abbt hat entdeckt, dass moralische Entwicklung bei Erwachsenen stattfinden kann, dass *Bildung* ein Faktor ist (wobei das Wort *Bildung* einmal verwendet wurde), dass jeder etwas tun kann, und dass es eine mögliche Entwicklung in der Art und Weise gibt, wie man mit der Welt umgeht. Diese Entwicklung geht von 1: Verantwortung für das eigene Handeln, 2: etwas für andere sein, 3: eine Art innere Freiheit, 4: ein höheres Ziel haben und 5: sich durch Willenskraft so engagieren, dass dieses hohe Ziel erreicht wird. Im Jahr 1766 kommt es der Moral- und Entwicklungspsychologie und der Beschreibung der Ich-Schichten 1, 2, 3 und 4 wahrscheinlich nicht viel näher.

Was Schicht 5 betrifft, so schreibt Abbt mit großem Einfühlungsvermögen über die (einheimischen) Amerikaner und wie die Spanier sie missbraucht haben, er verspottet Rousseau, weil er seine „Menschenliebe" nicht auf die Hottentotten ausdehnen wollte, und er schreibt mit Abscheu darüber, wie viele seiner Zeitgenossen jeden hassen, der nicht ihrer eigenen Nationalität oder Religion angehört. Der junge Abbt war nicht nur in Schicht 5 eingefasst, er förderte sie auch.

Leider starb Abbt im nächsten Jahr, erst 26 Jahre alt. Wenn man 20 Jahre vor der Veröffentlichung von Rousseaus Ratschlägen über die Regierung Polens schreibt, ist es interessant, dass auch er die persönliche Entwicklung und das Nationalbewusstsein miteinander verband.

Zum Geist

Im Jahr 1762, dem Jahr der Veröffentlichung von *Émile*, ist Immanuel Kant ein relativ unbekannter Philosoph, der an der Universität Königsberg in Preußen Philosophie und Metaphysik lehrt. Königsberg ist heute Kaliningrad in Russland. Wie viele seiner Zeitgenossen in Nordeuropa ist Kant ein pietistischer Protestant, und er lebt ein Leben, das seinem Glauben und seiner Philosophie gewidmet ist. Beruflich gesehen ist sein bisher bemerkenswertestes Werk die Astronomie, und er lehrt seit fast einem Jahrzehnt.

Studenten kommen und Studenten gehen, aber in diesem Jahr gibt es unter den neuen Studenten einen 17-Jährigen mit einem außergewöhnlichen Geist. Der junge Mann stammt aus Mohrungen, dem heutigen Morag in Polen, einer kleinen, pietistischen Stadt mit etwa 200 Einwohnern, und sein Vater ist Lehrer, so dass sein Hintergrund bescheiden ist. Akademisch zeichnet er sich so sehr aus, dass Kant ihm besondere Studienprivilegien einräumt, er springt dann akademisch vorwärts und schließt nur zwei Jahre später, 1764, sein Studium als Theologe ab.

Der Name des begabten jungen Mannes ist Johann Gottfried Herder. 20 Jahre alt und Theologe, zieht er nun nach Riga – damals Livland, heute Lettland – , wo er sich eine Stelle an der Domschule als Prediger und Gymnasiallehrer an Land gezogen hat. Wenn er nicht arbeitet, liest und schreibt er, wird Freimaurer und schreibt in den nächsten fünf Jahren eine Reihe von philosophischen Essays und Büchern. Unter den Büchern, die er liest, sind die von Thomas Abbt, unter anderem schreibt *Über Thomas Abbts Schriften: Der Torso von einem Denkmal, an seinem Grab errichtet* aus dem Jahr 1768. Herder ist von Abbts Schriften und seinem frühen Tod tief betroffen.

Doch Riga ist dem jungen Herder nicht genug. Er will mehr, er will die Welt sehen, und 1769 tritt er zurück. Mit finanzieller Hilfe einiger Freunde und Wohltäter begibt er sich am 5. Juni auf eine Reise nach Frankreich und besteigt ein Schiff.

Während das Schiff durch die Ostsee und den Öresund zwischen Dänemark und Schweden fährt, verfasst er eine Tagebuch, in der er seine Gedanken zu einer Reihe von Themen festhält, darunter Philosophie, Politik, Geschichte, *Bildung*, Literatur sowie kulturelle und politische Unterschiede zwischen verschiedenen Ländern. In einer seiner Analysen beschreibt er Dänemark als eine despotische Monarchie, ähnlich wie Frankreich, und Schweden als eine demokratische aristokratische Monarchie, ähnlich wie die Türkei. Er schreibt auch, dass er geplant hatte, nach Kopenhagen zu fahren und Klopstock zu besuchen. Im Geiste eines jungen Mannes, der hofft, sein Idol zu treffen und zu inspirieren, schreibt Herder, er wolle „einen Funken zu einem neuen Geist der Literatur machen, der im dänischen Ende Deutschlands beginnen könnte" und sein Land bereichere. Da seine Zeitschrift später veröffentlicht wurde, gefiel es den Dänen nicht, Kopenhagen „das dänische Ende Deutschlands" zu nennen.

Herder beschließt, auf dem Schiff zu bleiben, anstatt an Land zu gehen, um Klopstock zu treffen, geht ein wenig in sich selbst, und als er am 15. Juli Frankreich erreicht, weiß er, dass seine Berufung darin besteht, Schriftsteller zu sein. Aber wie alle Schriftsteller bald lernen, muss man auch seinen Lebensunterhalt verdienen, und um seinen Lebensunterhalt zu bestreiten, wird Herder Kaplan der Reisegruppe eines 16-jährigen Prinzen auf der Grand Tour des Prinzen durch das Heilige Römische Reich. Die persönlichen Streitigkeiten der Reisegruppe sind jedoch so schrecklich, dass Herder im Juli 1770, als sie nach Straßburg kommen, kündigt.

Ein weiterer Grund für seinen Aufenthalt in Straßburg ist, dass er einen Anflug seines lebenslangen Augenproblems hat, und einer der berühmtesten Chirurgen, Professor Lobstein, ist in Straßburg. Lobstein soll den Tränensack durchtrennen, den Knochen durchbohren und einen neuen Tränenkanal (vermutlich ohne Anästhesie) einrichten. Damit dieser neue Tränenkanal nicht zusammenwächst, muss er durch das Drehen eines Pferdehaares offen gehalten werden. Im Operationssaal von Lobstein sitzen Studenten der Universität, und einer von ihnen ein 21-jähriger Jurastudent, der genau weiss, wer der 26-jährige Patient ist. Der junge Jurastudent stammt aus Frankfurt und hat in Leipzig Jura studiert, liest aber lieber Klopstock und Wieland, als uralte Gesetzestexte auswendig zu lernen, und nach der Operation kommt er freiwillig, um das Pferdehaar im Tränenkanal von Herder zu bewegen. Er ist auch der einzige Mensch, der Herder wirklich einen Besuch abgestattet hat.

Während seiner Rekonvaleszenz wohnt Herder im Gasthauses *Zum Geist*, was der treffende Name für seine Behausung ist, denn der junge Mann, der seinen Tränenkanal mit einem Pferdehaar offen hält ist kein Geringerer als Johann Wolfgang von Goethe.

So trafen Herder und Goethe im Oktober 1770 für zwei Wochen zusammen, während derer sie ihre eigene Poesie, Shakespeare, Ossian (eine Sammlung gälischer Volksdichtungen, die zehn Jahre zuvor veröffentlicht worden war und in ganz Europa populär war), deutsche Folklore, Shaftesbury, Klopstock, Rousseau und viele andere besprachen. Goethe ist bereits ein großer Fan von Wieland und Lessing. Dass sie darüber sprechen, ist bekannt, weil sie darüber schreiben. Jahre später schreibt Goethe, wie die Gespräche sein Verständnis und sein Schreiben verändert haben, und Herder schreibt:

> Goethe ist wirklich ein guter Mensch, nur ist er sehr unbekümmert und sehr viel zu unbekümmert und denkt wie ein Spatz, wofür ich ihm meine ständigen Zurechtweisungen gegeben habe.

Aber sie müssen über mehr als das geredet haben. Trotz ihres unterschiedlichen Temperaments gibt es Dinge, über die sie gesprochen haben müssen, die aber nie ausdrücklich erwähnt werden, denn niemand weiß es – und wir raten jetzt. Angesichts ihrer späteren Schriften müssen sie ihre Frustrationen über die Normen und Regeln der Gesellschaft, ihre eigenen Leidenschaften und Träume und ihr Verliebtsein geteilt haben; sie waren junge Männer! Während einer Reise mit dem Prinzen hatte sich Herder in Mannheim in ein Mädchen namens Karoline verliebt, und Goethe begann, sich mit einem Mädchen nördlich von Straßburg zu treffen, etwa zur gleichen Zeit, als er Herder kennenlernte. Sie müssen erkundet haben, was es bedeutet, Teil von etwas zu sein, das größer ist als ein lokaler Stadtstaat und bedeutungsvoller als das „Heilige Römische" Reich, ihr Gefühl, Deutsche zu sein, was es bedeutet, Teil eines Volkes, einer Kultur zu sein, und was es bedeutet, ein junger Mann mit großen Träumen zu sein, die man nirgendwo verfolgen kann. Der *Sturm und Drang*, über den sie bald schreiben würden, muss in ihren zwei gemeinsamen Wochen anwesend gewesen sein. Sie können nicht einfach wie Salzsäulen in einem Hotelzimmer herumgesessen und wie totgeglaubte Akademiker über die Angelegenheiten der menschlichen Existenz diskutiert haben; Herder mit seinem schlechten Auge und verliebt in Karoline, und Goethe voller Hormone, der die Nase voll hatte von seinem Jurastudium.

1773 lassen Herder und Goethe zusammen mit Justus Möser ein Buch veröffentlichen, das als *Sturm und Drang*-Manifest bezeichnet wird: *Von Deutscher Art und Kunst, einige fliegende Blätter*. Im ersten Teil vergleichen sie die Poesie von Ossian, Shakespeare und den isländischen Eddas, die Leidenschaften der keltischen und skandinavischen Mythologien und die verfeinerte Sensibilität der Schotten mit der Brutalität der Nordländer, im letzten Teil betrachten sie die Architektur, und sie schreiben:

> Die Menschheit ist zu einem Fortschritt der Szenarien, der Bildung, der Manieren bestimmt.

Ihr großer individueller Durchbruch ist jedoch 1774, als sie, jeder auf seine Weise, die Weichen für ihre Autorenschaft, d.h. sowohl für ihre Selbst-Autorenschaft als auch für ihre schreibende Autorschaft, stellten.

Johann Gottfried Herder – Bildung des Volkes

1771 wird Herder leitender Pfarrer und Religionsoberhaupt der Residenzstadt des Grafen Schaumburg-Lippe in Bückeburg, wo Abbt Erziehungsminister gewesen war. In den folgenden Jahren schreibt er eine Handvoll Aufsätze und Bücher und 1774 *Auch eine Philosophie der Geschichte zur Bildung der Menschheit.*

In *Auch eine Philosophie* verbindet Herder die persönliche *Bildung* des Einzelnen mit der *Bildung* der gesamten Spezies und Nationen oder Völker (aber nicht als *Bildung* nach dem Bild Gottes oder Christi). Sein Konzept der *Bildung* ist säkular, und er eröffnet einen neuen Weg, die Bedeutung der Kultur in einem Volk und für den Einzelnen zu verstehen. Im gesamten Buch erforscht er das Konzept eines gemeinsamen Geistes, einer gemeinsamen Seele und der Kultur, die eine Nation oder ein Volk verbindet, und untersucht, wie die Kulturen im Laufe der Geschichte gereift sind. Er vergleicht die Kultur der nomadischen Patriarchen im Alten Orient mit der *Bildung* der frühen Kindheit und die ägyptische landwirtschaftliche Zivilisation mit der *Bildung* der Kindheit: *Knabenalter.* Die Phönizier sind Handwerker und werden wie ein „*erwachsener Knabe* erzogen, während die Griechen Jünglinge, also Teenager, sind. Die Römer sind *Mannesalter*, und tapfer und edel, und die Christen in Form von Katholiken sind etwas reifer, da sie schließlich Christen sind. Aber erst bei Luther gibt es eine Kultur, die Erwachsenenbildung anbietet.

Herders Beschreibungen von *Bildung* / Reife / Psychologie / Ich-Entwicklung in den verschiedenen Altersgruppen (von der Kindheit bis zum Erwachsenen) sind auch im modernen Kontext sehr präzise; Piaget, Kohlberg und Kegan würden alle in der Lage sein, anerkennend zuzustimmen. Die Charakterisierungen der historischen Zivilisationen, die diesen Altersgruppen entsprechen sollten, sind dagegen problematisch. Die Art und Weise, wie Herder den Verlauf schildert, vermittelt den Eindruck einer reibungslosen historischen Entwicklung ohne Rückschläge, und die historischen Daten, zu denen er Zugang hatte, waren nicht das, was wir heute haben. Er kann nicht viel tatsächliches Wissen über diese fremden Kulturen gehabt haben, und er unterscheidet auch nicht zwischen den Normen einer Gesellschaft und der Art und Weise, wie der Einzelne mit ihnen umgeht. Wenn z.B. eine Nomadengesellschaft kindlichen Gehorsam gegenüber dem Patriarchen fordert, bedeutet das, dass z.B. die Mutter des Patriarchen auch zu ihm aufschaut und denkt, dass er weiser ist als sie, oder hat sie vielleicht eine unabhängige, erwachsene Denkweise und Ego-Schicht 4 oder 5 entwickelt? Sie mag ihrem Sohn aus Angst gehorchen, aber das macht sie kognitiv nicht zum Kind. Und was ist mit dem Patriarchen selbst?

Bemerkenswert ist, dass nach Herder alle Altersgruppen von der frühen Kindheit bis zum Erwachsenenalter und von den prähistorischen Nomaden bis zu den deutschen Protestanten auf irgendeiner Ebene 'gebildet' sind. Herders Konzept von *Bildung* ist nicht *Bildung* versus *Nicht-Bildung*, sondern eine Entwicklung hin zu mehr *Bildung*, und zwar mit einer ganzen Reihe von Stufen, sowohl für das Individuum, für Völker/Nationen als auch für die gesamte menschliche Spezies. Die Triebfedern für diese Entwicklung und verstärkte *Bildung* sind die Naturgesetze, die Ordnung des Reiches Gottes und die Regeln der Schönheit – ein von Shaftesbury inspiriertes Konzept. Die fortschreitende *Bildung* entspricht dem Plan Gottes, aber sie ist nicht nach dem Bilde Christi.

Nach Herder müssen wir uns weiterentwickeln, und als die prähistorischen Nomaden auf einer Ebene gebildet wurden, die Herder als Kindheitsebene ansieht, geschah dies nicht aufgrund ihrer Minderwertigkeit, sondern allein aufgrund dessen, was angesichts der historischen Umstände möglich war. Es wäre ihnen nicht möglich gewesen, sich über ihre damalige kollektive Bildungsstufe hinaus zu entwickeln. Herder deutet damit an, dass eine bestimmte Kultur der Entwicklung der Individuen in dieser Kultur sowohl Grenzen als auch einige Ermutigungen auferlegt.

Herders Denken über den Menschen, das Volksein und die *Bildung* setzt sich über die Jahre fort, und seine Gedanken sind ein entscheidendes Element des heutigen Gefühls der nationalen Zugehörigkeit und des Nationalismus. Damals war jedoch das Konzept, sich als Volk durch eine gemeinsame Kultur verbunden zu fühlen, neu; Goethe und andere Menschen an der Spitze der deutschen und anderer Gesellschaften mögen diese kulturelle Verbundenheit und Zugehörigkeit empfunden haben, aber es war nicht gemeinsam. Abbt schrieb über Patriotismus, und Rousseau deutete ein Gefühl von Patriotismus bei Émile an, als er Émile riet, seinem Land und seinen Landsleuten, die ihn erzogen und geformt haben, treu zu sein, aber es gibt kein Gefühl von Volksverbundenheit und emotionaler Verbundenheit, wie Herder darüber schreibt. Rousseau war Herders Gefühl der emotionalen Verbundenheit im ganzen Volk näher, als er seine Empfehlungen an Polen schrieb, aber 1774 lagen die Gedanken Rousseaus einfach irgendwo als ein Stapel handgeschriebener Seiten herum.

Was ein Volk zusammenhält, so Herder, ist Geist. So wie Herder schreibt, kann dieser Geist als eine eigenständige metaphysische Essenz verstanden werden oder als eine physisch gelebte und praktizierte Kultur und die mit ihr verbundenen Emotionen. 1778 erforscht Herder die Poesie verschiedener Kulturen und schreibt:

> Ein Dichter ist der Schöpfer der Nation um ihn herum, er gibt ihnen eine Welt zu sehen und hat ihre Seelen in seiner Hand, um sie in diese Welt zu führen.

Es liegt auf der Hand, dass in den 1770er Jahren die Abstraktion der Zugehörigkeit zu einer Nation oder einem Volk, d.h. einer imaginierten Gemeinschaft, und die Gefühle, die diese Abstraktion der Volkszugehörigkeit nährten, bei der Mehrheit der Europäer nicht üblich waren. Die allgemeine Epistemologie umfasste die Kreise der Zugehörigkeit 1-5; Selbst, Familie 1, Peer-Gruppe, Familie 2, und lokale Gemeinschaft, Familie 3. Letztere nur, wenn man jemals seine Stadt verließ und andere Orte erlebte, aber für die meisten Menschen bedeutete „lokal" nur das Dorf und das Anwesen des Vermieters. Tatsächlich wären die Kreise 2-5 für die meisten Gewöhnlichen wahrscheinlich nur eine große „Familie", in der es keine Grenzen zwischen dem gibt, was Familie ist, und dem, was Grundbesitzer/Bauernhofbesitzer ist; das Kennzeichen des Feudalismus ist, dass der Hausherr der „Vater" aller ist. Je nach Bildungsstand muss es zwar ein Bewusstsein für seinen Monarchen und seinen Besitz gegeben haben, aber kaum ein Gewissen. Beim lesenden Bürgertum, der Aristokratie und dem Klerus muss jedoch sowohl Bewusstsein als auch Gewissen bezüglich der religiösen Konfession im 6ten Kreis der Zugehörigkeit da gewesen sein. Aber das Konzept des Volkes oder der Nation war neu.

Herders *Auch eine Philosophie der Geschichte zur Bildung der Menschheit* holt diese Abstraktion von Volkes/Nation aus dem Dunkel heraus und formuliert sie. Er beleuchtet, was es bedeutet, eine Kultur zu sein und zu haben: eine Geschichte, eine Sprache, Gewohnheiten, Erwartungen, Ästhetik, Musik, Poesie und eine Art gemeinsames Schicksal zu teilen. Daraus lässt sich der Schluss ziehen, dass Herder den Geist eines Volkes vorwiegend als Praktiken, Handlungen und Emotionen sah, die Menschen zusammenhalten, und nicht als metaphysischer Geist, der in die Seelen der Menschen eindringt.

Aus der Perspektive der Ich-Entwicklung passt Herders Erforschung der Art und Weise, wie sich Kulturen von der frühen Kindheit bis zum Erwachsenenalter entwickelt haben, perfekt zu den Elementen der Ich-Schichten 1, 2 und 3. Interessanter ist, dass er die 3. Schicht für seine Zeitgenossen beleuchtet und erweitert. Wie oben erforscht, gingen die meisten Menschen damals wahrscheinlich in Schicht 2 durchs Leben, in der ihnen äußere Autoritäten sagten, wie sie sich verhalten sollten. Nur von den Eliten wurde erwartet, dass sie sich selbst regieren und in Schicht 3 eingefasst werden sollten. Nur sehr wenige entwickelten eine robuste Schicht 4 und schafften es, ihre eigene Kultur aus einer Außenperspektive zu betrachten. Die Normen, die von den Eliten verinnerlicht werden sollten, wurden von der Kirche definiert, nicht von der Kultur des eigenen Volkes. Gleichermaßen waren die Nicht-Eliten keiner anderen Kultur und Ästhetik ausgesetzt als den örtlichen Gottesdiensten und dem Gesang und Tanz, die zu Hause oder auf dem örtlichen Marktplatz produziert wurden; sie waren sich nicht bewusst, dass ihre lokalen Überlieferungen sie kulturell mit Hunderttausenden oder Millionen von Menschen an anderen Orten verbanden.

Was Herder tut, ist, dass er die Menschen (oder zumindest die Eliten, die seine Bücher lesen) auf diese Kultur des Volkes/der Nation hinweist. Er benennt sie und lenkt die Aufmerksamkeit auf einen Bereich von Normen und Ästhetik, die in einem geographischen Gebiet geteilt werden, das größer ist als die lokale Region, aber kleiner als die christliche Welt insgesamt. Er macht auf eine imaginäre Gemeinschaft aufmerksam. Er unterscheidet auch zwischen Kultur und Religion; er betont die Sprache und hebt kulturelle Ausdrucksformen hervor, die nicht zu dem gehören, was die Kirche anbietet, die aber bereits in gewissem Maße vorhanden sind und die viel stärker sein müssen. In diesem Zusammenhang ist es bemerkenswert, dass alle Philosophen, die wir hier heranziehen und die in der Lage sind, ihre Zeitgenossen aus der Ich-Schicht 4 und 5 zu betrachten, alle vier bis fünf Sprachen beherrschen und die meisten von ihnen in zwei oder mehr Ländern gereist sind, studiert und/oder gearbeitet haben. Ihre Ausbildung und Lebenserfahrung summieren sich zu einer *Bildung*, die es ihnen erlaubt, zwischen den Perspektiven auf die Kulturen, denen sie angehören, zu wechseln.

In *Auch eine Philosophie der Geschichte zur Bildung der Menschheit* schätzt Herder die kulturellen Unterschiede zwischen den verschiedenen Völkern/Nationen, und obwohl er einige als gebildeter als andere betrachtet, gibt es in seinem Text keine Feindseligkeit gegenüber anderen Kulturen. Er sieht auch die Menschheit als Teilhaber an diesem Bemühen um *Bildung*; alle Völker sollten ihren eigenen Weg der *Bildung* finden. Er ist nach modernen Maßstäben nicht gerade politisch korrekt, aber er ist keineswegs ein Rassist. Die evangelischen Deutschen mögen laut Herder der Höhepunkt der menschlichen Entwicklung sein, aber es liegt an ihrem Bemühen, nicht an göttlicher Berufung oder Rasse. Das Klima und die Geographie spielen eine Rolle bei der Entwicklung der verschiedenen Völker, aber Herders Philosophie handelt nicht von Blut und Boden, sondern von Geschichte, Umständen, Erbe und Wahl.

Durch die Wertschätzung der kulturellen Vielfalt unter den Völkern und wegen der Art und Weise, wie er die Verbindung zwischen Individuum und Volk und die Entwicklung von Völkern und *Bildung* sehen kann, würden wir sagen, dass Herder sich selbst weit über die Ich-Schicht 4 hinaus entwickelt hat und von einer sehr runden, sich selbsttransformierenden Ich-Schicht 5 schreibt.

Johann Wolfgang Goethe – Oh, es bricht einem das Herz!

Im Oktober 1770, im gleichen Monat, in dem er Herder kennen lernt, besucht Goethe die Stadt Sessenheim, etwa 40 Kilometer nördlich von Straßburg. Hier verliebt er sich in die Tochter des Pfarrers Brion, Frederikke, und macht ihr später einen Heiratsantrag. Sie genießen zehn romantische Monate und er schreibt leidenschaftliche Gedichte an sie und über sie (stellen Sie sich vor, poetische Liebesbriefe von Goethe zu bekommen!), und dann fährt er im Juli 1771 nach Frankfurt zurück, und dort beendet er die Verlobung. Noch im selben Jahr besteht er das Anwaltsexamen und zieht nach Wetzlar nördlich von Frankfurt, um dort als Anwalt zu praktizieren, und verliebt sich in Charlotte Buff. Sie heiratet jedoch einen anderen, und die juristische Arbeit ist einfach nicht Goethes Sache. Er bleibt mit Charlotte und ihrem Mann befreundet, aber das Leben muss mehr zu bieten haben!

Der junge Goethe will Schriftsteller werden und schreibt 1773 *Götz von Berlichingen,* ein Stück über einen adligen Wegelagerer, das auf einer wahren Geschichte aus dem Jahr 1500 basiert. Goethes Götz-Figur kämpft gegen die Konventionen der Gesellschaft; er träumt von einer idealen Monarchie, die auf individueller Unabhängigkeit beruht, aber gleichzeitig steht er aufgrund persönlicher Loyalität im Konflikt mit der entstehenden bürgerlichen Gesellschaft. Schließlich kommt Götz zu dem Schluss, dass Freiheit nur im Jenseits existiert – diese Welt ist ein Gefängnis. Das Drama bricht mit einer Reihe von theatralischen Konventionen, trifft den Nerv des zeitgenössischen Publikums und macht Goethe in der Öffentlichkeit bekannt. Berühmt ist das Stück nicht zuletzt durch die Zeile „*Sag's deinem Hauptmann: Seiner Majestät dem Kaiser zolle ich stets den gebührenden Respekt. Aber ihm, sag ihm, er kann mich am Arsch lecken!*"

Mozart komponiert später *Kanon in B-Dur für sechs Stimmen* über dieser Zeile (man google: Mozart leck mir den Arsch).

Im Jahr darauf, 1774, hatte Goethe seinen großen Durchbruch, und hier war der Ton ganz anders. Der Text, der ihn zum Rockstar machte, war *Die Leiden des jungen Werthers*, ein halbautobiografischer Briefroman über Liebeskummer und die erstickenden Normen der Gesellschaft.

Der junge Werther ist 24 (wie Goethe), und er kann nicht die Liebe seines Lebens, Lotte (Charlotte Buff ist die Inspiration), haben, weil sie mit Albert verlobt ist. Aber das ist nicht alles, was das Leben des jungen Werther ruiniert: Die Gesellschaft, in der er lebt, ist äußerst starr, und beruflich macht er sich zum Narren, was er zu spät erkennt. Dieser eine Fauxpas bedeutet, dass ihm keine beruflichen Optionen mehr offen stehen, und der Roman endet mit Werthers Selbstmord.

Dann reflektiert der Roman die Emotionen und die Frustration der Generation junger Menschen, er ist ein unmittelbarer Blockbuster und verursacht eine Welle von Selbstmorden unter jungen Männern, die von Emotionen überwältigt werden, während sie sich in den starren Strukturen der feudalen Gesellschaft gefangen fühlen. Aus diesem Grund ist der Roman an vielen Orten verboten, unter anderem in Mailand, wo der Bischof seine Geistlichen alle Exemplare aufkaufen lässt, und in Leipzig, wo der Besitz des Buches eine Strafe von 100 Talern kostet. In Dänemark wird das Buch 1776 von einem Verleger übersetzt, aber eine offizielle Anfrage an die theologische Fakultät der Universität Kopenhagen führt zu dem Urteil, dass die Fakultät „das fragliche Buch als einen Text betrachtet, der die Religion verachtet, Laster verschönert und die gute Moral korrumpieren kann", und die Veröffentlichung wird sofort gestoppt. Nicht, dass es viel ausmacht, denn alle gebildeten Menschen in Dänemark lesen und sprechen damals Deutsch.

Aus einer Ich-Entwicklungs-Perspektive steckt Werther in einer Gesellschaft fest, die Verinnerlichung der Normen und Selbstverwaltung erwartet, die ihm aber keine Fehler erlaubt; eine klaustrophobische Schicht 3, die auf einem ‚Scheitern und du bist raus! basiert. Goethe steckt persönlich in der gleichen Schicht-3 Gesellschaft fest, aber anstatt sich selbst umzubringen, schreibt er und hebt sich in buchstäblich Selbst-Autorenschaft der Schicht 4. Das reicht ihm aber nicht; er will eine Gesellschaft, die in uns allen die gleiche Selbst-Autorenschaft erlaubt und fordert, und früher als er denkt, bekommt er tatsächlich eine sehr praktische Chance, einige dieser Veränderungen vorzunehmen.

In Weimar, einer kleinen Stadt mit etwa 6.000 Einwohnern, etwas weniger als 300 Kilometer südwestlich von Berlin, gibt es einen sehr jungen Herzog, der *Werther* gelesen haben muss. Er ist 18 Jahre alt und sein vollständiger Name ist Herzog Karl August von Sachsen-Weimar-Eisenach. Die Mutter des jungen Herzogs, die 37-jährige Herzogin Anna Amalia von Braunschweig-Wolfenbüttel, ist seit ihrem 19. Lebensjahr Witwe, und ihr Mann hat ihr testamentarisch die Regentschaft des Herzogtums übertragen und sie zur Vormundschaft über die beiden Söhne bis zu deren Volljährigkeit gemacht. Um ihrem ältesten Sohn die bestmögliche Ausbildung zu ermöglichen, stellte sie einige Jahre zuvor Wieland als seinen Tutor ein. Mit ihren 20er und 30er Jahren ist sie nicht nur regierende Herzogin, sondern auch Mäzenin und Komponistin, und sie will Weimar bewusst zu einem Hotspot für Kultur und Wissenschaft machen.

So lädt der junge Herzog 1775 Goethe nach Weimar ein. Im November trifft er dort ein, und Karl August überredet ihn zum Bleiben, indem er ihm eine Stelle als *Geheimerad*, einem Mitglied des dreiköpfigen Kabinetts des Herzogs, anbietet. Goethe nimmt die Stelle an und tritt mit 26 Jahren am 11. Juni 1776 mit einem Jahresgehalt von 1.200 Talern in den Rat ein.

Das ist keine geringe Leistung für ein Mitglied des dritten Standes, und angesichts der Aufgabe, Kultur und *Bildung* im Herzogtum zu fördern, wen könnte Goethe als neuen General Superintendenten mit Verantwortung für *Bildung* und als Oberprediger der Königlichen Kirche vorschlagen? Herder, natürlich. Dieser kommt noch im selben Jahr.

Wie Herder ist der junge Herzog ein Freimaurer, und 1780 wird auch Goethe Freimaurer.

Mehr Lessing

Lessing wird 1771 Freimaurer in Hamburg.

1779 schreibt er sein vielleicht berühmtestes Werk, *Nathan der Weise,* der die Brüderlichkeit von Judentum, Christentum und Islam erforscht und in dem Nathan, der Jude, die Figur ist, die das Ideal der vollen Menschlichkeit repräsentiert.

Lessings letztes Werk stammt aus dem Jahr 1780, *Die Erziehung des Menschengeschlechts.* Es basiert auf dem gleichen Grundgedanken wie Herders Auch eine Philosophie der Geschichte zur *Bildung der Menscheit:* Die Menschheit durchläuft Phasen, die der Entwicklung des einzelnen Menschen ähnlich sind.

In Lessings Version ist Gott der große Pädagoge, der uns durch seine Propheten erzieht, und es gibt drei Stufen. Erstens die Kindheit, in der das Kind mit konkreten Anweisungen und Belohnungen und Strafen erzogen werden muss. Zweitens, die Volljährigkeit, wenn unser Verhalten von einer moralischen Erzählung geleitet wird, die uns zum Denken zwingt, mit Belohnungen in Form von Ehre und Ruhm. Ersteres wird durch das Judentum repräsentiert, letzteres durch das Christentum. Die dritte Stufe ist das Ziel der Menschheit, Gottes eigentliche Absicht mit der Menschheit, nämlich das wir Gutes tun werden, nicht wegen der Belohnungen, sondern wegen des Guten. Zu Lessings Zeiten war diese dritte Stufe noch nicht aufgetaucht; er sah sie als ein zukünftiges moralisches Bewusstsein, das eine universelle Bruderschaft der Menschen und moralische Freiheit hervorbringen würde, die alle Dogmen und Lehren transzendiert.

Wir würden nicht zögern, Lessings drei Entwicklungsstufen als Kulturen der Selbst-Konsolidisierung, Selbst-Verwaltung und Selbst-Autorenschaft zu sehen, sei es als Individuen, d.h. als 6. Kreis der Zugehörigkeit, oder als Spezies, als eine Mischung der Kreise 7-10.

Interessant an dem Text ist Lessings starke Betonung, dass die Juden ein Volk sind. Es ist, als ob er und seine Zeitgenossen das Phänomen „ein Volk" von außen sehen können, aber sie sind erst dabei herauszufinden, wie es von innen aussieht und wie man das Bewusstsein für das Volksein von innen heraus schärfen kann.

Friedrich Schiller – Räuber und Soldaten

Friedrich Schiller war der einzige Sohn eines Barbiers und Wundarztes (nicht wirklich ein Chirurg, aber in jenen Tagen ziemlich nah dran) in der Armee Herzog Karl Eugens von Würtemberg in Stuttgart. Herzog Karl Eugen, ein aufgeklärter Despot, war begeistert von den Künsten und Wissenschaften, und da er katholisch war, war er offener für intellektuelle und kulturelle Extravaganzen als sein hauptsächlich protestantisches, hauptsächlich pietistisches Umfeld. Sein Fürstentum galt als „das Funkelndste in ganz Europa", und Stuttgart hatte sein eigenes Ballett, eine italienische Oper, ein französisches Theater und ein hervorragendes Orchester. Da solche Vergnügungen recht kostspielig waren, entwickelte Herzog Karl Eugen die pragmatische Idee, eine Schule zu gründen, die lokale Talente in diesen Künsten ausbilden konnte. 1770 eröffnete er die Karlsschule, die eine kombinierte Militär- und Kunstakademie war, in seinem nagelneuen Schloss Solitude, etwa 9 Kilometer westlich der Stuttgarter Innenstadt. Kostspielig waren auch viele der anderen extravaganten Möglichkeiten des Herzogs, sich unterhalten zu lassen: In einem Sommer ließ er die Straße zwischen seinen beiden Schlössern, Solitude und Ludwigsburg, mit Salz bestreuen, um eine Schlittenfahrt zu unternehmen.

Herzog Karl Eugen hatte den jungen Schiller entdeckt und darauf bestanden, dass er die Schule besuchen und Jura studieren sollte – eine ungewöhnliche Chance für jemanden mit Schillers Hintergrund als Bürgerlicher, denn die einzige akademische Ausbildung, die für jemanden wie ihn erschwinglich wäre, wäre normalerweise Theologie. Es war jedoch keine sehr geschätzte Chance, denn Schiller wollte eigentlich Theologie studieren. Auch seine Eltern waren ausdrücklich gegen die militärische Ausbildung, aber der Herzog wollte es anders, und mit 14 Jahren trat Schiller 1773 in die Schule ein.

Die Schule war sehr militaristisch; der Tag war von 5 Uhr morgens bis zum Schlafengehen angesetzt, und die Schüler mussten Uniformen und Perücken tragen. 1775 verlegte Herzog Karl Eugen die Schule auf ein neues Militärgelände, das *Neue Schloss* in der Stuttgarter Innenstadt, und die Schule änderte ihren Lehrplan; Schiller musste nun Medizin studieren – aber es war immer noch eine kostenlose Ausbildung.

Schiller gefiel es eigentlich, nicht so sehr die Aspekte, die mit dem Arztberuf zu tun hatten, sondern die Naturwissenschaft und das Wissen über Psychologie. Nicht zuletzt gefiel es ihm, weil die Schule einen neuen, jungen Philosophielehrer bekam, Jakob Friedrich Abel, der ihn mit Shaftesbury bekannt machte und der auch ein großer Fan von Rousseau und Herder war.

Doch Schiller war nicht glücklich. Er wollte viel lieber Literatur als Medizin studieren, und er las mit unstillbarem Appetit Klopstock, Goethe und viele andere. Im Jahr 1779 traf er Goethe sogar kurz, als der berühmte Schriftsteller die Karlsschule in Stuttgart besuchte.

Schiller fängt natürlich an, seinen eigenen Stoff zu schreiben und gibt ihn an seine Freunde an der Schule weiter. Der Herzog versucht es zu stoppen und will, dass Schiller sich auf seine Studien konzentriert, aber Schiller ist nicht zu stoppen. 1781, mit 21 Jahren und noch als Student, schickt er sein erstes Stück, *Die Räuber*, an das Theater in Mannheim.

Das Stück hat das Thema von Goethes *Götz von Berlichingen* und *Werther* gemeinsam: den Mangel an Chancen und Freiheit in der Gesellschaft. Als das Stück in Mannheim Premiere hat, wird Schiller zum Rockstar.

In dem Stück hat der alte Graf Maximilian Mohr zwei Söhne: Karl der Ältere, der Titel, Nachlass und alles erben wird und eine Ausbildung erhält, und Franz der Jüngere, der nichts bekommt und zu Hause bleibt. Franz betrügt den Vater und überzeugt ihn davon, dass Karl den Familiennamen durch einen Skandal ruiniert hat und deshalb keine weitere Unterstützung erhalten soll. Franz schreibt im Namen des Vaters an Karl und erzählt ihm, dass ihr Vater ihn im Stich gelassen hat (was nicht stimmt). Franz benutzt seine Perspektivlosigkeit als jüngerer Bruder als Argument für die Täuschung; Karl benutzt das angebliche Verlassenwerden durch den Vater und den daraus resultierenden Mangel an alternativen Lebenswegen als Argument dafür, die Gesellschaft zu verlassen, im Wald zu leben und ein Räuber zu werden. In Karls Abwesenheit versucht Franz, seine Verlobte Amalia zu entführen. Als Räuber brennt Karl eine Stadt nieder und tötet mehrere Menschen. Schließlich wird alles enthüllt, Amalia nennt Karl einen Feigling, Karl tötet sie, besteht dann darauf, dass er sich dem Gesetz stellen muss, und stellt sich selbst.

In diesem Stück geht es um Freiheit, und die Popularität ist verblüffend. Ebenso verblüffend ist das Verständnis des jungen Schillers für die menschliche Psychologie: Der alte Mohr lebt nach den Normen und stellt sie nicht einmal in Frage; beide Söhne leiden unter diesen Normen: Franz immer, Karl, wenn die Privilegien weg sind und er plötzlich auf sich allein gestellt ist. Franz sieht nur seine eigene Realität, und obwohl er mit seiner Kritik an den Normen vielleicht Recht hat, hält er sich weder an sie, noch versucht er, sie zu ändern, noch kümmert er sich um den Schmerz, den sein Betrug verursachen wird. Gezwungen durch die Umstände wendet sich Karl von den Normen der Gesellschaft ab und entwickelt sich über sie hinaus: ein Wegelagerer zu werden ist ein sozialer Protest! Er ist ein leidenschaftlicher, natürlicher Führer und hat eine *Sturm und Drang*-Verbindung zum Wald. Als er Amalia tötet, wäre die spontane Deutung, dass er durch ihre Bemerkung beleidigt wird, aber als er verkündet, er müsse zum Gesetz zurückkehren und sich seiner Strafe stellen, wird einem klar, dass er sie wahrscheinlich aus Liebe getötet hat, um sie davor zu bewahren, ihn gehängt und in Stücke gehackt zu sehen. Karl hat sich angepasst, aber er hat sich auch über die Normen hinausbewegt, er hat auf sie zurückgeblickt und erkannt, dass, so falsch die Normen auch sein mögen, keine Gesellschaft ohne sie leben kann, und dass ein Leben außerhalb des Gesetzes nicht die Antwort ist. Karl ist der moralische Held, ein Romantiker, ein *Sturm und Drang*-Held, der sich über sich selbst und sein eigenes Überleben hinaus bewegt, um der Gerechtigkeit zu dienen.

Die Normen lähmen die Menschen, und alle leiden darunter. Aus der Perspektive der Ich-Entwicklung hat der Vater die Normen der Gesellschaft verinnerlicht, kann nicht über sie hinausdenken und kann deshalb nichts für seinen jüngeren Sohn tun; der alte Mohr ist also in Schicht 3 selbst-verwaltet. Franz, der jüngere Sohn, hat entweder die Normen nicht verinnerlicht und bleibt kognitiv ein Kind, das nur an sich selbst denken kann, Schicht 2, oder er hat die Normen zwar verinnerlicht und ist in Schicht 3 eingetreten, aber es bleibt kein Ausweg aus seiner miserablen Situation und fällt auf Schicht 2 zur Selbst-Konsolidierung zurück. Karl hat die Normen verinnerlicht und ist ab Schicht 3 selbstverwaltet, bis der Vater ihn verlässt und sein inneres Weltmodell zurückgedrängt wird. Dies zwingt Karl, entweder unterzugehen oder sich weiterzuentwickeln; er „wählt" letzteres und wird selbst-verwaltet als Führer anderer Männer, die ebenfalls in den Normen der Gesellschaft gefangen sind. Man kann sich fragen, ob Karl sich tatsächlich über die Selbstverwaltung in Schicht 3 hinaus entwickelt oder ob er Franz mag und wieder in eine egoistische Schicht 2 zurückfällt, wenn er die Gesellschaft verlässt. Was eine mentale Komplexität der Schicht 4 zeigt, ist der starke Kontrast zwischen Karls Verantwortung und der Unreife einiger seiner Wegelagerer und der Art und Weise, wie er seine Verlobte vor Schmerzen schützt, indem er sie am Ende tötet. Ebenso beweist die Selbstanzeige, dass er sich nicht nur über die Normen, sondern auch über sich selbst hinaus entwickelt hat. Im Wald mit seinen Männern ist er Selbst-Autor in Schicht 4, aber angesichts der Notwendigkeit, dass die Gesellschaft funktionieren muss, und angesichts seiner eigenen Verbrechen und Schuldgefühle transzendiert er sich selbst und tritt in die sich selbst verwandelnde Schicht 5 ein.

Für einen 21-Jährigen ist Schillers psychologisches Verständnis als Schriftsteller bemerkenswert.

Im wirklichen Leben werden die Dinge sehr kompliziert. Als das Stück am 13. Januar 1782 in Mannheim uraufgeführt wird, darf Schiller nicht nach Mannheim fahren, das etwa 130 Kilometer nördlich von Stuttgart und in einem anderen Bundesland liegt. Schiller schleicht sich deshalb zusammen mit seinem Musikerfreund Andreas Streicher aus der Militärakademie in Stuttgart heraus, um zum Theater zu gelangen. Vier Monate später reist Schiller erneut unerlaubt nach Mannheim. Diesmal nimmt ihn Herzog Karl Eugen 14 Tage in Haft und verbietet ihm ihm jede weitere Reise. Im August gibt es eine Schweizer Beschwerde bei Karl Eugen über Schiller, weil einer der Räuber im Stück den Kanton Gräubunden als Mekka der Gauner bezeichnet hat. Nun verbietet der Herzog Schiller, etwas zu schreiben, was nichts mit seinem Medizinstudium zu tun hat, und droht Schiller mit Haft.

Das ist unerträglich, und in der Nacht vom 22. auf den 23. September entkommen Schiller und Streicher während des Feuerwerks zu Ehren des zu Besuch weilenden Grossfürsten Paul von Russland aus der Militärakademie nach Mannheim. Sie sind nun technisch gesehen Deserteure, was normalerweise mit der Todesstrafe verbunden ist und Schiller in den kommenden Jahren Probleme bereiten wird. Eine weitere Herausforderung ist das Geld: Schiller hat keins, und es kommt nicht in Frage, seinen Vater zu fragen, der immer noch für den Herzog arbeitet. Streicher gibt also Schiller seine Ersparnisse, was bedeutet, dass Streicher, anstatt nach Hamburg zu gehen und eine Ausbildung als Komponist zu machen, wofür er das Geld gespart hatte, in Mannheim bleibt und seinen Lebensunterhalt als Musiklehrer verdient.

Schiller schreibt weiter und wird einer der größten Dramatiker, Dichter und Essayisten Deutschlands. Das ist keine Überraschung. Was vielleicht mehr überrascht, ist, dass *Die Räuber* eine Zeit lang – so wie Werther junge Männer zum Selbstmord inspirierte – junge Männer dazu inspiriert, die Gesellschaft zu verlassen und Räuberbands in den Wäldern zu gründen.

Ode an die Freude

1785 schreibt Schiller eine *Ode an die Freude*, die Beethoven leicht modifiziert und etwa zur Hälfte in seine 9. Sinfonie von 1824 aufnimmt und die heute die Hymne der Europäischen Union ist. In ihrer ganzen Länge ist sie ein zutiefst religiöses, aber nicht christliches Lied oder Hymne; Schiller schreibt sie für einen Freund, der Freimaurer ist, aber später im Leben betrachtet er sie nicht als eines seiner besten Werke.

Wenn man es singt, halten die meisten Nicht-Deutschsprachigen wahrscheinlich schon bei der allerersten Zeile „Freude, schöner Götterfunken" inne und fragen sich: „Was zum **** ist ein *Götterfunken!,* aber der Text ist eigentlich aus der Perspektive der *Bildung* und Ich-Entwicklung sehr interessant.

Bleiben wir bei den vier von Beethoven verwendeten Versen, so besagt der erste Vers, dass die Freude ein göttlicher Funke im ganzen Leben ist, und diese Freude oder Lebenskraft vereint die Menschen, die sonst durch die Mode gespalten sind; alle Völker werden Brüder in dieser Lebensfreude. Der zweite Vers sagt, dass Freude bedeutet, sich mit anderen Menschen zu verbinden, und wer keine intimen Beziehungen eingehen kann, ist nicht wirklich menschlich. Dritter Vers:

Freude trinken alle Wesen
An den Brüsten der Natur;
Alle Guten, alle Bösen
Folgen ihrer Rosenspur. Küsse gaben sie uns und Reben,
Ein Freund, geprüft im Tod;
Wollust ward dem Wurm gegeben
und der Cherub steht vor Gott.

Klopstocks Wurm ist wieder da! Das niederste Leben teilt die gleiche Lebenskraft wie Gottes eigene Cherubim; für die Untertanen der absoluten Monarchen ist dies ein Aufruf zur Emanzipation. Der letzte Vers sieht die Menschheit als gleich unter demselben, konfessionslosen Gott. Der Text ist eine Epiphanie der Begeisterung eines 26-Jährigen, der unter dem Autoritarismus aufgewachsen ist, ihn transzendiert, der erkennt, dass alles Leben miteinander verbunden ist, und nun in seine sich selbst-transformierende Schicht 5 tritt.

Immanuel Kant – eine kopernikanische Wende im europäischen Denken

1770 wurde Herders alter Lehrer Immanuel Kant Professor für Philosophie in Königsberg, und im Laufe der Jahre etablierte er sich allmählich als bekannter Gelehrter und Philosoph. Die Aufklärung hatte seit den späten 1600er Jahren zu erstaunlichen wissenschaftlichen Durchbrüchen geführt, und in den obersten Schichten der Gesellschaft herrschte Erstaunen über all das neue Wissen, das geschaffen wurde. So war es den Wissenschaftlern zum Beispiel relativ klar geworden, wie Licht und Ton die Sinne erreichen und dass das Gehirn diese eingehenden Informationen in das umwandelt, was wir als Realität wahrnehmen. Die allgemeine Einstellung war jedoch, dass der menschliche Geist mehr oder weniger ein leerer, passiver Eimer ist, in dem sich diese Eindrücke in unser Bewusstsein verwandeln.

Kant sah das anders: Es muss etwas in unserem Verstand geben, das die eingehenden Informationen organisiert und sie in eine sinnvolle Version der Welt verwandelt. Andernfalls wäre es nicht möglich, etwas als schön wahrzunehmen; Schönheit ist eine Wahrnehmung in unserem Geist, unser Geist findet manche Dinge schön, doch beurteilt er sie? Der Verstand muss eine Art angeborene, apriorische Struktur haben, die den Input organisiert, ihn synthetisiert oder miterschafft und die Welt in unser bewusstes Bild von ihr verwandelt. Zu diesen Strukturen gehören nach Kant Zeit, Raum und Kausalität. Außerhalb von uns gibt es *Das Ding an sich*, das wir niemals erfahren werden, und dann gibt es in uns *Das Ding für uns*, was das ist, was unser Verstand erzeugt und alles, zu dem wir Zugang haben.

Das Buch, in dem er dieses Argument erstmals vorbringt, ist die *Kritik der reinen Vernunft* von 1781. In seiner ersten Auflage umfasst es 800 knorrig geschriebene Seiten und hat nicht viel Aufmerksamkeit erregt. Herder machte einige Bemerkungen dazu, und andere auch, aber das war's auch schon.

Kant war enttäuscht und klärte seine Gedanken 1783 in einem kürzeren Buch; 1787 schrieb er es um, und schließlich wurden seine Gedanken anerkannt: Er hatte tatsächlich eine kopernikanische Wende in der europäischen Philosophie vollzogen und den Fokus von einer Außenperspektive auf das Denken und Verhalten der Menschen auf eine Innenperspektive auf den Geist selbst, sein Funktionieren und seine Fähigkeiten verlagert. Shaftesbury, Hume, Rousseau, Herder, Schiller und alle anderen mögen einen starken Drang verspürt und gewusst haben, dass ihre Emotionen für sie selbst wichtig waren, und sie mögen ein gutes Verständnis davon gehabt haben, wie die Menschen um sie herum die Welt navigierten und wie ihre moralische Struktur aufgebaut war, aber bis Kant hatte niemand ausdrücklich erklärt, dass der Geist unsere Welt strukturiert und dass wir nur Zugang zu diesem Produkt haben. Wir erzeugen unsere Erfahrung der Welt. Hume hatte sich dem Thema genähert, und er war der Denker, der Kant auf die Spur brachte, aber er bestritt, dass der Geist angeborene Strukturen hat. Vor Kant hatten Philosophen darüber gestritten, was schön und hässlich, wahr und falsch ist; Kant erforschte die Strukturen, die es uns erlauben, überhaupt so zu urteilen.

Kants *Kritik der reinen Vernunft* legte den Grundstein für eine ganz neue Philosophie des Geistes, und interessanterweise kommen die von ihm konzipierten Organisationsstrukturen in mancher Hinsicht dem Begriff der Epistemologie sehr nahe: mentale Modelle der Welt, die es uns erlauben, Sinn in ihr zu erkennen.

So wie wir sie verstehen, besteht der Unterschied zwischen Kants mentalen Strukturen und denen, die von der Entwicklungspsychologie beschrieben werden, darin, dass Kants mentale Strukturen *a priori* gegeben wurden, sie haben keinen inhärenten Inhalt und sie können keine Pushbacks erleiden. Epistemologien entwickeln sich, wenn das Individuum der Welt begegnet und von ihr zurückgedrängt wird. Die ordnenden Strukturen unseres Geistes, die Kant eingeführt hat, entsprechen dem, was die Entwicklungspsychologie unser interpretierendes Subjekt oder unser Ego nennt. Nachdem Kants kopernikanische Revolution den Fokus vom Objekt außerhalb von uns auf das Subjekt in uns verlagert hatte, stand das Feld für die nach ihm folgende Generation deutscher Philosophen offen. Wie wir sehen werden, schrieben viele von ihnen, wie unsere Interpretation und unser Verständnis der Welt und von uns selbst nicht ein für alle Mal festgelegt ist, sondern sich durch das Leben entwickeln kann; Kant hat die kollektive Erkenntnistheorie grundlegend verändert.

Aufklärung, Kultur und Bildung

Wann immer eine Kultur eine große Veränderung der Epistemologie durchläuft, eine Veränderung dessen, was beschrieben, gedacht und ausgedrückt werden kann, eine Veränderung in der Art und Weise, wie Menschen die Welt verstehen und sich ihr nähern, ist es diesen Menschen nicht immer klar, während dies geschieht, oder sie sind sich vielleicht bewusst, dass eine gewaltige Veränderung im Gange ist, aber sie können nicht genau sagen, was sie tatsächlich ist. Erst später können wir sie benennen, wie die klassische Ära (Griechen und Römer), das Mittelalter und die Renaissance. Zu Kants Zeiten dauerte die Aufklärung etwa

100 Jahre, und in gewisser Weise war die Aufklärung auf ihrem Höhepunkt. Sie stand kurz davor, von der Romantik abgelöst zu werden, aber das wusste natürlich niemand. Wenn wir heute das Wort Aufklärung in Bezug auf diese spezielle Epoche verwenden, dann denken wir an eine wissenschaftliche Annäherung an die Welt, an die Menschenrechte und an die Bekämpfung des Aberglaubens.

Das Wort Aufklärung an sich bezieht sich auf eine bestimmte Art von Wissen oder Einsicht. So ist es interessant, dass im Dezember 1783 eine Fußnote in der *Berlinischen Monatsschrift* die Frage stellte *Was ist Aufklärung*? Das Wort, oder zumindest seine Bedeutung, war unbekannt.

Glücklicherweise schrieben mindestens zwei Personen zurück und gaben eine Antwort:

Der jüdische Philosoph Moses Mendelssohn schrieb in der Septemberausgabe 1784 einen Essay, in dem er feststellte:

> Die Worte *Aufklärung*, *Kultur*, *Bildung* sind neue Wörter in unserer Sprache. Bisher gehörten sie nur zur Buchsprache, die breite Masse versteht sie kaum. (...) *Bildung*, Kultur und Aufklärung sind Veränderungen, die durch das gesellschaftliche Leben vorgenommen wurden; sie sind Auswirkungen des Fleißes und der Bemühungen der Menschen, ihren geselligen Zustand zu verbessern.

Mit anderen Worten: Für die damaligen Deutschen waren diese Begriffe von Aufklärung, Kultur und *Bildung* heiße Themen, die 1784, zehn Jahre nach Herders *Auch eine Philosophie der Geschichte zur Bildung* der Menschheit, noch immer unklar waren. Nicht zuletzt ist es interessant, dass auch das Wort *Kultur* neu ist. Die Kombination des Trios ist ebenfalls bezeichnend: Aufklärung, Kultur, *Bildung*; sie gehören irgendwie zusammen, und sie sind das, was daraus hervorgeht, dass Menschen ihren Zustand gemeinsam als Gesellschaft verbessern. Mendelssohn fährt fort:

> Je mehr der soziale Zustand eines Volkes durch Kunst und Fleiß mit dem Schicksal des Menschen in Einklang gebracht worden ist, desto mehr *Bildung* hat dieses Volk. (…)

> *Bildung* zerfällt in Kultur und Aufklärung. (...) Eine Sprache erlangt Aufklärung durch die Wissenschaften und Kultur durch soziale Interaktion, Poesie und Beredsamkeit. Durch die eine wird sie für theoretische Zwecke geeignet, durch die andere für den praktischen Gebrauch. Beides zusammen ergibt eine Sprache *Bildung*.

Mendelssohn war einer von Lessings engsten Freunden gewesen und angeblich die Inspiration für Nathan in *Nathan der Weise*. Manche mögen es auch faszinierend finden, dass Mendelssohn ein Freimaurer gewesen war.

Eine andere Person, die in der Zeitschrift eine Antwort gab, war Kant, der Mendelsohns Antwort nicht gesehen hatte, als er sie schrieb. Kants Antwort, ein Essay, der heute ein Klassiker ist, wurde in der Ausgabe vom Dezember 1784 unter dem Titel *Was ist Aufklärung?* abgedruckt, und seine Interpretation ist anders:

> Aufklärung ist der Ausgang des Menschen aus seiner selbstverschuldeten Unmündigkeit. Unmündigkeit ist das Unvermögen, sich seines Verstandes ohne Leitung eines anderen zu bedienen. Selbstverschuldet ist diese Unmündigkeit, wenn die Ursache derselben nicht am Mangel des Verstandes, sondern der Entschließung und des Mutes liegt, sich seiner ohne Leitung eines anderen zu bedienen. Sapere aude! Habe Mut, dich deines eigenen Verstandes zu bedienen! ist also der Wahlspruch der Aufklärung.

Als wir, die Autoren dieses Buches, zum ersten Mal diese Definition der Aufklärung gelesen haben, waren wir verblüfft. Die Aufklärung stand für uns immer als etwas, das mit einer wissenschaftlichen Annäherung an die Welt zu tun hatte – viel näher an Mendelssohns Verständnis. Kant stellt sie hier als etwas dar, das der Ich-Entwicklung viel näher kommt. Für ihn, aber in unserer Terminologie, bedeutet Aufklärung den Übergang von der selbst-verwalteten Schicht 3 zur Schicht 4, Selbst-Autorenschaft, und die Ermutigung, etwas dafür zu tun, könnte kaum deutlicher sein. Die Tatsache, dass Mendelsohn schreibt, Aufklärung, Kultur und *Bildung* seien für die meisten Menschen neue Worte, sagt uns, dass in der Bevölkerung etwas passiert: Es dämmert eine neue Art von Bewusstsein, aber die meisten Menschen sind erst im Begriff, aufzuwachen.

Die amerikanische und die französische Revolution

Die amerikanische Unabhängigkeitserklärung von 1776 versprach das, wonach sich Schiller und andere sehnten:

> Wir halten diese Wahrheiten für selbstverständlich, dass alle Menschen gleich geschaffen sind, dass sie von ihrem Schöpfer mit bestimmten unveräußerlichen Rechten ausgestattet sind, zu denen Leben, Freiheit und das Streben nach Glück gehören.

Doch die *Declaration of Independence* und und der Unabhängigkeitskrieg gegen Großbritannien 1775-1783 werden seltsamerweise bei den deutschen Autoren und Philosophen nicht erwähnt.

In Frankreich sind die Gefühle für die Amerikaner und gegen die Briten jedoch stark ausgeprägt – nicht zuletzt aufgrund der Tatsache, dass Großbritannien Frankreich im Siebenjährigen Krieg besiegt hat und Frankreich einige seiner Kolonien aufgeben musste. Seit etwa 1778 stellt Frankreich den Amerikanern nicht nur Nachschub, Waffen, Munition und Uniformen, sondern auch Truppen und Marineunterstützung zur Verfügung. Vor dieser offenen Unterstützung reisen französische Offiziere en masse nach Amerika, um der Revolution zu dienen, und viele von ihnen sprechen kein Englisch, was natürlich eine Reihe von Herausforderungen mit sich bringt.

Zu den frühen Wegbereitern gehört der 19-jährige Gilbert du Motier, Marquis de Lafayette, ein Aristokrat, der fest an die amerikanische Sache glaubt; er schließt sich 1777 den amerikanischen Freiheitskämpfern an. Bevor er Frankreich jedoch verlässt, schreibt Benjamin Franklin, der 1776-1778 amerikanischer Botschafter in Frankreich ist, ein Empfehlungsschreiben für den jungen Lafayette. Als er in den USA ankommt, kämpft er schließlich an der Seite von George Washington, und die beiden werden Freunde. Lafayette wird auch ein Freund von Alexander Hamilton und Thomas Jefferson. Man kann mit Fug und Recht sagen, dass er es in den inneren Kreis der Menschen geschafft hat, die definieren, was aus den Vereinigten Staaten werden sollte. Es ist vielleicht auch erwähnenswert, dass Lafayette, Benjamin Franklin, George Washington, Alexander Hamilton, Benjamin Lincoln, John Hancock (der als erster die Unabhängigkeitserklärung unterzeichnete), und James Madison (der vierte Präsident der Vereinigten Staaten) alle Freimaurer waren.

Lafayette kehrt 1782 nach Frankreich zurück, besucht 1784 erneut Amerika und ist 1787 wieder in Frankreich; sein Reiseverhalten ist natürlich keineswegs gewöhnlich, aber es sagt etwas über die starke Verbindung zwischen den beiden Kontinenten aus. In ideologischer, kultureller und emotionaler Hinsicht haben die Vereinigten Staaten und das moderne Europa einander hervorgebracht.

1787 beruft König Ludwig XVI. eine Nationalversammlung zur Lage der französischen Finanzen ein. Schon damals zogen sich die Steuerverhandlungen tendenziell in die Länge, und sie dauern bis ins Jahr 1789 hinein an. Während der Versammlungen stimmen die drei Stände in der Regel nach ihren Ständen ab, aber als die Versammlung am 5. Mai 1789 zusammentritt, argumentiert Lafayette, ein Delegierter der Aristokratie, dass sie stattdessen nach Köpfen abstimmen sollten – was zurückgewiesen wird. Die Versammlung ist in Aufruhr, und am 11. Juli legt Lafayette der Versammlung einen Entwurf der französischen Menschenrechtserklärung (*Déclaration des droits de l'homme et du citoyen*) vor, den er selbst nach Rücksprache mit Jefferson verfasst hat. Die Erklärung wird zurückgewiesen, und am 14. Juli wird die Bastille vom Mob gestürmt.

Dies ist der Beginn der Französischen Revolution, die lang und kompliziert ist und erst 1799 endet. Im Gegensatz zur amerikanischen Revolution sind die Intellektuellen Europas von Anfang an von ihr absorbiert, und die jungen Europäer werden so verrückt, wie man unter autoritärer Herrschaft verrückt werden kann, ohne eine eigene Revolution zu beginnen. Herder, Goethe, Schiller und viele andere hoffen, dass die Emanzipation endlich da ist; der Slogan *Liberté, égalité, fraternité!* wird überall geflüstert und in Briefen geteilt. Georg Wilhelm Friedrich Hegel, der 18 Jahre alt ist, und Friedrich Hölderlin, der 19 Jahre alt ist, studieren zusammen in Tübingen Theologie und sie sind begeistert! So auch der 15-jährige Friedrich Wilhelm Joseph Schelling, der 1790 ihr Zimmergenosse wird.

Zumindest so lange, bis die Nachricht von den Schrecken und dem Blutvergießen in Frankreich das übrige Europa erreicht. Das Königtum und die Mehrheit des Adels und des Klerus waren immer gegen die Revolution; jetzt haben auch die Bourgeoisie und ihre Intellektuellen Angst vor der Herrschaft des Pöbels. Die idealistischen jungen Leute sind entsetzt und verwirrt. Die Ernüchterung ist immens. Wie konnten sie nur?! Wie konnten all diese edlen Ideen zu einer solchen Barbarei führen?

Schillers Briefe und die Geschehnisse in Jena

Einer der Denker, die über das französische Blutbad entsetzt sind, ist Schiller. Er hatte so sehr auf eine Veränderung gehofft, und dann wurde es zu einer solchen Katastrophe. Wie konnte das geschehen? Wie konnten Menschen zu solchen Bestien werden? Warum haben sie ihre Verantwortung unter dieser neuen Art von Freiheit nicht verstanden, warum konnten sie mit der Freiheit nicht umgehen? Was könnte es im Inneren der Menschen sein, das ihnen nicht erlaubte, mit sich selbst fertig zu werden, nachdem die autoritäre Herrschaft und ihre Strukturen verschwunden waren?

Wenigstens ist Schiller mit seiner Verwirrung nicht allein, er ist sogar von einigen der besten Köpfe umgeben, die viele seiner Überlegungen teilen.

Als Goethe 1776 *Geheimrad* im Herzogtum Sachsen-Weimar-Eisenach von Herzog Karl August wurde, war Wieland bereits dort, und Herder schloss sich ihnen bald an. Doch Karl August, Anna Amalia und Goethe hatten höhere Ambitionen und beschlossen, dass Jena, einer kleinen, ummauerten Stadt im Herzogtum, etwa 20 km östlich der Stadt Weimar, mehr Freiheit gewährt werden sollte als irgendwo sonst. Jena hatte bereits eine Universität, und sie gewährten ihren Professoren ein für die damalige Zeit außergewöhnliches Maß an Forschungs- und Redefreiheit;

das würde heute niemanden mehr beeindrucken, aber für die damalige Zeit war es wie ein Quelle frischer Luft. Goethe war 1779 zum ranghöchsten Minister geworden, und danach tat er methodisch, was er konnte, um die besten Köpfe anzuziehen; mehrere nahmen den Köder an, und im Juli 1787 schloss sich Schiller ihnen an.

Da Schiller Medizin studiert hat und über keinen geisteswissenschaftlichen Abschluss verfügt, muss er einen entsprechenden Abschluss erwerben, wenn er Professor in Jena werden will, denn nur so kann er dort eine feste Anstellung und ein gewisses Einkommen erhalten. In den nächsten zwei Jahren studiert er daher Geschichte, schreibt seine Dissertation, wird Professor für Geschichte und lässt sich im Mai 1789 in Jena nieder. Seit Jahren ist er ein anerkannter Dichter und Dramatiker und ist auch außerhalb des Heiligen Römischen Reiches für seine Gedanken zur Freiheit bekannt. Mit seiner neuen Karriere heiratet er 1790 Charlotte von Lengefeld und wird im selben Jahr Hofrat. Da die damaligen Professoren kein Gehalt von der Universität bekamen, sondern ihre Studenten individuell verrechneten, hilft ihm die Stellung als *Hofrat* finanziell, ebenso wie seine Schwiegermutter.

Dennoch kommt er nicht wirklich über die Runden, obendrein ist er krank, und Anfang 1791 muss er aufhören zu arbeiten. Schiller kann kaum atmen oder sprechen, und er ist so krank, dass er fast stirbt. Im Mai geht das Gerücht um, er sei tot.

Zu Schillers größten Fans gehören der dänische Herzog Frederik Christian II. von Schleswig-Holstein-Sonderburg-Augustenburg, das nahe der deutsch-dänischen Grenze liegt, und seine Freunde in Kopenhagen. Zwei von ihnen sind der sehr wohlhabende 44-jährige Graf Ernst Heinrich Schimmelmann, der dänische Finanz- und Handelsminister, und der 26-jährige Schriftsteller Jens Baggesen. Sie sind gerade dabei, Schiller zu feiern, als im Juni das Gerücht über seinen Tod in Kopenhagen eintrifft. Statt des Jubiläums und der Feierlichkeiten sind sie am Boden zerstört und beschließen, an seiner Stelle eine Lobrede zu halten.

Als die falschen Nachrichten korrigiert werden und sie erfahren, dass Schiller tatsächlich noch am Leben ist, kehren sie zu ihren Feierplänen zurück, schreiben Schiller und versuchen, ihn zu überzeugen, nach

Kopenhagen zu kommen. Schimmelmann zahlt ihm stattliche 1.000 Taler pro Jahr plus medizinische Hilfe, und sie kümmern sich darum, ihm eine Wohnung zu verschaffen, die für eine intellektuelle Berühmtheit mit einem Funken Sternenstaub geeignet ist.

Schiller lehnt das Angebot ab, bekommt das Geld aber trotzdem, und mit einem Drei-Jahres-Stipendium von 1.000 Talern pro Jahr als persönliches Geschenk von Schimmelmann erholt sich Schiller. Als er wieder zu Kräften kommt, korrespondiert er mit diesem liberalen dänischen Publikum in einer Reihe von Briefen. Die Korrespondenz findet von Februar bis Dezember 1793 statt, und die Briefe werden unter Schimmelmann, Herzog Frederik Christian von Augustenburg, Baggesen, und ihren Freunden in Kopenhagen verteilt.

Dies sind Menschen an der Spitze der dänischen Gesellschaft. Frederik Christians Ehefrau ist Caroline Mathilde, die Schwester des Kronprinzen, und Charlotte Schimmelmann, die Ehefrau von Ernst Schimmelmann, ist die führende Salonnière in Kopenhagen. Der Kronprinz selbst gehört zu den Lesern von Schillers Briefen, und am 26. Februar 1794 besucht Caroline Mathilde ihren Bruder auf Schloss Christiansborg in Kopenhagen und trägt Schillers Briefe mit sich. Leider brennt in der Nacht das Schloss nieder und mit ihm auch die meisten Briefe Schillers.

Da Schiller weiß, dass seine ursprünglichen Briefe verschwunden sind, und da er sich dank seiner dänischen Wohltäter erholt hat, schreibt er seine Gedanken in einer neuen Serie von Briefen um. Diese neuen Briefe sind zur Veröffentlichung bestimmt und sind heute unter dem Titel *Über die ästhetische Erziehung des Menschen in einer Reyhe von Briefen* bekannt.

Er veröffentlicht sie jedoch nicht als Buch. Er initiiert 1794 eine neue literarische Monatszeitschrift, *Die Horen*, die er 1797 herausgibt und in der die Briefe zum ersten Mal öffentlich erscheinen. Zu den anderen Schriftstellern gehören: *Geheimrat Goethe in Weimar, Vize-Konsistorial-Präsident Herder in Weimar, Professor Johann Gottlieb Fichte in Jena, Legations-Rat Wilhelm von Humboldt aus Berlin und Oberbergmeister Alexander von Humboldt in Bayreuth,* also die Crème de la Crème der deutschen Intellektuellen, Künstler, Wissenschaftler und Spitzenminister und -beamten. Alexander von Humboldt war einer der absolut führenden Naturwissenschaftler und Entdecker seiner Zeit und reiste um die ganze Welt; Wilhelm von Humboldt (sein Bruder) war Philosoph und Diplomat und später Gründer der ersten Universität in Berlin, und er trug zu Schillers Neufassung der Briefe bei.

Schillers Briefe über die ästhetische Erziehung des Menschen sind stark beeinflusst von Shaftesburys Schönheitsbegriff, von Kants Ästhetik und seiner Untersuchung darüber, warum wir Schönheit wahrnehmen, sowie von Wielands Vorstellungen über Schönheit und wie sie uns beeinflussen kann. Die Briefe sind auch von der Französischen Revolution beeinflusst: Hätten die Franzosen nur eine ausreichende ästhetische *Bildung* gehabt, wären sie nicht solche Wilden gewesen. Sie hätten kein Blutbad angerichtet, sie hätten ihre Revolution nicht vermasselt, nein, sie wären in der Lage gewesen, mit den neuen Freiheiten umzugehen und sich selbst zu regieren. Es ist also der Anspruch Schillers, dass es die Kunst in Form von Schönheit ist, die uns aus unserem barbarischen Staat heraushebt und uns zu moralischen Wesen werden lässt. Wesen, die mit politischer Freiheit und Verantwortung umgehen können. Seine Wortwahl im Titel ist daher sehr interessant: Wie Lessing verwendet er Erziehung, nicht *Bildung* wie Herder. *Ziehen* deutet auf ein Ziel hin, einen Übergang, ein Herausziehen oder Aufsteigen von einem Ort zu einem Höheren.

Der Text, den wir heute kennen, unterscheidet sich von den persönlichen Briefen, die Schiller in Kopenhagen an seine Fans schrieb. Aber da die neue Version zuerst in *Die Horen* und dann 1801 in einem Buch veröffentlicht wurde, da er zudem in Kopenhagen ebenso beliebt war wie in Kopenhagen, und da deutsche Publikationen in der dänischen Elite weit verbreitet waren, wagen wir die Behauptung, dass dies Gedanken waren, die damals ihren Weg zu den dänischen Entscheidungsträgern fanden. Eine Neuveröffentlichung Schillers hätte damals dieselbe Art von Aufmerksamkeit erfahren wie heute ein neuer Film von Stephen Spielberg oder ein neues Buch von Francis Fukuyama: Man konnte es irgendwie nicht übersehen. Was wir behaupten, ist, dass dies Gedanken waren, die bei den politischen Entscheidungsträgern in Dänemark unmittelbare Aufmerksamkeit gefunden hätten, und dass sie in den kommenden Jahren zu einem intellektuellen Grundnahrungsmittel bei einer Reihe von politischen Entscheidungsträgern werden sollten. Da wir auf dem Weg sind, das skandinavische Geheimnis zu lüften, werden wir daher diesen Schillertext etwas ausführlicher zitieren. Hier aus dem 2. Brief:

> Denn die Kunst ist eine Tochter der Freiheit, und von der Nothwendigkeit der Geister, nicht von der Nothdurft der Materie will sie ihre Vorschrift empfangen. Jetzt aber herrscht das Bedürfniß und beugt die gesunkene Menschheit unter sein tyrannisches Joch. Der Nutzen ist das große Ideal der Zeit, dem alle Kräfte frohnen und alle Talente huldigen sollen. Auf dieser groben Wage hat das geistige Verdienst der Kunst kein Gewicht, und aller Aufmunterung beraubt, verschwindet sie von dem lärmenden Markt des Jahrhunderts. (...)

Unsere Menschlichkeit entsteht dadurch, dass wir uns über das erheben, was Natur ist - 3. Brief:

> Die Natur fängt mit dem Menschen nicht besser an als mit ihren übrigen Werken: sie handelt für ihn, wo er als freie Intelligenz noch nicht selbst handeln kann. Aber eben das macht ihn zum Menschen, daß er bei dem nicht stille steht, was die bloße Natur aus ihm machte, sondern die Fähigkeit besitzt, die Schritte, welche jene mit ihm antizipierte, durch Vernunft wieder rückwärts zu thun, das Werk der Noth in ein Werk seiner freien Wahl umzuschaffen und die physische Nothwendigkeit zu einer moralischen zu erheben.(…)

Es ist nicht nur, dass die Kunst uns menschlich macht, es ist auch ein menschliches Bedürfnis, dass wir der Schönheit nachstreben müssen; nur wenn wir Schönheit um der Schönheit willen suchen, können wir mehr als Tiere werden und uns über körperliche Bedürfnisse erheben. Schönheit ist das, was uns Freiheit gibt, und er benutzt Sex als Beispiel:

> Er verläßt also, mit demselben Rechte, womit er Mensch ist, die Herrschaft einer blinden Nothwendigkeit, wie er in so vielen andern Stücken durch seine Freiheit von ihr scheidet, wie er, um nur ein Beispiel zu geben, den gemeinen Charakter, den

> das Bedürfniß der Geschlechtsliebe aufdrückte, durch Sittlichkeit auslöscht und durch Schönheit veredelt.

Wir müssen mehr sein als unsere natürlichen Emotionen und müssen aus mehr als der Notwendigkeit heraus handeln. Im 4. Brief stellt Schiller eine sehr interessante Behauptung über den Konflikt zwischen unseren Gefühlen und den Prinzipien oder Normen auf, die uns leiten müssen:

> Der Mensch kann sich aber auf eine doppelte Weise entgegengesetzt sein: entweder als Wilder, wenn seine Gefühle über seine Grundsätze herrschen; oder als Barbar, wenn seine Grundsätze seine Gefühle zerstören. Der Wilde verachtet die Kunst und erkennt die Natur als seinen unumschränkten Gebieter; der Barbar verspottet und entehrt die Natur, aber, verächtlicher als der Wilde, fährt er häufig genug fort, der Sklave seines Sklaven zu sein. Der gebildete Mensch macht die Natur zu seinem Freund und ehrt ihre Freiheit, indem er bloß ihre Willkür zügelt.

Der Wilde wird von seinen Emotionen geleitet; der Barbar kann seine Emotionen und die Normen/Prinzipien nicht in Einklang bringen, und der Gebildete hat Harmonie zwischen seinen Emotionen und den Normen der Kultur. Schiller will damit sagen, dass ein Mensch, wenn er sich nicht beherrschen und gleichzeitig in Harmonie mit seinen Emotionen sein kann, kein moralisches Wesen sein kann, und – und das ist die große Einsicht: Die Revolution mag aus dem richtigen Grund stattfinden, aber wenn er kein moralisches Wesen ist, kann er weder mit politischer Freiheit noch mit politischer Verantwortung umgehen; 5. Brief:

> Der Mensch ist aus seiner langen Indolenz und Selbsttäuschung aufgewacht, und mit nachdrücklicher Stimmenmehrheit fordert er die Wiederherstellung in seine unverlierbaren Rechte. Aber er fordert sie nicht bloß; jenseits und diesseits steht er auf, sich gewaltsam zu nehmen, was ihm nach seiner Meinung mit Unrecht verweigert wird. Das Gebäude des Naturstaates wankt, seine mürben Fundamente weichen, und eine physische Möglichkeit scheint gegeben, das Gesetz auf den Thron zu stel-

> len, den Menschen endlich als Selbstzweck zu ehren und wahre Freiheit zur Grundlage der politischen Verbindung zu machen. Vergebliche Hoffnung! Die moralische Möglichkeit fehlt, und der freigebige Augenblick findet ein unempfängliches Geschlecht. (…)

Wenn Menschen keine *Bildung* haben, können sie weder sich selbst noch andere regieren:

> In den niedern und zahlreichern Klassen stellen sich uns rohe, gesetzlose Triebe dar, die sich nach aufgelöstem Band der bürgerlichen Ordnung entfesseln und mit unlenksamer Wuth zu ihrer thierischen Befriedigung eilen. (…)
>
> Auf der andern Seite geben uns die zivilisierten Klassen den noch widrigern Anblick der Schlaffheit und einer Depravation des Charakters, die desto mehr empört, weil die Kultur selbst ihre Quelle ist.(...)
>
> Unser freies Urtheil unterwerfen wir ihrer despotischen Meinung, unser Gefühl ihren bizarren Gebräuchen, unsern Willen ihren Verführungen; nur unsre Willkür behaupten wir gegen ihre heiligen Rechte.

Die herrschenden Klassen sind nicht besser, sagt er; sie sind eitel und folgen nur der Mode – ein Thema, das er fast zehn Jahre zuvor in der Ode an die Freude angesprochen hatte. Die Mode versklavt die Spitze der Gesellschaft, so dass sie keine moralischen Entscheidungen treffen kann; die Armut versklavt die Unteren, und sie können sich nicht über ihre tierischen Instinkte hinaus entwickeln; wenn sie es versuchen, haben der Klerus und andere Herrscher, wie er im 8. Brief schreibt:

> Der zahlreichere Theil der Menschen wird durch den Kampf mit der Noth viel zu sehr ermüdet und abgespannt, als daß er sich zu einem neuen und härtern Kampf mit dem Irrthum aufraffen sollte. Zufrieden, wenn er selbst der sauren Mühe des Denkens entgeht, läßt er Andere gern über seine Begriffe die Vormundschaft führen, und geschieht es, daß sich höhere Bedürfnisse in ihm regen, so ergreift er mit durstigem Glauben

die Formeln, welche der Staat und das Priesterthum für diesen Fall in Bereitschaft halten.

Dies ist ein Aufruf, die poetischen Barrikaden zu erklimmen: Hoch mit der *Bildung*! Wir dürfen uns nicht vom Markt, von der Mode, von der Kirche und von den Bürokraten und ihren Konzepten beherrschen lassen. Wir müssen zuerst aus unseren Emotionen herausgehoben werden, der Vernunft folgen, und dann müssen wir ein inneres Gleichgewicht zwischen unseren wahren Gefühlen und den Regeln und Normen der Gesellschaft finden, wenn wir politische Freiheit haben wollen. Wir müssen den moralischen Kompass in uns tragen, der es uns erlaubt, weder Wilde noch Barbaren noch Mode-Roboter zu sein.

Wenn wir Schiller lesen, so entspricht der Wilde der Schicht 2, der selbst-konsolidierenden, späten Kindheit und der Mehrheit der Bevölkerung zu Schillers Zeiten; Menschen, die entweder von der Tyrannei unterworfen sind oder sich in den Qualen ihrer Leidenschaften befinden. Die Barbaren sind die Sklaven der Mode, die selbst-verwaltete Elite, die sich in der Ich-Schicht 3 befinden und keinen eigenständigen persönlichen moralischen Kompass haben. Sie haben keine innere Führung, die es ihnen ermöglichen könnte, der Menge die Stirn zu bieten, über die Masse hinaus zu denken und die notwendigen politischen Veränderungen herbeizuführen. Mit *Bildung* kann man die Kontrolle haben und gleichzeitig in Harmonie mit seinen Emotionen sein; man kann selbst zum Autor werden, Schicht 4.

Mit einem ganz anderen Vokabular hat Schiller Ich-Entwicklung und Politikwissenschaft verbunden: Nur mit einer ästhetisch gebildeten oder hochgezogenen, gebildeten Bevölkerung kann es politische Freiheit geben. Glücklicherweise hat jeder Mensch das Potential, so viel mehr zu werden als nur Sklaven der Emotionen oder der Mode, in der Tat ist unser Potential unbegrenzt; 11. Brief:

> Seine Persönlichkeit, für sich allein und unabhängig von allem sinnlichen Stoffe betrachtet, ist bloß die Anlage zu einer möglichen, unendlichen Aeußerung; und so lange er nicht anschaut und nicht empfindet, ist er noch weiter nichts als Form und leeres Vermögen. (…)

Der Mensch muss aufwachen, um dieses Potenzial nutzen zu können. Wenn er nur Gefühl und leere Form ist, d.h. ohne ästhetische *Bildung*, gibt es keine Grenze zwischen ihm und der Welt; er ist ein ständiger, aber nicht in sich geschlossener Fluss von Input und Output, aber es gibt kein schöpferisches Selbstbewusstsein, das aktiv etwas bewirken kann. Schiller verwendet das Wort Sinnlichkeit: „... die Befriedigung der Sinne oder die Befriedigung des Appetits (...), der den Sinnen gewidmet oder mit ihnen beschäftigt ist (...) mangelhaft an moralischen, geistigen oder intellektuellen Interessen":

> So lange er bloß empfindet, bloß begehrt und aus bloßer Begierde wirkt, ist er noch weiter nichts als Welt, wenn wir unter diesem Namen bloß den formlosen Inhalt der Zeit verstehen. Seine Sinnlichkeit ist es zwar allein, die sein Vermögen zur wirkenden Kraft macht; aber nur seine Persönlichkeit ist es, die sein Wirken zu dem seinigen macht. Um also nicht bloß Welt zu sein, muß er der Materie Form ertheilen; um nicht bloß Form zu sein, muß er der Anlage, die er in sich trägt, Wirklichkeit geben.

Die Sinnlichkeit allein macht uns zu einem offenen Gefäss, aber ohne Sinnlichkeit tun wir nichts und nutzen unser Potenzial, und unsere Persönlichkeit muss (ästhetisch) geformt werden, damit unsere Sinnlichkeit unser Potenzial in etwas verwandelt, das einzig und allein unsere Schöpfung ist. Was Schiller in unserem Vokabular der Ich-Entwicklung will, ist Schicht 4: Selbst-Autorenschaft.

Dieses selbstschöpferische Selbst muss sein einzigartiges Potenzial verfeinern und sich gut in Schicht 4 einleben, aber dann muss es sich selbst transzendieren, die mentale Komplexität erhöhen und selbst-transformierend werden; es muss fähig sein, mit Veränderungen umzugehen, ohne sich in ihnen aufzulösen; Schiller bietet tatsächlich eine Beschreibung der selbst-transformierenden mentalen Komplexität in Schicht 5 an. Hier aus dem 13. Brief:

> Da die Welt ein Ausgedehntes in der Zeit, Veränderung, ist, so wird die Vollkommenheit desjenigen Vermögens, welches den Menschen mit der Welt in Verbindung setzt, größtmöglichste

> Veränderlichkeit und Extensität sein müssen. Da die Person das Bestehende in der Veränderung ist, so wird die Vollkommenheit desjenigen Vermögens, welches sich dem Wechsel entgegensetzen soll, größtmöglichste Selbständigkeit und Intensität sein müssen. Je vielseitiger sich die Empfänglichkeit ausbildet, je beweglicher dieselbe ist, und je mehr Fläche sie den Erscheinungen darbietet, desto mehr Welt ergreift der Mensch, desto mehr Anlagen entwickelt er in sich; je mehr Kraft und Tiefe die Persönlichkeit, je mehr Freiheit die Vernunft gewinnt, desto mehr Welt begreift der Mensch, desto mehr Form schafft er außer sich.

Um Freiheit, Tiefe, Charakter, Vernunft, einen moralischen Kompass und eine Reihe anderer Eigenschaften zu erlangen, muss man eine Vielzahl von Kenntnissen haben; man muss Inhalte haben, mit denen man denken oder die Gedanken füllen kann. Wir können nicht leere Gefäße sein, wenn wir jemand sein sollen; unsere persönliche Form wird durch das, was hineingegossen wurde und wie wir damit umgegangen sind, geformt, und je mehr wir verstehen, desto mehr können wir auch unsere Umgebung gestalten. Wir können zu Schöpfern werden.

Aber wie verwandelt sich der Mensch? Shaftesbury beschrieb eine Stufe der Schönheit, in der Schönheit kopiert wird, und wir verglichen dies mit Schicht 3; seine dritte Stufe der Schönheit, die wir mit Schicht 4 verglichen, war die, in der Schönheit geschaffen wird. Aber Shaftesbury hat nie eine Antwort darauf gegeben, wie dieser innere Wandel vom passiven zum aktiven Leben vollzogen werden kann. Schiller listet sie nicht in einer systematischen Form auf, die leicht zu entschlüsseln ist, aber er nennt drei Seinsweisen und stellt zwei Arten von Schönheit als verändernden Faktor dazwischen:

> 1. Wilder, emotionaler, physischer Mensch, Mensch der Natur (die wir der Schicht 2 zuordnen),
>
> • Beruhigende Schönheit
>
> 2. Barbarischer, rationaler Mensch, der von Regeln und Mode beherrscht wird, ein Mann der Künstlichkeit (unsere Schicht 3),

• Belebende Schönheit

3. Gebildeter und moralischer Mensch, der eine Persönlichkeit ist (was wir als Schicht 4 + das, was wie Schicht 5 aussieht, verstehen).

Anstatt jeden von ihnen als eine andere Art von Schönheit zu sehen, wie es Shaftesbury tat, sieht Schiller Schönheit und Ästhetik als die transformierende Kraft zwischen ihnen; aus dem 17. Brief:

> Der von Gefühlen einseitig beherrschte oder sinnlich angespannte Mensch wird also aufgelöst und in Freiheit gesetzt durch Form; der von Gesetzen einseitig beherrschte oder geistig angespannte Mensch wird aufgelöst und in Freiheit gesetzt durch Materie. Die schmelzende Schönheit, um dieser doppelten Aufgabe ein Genüge zu thun, wird sich also unter zwei verschiedenen Gestalten zeigen. Sie wird erstlich, als ruhige Form, das wilde Leben besänftigen und von Empfindungen zu Gedanken den Uebergang bahnen; sie wird zweitens, als lebendes Bild, die abgezogene Form mit sinnlicher Kraft ausrüsten, den Begriff zur Anschauung und das Gesetz zum Gefühl zurückführen. Den ersten Dienst leistet sie dem Naturmenschen, den zweiten dem künstlichen Menschen.

Schönheit gibt es also in zwei Formen: als Schnuller und als Stärkungsmittel. Keine von beiden ist jedoch ein passiver Prozess: Man muss bereit sein, für die Veränderung offen zu sein.

Mit den Briefen will Schiller das Selbstbewusstsein und die moralische Verantwortung erforschen, die die Menschen haben müssen, wenn sie politischen Einfluss nehmen wollen, und er sagt dann sehr deutlich, dass wir uns als Menschen entwickeln müssen, nicht nur individuell, sondern auch kollektiv; aus dem 20. Brief:

> Nun läßt sich wirklich, sowohl in der ganzen Gattung als in dem einzelnen Menschen, ein Moment aufzeigen, in welchem der Mensch noch nicht vollständig und einer von beiden Trieben ausschließend in ihm thätig ist. Wir wissen, daß er anfängt mit bloßem Leben, um zu endigen mit Form, daß er früher

> Individuum als Person ist, daß er von den Schranken aus zur Unendlichkeit geht. Der sinnliche Trieb kommt also früher als der vernünftige zur Wirkung, weil die Empfindung dem Bewußtsein vorhergeht, und in dieser Priorität des sinnlichen Triebes finden wir den Aufschluß zu der ganzen Geschichte der menschlichen Freiheit..

Schiller hat nun drei Entwicklungsstufen beschrieben, von denen die ersten beiden „Triebe" sind, über die das Individuum keine Kontrolle hat: die emotionale Stufe und die bewusste Stufe; und die dritte, die denkende, reflektierende Stufe. Schiller verwendet das deutsche Wort *Trieb*, oder *Drang*. Individuen, die ihr Erwachsenenleben in der emotionalen Stufe, Schicht 2, leben, würden also einen rein emotionalen, physischen Trieb durchleben (und das wäre die überwiegende Mehrheit von Schillers Zeitgenossen), und die Herrschenden wären in einem bewussten, rationalen Trieb, aber von ihren eigenen Gefühlen abgetrennt und unfähig, unabhängig zu reflektieren; sie würden der Mode folgen, Schicht 3.

Vom physischen oder rationalen Trieb getrieben, sind die Individuen nicht frei. Nur als moralische, reflektierende, geformte Personas mit Form haben wir uns emanzipiert und können uns *bis ins Unendliche* entwickeln. Zwischen dieser Knechtschaft und der Freiheit befindet sich ein instabiler, ästhetischer Übergangszustand; aus dem 20. und 21sten Brief:

> Das Gemüth geht also von der Empfindung zum Gedanken durch eine mittlere Stimmung über, in welcher Sinnlichkeit und Vernunft zugleich thätig sind, eben deswegen aber ihre bestimmende Gewalt gegenseitig aufheben und durch eine Entgegensetzung eine Negation bewirken. Diese mittlere Stimmung, in welcher das Gemüth weder physisch noch moralisch genöthigt und doch auf beide Art thätig ist, verdient vorzugsweise eine freie Stimmung zu heißen, und wenn man den Zustand sinnlicher Bestimmung den physischen, den Zustand vernünftiger Bestimmung aber den logischen und moralischen nennt, so

> muß man diesen Zustand der realen und aktiven Bestimmbarkeit den ästhetischen heißen. (...)
>
> Es ist also nicht bloß poetisch erlaubt, sondern auch philosophisch richtig, wenn man die Schönheit unsre zweite Schöpferin nennt.(...)

Die Ästhetik kann uns erheben; andere Bedingungen halten uns in der Schicht, in der wir bereits sind – aus dem 22. Brief:

> (...) die ästhetische allein führt zum Unbegrenzten (...) Hier allein fühlen wir uns wie aus der Zeit gerissen, und unsere Menschheit äußert sich mit einer Reinheit und Integrität, als hätte sie von der Einwirkung äußrer Kräfte noch keinen Abbruch erfahren (…)

Ästhetik ist, als würde man uns den Teppich unter den Füßen wegziehen und uns fallen lassen, bis wir uns entscheiden, mit den Flügeln zu schlagen und zu fliegen. Aber bevor der Teppich weggezogen werden kann, müssen wir auch die Vorstellung haben, dass es etwas Höheres gibt, zu dem wir hinauffliegen können, und wenn wir mehr sein wollen, als uns selbst zu dienen, müssen wir bereit sein, im Namen der Menschheit ein moralisches Urteil zu fällen – aus dem 23. Brief:

> Es gehört also zu den wichtigsten Aufgaben der Kultur, den Menschen auch schon in seinem bloß physischen Leben der Form zu unterwerfen und ihn, so weit das Reich der Schönheit nur immer reichen kann, ästhetisch zu machen, weil nur aus dem ästhetischen, nicht aber aus dem physischen Zustand der moralische sich entwickeln kann. Soll der Mensch in jedem einzelnen Fall das Vermögen besitzen, sein Urtheil und seinen Willen zum Urtheil der Gattung zu machen, soll er aus jedem beschränkten Dasein den Durchgang zu einem unendlichen finden, aus jedem abhängigen Zustand zur Selbständigkeit und Freiheit den Aufschwung nehmen können, so muß dafür gesorgt werden, daß er in keinem Momente bloß Individuum sei und bloß dem Naturgesetz diene. Soll er fähig und fertig sein, auf dem engen Kreis der Naturzwecke sich zu Vernunft-

> zwecken zu erheben, so muß er sich schon innerhalb der erstern für die letztern geübt und schon seine physische Bestimmung mit einer gewissen Freiheit der Geister, d. i. nach Gesetzen der Schönheit, ausgeführt haben. (...)

Um dies in die politische Philosophie zu übersetzen, sagt Schiller, dass die Menschen in den Ich-Schichten 2 und 3 nicht zu politischer Verantwortung fähig sind, weil sie entweder von ihren eigenen Emotionen oder von der Mode anderer Menschen geleitet werden und sich keine eigene unabhängige Meinung bilden können. Die einzigen Menschen, die den moralischen Habitus haben, die politische Freiheit nicht in ein Blutbad zu verwandeln, sind die Selbstschöpfer und Selbst-Transformierenden, d.h. Menschen der Schichten 4 und 5. Zwischen Schicht 3 und 4 gibt es eine Übergangsphase 3½, in der Schönheit uns verwandeln kann und uns zu moralisch selbstschaffenden, d.h. moralisch verantwortlichen Personen auf der Grundlage unseres individuellen moralischen Kompasses macht.

Im 16. Brief unterscheidet Schiller wie folgt zwischen dem „aktiven Menschen", der Normen und moralische Verantwortung von außen akzeptiert und anwendet (Schicht 3), und einer reflektierenden Person, die fähig ist, sich selbst zu schreiben und zu abstrahieren (Schicht 4):

> So denkt der reflektierende Mensch sich die Tugend, die Wahrheit, die Glückseligkeit; aber der handelnde Mensch wird bloß Tugenden üben, bloß Wahrheiten fassen, bloß glückselige Tage genießen. Diese auf jene zurück zu führen – an die Stelle der Sitten die Sittlichkeit, an die Stelle der Kenntnisse die Erkenntniß, an die Stelle des Glückes die Glückseligkeit zu setzen, ist das Geschäft der physischen und moralischen Bildung; aus Schönheiten Schönheit zu machen, ist die Aufgabe der ästhetischen

Wir finden es ziemlich erstaunlich, dass der 35-jährige Schiller 1795 die Entwicklungspsychologie der Erwachsenen des 21. Jahrhunderts so gut im Griff hat. Doch damit nicht genug: Im 25. Brief hat er auch Kegans Subjekt-Objekt-Theorie entdeckt: Was in einer Schicht des Lebens Subjekt ist, kann in der nächsten zum Objekt werden. Schiller ist allerdings nur bei einem Übergang konkret:

> So lange der Mensch, in seinem ersten physischen Zustande, die Sinnenwelt bloß leidend in sich aufnimmt, bloß empfindet, ist er auch noch völlig Eins mit derselben, und eben weil er selbst bloß Welt ist, so ist für ihn noch keine Welt. Erst wenn er in seinem ästhetischen Stande sie außer sich stellt oder betrachtet, sondert sich seine Persönlichkeit von ihr ab, und es erscheint ihm eine Welt, weil er aufgehört hat, mit derselben Eins auszumachen.. (…)
>
> Die Betrachtung (Reflexion) ist das erste liberale Verhältniß des Menschen zu dem Weltall, das ihn umgibt, (...)
>
> Aus einem Sklaven der Natur, so lang er sie bloß empfindet, wird der Mensch ihr Gesetzgeber, sobald er sie denkt. Die ihn vordem nur als Macht beherrschte, steht jetzt als Objekt vor seinem richtenden Blick. Was ihm Objekt ist, hat keine Gewalt über ihn, denn, um Objekt zu sein, muß es die seinige erfahren (...).

Idealismus, Romantik und Nationalismus

In den 1780er und 1790er Jahren ist Jena mit seiner relativen Freiheit das Treibhaus des deutschen Denkens, und viele der dort produzierten Gedanken sind bis heute prägend für unsere Kultur, auch wenn sich die Ideen im Laufe der Jahre etwas verändert haben mögen. Faszinierend ist, dass – ähnlich wie bei den drei Phänomenen, die Mendelssohn erwähnt hat: Aufklärung, Kultur und *Bildung* – bis jemand einen neuen Gedanken formuliert, ihm einen Namen gibt, mit ihm kämpft, über ihn schreibt und auf Kritik und Zweifel stößt, das Phänomen nicht in die Begriffswelt der allgemeinen Bevölkerung eindringt und es keine Gespräche darüber gibt; es ist nicht Teil unseres Weltbildes und unserer Erkenntnistheorie. Was in Jena geschah, war, dass aus dem fruchtbaren intellektuellen Boden, den es zwischen 1780 und 1810 gab, drei große

Denkschulen, drei neue Epistemologien entstanden: Romantik, Idealismus und Nationalismus.

Die **Romantik** hat ihre Wurzeln im *Sturm und Drang*, der 1773 und 1774 mit Herder und Goethe begann. Sie ist der Gegenpol zur Rationalität der Aufklärung, sie liebt die Folklore und betont die Emotionen, die Spiritualität und die Art und Weise, wie wir uns mit der Natur verbinden können, sei es ihre Ehrfurcht gebietende Erhabenheit oder ihre Stille und Schönheit. So wie die Kultur die Aufmerksamkeit der Menschen auf sich zieht, so ist es auch mit der Natur.

Der **Idealismus** wurde erstmals von Kant entwickelt, als er erforschte, wie wir unsere Wahrnehmung der Welt miterschaffen: Es gibt die reale Welt da draußen und die ideale Welt in unserem Geist. Die ideale Welt bedeutet nicht eine perfekte Welt, sondern unsere innere Welt, so wie unser Verstand sie erschafft (Ideal = Idee). Die reale Welt, zu der wir nach Kant keinen Zugang haben, das Ideal ist das mentale Konstrukt, das sich aus unseren a-priori-Organisationsfähigkeiten und den Inputs, die wir aus der realen Welt erhalten, zusammensetzt, und dieses Konstrukt ist alles, was wir je begegnen können. Ohne das Wort selbst zu erfinden, erfindet Kant den Begriff der Erkenntnistheorie: dass wir einen Filter oder ein Modell benutzen, um die Welt zu sehen.

Da es unsere mentalen Modelle der Welt sind, die es uns ermöglichen, mit der Welt zu interagieren und sie somit zu verändern, ist unsere Interaktion mit der realen Welt eine Schleife aus Inputs, mentalen Konstrukten (Idealen) und Handlungen.Der Idealismus sieht also Materie und Geist, Natur und Mensch, Menschheit und Individuum als miteinander verbunden an und bildet ein ganzes zusammenhängendes System mit emergenten Eigenschaften. Die reale Welt hat also Geist.

Die Frage ist jedoch: Ist dies Gottes Geist, an dem wir teilhaben, d.h.: Ist die Welt eine Realität, in der Gott sich dabei selbst entfaltet, oder ist es unser Geist, der die Welt erschafft, und in diesem Fall, woher ist unser Geist gekommen? Die Idealisten, d.h. die Philosophen, die erforschen, wie die gesamte reale und ideale Welt miteinander verbunden ist, beschreiben die Welt auf verschiedene Weise als ein System, und ihre individuellen Philosophien werden gewöhnlich als „ihr philosophisches System" bezeichnet.

Knifflig ist jedoch das deutsche Wort Geist. Es wird im Deutschen sowohl für Geist als auch für Verstand verwendet, und es ist immer eine Frage der Wahl, wie Geist ins Englische übersetzt werden soll. Auch heute noch firmieren eine Reihe von akademischen Bereichen wie Philosophie, Geschichte, Linguistik, Theologie, Soziologie usw. unter dem Namen *Geisteswissenschaften.* Wenn die deutschen Idealisten also von Geist sprechen, müssen wir herausfinden, ob sie einen Geist mit einem eigenen Bewusstsein meinen oder einen Geist, der symbolisch gemeint ist im Sinne wie in „das Treffen fand in einem freundlichen Geiste statt", was nicht bedeutet, dass ein zusätzliches Bewusstsein Gastgeber des Treffens war.

Nichtsdestotrotz bedeutet Idealismus im philosophischen Sinne, dass Geist und Materie im selben Prozess interagieren und dass Ideen durch unsere Handlungen die Welt verändern können – und damit beginnen wir, uns dem alltäglicheren Gebrauch des Wortes Idealismus zu nähern: Wir haben einige sehr hohe Gedanken oder Ziele in Bezug auf etwas, und wir wollen die Welt entsprechend verändern.

Der **Nationalismus**, der in Jena entwickelt wurde, schöpft aus Herder und der Romantik und versteht ein Volk oder eine Nation als etwas, das durch einen Geist verbunden ist. Dieser Geist kann etwas so Alltägliches sein wie das Teilen von Sprache, Ritualen, Gewohnheiten, moralischen Werten und einer Geschichte, oder er kann als eine übernatürliche „Essenz" verstanden werden, die sich durch das Volk zieht. Weil ein Volk zu sein also etwas anderes ist als nur ein Kollektiv von Bürgern eines Nationalstaates, wird dieser Nationalismus, wenn er aus einer romantischen Verbindung zu einem gemeinsamen Erbe und einer gemeinsamen Folklore erwächst, oft als romantischer Nationalismus bezeichnet.

Es ist im Allgemeinen schwer herauszufinden, ob die deutsche Romantik, der Idealismus und der romantische Nationalismus tatsächlich religiöse Konzepte sind, die ein metaphysisches Bewusstsein jenseits des menschlichen Bewusstseins, oder einfach nur eine philosophische Untersuchung darüber involviert, wie sich ein Gefühl des Menschseins entwickelt und wie wir uns fühlen, wenn wir uns von der Natur mit Ehrfurcht erfüllen lassen. Darüber hinaus sind diese Konzepte eng mit den

Gedanken der *Bildung* zu höheren Stufen der Freiheit verflochten, entweder als Zivilisation oder in Bezug auf eine persönliche Emanzipation, die weniger politischer Natur ist als die Beherrschung der eigenen Gefühle, Unterwürfigkeit, Ambitionen und Eigenheiten. Und doch zieht sich die Sehnsucht nach politischer Freiheit als Unterton durch die Schriften all der jungen Menschen, die sich in und außerhalb Jenas mit diesen Gedanken beschäftigen, und auch die Schönheit zieht sich wie ein roter Faden durch alle Schriften.

Ein auffälliger gemeinsamer Nenner der meisten Männer, die diese Gedanken entwickeln, ist, dass sie Theologen und Philosophen sind. Die drei großen Ausnahmen sind Wieland, Goethe und Schiller, die nicht als Philosophen, sondern als Dichter oder Autoren angesehen werden und die nicht Theologie, sondern Jura oder Medizin studiert haben. Da die Theologie der einzige akademische Weg für junge Männer ohne Geld war (außer im Fall der Karlsschule in Stuttgart, an die Schiller ging), ist es allerdings bemerkenswert, dass die jungen Männer, die diese krypto-religiösen -Ismen (Romantik, Idealismus und Nationalismus) erfunden haben, vielleicht gar nicht so sehr daran interessiert waren, Pfarrer zu werden. Wir haben es also mit einer Reihe von Denkern zu tun, die nach dem großen Zusammenhang von allem suchen und die die Notwendigkeit von Entwicklung und Freiheit sehen, sowohl die existenzielle Freiheit, selbstständig zu denken, als auch die politische Freiheit, die es ihnen erlauben würde, ihre existenzielle Freiheit zu genießen. Allen gemeinsam ist ihnen, dass sie einen engen Zusammenhang zwischen der Entwicklung der Kultur und des Individuums sehen: Wenn der Einzelne sich in den Bereich der Freiheit hinein bewegen soll, muss es ein Argument dafür geben, dass es sich um eine natürliche Entwicklung in der Welt als solche handelt. In gewisser Hinsicht versuchen diese Denker zu sagen, dass Gott Demokratie und politische Freiheit will, sie müssen nur zuerst Gott neu erfinden, damit sie einen Gott haben, der dies sagt.

Mitte der 1790er Jahre waren Wieland, Herder, Goethe und Schiller, die zu den ersten herausragenden Denkern gehörten, die nach Jena/Weimar kamen, seit fast 20 Jahren dort. Sie repräsentieren das, was heute als *Weimarer Klassik* bezeichnet wird. Dies ist keine Ideologie, sondern eine literarische Epoche, die sich durch die hohe Qualität ihrer Schriften auszeichnet.

Um 1800, als Wieland 76 Jahre alt ist, schließt er sich den Weimarer Freimaurern an.

Als wir mit der Arbeit an diesem Buch begannen, haben wir uns nie daran gemacht, über die Freimaurer zu schreiben, aber es fällt auf, dass so viele der Männer, deren Denken über Freiheit und *Bildung* wir hier untersuchen, Freimaurer waren. Wir glauben nicht, dass dies ein Zufall ist, und wir werden ihre Freimaurerei immer wieder erwähnen, wenn wir auf unserer Bildungsreise einem Freimaurer begegnen, und dann werden wir gegen Ende ein paar Gedanken dazu anbieten; wir haben ein wenig recherchiert, und wir glauben, ihr Geheimnis gefunden zu haben...

Johann Gottlieb Fichte

Fichte war einer der Studenten in Jena. Dort studierte er ab 1780 Theologie und arbeitete nach seinem Abschluss einige Jahre, bis er 1788 nach Zürich zog. Kant war nun einer der größten und anerkanntesten Denker der Welt, und 1790 nahm Fichte das Kant-Studium auf, in der Hoffnung, mit ihm in Königsberg arbeiten zu können. Im Juli 1791 ging er zu einem Vorstellungsgespräch mit Kant, scheiterte aber daran. Von sich selbst enttäuscht, schrieb er dann *Versuch einer Kritik aller Offenbarung* (1792), in dem er die Beziehung zwischen göttlicher Offenbarung und Kants kritischer Philosophie untersuchte. Das Buch wurde anonym veröffentlicht, und man glaubte, Kant sei der Autor. Als Kant das Missverständnis aufklärte und die Leute erkannten, dass Fichte dahinter steckte, wurde er sofort als einer der brillantesten Philosophen Deutschlands gefeiert, und 1793 wurde er als Professor für Philosophie nach Jena eingeladen.

Politik, Nationsbildung und Antisemitismus

Im Gegensatz zu Schiller blieb Fichte vor und während seiner Jenaer Jahre von der Französischen Revolution begeistert und äußerte sich sehr explizit dazu, auch wenn seine beiden Publikationen von 1793 anonym veröffentlicht wurden: *Zurückforderung der Denkfreiheit von den Fürsten Europas, die sie bisher unterdrückten* und *Beitrag zur Berichtigung der Urtheile des Publicums über die französische Revolution.* Beide Bücher fordern politische Freiheit, viel expliziter als es allgemein üblich ist und er verbindet politische Freiheit mit dem, was wir Selbstschöpfung nennen würden, mit Willenskraft, individueller Emanzipation, dem Nichtvertrauen in die Erklärungen der anderen, der Suche nach dem wahren Selbst, der *Bildung* und nicht zuletzt der Kultur:

> Kultur ist die Ausübung aller Kräfte mit dem Ziel der völligen Freiheit, der völligen Unabhängigkeit von allem, was nicht wir selbst sind, unser reines Selbst.

Nicht zuletzt wegen seines Revolutionstextes ist Fichte als Antisemit bezeichnet worden – und das war er zweifellos. Aber es ist einer der Fälle, in denen es entscheidend ist, die Geschichte in die richtige Richtung zu studieren. Antisemitismus ist nicht nur ein roter Faden, der sich durch die europäische Geschichte zieht, sondern ein starkes Seil, das über die Jahrhunderte immer wieder mutiert ist, immer bereit, neue Gründe für den Hass auf die Juden zu liefern. Seit den Anfängen des Christentums wurden Juden kollektiv als „Christusmörder" zur Rechenschaft gezogen, und Luther veröffentlichte *Von den Juden und ihren Lügen,* einen schäumenden Topf voll abscheulicher Galle, der zur Zerstörung jüdischer Häuser, zum Abbrennen von Synagogen und mehr aufruft.

Wenn schreibt Fichte also in einer Fußnote des Revolutionstextes über die Juden:

> Sie müssen Menschenrechte haben, ob sie uns das gleiche zuschreiben oder nicht; denn sie sind Menschen, und ihre Ungerechtigkeit rechtfertigt nicht, dass wir wie sie sind. (...) Aber um ihnen Bürgerrechte zu geben, sehe ich kein anderes Mittel, als ihnen in einer Nacht die Köpfe abzuschneiden und sie durch Köpfe zu ersetzen, die nicht eine einzige jüdische Idee enthalten. Um uns vor ihnen zu schützen, sehe ich wieder kein anderes Mittel, als ihr gelobtes Land zu erobern und sie alle dorthin zu schicken.

Seine Intoleranz und sein Antisemitismus sind offensichtlich, aber zumindest sein Aufruf zur Enthauptung kann kaum wörtlich genommen werden. Er sagt auch, dass er noch nie einen Juden getroffen hat, der nicht nett zu ihm war; auf seine Weise ist es auf seine Weise ein Fortschritt seit den Tagen Luthers.

Die Ironie liegt darin, dass die deutschen Denker dabei sind, den jüdischen Begriff des Volkes neu zu erfinden. Und genau wie die Juden ringen sie damit, wie sie das Volk kohärent und homogen halten können, so dass es als eine imaginäre Gemeinschaft zusammenhalten kann. Sie ringen damit, wie man in ewige Solidarität und ein Gefühl der Zugehörigkeit, Kreis 6, erzeugen kann, während die reale Welt diese Reinheit ständig in Frage stellt, indem sie Fremde einführt, die das Erbe nicht teilen.

Fichte lebt immer noch in einer feudalen Gesellschaft, in der jede Gruppe innerhalb des Staates unterschiedliche Privilegien hat, und er erwähnt vier Aspekte innerhalb des Staates, die die Entwicklung eines modernen Staates mit gleichen Bürgerrechten für alle bedrohen: die Juden, die Armee, die Aristokratie und die Kirche.

Die Aufklärung sah die universelle Menschlichkeit in allen Individuen, und Lessing schrieb 1779 *Nathan der Weise*; Romantik und Nationalismus suchten das Besondere in jedem Menschen und jedem Volk, und der Kampf zwischen beiden prägt seither die politische Ideologie.

1793 mag auch das Jahr gewesen sein, in dem Fichte Freimaurer wurde; 1794 war er bereits Mitglied in Rudolstadt.

Philosophische Systeme

Fichte ist der erste Philosoph, der ein auf Kant basierendes Idealsystem entwickelt und erklärt, wie und durch welchen Prozess sich der menschliche Geist (oder Verstand) und der Geist der Welt gemeinsam entwickeln, und er tut dies in einer Reihe von Vorträgen ab 1795 und später in Büchern. Nach Fichtes System wird das Selbst autonom, weil es auf „Beleidigungen", Rückschläge, reagiert: *Anstoss*. Das Selbst ist erst dann ein absolutes „Ich", wenn es sich seiner selbst bewusst wird, und das kann nur geschehen, wenn es mit Material konfrontiert wird, auf das es reagieren muss. Gäbe es keine Reibung, keinen Pushback, wäre das Ich eins mit seinen Aktivitäten und würde vollständig in ihnen aufgehen. Um ein Selbstbewusstsein zu entwickeln, muss das Individuum Rückschläge zulassen und dafür sorgen, dass es „Zankapfel" gibt. Nach Fichte kann das Ego als ein unendliches Streben nach Autonomie verstanden werden.

Was Fichte nicht weiß, während er sein System entwickelt und über Pushbacks schreibt, ist der Pushback, den seine ganze Welt etwa zehn Jahre später erleiden, wie das sein Schreiben verändern und wie dieses Schreiben die Welt verändern wird. Die reale und die ideale Welt verändern und formen sich in der Tat gegenseitig.

Die Weimarer Bromance

Als Schiller am 13. Juni 1794 an Goethe schrieb, um ihn für seine neue Zeitschrift *Die Horen* zu gewinnen, war Goethe der zweitmächtigste Person im Herzogtum, die nur vom Herzog selbst übertroffen wird. Aber er war auch 45 Jahre alt und in der politischen Führung gefangen, und er galt als Autor der vorangegangenen Generation. Schiller selbst war 34 Jahre alt und immer noch etwas ehrfürchtig vor seinem alten Idol, und sein Brief an Goethe zeigt alle Formalitäten der damaligen Zeit:

> Hochwohlgeborner Herr,
>
> Hochzuverehrender Herr Geheimer Rath!
>
> Beiliegendes Blatt enthält den Wunsch einer, Sie unbegrenzt hochschätzenden, Gesellschaft, die Zeitschrift, von der die Rede ist, mit Ihren Beiträgen zu beehren, über deren Rang und Werth nur Eine Stimme unter uns sein kann. Der Entschluß Euer Hochwohlgeboren, diese Unternehmung durch Ihren Beitritt zu unterstützen, wird für den glücklichen Erfolg derselben entscheidend sein, und mit größter Bereitwilligkeit unterwerfen wir uns allen Bedingungen, unter welchen Sie uns denselben zusagen wolle.

War der erste Kontakt sehr förmlich, so entwickelte sich die Begegnung schnell zu einer zutiefst persönlichen Korrespondenz, zu einer Freundschaft, zu gegenseitiger kreativer Inspiration und zu einer beruflichen Verbrüderung, die Goethe neu entfachte und ihn als den Giganten der deutschen Literatur festigte. Sein Roman *Wilhelm Meisters Lehrjahre* wurde der erste Bildungsroman überhaupt genannt (wie auch Wielands *Agathon*) und erschien 1795-96; sein *Faust* wurde 1797 ernsthaft überarbeitet.

Goethe muss für seine Zeitgenossen eine ganz eigene Persönlichkeit gewesen sein, obwohl wir nach modernen Maßstäben nur feststellen, dass er jahrelang die gleiche unabhängige Freundin hatte und spät heiratete. Schillers Frau, Charlotte von Schiller, wurde als Charlotte Luise Antoinette von Lengefeld geboren und war die Tochter eines *Oberlandjägermeisters*, und sie konnte mit Goethes Privatleben nicht umgehen. Nicht nur, dass Goethe jahrelang eine Freundin hatte, ohne zu heiraten, die Frau war eine einfache Floristin, Christina Vulpius, und aus einer armen Familie – und Frau Schiller war nicht die einzige Person, die ein Problem hatte mit ihm. Die Beziehung zwischen Goethe, dem zweitmächtigsten Mann in Weimar, und Vulpius war zunächst ein Geheimnis, dann ein öffentliches Geheimnis, dann ein Skandal, und als Goethe schließlich 1806 Christina heiratete, war diese unerhörte Überschreitung der Grenzen zwischen Menschen verschiedener sozialer Schichten nur noch eine Tatsache. Wenn Schiller über den Zusammenbruch der feudalen Struktur schrieb, dann hat Goethe tatsächlich etwas dagegen unternommen.

Trotz der Reibereien zwischen Schillers Frau und Goethes Freundin wurden die beiden Männer für die Arbeit des jeweils anderen unentbehrlich, und es wird erzählt, wie eine Freundschaft einen bereits begabten Geist beflügeln kann. Wenn wir über die persönliche Entwicklung von Gerüsten sprechen, sind Schiller und Goethe ein Beispiel für zwei Genies, die sich gegenseitig zur Leiter und zum Gerüst wurden, als sie beide auf ihre eigene Art und Weise aufstiegen. Viele der anderen Denker und Aktivisten, über die wir hier schreiben, hatten auch starke Freundschaften, und das ist ein Aspekt ihrer Philosophie und ihres politischen Engagements, von dem wir nur selten hören. Wir sind so eingebettet in den Begriff des einzigartigen Genies – ironischerweise ein Konzept, das von eben diesen romantischen Idealisten erfunden, gepriesen und durchgesetzt wurde – dass wir jeden Denker als isolierten Vordenker sehen wollen. Einige hatten intimere Freundschaften als andere, aber es ist charakteristisch für diese ganze Welle neuer Gedanken, dass die Menschen, die sie hervorbrachten, stark miteinander verbunden waren. Sehr oft kannten sie die Familien des anderen, einige schliefen mit der Frau des anderen, sie trafen sich bei Dinnerpartys und verbrachten ihre Abende in der Gesellschaft des anderen.

Hölderlin, Schelling and Hegel

Eine ähnlich innige Freundschaft bestand zwischen Friedrich Hölderlin, Friedrich Schelling und Georg Wilhelm Friedrich Hegel, als sie Zimmergenossen waren und gemeinsam in Tübingen Theologie studierten. Es war das Jahr 1789, und sie waren nicht nur begeistert von der Französischen Revolution, sondern hatten auch die Nase voll von dem Konservatismus und der Rückständigkeit des pietistischen Protestantismus, den sie studierten – ganz zu schweigen von den pietistischen und strengen Regeln der Schule selbst. Für sie waren Rousseau und Kant die Boten eines neuen „Evangeliums", eines neuen Evangeliums, nach dem der Mensch gut geschaffen ist und Freiheit verdient; wir sind keine geborenen Sünder, die ein Leben in Knechtschaft, Sack und Asche erdulden müssen. Sie lasen Klopstock und Schillers *Die Räuber* aus demselben Grund: Sie wollten eine neue Weltordnung, eine neue Religion, eine neue Art, die Welt zu verstehen; modern ausgedrückt: sie wollten eine neue Meta-Erzählung!

Hölderlin war der älteste der drei und machte 1793 seinen Abschluss als Theologe, aber er hatte den Glauben verloren und wollte kein Pfarrer mehr werden. Stattdessen wollte er Schriftsteller werden und ging 1795 nach Jena, um bei Fichte Philosophie zu studieren. In Jena freundete sich der 25-jährige Hölderlin mit Schiller an, lernte Goethe kennen, Schiller fand einen Verleger für ihn, und für Hölderlin schien alles in Ordnung zu sein, aber irgendetwas muss schief gelaufen sein, und niemand weiß, was. Doch vor Ende des Jahres verließ er Jena und kehrte nie mehr zurück – und wurde dann zu einem der meist geschätzten deutschen Dichter der Romantik. Wir nennen ihn hier zusammen mit seinen Mitbewohnern, weil das liberale Jena als Faktor immer wieder auftaucht und weil die drei jungen Männer nach einer neuen Meta-Erzählung suchen.

Im Winter 1795/96 schreibt entweder Hölderlin, Hegel oder der 20-jährige Schelling, frisch aus seinem Theologiestudium in Tübingen, einen Text, der sich fast wie ein Manifest liest und von dem nur ein Fragment gefunden wurde. (Es wurde erst 1917 entdeckt, zählt also nicht wirklich zu der größeren Chronologie, außer dass der Verfasser ihn mit seinen Freunden besprochen haben muss). Darin behauptet der Schriftsteller, dass die Schönheit die höchste Macht ist und dass sich die Philosophen an sie halten müssen. Nur so können sie eine Alternative zur Religion schaffen, eine sinnliche Religion, eine neue Mythologie, die im Einklang mit der Vernunft und den Ideen, d.h. dem menschlichen Geist und dem Weltgeist, steht und die die Menschen verstehen können. Sie wollen die neueste Philosophie popularisieren, und sie spielen außerhalb der Grenzen dessen, was ihre Kultur ausdrücken kann; sie erweitern die Epistemologie. Mit ihren Gedanken wirken sie auch besonders auf Hegel und wie wir Geschichte und Politik verstehen und wie der Idealismus zu einer Ideologie wird.

Im Alter von 23 Jahren wird Schelling 1798 Professor in Jena, und Hegel wird 1801 im Alter von etwa 30 Jahren Dozent in Jena und 1805 Professor. Bevor wir uns jedoch näher mit ihnen und ihrem Idealismus befassen, machen wir einen kurzen Besuch in der Schweiz:

Johann Heinrich Pestalozzi – ein kurzer Abstecher nach Zürich

Wir haben die Schweizer und die relative politische Freiheit, die sie in den 1700er Jahren genossen, bereits kennen gelernt. Insgesamt aber unterschieden sich die Schweizer Kantone nicht grundlegend von den anderen Gesellschaften jener Zeit: Es waren feudale Gesellschaften mit drei Ständen und großen Gruppen von sehr armen Menschen, die keine Möglichkeit hatten, sich aus der Armut herauszuarbeiten.

Einer der Menschen, der sich stark gegen diese soziale Ungerechtigkeit wandte, war Johann Heinrich Pestalozzi. Er wurde 1746 in Zürich geboren; sein Vater war Chirurg und sein Großvater reformierter christlicher Pfarrer in einem Dorf in der Nähe der Stadt. Als Pestalozzi 5 Jahre alt war, starb sein Vater; der Junge wuchs bei seiner Mutter und der Haushälterin der Familie auf, die der Witwe 41 Jahre lang treu und unbezahlt diente. Eine Tatsache, die den jungen Pestalozzi tief beeindruckt hat. Seine Mutter heiratete nie wieder, und da zwei unverheiratete Frauen in der zweiten Hälfte des 17. Jahrhunderts nicht über viele Einkommensquellen verfügten, wuchs Pestalozzi in tiefer Armut auf.

Auch um ihn herum sah er überall tiefe Armut. Die Sommer verbrachte er mit seinem Großvater in dessen Pfarrei, und als er ihm bei seinen Besuchen in den Dörfern folgte, sah Pestalozzi unerträgliches Elend. Die Leibeigenen und Bauern waren die Ärmsten der Armen, und Pestalozzi beschloss, sein Leben dem zu widmen, etwas für ihre Situation zu tun.

Pestalozzis Umgang mit der Feudalgesellschaft und der Armut jener Zeit unterscheidet sich radikal von dem der deutschen Idealisten. Etwa mit 17 Jahren soll er in Zürich Theologie studieren, aber im Gegensatz zu den deutschen Denkern, die lieber Dichter und Dramatiker sein und das Idealsystem hinter allem herausfinden wollen, will Pestalozzi Jura studieren, um die Gesellschaft zu verändern.

An der Universität in Zürich begegnet Pestalozzi den vielen neuen Gedanken der Aufklärung, und einer der Menschen, die ihn beeinflussen, ist Bodmer, der alte Freund von Klopstock und Wieland. Es ist eine Zeit grosser Frustration mit dem bestehenden System, und inspiriert von Rousseaus Schriften tut eine Gruppe von Studenten das, was junge Studenten tun: Sie diskutieren über Politik, träumen von einer Veränderung des Systems und schreiben geheime Pamphlete über politische Freiheit. Einige dieser Papiere sind wagemutiger als andere, und Pestalozzi wird ins Gefängnis geworfen. Doch die Vorwürfe sind falsch, und zum Glück für Pestalozzi offenbart sich der eigentliche Autor bereits nach drei Tagen durch seine Flucht aus dem Land. Als die Behörden ihren Fehler erkennen, wird Pestalozzi sofort freigelassen, nicht mit einer Entschuldigung, aber mit der Forderung, dass er für das

Brennholz bezahlt, das für die Verbrennung der Flugblätter verwendet wird.

Pestalozzi beendete sein Jurastudium nicht, sondern brach es 1765 ab. Wie viele 20-Jährige vor und nach ihm kämpft er um Arbeit, und da ihm dies nicht gelingt, ändert er seine Pläne und zieht bei einem Bauern ein. Dieser ist ein aufgeklärter Bursche, der auch von den vielen neuen Wissenschaften und deren Verbesserungsmöglichkeiten fasziniert ist, und Pestalozzi studiert neun Monate lang mit ihm neue landwirtschaftliche Techniken. Auf der Grundlage seiner neuen Kenntnisse will Pestalozzi einen eigenen Bauernhof gründen, auf dem er den Armen neue und bessere Methoden der Landwirtschaft beibringen kann. Er verliebt sich auch in Anna Schulthess, die Tochter eines wohlhabenden Bäckers; ihren Eltern gefällt ihr Bündnis mit dem armen Universitätsabbrecher nicht! Aber sie sind verliebt und teilen den Traum von einer besseren Welt und sozialer Gerechtigkeit, und 1769, als sie 30 und Pestalozzi 23 Jahre alt ist, heiraten sie.

Die Frischvermählten haben einen Plan: Sie wollen einen eigenen Bauernhof bauen, von dem aus sie die Welt verändern können. Sie wollen die Armen erziehen und ihnen bessere Anbaumethoden beibringen, und Pestalozzi nennt den Bauernhof Neuhof. Das Land wird mit geliehenem Geld gekauft, und er ist nicht in der Lage, das Bauernhaus vor der Heirat fertigzustellen, so dass sie woanders leben müssen. 1770 bringt Anna ihr einziges Kind zur Welt, sie nennen es Jean-Jacques, und Pestalozzi versucht, es nach Rousseaus Prinzipien zu erziehen. Dies entpuppt sich als Katastrophe.

Wenn Pestalozzi als Idealist im alltäglicheren Sinne des Wortes daherkommt, wird dies richtig wahrgenommen. Er und seine Frau teilen so viele hehre Absichten, doch ihre Bemühungen scheitern einer nach dem anderen. Der arme Pestalozzi wird nicht zum großen Hoffnungsträger des aufgeklärten Wohlstands, sondern von den einheimischen Bauern und Bäuerinnen verspottet, die seine neue wissenschaftsbasierte Landwirtschaft nicht verstehen; sie lassen sogar ihre Tiere auf seinen Feldern weiden. Die freie Schule mit Unterkunft und Verpflegung, die er für arme Kinder schafft, damit sie ein Handwerk erlernen können, wird von ihren Eltern nur ausgenutzt. Anstatt ihre Kinder in der Schule bleiben zu lassen, wo ihre neuen Fähigkeiten mehr *Bildung* mitfinanzieren sollen, nehmen die Eltern ihre Kinder mit nach Hause, sobald sie genug wissen, um Geld für die Eltern zu verdienen. Pestalozzi versinkt weiter in seiner ständigen Verschuldung.

Er lernt aber aus seinen Erfahrungen. Aus der Erziehung seines eigenen Sohnes lernt er, dass Rousseaus Methode nicht funktioniert. In der Erziehung eines Kindes muss ein gewisser Grad an Gehorsam vorhanden sein, sonst wird das Kind nur widerspenstig und verwöhnt, und das dient dem Kind nicht. Er lernt auch von den vielen Kindern, die er aufnimmt, und im Laufe der Jahre entwickelt Pestalozzi seine eigene pädagogische Philosophie, *die Herz, Kopf und Hand*, wie er es ausdrückt, kombiniert: *Bildung* muss moralisches Urteilsvermögen, Erziehung des Geistes und praktische Fertigkeiten beinhalten; der ganze Mensch muss sich entwickeln.

Während Pestalozzi sich mit den vielen praktischen Aufgaben beschäftigt, leistet er auch ernsthafte Kopf- und Herzarbeit und betrachtet das große Ganze, die moralischen Werte der Gesellschaft und die Funktionsweise der Wirtschaft. 1781 schreibt er den ersten Teil eines Romans, *Lienhard und Gertrud*, über den Zusammenhang von Politik, Wirtschaft und Moral; die anderen drei Teile erscheinen 1783, 1785 und 1787. Die Geschichte spielt in einem kleinen Dorf, das von Korruption und Elend heimgesucht wird, und erforscht die moralische Erholung der Gemeinschaft, die von einer Mutter ausgelöst und von einem jungen Aristokraten, einem Baumwollunternehmer, dem Priester und dem Schulmeister gefördert wird. Der Roman wird zum Bestseller, auch weit außerhalb der Schweizer Kantone, und Pestalozzi versteht, dass er auf der richtigen Spur ist, wenn er in einer populären Form schreibt.

Nach und nach bessert sich die Lage für Pestalozzi, seine pädagogischen Ideen zeigen erste Erfolge, und er setzt das Schreiben fort. 1793 hält er sich für einige Monate bei seinem Vetter, dem berühmten Schweizer Arzt Johannes Hotze, in Richterswil auf, um etwas zu schreiben, und während er dort ist, besucht ihn Fichte und bringt seinen dänischen Freund Jens Baggesen und dessen Frau mit. Fichte war bereits mehrmals (1788-1790) in Zürich und Pestalozzi und er kennen sich bereits von diesen Besuchen. 1793 hält Fichte Vorlesungen in

Zürich, und es ist dasselbe Jahr, in dem er über die Rückforderung der Gedankenfreiheit und über die Französische Revolution schreibt; es ist Baggesen, der nur zwei Jahre zuvor der Mittelsmann war, der Schiller das Dreijahresstipendium von Schimmelmann besorgte, und zurück in Jena korrespondiert Schiller mit den Dänen.

Pestalozzi denkt nun über die kindliche Entwicklung hinaus und teilt mit Fichte einige seiner neuen Ideen über die erwachsene menschliche Natur und ihre Entwicklung, und 1797 veröffentlicht Pestalozzi *Meine Nachforschungen über den Gang der Natur in der Entwicklung des Menschengeschlechts.*

Auf rund 150 Seiten konzentriert er sich ganz auf die Entwicklung des Erwachsenen und beschreibt drei Stadien der Erwachsenenreife: *Tierischer Zustand, Gesellschaftlicher Zustand* und *Sittlicher Zustand.* Den gesellschaftlichen Zustand nennt er auch *Bürgerliche Bildung.* So wie er diese Zustände beschreibt, überschneiden sie sich sehr stark mit Schillers beiden körperlichen Zuständen (emotionaler und logischer Zustand) und seinem moralischen Zustand sowie mit den Schichten 2, 3 und 4; hier fasst Pestalozzi zusammen:

> Durch das Werk meiner Natur bin ich physische Kraft, ein Tier.
>
> Durch die Arbeit meiner Familie bin ich soziale Kraft, Geschicklichkeit.
>
> Durch die Arbeit meiner selbst bin ich sittliche Kraft, Tugend.

Der mittlere Staat, die „bürgerliche *Bildung*" oder „gesellschaftliche Verfassung", handelt von der gesellschaftlichen Existenz des Menschen im Allgemeinen und umfasst die rechtliche Seite der gesellschaftlichen Verfassung; wichtig ist das Leben nach den ausdrücklichen Regeln.

Aber das reicht nicht aus; man muss sich darüber hinaus entwickeln. Pestalozzi sieht die mittlere Stufe, den gesellschaftlichen Zustand, was wir als Selbstverwaltung und Schicht 3 bezeichnen, als einen instabilen Zustand; es ist eine Zwischenstufe, in der man, wie er sagt, zahm ist wie ein Haustier, ein *Haustier*, weil man mit körperlichen Freuden belohnt wird. Die *tierische* Schicht 2 ist emotional kohärent, ebenso wie die *sittliche*

Schicht 4, aber in Schicht 3 ist man persönlich nie vollständig. Man sollte über diesen koabhängigen, konformen Modus hinwegkommen und:

> Erkennen Sie sich selbst an und bauen Sie das Wirken Ihrer Veränderung auf dem inneren Bewusstsein Ihrer tierischen Natur auf, aber auch im vollen Bewusstsein Ihrer Kraft, in Ihrem Fleisch gefesselt nach Gott zu leben. Wer immer Sie sind, Sie werden Mittel und Wege finden, sich selbst in Einklang mit Ihrer Natur zu bringen. Wollen Sie sich nur zur Hälfte vervollständigen, wenn die Natur diesen ganzen Weg gegangen ist? Wollen Sie auf dem Zwischenschritt zwischen Ihrem Tier und Ihrem moralischen Wesen stehen bleiben, wo die Vollendung Ihres Selbst nicht möglich ist, dann wundern Sie sich nicht, dass Sie nur ein Schneider, ein Schuster, ein Scherenschleifer und ein Prinz bleiben und kein Mensch. Wundern Sie sich dann nicht, warum Ihr Leben ein Kampf ist mit oder ohne Sieg und warum Sie nicht einmal das werden, was die Natur aus Ihnen gemacht hat, sondern viel weniger ein bürgerlicher Halbmensch.

Für Pestalozzi ist der Übergang von Schicht 3 zu Schicht 4, von der Selbst-Verwaltung zur Selbst-Autorenschaft also eine bewusste Entscheidung. Schiller oder Fichte werden im Text nicht erwähnt, aber ihre Gedanken sind recht ähnlich; die dreistufige Entwicklung muss in ihren Kreisen ein viel diskutiertes Thema gewesen sein, und das Wort *Bildung* muss häufig auf ihren Lippen gelegen haben. Was sich unterscheidet, ist die Sicht auf den Übergang zwischen den Stufen. Schillers Fokus auf das Schöne und darauf, wie die Ästhetik uns verwandeln kann und soll, fehlt in Pestalozzis Text.

Pestalozzi spricht von *Unterwerfung* und *Beherrschung*: Man entwickelt sich durch Unterwerfung des animalischen Selbst. In dem gesellschaftlichen Zustand durch den Zwang zur Beherrschung, in dem moralischen Zustand durch den Wunsch, es beherrschen zu wollen. Im moralischen Zustand, sagt er, strebt er danach, sich zu verfeinern und seiner Umgebung nützlich zu sein. Er sieht den Wandel vom animalischen Zustand / selbst-konsolidierenden zum gesellschaftlichen Zustand / Selbstverwaltung als einen Prozess, bei dem man immer mehr Vorteile genießt, von Bequemlichkeit und glänzenden Dingen angezogen wird und einige Freiheiten für die Rechtsstaatlichkeit aufgibt. Vom gesellschaftlichen Zustand/Selbstverwaltung zum moralischen Zustand/Selbstverwirklichung betrachtet er die Transformation als Willensakt:

> Ich kann als Tier, als Bürger oder als moralischer Mensch leben; ich kann auf der Autobahn der tierischen Verderbtheit reisen; ich kann die Grenzen der bürgerlichen Unabhängigkeit, wie sie das Gesellschaftsrecht definiert, bestätigen, und schließlich kann ich mich zur Anerkennung aller Fehler meiner tierischen Natur und aller Verfehlungen meiner sozialen Verhärtung erheben.

Der letzte Übergang ist eine Wahl, und indem er ihn so definiert, ist Pestalozzi der Erfindung des Existenzialismus durch Søren Kierkegaard etwa 45-50 Jahre voraus.

Um 1800 beginnen die Dinge für Pestalozzi ernsthaft ins Lot zu kommen. Seine Lehrmethoden zeigen klare Resultate bei Kindern, und er eröffnet eine Schule für Lehrerausbildung in Burgdorf nördlich von Bern. Innerhalb von zwei Jahren verbreiten sich die Gerüchte über seine erfolgreiche Methode in ganz Europa, und aus allen Teilen des Kontinents kommen Menschen zu Besuch, um bei ihm zu studieren, darunter zwei von Schimmelmann gesponserte Praktikanten aus Dänemark.

Trotz seiner vielen Misserfolge wird Pestalozzi 81 Jahre alt und hat zu Lebzeiten Erfolg, nicht zuletzt wegen seines 1801 erschienenen Buches *Wie Gertrud ihre Kinder lehrt*, das sich in allen deutschsprachigen Teilen Europas großer Beliebtheit erfreut. In seiner Zeit korrespondiert er mit mehr als 200 prominenten Persönlichkeiten auf dem ganzen Kontinent; unter Pädagogen und pädagogischen Entscheidungsträgern ist er bald ein bekannter Name, der Rousseau in den Schatten stellt. Nach Comenius und Rousseau wird Pestalozzi zum dritten „Vater" der *Bildung* und Pädagogik in Europa.

Jena, Weimar und Deutschland

Um 1800 war Jena ein intellektueller Brennpunkt, doch nähert es sich seinem Ende. 1799 wird Fichte des Atheismus bezichtigt und muss Jena verlassen; der Konflikt hat im ganzen Reich Aufmerksamkeit erregt, und der einzige Ort, an den er sich bewegen kann, ist Berlin. Schiller zieht 1799 von Jena ins nahe gelegene Weimar, um näher bei Goethe zu sein, und stirbt dort im Mai 1805. Für Goethe ist der Verlust dieses Freundes immens; sein Seelenverwandter ist verschwunden. Im nächsten Jahr heiratet er Fräulein Vulpius, die bis zu ihrem Tod 1816 seine Frau ist.

Wir hetzen nun durch Schelling, Hegel, noch etwas Fichte und Humboldt. Das ist keinem von ihnen gegenüber fair, aber das Ziel war nie, ein Exposé über deutsche Denker zu schreiben, sondern herauszufinden, was sie über *Bildung* zu sagen hatten, wie nahe ihr Konzept an aktuellen Beschreibungen der Ich-Entwicklung lag und ob dies die Nordländer geprägt hat.

Friedrich Wilhelm Joseph Schelling

Schelling, der 1798 Professor in Jena wird, ist der zweite Philosoph, der ein idealistisches System entwickelt und erforscht, wie sich der menschliche Geist oder Verstand und der Geist der Menschheit entwickeln. So wie Fichte sein System auf dem Denken Kants aufbaute, während er versuchte, mit dem Denken Kants zu brechen, so baut Schelling sein System auf dem Denken Fichtes auf, während er versucht, mit dem Denken Fichtes zu brechen. Obwohl Schelling auf beiden aufbaut, wird ihm oft der Verdienst zugeschrieben, der Begründer des deutschen Idealismus zu sein.

Unter seinen Schriften finden sich die folgenden Titel, die für ihn sprechen müssen: *Über die Möglichkeit einer absoluten Form der Philosophie*, 1794; *Vom Ich als dem Prinzip der Philosophie oder über das Bedingungslose im menschlichen Wissen*, 1795; P*räsentation meines Systems der Philosophie,* 1801; *Von der menschlichen Freiheit*, 1809.

Georg Wilhelm Friedrich Hegel

In den frühen Tagen des Oktobers 1806 befindet sich Hegel in seinem Haus in Jena und arbeitet so schnell wie möglich an der Fertigstellung des Entwurfs seiner umfangreichen *Phänomenologie des Geistes*, seines idealistischen philosophischen Systems, das erklärt, wie sich die einzelnen Geister/Geister und der Weltgeist entwickeln. Der Grund für seine Eile liegt darin, dass sich Napoleon seit 1792 im Krieg mit dem Heiligen Römischen Reich befindet, dass Weimar 20 Kilometer westlich von Jena gerade an Napoleon gefallen ist, und dass jetzt, noch näher an Jena, in den Hügeln nur wenige Kilometer westlich, preußische Truppen aufgereiht sind, um die Stadt gegen die herannahenden Franzosen zu verteidigen.

Am 14. Oktober, nur wenige Tage nachdem Hegel das Drehbuch fertiggestellt und an seinen Verleger geschickt hat, vernichtet Napoleon die preußische Armee und reitet als Sieger durch die Straßen von Jena. Hegel, der gerade den ersten Band der größten, einflussreichsten (und kaum verständlichen) Präsentation vom DEM philosophischen System abgeschlossen hat, das alles erforscht und damit auch, wie sich Ideen in der realen Welt manifestieren, sieht Napoleon von seinem Fenster aus vorbeireiten. Beeindruckt vom französischen Kaiser beschreibt Hegel ihn später in einem Brief an einen Freund als „Weltgeist"; das Konzept der Manifestation des Weltgeistes, in einer Person ist angebrochen.

Hegel begegnet hier nicht Napoleon, aber zwei Jahre später, am 2. Oktober 1808, trifft Goethe Napoleon auf dem Erfurter Kongress, wo Frankreich und Russland ihr Bündnis bekräftigen. Napoleon fragt Goethe einige Formalitäten über sein Wirken und seinen Status in Weimar (er war schließlich der ranghöchste Minister im Herzogtum), aber der Kaiser ist mehr daran interessiert, über den jungen Werther zu sprechen: Napoleon hat in dem Roman einen logischen Fehler gefunden. Goethe stimmt höflich zu, besteht aber auch darauf, dass ein Dichter Freiheit über seinen Stoff hat. Der Kaiser erlaubt ihm diesen Standpunkt.

Hegels Phänomenologie baut auf den Idealsystemen von Kant, Fichte und Schelling auf und bricht mit ihnen. In ihr beschreibt er, wie das

Individuum und die gesamte Spezies noch höhere Freiheitsgrade entwickeln, und in seinem *Grundlinien der Philosophie des Rechts* ab 1820 fasst er *Bildung* folgendermaßen zusammen:

> *Bildung* ist also in ihrer absoluten Bestimmung die Befreiung und das Werk der höheren Befreiung, nämlich der absolute Einstiegspunkt in die unendlich subjektive Substantialität der Moral, die nicht mehr unmittelbar, natürlich, sondern geistig ist.

Bildung ist ein unvermeidlicher Prozess hin zu einer Freiheit, die nicht mehr spontan und natürlich, sondern moralisch und spirituell ist. Oder: Die Welt bewegt sich auf höhere ethische Standards zu und die Individuen auch. Nach Hegel ist der Prozess dialektisch, d.h. die Welt verändert sich, indem sie sich ihren eigenen inneren Hindernissen, Rückschlägen und deren Überwindung stellt. Das gilt auch für die Menschen. Mit seinem System von Stößen und Rückschlägen hat er der Welt eine neue Erkenntnistheorie gegeben; sein System ist als These-Antithese-Synthese beschrieben worden, aber er selbst hat diese Worte nicht benutzt.

Noch einmal J.G. Fichte

Die Niederlage des Heiligen Römischen Reiches durch Napoleon ist für die Deutschen verheerend. Obwohl der Franzose bewundert wird, wird der Verlust der Autonomie und die Demütigung des Reiches verabscheut.

Einer der von der Situation zutiefst betroffenen Menschen ist Fichte, der im Oktober 1806 aus Berlin flieht, als Napoleon die Stadt erobert. Anfang September 1807 kehrt er zurück, und im Dezember hält er in Berlin eine Reihe berühmter Reden, die 1808 zu seinem populärsten Buch werden: *Reden an die deutsche Nation*. Hier wird *Bildung* zu Nation-*Bildung*; die *Bildung* eines Volkes, die Gestaltung und Wiederbelebung des Deutschtums als unsichtbare Kraft, die die Deutschen zusammenhält und wieder groß macht. Sein Denken über das Deutschtum steht im Einklang mit seinem Idealsystem und dem anderer Philosophen, und es verbindet individuelle und kollektive *Bildung* und Ich-Entwicklung; es handelt von Selbstverwaltung und Selbstschöpfung als Volk, und es berührt die globale Einheit der Menschen, wobei die Deutschen den Weg weisen. Es ist ein komplexer Text mit einer progressiven Erzählung in Richtung auf mehr deutsche Freiheit und schließlich das deutsche Volk als Retter der Menschheit:

> Die alte Welt mit ihrer Herrlichkeit und Größe, sowie mit ihren Mängeln, ist versunken, durch die eigne Unwürde und durch die Gewalt eurer Väter. Ist in dem, was in diesen Reden dargelegt worden, Wahrheit, so seid unter allen neueren Völkern ihr es, in denen der Keim der menschlichen Vervollkommnung am entschiedensten liegt, und denen der Vorschritt in der Entwicklung derselben aufgetragen ist. Gehet ihr in dieser eurer Wesenheit zugrunde, so gehet mit euch zugleich alle Hoffnung des gesamten Menschengeschlechts auf Rettung aus der Tiefe seiner Uebel zugrunde.

Das für den modernen Leser vielleicht etwas überwältigende Zitat stammt von der letzten Seite des Buches, und es ist leicht, Wesenheit (unsere Übersetzung: das wahre Selbst) als eine Essenz, einen innewohnenden, metaphysischen Geist oder eine Energie zu verstehen, die nur im wahren Deutschen vorhanden ist. Es ist aber auch möglich, dieses wahre Selbst oder diesen wahren Geist nur als eine Sprache und Kultur zu verstehen, die aktiv praktiziert und lebendig gehalten werden muss, damit sie existieren kann, und dass dies nur durch die Erziehung des Volkes möglich ist.

Für die Deutschen, die damals die Vorträge hören oder das Buch lesen, sind diese feineren philosophischen Details über die Ontologie des Geistes jedoch nicht von besonderem Interesse. Es geht darum, das Deutschtum der Nation zu wecken, den urdeutschen Geist zu evozieren und *Das Deutsche Volk*, ein geeintes deutsches Volk zu werden.

Wenn es jemals ein bestimmtes Buch gäbe, das den Nationalismus, wie wir ihn heute kennen, hervorbringen würde, dann wären es Fichtes Reden. Rousseaus Vorschlag an die Polen im Jahr 1772 war ein theoretisches Dokument, das seiner Zeit voraus war; Fichte liefert den Aufruf zum völkischen Chauvinismus und zum Erwachen in der Zeit und rechtzeitig. Er besiegt Napoleon nicht, aber er rührt die Gemüter.

Wilhelm von Humboldt

Für moderne Bildungspraktiker und -denker ist Wilhelm von Humboldt typischerweise derjenige, auf den sich alle immer wieder beziehen; der Grund dafür ist, dass er für ein Bildungssystem verantwortlich war und *Bildung* tatsächlich umgesetzt hat, anstatt nur darüber zu schreiben.

Humboldt wurde 1767 geboren, 1789 besucht er Schiller zum ersten Mal in Jena, im Februar 1794 zieht er mit seiner Frau nach Jena und bleibt dort bis Juni 1795. Während seines Aufenthaltes wirkt er an Schillers „Neuschreibung" der Briefe *Über die ästethische Erziehung des Menschen* mit, so dass auch er die Idee einer stufenweisen Persönlichkeitsentwicklung mitverfolgt. Er wird auch einer der Mitwirkenden an *Die Horen*; Wilhelms Bruder Alexander ist ein persönlicher Freund Goethes, und obwohl Wilhelm nicht zu ihrem akademischen Umfeld gehört, betrachten sie ihn als einen ihrer Altersgenossen.

In den Jahren 1799-1801 ist Wilhelm von Humboldt Preußens Botschafter in Paris, und im Laufe der Jahre schreibt er eine Reihe von Büchern. In *Ideen zu einem Versuch, die Grenzen der Wirksamkeit des Staates zu bestimmen* (1792) schreibt er, dass nichts die *Bildung* so fördert wie der Krieg. Er empfiehlt ihn natürlich nicht, aber der Krieg ist der Ort, an dem Menschen auf die Probe gestellt werden und sich ihr Charakter formt. Er schreibt auch über die Bedeutung von Pluralität oder Vielfalt und scheint für Komplexität einzutreten, ohne das eigentliche Wort dafür zu haben. Laut Humboldt ist es nicht Aufgabe des Staates, die Bürger zu bilden; wenn er es tut, wird die Bevölkerung homogen, was die *Bildung* nicht fördert.

Humboldts Einfluss auf die europäische *Bildung* und Erziehung beginnt 1809, als ihm die Verantwortung für das preußische Bildungssystem übertragen wird, das er von Grund auf reformiert. Angesichts seiner engen Verbindung zu Schiller und dem intellektuellen Umfeld in Jena wird die Beauftragung Humboldts mit der Reform des Bildungswesens faktisch zum Geist, der sich institutionell manifestiert. Nicht nur in

Preußen, sondern generell im ganzen Westen, überall dort, wo in den 1800er und einem Großteil der 1900er Jahre Universitäten gebaut oder modernisiert wurden.

Es gibt zwei Kernprinzipien seiner Reform: Das erste ist die *Lehr- und Lernfreiheit* an den Universitäten, was bedeutet, dass der einzelne Professor völlige Freiheit darüber hat, was er seine Studenten lehrt und wie ihre Forschung aussehen soll. Die Studierenden hingegen sollen die Freiheit haben, jede beliebige Kombination von Themen zu verfolgen. Die Regierung oder die Universitätsverwaltung kann sich nicht in den Inhalt dessen, was gelehrt und studiert wird, einmischen. Das andere Prinzip ist, dass Erziehung *Bildung* sein muss, sie muss persönliche Entwicklung, moralische Entwicklung und ein tiefes, persönliches Engagement für die akademischen Bestrebungen sein. Sie muss ein Weg sein, die wahre Persönlichkeit zu finden, sich selbst hervorzubringen. Es gibt einige Unterschiede in der Art und Weise, wie die anglophone und die kontinentaleuropäische *Bildung*, einschließlich der Hochschulbildung, strukturiert sind, aber die Bedeutung, sein wahres Selbst als Teil der *Bildung* und der akademischen Studien zu werden, steht seit Humboldt im Mittelpunkt der westlichen *Bildung*.

Das Konzept der *Bildung* seit den 1770er Jahren und insbesondere die implementierte persönliche *Bildung* durch die Geisteswissenschaften und als Teil des akademischen Strebens ist auch als Neuhumanismus oder Deutscher Neuer Humanismus bekannt, und wie wir sehen werden, hat es sich gut entwickelt.

Erwähnenswert ist auch, dass Preußen 1763 die achtjährige Schulpflicht einführte, und bald folgten andere deutsche Staaten diesem Beispiel, so dass im Laufe des 18. Jahrhunderts auch dort eine hohe Alphabetisierungsrate zu verzeichnen war. Die erste deutsche Lehrerbildungsschule wurde 1811 eröffnet, die erste für Lehrerinnen 1814.

Fazit und ein wenig Kontext

Die 1600er Jahre waren durch den Dreißigjährigen Krieg zwischen Katholiken und Protestanten geprägt. Im Jahre 1648 gewährte der Westfälische Friede den Herrschenden das Recht, den Zweig des Christentums für ihr Land zu wählen. In den protestantischen Gebieten gewann die Alphabetisierung neue Bedeutung, weil die Menschen die Bibel – oder zumindest Luthers Katechismus – selbst lesen können mussten. Comenius wurde zum Vater des europäischen Bildungswesens, und vor allem Schweden und Dänemark/Norwegen förderten die Lesefähigkeit ihrer Bevölkerung, ebenso wie viele deutsche Bundesländer. Gegen Ende des Jahrhunderts setzten Aufklärung und Industrialisierung ein.

In den frühen 1700er Jahren erlebten die protestantischen Gebiete durch den Pietismus eine neue Art des innerreligiösen Erwachens. Vor dem Pietismus war die Religion wie das Wasser, das die Fische nicht sehen können; mit dem Pietismus wurde das Wasser sichtbar, und die „Fische" begannen es zu trinken und untersuchten gründlich den Geschmack des Wassers. Die Menschen wurden auf eine neue Art und Weise spirituell, und diese neue Spiritualität war in hohem Maße eine Reaktion auf die Rationalität der Aufklärung.

In England schrieb Shaftesbury 1709 über die *Formation*, eine innere Entwicklung von drei (vier) Stufen der Schönheit: 1: schöne Gegenstände, 2a: schöne Menschen, 2b: schöne Verhaltensweisen, die von anderen kopiert wurden, und 3: das wirklich Schöne: originelle Gedanken und Verhaltensweisen, die der Einzelne aus seinen eigenen Überlegungen heraus entwickelt.

Rousseau schrieb *Émile*, das die Bedeutung der Emotionen von Kindern für ihre Erziehung und ihr Erwachsenwerden erforscht, und als das Buch 1762 veröffentlicht wurde, stellte es das europäische Verständnis der menschlichen Emotionen und Entwicklung auf den Kopf.

Bis etwa 1760 bedeutete *Bildung* religiöse *Bildung*: sich nach dem Bild Gottes gestalten. Um 1770 erhielt sie eine neue säkulare Bedeutung, was eine innere Entwicklung in Bezug auf die eigenen Gefühle bedeutete. Die individuelle und gesellschaftliche Gefühlsentwicklung erforschte Herder 1774 in *Auch eine Philosophie der Geschichte zur Bildung des Menschen*. Im selben Jahr beschrieb Goethe in *Leiden des jungen Werther* eine frustrierte oder gehemmte Gefühlsentwicklung, bei der Herzschmerz und Unfreiheit in der Gesellschaft zum Selbstmord führen.

Die Französische Revolution von 1789 erregt die europäischen Intellektuellen, die das Feudalsystem und seine starren, hemmenden Normen, Regeln und den Autoritarismus satt haben. Doch das Blutbad danach entsetzt sie, und um 1793-95 schreibt Schiller *Über die ästhetische Erziehung der Menschen* in einer Reihe von Briefen, in denen er erforscht, wie Menschen sich über ihre tierischen Instinkte und ihre rationale Neigung hinaus entwickeln und zu moralischen Wesen werden können, die mit der politischen Freiheit umgehen können. Er beschreibt drei Stufen: den physischen Menschen, den rationalen Menschen und den moralischen Menschen; die ersten beiden sind nicht frei, erst in der dritten Stufe hat der Mensch seine eigene moralische Autorität. Etwas sehr Ähnliches schreibt der Schweizer Pädagoge Pestalozzi in genau denselben Jahren: Der Mensch entwickelt sich in drei Stadien: tierischer Zustand, gesellschaftlicher Zustand und moralischer Zustand.

Etwa zur gleichen Zeit entsteht eine neue kulturelle Welle: Die Romantik, die großen Emotionen und unsere spirituelle Verbindung zu Natur und Folklore. Später, als Napoleon das Heilige Römische Reich zermalmt, entfaltet sich der Nationalismus, den Herder 1774 noch andeutet, 1807 in Fichtes *Reden an die Deutsche Nation* zur Gänze. Besonders interessant ist der Zusammenhang zwischen der individuellen *Bildung*, der inneren, emotionalen Freiheit in der Person und dem Selbstbewusstsein und der Autonomie als Volk: Das Selbstbewusstsein nimmt zu, individuell und kollektiv.

Ein weiteres neues, philosophisches Konzept ist die Idee eines Weltgeistes, den mehrere Denker, vor allem aber Hegel erforschen: Es gibt einen kollektiven Geist, der uns alle und die Welt um uns herum durchdringt. Dieser Geist bewegt sich durch einen Prozess des Drängens, Zurückdrängens und Entgegenkommens auf noch höhere Freiheitsgrade zu. Diese philosophische Denkschule wird Idealismus genannt, weil es die äußere Welt, die reale Welt, und die innere Welt, die ideale Welt, gibt, und nach Ansicht der idealistischen Denker formt die ideale Welt die äußere Welt ebenso sehr wie die äußere die innere. In dieser ursprünglichen Bedeutung von „Ideal" bedeutet es nur „der Ideen" und hat nicht die Konnotationen von Altruismus oder höherem moralischen Zweck, die der Idealismus in unserem allgemeinen Gebrauch des Wortes hat.

Es gibt vier auffällige Dinge über die Entwicklung der Gedanken und Einsichten in Bezug auf *Bildung*:

1. Diese Welle neuer Gedanken wird von Männern in Bewegung gesetzt, die erst 19 Jahre alt sind; es ist eine Jugendrevolte, und einige der Schriftsteller sind die Beatles ihrer Zeit.
2. Das wirklich substantielle Denken, das der ersten Welle folgt, und die Auswirkungen, sind das direkte Ergebnis einer politischen Anstrengung in Weimar durch einen 19-jährigen Herzog, seine 37-jährige Mutter und der 26-jährige Goethe, der dort der ranghöchste Minister ist. Was sie tun, ist, dass sie der Stadt Jena und ihrer Universität geistige Freiheiten geben, die es auf dem europäischen Kontinent nirgendwo sonst gibt.
3. Wichtige politische Führer in Weimar waren auch Dichter, Wissenschaftler, Historiker und/oder Philosophen, die Literatur, Poesie und Philosophie hervorbrachten, die die Erkenntnistheorie der damaligen Zeit erweiterten und den Geist ihrer Zeitgenossen erweiterten.
   a. Wenn etwas Ähnliches heute der Fall wäre, würden auch unsere heutigen Spitzenpolitiker, Politiker und Bürokraten hochmoderne Literaturzeitschriften schaffen, preisgekrönte Filme inszenieren und Philosophie schreiben, die im Jahr 2250 gelesen und zitiert wird.
4. Was die Deutschen und Pestalozzi über persönliche *Bildung* schreiben, passt zu den Schichten der Ich-Entwicklung, die von der aktuellen Entwicklungspsychologie beschrieben werden.

Der wichtigste Take-away

Von Shaftesbury bis Hegel konzentrierten sich die Philosophen auf die innere Freiheit, sich selbst über die eigenen Emotionen, Sehnsüchte und Triebe und über die Mode der Zeit, die Normen und Erwartungen anderer zu erheben. Das Ziel für sie alle war eine vollständig abgerundete, sich selbst-hervorbringende Schicht 4, und sie schrieben offensichtlich ab Schicht 5, der Selbst-Transformation, wo sie ihr eigenes Innenleben und das ihrer Mitmenschen erforschen konnten. Schiller beschrieb ein Stadium, in dem man mit ständiger Veränderung umgehen kann, und das entspricht Schicht 5.

Die deutschen Denker erfanden den Nationalismus als einen philosophischen Begriff jenseits des Patriotismus, der sich aus der individuellen Verbindung mit der Vergangenheit und mit dem Monarchen ergibt. Ihr Nationalismus wurde zu einer Art kultureller und kollektiver Verbindung im ganzen Land in der Gegenwart. Ihr Nationalismus war die neue, kühle Erkenntnistheorie, die das Bewusstsein der Menschen auf den 6. Kreis der Zugehörigkeit, die Nation, ausweitete, und der deutsche Idealismus erweiterte das Bewusstsein auf vergangene, gegenwärtige und zukünftige Generationen als Ganzes. Der deutsche Idealismus, insbesondere wie er von Hegel erforscht wurde, ist die Philosophie der sich selbst verwandelnden Schicht 5.

Der Soundtrack und die Märchen

Normalerweise würden Komponisten nicht in die Erzählung historischer Ereignisse einbezogen, aber sie drücken Emotionen aus, die mit politischen Ereignissen zusammenhängen, und ihre Musik bezieht sich auf wissenschaftliche Durchbrüche in einer anderen Sprache. Die Komponisten, die die bestehende musikalische Erkenntnistheorie in Frage stellen, sagen etwas darüber aus, was in uns auf emotionaler Ebene geschieht. Bach war das unübertroffene musikalische Genie in den frühen 1700er Jahren, und Mozart komponierte den Soundtrack in den späten 1700er Jahren.

Ludwig van Beethoven wurde 1770 in Bonn geboren, und er komponierte den Soundtrack der 1790er und der frühen Jahrzehnte des 19.ten Jahrhunderts. Er ist keine politische oder philosophische Figur, aber die Französische Revolution und die napoleonischen Kriege berühren ihn zutiefst wie alle anderen, und als er sich um 1790 in Wien niederlässt, kommentiert er die politische Unterdrückung in Briefen an seine Freunde. Er ist eine der Schlüsselfiguren im Übergang zwischen Klassik und Romantik in der europäischen Kunst, aber wir vermuten, dass er gegen Ende seines Lebens von all dieser Folklore und Schönheit – um es nicht Kitsch zu nennen – ein wenig die Nase voll gehabt haben könnte. Im Jahr 1824 komponiert er die 9. Symphonie, in der Schillers *An Die Freude* erscheint, und 1825, nur zwei Jahre vor seinem Tod und fast taub, komponiert er seine *Große Fuge,* die seiner Zeit so voraus ist, dass sie für seine Zeitgenossen unverständlich ist. Beethoven überschreitet einfach die musikalische Sprache seiner Zeit und gibt dem Orchester die Stimme des 20. Jahrhunderts. Im Zuge der romantischen Welle und der deutschen Identitätssuche sammeln die Brüder Jacob und Wilhelm Grimm alte Märchen, und 1812 erscheint die erste Ausgabe ihrer heute berühmten Grimm-Märchen.

Der deutsche Frühling

Was den deutschen Denkern jedoch fehlte, war eine explizite Untersuchung, wie weit nicht das Bewusstsein, sondern das Gewissen und die Handlungen reichen sollten. Der moralische Imperativ ruhte im Individuum, und es gab kein gesellschaftliches Engagement oder sozialen Aktivismus unter den deutschen Idealisten. Der Herzog in Weimar und die Menschen um ihn herum mögen zwar in Bezug auf das Bewusstsein fortschrittlich gewesen sein, aber das Gewissen bekam nie ein philosophisches oder politisches Programm; es gab keine sozialen Verbesserungen oder Erleichterungen für die Armen. Fichte näherte sich ihm philosophisch, aber nichts Konkretes materialisierte sich daraus.

Die einzige Person, die sich mit der sozialen Verantwortung beschäftigte, war der Schweizer Erzieher und Pädagoge Pestalozzi, der darauf bestand, Herz, Kopf und Hand zu verbinden: Die Armen brauchten *Bildung* und die innere moralische Führung, die es ihnen erlaubte, selbst aus der Armut herauszuarbeiten.

Kurzum: Der deutsche Frühling kam nie richtig in Gang.

KAPITEL 6

BILDUNG UND ICH-ENTWICKLUNG

Nachdem wir in die Moral- und Entwicklungspsychologie und die Erziehungsphilosophie eingeführt haben, vergleichen wir die beiden und sehen, wie nahe sie sich stehen. Wir diskutieren auch, ob es sich nur um ein westliches Phänomen handelt, ob die Ich-Schichten real sind und in welchem Verhältnis sie zu den Kreisen der Zugehörigkeit stehen.

Wir haben nun die Geschichte des Bildungsbegriffs untersucht und ihn dabei mit den in der aktuellen Entwicklungspsychologie für Erwachsene beschriebenen Ich-Schichten verglichen. Wir kehren daher zu unserer ersten Hypothese und zur ersten Frage zurück:

> 1. Das moderne Konzept der Ich-Entwicklung ist mehr oder weniger dasselbe wie das alte Konzept der *Bildung*
>
>   - Wenn dies zutrifft, wie nahe stehen sie sich dann tatsächlich?

Wir haben eine Reihe von sich überschneidenden Beschreibungen menschlicher Emotionen und Lebensentwürfe zwischen *Bildung* und Ich-Entwicklung gefunden, aber sie sind sich nicht ganz ähnlich. Sowohl *Bildung* als auch Ich-Entwicklung sind sowohl ein Prozess als auch ein Ergebnis, und beide Wörter werden verwendet, um zu implizieren, dass Menschen wachsen und ein bestimmtes Entwicklungsstadium oder eine bestimmte Entwicklungsstufe erreicht haben. Wir denken, dass die folgende Grafik am einfachsten veranschaulicht, wo sie sich überschneiden und wo sie sich unterscheiden:

Abbildung 8 - Bildungs- und Entwicklungspsychologie

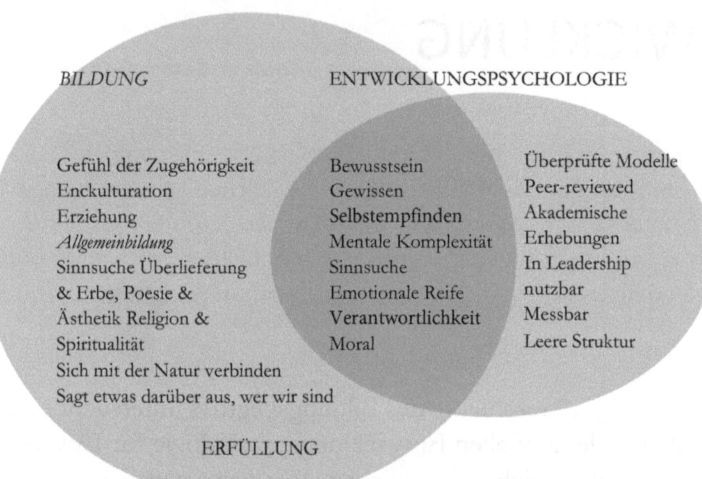

Bildung und Ich-Entwicklung überschneiden sich, haben aber unterschiedliche Eigenschaften.

Die auffälligste Ähnlichkeit besteht darin, dass die Ich-Schichten 2, 3 und 4 von einigen der alten Denker so klar beschrieben wurden. Interessanterweise bieten nur wenige mehr als Willenskraft oder Zufall als Katalysator für Übergänge: Schiller suggeriert Schönheit, und Pestalozzi verweist auf persönliche Lust und andere Vorteile zwischen den Schichten 2 und 3. Wir haben versucht, die Schlüsselbegriffe der psychologischen Entwicklung und *Bildung* in einem Modell zusammenzufassen und zusammenzufassen (Abbildung 9, Seite 196).

Sind die Ich-Schichten oder Stufen real?

Als wir die Ich-Entwicklung vorstellten, berührten wir kurz die akademische Diskussion, ob Ich-Entwicklung in diskreten Stadien geschieht oder eine sanfte Entwicklung von zunehmender mentaler Komplexität ist.

Angesichts der vielen Arten, wie Pestalozzi und die deutschen Denker *Bildung* und Persönlichkeitsentwicklung in Stufen beschrieben haben, die den Ich-Schichten 2, 3 und 4 so nahe kommen, kommen wir zu dem Schluss, dass Ich-Entwicklung in Stufen stattfindet. Das bedeutet nicht, dass sich diese Stadien bei allen Individuen auf genau die gleiche Weise ausdrücken, aber es gibt einige Muster des Verstehens, des Bewusstseins, des Gewissens und der Beziehung zu anderen Menschen und der Gesellschaft, die sich bei den meisten von uns in einer bestimmten Weise entwickeln und diesem Muster entsprechen.

Sind die Ego-Schichten universell?

Ob diese Stufen kulturübergreifend universell sind, ist eine andere Frage. Die feudalen Gesellschaften in Europa vor 200 Jahren unterschieden sich radikal von der modernen Welt, wie wir sie heute kennen, und doch beschrieben die Philosophen damals eine Entwicklung des Erwachsenen-Ichs, die mit dem übereinstimmt, was die Forschung in Harvard um das Jahr 2000 herum sagt. Wir können aber allein daraus nicht den Schluss ziehen, dass die Bild-/Ego-Entwicklung immer in dieser Form und Ordnung voranschreiten wird; wir sprechen immer noch von der westlichen Kultur und dem jüdisch-christlichen Erbe, in dem das individuelle Gewissen schon immer ein entscheidendes Element war. Auch das Konzept der *Metanoia*, der persönlichen Umkehr, scheint bei griechisch-sprachigen Juden oder den frühesten Christen in dieser jüdischen Gesellschaft um das Jahr 1 herum entdeckt/erfunden worden zu sein. Welche der beiden Religionen die Metanoia vor dem protestantischen Pietismus in den 1700er Jahren gefördert haben mag oder nicht, wissen wir nicht, aber das Konzept hat im Erbe gelauert.

Abbildung 9 - Schichten und Übergänge

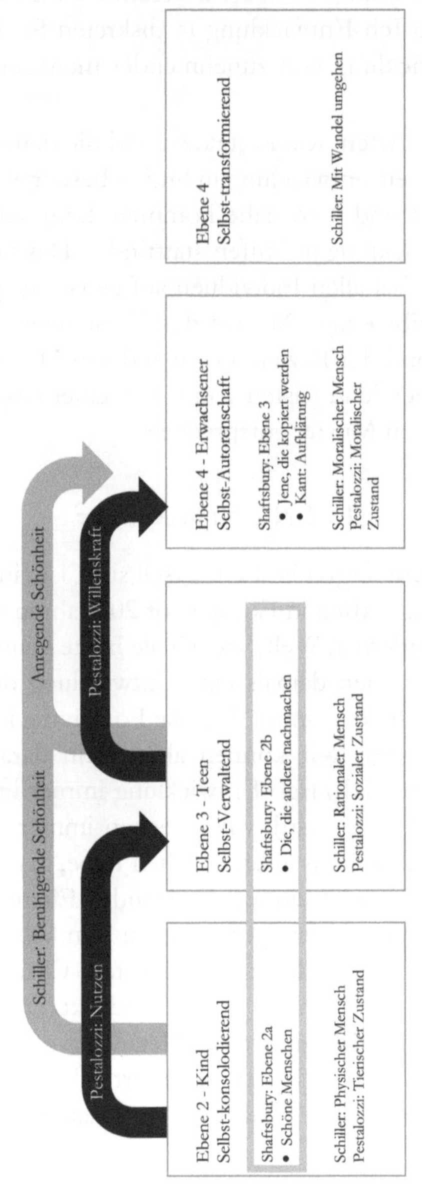

Was wir jedoch für universell halten, ist die Fähigkeit, sich zu verändern und eine immer komplexere innere Welt zu entwickeln; das eigene Bewusstsein wie auch das Gewissen zu erweitern. Eine ähnliche individuelle Entwicklung/Erweckung ist Teil vieler anderer kultureller Traditionen und Religionen, nicht zuletzt des Sufismus im Islam und östlicher Religionen wie dem Buddhismus. Die Frage ist, ob bestimmte Kulturen die Entwicklung verhindern, hemmen oder fördern.

Ich-Ebenen und Kreise der Zugehörigkeit

Die zehn Kreise der Zugehörigkeit haben nicht immer so ausgesehen, wie wir sie darstellen, und das tun sie in vielen Teilen der Welt immer noch nicht.

In indigenen, feudalen und allgemein in vormodernen Gesellschaften gründen die Menschen selten eine Familie, sie setzen in der Regel eine fort, so dass es keinen deutlichen Unterschied zwischen Familie 1 und 2 gibt. Tatsächlich machen die sieben Solidaritätskreise von Welzel in Bezug auf traditionelle Gesellschaften mehr Sinn als unsere zehn Zugehörigkeitskreise. Die Elemente, die wir in die Kreise 1-5 einordnen, waren immer in irgendeiner Form vorhanden, aber vielleicht haben sich diese Elemente erst mit der Beseitigung der Feudalgesellschaft in unserem Leben in fünf verschiedene und unterschiedliche Sphären aufgeteilt. Traditionell wurde das Individuum eher durch die Gruppe als durch persönliche Anstrengung und Charakter definiert, und das Oberhaupt eines jeden Haushalts wurde als „Vater" aller in ihm lebenden Menschen angesehen. Selbst die Monarchien und die katholische Kirche verstanden sich auf der Grundlage dieser Struktur. Die ersten imaginierten Gemeinschaften waren die verschiedenen religiösen Konfessionen, und jedes ausreichend bedrohliche „Andere" wurde als Gemeinschaftskleber benutzt; in der christlichen Welt waren dieses „Andere" die Heiden, Juden, Muslime bzw. Protestanten/Katholiken.

Was beim Zusammenbruch der feudalen Gesellschaft während des Übergangs zur Industrialisierung passierte, war, dass die Familienstruktur der Bourgeoisie und das Verständnis der einzelnen Person, das wir gerade erforscht haben, für alle Mitglieder der Gesellschaft bestimmend wurde. Aus dieser Entwicklung ging auch die Vielzahl der Sphären hervor, die wir in den zehn Kreisen der Zugehörigkeit gruppiert haben:

1. Ego / Selbst
2. Familie 1 (Eltern und Geschwister)
3. Peer-Gruppe
4. Familie 2 (Ehepartner, Kinder, Schwiegereltern)
5. Gemeinschaft (Nachbarschaft, Kirche, politische Partei, Sportmannschaft, Kollegen am Arbeitsplatz usw.)
6. Vorgestellte Gemeinschaft (Gesellschaft / Land / Nation / Volk // Religionszugehörigkeit)
7. Kultur-Zone
8. Universelle Grundsätze / internationale Konventionen / multilaterale Allianzen
9. Die Menschheit heute
10. Planet und zukünftige Generationen jenseits der Urenkel

Die technologische, politische, gesellschaftliche und kulturelle Entwicklung der letzten 300 Jahre brachte eine andere Art von Ego und Familie hervor, Peer-Groups, die es noch nie zuvor gegeben hatte, und sehr unterschiedliche reale und imaginäre Gemeinschaften. Die Welt wurde immer komplexer, und unser Verstand musste Schritt halten. Ihre Welt befand sich in einem Umbruch, und das Konzept, das die Deutschen entwickelten, um damit umzugehen, war *Bildung*.

Bildung in drei Richtungen verstehen

Zusammen mit *Bildung* haben die Deutschen den Begriff *Allgemeinbildung*, den wir bereits in Abbildung 8 oben aufgenommen haben. Er bezieht sich auf die breite Wissensbasis, über die man verfügen muss, um zu verstehen, was in der Welt um einen herum geschieht und um als Bürger teilnehmen und seine Kinder sicher erziehen zu können.

Allgemeinbildung schließt praktisches, akademisches und kulturelles Wissen ein, so dass Allgemeinbildung im Westen heute Grundfertigkeiten in Mathematik und Naturwissenschaften, Lesen und Schreiben, die Kenntnis einiger klassischer Komponisten, einiger großer literarischer Werke und der wichtigen Ereignisse der abendländischen und der Weltgeschichte umfasst. Dazu gehörte es, die Nachrichten zu verfolgen, grundlegende politische und soziale Strukturen der eigenen Gesellschaft zu verstehen, eine Zugfahrkarte online kaufen zu können und den Anweisungen zum Zusammenbau z.B. eines IKEA-Schrankes folgen zu können.

Um auf unsere konzentrischen Globen zurückzukommen, definieren wir *Bildung* als die vertikale Achse und Allgemeinbildung als die horizontale Ebene: *Bildung* ist die geistige, spirituelle und moralische Tiefe und das Streben des Menschen, Allgemeinbildung ist die Wissensbasis. Diese Basis kann sehr breit oder eher begrenzt sein. Je breiter sie ist, desto mehr Aspekte der Welt kann man entschlüsseln, schätzen und beurteilen.

Je mehr *Bildung* und *Allgemeinbildung* wir angehäuft und kombiniert haben, desto geräumiger sind wir im Inneren und desto komplexer ist unsere Bedeutungsbildung. Dementsprechend sollten wir umso mehr Zugehörigkeitskreise kennen und weiser werden, je mehr wir uns auf sie beziehen können. Es ist eine breite Allgemeinbildung, die es uns ermöglicht, gefälschte Nachrichten zu durchschauen und Lügen zu erkennen; es ist unsere *Bildung*, die es uns ermöglicht, zu akzeptieren, dass gefälschte Nachrichten, die sich wahr anfühlen und wirklich toll wären, wenn sie wahr wären, einfach gefälscht sind und wir sie nicht teilen sollten. Sowohl *Bildung* als auch Allgemeinbildung sind daher wichtiger als je zuvor, nicht zuletzt wegen der zehn Kreise der Zugehörigkeit zu allen, die wir alle brauchen, um sowohl Bewusstsein als auch Gewissen zu entwickeln.

Abbildung 10 - *Bildung* und *Allgemeinbildung*

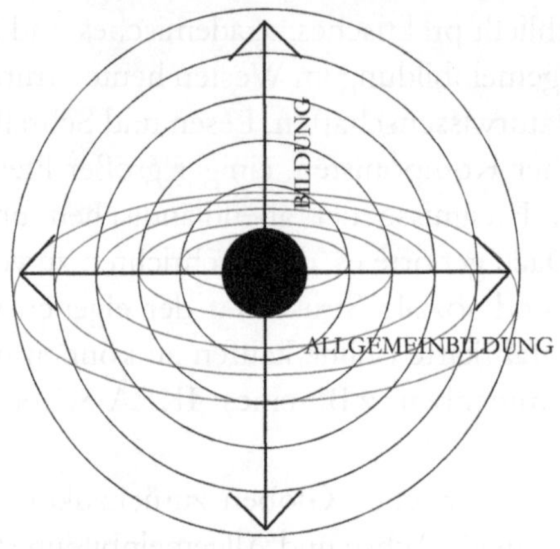

Bildung und die Systemperspektive

Es reift in Schicht 5, was uns erlaubt, eine Systemperspektive zu entwickeln, und die es uns ermöglicht, Systeme innerhalb von Systemen zu sehen und sie als miteinander verbundene, voneinander abhängige Systeme zu betrachten. Es ist auch die Schicht 5, die es uns erlaubt, uns selbst und unsere eigene Erkenntnistheorie als Systeme unter den anderen Systemen zu sehen.

Man kann eine Systemperspektive z.B. auf Familie 2 und die lokale Gemeinschaft haben, aber nicht auf die Nation, d.h. auf die Kreise 4 und 5, aber nicht auf den Kreis 6. Man kann sich damit identifizieren, Europäer und Österreicher zu sein und sich in den Kreisen 7 und 6 zugehörig fühlen, ohne zu verstehen, wie der Kontinent und das Land zusammenwirken, wie sich die Länder innerhalb der EU gegenseitig beeinflussen oder, sagen wir, wie die Dynamik unter den Menschen an seinem Arbeitsplatz ist. Die Fähigkeit, Systeme innerhalb von Systemen zu sehen und zu verstehen, wie sie interagieren, ist eine Frage der Reife; sie hängt von der eigenen Lebenserfahrung ab und kann durch *Bildung* gefördert werden. Die komplexeste Systemperspektive umfasst alle zehn Kreise der Zugehörigkeit.

TEIL III

Der skandinavische Frühling – Umsetzung von Bildung

Wir untersuchen nun wie das deutsche Bildungskonzept Dänemark, Norwegen und Schweden erreicht hat und wie es zu einem politischen Ziel wurde, die Länder zu transformieren; nicht von oben nach unten, sondern von unten nach oben.

Die Hauptakteure und Aktivisten verstanden, dass sich die Welt schnell entwickelt und dass auch die Bevölkerung sich entwickeln müsse; sie erfanden eine neue Art der Bildung die bemerkenswerte Ergebnisse erzielte.

Abbildung 11 - Die skandinavischen Länder

SKANDINAVISCHE EINLEITUNG

Wenn wir im Folgenden die Entwicklung der *Bildung* in Skandinavien beschreiben, gibt es zwei Gründe für die Art und Weise, wie wir die politische und geographische Situation in Dänemark, Norwegen und Schweden vorstellen. Erstens ist es notwendig, das Ausmaß des Übergangs vom Feudalismus und der traditionellen Agrarmonarchie zur modernen industrialisierten Demokratie auf gesellschaftlicher Ebene zu verstehen; zweitens ist es notwendig, um zu verstehen, wie das Selbst- und Zugehörigkeitsgefühl des Einzelnen mit diesem kollektiven Übergang zusammenhängt. Wir müssen diesen Zusammenhang verstehen, nicht nur, um den historischen Übergang zu verstehen, sondern auch, um später in diesem Buch Parallelen zu dem ebenso großen Übergang ziehen zu können, den unsere Welt heute durchläuft.

Gegen Ende des 17. Jahrhunderts ist Norwegen Teil Dänemarks, und König Christian VII. ist der König von beiden. In Schweden (zu dem damals auch das heutige Finnland gehörte) beendet Gustav III. das so genannte Zeitalter der Freiheit und führt 1772 die absolute Monarchie ein. Alle drei skandinavischen Länder stehen unter absoluter autoritärer Herrschaft.

Kapitel 7

DER DÄNISCHE FRÜHLING

In der deutschen Bildungsgeschichte sind uns bereits einige Dänen begegnet. Jetzt besuchen wir Dänemark und sehen, wie sich diese deutsch-dänische Verbindung am anderen Ende der Beziehungen entwickelt hat. Mehrere Personen haben zum Wandel Dänemarks beigetragen, aber ein Pfarrer und ein Lehrer fallen auf.

Als Herder 1769 Dänemark „das dänische Ende Deutschlands" nannte, lag er rechtlich und politisch falsch, aber kulturell richtig. Seit der Reformation war Dänemark stark von der deutschen Theologie, Kultur, Sprache, Musik – alles Mögliche – beeinflusst worden. Natürlich gab es Unterschiede, einer davon war natürlich, dass die absolute Monarchie in Dänemark seit den 1600er Jahren besser in der Lage war, eine Meritokratie in der Armee, der Marine und der Staatsbürokratie einzuführen. Talentierte junge Männer des dritten Standes konnten sich zu hohen und anerkannten Positionen in der dänischen Gesellschaft hocharbeiten, als Offiziere oder als Sekretäre mit recht viel Einfluss. Die Entscheidungsträger und Minister waren jedoch oft Deutsche, und die offizielle Sprache der dänischen Politik war Deutsch.

Dänemark war eines der armen Länder in Europa, so dass die Mehrheit der Menschen unter schrecklichen Bedingungen lebte und die Bauern unter Leibeigenschaft standen. Neben der Armut erfuhren die Menschen harten Strafen, selbst für Bagatelldelikte.

Seit 1766 ist die Herrschaft des Landes jedoch etwas eigenartig, da der König hauptsächlich am Masturbieren interessiert ist. Sein Name ist Christian VII., er ist geisteskrank, und ist zum Zeitpunkt seiner Krönung 17 Jahre alt. Etwa zur gleichen Zeit heiratet er die 14-jährige englische Prinzessin Caroline Mathilde (sie ist die jüngere Schwester des englischen Königs Georg III.). Christian hat häufige Wutanfälle und verbringt die meisten Nächte damit, die Bordelle und Gasthäuser Kopenhagens zu besichtigen. Und zwischen den Besuchen randaliert er durch die Straßen, oft in Begleitung seiner Lieblingsprostituierten, Bootlet Catherine.

In den Jahren 1768-69 unternimmt er eine Reise nach Deutschland, Holland, England und Frankreich, bei der er sich recht gut benimmt. Die Leute am Hof schreiben dies dem deutschen Arzt zu, der ihn auf der Reise begleitet: Johann Friedrich Struensee, und sie heuern ihn im Januar 1769 als Leibarzt des Königs an. Struensee ist ein Mann der Aufklärung. Während einer Pockenepidemie, als der Hof und nicht zuletzt Caroline Mathilde um die Sicherheit des 2-jährigen Kronprinzen Frederik fürchten, führt Struensee bei den Dänen Impfstoff ein. Der Hof hat noch nie von so etwas gehört und ist nicht glücklich darüber, den Prinzen das Verfahren durchlaufen zu lassen, so dass sich Struensee zunächst selbst impfen lässt.

Zum Erstaunen des Hofes überlebt er die Behandlung und impft dann den jungen Prinzen und alle anderen am Hof.

Der Hof ist pietistisch und viel mehr im Einklang mit Klopstock, der immer noch da ist und seit etwa 20 Jahren ein Dichter des Königshauses ist. Struensee bringt die neuesten Ideen aus Deutschland, England und Frankreich und einige der Bücher, in denen sie enthalten sind, mit. Das gefällt dem Hof nicht, außer der jungen Königin, die sein aufgeklärtes Denken teilt. Einer ihrer Lieblingsdenker ist Rousseau. Struensee wird mit der *Bildung* des jungen Prinzen betraut. Dem Prinzen werden so ungewöhnliche Freiheiten zugestanden und er läuft auch im Winter barfuß, wie es der gute Philosoph vorgeschrieben hat.

Da Struensee mit König Christian eine Verbindung herstellen kann, wird er später im Jahr 1769 Staatsrat, und 1770 hat er fast die vollständige Macht über den König und sieht seine Chance, gemeinsam mit Caroline Mathilde die politische Macht zu ergreifen. Auf der Grundlage der vielen neuen, liberalen Ideen beginnen sie, Dänemark zu reformieren. Von Mai 1770 bis Januar 1772 regieren sie im Namen des Königs und führen ein immenses Programm mit mehr als 1.800 Befehlen zur Reform des Landes durch. Unter anderem wird das Militär erheblich beschnitten, alle Verfahren werden nach wissenschaftlichen Grundsätzen geändert, das Rechtssystem wird modernisiert, und Folter, Todesstrafe und Zensur werden abgeschafft. Bis 1771 ist Dänemark das liberalste Land der Welt.

Solche radikalen Veränderungen bleiben auch im übrigen Europa nicht unbemerkt, und am 15. Januar 1771 schreibt Voltaire Christian VII. einen persönlichen Brief, in dem er ihm demütig für die Freiheiten dankt, die er seinen Untertanen gewährt hat.

Die Befreiung kommt bei den Dänen nicht gut an, vor allem nicht bei den Aristokraten und Bürokraten, die durch die vielen Reformen degradiert wurden. Struensee wird immer unbeliebter, und als sich die Ansicht verbreitet, er sei der Vater von Caroline Mathildes Tochter, Louise Augusta, geboren am 7. Juli 1771, sind seine Tage gezählt. Er wird zum Tode verurteilt, enthauptet und gevierteilt, und seine Teile werden auf das Rad gelegt. Caroline Mathilde wird daraufhin vom König geschieden, aus Dänemark ausgewiesen und des Rechts beraubt, ihre beiden Kinder jemals wieder zu sehen. Als die neue Regierung Dänemark von Struensee und Caroline Mathilde säubert, werden die meisten ihrer Reformen zurückgenommen.

Aufgrund des Wahnsinns des Königs werden die de-facto-Herrscher Dänemarks die Witwe des früheren Königs, Königin Juliane Marie, und einem der Minister, Ove Høegh-Guldberg, der eigentlich Däne und sehr konservativ ist.

Doch nicht alle sind mit der neuen Regierung zufrieden, vor allem nicht der deutschstämmige Graf Ernst Schimmelmann, der 1783 aus dem Finanzministerium zurücktreten muss. Er und andere zetteln 1784 einen Staatsstreich gegen Juliane Marie und Høegh-Guldberg an. Caroline Mathildes Erstgeborener, der von Struensee erzogene Kronprinz Frederik, der inzwischen 16 Jahre alt geworden ist, wird de facto Herrscher von Dänemark, und Schimmelmann nimmt seine Funktion als Finanzminister wieder auf. Der geisteskranke König tourt weiter durch das Kopenhagener Nachtleben.

Kronprinz Frederik ist nicht gerade weltoffen, aber er unternimmt 1788 erste Schritte zur Abschaffung der Leibeigenschaft und reformiert die Landwirtschaft und das Grundbesitzrecht.

Schulen und Emanzipation

Seit der Reformation mussten alle dänischen Mädchen und Jungen lesen lernen, und es wurden ihnen zwei Jahre kostenlos Schule garantiert; wenn die Eltern wollten, dass sie auch schreiben und rechnen können, müssten sie dafür bezahlen. Kronprinz Frederik und sein Kabinett sehen, dass dies nicht ausreicht, zumal die Agrarreform von den Bauern verlangt, dass sie die neuen Regelungen verstehen können.

Mehrere aristokratische Grundbesitzer experimentierten damals mit besseren Schulen für die Bauern auf ihren Ländereien, und auf seinem Privatbesitz nördlich von Kopenhagen tut der Fürst dies auch. Zu den frommen Förderern einer besseren *Bildung* gehören vor allem Schimmelmann und die beiden Grafen und Brüder Christian Ditlev Reventlow und Johan Ludvig Reventlow, die beide auf ihren Gütern Schulen sowie Baumwollspinnereien bauen, um die Armen zu erziehen; letztere, so vermuten wir, inspiriert von Pestalozzi. Als Teil ihrer Pläne für ein besser ausgebildetes Volk gründet Fürst Frederik 1789 eine Schulkommission. Sie besteht aus sieben Mitgliedern, an deren Spitze Schimmelmann steht und zu deren Mitgliedern auch die beiden Reventlows gehören. Die Regierung beginnt auch mit der Gründung von Lehrerausbildungsstätten; an der Spitze der Gesellschaft herrscht Einvernehmen darüber, dass die untere Ebene einen Auftrieb braucht.

Menschen und ein bisschen Geographie

Wenn die Namen Schimmelmann und Louise Augusta, die Tochter von Struensee, bekannt klingen, dann deshalb, weil wir sie bereits kennen. Ernst Schimmelmann ist Schillers Sponsor – ein großer Teil von Schimmelmanns Reichtum stammt von der Plantage seiner Familie in Westindien, wo er etwa 1.000 Sklaven besitzt. Louise Augustaenters arrangiert im Mai 1786 mit 14 Jahren eine Heirat; das Bündnis ist politisch, und ihr Ehemann ist der 20-jährige Frederik Christian II., Herzog von Schleswig-Holstein-Sonderburg-Augustenburg, der 1791 zusammen mit dem Dichter Jens Baggesen Schimmelmanns Stipendium für Schiller organisiert. Während Louise Augusta ihren Bruder, den regierenden Kronprinzen Frederik, im königlichen Schloss besucht, brennen das Schloss und Schillers Briefe am 26. Februar 1794 ab, und sie findet in Schimmelmanns sklavenfinanziertem Herrenhaus in Kopenhagen Zuflucht für die Nacht, während das Schloss in Flammen steht. Baggesen besucht übrigens nicht nur Fichte und trifft 1793 Pestalozzi, er besucht 1790 auch Wieland in Weimar, und 1794 versucht er in Kopenhagen einen Freundeskreis für Pestalozzi zu interessieren. Das klappt zunächst aber nicht so gut.

Da die dänischen Könige eine so große Rolle in der skandinavischen Entwicklung spielen und weil die Männer alle Frederik, Christian oder August oder eine Kombination davon heißen, kann dieser Stammbaum bei der weiteren Vorgehensweise hilfreich sein:

Abbildung 12 - Stammbaum: Dänische Könige, Romanzen und Kandidaten für skandinavische Throne

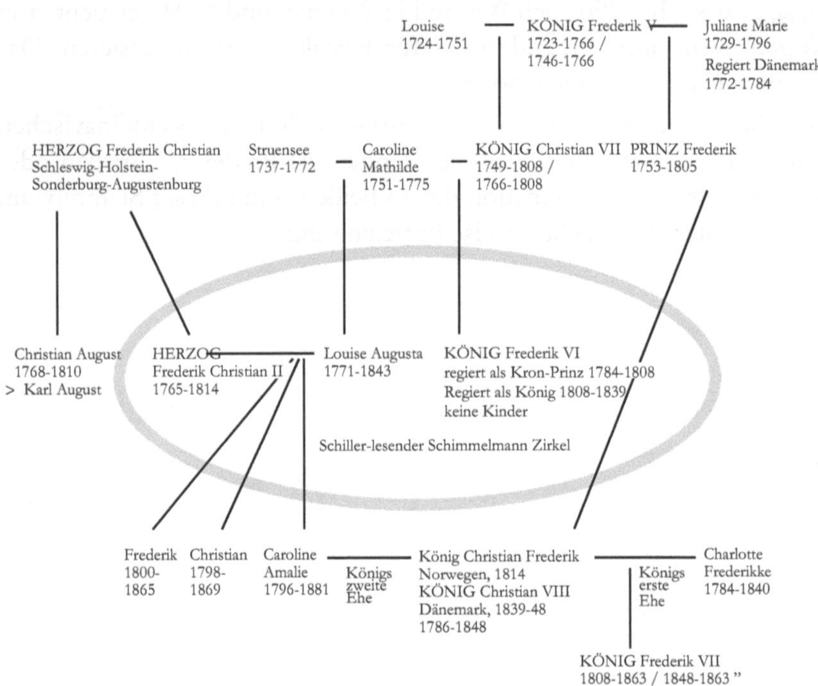

Die Nationenbildung ist, wie wir sehen werden, eng mit der kollektiven Identität und der individuellen *Bildung* verbunden, und deshalb ist es wichtig, ein wenig über den Grenzkonflikt zwischen Dänemark und Deutschland zu verstehen. Wir wissen, dass es merkwürdig klingt, dass ein Grenzkonflikt die Ich-Entwicklung beeinflussen soll, aber bitte geben Sie uns für ein paar weitere Seiten einen Vertrauensvorschuss.

Abbildung 13 - Dänemark und Schleswig-Holstein

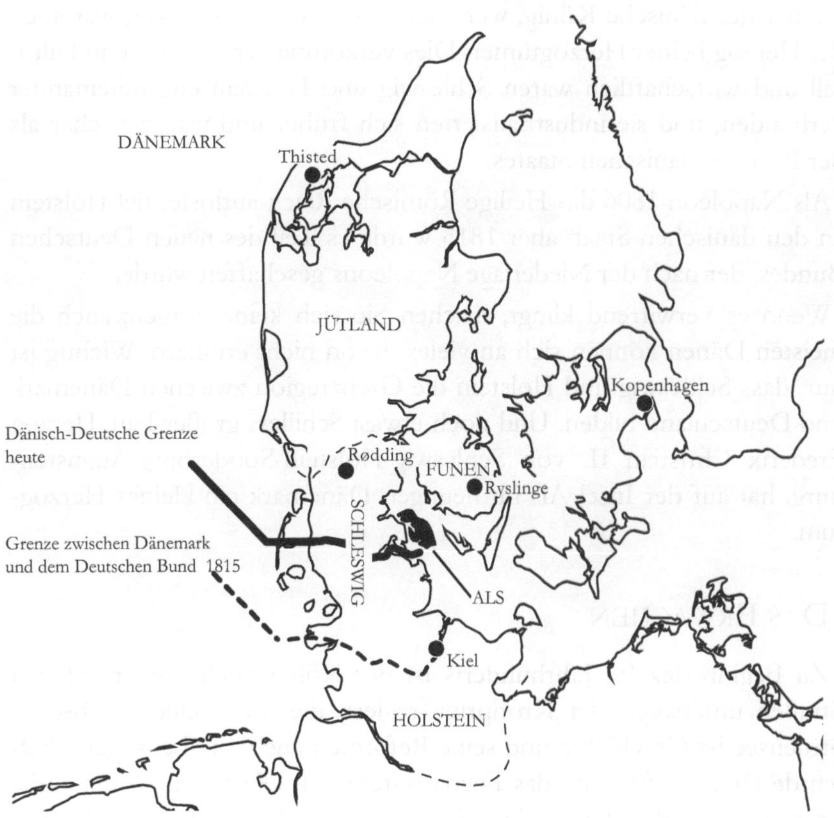

Die Herzogtümer Schleswig-Holsteins waren die reichsten und am stärksten industrialisierten Gebiete unter dem dänischen Thron.

In den späten 1700er Jahren verlief die dänische Staatsgrenze entlang der südlichen Grenze des Herzogtums Holstein, während die Grenze des Heiligen Römischen Reiches entlang der nördlichen Grenze des Herzogtums verlief; Holstein war somit sowohl Teil des dänischen Staates als auch des Heiligen Römischen Reiches.

Schleswig war vollständig Teil des dänischen Staates und Kiel war dessen Hauptstadt.

Aber der dänische König, wer auch immer das jeweils war, war auch der Herzog beider Herzogtümer. Dies verkomplizierte alles, denn kulturell und wirtschaftlich waren Schleswig und Holstein eng miteinander verbunden, und sie industrialisierten sich früher und waren reicher als der Rest des dänischen Staates.

Als Napoleon 1806 das Heilige Römische Reich auflöste, fiel Holstein an den dänischen Staat, aber 1815 wurde es Teil des neuen Deutschen Bundes, der nach der Niederlage Napoleons geschaffen wurde.

Wenn es verwirrend klingt, machen Sie sich keine Sorgen; auch die meisten Dänen können sich an vieles davon nicht erinnern. Wichtig ist nur, dass Schleswig und Holstein die Grenzregion zwischen Dänemark und Deutschland bilden. Und noch etwas: Schillers großer Fan, Herzog Frederik Christian II. von Schleswig-Holstein-Sonderburg-Augustenburg, hat auf der Insel Als im heutigen Dänemark ein kleines Herzogtum.

Das Erwachen

Zu Beginn des 19. Jahrhunderts ist der König noch immer auf den Straßen unterwegs, der Kronprinz regiert, die Monarchie ist absolut, Struensee ist Geschichte und seine Reformen auch, die Leibeigenschaft wurde abgeschafft, aber das Feudalsystem hält alle an ihrem Platz, die Französische Revolution hat Schockwellen durch die Gesellschaft geschickt, aber sie ist vorbei, Napoleon ist Kaiser, die Agrarreformen funktionieren, die Schulkommission arbeitet auch, Schimmelmann ist Finanzminister, die Aufklärung bringt wissenschaftliche Ergebnisse, und die Rationalität ersetzt den Aberglauben. Aus der Perspektive der Kopenhagener Oberschicht macht die Welt Sinn, und die Dinge sehen gut aus.

Doch ein junger Mann, der 27-jährige Henrik Steffens aus Norwegen, studiert in Jena. 1802 hält er eine Vortragsreihe in Kopenhagen und wird über Nacht zur Sensation. Er ist der erste, der die Romantik in Dänemark öffentlich vorstellt, und als charismatischer Redner, der es versteht, sein Publikum zu fesseln, füllt er ganze Häuser. Während er davon spricht, dass Geschichte sich mit einem Zweck entfaltet und dass es in der Natur und in den Menschen einen Geist gibt, einen Geist, der die Menschen als Volk zusammenhält, fühlt es sich an wie Regen, der auf trockenes Land fällt: Die Welt hat plötzlich eine Richtung und einen Sinn. Wie die kollektive Geschichte kann sich der Geist des Menschen entwickeln, er kann *Bildung* erlangen und frei werden; wir können mehr als nur unsere Vernunft sein, wir können auf unsere Gefühle hören und zur höchsten moralischen Autorität in unserem eigenen Leben werden. Zu den Ideen gehört auch das Konzept des Genies: der höchste Grad der Emanzipation und gleichzeitiger Ausdruck des Weltgeistes.

Für die Kopenhagener Bourgeoisie, die sich zuerst unter dem Pietismus und dann unter der Aufklärung um Anpassung bemüht hat, ist dies eine Botschaft der Befreiung.

Im Publikum sitzt Steffens' 19-jähriger Cousin, Nikolai Frederik Severin Grundtvig, der zu den am wenigsten beeindruckten gehört, und doch wird er zu einem der Menschen, für die die neuen Ideen die größten Auswirkungen haben. Der junge Grundtvig ist Theologe und mit seinem starken, authentischen evangelisch-lutherischen Glauben hält er nicht viel vom deutschen Idealismus und seinen „Systemen". Als ob irgendein „Geist" etwas anderes sein könnte als Gottes Heiliger Geist! Aber er sieht etwas Bedeutsames in den Gedanken an einen bestimmten Geist, der ein Volk durchzieht oder verbindet, und er möchte diesen Gedanken mit dem Christentum vereinen. Das ist fünf Jahre bevor Fichte seine Reden an das deutsche Volk schreibt, aber Herder hatte ähnliche Gedanken und Folklore ist in der Romantik allgegenwärtig. Grundtvig gefällt es!

Zu Steffens' Publikum gehören auch Baggesen, der jetzt Ende 30 ist, und drei bemerkenswerte junge Männer: der 25-jährige Hans Christian Ørsted, sein 24-jähriger Bruder Anders Sandøe Ørsted und der 23-jährige Adam Oehlenschläger.

Oehlenschläger hat seit einiger Zeit versucht, Schauspieler zu werden, aber ohne großen Erfolg. Eines Tages im Jahr 1802 machen er und Steffens einen Spaziergang, der sich in ein 16-stündiges Gespräch verwandelt, und inspiriert davon, schreibt Oehlenschläger in einem Rausch das

Langgedicht *Guldhornene (Die goldenen Hörner)*. Bei den erwähnten Hörnern handelt es sich um zwei ziemlich große, unersetzliche, massive, goldene, drei Kilo schwere Trinkhörner aus der germanischen Eisenzeit, ein dänischer archäologischer Schatz, der gerade von einem kleinen Dieb aus dem Nationalmuseum gestohlen worden war, der sie einschmolz und das Gold verkaufte. Das Gedicht kontrastiert das Wissen aus verstaubten Büchern mit dem Gold (sowohl dem realen als auch dem symbolischen), das im Boden früherer Generationen gefunden wurde. Das Wissen unserer Vorfahren ist wahr und erfüllt uns und erhebt den Geist, und – in Anspielung auf die gestohlenen Hörner – unsere alte skandinavische Seele ist nun gestohlen und zu kleinem Goldbarren geschmolzen worden. Oehlenschlägers Gedicht gilt allgemein als der Beginn der Romantik in Dänemark.

Hans Christian Ørsted ist Chemiker, promovierter Naturphilosoph an der Universität Kopenhagen, und er hat eine von Kant inspirierte Dissertation geschrieben: *Dissertatio de formå metaphysices elementaris naturaeexternae (Die Architektonik der Naturmetaphysik)*. Wie der Titel schon sagt, Physik und Metaphysik waren immer noch etwas durcheinander, zumindest in der dänischen akademischen Welt, die damals nicht gerade auf der Höhe der Zeit war. Inspiriert von Steffens beschließt Ørsted, in Jena zu studieren, und später hört er Fichte in Berlin. Sein Bruder Anders ist Jurastudent, und obwohl er nicht reist, wird auch er ein großer Fichte-Fan; die abendliche Unterhaltung unter den Ørsteds, ihren Frauen und Freunden besteht darin, Fichte und andere laut vorzulesen und ihre Gedanken zu diskutieren.

Zwei Kulturkreise

Die Kreise in Kopenhagen sind in diesen Jahren sehr klein. Es gibt zwei bedeutende Salons, den von Charlotte Schimmelmann und den von Kamma Rahbek, und ihre Mitglieder neigen mehr oder weniger dazu, sich gegenseitig zu meiden. Zwischen den beiden Salons ist jedoch jeder, der in Dänemark Einfluss hat, mit jedem verbunden; jeder Gedanke, der sich hier durchsetzt, wirkt sich auf die eine oder andere Weise auf das ganze Land aus.

Salonnière Kamma Rahbek ist die Schwester von Oehlenschlägers Frau und mit Knud Lyne Rahbek verheiratet, einem Professor für Ästhetik, der auch Dramatiker ist, die jungen und aufstrebenden Dichter kennt und einige von Grundtvigs frühen Schriften veröffentlicht. Anders Ørsted heiratet Oehlenschlägers Schwester, und er und Hans Christian gehören beide zum Kreis der Rahbeks.

Salonnière Charlotte Schimmelmann ist die Ehefrau von Ernst und mit Herzog Frederik Christian II., seiner Gemahlin, dem Kreis um den Kronprinzen und Baggesen befreundet. Bis 1802 unterhält Charlotte Schimmelmann lange Korrespondenzen mit einer Reihe von Menschen in und außerhalb Dänemarks, unter anderem mit Pestalozzi selbst und Schillers Frau Charlotte.

Charlotte Schimmelmann ist sehr vertraut mit Pestalozzis Schriften, und sie ist zutiefst besorgt über den Bildungsstand der Bauern in Dänemark. Im Jahre 1803, als Pestalozzis Lehrerschule in Burgdorf immer berühmter wird, fördern die Schimmelmanns, wie bereits erwähnt, die Ausbildung zweier dänischer Schüler in Burgdorf. Im Rahmen ihrer Korrespondenz sendet Pestalozzi an Charlotte Schimmelmann einen langen Brief, wie man die Bauern für *Bildung* begeistern kann: *Gedanken über Volkserziehung auf dem Lande.*

Laut Pestalozzi sehen die Bauern in der Regel keinen Sinn darin, ihre Kinder zur Schule zu schicken, wenn sie stattdessen arbeiten könnten, und entweder haben die Bauern kein Geld dafür oder sie wollen es nicht für *Bildung* ausgeben. Pestalozzi fasst in dem Brief auch zusammen, wie wichtig es ist, dass der tierische Zustand die Menschen nicht in den Strudel nachsichtiger Vergnügungen treibt. Vielmehr sei es wichtig, die Kinder durch staatsbürgerliche *Bildung* zu erziehen und ihre Herzen zu dem warmen Gefühl von Pflicht und Gerechtigkeit zu erheben. Dies kann nur geschehen, schreibt Pestalozzi, wenn die Kinder nicht hungrig und verarmt sind. Zu seinen weiteren Ratschlägen gehört, dass die Berufsausbildung von entscheidender Bedeutung ist und dass derjenige, der unterrichtet, sich wirklich um die Schüler und ihr Leben kümmern muss.

Das Ziel, so schreibt er mit einem sehr interessanten Bild, ist, dass die Menschen „Heimweh" nach einem Zustand haben, in dem sich bürgerliche Macht und der Wunsch nach Wohlwollen verbinden. Wenn es keine emotionale Motivation für eine bessere Gesellschaft gibt, ist die *Bildung* nutzlos; was gelehrt wird, muss für die Menschen einen Sinn haben und ihre Herzen berühren:

> Die Regeln der Erziehung des Volkes müssen sich an den Bedürfnissen seiner Lebensumstände orientieren, und alle Mittel der Aufklärung und alles, was wir immer für die *Bildung* des Volkes tun werden, müssen sich auf das Gute beziehen, das in jedem Land und an jedem Ort bereits vorhanden ist.

Die „Volksbildung" wird nur dann erfolgreich sein, wenn die Menschen am Lernen interessiert sind, und sie werden nur dann interessiert sein, wenn die *Bildung* Gerechtigkeit und Wahrheit repräsentiert, wenn sie ehrlich ist, sie nicht unterdrückt und sie in Armut hält:

> Die Menschen glauben weder an Bücher noch an Beamte oder Reiche – und sie haben Recht. Es gibt unendlich viele Hindernisse für die Wahrheit des Volkes und für seine Rechte in der Buchhaltung, in der Bürokratie und im Einfluss des Reichtums.

Wenn Gräfin Charlotte Schimmelmann etwas bewegen wolle, müsse sie, so Pestalozzi weiter, „zum Buch des Volkes werden" und selbst unter die Bauern gehen und mit der Sorgfalt und Liebe lehren, von der Pestalozzi schreibt, er wisse, dass sie sie besitzt. Die Entsendung von Bürokraten wird etwa so nützlich sein wie der Versuch, allgemeinen Wohlstand dadurch zu schaffen, dass man wohlhabende Industrialisten Monopole schaffen lässt (das schreibt er tatsächlich). Er fährt fort: man solle von den Engländern lernen, wie die Wirtschaft es allen ermöglichen sollte, im Wettbewerb zu bestehen.

Dies mag für die wohlmeinende Gräfin etwas zu stark gewesen sein; der Briefwechsel zwischen Pestalozzi und Charlotte Schimmelmann scheint 1804 ausgestorben zu sein.

Nochmals Napoleon und Fichte

Als Napoleon im Oktober 1806 in Berlin einmarschiert, flieht Fichte, wie bereits erwähnt, aus der Stadt. Zunächst flieht er nach Königsberg, wo sich Kant befindet, und dann nach Kopenhagen, wo er am 9. Juli 1807 ankommt. Als Hans Christian Ørsted davon erfährt, nimmt er Kontakt zu seinem alten Lehrer auf und bringt ihn in das Haus seines Bruders Anders, wo Fichte sich aufhält. Wie bereits erwähnt, lesen sich die Ørsteds und ihre Freunde, darunter auch Oehlenschläger, Fichtes Texte in der Regel als Abendunterhaltung laut vor, und nun sind sie überwältigt, dass ihr Held plötzlich in ihrem Wohnzimmer sitzt. Fichte reiht sich mit allen jungen Dichtern in den Kreis der Menschen um Kamma und Knud Rahbek ein, und er lernt auch Schimmelmann kennen, was kein großes Wunder ist, da Fichte Jens Baggesen bereits kennt.

Zweifellos ist Fichtes Aufenthalt in Kopenhagen für die Dänen, die ihn kennenlernen, sehr inspirierend, aber könnte die Inspiration auch in die andere Richtung gegangen sein? Die Romantik und der Idealismus dieses Kopenhagener Publikums sind das direkte Ergebnis von Steffens' Reden nur fünf Jahre zuvor; der dänische Geist war da, er brauchte nur den Weckruf. Wäre es völlig absurd anzunehmen, dass Fichte von diesem neu erwachten dänischen Geist inspiriert ist, wenn er seine Reden an die deutsche Nation schreibt und seinen deutschen Mitbürgern sagt, dass sie die Retter der Menschheit sind? Immerhin hängt er mit Oehlenschläger zusammen, der 16 Stunden lang mit Steffens über die neuen deutschen Ideen und den dänischen Geist sprach und dann im Rausch die Goldenen Hörner schrieb.

Wenn Fichte tatsächlich von diesem Erwachen des Dänentums inspiriert ist, dann kann sein Aufruf an die Deutschen, die Menschheit zu retten, kaum bedeuten, dass die Menschheit deutsch sein sollte, also deutschsprachige und mit deutschem Erbe. Es macht mehr Sinn, ihn so zu interpretieren, dass alle Völker *Bildung*, Selbstverwaltung und Selbst-Autorschaft als Volk auf der Grundlage ihres eigenen Erbes haben sollten; es ist nur so, dass es auf der Ebene der deutschen *Bildung* geschehen und die Deutschen den Weg weisen und lehren sollten, weil sie es zuerst herausgefunden haben. Fichtes dänische Freunde haben ihm gerade gezeigt, wie es aussieht: die Struktur kopieren, die Ich-Entwicklung, den lokalen Inhalt bewahren. Es entsteht der deutsche Idealismus.

Fichte bleibt etwa einen Monat in Kopenhagen und reist um den 11. August ab, und am 13. Dezember hält er in Berlin seine erste Rede.

Napoleon, der König und die Schulen

Im August 1807, als Napoleon Europa immer weiter erobert, stellen die Briten Kronprinz Frederik ein Ultimatum mit drei Optionen: 1: ein Bündnis, in dem die dänisch-norwegische Flotte unter britischem Kommando steht, 2: Neutralität und Übergabe der dänisch-norwegischen Flotte an die Briten, 3: Krieg. Frederik weigert sich zu wählen, und in den letzten Augustwochen bringen 500 britische Schiffe 30.000 Soldaten nach Kopenhagen. Vom 2. bis 5. September bombardieren sie Kopenhagen, die Briten segeln dann mit der erbeuteten dänisch-norwegischen Flotte davon; etwa 1.800 Menschen sterben bei der Bombardierung, viele werden verwundet und ein Großteil der Stadt, einschließlich der Universität, brennt ab. Frederik wählt dann Napoleon, tritt in den Krieg ein, und Dänemark befindet sich bis 1814 im Krieg mit Großbritannien.

1808 stirbt der masturbierende König Christian VII. und Kronprinz Frederik kann endlich Frederik VI. werden und der eigentliche König von Dänemark sein. Wegen des Krieges mit den Briten, und weil sich Dänemark auch 1808-09 und 1813 in einen Krieg mit Schweden hineinzieht, braucht die Regierung Geld und druckt immer mehr davon, was natürlich zu einer starken Inflation führt und Dänemark im selben Jahr bankrott macht.

Während sich der Staat also im wirtschaftlichen Chaos befindet, ist die 1789 eingesetzte Schulkommission endlich bereit, 1814 ihre Arbeit vorzulegen, und viele ihrer Empfehlungen werden in Gesetze umgesetzt. Es hat 25 Jahre gedauert, aber wenn der Prozess lange gedauert hat, haben Schimmelmann, die beiden Reventlow-Brüder und alle anderen Beteiligten, darunter Herzog Frederik Christian II. ihre Hausaufgaben gemacht: Dänemark bekommt die fortschrittlichste Schulgesetzgebung der Welt!

Das Gesetz garantiert jedem dänischen Kind sieben Jahre lang eine kostenlose öffentliche Schule an sechs Tagen in der Woche, einschließlich der Mädchen, und einschließlich Schreiben und Rechnen für alle. Aus praktischen Gründen (das Land ist arm und es gibt nicht genügend ausgebildete Lehrer und Schulhäuser) wird die Gesetzgebung erst in den 1840er Jahren vollständig umgesetzt, und alle dänischen Kinder erhalten tatsächlich die *Bildung*, auf die sie ein Anrecht haben, aber die Vision ist klar: Die Dänen sollen die am besten ausgebildeten Menschen der Welt sein. Eine der wichtigsten Veränderungen ist die Überzeugung, dass zwischen 7 und 14 Jahren die Hauptbeschäftigung eines Kindes der Schulbesuch sein sollte und nicht die Arbeit auf einem Bauernhof oder in einer Fabrik.

In der Gesetzgebung enthalten sind eine viel bessere Ausbildung der Lehrer und kostenlose Abendkurse für Erwachsene auf dem Land, eine so genannte „Winterschule", die freiwillig ist und zweimal wöchentlich eine Stunde Unterricht bietet. Am Anfang sind die Bauern skeptisch, aber schließlich nehmen viele sie an, nicht zuletzt, weil sie dadurch viel besser in der Leitung von Gebeten werden können.

Im gleichen Jahr, 1814, erhalten Katholiken und Juden die vollen Bürgerrechte. Es ist auch das Jahr, in dem der Krieg zwischen Dänemark und Schweden zu Ende geht, und als Teil des Friedensabkommens muss König Frederik VI. Norwegen an den schwedischen König Karl XIII. übergeben.

Grundtvig, der Moses der Dänen

Grundtvig, der 1802 die Reden seines Cousins Steffens hörte, wurde um 1805-08 den Rahbeks und ihrem Kreis junger Dichter und anderer Progressiver vorgestellt. Grundtvig ist jedoch ein Mann Gottes und sieht seine Berufung eher als Pastor denn als eine gesellschaftliche Elite der Kopenhagener Kulturelite, und in Rahbeks Salon scheint der junge Grundtvig als solcher nicht vertreten gewesen zu sein. Wie Oehlenschläger und die anderen Teilnehmer des Rahbek-Salons ist auch Grundtvig von den romantischen Vorstellungen über das Volk und seine Geschichte gefesselt, aber anstatt seine eigenen Gedichte zu schreiben, beginnt er sich mit Rousseau, den deutschen Denkern, Pestalozzi, der skandinavischen Geschichte und der skandinavischen Mythologie zu beschäftigen.

Einer der Philosophen, mit denen er sich intensiv beschäftigt, ist Fichte. Er ist 24 Jahre alt, als Fichte in Kopenhagen ist, aber er trifft ihn nie; Grundtvig ist jetzt Pfarrer. der sich seiner Berufung unter den Bauern verschrieben hat. Aber Grundtvig liest alles von Fichte und den anderen Deutschen, und wann immer er in Kopenhagen ist, gehören die Rahbeks zu seinem Kreis; Grundtvig muss von dem gehört haben, was Fichte gesagt und getan hat, während er dort war.

Im Dezember 1810 reist der 27-jährige Grundtvig zusammen mit einem Freund zu Weihnachten nach Hause zu seinen Eltern. Unterwegs übernachten sie in einem Gasthaus, und mitten in der Nacht wird Grundtvig plötzlich von einer existentiellen Frage heimgesucht: „Bin ich wirklich ein Christ?" In dieser Nacht durchlebt er eine tiefe religiöse und geistige Krise, in der er davon überzeugt ist, dass der Teufel versucht, seine Seele zu holen, und er betet die ganze Nacht so laut, dass sein Freund befürchtet, dass Grundtvig alle anderen Gäste aufwecken könnte.

Nachdem er sich von der Krise erholt hat, nimmt Grundtvig es auf sich, den christlichen Geist in Dänemark und bei den Dänen wieder zu erwecken. Die Kirche ist geistlich tot! Die Kirche muss lebendig werden! Danach explodiert er förmlich in Gedichten, Hymnen, Essays, Predigten, Artikeln, vielen Nacherzählungen und Übersetzungen der skandinavischen Mythologie und 1812 einer Weltgeschichte, in der Gott in seiner Weisheit die Geschichte gestaltet.

Wir nehmen an, dass Grundtvigs nächtliche Begegnung mit dem Teufel eine Art persönlicher Übergang war, möglicherweise von der Selbst-Verwaltung zur Selbst-Autorenschaft, von Schicht 3 zur 4; er wird dadurch buchstäblich zum Selbstschöpfer.

Grundtvig möchte, dass die Dänen ihr Erbe kennen, fügt aber einen christlichen Aspekt hinzu: Es ist Gottes Absicht, dass jedes Volk seinen eigenen Geist entwickeln soll. Es gibt also keinen Konflikt zwischen dem wikingerzeitlichen Erbe der Dänen mit seiner skandinavischen Mythologie und dem Christentum, solange die Kirche eine Kirche des Volkes ist, die aus dem Volk und seinem Geist wächst. Anstatt die Bibel als Quelle des Christentums zu sehen, ist es jede Gemeinschaft um Jesus herum und die sich in ihr entwickelnden mündlichen Überlieferungen, der Geschmack und die Geschichte jedes einzelnen Volkes, die für Grundtvig die Quelle des wahren Christentums ist. Aus der Verschmelzung des Geistes jedes Volkes und des Heiligen Geistes (oder sind sie vielleicht sogar identisch?) entsteht in den Herzen jedes Volkes ein lokal bedeutungsvolles Christentum. Daher ist das dänische evangelisch-lutherische protestantische Christentum anders als das schwedische evangelisch-lutherische protestantische Christentum und das deutsche Christentum usw. und sollte es auch sein. Grundtvig verbindet die Gemeinschaft mit dem Weltbild von Herder und Fichte.

Als Dänemark 1814 Norwegen an Schweden verliert, fürchtet Grundtvig um die zukünftige Existenz seines Landes. Er hasst die Briten für die Bombardierung und die Niederlage, fürchtet aber, dass Dänemark von Deutschland verschlungen wird, und wenn ja, was wird dann mit den Dänen und ihrem Geist geschehen? Werden sie ihn verlieren? Ihren einzigartigen, von Gott gegebenen Teil des Heiligen Geistes? Die Regierungssprache in Dänemark ist nicht mehr Deutsch, aber Schimmelmann und viele andere an der Spitze der dänischen Gesellschaft sind Deutsch, und dann ist da noch die ganze Herder- und Fichte-Vorstellung, Dänemark sei das dänische Ende Deutschlands, während die Deutschen die Welt deutscher machen sollten. Wird Dänemark sich auflösen und die Dänen germanisiert werden?

Es gibt nur einen Weg, sie zu schützen: Stärken Sie den dänischen Geist! Mehr Dänischsein! Mehr skandinavische Mythologie, mehr Geschichte und mehr nationale Lieder und Hymnen aus Grundtvigs Feder!

Andere Dichter sind bereits alle von der Romantik angefeuert, und es gibt eine Welle des kulturellen Nationalismus, die das Land überschwemmt. Ein heißer Newcomer in der romantischen Dichterszene ist Bernhard Severin Ingemann, der 1813 in den Rahbekischen Salon eintritt. Im Alter von 16 Jahren verlor er die meisten seiner Gedichte durch das Feuer während des britischen Bombenangriffs, jetzt ist er der Meister des romantischen Dänisch-Seins.

Oh, die Ironie, dass es der deutsche Idealismus ist, der sich nun in Form von dänischen Reimen und Versen materialisiert! So wie Fichte 1807 versuchte, die Deutschen zu überzeugen, durch Napoleon deutscher zu werden, so wollen Grundtvig und seine Kollegen jetzt die Dänen überzeugen, durch Napoleon, die Briten, die Deutschen und zum Teil auch die Schweden dänischer zu werden.

Oh, die Ironie, dass einer der einflussreichsten Texte, die Grundtvig 1815 liest, aus England stammt: die alte Sage Beowulf, die in jenem Jahr zum allerersten Mal im Druck erscheint. Beowulf handelt davon, wie die Dänen von einem schwedischen König vor dem Ungeheuer Grendel gerettet werden. Gott wirkt auf geheimnisvolle Weise... (oder ist es nur die wahre Phänomenologie des Geistes?)

Ein großer Unterschied zwischen Fichte und Grundtvig ist jedoch Fichtes grandioser Aufruf an die Deutschen, die Welt zu retten. Die Dänen sollten zu Hause bleiben und schätzen, wie sanftmütig sie sind und wie bescheiden ihre Lebensumstände sind, nicht zuletzt nachdem sie Norwegen an Schweden verloren haben. Ein Grundtvig-Klassiker aus dem Jahr 1820 *Langt højere bjerge (Weit höhere Berge)* spielt auf der Tatsache an, dass Norwegen alle Berge hat, während Dänemark flach ist, und das Lied ermutigt nicht zu viel Erhabenheit; es sieht eher wie eine Hymne der Schlümpfe aus:

> Weit höhere Berge gibt es rund um den Globus
> als dort, wo ein Berg nur ein Hügel ist
> Aber die flachen, grünen Wiesen im Norden,
> mit denen sind wir Dänen zufrieden.
> Wir sind nicht für Höhe und Sturm geschaffen,
> auf dem Boden zu bleiben dient uns besser.
>
> Es mag in anderen Ländern klügere Menschen geben
> als hier zwischen den Gewässern.
> Unser Wissen und Verstand reichen aus,
> Wir sind keine Götter.
> Solange unsere Herzen für Wahrheit und Gerechtigkeit brennen,
> wird die Zeit zeigen, dass unser Denken nicht schlecht war.
>
> Weit mehr Weiß- und Roterz haben
> andere in ihren Bergen.
> Doch die Dänen haben ihr tägliches Brot
> nicht zuletzt in der Hütte des armen Mannes,

> Und wir haben uns selbst zu großem Reichtum gebracht, wenn wenige zu viel und wenige zu wenig haben.

Es gibt insgesamt sechs Verse, die den Dänen sagen, wie gut die Bedeutungslosigkeit ist, aber die letzten beiden Zeilen, die sich auf Dänisch reimen und daher häufig zitiert werden, treffen es wirklich: Wir haben uns zu großem Reichtum gebracht, wenn wenige zu viel und noch weniger zu wenig haben. Mit anderen Worten: Es gibt keine tiefe Armut; die Dänen gehen nicht hungrig zu Bett, und darauf sollten die Dänen stolz sein. Trotz seiner Liebe zu den Menschen, ist Grundtvig, wie die meisten Menschen zu dieser Zeit, ein eifriger Anti-Republikaner und Anti-Demokrat. Er war zur Zeit der Französischen Revolution sechs Jahre alt, er ist entsetzt über die Aussicht auf die Herrschaft des Pöbels, und sein Konzept des Volkslebens steht im Widerspruch zu den universellen französischen Menschenrechten und ihrem Konzept des Nationalstaats. Weder die Rechte noch der Staat beziehen sich auf das Volksein; sie sind Abstraktionen, die von Erbe, Traditionen, Emotionen und einem Gefühl der gemeinsamen Zugehörigkeit losgelöst sind. Das Volk hingegen ist konkret und umfasst die Toten, die Lebenden und die noch nicht Geborenen, und Grundtvig besteht auf einer Loyalität gegenüber allen dreien; der Staat ist nur das, was hier und jetzt ist, ein Volk sollte ewig sein. Was Grundtvig will, ist ein absoluter König des Volkes, der den Rat der Versammlungen der verschiedenen Stände einholt. Selbst die damaligen Liberalen sind nicht pro-demokratisch; sie wollen etwas auf halbem Weg zwischen absoluter Monarchie und Demokratie: ein guter und gebildeter König und Bürger der *Bildung* mit dem Wohlstand, der aus einem verantwortungsvollen Leben erwächst, sollen an der Macht sein. Wenn das Volk durch einen Geist miteinander verbunden ist, werden die Gebildeten und Wohlhabenden, einschließlich des Königs, an diesen Geist gebunden sein, und sie werden sich loyal um alle kümmern; es ist nicht nötig, dass die Ungebildeten, insbesondere die Bauern, Zugang zu tatsächlicher politischer Macht haben.

Grundtvigs Theologie des Geistes

Dieses philosophische Konzept eines Geistes in der Natur, das sich auch irgendwie durch ein Volk hindurchzieht, war in den frühen 1800er Jahren viel ausgeprägter, als wir uns heute wahrscheinlich bewusst sind. In der Zeit Fichtes und Grundtvigs war es die wirklich große neue Idee, die eine Erweiterung der Zugehörigkeitskreise von lokalen Landschaften, Städten und Gemeinden, mit denen sich die Menschen zu identifizieren gewohnt waren, zu etwas viel Größerem erlaubte. Viele kannten bereits die imaginierte Gemeinschaft ihrer Konfession, in diesem Fall den lutherischen Protestantismus, aber das ist ja eine eher ätherische imaginierte Gemeinschaft; die Nation, die sich auf politische Macht und Rechte bezieht, ist eine imaginierte Gemeinschaft mit Folgen für die Emanzipation hier und jetzt.

Die imaginierten Gemeinschaften befinden sich in dem, was wir als den 6. Kreis der Zugehörigkeit definiert haben, und was die imaginierten Gemeinschaften charakterisiert, ist, dass man sich mit einer Abstraktion identifizieren können muss, um etwas für sie empfinden zu können, sei es ein Volk, eine Nation oder eine religiöse Konfession. Eine Identifikation mit einer Abstraktion kommt nur mit *Bildung* und Kultur – und mit der selbstverwalteten, d.h. Ich-Schicht 3.

Das „Volk" und die Fähigkeit, etwas für dieses Volk zu empfinden, wäre also vor 150-200 Jahren eine Errungenschaft gewesen. Es muss die gleiche Anziehungskraft gehabt haben und in die Zukunft gerichtet gewesen sein und einen erweiterten Horizont und eine erweiterte Erkenntnistheorie, so wie Globalisierung und Kosmopolitismus heute nach vorne zu weisen scheinen. Es wäre kognitiv jenseits von jemandem im tierischen Zustand, im animalischen Zustand, gewesen, nationale Gefühle zu beherbergen: Nur der gebaute Bürger wäre in der Lage gewesen, sich auf dieses neue Konzept zu beziehen. Fortschrittlich zu sein, hieße, den Geist des Volkes zu spüren. Diesem Volksgefühl einen Geist zu geben, einen Geist, entsprach auch dem religiösen Vokabular und der Erkenntnistheorie, mit denen die Menschen bereits vertraut waren.

Angeregt durch Steffens' Vorträge haben Grundtvig, H. C. Ørsted und einige andere in der Presse heftige Auseinandersetzungen über Idealismus, Romantik, den Geist und den Charakter Gottes geführt. Ørsted betrachtet sich selbst als Christ, aber wie Schelling ist er Pantheist und sieht Gott als der Natur immanent; Natur ist Gott, Gott ist Natur. Grundtvig ist (natürlich) ganz und gar nicht einverstanden: Gott ist transzendent; die Natur ist die Schöpfung Gottes und von Gott getrennt, außer dass Gott überall in der Natur ist. Das Ausmaß, in dem der Geist eine Rolle spielt, wird von Ørsted perfekt veranschaulicht. Er ist derjenige, der 1820 den Elektromagnetismus entdeckt, und vielleicht betrachtet er den Elektromagnetismus tatsächlich als den Geist oder einen Teil des Geistes, den Geist in der Natur.

Die theologischen Debatten sind heftig und beschäftigen mehr Menschen, als man heute denken würde. 1825 schreibt Dänemarks renommiertester Theologieprofessor, H.N. Clausen, ein Leuchtturm des deutschen Neuen Humanismus, ein Buch, in dem er untersucht, wie das Christentum modernisiert werden kann, um mit der Wissenschaft zu korrespondieren. Grundtvig ist vorbereitet und schreibt einen inbrünstigen theologischen, emotionalen und persönlichen Angriff auf Clausen, *Kirkens Gjenmæle (Die Antwort der Kirche)*, in dem er Clausen in vielen Worten sagt, dass die wahre Kirche lebendig ist, aber das dänische Christentum unter Clausen ist geistig tot! An dem Tag, an dem Grundtvigs Pamphlet veröffentlicht wird, ist die Börse tot, weil die Menschen den Kampf verfolgen – und das Pamphlet ist so scharf, dass Grundtvig 1826 zu einer lebenslangen Zensur verurteilt wird.

Grundtvigs englische Kehrtwendungen

Mittlerweile ist Grundtvig 43 Jahre alt und in Dänemark ein bekannter Name, aber der Tadel hindert ihn nicht daran, zu schreiben. Er setzt seine Erforschung der skandinavischen Mythologie fort und schafft es, ein Stipendium zu erhalten, um nach England zu gehen, wo sie einige seltene, originale angelsächsische Manuskripte besitzen. Zwischen 1829 und 1831 besucht er das Vereinigte Königreich dreimal, und die Reisen sind in mehrfacher Hinsicht transformativ:

- Grundtvig entdeckt die englischen Freiheiten, darunter die Religionsfreiheit, die Pressefreiheit und die Freiheit von Handel und Gewerbe. Er ist verblüfft davon und liebt sie.
- Grundtvig entdeckt den englischen Pragmatismus und Parlamentarismus. Er ist verblüfft davon und liebt ihn.
- Grundtvig bleibt an der Universität Cambridge und erlebt die kollegiale Beziehung zwischen Professoren und Studenten und wie ihre Diskussionen fruchtbare Erkundungen sind. Er ist davon verblüfft und liebt es.
- Grundtvig verliebt sich in eine verheiratete Frau, Clara Bolton, die ihn mit ihrer Intelligenz und Schönheit verblüfft. Er wird von ihr gequält und liebt sie, weiss nicht, was er dagegen tun soll, fürchtet um seinen Ruf als treuer Ehemann und schreibt schliesslich ein Gedicht über sie. Und dabei bleibt es.

Die Bilanz von Grundtvigs Reisen nach England ist, dass er erkannt hat, dass Frauen klug sein und sich für die gleichen Themen engagieren können wie Männer, dass Meinungsverschiedenheiten und Diskussionen entscheidende Bestandteile der Erwachsenenbildung sind und dass die Bauern an den Versammlungen der Stände teilnehmen können, wenn sie gebildet sind und *Bildung* haben.

In der Tat, aber ohne es so auszudrücken, verbindet Grundtvig englischen Pragmatismus mit deutschem Idealismus und Romantik, und dann beginnt er, sich eine neue Art von Schule vorzustellen, eine Schule, die jungen Menschen *Bildung* vermittelt und es ihnen ermöglicht, verantwortungsbewusste Bürger zu werden, die ihre Meinung äußern und sich für die Verbesserung der Gesellschaft einsetzen können. Er braucht ein Jahrzehnt, um sich darüber konkret zu äußern, aber die Saat ist in seinem Kopf gepflanzt, und sie beginnt zu wachsen.

Zeitgenössischer Kontext

Frederik VI. stirbt 1839 im Alter von 71 Jahren, und die liberalen Bürger sind überzeugt, dass sie nun endlich eine freie Verfassung bekommen werden, d.h. eine Verfassung, die Legislative, Exekutive und Judikative trennt. Es wäre gegen die Geschichte und die Entwicklung des Geistes, wenn die alte absolute Monarchie nicht abgeschafft und durch eine begrenzte Monarchie ersetzt würde. Der scheinbare Erbe Frederik Christian sieht das aber nicht so, und da er später im Jahre 1839 als Christian VIII. gekrönt wird, bleibt die absolute Monarchie bestehen.

Nichtsdestotrotz ist die Gesellschaft im Wandel begriffen, und nur etwa eine Generation nach dem Bankrott von 1813 tritt Dänemark in ein Goldenes Zeitalter ein – oder zumindest Kopenhagen. H. C. Ørsted, Oehlenschläger und Grundtvig sind alle in Kopenhagen, ebenso wie Hans Christian Andersen, Søren Kierkegaard und Johan Ludvig Heiberg.

Herr Heiberg ist der damalige ‚Herr Kultur' in Dänemark; seit seinem 11. Lebensjahr im Jahr 1801 wuchs er in der Familie Rahbek auf, da sein Vater ins Exil ging. Der alte Heiberg hatte über die vielen deutschen Offiziere in der dänischen Armee geschrieben, dass „Medaillen an Idioten gehängt werden". (Es sei daran erinnert, dass die Salons Rahbek und Schimmelmann nicht unbedingt miteinander auskamen, und Schimmelmann ist der höchste politische Beauftragte in Dänemark und stammt ursprünglich aus Dresden). Als junger Mann studierte Heiberg in den 1820er Jahren Hegel im wohlhabenden Kiel, und er war derjenige, der die Hegelsche Phänomenologie in Dänemark einführte. In den 1840er Jahren ist er auch ein äußerst erfolgreicher Dramatiker, und er ist der Herausgeber, der 1827 das erste Gedicht von Hans Christian Andersen veröffentlichte.

Andersen selbst hat mit unserem Thema nichts zu tun, aber lassen Sie uns einfach hinzufügen, dass seine ersten Märchen 1835 veröffentlicht wurden.

Søren Kierkegaard

Kierkegaard würde normalerweise nicht in ein Buch über *Bildung* aufgenommen werden, denn er gilt in erster Linie als Philosoph, als Theologe und Erfinder des Existenzialismus – genau deshalb halten wir ihn für relevant; wir haben bereits angedeutet, dass Pestalozzi den Existenzialismus etwa 40 Jahre vor Kierkegaard erfunden hat.

Kierkegaard studiert 1830-40 Theologie und Philosophie in Kopenhagen und setzt seine Studien von Oktober 1841 bis März 1842 in Berlin fort. Hier studiert er Philosophie bei Schelling und schreibt *Enten-Eller (Entweder-Oder)*, das 1843 veröffentlicht wird. Wie Grundtvig ist Kierkegaard ein tief gläubiger Christ, der den deutschen Idealismus nicht akzeptiert; insbesondere findet er Hegels Phänomenologie lächerlich. Wenn Hegels „System" funktioniert, dann sollte Hegel in der Lage sein, die Zukunft vorherzusagen; kann Hegel die Zukunft vorhersagen? Hegel kann die Zukunft vorhersagen?

Auch Kierkegaard akzeptiert Ørsteds Pantheismus nicht, er nennt Heiberg einen philosophischen Amateur, und er vernichtet Andersen in einer Rezension eines seiner Romane, wenn er schreibt, dass Andersen besser in einer Postkutsche durch Europa reisen, als dass er in die Herzen der Menschen sehen kann.

Grundtvig und Kierkegaard können sich auch nicht ausstehen: Kierkegaard ist vom Pietismus geprägt und sieht in Christus das Kreuz und die Ewigkeit, während Grundtvig von der Romantik entflammt ist und einen unersättlichen Appetit auf das Leben hier und jetzt hat. Ihre persönlichen, theologischen, emotionalen und kulturellen Meinungsverschiedenheiten werden in der Presse ausgespielt; in seinen privaten Notizen schreibt Kierkegaard irgendwann über Grundtvig: „Er will mich mit Thors Hammer umbringen.

Für eine Stadt mit 130.000 Einwohnern hat Kopenhagen um 1840 einen recht hohen Anteil an zänkischen Genies; die Kopenhagener können ihre Kämpfe nicht nur in den Zeitungen verfolgen, sondern sie sehen sie auch auf den Straßen, einige von ihnen wechseln auf den anderen Bürgersteig, um nicht miteinander zu sprechen.

Kierkegaards Existenzialismus in Etappen

Kierkegaard wird allgemein zugeschrieben, dass er den Existenzialismus erfunden habe, den Zweig der Philosophie, der sich damit befasst, sich selbst zu wählen und wer man wirklich ist und sein will. Die beiden Hauptwerke, in denen er verschiedene Lebensphasen erforscht, sind

Entweder-Oder und *Stadier paa Livets Vej (Etappen auf dem Lebensweg),* das 1845 veröffentlicht wird.

Die Stadien, die Kierkegaard erforscht, sind Stufen der Erwachsenenentwicklung, und er nennt sie das Kleinbürgerliche, das Ästhetische, das Ethische, das Ironische und das Religiöse. Der Kleinbürger lebt sein Leben nach dem Geschmack aller anderen, passt sich an und entspricht insgesamt der selbstverwalteten Ich-Schicht 3. Auch der Ästhet möchte sich bis zu einem gewissen Grad anpassen, kann sich aber nicht dazu zwingen, und statt sich anzupassen, manipuliert er andere Menschen und ist zu feige, sein wahres Selbst zu wählen und die Verantwortung dafür zu übernehmen; wir finden ihn passend zur Übergangsschicht 3½. Ein ästhetischer Held zeichnet sich nach Kierkegaard dadurch aus, dass er seine Konflikte außerhalb seiner selbst hat.

Kierkegaards Ethik hat entdeckt, dass die Welt moralische Herausforderungen und Entscheidungen mit sich bringt, und dass wir, sobald wir sie bemerken, wählen müssen. Sobald wir unsere eigene innere moralische Stimme gehört haben, ist es unmöglich, nicht zu wählen: Das Ethos entspricht der Schicht 4 der Selbst-Autorenschaft. Ein Held der Ethik, so Kierkegaard, ist durch einen Konflikt in seinem Inneren gekennzeichnet.

Der Ironiker hat eine Distanz zu sich selbst, zu allen anderen und zu allem. Er kann sich weder mit irgendjemandem noch mit irgendetwas innig verbinden; er passt zur Übergangsschicht 4½, was wir Selbstdistanzierung nennen. Kierkegaards Dissertation von 1841 war *Om Begrebet Ironie (Über das Konzept der Ironie);* darin untersucht er die Position, die Ironie ist, wenn wir feststellen, dass Dinge keinen Wert haben, wenn wir Beziehungen, Personen, Ereignisse, Aussagen, Konzepte, Ursachen usw. als leer wahrnehmen.

Kierkegaards religiöse Stufe fällt etwas außerhalb der 5. Ich-Schicht, weil er auf ausschließende Weise so explizit christlich ist und sich letztlich mehr auf die Offenbarung als auf sein eigenes Urteil verlässt. Es gibt Elemente in seiner religiösen Stufe, die zur Schicht 5 und zum transformierenden Selbst passen, aber es ist, als könne Kierkegaard das christliche Dogma und eine ganz bestimmte Vorstellung von Gott nicht loslassen; er möchte, dass die biblische Version von Gott am Ende gültig ist, anders kann es für ihn nicht sein. Anstatt sich auf eine universelle Spiritualität zu verlassen, die er nur flüchtig erblickt zu haben scheint, besteht Kierkegaard darauf, den jüdisch-christlichen Gott als letzte Autorität beizubehalten, und lässt die Wahrheit in anderen Religionen nicht zu. Er kann seine Kindheitsreligion auf neue, originelle und hochkomplexe Weise verstehen, aber er kann diese eine ganz bestimmte Religion, in der er aufgewachsen ist, nicht transzendieren.

Wir räumen Kierkegaard ein, dass er sich vollständig selbst geschöpft hat und dass er in das Stadium der Ironie eingetreten ist und keine intimen Beziehungen hat, aber er kann sich nicht vollständig selbst transformieren und andere Wahrheiten als seine eigenen schätzen. Die Offenbarung hat ihn, aber das kann er nicht sehen. Trotz all seiner Brillanz und seiner existenziellen Philosophie, sich selbst zu wählen, wählt er die Offenbarung über seine eigenen Einsichten und bleibt an seinem ursprünglichen Inhalt der Schicht 3 kleben. Es ist, als ob Kierkegaard ein existenzieller Hamster auf einem Rad wäre, der ständig durch die Schichten 3-4-5-3-4-4-5-3... läuft usw., ohne den Mut, das zu tun, was seine eigene Philosophie vorschlägt: loszulassen und über einen tiefen Abgrund hinauszuspringen.

Zwischen Kierkegaards Stufen und denen von Schiller und Pestalozzi besteht eine so enge Übereinstimmung, dass man einen Schwindel vermutet. Der große Unterschied zwischen Kierkegaard und Schiller & Pestalozzi ist Kierkegaards dogmatischer christlicher Glaube und seine Verspieltheit, sein Humor und seine brillante Auseinandersetzung mit verschiedenen Menschentypen, ihren Macken und Torheiten. Schiller und Pestalozzi sind nüchterne Schriftsteller; Kierkegaard produziert Kunst. Er hat so viel mehr Details und verschiedene Blickwinkel auf dieselben Entwicklungsstufen und -modi, er hat auch mehr Stufen, da er die Übergangsphasen einbezieht, und er spielt mit dem Leser. Wir werden ihm ein Zitat gewähren:

> Ich spreche oft mit Kindern; denn was sie betrifft, so kann man immer hoffen, dass sie zu Wesen der Vernunft werden; aber diejenigen, die es sind - Guter Gott!

Grundtvig und die Volkshochschulen

Was auffällt, von Shaftesbury über Abbt, Herder, Schiller, Pestalozzi, Schelling, Fichte, Hegel und Kierkegaard bis hin zur modernen Entwicklungspsychologie, ist die Tatsache, dass so viele brillante Menschen die Ich-Entwicklung unter verschiedenen Namen beschrieben haben, und niemand in der Lage war, ein konkretes, nützliches Werkzeug oder eine Methode zu finden, die diesen Prozess erleichtern oder eine solche Entwicklung wirksam fördern kann. Humboldt ist der erste, der nahe dran ist und Wirkung zeigt, wenn er das Bildungssystem reformiert und zum Bannerträger des *Neuhumanismus*, des deutschen Neuen Humanismus, wird, der die Idee der *Bildung* fördert.

Grundtvig mag keinen der bildungsbezogenen Denker besonders, aber er liest alles, vor allem Rousseau, Herder und Fichte. Und dann lässt er es gären. Grundtvig zieht aus all dem den Schluss, dass wir kulturelle Identität und Vielfalt brauchen. Wir müssen dazugehören und wissen, wer wir sind. Wir brauchen ein Volk und eine Geschichte. Wir müssen auch in der Lage sein, uns auf zivilisierte Weise auszudrücken und zu widersprechen. Volksein ist keine Uniformität, ganz im Gegenteil. Er drückt es in einer berühmten Zeile in einem Gedicht aus dem Jahr 1832 aus: *Freiheit sowohl für Loke als auch für Thor*; nicht nur der offensichtlich edle Thor muss Freiheit genießen, auch der Betrüger Loke, der das Chaos hervorruft, muss Freiheit haben. 1836 schreibt Grundtvig sein erstes Pamphlet über die „Erziehung zum Leben"; die Erziehung, die für junge Männer notwendig ist, wenn sie gute Beamte des Volkes werden sollen. So wie die Dinge liegen, lernen sie zu viel Grammatik, Griechisch und Latein. Trocken. Buchwissen, tote Buchstaben, keine lebenden Wörter, nicht Dänisch. Auch wenn der Neuhumanismus, der deutsche Neue Humanismus und sein Bildungsbegriff, in akademische Kreise kommt, ist er für Grundtvig nicht gut genug. Die Dänen verdienen Beamte, die ihr eigenes Volk und seine Kultur kennen.

Grundtvig ist vom englischen College inspiriert, aber er übersetzt das deutsche Wort Hochschule ins Dänische und es wird so *højskole, Gymnasium.* Was im Englischen als High School bezeichnet wird, ist im Deutschen wie auch im Dänischen das Gymnasium. Wenn Grundtvig also von einer højskole spricht und wenn wir es in eine Volkshochschule übersetzen, weil das der allgemein verwendete Begriff ist, wäre „Volkshochschule" genauer gewesen.

1837 schreibt Grundtvig ein Pamphlet *Til Nordmænd om en norsk Høiskole (An die Norweger über eine norwegische Hochschule)*, in dem er vorschlägt, dass die Schulen für das ganze Volk sein sollten, und der Grund, warum er das nicht für die Dänen vorschlägt, ist, dass die Dänen denken, dass der Staat alles bereitstellen sollte:

> Hier unten (...) macht es keinen Sinn, über eine Volkshochschule zu reden, geschweige denn zu schreiben, die das Volk selbst gründen könnte; wenn sie uns nicht gegeben wird, würden wir lieber um den Globus reisen, um sie zu finden, als aufzustehen und sie zu gründen, aber ich nehme nicht an, dass die Menschen in Norwegen so verwirrt sind.

1838 schreibt er eine dänische Fortsetzung des ersten Pamphlets, in der er seine Gedanken erläutert und eine neue Art von Schule fordert. Jetzt tendiert er mehr zu einer staatsbürgerlichen *Bildung* für die breitere Bevölkerung, nicht nur für die jungen Männer, die bereits das Gymnasium besuchen; er nennt es unter anderem ein patriotisches Gymnasium. Typisch für Grundtvig ist jedoch, dass selbst der „klärende" Text ein Flickenteppich aus historischen Bezügen, mythologischen Anspielungen, einigen Reimzeilen, die ein Gefühl oder ein Ideal suggerieren, und dem Konkreten, das ihm vorschwebte, als er seine Feder in die Tinte tauchte und zu schreiben begann. Klar ist jedoch, dass die existierenden High Schools spirituell tot sind. Sie unterrichten für die Schule, nicht für das Leben; Grundtvig sieht einen Bedarf für etwas anderes, ohne konkret zu werden, außer über den physischen Standort einer solchen Schule: Die Sorø-Akademie, die damals ein staatliches Gymnasium war. Dort ist auch Ingemann, der romantische Dichter und Schriftsteller, der in Rahbeks Salon kam, seit 1822 als Lehrer tätig.

Im Jahr 1837 wird der Verweis gegen Grundtvig aufgehoben, und 1838 hält er eine Vortragsreihe mit dem Titel „Das Gedächtnis des Menschen" über die allgemeine Entwicklung in Dänemark seit seiner Geburt im Jahr 1783. Auch hier vermischt er Geschichte, Mythologie und persönliche Erfahrungen, bringt die Dinge zusammen, um sie bedeutungsvoll zu machen, überinterpretiert Ketten von Ereignissen, die der Geschichte einen Sinn geben und fügt Bedeutungsschichten hinzu, die nie da waren. Er ist ein Theologe, ein Geschichtenerzähler und ein Bedeutungsmacher, kein Historiker. Die Vorträge sind immens populär und ziehen Scharen von 5-600 Menschen an. Wenn er 1843-44 eine neue Vortragsreihe über griechische und skandinavische Mythologie hält, sind sie ebenso beliebt, und Grundtvig führt etwas ein, das völlig neu und sehr fortschrittlich ist: Frauen sind im Publikum zugelassen.

Inspiriert von Grundtvig, nicht zuletzt von seinen beiden Pamphleten über die Schule fürs Leben, und verängstigt durch die politische Instabilität in Schleswig und Holstein, beschließen eine Handvoll Bauern, Kaufleute und Dr. Phil. Christian Flor, der an der Universität Kiel Dänisch lehrt, in Schleswig eine „Schule fürs Leben" zu gründen. Es soll eine Schule für das Dänische sein, und 1840 beginnen sie mit dem Verkauf von Aktien. Es dauert eine Weile, bis sie genug Geld gesammelt haben, aber 1844 eröffnen sie die *Rødding Folkehøjskole* im nördlichen Teil von Schleswig. Diese neue und allererste Volkshochschule zieht vor allem Söhne wohlhabender Bauern an und hat 20 Schüler und einen zweijährigen Lehrplan in vier Sechsmonatssemestern. Die jungen Männer leben in der Schule und lernen etwas über Geschichte, Christentum und einige Wissenschaften, und die Ausbildung beinhaltet mehr Schülergespräche als üblich. Es ist ein mässiger Erfolg. Später im selben Jahr wird eine weitere Volkshochschule auf Seeland eröffnet, und 1848 wird eine etwas nördlich der ersten Schule in Rødding eröffnet; die Idee ist nicht ohne ihre Anhänger, aber es fehlt etwas.

Neukalibrierung von Identität und Gesellschaft

Was passiert, ist, dass Grundtvig und andere sehen, dass sich die Welt verändert. Die Industrialisierung beginnt gerade erst, und doch bricht sie das Gefüge der alten Feudalgesellschaft auf; die Arbeiter passen nicht in die alte Struktur, die alte Struktur kann nicht halten. Die alte Schichtung der Stände funktioniert nicht mehr; alle Mitglieder der Gesellschaft müssen ihr Identitätsgefühl irgendwie neu justieren und die Nation und ihre Grenzen als die neue Struktur entdecken; die Kreise der Zugehörigkeit müssen sich neu justieren. Es muss sich ein Gefühl der Volkstümlichkeit und der nationalen Zugehörigkeit entwickeln.

1847 versucht Grundtvig immer noch, die Dänen davon zu überzeugen, wozu die Volkshochschulen gut sind, und schreibt eine weitere Broschüre zu diesem Thema: *Lykønskning til Danmark med Det danske Dummerhoved og Den danske Høiskole (Glückwunsch an Dänemark mit der dänischen Dummköpfe und dem dänischen Gymnasium)*. Der Grund, warum er die Dänen Dummköpfe nennt, ist, dass Deutschland dänische *Bildung* und Erziehung definiert hat, und weil die Deutschen immer noch denken, dass Dänemark zu Deutschland gehört. Es ist an der Zeit, dass die Dänen auf ihren eigenen kulturellen und spirituellen Füßen stehen! In dieser Broschüre macht Grundtvig also endlich deutlich, dass die Volkshochschulen etwas für alle Bürgerinnen und Bürger sind, er wird auch konkret, was die Volkshochschulen tun sollen, und er verwendet zum ersten Mal überhaupt die Worte *folke-oplysning (Volksaufklärung)* und *folke-dannelse (Volksbildung)*.

Zu den konkreten Dingen, die Grundtvig sich vorstellt, gehört, dass die jungen Männer in der Schule miteinander diskutieren und sich gegenseitig inspirieren, wenn sie etwas über die dänische Geschichte, die dänische Verfassung, andere Gesetze und wie das Land regiert wird, Fakten und Statistiken über Dänemark hören. Er stellt sich auch vor, dass die Schule ein landwirtschaftlich genutzter Betrieb ist, so dass neue landwirtschaftliche Techniken nicht im Klassenzimmer, sondern in der Praxis erlernt werden können,

Das dänische *Volk*, so wie Grundtvig es sieht, sollte hauptsächlich aus patriotischen Bauern bestehen. Er denkt in Begriffen einer landwirtschaftlichen Gesellschaft und sieht nicht die Arbeiter, sondern die Maschinen und dass sich die Welt verändert. 1848 drückt er dies in 14 Versen aus, und ja, er nennt den durchschnittlichen jungen Landarbeiter poetisch einen Fleischklumpen:

Volktümlich soll nun alles sein,
Überall im Land, von Kopf bis Fuß

Etwas Neues kommt sicher auf,
auch Narren wissen es schon
Aber kann all das, was zerbricht, wieder zusammenkommen?
Mit dem Neuen, das geboren wird und heilt?
Wissen wir, was unser Wunsch ist?
Mehr als „Brot und Zirkus"?
Bitte lassen Sie sich nicht durch meine Frage stören.

Leute! Was ist ein Volk wirklich?
Was bedeutet „volkstümlich" wirklich?
Zeigt es auf Mündern oder Nasen
Merkmale, die leicht zu erkennen sind?
Ist es für unsere Augen verborgen und
tief im Boden meines Landes begraben
oder hinter jedem Busch und jedem Pflug?
In jedem Fleischklumpen stark und langsam?
Bitte lassen Sie sich nicht durch meine Frage stören.

Es geschieht etwas Neues, das neue Anforderungen an die Menschen stellt. Die Gesellschaft rekalibriert sich grundlegend weg vom Feudalsystem, und auf die eine oder andere Weise werden die unteren Klassen politische Macht wollen, und es wird eine Katastrophe sein, wenn sie nicht in der Lage sind, mit der von ihnen gewünschten Macht umzugehen. Grundtvig ist zutiefst besorgt. Neben der kostenlosen und obligatorischen siebenjährigen öffentlichen Schule gibt es die Sekundarschule, das Gymnasium für die jungen Männer, die Beamte oder Angestellte werden oder auf die Universität gehen, die Universitäten selbst und dann die Abendschulen, die im Winter zwei Stunden pro Woche für die Bauern geöffnet sind. Wie wird dies irgendjemanden erheben und ihn zu verantwortungsbewussten, freien Bürgern machen?

Freiheit ist ein Schlüsselwort von Grundtvig, daran besteht kein Zweifel. Aber es ist schwer herauszufinden, was er genau damit meint, denn sein wichtigster Gedanke wird normalerweise in Liedtexten ausgedrückt. Diese sollen die Menschen motivieren und sie im Herzen gefangen nehmen, so dass sie aufwachen und als christliche Dänen selbstbewusst werden; er schreibt nicht, um von Denkern analysiert zu werden. Er kennt seinen Schiller und bringt etwas von der Schönheit hervor, die die Menschen verwandeln kann, er kennt auch seinen Herder und Fichte und gründet die Schönheit, die er hervorbringt, auf das Erbe des Volkes, so dass sie mit dem, was ihnen bereits gehört und für sie von Bedeutung ist, mitschwingt. Aber er ist kein Philosoph, der für andere Philosophen schreibt. Die Tatsache, dass seine Gedanken in Poesie gehüllt sind, erklärt auch, warum sie es nie außerhalb Skandinaviens geschafft haben: ihn zu übersetzen ist nahezu unmöglich. Im Jahr 1839 schrieb er *Ist das Licht nur für Gelehrte:*

Ist das Licht nur für Gelehrte,
um richtig zu buchstabieren?
Nein, der Himmel will Gutes für mehr Menschen
und das Licht ist das Geschenk des Himmels
und die Sonne geht mit dem Bauern auf,
gar nicht mit dem Gelehrten,
erleuchtet besser von Kopf bis Fuß den,
der am aktivsten ist.

Die beste Erklärung für Grundtvigs Freiheitsbegriff ist, dass es die deutsche innere Freiheit und die englische politische Freiheit zusammen sind. Es ist die Freiheit, sich als Person zu entwickeln, und die Freiheit, sich als Bürger in der Gesellschaft zu engagieren. Es ist die Freiheit, Wurzeln zu schlagen und zu wachsen, die Freiheit, sich zu bewegen und seine Meinung zu ändern. Die Freiheit zu lernen und die Freiheit zu lehren. Die Freiheit, gemeinsam mit anderen Sie selbst zu sein. Freiheit durch *Bildung*; individuelle *Bildung* und *Bildung* als Volk. Volks-*Bildung*. Aber es ist weder ein politisches Programm, noch eine pädagogische Philosophie, die umgesetzt werden kann.

In der Broschüre *Dummkopf* von 1847 beklagt er, dass es schwierig sei, die Dänen dazu zu bringen, zu verstehen, wovon er spricht, und dass das kollektive Selbstbewusstsein, das notwendig wäre, damit das Verständnis auftaucht, fehlt. Es gibt kein jüngstes historisches Ereignis, das die Menschen zusammenbringt:

> Sie ist um so wichtiger für Dänemark, da wir keine neuere Geschichte haben, die entweder populärer gemacht werden könnte oder geeignet ist, das Volksgefühl zu wecken und zu reinigen oder ermutigende Hoffnungen für die Zukunft zu wecken.

Grundtvig ist im Begriff, mehr zu bekommen, als er sich gewünscht hat.

1848 – DAS JAHR DES DÄNENTUMS

Sehr zur Enttäuschung der Liberalen gestattete Christian VIII. den Dänen nie eine freie Verfassung und eine begrenzte Monarchie. Sein Grund war wahrscheinlich, dass jede Änderung des Status der dänischen Monarchie die Situation in Schleswig und Holstein zum Explodieren gebracht hätte, weil einflussreiche Menschen in Schleswig dann die Unabhängigkeit von Dänemark und eine eigene Verfassung gewollt hätten.

Als Christian VIII. im Januar 1848 stirbt, explodiert die Situation tatsächlich. Doch zunächst wird sein Sohn zum König Frederik VII. 1848 ist auch das Jahr, in dem Karl Marx das *Kommunistische Manifest* veröffentlicht, in dem in ganz Europa Revolutionen ausbrechen und die Monarchen vor einer Wiederholung der Französischen Revolution und nicht zuletzt vor ihrem Blutbad fürchten.

In Schleswig ermutigt der Königswechsel einige dazu, Dänemark verlassen und wie Holstein dem deutschen Bund beitreten zu wollen. Frederik VII., der in Schleswig sowohl König als auch Herzog ist, wird dies nicht zulassen, aber Schleswig tritt dennoch dem deutschen Staatenbund bei.

Währenddessen steht Dänemark selbst einer Revolution so nahe wie nie zuvor. In Kopenhagen marschieren die Menschen zum königlichen Schloss, um vom neuen König eine freie Verfassung zu fordern. Die Demonstranten wollen auch, dass der König das Herzogtum Holstein aufgibt, damit Schleswig in die neue Verfassung aufgenommen werden kann, und sie wollen eine neue Regierung mit liberalen Ministern statt der konservativen, die es bereits gibt.

Frederik VII. wird sein Herzogtum nicht aufgeben, aber er ist damit einverstanden, dass die Dänen eine freie Verfassung, ein Parlament und das Wahlrecht erhalten, solange er König bleiben kann. Da die Menschen nie darauf aus waren, die Monarchie zu stürzen, sondern nur eine Dreiteilung der Gewalten wollten, akzeptieren sie; die absolute Monarchie wird also abgeschafft, ein Verfassungsrat wird zusammengestellt. Dem Ausschuss gehören Grundtvig, Christian Flor von der Rødding Folkehøjskole und der Fichte-liebende Anders Sandøe Ørsted an, der seit 1842 in der Regierung tätig ist (und 1853 Ministerpräsident wird); Dänemark ist auf dem Weg zu einer konstitutionellen Monarchie mit Wahlen.

Die fröhlichen Dänen scharen sich nun um ihren König und lassen nicht zu, dass Schleswig deutsch wird; sie stimmen sich auf den Krieg ein, bekommen auffällige Uniformen, komponieren neue patriotische Lieder, schicken ihre jungen Männer in die Herzogtümer, und am 21. März 1848 tritt Dänemark in einen dreijährigen Krieg ein. Zunächst ist es ein Bürgerkrieg in Schleswig, der versucht, das Herzogtum in Dänemark zu halten, doch schon bald wird es zu einem Krieg zwischen Dänemark und Preußen.

Am 5. Juni 1849 erhält Dänemark seine erste freie Verfassung. Sie weist nach heutigen Maßstäben gravierende Mängel auf, da nur etwa 10-15 % der Männer wählen können. Außerdem sind die Stimmzettel bis 1901 nicht geheim, und Frauen dürfen erst 1915 wählen. Aber 1849 macht sie die Dänen glücklich, und das Datum gilt als der Geburtstag der Demokratie in Dänemark.

Der Krieg um den Status von Schleswig und Holstein geht 1851 zu Ende und das macht die Dänen nicht glücklich. Bei den Friedensverhandlungen in London 1851-52 sind sich Dänemark, Preußen und Österreich darüber einig: 1: Schleswig und Holstein erhalten jeweils eine eigene Verfassung wie Dänemark, 2: es soll eine gemeinsame Verfassung für Schleswig, Holstein und Dänemark geben, und 3: Schleswig darf nicht stärker mit Dänemark verbunden werden als Holstein. Die Dänen wollten, dass Schleswig „nach Hause kommt"; jetzt werden sie einfach Nachbarn.

Krieg und Bildung

Der Krieg in den Jahren 1848-51 hat nachhaltige Auswirkungen auf Dänemark und die Dänen, mehr als er verdient; er trifft den Nerv der schreibenden Klassen zu einer Zeit, in der sich das Land von einer feudalen Gesellschaft zu einer Nation wandelt, die von einem Volk statt von drei Ständen bewohnt wird. Wie Humboldt sagte (obwohl er es nicht empfehlte): Es gibt nichts, was *Bildung* so fördert wie Krieg. Oder, wie wir behaupteten: Der Grenzkonflikt fördert die Ich-Entwicklung.

Eine der jungen Menschen des Bürgertums, die 1848 von den großen Emotionen erfasst wurde, ist die 19-jährige Mathilde Fibiger, die einen Briefroman schreibt, *Clara Raphael: Tolv Breve (Clara Raphael: Zwölf Briefe).* Fibiger arbeitet als Hauslehrerin zweier Kinder eines wohlhabenden Bauern auf einer kleinen Insel etwa 100 Kilometer südlich von Kopenhagen, und während die provinzielle, kleinbürgerliche Umgebung sie in den Wahnsinn treibt, freut sie sich auf den Krieg – der Roman ist autofiktional:

> Am 21. März brach für mich ein neues Leben an. Ich sah das dänische Volk, das ich bisher nur aus Sagen und Liedern kannte; ich hörte die gesprochenen Worte, die in meiner Seele die tiefste Resonanz fanden. Meine Ideale begrüßten mich im wirklichen Leben, und mein Herz schlug mit stolzer Selbstbewusstheit. Wenn ich die dänischen Nationalfarben sah, über den Krieg las oder einen tapferen Soldaten traf, der gerade losziehen wollte, dann rührte mich etwas in der Tiefe meiner Brust, wie wenn man in einem fremden Land die geliebte Melodie seiner Muttersprache hört. Und zusammen mit meinem Vaterland empfing ich den Glauben an Gott! Es war, als ob die Sonne herauskam und mich aus einem langen Traum aufweckte. Ich spürte, wie es war, ein Mensch zu sein, geschaffen nach Gottes Bild, geschaffen für ein ewiges Leben;

Das ist ein überraschend sozialisiertes Selbst, dass spricht; eine plötzliche Transplantation von der Ich-Schicht 2, lauwarm 2½ oder gezwungenermaßen Schicht 3 in eine leidenschaftliche Ich-Schicht 3. Mit dieser intensiven Verbindung zu den Landsleuten kann man plötzlich die Pflicht über sich selbst stellen, und man kann den Sinn darin sehen, den Erwartungen anderer gerecht zu werden. Tatsächlich würde man wahrscheinlich danach streben, sie zu übertreffen.

Den perspektivischen Unterschied zwischen der Ich-Schicht 2 und 3 beschreibt Fibiger später sehr gut, wenn sie einen Freund beschreibt:

> Sie hat eine Leidenschaft für kleine Dinge, ich für große. Ich liebe alle Soldaten wie Brüder, weil sie für unsere gemeinsame Sache kämpfen; sie kümmert sich nur um die Sache, weil sie ein paar der Offiziere kennt.

Das Erwachen

Nationalismus und Nationalchauvinismus sind heute in Politik und Gesellschaft so vorherrschend, dass wir uns nur schwer vorstellen können, dass es sie vor 200 Jahren noch nicht gab. Die Menschen identifizierten sich mit ihrem Anwesen und dem nächstgelegenen Dorf, und wenn sie in den 6. Kreis der Zugehörigkeit eingetreten wären und sich emotional überhaupt mit einer imaginären Gemeinschaft identifiziert hätten, wäre dies ihre religiöse Konfession gewesen: „Wir sind die guten Lutheraner, sie sind die fehlgeleiteten katholischen Papisten oder jüdischen Christus-Mörder" – oder eine Version davon.

Vor 150 Jahren dämmerte aber das Gefühl, ein Volk zu sein, das kulturell über Ländergrenzen hinweg verbunden ist. Die Bourgeoisie, die politische Macht wollte, wäre die erste gewesen, die diese neue Art des Selbstbewusstseins aufsaugte, erst später folgten Bauern, Arbeiter und Bäuerinnen – und die Aristokratie sah ihre Privilegien verschwinden und hasste es. Bis zum Aufkommen des Nationalismus hätten die Menschen Loyalität oder Furcht gegenüber ihrem König und anderen physischen Autoritäten empfunden, und sie hätten sich in ihren konkreten Gemeinschaften, sei es Stadt, Ort, Dorf oder Kirche, aufeinander bezogen. Von einem Ende des Landes zum anderen hätte es kein gegenseitiges Gefühl einer gemeinsamen Agenda und Gesellschaft oder eines „Schicksals" gegeben. Die romantischen Philosophen und Dichter gehörten zu den ersten, die dies entwickelten, aber bis die Dichter dies dem Volk und der Nation erzählten, hatten die übrigen Einwohner keine gemeinsame Vorstellung davon, was das war.

Was um 1848 in ganz Europa geschieht, ist, dass sich das Identitätsgefühl der Menschen in einer tektonischen Verschiebung von einem durch die Feudalordnung definierten Besitzstand hin zu einem durch Sprache, Geographie und kulturelles Erbe definierten Volk befindet; die Dinge also, von denen Herder und Goethe begeistert waren, als sie gemeinsam in Straßburg herumhingen. Eine große Kraft kämpft jedoch gegen die nationale Identifikation, und das ist der Sozialismus, der international ist und ein Klassenbewusstsein aufrechterhält, das durch Ökonomie und Kontrolle der Produktionsmittel definiert ist. Der Konflikt zwischen Sozialisten und Bürgern, zwischen Linken und Rechten in der europäischen Politik seit Mitte der 1800er Jahre dreht sich daher nicht nur um die Verteilung des Reichtums, sondern auch darum, ob weltweite Klassengrenzen oder nationale Grenzen die Gruppentreue, d.h. den sechsten Kreis der Zugehörigkeit definieren sollen.

In Dänemark macht der Krieg von 1848-51 die Nation sehr sichtbar und die Identitätsverschiebung eher einfach. Er erschwert nur den Abschied von Schleswig so sehr. Außerdem fällt er mit der ersten freien Verfassung zusammen, was den Nationalismus so instrumental und erfolgreich macht – mit Grundtvig, der *Volkstümlich alles muss jetzt sein* schreibt.

Wenn der dänische Nationalismus so stark war, warum ist er dann nicht zum nationalen Chauvinismus geworden? Warum führte er nicht zu Aggression, sondern zu Wohlstand und Zusammenarbeit? Die Antwort ist, dass er anfangs tatsächlich chauvinistisch und militant war und zu den Kriegen von 1848 und 1864 beitrug, aber dann änderte sich etwas, und der Wandel begann in einem Bauernhaus.

Christen Kold

Einer der Menschen, die sich 1848 für den Krieg meldeten, war der 32-jährige Christen Kold. Er war der Sohn eines Schuhmachers in Thisted, einer kleinen Provinzstadt in Nordjütland, und unter normalen Umständen wäre er wohl wie sein Vater Schuhmacher geworden. Aber seine Mutter glaubte nicht, dass er ein Talent dafür hatte, und sie überzeugte ihn, Lehrer zu werden. Als er 18 Jahre alt war, wurde er als Student an einer Lehrerausbildungsschule aufgenommen. Obwohl er behauptete, dass er nicht verstünde, was seine Lehrer sagten, machte er 1836 trotzdem seinen Abschluss, aber er passte nie als Lehrer in das dänische Schulsystem. Desillusioniert zog er in Erwägung, nach Amerika auszuwandern, doch dann hörte er von einer Missionarsfamilie, die nach Smyrna in der Türkei zog und als Hauslehrer ihrer Kinder mitkam. In Smyrna wurde Kold Buchbinder, sparte etwas Geld, und da er in der Türkei Heimweh hatte, bestieg er ein Schiff nach Triest. Hier kaufte er einen Handkarren für seine Habseligkeiten, und dann ging er den ganzen Weg von Triest in seine Heimatstadt Thisted zu Fuß. Da er immer noch nicht recht wusste, was er mit sich anfangen sollte, neugierig auf den Krieg war und sehr viel für Dänemark empfand, meldete er sich als Soldat. Er war jedoch zu langsam und ungeschickt beim Laden der Schusswaffen und wurde aus der Armee entlassen.

Er hatte zweifellos viel Zeit zum Nachdenken, als er von Triest nach Hause ging, und eines wusste er die ganze Zeit über: Wenn er Kindern Geschichten erzählte, schenkten sie ihm Aufmerksamkeit; nicht nur ein bisschen, sondern tiefe Aufmerksamkeit. Er hatte auch bemerkt, dass das Gleiche passierte, wenn er Erwachsenen große Geschichten vorlas; seine bevorzugten Geschichten waren die Heldenromane von Ingemann, dem romantischen Dichter aus Rahbeks Salon und der Sorø-Akademie. Wenn Kold den Menschen diese Geschichten vorlies, geschah etwas Bemerkenswertes: sie würden irgendwie aufwachen und auf andere Weise wach werden.

Grundtvig war im PR-Bereich besser, aber es war Kold, der die Volkshochschulen zu einem Erfolg machte. Kold hatte seine Berufung im Unterricht und machte nicht auf sich aufmerksam, sondern tat genau das, was Pestalozzi Charlotte Schimmelmann auftrug: hinausgehen und unterrichten! Tatsächlich hatte Kold viel von Pestalozzi gelesen, und was Kold schaffen wollte, war jenes „Heimweh" nach einem Zustand, in dem sich bürgerliche Macht und Wunsch nach Wohlwollen verbinden. Dafür gründete er 1851 die erste Schule.

Kold hat nicht viel geschrieben, aber es gibt eine Abschrift von ihm, die seine Geschichte bei einem von Grundtvig organisierten Treffen in Kopenhagen im September 1866 erzählt. Der Text vermittelt sehr gut, in welchem Geist die Schulen gegründet wurden und wie unser heutiges Menschenbild für die Menschen vor 150-200 Jahren neu und fremd war – und Kold wirkt fast wie ein Forrest Gump-ähnlicher Charakter, also bitte genießen Sie es:

> Es gab bereits viele erwachte Menschen, und zu dieser Zeit wurden sie auch Dänen. Die Lieder aus „Die dänische Gesellschaft" wurden im ganzen Land gesungen, aber natürlich nicht von allen Menschen. Es gab ab 1848 viel Leben und Enthusiasmus, was einige Spuren hinterlassen hat, und dann ist mir wirklich aufgefallen, wie der Geist im Allgemeinen funktioniert. Zuvor hatte ich nur gewusst, wie der Geist durch das Wort wirkt, teils auf mich selbst und teils von mir zu meinem Nächsten, im Individuum; aber damals wusste ich, dass alle Menschen mit Geist begabt waren, und da lernte ich den dänischen Geist zum ersten Mal kennen. Das war auch der Zeitpunkt, an dem ich eine klarere Vorstellung davon bekam, was ich wirklich erzeugen wollte, nämlich das Gefühl und die Begeisterung von 1848; die Erweckung, die damals stattfand, sollte bleiben und bestätigt werden. Durch die Schule und durch das Wort wollte ich sicherstellen, dass alle Dänen nachhaltig begeistert sein konnten. (…)
>
> Ich hatte das Gymnasium in Rødding gesehen, das 48.000 Taler gekostet haben soll, und ich hatte nicht mehr als 500 Taler, die ich in Smyrna als Buchbinderin verdient hatte, (...)
>
> Obwohl ich keine so gute Schule haben musste, dachte ich, dass ich etwas brauchen würde, ich würde ein Haus brauchen,

das mindestens 14-15 Personen beherbergen könnte, und dann hoffte ich, dass die aufgeweckten Leute so gut wären, mir ihre Kinder zum Ausprobieren zu schicken, damit wir anfangen und den Leuten sagen könnten, was wir wirklich erreichen wollten, nämlich sowohl den christlichen Geist als auch den dänischen Geist zu wecken und die Menschen zum Glauben an die Liebe Gottes und an das Glück Dänemarks zu bringen.

Da ich nicht genügend Mittel hatte, um meine Aktivitäten zu beginnen, schrieb ich an Birkedal in Ryslinge, ob ich kommen und ein Jahr bei ihm bleiben sowie Lehrerin sein und 3-4 Knechte zu ihm nach Hause bringen und versuchen könnte, sie zu erreichen, denn wenn das nicht möglich wäre, wäre das Ganze nicht gut. (…)

Dann bekam ich 2 Jütländer und 2 aus Fünen für den Anfang, und ich schaffte es so gut, oder zumindest so gut, dass ich dachte, wir könnten weitermachen. (...) Eine Reihe von sogenannten Grundtvigianern hatte sich in Kopenhagen versammelt, um herauszufinden, was getan werden konnte, um die dänische Bauernschaft aufzuklären, damit sie die ihnen gegebene bürgerliche Freiheit nutzen konnten, und der Geist muss ein paar Fäden gezogen haben, denn als man sich einig war, dass etwas getan werden sollte, und sie fragten, wer diese Aufgabe übernehmen sollte, antwortete Louis Kristian Müller: Ich kenne niemanden außer Kold, und sie alle fanden, dass dies der richtige Mann war. Es war sehr merkwürdig, denn ich war damals nicht besonders geeignet dafür, jetzt bin ich viel besser geeignet dafür, obwohl ich noch nicht annähernd perfekt bin. Sie schrieben mir, ich solle zu ihnen kommen und mit ihnen darüber sprechen, was man für die Volksaufklärung tun könne; sie meinten, ich könne durch Jütland reisen und an den jungen Lehrern dort arbeiten, um eine bessere *Bildung* einzuführen, aber ich antwortete, dass ich bereits wüsste, was ich tun wolle. Ich wollte eine so genannte höhere Bauernschule gründen, worauf sie antworteten, dass ich in diesem Fall mit ihrer Unterstützung rechnen könne. (…)

Das von mir bereits erwähnte Haus, das verkauft worden war, stand nun jedoch wieder leer. Ich ging zu dem Mann, der es verkaufen wollte, und fragte ihn, ob er 8 Tage warten würde, während ich nach Kopenhagen reiste, denn ich traute mich nicht, es zu kaufen, bevor man mir gesagt hatte, ob ich dort Unterstützung bekommen könnte, und er versprach mir, 8 Tage zu warten. Dann marschierte ich am nächsten Morgen nach Kopenhagen und ging den ganzen Weg zu Fuß. Als ich in der Stadt ankam, ging ich zu Algreen, der zu dieser Zeit in Regentsen war, blieb bei ihm und schlief in dieser Nacht auf seinem Sofa. Er war aber kein großer Trost, da er zu mir gesagt hatte: Was glauben Sie, wo Sie hingehen, die Grundtvigianer sind nicht die Art von Leuten, die sich dieses Jahr daran erinnern, was sie letztes Jahr beschlossen haben, sie haben jetzt ganz andere Vorstellungen, und es wird nichts daraus werden, aber ich kann mit Ihnen nach Grundtvig gehen! Als wir zu ihm aufstanden, stand er auf, rauchte seine Pfeife und legte seinen Arm auf den Ofen. „Das ist Kold von Fünen", sagte Algreen. „Oh", sagte Grundtvig, „das ist es!" Und wir gerieten sofort in eine Meinungsverschiedenheit. Ich wollte, dass meine Jungen kurz nach ihrer Konfirmation in die Schule gehen, im Alter von 14, 15, 16 Jahren, aber Grundtvig sagte: „Das funktioniert erst, wenn sie 18 sind. Ich erinnere mich, dass ich sagte: „Grundtvig kann die Bauern, die ich zu Hause kenne, nicht kennen, denn mit 18 Jahren haben sie bereits begonnen, Schätzchen zu spielen, Tabak zu rauchen und Pfeifen und Uhren zu tauschen, und dann können wir sie nicht begeistern. „Oh, doch", sagte Grundtvig, „wir können es." „Nein", sagte ich, „so wie ich die Dinge verstanden habe, ist meine Meinung die richtige. Ich habe immer Vertrauen in mich selbst gehabt, auch wenn ich Unrecht hatte. Aber der liebe Gott hat dafür gesorgt, dass wir Menschen über und unter 18 Jahren haben. (…)

> Am 1. November kamen 15 Schülerinnen und Schüler mit ihren besten Pferden und Karren zum Fahren, und sie sahen so glücklich aus. Sie waren glücklich, weil sie es geschafft hatten und von zu Hause weggekommen waren. Und ich war so glücklich; ich habe noch nie in meinem Leben eine solche Freude gekannt, obwohl ich schon sehr, sehr glücklich gewesen bin. Dann begannen wir mit Ingemanns Romanen, denn wir mussten dort anfangen, wo sie waren; was wir bereits gelernt hatten, wussten wir, und was wir nicht wussten, dort konnten wir nicht anfangen. Aus Grundtvigs Weltgeschichte las ich hier und da ein paar Stücke und versuchte, ein wenig auf den Zusammenhang zwischen Antike, Mittelalter und Gegenwart hinzuweisen, aber die Schülerinnen und Schüler schienen das nicht verstehen zu können, dafür verstanden sie Ingemanns historische Romane. Dennoch wurde das Ziel erreicht, und keiner von ihnen hat den Geist verloren, den er damals empfing. Es ist deutlich erkennbar, ob sie für das Parlament stimmen oder nicht, dass etwas getan werden muss, um Dänemark so groß zu machen, wie es einmal war; sie haben oft diejenigen gestärkt, die in solchen Kämpfen hart gekämpft haben. (…)
>
> Seit dieser Zeit habe ich viele Fortschritte gemacht; jetzt haben wir ein Gymnasium gebaut, das wie ein Schloss aussieht. Das Gebäude und das Grundstück kosten 25.000 Taler, und außerdem kann es sich im Grunde selbst tragen. In diesem Winter hatten wir 70 erwachsene Jungs in der Schule, und im Sommer 50 erwachsene Bauernmädchen und im Herbst 50 Schulmänner, die alle aufgeklärt und belebt wurden. Da ich dies nun erwähne, möchte ich mit der Bemerkung schließen, dass ich in der Aufklärung nicht so gut bin wie in der Belebung. Ich belebe erst, dann kläre ich auf. Ich glaube, das ist der richtige Weg, denn wir brauchen die Aufklärung.

Eine Sache, die an Kolds Schule so radikal anders ist, ist, dass er wie Pestalozzi mit den Schülern in der Schule lebt, mit ihnen isst und ein heimeliges Gefühl erzeugt. Sie sind dort nicht nur als Menschen gleichberechtigt, obwohl er ihr Lehrer ist, sondern es ist auch eine entspannte Atmosphäre, die die Jugendlichen aus ihrem eigenen Zuhause kennen. Die Volkshochschule von Kold im Bauernhaus in Ryslinge auf Fünen hat also eine weitaus demokratischere Ideologie als die Rødding Folkehøjskole in Schleswig. Kolds Schule lehrt praktische Fertigkeiten und neue landwirtschaftliche Techniken, und Diskussionen sind ein integraler Bestandteil ihrer Aktivitäten. Neben dem spirituellen Erwachen zum Christentum und Dänentum will Kold bewusst eine neue Art selbstbewusster junger Männer schaffen, die in der Lage sind, auf der Grundlage der neuesten Erkenntnisse einen eigenen Hof zu führen und gute, verantwortungsbewusste Bürger zu sein. Das Konzept kommt bei den Schülern sofort gut an, und es werden mehr Schulen in ganz Dänemark gegründet: Im Jahr 1852 zwei neue Schulen, 1853 drei, 1854-1859 eine pro Jahr, 1860-64 sieben weitere; das Konzept setzt sich durch, und 1861 öffnet Kold seine Schule für junge Frauen. Die jungen Männer sind von November bis März dort, wenn sie zu Hause nicht für landwirtschaftliche Arbeiten gebraucht werden, und die jungen Frauen von Mai bis Juli.

Das andere Geschlecht

Abgesehen von einigen glücklichen Töchtern des Bürgertums und der Aristokratie waren die wenigen Stunden Winterschule, die auf dem Land angeboten wurden, und nun die entstehenden Volkshochschulen die einzige *Bildung*, zu der die Frauen über ihre Konfirmation hinaus im Alter von 14 oder 15 Jahren Zugang hatten.

Eine Frau, die dies nicht akzeptiert, ist die junge Mathilde Fibinger. Nicht nur erwacht in ihr das Gefühl, dänisch zu sein, sondern 1848 erkennt sie auch, dass sie als Frau ein Wesen zweiter Klasse ist. Sie ist überzeugt davon, dass Frauen wie Männer Zugang zu Arbeit und Erziehung haben sollten, und sie sollten *Bildung* erfahren. Hier wieder aus ihrem Roman:

> Es wird alles getan, um den einzigartigen Charakter der Persönlichkeit von Mädchen auszulöschen. Das gefällt den Menschen nicht! Es ist nicht weiblich, das Wort zu ergreifen! Man

darf nicht unter anderen herausstehen! Und so weiter. Man würde bei unserem Geschlecht nicht halb so viel Koketterie und Eitelkeit finden, wenn jeder das Recht hätte, sich nach seinen eigenen Neigungen zu entwickeln. Jetzt tragen die armen Mädchen ein spirituelles Korsett, bevor sie denken können. (…) Welches Recht haben Männer, uns zu unterdrücken? Denn unterjocht sind wir, auch wenn die Ketten golden sind. Die Herrschaft der Starken! Was macht ihre Dominanz aus? In der Vernunft hinken wir ihnen nicht hinterher, wir übertreffen sie an Enthusiasmus und Opferbereitschaft.

Nicht die am wenigsten eingeschüchterte, 19-jährige Fibiger schickt 1850 ihre Schrift *Clara Raphael, Zwölf Briefe* an ‚Herrn Kultur' selbst, Heiberg. Er sieht sofort ihr Potenzial, schreibt das Vorwort, lässt das Buch veröffentlichen – und verliebt sich mit 59 Jahren in sie.

Ihr Roman wird in 800 Exemplaren gedruckt und löst einen großen Skandal aus. Wie bereits erwähnt, ist sie Privatlehrerin auf einer kleinen Insel 100 Kilometer südlich von Kopenhagen, und ihr Vater, Johan Adolph Fibiger, der Offizier ist, reist auf die Insel, um seine inzwischen 20-jährige Tochter mit nach Hause zu nehmen. So jung wie sie ist, ist sie offensichtlich doch auch Selbst-Autorin. Buchstäblich; ihr Briefroman ist autofiktional und wendet sich gegen so viele Normen. Sie versteht die Bedeutung der individuellen Persönlichkeit, sie schreibt sogar über ihre Verpflichtung als Lehrerin, dass jedes Kind seinen eigenen Blickwinkel auf die Wahrheit finden muss.

Sie verliebt sich auch in Herrn Heiberg.

Frau Heiberg ist natürlich wütend und beginnt, alle möglichen Gerüchte über die jungen Fibiger zu verbreiten. Fibigers Vater ist empört über sie, weil sie mit ihren radikalen Ansichten und der Verleumdung von Frau Heiberg Schande über die Familie bringt. Die arme Fibiger wird in der gesamten Bourgeoisie geächtet, und als ihr Vater im August 1851 stirbt, lässt die Gesetzgebung ihre gesetzliche Volljährigkeit nicht zu, und ihr Bruder wird ihr Vormund.

Grundtvig ist einer der wenigen Menschen, die Mathilde Fibiger ein wenig Unterstützung anbieten, aber es dauert fast ein Jahr, bis er schreibt, dass Fibiger „ein dänisches Mädchen ist, das den Ruf einer Schildmagd verspürte, den Kampf für die Wahrheit des Geistes und des Herzens zu wagen! Er ermutigt sie auch, bei einer öffentlichen Veranstaltung im Juli 1852 zu sprechen, aber als ihre Familie davon erfährt, bombardieren sie sie mit Briefen und schreiben sogar an Grundtvig und das Organisationskomitee, um sie davon zu überzeugen, sie aus dem Programm zu nehmen. Sie ist jetzt 21, und es wird noch fünf Jahre dauern, bis die dänische Gesetzgebung unverheirateten Frauen die Volljährigkeit anerkennt. Schließlich erklärt sie sich bereit, auf Grundtvigs Veranstaltung nicht zu sprechen, unter der Bedingung, dass ihr Bruder sie alleine leben lässt; sie droht mit einem Hungerstreik, falls er sich weigert.

Fibigers schriftstellerische Karriere ist ein One-Hit-Wonder; ihre folgenden Romane erreichen nie die gleiche literarische Qualität, aber sie hat Bewegung in Sache gebracht und, wie Goethe 75 Jahre zuvor, die Frustrationen vieler junger Menschen in Worte gefasst. Und sie tritt noch eine andere Tür ein: Sie wird die erste Telegraphistin und erste Beamtin in Dänemark.

Bemerkenswert ist, dass ihr Bewusstsein in Bezug auf das Geschlecht zusammen mit ihrem individuellen und nationalen Bewusstsein erwacht: Wenn das Selbst zu erforschen beginnt, wer es ist und welche Optionen, Freiheiten und Verantwortlichkeiten damit verbunden sind, wird alles, was Pushback produziert, zu einem Thema. Rousseau ging kurz auf die Entwicklung von Frauen ein und sagte, dass Mädchen mehr Pushbacks erfahren als Jungen und sich daher schneller entwickeln. Fichte hatte ähnliche Gedanken, was einer der Gründe dafür war, dass die Frau von Anders Sandøe Ørsted Fichte so sehr mochte. Abgesehen davon behandelten die deutschen und die anderen romantischen Schriftsteller Frauen im Allgemeinen als Objekte der Schönheit und Quellen zärtlicher Liebe, und das war's.

Dänemark verwandeln

Nach dem Frieden mit Preußen 1851 gibt es in Dänemark eine ständige Unzufriedenheit mit dem Ergebnis der Friedensverhandlungen und dem Abkommen über Schleswig, und als Bismarck 1862 Ministerpräsident wird, beginnen auf beiden Seiten der Grenze wieder die Kriegstrommeln zu schlagen.

Die Historiker sind sich noch immer uneins darüber, wer an dem Krieg schuld ist. Lassen Sie uns also einfach zum Schluss kommen: 1864 gibt es einen schrecklich blutigen Krieg zwischen Dänemark und dem Deutschen Bund, nach dem das gesamte Schleswig-Holstein Teil des Bundes wird. Der Verlust ist verheerend für die Dänen, die 50 Jahre zuvor Norwegen verloren hatten; 90 % des dänischen Gebietes in Skandinavien sind heute in weniger als zwei Generationen verloren gegangen. Die Deutschen schließen auch die Rødding Højskole in Schleswig, weil sie zu dänisch ist.

Wenn der Krieg auch schlecht für Dänemark ist, ist er doch gut für die Volkshochschulen: 1865 werden fünf Schulen eröffnet, eine davon ist die Askov Højskole nördlich von Schleswig. Sie ist eine Fortsetzung von Rødding und wird von zwei Leuten von dort aus gegründet: Christian Flor und der junge Theologe und Pädagoge Ludvig Schrøder; sie bringen auch die Lehrer aus Rødding mit. Vier Schulen eröffnen 1866, 17 1867 und 11 1868. Die Schulen werden in der Regel von örtlichen Bauern und Pastoren gegründet, und die Qualität variiert ebenso wie die Zahl der Schüler: einige Schulen haben nur eine Handvoll, andere haben 20 oder 30, Kold's hat heute 70, der Durchschnitt scheint bei etwa 40 zu liegen.

Die Schulen sind entweder in Privatbesitz, oft vom Schulleiter selbst, oder sie werden als unabhängige Institutionen und ein demokratisch gewählter Vorstand von Freiwilligen geführt; was den Deutschen „nach außen hin verloren" gegangen ist, muss im Geiste „nach innen hin entwickelt" werden. In der Regel werden die Schulen von einem Ehepaar geleitet, wobei er der Hauptlehrer und Leiter ist, und sie ist die Hausmutter, eine moralische und soziale Kapazität, die sich um die Mahlzeiten, das Wohlbefinden aller und vielleicht auch um die Vermittlung von Haushaltskompetenzen kümmert. Diese Frauen werden in den Geschichtsbüchern selten erwähnt, aber sie spielten in der Entwicklung jeder einzelnen Schule eine entscheidende Rolle.

Zwischen 1844 und 1900 werden etwa 135 Volkshochschulen gegründet; einige überleben mehr als 100 Jahre, andere werden bald geschlossen. Im Jahr 1870 gibt es im ganzen Land etwa 50 Schulen, 1880 etwa 70 und 1900 etwa 110.

Die Zahl der Schulen ist beeindruckend, aber die Zahl der Menschen, die sie besuchen, ist schwindelerregend, vor allem im Vergleich zur Größe der Bevölkerung und wenn man bedenkt, dass dies nicht in der Bourgeoisie, sondern unter den Bauern und Bäuerinnen geschieht; es sind nicht die allerärmsten, sondern die unteren, mittleren und oberen mittleren Teile der bäuerlichen Klasse.

Die dänische Bevölkerung in den 1880er Jahren beträgt etwa 2 Millionen Menschen, und die jährliche Zahl der Geburten liegt bei etwa 63.000; im Jahr 1900 beträgt die Bevölkerung 2,5 Millionen, 1940 3,8 Millionen und in diesem Zeitraum liegt die durchschnittliche Zahl der Geburten pro Jahr bei etwa 70.000.

Im Jahr 1867 beträgt die Gesamtzahl der Volkshochschüler in Dänemark 1.000, um 1870 2.000, Ende der 1890er Jahre 4.500, und von 1900 bis 1940 besuchen im Durchschnitt 6.000 Dänen pro Jahr eine Volkshochschule, die Hälfte davon Frauen; das sind 8,5 % der Jahreskohorte. Um 1940 hätte das bedeutet, dass etwa 200.000 von 2,5 Millionen Erwachsenen in Dänemark, plus/minus einige Todesfälle und Migration, eine Volkshochschule besucht haben; allein unter erwachsenen Bauern und Bäuerinnen könnte das etwa 20% bedeuten.

Bei diesen 2.000 bis 6.000 Jugendlichen pro Jahr handelt es sich um Menschen, die aufwachen und sich für ihre Kultur und die Übernahme von Verantwortung für ihre Gemeinschaft und ihr Land begeistern. Dann kehren sie nach Hause zurück und teilen ihr Wissen mit anderen. Hinzu kommt, dass sie aus den bäuerlichen Gemeinschaften kommen und nicht aus den Städten, wo es andere Möglichkeiten gibt und wo die Bourgeoisie bereits für die *Bildung* ihrer Jugendlichen sorgt: Das sind die Bauern, die sich selbst organisieren, um demokratische Kompetenzen und ein Gefühl der Mehrheit (d.h. ein verantwortungsbewusstes Erwachsensein) zu entwickeln. Es wären Tausende von Jugendlichen aus einem traditionell nicht sehr gebildeten Teil der Gesellschaft gewesen, die plötzlich ein höheres Selbstbewusstsein und Gewissen sowie ein kulturelles Bewusstsein und eine Einführung in neue landwirtschaftliche Techniken, Wirtschaft, Politik, Geschichte, einige der neuesten wissenschaftlichen Erkenntnisse und bessere Schreib- und Lesefähigkeiten erhalten hätten.

Wir haben keine Statistiken gefunden, aus denen hervorgeht, wie viele dieser jungen Menschen aus einer wohlhabenden Bauernfamilie und wie viele aus einer Pächterfamilie stammten, aber sie kamen aus beiden Hintergründen. Vier Artikeln in der schwedischen Zeitung Aftonbladet vom Dezember 1867 zufolge kostete ein Aufenthalt in Testrup Højskole 70 Taler, ein Aufenthalt in Vallekilde Højskole 65 Taler. Nach Falbe-Hansen und Scharlings Danmarks Statistik von 1882, hatte im Jahr 1872 ein männlicher Knecht 190-240 Taler pro Jahr verdient. Dies macht einerseits deutlich, dass sich Knechte nicht sofort ihren eigenen Aufenthalt an einer Volkshochschule leisten konnten, aber viele arbeiteten zusätzlich und sparten, um dorthin zu gehen. Andererseits würde die Abschiebung ihres Sohnes oder ihrer Tochter 30-35% des Jahreslohns für einen Knecht kosten, d.h. zum Preis von vier Monaten angestellter Hilfe könnte Ihr Sohn oder Ihre Tochter als umgewandelte Person mit neuen Fähigkeiten zurückkehren, um die Produktion Ihres Hofes anzukurbeln. Und: Wie legt man den Preis für den elterlichen Stolz fest?

Tatsache ist, dass Tausende junger Menschen aus einem Teil der Gesellschaft, der an vielen anderen Orten kaum zur Schule ging, ein Kultur- und Selbstbewusstsein entwickelten, ehrgeizige und zielstrebige Landwirte wurden und lernten, für sich selbst zu denken und einzutreten.

Geschicktes Marketing

Wenn wir an die 1860er Jahre denken, ist cleveres Marketing wahrscheinlich nicht das erste Thema, das uns in den Sinn kommt, aber 1867 schreibt Anton Nielsen, ein Lehrer an der Vallekilde-Volkshochschule in Nordseeland, eine Kurzgeschichte mit dem Titel *Om Hans, der kom paa Høiskolen (Über Hans, der auf die Volkshochschule ging)*. Sie wurde zuerst in *Dansk Landbotidende* gedruckt und später als separate 50-seitige Broschüre veröffentlicht; sehr clever!

Der junge Hans lebt auf dem Bauernhof seiner Eltern, sagt nie etwas und zeigt nie Interesse an irgendetwas – er ist die Art von „Fleischklumpen", die Grundtvig im neunten Lied erwähnte. Die einzige Ausnahme, vielleicht die einzige Person, die etwas in Hans wecken kann, ist ein junges Mädchen namens Stine, die natürlich den immer geistreichen und großmäuligen Frans viel interessanter findet.

In einer windigen Nacht schickt Hans' Vater Hans zur Mühle, und auf dem Rückweg nimmt Hans einen Fremden auf seinem Wagen mit. Der Fremde redet weiter, und als Hans stumm bleibt, beginnt der Fremde ein Lied zu singen. Als das Lied zu Ende ist, kommt Hans nicht umhin zu fragen, was für eine Arbeit dieser Mann verrichtet; seine Hände sind zu sauber für jegliche handwerkliche oder landwirtschaftliche Arbeit. Der Fremde behauptet, ein Goldgräber zu sein:

> „Aber ich bin nicht von der Sorte, die nach Australien geht; ich bleibe in diesem Land und finde das Gold der Menschen selbst. Wenn das Gold in einem dunklen Loch liegt und niemand davon weiß, ist es nicht einmal so nützlich wie ein Klumpen Dreck. (…)
>
> Sieh mich an! Ja, ich bin sicher, du hast ein ganz schönes Stück Gold herumliegen, aber es ist wahrscheinlich sehr dunkel, wo es ist".

Hans denkt, der Fremde verspottet ihn; warum sollte er Gold haben? Der Fremde entpuppt sich als der Leiter einer Volkshochschule, und er erklärt es ihm:

> „Ich grabe im menschlichen Herzen. Wenn wir dort nicht aufpassen, türmt sich der Staub auf und bedeckt das Gold des Herrn, so wie es in einem Haus geschieht, in dem niemand fegt, und dann wird der Mensch wie ein Tier. Dann trödelt er herum und denkt an nichts anderes als an Essen und Trinken und blickt er wie ein Tier auf den Boden; stattdessen sollten die Augen aller auf den Herrn gerichtet sein. Verstehst du?"

„Ja, das tue ich, denn so bin ich immer herumgelaufen."

Als Hans den Fremden abgesetzt hat, kann er nicht umhin, immer wieder an ihr Gespräch zu denken, und er sagt seinen Eltern, dass er auf eine Volkshochschule gehen will. Die Eltern sehen keinen Sinn darin, und es gibt einen ziemlich gewagten Wortwechsel für 1867, als Hans zum ersten Mal seinen Eltern die Stirn bietet und im Grunde sagt, dass er nicht ein Tier wie sie bleiben will. Hans darf natürlich irgendwann auf die Volkshochschule gehen.

Von der Schule aus fängt Hans an, nach Hause zu schreiben, und während sein stolzer Vater die Briefe für alle sichtbar mit sich herumträgt, verbreitet sich in der Stadt bald das Gerücht, dass mit Hans etwas Bemerkenswertes passiert. Nach ein paar Monaten besucht der Vater Hans in der Schule, und als er sich nähert, sieht er eine Gruppe junger Männer auf der Straße marschieren, die dänische Flagge vor sich, und alle singen patriotisch. Sind sie Soldaten? Nein. Sie entpuppen sich als die Schüler der Schule, und als sie erfahren, dass dies Hans' Vater ist, begrüßen sie ihn mit einem lauten und fröhlichen Hurra! Hans' Vater folgt den jungen Männern zurück in die Schule, und während seines Besuchs singen die Schüler die schwedische Hymne, die im Text enthalten ist:

> Du altertümlicher, du freier, du gebirgiger Norden.
> Du stiller, du freudiger Schöner!
> Ich grüße Dich, schönstes Land auf Erden,
> Deine Sonne, Dein Himmel,
> Deine Wiesen sind grün.

„Wie hat es ihnen gefallen", fragte der Schulleiter.
„Wie hat es mir gefallen? Ich habe noch nie etwas so Schönes gehört." „Und das war sogar auf Schwedisch."
„Aber ich konnte fast jedes Wort verstehen. Es ging darum, wie wunderbar es hier in den skandinavischen Ländern ist, dass es das beste Land der Welt ist."

„Da haben wir's! Die Schweden und die Norweger sind unsere Brüder, wissen Sie; es gibt nicht mehr Unterschiede zwischen unserer und ihrer Sprache als zwischen unseren Dialekten."

> „Aber in meinen jungen Tagen sagten wir: Der Schwede ist nie gut zu dem Dänen."
>
> „Nun, so funktioniert es nicht mehr. Heute könnten wir sagen: Das Deutsche ist nie gut zu den Dänen."

Patriotischer und religiöser Eifer übertreffen die Schule, und während die Schülerinnen und Schüler ihre Abreise feiern, ruft der Anführer sie auf, gute, fleißige, loyale, patriotische Bauern zu sein, und er schließt mit dem folgenden Gebet:

> „Unser Herr in den Himmeln! Erhöre das Gebet meines Herzens: Ich kann ihnen nicht folgen und sie führen; o, folge ihnen und verlasse sie niemals, Du, treuer Gott! Vielleicht werde ich ihr Gesicht nie wieder sehen, aber Du, bitte, sieh sie an und lass Deine Augen auf sie gerichtet sein, lass Deine Liebe ihren strauchelnden Fuß auf das Haus oben lenken und lass mich mit ihnen in Deinen freudigen Himmeln wiedervereinigen, wo keine Träne der Scheidung jemals fließen wird. Amen."

Als Hans nach Hause zurückkehrt, geht er zu keinem der Bälle der anderen jungen Leute, er bewahrt seinen religiösen und patriotischen Eifer, und doch ist er der coolste junge Mann im Dorf. Er kennt all die neuen Lieder, er hat Freunde aus anderen Orten, die zu Besuch kommen, er kann Gespräche führen, er kennt neue landwirtschaftliche Techniken, und wenn er auf die lokale Landschaft blickt, kann er jetzt das Leben und die Taten seiner Vorfahren „sehen": seine Welt hat eine zusätzliche Dimension. Kein Wunder, dass er seine Geliebte Stine bekommt, und Frans heiratet am Ende eine reiche Witwe.

1868 schreibt Anton Nielsen *Om Karen, der kom paa høiskolen (Über Karen, die auf die Volkshochschule ging)*; Karen ist ganz anders als Hans, wandelt sich aber in ähnlicher Weise aus der Erfahrung heraus. Die Geschichte beginnt, als Karen das junge Dienstmädchen einer Adelsfamilie wird; 150 Jahre vor der Erfindung des Selfies betrachtet sie sich selbst gern in den großen Spiegeln auf dem Anwesen, wird snobistisch, egozentrisch und von der Mode vereinnahmt. Als sie sich daran gewöhnt, den Reichen zu dienen, kann sie die bäuerliche Lebensweise ihrer Eltern nicht mehr ertragen. Weil ihre Jugendfreundin, die Tochter des Nachbarn, auf eine Volkshochschule geht, zwingt Karens Vater sie, ebenfalls hinzugehen. Sie hasst den Gedanken, in der Nähe von Bauernmädchen zu sein, und versucht, den Eindruck zu erwecken, dass sie nicht zu ihnen gehört, was ihre Zeit an der Schule miserabel macht. Sie wendet sich an den Schulleiter, um sich über die Situation zu beschweren, und er antwortet ihr:

> „Aber du bist selbst ein Bauernmädchen, warum kannst du nicht mit Leuten deiner eigenen Art verkehren?"
>
> „Sie müssen verstehen, dass jemand wie ich mit meiner Art von *Bildung* ihre ungeschliffene Brutalität nicht tolerieren kann; ich kann in der Nähe von Pächtermädchen nicht informell sein".
>
> „Karen, ich muss ehrlich mit dir sein: Du hast überhaupt keine *Bildung*. Wir nennen es *Bildung*, wenn man einen aufgeklärten Geist und ein gütiges Herz hat. Es kommt von innen und verleiht dem Äußeren eine gewisse Güte. Das, was du *Bildung* nennst, ist nichts als ein oberflächlicher Lack; sich nach der neuesten Mode zu kleiden oder wortgewandt zu sprechen kommt nicht unbedingt von einem hellen Geist oder einem schönen Herzen, sondern eher aus Eitelkeit. (...) Bist du in Bjergby aufgewachsen, wo dein Vater lebt?"
>
> „Ja, ich bin dort aufgewachsen."
>
> „Erzähle mir, wie du dich als Kind amüsiert habst. Hattest du eine glückliche und fröhliche Kindheit?"

Als Karen ihm von ihrer glücklichen Kindheit erzählt, wird klar, dass es Spaß gemacht hat, weil alle Kinder einander als gleichwertig sahen; die Schulleiterin verspricht Karen, dass, wenn sie die anderen Mädchen als gleichwertig sehen kann, die Monate in der Schule die spaßigste Zeit ihres Lebens werden – und das tut sie bald. Ihr Charakter verändert sich, und aus der Perspektive der Ich-Entwicklung und *Bildung* ist ein kurzer Austausch zwischen Karens Gastvater und dem Schulleiter interessant; der Leiter hat gerade erzählt, was er zu Karen gesagt hat, und jetzt fragt ihr Vater nach Karens Verwandlung:

„Das ist unglaublich! Und es könnte so plötzlich passieren?"

„Ja, man weiß nie, wie lange das Gute und das Böse in ihr gekämpft haben, und bei solch starken Naturen sieht man oft abrupte Übergänge."

„Ich hätte nie gedacht, dass sie eine ganz andere Person werden könnte (...)."

Aus heutiger Sicht mögen sich Gesang, Gebete, Handarbeit, patriotische Vorträge und die Verbesserung der Schreib- und Rechenfertigkeiten der Mädchen nicht so lustig anhören, aber wenn sie nach Hause gehen, bringen Karen und ihre Nachbarsfreundin ihren Eltern bei, wie man Hopfen anbaut und die Milchproduktion verbessert, und die beiden Mädchen bestehen darauf, selbst einen eigenen Mann zu finden.

Natürlich sind diese beiden Geschichten von Hans und Karen ideologisches Verkaufsmaterial für die Volkshochschulen, aber beide zeigen ein bemerkenswertes Selbstbewusstsein im Namen der Volkshochschulen darüber, was sie jungen Menschen ermöglichen. Sie sind die besten zeitgenössischen dänischen Beschreibungen des persönlichen Wachstums, die wir gefunden haben.

Aus der Lektüre der Texte, auf die wir uns bisher bezogen haben, schließen wir, dass diese „Volksbildung 1.0" den Übergang zu einer inspirierten und enthusiastischen Selbst-Verwaltung erleichtert hat; Ich-Schicht 3 mit einem Zweck. Die Jugendlichen haben zwar den selbstkonsolidierenden, in sich selbst vertieften Übergang in die Schicht 2 2½ begonnen oder von Schule, Kirche, Eltern und Arbeitgebern in die Selbst-Verwaltung, d.h. in eine sinnlose Schicht 3, gedrängt, aber in den Schulen fanden sie Freude und Stolz, gute Bürger zu werden. Indem sie Geschichten erzählten, sangen und den Jugendlichen erlaubten, Teil von etwas Größerem als sich selbst zu werden, hoben die Schulen ihren Geist an, erlaubten ihnen, sich mit der imaginären Gemeinschaft namens Dänemark zu identifizieren, und legten den Grundstein für eine abgerundete Ich-Schicht 3 im 6. Kreis der Zugehörigkeit.

Wie diese jungen Männer und Frauen zur Selbst-Autorenschaft (Schicht 4) ermutigt wurden, ist schwer zu sagen; wir neigen dazu zu denken, dass es nicht viel war. Sowohl die jungen Männer als auch die jungen Frauen sollten ihr Leben als patriotische, gottesfürchtige Bauern leben, die bereit waren, gegen die Deutschen zu kämpfen; die Männer als stolze Soldaten, die Frauen als stolze Soldatenfrauen und -mütter.

Der Lohn

Wie tief die Auswirkungen auf die dänische Gesellschaft waren, beschreibt ein norwegisches Buch über Christen Kold von 1911, *Ein Folkelarar (Ein Volkslehrer)*, von dem Lehrer Andreas Austlid. Mit 28 Jahren und seit acht Jahren Lehrer besucht Austlid 1879-81 Dänemark und einige Volkshochschulen und ist gleichzeitig eingeschüchtert und inspiriert von den jungen Dänen, die er dort trifft:

> Es war ein reiches Leben, in dem ich mich wiederfand. Für mich, das Kind aus Gudbrand, war es meistens zu heftig. Sie haben mich sowohl verzaubert als auch eingeschüchtert. Ich hatte noch nie so offene und vertrauensvolle junge Menschen getroffen. (…)
>
> Sie waren so glücklich und freundlich. Sie waren klug und ständig gut gelaunt. Aber wenn sie über ihre Zukunft und all die Dinge sprachen, die sie tun wollten, dann hatte ich Angst.
>
> O, so spielerisch leicht nahmen sie ihre Zukunft wahr, diese jungen Leute! Sie waren fast kindlich. Jeder wollte etwas tun; jeder wollte etwas sein. Und auch das waren keine kleinen Dinge. Aber sie taten es, so dass die Funken flogen. Zweifel gab es in ihrem Wörterbuch wahrscheinlich nicht – und sprechen taten sie, mehr als gut war, fand ich. Wäre das oben in Norwegen gewesen, hätten die Leute nur über sie gelacht: „Kinder. Kluge Köpfe, noch nicht trocken hinter den Ohren", das hätten die Gudbrand-Leute über sie gesagt.
>
> Aber hier gingen diese Tagträumer bei hellem Tageslicht umher und bauten Luftschlösser.
>
> Ein Fünener wollte auf den Bauernhof seines Vaters zurückkehren und alles durcheinander bringen, einen neuen hochmo-

dernen Bauernhof schaffen – und die ganze Gemeinde verändern. Die Nachbarn sollten sich den Schlaf aus den Augen reiben und ihn kopieren!

Ein anderer hatte nur ein bisschen Pachtland und zwei Kühe. Aber er würde mit dem Landwirt konkurrieren, den Gartenbau entwickeln, 20 Schweine und 200 Hühner haben, mehr als zwei Kühe bekommen und von seinem kleinen Grundstück mehr verkaufen als die großen Betriebe. (…)

Etwas war hier passiert, musste ich sagen. Woher hatten sie diesen starken, leichten Glauben?

Von den Lehrern der Freien Schule, den Volkshochschullehrern, einigen Pastoren und einigen Bauern hier und da – die versucht hatten, danach zu leben und fanden, dass es wahr sei, sagten sie.

Aber woher hatten sie den Glauben bekommen? Ich grub mich in die Materie ein und fragte. Von Grundtvig und von Kold. Ja, es war immer die gleiche Antwort. Aber sie, also?

Von oben, von Gott, sagten sie. Es war ihnen zuteil geworden, es war ihnen gegeben, das hatten sie selbst gesagt.

„Mir wurde alles gegeben, was ich erforschen sollte", hatte Grundtvig gesagt.

Und Kold hatte gesagt: Grundtvig und ich sind jetzt die einzigen beiden Menschen, die aus erster Hand erfahren haben, wie eine Schule für Menschen sein sollte. Hier, in der Schulfrage, wurde Kold viel häufiger erwähnt als Grundtvig, vor allem von Landwirten und Schulleuten.

Und unter Pächtern und Bauern lebte er wie ein Orakel – auch wenn er 9 Jahre lang verschwunden war. Er starb 1870.

Wo immer ich hinging, hörte ich etwas über Christen Kold. Und sie zitierten ihn wörtlich, denn es hatte sich wie eine Offenbarung aus höheren Sphären in sie eingebrannt.

Die anderen Bewegungen

In den späten 1800er Jahren organisierten sich nicht nur die Bauern und Pächter, sondern auch andere junge Leute.

Die Arbeiterbewegung

Da Dänemark erst spät industrialisierte, organisierten sich die Arbeiter erst spät: nämlich 1871. Es gab Streiks und Demonstrationen, und es gab einen Vorfall, der 1872 etwas außer Kontrolle geriet, und der Sozialist, der den Beinahe-Aufstand anführte, Louis Pio, verbrachte danach zwei Jahre im Gefängnis, weil er die bestehende Gesellschaft stürzen wollte. Nach seiner Freilassung nahm er Kontakt zu Karl Marx und Friedrich Engels auf, und bis 1877 waren Pio und sein Kollege Paul Geleff dem Polizeichef und einigen reichen Industriellen zu viel geworden. Schließlich kamen sie zu dem Schluss, dass der einfachste Weg zur Lösung des Problems darin bestand, Pio und Geleff ein One-Way-Ticket in die USA und einen ansehnlichen Geldbetrag anzubieten. Beide akzeptierten, verließen Dänemark und ließen die Arbeiterbewegung in Unordnung zurück.

Die Arbeiter organisierten daraufhin ihre Aktivitäten neu, und als sie 1878 die Gewerkschaft von der Partei abspalteten, kamen sie allmählich wieder auf die Beine. Die Sozialdemokratische Partei wurde zu einer äußerst einflussreichen politischen Kraft in Dänemark, und eines der Dinge, die der Partei ihre vielen politischen Ergebnisse einbrachten, war, dass sie die kapitalistische Wirtschaft schon früh akzeptierten, aber das Beste für die Arbeiter und die Gesellschaft als Ganzes daraus machen wollten: Sie gaben die Revolution für die Regulierung auf. Dieser Ansatz wurde später in Norwegen und Schweden wiederholt.

Vereinigungen aller Art

Diese sich selbst organisierende Entwicklung fand ab den 1860er Jahren in allen möglichen Bereichen der dänischen Gesellschaft statt: Schützenvereine, Freikirchen, Wählerverbände, Bibliotheksvereine, Abstinenzvereine usw. Ab etwa 1870 und in den folgenden Jahrzehnten wurden im ganzen Land etwa 1.600 örtliche Dorfhäuser und 900

Missionshäuser gebaut; bei einer Bevölkerung von 2 Millionen Menschen, d.h. mehr als ein Versammlungshaus oder „Gemeindezentrum" pro 800 Personen, Kinder eingeschlossen.

Natürlich geschahen noch mehr Dinge

Mit der konstitutionellen Monarchie und einer Reihe von Wirtschafts- und Rechtsreformen stellt sich Dänemark in den 1840er-60er Jahren neu ein. Die Handwerkszünfte werden abgeschafft, die Sklaverei in den Kolonien wird 1848 abgeschafft, die Kolonien werden zwischen 1840 und 1917 verkauft, Handelsschranken innerhalb Dänemarks werden beseitigt, Eisenbahnen werden gebaut, die in den 1820er Jahren eingeführten Dampfschiffe ersetzen nun die letzten Segelschiffe, und insgesamt wird die Wirtschaft liberalisiert.

Auch die Industrialisierung setzt sich durch, aber da Dänemark außer seinem Boden und seinen Menschen nie über natürliche Ressourcen verfügte, ist die Schwerindustrie begrenzt, und die meisten Fabriken beschäftigen weniger als 20 Personen. Dänemark bleibt eine Agrarwirtschaft, aber eine sehr erfolgreiche, nicht zuletzt dank einer britischen Erfindung: den Genossenschaften.

Die Genossenschaftsbewegung

In den 1820er und 1830er Jahren hatte es im Vereinigten Königreich eine Reihe von nicht sehr erfolgreichen Experimenten mit genossenschaftlichem Eigentum an Lebensmittelgeschäften und -produktion gegeben. Das Hauptproblem bestand darin, ein Modell zu finden, bei dem gleiche Rechte und Vorteile nicht durch ungleiche wirtschaftliche Ressourcen zwischen den Mitgliedern gestört werden. Im Jahr 1844 fand die *Rochdale Society of Equitable Pioneers* die magische Lösung: die Zahlung von Dividenden an ihre Gönner. Sie war eine Verbrauchergenossenschaft, und sie wurde zum Prototyp für Genossenschaften auf der ganzen Welt.

Der dänische Genossenschaftspionier war Pastor Hans Christian Sonne, der zur Emanzipation der Arbeiter beitragen wollte und 1866 zu den Gründern des ersten genossenschaftlichen Lebensmittelgeschäfts in

Dänemark gehörte. Er widmete etwa 10 Jahre seines Lebens der Sache, und Mitte der 1870er Jahre gab es etwa 150 Geschäfte.

Es ging aber nicht nur um die Produkte. Laut Sonne war das Ziel der Genossenschaften:

> ... den Teil der Bevölkerung, der in staatsbürgerlicher Hinsicht niedriger gestellt ist und unter Druck und Abhängigkeit steht, auf ein höheres moralisches, intellektuelles und soziales Niveau zu heben und damit in eine anständigere Position in der Gesellschaft zu bringen.

Als Sonne das erste genossenschaftliche Lebensmittelgeschäft gründete, bestand er darauf, dass 2½ Prozent der Einnahmen der Volksbildung zugute kommen sollten, und zu seinem ersten Geschäft gehörte auch eine Bibliothek. Da viele Mitglieder schwache Leser waren, organisierte der Laden auch Lese- und Diskussionsgruppen.

Als die Bauern sehen, wie die Zahl der Geschäfte zunimmt und sich engagieren, wird 1882 die erste Genossenschaftsmolkerei eröffnet, und von da an nehmen die Bauern die Idee auf und machen mit. Bis 1915 gibt es in Dänemark etwa 1.400 genossenschaftliche Lebensmittelgeschäfte mit etwa 200.000 Mitgliedern. Im Jahr 1894 gibt es 907 Genossenschaftsmolkereien und 1909 bereits 1.163. 1887 schließen sich 500 Landwirte zusammen und gründen den ersten genossenschaftlichen Schlachthof; 1900 gibt es 26 genossenschaftliche Schlachthöfe und 1914 sind es 44; zusammen haben sie 140.000 Aktionäre und produzieren 85% des Schweinefleisches in Dänemark.

Seit den 1890er Jahren sind die dänischen Landwirte in der Lage, qualitativ hochwertige Fertiggerichte für den Export zu produzieren, und 1900 übertrifft das dänische Pro-Kopf-BIP das von Deutschland und Frankreich, die reich an natürlichen Ressourcen sind. Das ist das Jahr, in dem Dänemark in die wirtschaftliche Elite Europas aufsteigt und zusammen mit der Schweiz, den Niederlanden, Grossbritannien und Belgien an der Spitze steht.

Wie groß die Überschneidung zwischen den Aktiven in den Volkshochschulen und denjenigen in den Genossenschaften war, ist nicht bekannt. Die wenigen Daten, die über lokale Kooperativen vorliegen, deuten nicht darauf hin, dass ehemalige Volkshochschüler die Vorstände der Kooperativen dominieren.

An der Spitze der Organisationen ragen dagegen mindestens zwei Brüder heraus: 1896 gründeten die vielen genossenschaftlichen Lebensmittelgeschäfte eine gemeinsame Dachorganisation *Fællesforeningen für Danske Brugsforeninger (FDB) (Der gemeinsame Verband für dänische Genossenschaftsverbände)*. Der Initiator war Severin Jørgensen, dessen Bruder Konrad Jørgensen 1876 zusammen mit Ludvig Schrøder die Zeitschrift Højskolebladet *(Die Volkshochschulzeitschrift)* gründete. In seiner Jugend besuchte Konrad die zweite Volkshochschule von Kold in Dalum und Askov; um 1890 gab Konrad die Stelle als Herausgeber des *Højskolebladet* an Severins Sohn Karl weiter. (Heute heißt FDB COOP, und das *Højskolebladet* gibt es immer noch.) Severin Jørgensen war, wie auch Sonne, stark davon überzeugt, worum es in der Genossenschaftsbewegung gehen sollte, und sagte unter anderem

> Unser wichtigstes und wichtigstes Ziel ist es, die Bevölkerung auf ein höheres moralisches Niveau zu heben und es den Mitgliedern zu ermöglichen, qualifiziertere, unabhängigere und vor allem bessere Menschen zu werden.

Es scheint so zu sein, dass Dänemark durch eine allgemeine Bewegung von Bewegungen aufgewacht ist: die Volkshochschulbewegung, die Genossenschaftsbewegung, die Sportvereine, die Freikirchen und den Bau von Gemeindehäusern. All diese Bewegungen waren von Selbstorganisation und Eigenverantwortung geprägt, wobei der größte Teil davon in der Landbevölkerung und unter den Arbeitern, d.h. von der Basis der Gesellschaft, stattfand.

Es ist seit langem bekannt, dass der dänische Wohlstand auf Speck und Butter aufgebaut wurde; was wir vorschlagen, ist, dass die Volksbildung die entscheidende dritte und geheime Zutat ist.

KAPITEL 8

DER NORWEGISCHE FRÜHLING

Norwegen importiert die Volkshochschulen aus Dänemark, aber die Norweger bauen ihre Volksbildung auf der Freiheit von den Dänen auf, nicht auf einem nationalen Landverlust.

Wir gehen nun auf die Zeit um 1800 zurück, um zu untersuchen, wie sich *Bildung*, Selbstbewusstsein, Nationalismus und Volksbildung in Norwegen um 1800 entfalteten. Es war seit 1380 Teil des dänischen Staates, und die höchste dänische Autorität in Norwegen um 1800 war Prinz von Schleswig-Holstein-Sonderburg-Augustenburg Christian August. Er war der Bruder des Schiller-liebenden Herzogs Frederik Christian II. und damit der Schwager von Louise Augusta, der Schwester des dänisch-norwegischen Königs Frederik VI.

Als Dänemark 1807 von den Briten geschlagen wurde und die königliche dänische Flotte so den Besitzer wechselte, war die physische Verbindung zwischen Dänemark und Norwegen stark beeinträchtigt. Der de-facto-Führer Norwegens wurde somit Christian August. Aus eigener Initiative arbeitete er nun gezielt auf eine skandinavische Union unter Frederik VI. hin, doch damit dies geschehen konnte, musste jedes der drei Länder seine eigene freie Verfassung haben; der absolute Monarch Frederik VI. war dazu nicht bereit. Außerdem hatte der schwedische König keinen Erben, und die Schweden wollten Christian August als ihren Kronprinzen haben.

Leider stirbt Christian August 1810, so dass er nie König von Schweden wird. Um Christian August als Gouverneur in Norwegen zu ersetzen, ernennt Frederik VI. Christian Frederik, seinen Cousin, der der scheinbare Thronfolger in Dänemark ist (er ist derjenige, der 1839 König in Dänemark wird und im Januar 1848 stirbt).

Da Dänemark jedoch 1813 von der Finanzkrise getroffen wird, stehen große Veränderungen bevor:

Unter der Schirmherrschaft des Gouverneurs Christian Frederik verleiht sich Norwegen 1814 eine der liberalsten Verfassungen Europas, die Eidsvoll-Verfassung, benannt nach der norwegischen Stadt, in der sie entworfen wird. Sie ist inspiriert von der amerikanischen Unabhängigkeitserklärung von 1776, der französischen Verfassung von 1791, der schwedischen Regierungsverordnung von 1809 und der spanischen Verfassung von 1812. Nach der Eidsvoll-Verfassung können alle norwegischen Männer über 25 Jahren, die seit 5 Jahren im Land leben, die Beamte sind oder waren, die Land oder eine bestimmte Menge Silber besitzen oder Bürger einer Marktstadt sind, wählen und für das Parlament kandidieren. Das sind wahrscheinlich 40-45% der Männer über 25 Jahre. Die Verfassung garantiert auch die Pressefreiheit und das freie Unternehmertum, d.h. keine Zünfte, und dass Christian Frederik zum König von Norwegen gewählt wird. Da Christian Frederik auch ein Thronfolger Dänemarks ist, wird ihn die Wahl zum König von Norwegen später zum Herrscher von beiden machen.

Die norwegische Verfassung wird durch eine Versammlung am 16. Mai ratifiziert, und der 17. Mai wird zum offiziellen Datum der Verfassung; am selben Tag und nach dem Plan wird der dänische Thronfolger Christian Frederik zum König Christian Frederik von Norwegen gewählt. Am 18. Mai wird die Verfassung unterzeichnet, und am 19. Mai wird die Versammlung beendet, als Christian Frederik seine Wahl annimmt.

Die Dinge verlaufen jedoch nicht wie erwartet, und Christian Frederiks Herrschaft über Norwegen dauert nur bis zum 10. Oktober desselben Jahres. In der Zwischenzeit hat sich Dänemark selbst in einen aussichtslosen Krieg mit Schweden verwickelt, und da Schweden Finnland an Russland verliert, erhält Schweden Norwegen als Entschädigung von Dänemark. Verwirrt? Seien Sie nicht verwirrt; am 4. November 1814 wählt das norwegische Parlament den schwedischen König Karl XIII. zum norwegischen König, und Christian Frederik kehrt nach Dänemark zurück und wird Gouverneur von Fünen (die Insel hat weder vorher noch nachher einen Gouverneur gehabt).

Mit ihrer neuen Verfassung und der Union mit Schweden erhalten die Norweger nicht die fortschrittliche Schulgesetzgebung, wie sie die Dänen 1814 hatten, und auch die religiöse Toleranz fehlt in Norwegen – hier aus Eidsvoll:

> Die evangelisch-lutherische Religion bleibt die offizielle Staatsreligion. Die Einwohner, die sich zu ihr bekennen, sind verpflichtet, ihre Kinder in ihr zu erziehen. Jesuiten und Mönchsorden dürfen nicht toleriert werden. Juden sind fortan vom Zugang zum Königreich ausgeschlossen.

Bildung und Volksbildung in Norwegen

Seit 1739 gibt es in Norwegen fast die gleiche Bildungsgesetzgebung wie in Dänemark, was bedeutete, dass die Pfarreien verpflichtet waren, allen Kindern das Christentum und das Lesen beizubringen, während Schreiben und Rechnen freiwillig waren und bezahlt werden mussten. Das einzige erlaubte Unterrichtsmaterial war ein dänisches Buch aus dem Jahr 1738, nämlich des pietistischen Pastors Erik Pontoppidan, das als 759 Fragen und Antworten zum Christentum verfasst wurde. In Norwegen fand der Unterricht in den Kinderheimen statt, den so genannten *omgangsskoler* (Umlaufschulen), und es war typischerweise der Glöckner der örtlichen Kirche, der von Haus zu Haus ging. Er hatte nicht unbedingt eine Ausbildung als Lehrer, und jedes Kind erhielt nur acht Wochen pro Jahr im Alter von 7 bis 12 Jahren Unterricht. Bis etwa 1850, als die Kinder das Schreiben lernen sollten, warfen sie etwas Sand auf den Tisch und schrieben mit dem Finger, anstatt mit Tafel und Schiefertafelschreiber zu schreiben – aber die Ausbildung wurde vom Staat gefördert und war im weltweiten Vergleich hervorragend.

1802, im selben Jahr, in dem Steffens seine Vorlesungen in Kopenhagen hielt und 12 Jahre bevor die neue dänische Schulgesetzgebung Erwachsenen-Winterschulen einführte, wurden in Norwegen die ersten Sonntagsschulen für Erwachsene organisiert. Typischerweise wurden sie von den örtlichen Pastoren geleitet, und wie bei den späteren Winterschulen in Dänemark lag das Hauptaugenmerk auf besseren Lese- und Schreibfähigkeiten.

Um 1800 begann sich der norwegische Laienprediger Hans Nielsen Hauge damit zu beschäftigen. Er ging von Dorf zu Dorf und studierte mit den erwachsenen Bauern die Bibel; er war Mitte 20, und nicht zuletzt, weil religiöse Versammlungen ohne die Erlaubnis des örtlichen Pastors illegal waren, waren die Behörden mit diesem freien Unternehmertum nicht glücklich, und er wurde von 1804 bis 1811 ins Gefängnis gesteckt.

Auf dem Kontinent und in Kopenhagen ging man zur Romantik über, aber Hauge war ein Mann des Pietismus und bis zu einem gewissen Grad der Aufklärung, und als sich der politische Status Norwegens um 1814 änderte, wurde es sein Ziel, das Selbstbewusstsein und das Vertrauen der norwegischen Bauern zu stärken. Er wurde in Norwegen für seinen Eifer und seine Produktivität legendär. Bis zu seinem Tod im Jahr 1824 schrieb er 33 Bücher, die zu seinen Lebzeiten wahrscheinlich in einer Gesamtauflage von 250.000 Exemplaren gedruckt wurden. In einem Land mit rund 900.000 Einwohnern machte ihn das zum beliebtesten Schriftsteller, und er gilt als der erste Mensch, der in Norwegen so etwas wie eine Volksbewegung ins Leben rief. Die Zahl der Bücher deutet darauf hin, dass die Alphabetisierungsrate in Norwegen recht hoch war und dass religiöse Literatur das, was die Menschen lesen, dominierte.

Die erste Lehrerausbildungsschule in Norwegen wurde 1826 eröffnet, was den Standard der Schulen etwas verbesserte, und 1827 verlangte die neue Schulgesetzgebung für den ländlichen Raum drei Monate Schulbesuch pro Jahr für alle Kinder zwischen 7 Jahren und ihrer Konfirmation (etwa 14 Jahre). Im Jahr 1836 wurde eine weitere Lehrerschule eröffnet, 1839 wurden drei Schulen eröffnet, und 1848 verbesserte das Gesetz auch die Schulen in den Städten. Sie mussten jedoch immer noch Pontoppidan unterrichten, und sein Buch von 1738 wurde in Norwegen bis weit in die 1900er Jahre hinein verwendet.

Volksbildung – der Verkaufsschlager

Der 23-jährige Dichter Henrik Wergeland ist einer der ersten Norweger, der 1831 die neue Herrschaft des Volkes mit dem Bedürfnis nach

Bildung für das Volk verbindet. Er lässt sich sowohl von der Aufklärung als auch von der Romantik inspirieren, und in *Folkebladet* (Das Volksmagazin) schreibt er, dass dies das Ziel sein sollte:

> Die staatsbürgerliche und allgemeine Aufklärung bis hinunter zu den Massen, dem wirklichen Volk, zu bringen.

Vielleicht nicht in einer politisch korrekten Weise ausgedrückt, aber er sah eine echte Notwendigkeit. Selbst ein Dichter, dachte er über Aufklärung in Bezug auf den Zugang zu Büchern nach und setzte sich für die Einrichtung von Bibliotheken ein.

In den 1830er-50er Jahren erkannten immer mehr Menschen die Notwendigkeit der *Bildung* und Erziehung der Bauern, und es wird weithin diskutiert, was gebraucht wird und wie man es tun kann – aber niemand will dafür bezahlen. Die Bauern selbst sehen keine Notwendigkeit dafür (sie fühlen sich vollkommen wohl, wenn sie nicht wissen, was sie nicht wissen) und wollen nicht dafür bezahlen. Einige argumentieren, dass der Staat für ihre *Bildung* verantwortlich sein sollte, wobei die Regierung aber kein funktionierendes Modell finden kann, und andere argumentieren, dass die Erwachsenenbildung als unglückliche Institutionen der politischen *Bildung* funktionieren und den Bauern von seiner eigentlichen Arbeit abbringen wird. Dennoch stellt das Parlament 4.000 Taler für die Erwachsenenbildung der Bauern bereit.

Die Erziehung der Kinder kommt mit dem Parlament nicht besser zurecht. Die Lehrer beginnen jedoch, sich zu organisieren. Sie lassen sich von den Lehrern in Dänemark inspirieren, die in ihren Gemeinden politisch aktiv sind; 1849, zum zehnten Jahrestag einer der ersten norwegischen Lehrerbildungsschulen, vereinbaren die Teilnehmer, 1850 eine Lehrerkonferenz zu veranstalten, um sich in die Schulgesetzgebung einzubringen.

Einer der Initiatoren des Lehrertreffens ist der 26-jährige Ole Vig. Er schreibt 1850 in einer norwegischen Zeitschrift:

> Wenn nur die verschiedenen Klassen und Stände und damit auch die Lehrer lernen würden, zu erkennen, dass es, um etwas wirklich Gutes und Großes zum Wohle unseres Landes zu schaffen, notwendig ist, sich zu vereinen und bei Zusammen-

> künften und Versammlungen, um die individuellen Ressourcen auf ein Ziel hin zu lenken, das Band der Gesellschaft, des Konsenses und der Brüderlichkeit zu stärken und durch das gesprochene Wort Gedanken und Gefühle auszutauschen; wenn nichts anderes, so wäre es zumindest freudig und für den Rest des Lebens nützliche Stunden.

Für die Lehrerkonferenz lädt Vig auf geniale Weise auch Pastoren und Lehrer aus den Gymnasien und Universitäten ein, was bedeutet, dass die Lehrer ihre Unterstützung erhalten und die Argumente der Lehrer gegenüber der Regierung gestärkt werden. 68 Personen nehmen daran teil, und nach dem Treffen kommt Vig zum Schluss:

> Der Frühling hat die Menschen mit reinen und sauberen Tönen geweckt, und die Lehrer wüssten gut, wo sie ihren Platz finden. Ihre Berufung war es, für Leben, Licht und Wahrheit zu kämpfen.

Ein zweites Treffen findet 1852 statt, und als die Regierung 1860 endlich ein neues Schulgesetz verabschiedet, haben die Lehrer ihm ihren Stempel aufgedrückt, und die Schulen auf dem norwegischen Land erhalten echte Schulhäuser und den gleichen Bildungsstandard wie in den Städten.

Grundtvig in Norwegen

Anfang Juni 1851, um Pfingsten herum, findet in Christiania (heute Oslo) ein skandinavisches Studententreffen statt, zu dem der 67-jährige Grundtvig als Hauptredner eingeladen ist. Als er in den Hafen einläuft, warten Hunderte von Menschen, darunter nicht nur Studenten, auf dem Kai, um ihn zu begrüßen und zu feiern. Unter ihnen sind Politiker, Prominente aus der Kunst und Männer der norwegischen Kirche. Grundtvig, der früher gegen eine liberale Verfassung war, ist inzwischen einer der Männer, die hinter den politischen Veränderungen in Dänemark stehen. Er schrieb auch die Broschüre über eine norwegische Volkshochschule im Jahr 1837, in der er die Norweger sehr positiv mit den Dänen verglich. Die Zeitungen konkurrieren in ihrem Lob und Tribut an den alten dänischen Emanzipationsriesen.

Zur Zeit der Schülerversammlung gab es in Norwegen eine lange Debatte über die Aufhebung des Einreiseverbots für Juden, und zufällig berät das Parlament noch am selben Tag darüber; um an der Schülerversammlung teilnehmen zu können, mussten die jüdischen dänischen und schwedischen Schüler eine Sondergenehmigung für die Einreise nach Norwegen erhalten. Grundtvig spricht also über Religionsfreiheit, wenn er in der Kathedrale predigt, und wenn er später zu einer Debatte im Parlament eingeladen wird, wird seine Predigt zitiert. Wie viel Einfluss Grundtvig darauf hatte, ist schwer zu sagen, aber das Verbot gegen Juden wird später im Jahr 1851 aufgehoben. (Das norwegische Verbot gegen Mönchsorden wird 1897 und das gegen Jesuiten 1956 aufgehoben. Ein kollektives, nationales Selbstverfassen, das die Vielfalt schätzt, braucht Zeit!)

Ole Vig

Eine Person, die es nicht nach Christiania schaffen kann, während Grundtvig dort ist, ist einer seiner größten Fans: Ole Vig. Stattdessen schreibt Vig Grundtvig und darf ihn Ende Juli und August 1851 in Dänemark besuchen. In Sorø trifft er auch den 62-jährigen Ingemann, dessen historische Romane gerade dabei sind, der Erweckungsfaktor in Kolds Schule zu werden, die im November desselben Jahres eröffnet werden soll.

Wir wissen von Vigs Reise nach Dänemark aus seinen Briefen, die Torstein Høverstad in seiner Ole-Vig-Biografie von 1953 zitiert; die Briefe illustrieren sehr gut, welche Art von Begeisterung die Grundtvigianer in diesen Jahren der Transformation erlebten und wie groß die Kultfigur Grundtvig bei einigen war; laut Høverstad schreibt Vig an einen Freund:

> Nie habe ich bedeutendere und freudigere Wochen erlebt als diese, und ich bin der Schulkommission in Kristiansund zutiefst dankbar, dass sie mir diese Reise ermöglicht hat, die hoffentlich ein wahrer und freudiger Wendepunkt in meinem Leben sein wird.

Auf der Reise besucht Vig das dänische Parlament und das alte skandinavische Museum in Kopenhagen:

> Ich habe eine Unzahl von Erinnerungen, die nie aus meiner Seele gelöscht werden, aber die erhellendsten unter all den hellen Erinnerungen, die ich erlebt habe, sind die 6 Stunden im Gespräch mit „Old Grundtvig". Dieser Mittwoch und Donnerstag, an dem es geschah, wird mich in der Tat für immer an Odin und Thor (den Geist und den temperamentvollen Krieger) erinnern, die sich in diesem grauhaarigen Barden so lebhaft offenbart haben.

An einen anderen Freund schreibt er:

> Um den Inhalt unseres gesamten Gesprächs wiederzugeben, für den ich jetzt keine Zeit haben werde, kann ich nur in aller Kürze sagen, dass es um die Taufe ging, um die Bedeutung des Taufbundes und dessen Beziehung zum geschriebenen Wort, um die Missionsarbeit und die Kirche im Allgemeinen, um das Schulsystem, die Religionsfreiheit, die politische Freiheit, das Volkstum und den Geist – kurz: um alle Themen, an denen Grundtvig gearbeitet hat.

Grundtvig ist ein lutherischer Theologe und Pastor, daran besteht kein Zweifel, aber seine Offenheit für Vielfalt und Meinungsverschiedenheiten ist bemerkenswert – laut Vig:

> Aber so wie das Gute in der Welt sicherlich einen extrem hohen Entwicklungsgrad erreichen muss, so muss auch das Böse einen extrem hohen Entwicklungsgrad erreichen, so dass es bei der Wiederkunft Christi ein fast reines Leben von Engeln und reines Leben von Teufeln auf der Erde geben wird. Aber genau deshalb brauchen wir Religionsfreiheit und Trennung, damit sich das Göttliche wie das Teuflische in der menschlichen Spezies voll entfalten kann und unsere Spezies ihr Ziel erreichen kann.

Grundtvigs Anspielungen auf den Kampf zwischen Leben und Tod, hellen und dunklen Mächten kommen in seinem Gedicht Ragnarok zum Ausdruck, dem altskandinavischen Konzept der chaotischen Zerstörung und Wiedergeburt. Grundtvigs Christentum verzichtet jedoch nicht auf Leben und Freude; Grundtvig liebt das Leben einfach zu sehr und sieht die Welt als fortschreitend und besser. Worüber Grundtvig spricht, ist die Freiheit, Fehler zu machen; nur durch Trennung (Vielfalt) und die Komplexität, die sich aus dieser Freiheit ergibt, können wir uns weiterentwickeln. Freiheit sowohl für Loke als auch für Thor.

Folkevennen: Der Freund des Volkes

Nach seiner Rückkehr aus Dänemark wird Vig vom *Selskabet für folkeoplysningens fremme, (Verein zur Förderung der Volksaufklärung)* kontaktiert. Der Initiator ist Hartvig Nissen. Nissen ist, wie Vig, ein „Schüler", ein Wort, das interessanterweise in jenen Jahren in Dänemark und Norwegen auftaucht. Ein Schulmann zu sein bedeutet nicht nur, Lehrer oder Gelehrter zu sein, sondern ein Mensch mit einer Berufung zu sein, eine Berufung für die Verbesserung der Gesellschaft und für die *Bildung* des einfachen Volkes durch die Schaffung von Schulen und Volkshochschulen.

Nissen hatte 1843 eine Sekundarschule und 1849 eine Mädchenschule gegründet und war sehr aktiv als öffentliche Stimme zur *Bildung* im Allgemeinen. Im Jahr 1850 wurde er zum wichtigsten Bildungsexperten der Regierung, und schließlich wurde seine Schule von 1843 zum Modell für weiterführende Schulen in Norwegen.

In dem Maße, wie die Religionsfreiheit in Norwegen in den 1840er Jahren zunahm, nahm auch die Zahl und Vielfalt der Missionare zu, und Nissen wurde es zunehmend mulmig, an was für Dinge gewöhnliche Menschen bereit sind zu glauben. So wird ihm klar, dass sich mehr gebildete Mitglieder des Bürgertums für die Volksaufklärung, die Volksbildung engagieren müssen. Am 23. April 1850 drucken die Zeitungen in Christiania seine Einladung, eine Vereinigung mit dem Ziel zu gründen, „das Selbstbewußtsein des Volkes zu erweitern", indem „verfeinerte und nützliche Lektüre im Volk" verbreitet wird.

Die Einladung wird von 26 Personen unterzeichnet, darunter sechs Professoren, ein Bischof, mehrere Pfarrer und eine Reihe anderer Säulen der Gesellschaft. *Selskabet for folkeoplysningens fremme, Der Verein zur Förderung der Volksaufklärung* wird dann am 23. September 1851 gegründet, und sie machen Ole Vig zum Herausgeber ihrer Publikation *Folkevennen, Der Freund des Volkes.* In der ersten Ausgabe von 1852 schreibt Vig:

> Wenn man sich die Menschen mit wachem Auge anschaut, wie sie in unseren Tälern und Städten ihren Tag verbringen, dann findet man sicher vieles, was man lieber anders finden würde. Wir sehen Dinge, wir hören Ausdrücke und Worte, die uns traurig stimmen müssen. Wir begegnen im Leben der Menschen vielen Dingen, die von Herzlosigkeit, Gedankenlosigkeit und Sorglosigkeit zeugen; und da uns von Gott ein lebendiger Blick und ein mitfühlendes Herz geschenkt wurde, ist es nur natürlich, dass uns das schmerzt. (...) Faulheit, Unwissenheit und Tod haben zu viel Dominanz unter uns gehabt und haben es immer noch, aber wenn nicht alle guten Zeichen falsch sind, steuern wir auf ein neues Zeitalter zu. (...) Deshalb klopft diese neue Zeitschrift an die Türen der Menschen; sie will helfen und Leben und Licht in die norwegischen Hütten bringen, und ich habe die Hoffnung, dass sie auch dort Erfolg hat, wo sie wirklich willkommen ist. Was „das Volk" betrifft, so denken wir nicht nur an ein einzelnes Anwesen oder eine Klasse von Menschen. Die Bauern allein sind nicht das Volk, ebenso wenig wie das städtische Bürgertum oder die Beamten. (…)
>
> ... wenn wir also von Volksaufklärung sprechen, denken wir in erster Linie an eine solche, die für das ganze Volk nützlich und notwendig ist und zu jedem passt. Wenn man auch „Vaterland und Muttersprache" und „Geist und Herz" gemeinsam hat, muss es auch möglich sein, eine gemeinsame Aufklärung zu betreiben. (…)

Während die Mehrheit der einfachen Leute nur wenig oder fast keine literarische Aufklärung hat, sind die Großbauern, die Bourgeoisie und die Beamten „ziemlich gut aufgeklärt", wie sie sagen. Oft ist diese Aufklärung wahrscheinlich alles andere als populär; dennoch besteht eine solche Kluft zwischen ihrer *Bildung* und der des einfachen Menschen, dass es viel Glück braucht, um etwas zu schreiben, das zu beiden passt. Jene Klasse unter den Menschen, an die sich diese Zeitschrift wenden wird, muss übrigens der einfache Bauer sein; er ist schließlich in gewisser Weise der Kern des Volkes und hat von den Freuden der Aufklärung am wenigsten, braucht sie aber am meisten.

Es ist hier offensichtlich, wie das Volk als alle Norweger über die traditionellen Stände- und Klassengrenzen hinweg definiert wird, und es ist ebenso klar, wie die Volksbildung ein vereinigendes Werkzeug sein soll, um ein Selbstbewusstsein als kohärentes Volk zu schaffen. In rechtlicher Hinsicht hatte Norwegen nie das Feudalsystem und eine eigene Aristokratie, aber kulturell gab es die Standesgrenzen.

Merkwürdigerweise scheint den Arbeitern und Bauern jedoch ein „Freund" nicht zu fehlen, der mit ihnen so spricht wie Ole Vig, und sie lesen die Zeitschrift nicht. Stattdessen tun es die Schullehrer, und schließlich ändern Vig und seine Zeitschrift ihren Ansatz und richten den Inhalt auf die Mittelschicht aus, die dann die gewöhnlicheren Menschen mit gutem Beispiel vorangehen soll. Die Beteiligung von Lehrern, Pastoren und Bauern an diesem Prozess des Erwachens als Volk ist auffallend. Vig war der Sohn von Pächtern und wurde als Lehrer an einer der neuen norwegischen Lehrerausbildungsschulen ausgebildet; Nissen war der Sohn eines Pastors und studierte Philologie an der Universität in Kopenhagen, bevor er sich für die Sache der Schule engagierte. Es war ein allgemeiner Trend in Norwegen und Dänemark, dass viele der neuen Lehrer Söhne von Bauern oder Teilpächtern waren; Lehrer zu werden, war eine völlig neue Chance für diese jungen Männer, und es gab einige bemerkenswerte Köpfe unter ihnen, die sonst ihr Leben mit niederer Landarbeit verbracht hätten. Ihr Hintergrund als Söhne von Teilpächtern, Bauern oder Landwirten bedeutete auch, dass sie den Hintergrund der Kinder und Erwachsenen verstanden, die sie unterrichten wollten, und sie wollten wirklich ihre eigene Art von Menschen aus der Dunkelheit herausholen. Schulmann zu sein, war eine Berufung, was auch das starke Engagement vieler Pastoren, oder im Fall von Nissen der Sohn eines Pastors, interessant macht: Viele Schulmänner waren mit einem fast religiösen Eifer engagiert.

SCHRIFTLICHE ILDUNG VS. LEBENDIGE WORTE

Ein Hindernis gegen jegliche *Bildung* in schriftlicher Form ist in Europa in den 1800er Jahren weit verbreitet: An vielen Orten unterscheiden sich die gesprochenen Dialekte radikal von der Schriftsprache, die nur mit der gesprochenen Sprache der Elite übereinstimmt, typischerweise in der Hauptstadt. In Norwegen hat dies eine zusätzliche Dimension: Die Sprache der Verwaltung und die Schriftsprache ist Dänisch. Nicht nur die gesprochenen norwegischen Dialekte unterscheiden sich stark vom Dänischen, es gibt auch eine zusätzliche Norwegizität, die durch die Schaffung einer norwegischen Schriftsprache erreicht werden kann. Um die 1840er Jahre reist der Lehrer, Dichter und autodidaktische Sprachwissenschaftler Ivar Aasen durch Norwegen und studiert die Dialekte. 1850 veröffentlicht er das erste Wörterbuch dieses ursprünglichen Volksnorwegisch, das in seiner schriftlichen Form den Namen *nynorsk (neu-norwegisch)* erhält. Das geschriebene Norwegisch, das vom geschriebenen Dänisch abstammt, wird *bokmål (Buchsprache)* genannt. Die Norwegisierung der Schrift ist somit ein entscheidender Teil des norwegischen Selbstbewusstseins als Volk und ist eng mit der Bildungs- und Volksbildungsagenda verbunden.

1863 erkennt Eilert Sundt, Theologe und Pastor in Eidsvoll, dass die Aufklärung des Volkes vom Volk selbst kommen muss. Laut einer Dissertation des norwegischen Professors Sigvart Tøsse (*Folkopplysning og Vaksenopplæring*, 2005) bezweifelt Sundt, dass „wahre *Bildung*" aus Büchern kommen kann; *Bildung* muss Selbst-*Bildung* sein, sie muss aus der Tradition und dem Erbe des Volkes wachsen. Volksaufklärung geschieht durch Selbststudium, Gespräche, den Austausch von Erfahrungen, Gedanken und Ideen im sozialen Umfeld.

Sie drücken es unterschiedlich aus, aber Sundt, Nissen und Vig kommen allmählich zu der Einsicht, dass es eine Synergie gibt zwischen dem Wissen der besser Gebildeten und den Erfahrungen, der Tradition und dem praktischen Wissen, die im Volk bereits vorhanden sind. *Bildung* entsteht als Selbst-*Bildung* in der Oszillation zwischen beiden. Nach Tøsse drückt es Nissen so aus:

> Der gemeine Bauer muss „sich bis zur höchsten Stufe der Selbständigkeit, des Wohlbefindens und der *Bildung* hocharbeiten".

Nissen nennt auch ausdrücklich die Jahre nach der Schulpflicht, also das Alter zwischen 15 und 25 Jahren, die Zeit der Selbst-*Bildung*.

Die norwegischen Volkshochschulen

Eines Tages, Anfang September 1859, ist die Stimmung heiter und der Gesang auf dem Schiff zwischen Malmö, Schweden, und Kopenhagen, Dänemark, enthusiastisch. Angeführt wird das Lied vom 44-jährigen Pastor P.O. Boisen, der gerade das erste populäre Liederbuch in Dänemark herausgegeben hat und zufällig auch der Schwiegersohn von Grundtvig ist. Die singenden Männer sind junge Theologen, die gerade bei einem skandinavischen Kirchentreffen in der schwedischen Universitätsstadt Lund waren.

Unter den Sängern sind zwei Norweger, die in Kopenhagen Theologie studieren, der 29-jährige Olaus Arvesen und der 20-jährige Herman Anker. Beide sind Grundtvigianer, was dem Einfluss ihres guten Freundes Ole Vig zu verdanken ist, der leider erst 1857 im Alter von nur 33 Jahren verstorben ist. Unter den Sängern auf dem Boot sind auch vier dänische Theologen Anfang 20, Ludvig Schrøder (der bald Lehrer an der Rødding Højskole wird und 1865 Askov mitbegründet), Ernst Trier, Jens Nørregaard und Christopher Bågø, die ein Jahr zuvor ihre eigene theologische „Denkfabrik" *Lille Theologicum (Kleines Theologicum)* gegründet haben. Die dänischen Theologen sind noch keine Grundtvigianer, aber auf dem Schiff lädt Boisen alle sechs ein, Grundtvig wenige Tage später, am 8. September, seinem 76. Geburtstag, in seinem Haus in Kopenhagen zu besuchen.

Arvesen und Anker schließen sich dem Kleinen Theologicum an, sie setzen ihre Studien im Winter 1860-61 in Kopenhagen fort, und sie überreden Grundtvig, einmal wöchentlich in seinem Haus über Kirchengeschichte zu referieren, und – um eine lange Geschichte kurz zu machen – Arvesen verlobt sich mit Boisens Nichte namens Mix, und Boisens Neffe, Frede Bojsen, verlobt sich mit Ankers Schwester Karen.

Inspiriert von Grundtvig und Kold werden alle diese dänischen und norwegischen Theologicum-Männer und ihre Frauen zu aktiven Gründern von Volkshochschulen. Arvesen erhält 1862 seinen Magister und Anker 1863 seinen; als sein Vater noch im selben Jahr stirbt, erbt Anker ein Vermögen, das er in die Gründung der ersten Volkshochschule Norwegens investiert: Sagatun.

Im Juli 1864 lässt Anker die erste Anzeige für die Schule veröffentlichen; aus Angst, dass sie die Norweger verdrängen könnten, wenn sie wissen, dass dies ein dänisches Konzept ist, erwähnen er und Arvesen die dänische Inspiration zunächst nicht. Aber als die Schule am 1. November eröffnet wird und eine unerwartet hohe Zahl von 52 jungen Bauernjungen die Schule besucht, scheuen sie die Inspiration nicht mehr.

Die zweite Volkshochschule in Norwegen wird von dem Theologen und Pastor Christopher Bruun eröffnet. Auch er hat an einer skandinavischen Kirchenversammlung teilgenommen, der in Christiania (Oslo) im Jahr 1861. Er hat auch in anderen Teilen Europas studiert, was nicht nach seinem Geschmack war, und er nahm 1864 aus Loyalität gegenüber den Dänen am dänischen Krieg gegen Preußen teil. Nach dem Krieg zog er nach Rom, wo sein Landsmann, der Dramatiker Henrik Ibsen, lebte; die beiden Männer trafen sich oft und waren eine intellektuelle Herausforderung füreinander.

Im Sommer 1867, besucht Bruun, 28 Jahre alt, fünf dänische Volkshochschulen, von denen vier nagelneu sind und von Leuten geleitet werden, die Arvesen und Anker auf dem Boot oder bei Grundtvigs Geburtstagsfeier kennen gelernt haben: Askov Højskole wird von Schrøder geleitet, *Vallekilde* wird von Trier gegründet, Testrup von Nørregaard und Bågø und *Rødkilde* von Frede Bojsen. Die fünfte Volkshochschule, die Bruun besucht, ist Ryslinge, wo er Christen Kold persönlich kennenlernt. Nach seiner Rückkehr nach Norwegen eröffnet Bruun 1867 sein Volksgymnasium im Gudbrandsdalen.

Bruuns Mitinitiator und der Mann, der zu einem der stärksten Befürworter der Volkshochschulen in Norwegen wird, ist der berühmte Dichter Bjørnstjerne Bjørnson. Im Jahre 1857, im Alter von 25 Jahren, debütierte Bjørnson mit seinem ersten romantischen Roman über norwegische Bauern, und wie wir später sehen werden, wird er zu einer Schlüsselfigur im Kampf um moderne Werte in Skandinavien. In den Jahren 1859 und 1870 schreibt er die Texte, die zur norwegischen Nationalhymne werden sollen, und schreibt sie um: *Ja, vi elsker dette landet (Ja, wir lieben dieses Land).* Bis 1871 gibt es in Norwegen fünf Volkshochschulen, die das gleiche Angebot wie die dänischen Volkshochschulen haben, aber die norwegischen Bauern und Bäuerinnen sehen im Allgemeinen keinen Sinn darin. Warum sollten sie ihre jungen Leute mehrere Monate lang die Arbeit schwänzen lassen? Wie kann das hilfreich sein? Sie lernen nicht einmal etwas Nützliches an den Volkshochschulen oder erhalten kein Diplom; keine Bücher, keine Prüfungen, keine Examen. Was hat das zu bedeuten?

Auch ein anderer Faktor spielt eine Rolle: Norwegen ist noch immer vom Pietismus in den 1860er und 1870er Jahren beeinflusst, und die norwegischen Theologen sind in Bezug auf Grundtvig stark gespalten. Für den Pietisten gibt es nur eine Sache, die schlimmer ist, als als Idealist betrachtet zu werden, nämlich als Grundtvigianer! Unter den religiösen Norwegern, d.h. der großen Mehrheit der Bauern und Bäuerinnen, gilt Grundtvig als Ketzer.

Da *Bildung* so schwer zu verkaufen ist, schreibt Pastor Bruun, der kein Grundtvigianer und auch kein Romantiker ist, 1878 ein Buch, *Folkelige Grundtanker,* in dem er erklärt, worum es bei den Volkshochschulen geht, und ein Schüler namens Frits Hansen schreibt ebenfalls ein Buch über dieses Konzept.

Es gibt einen interessanten Unterschied zwischen Bruun/Hansen und Arvesen/Grundtvig: Arvesen hat, wie Grundtvig, Angst davor, was eine uninformierte, mit politischer Macht ausgestattete Bevölkerung tun könnte, und deshalb sollte *Bildung* so weit wie möglich verbreitet werden, um das Land vor seinen Wählern zu schützen. Bruun und Hansen drehen den Streit um: Aufklärung und *Bildung* dienen der Selbstentfaltung. Politische Freiheit muss vorhanden sein, damit der Einzelne wachsen kann. Das Ziel ist die persönliche Entfaltung, die politische Freiheit ist das Werkzeug.

Bruuns Buch ist deshalb nicht zuletzt deshalb interessant, weil die Ich-Entwicklungs-Perspektive so deutlich hervorsticht: Diese neuen Schulen sind dazu da, Jugendliche zu transformieren! Er beginnt seinen Text, indem er die Ich-Schichten 1, 2 und 2½ beschreibt; das kleine Kind, das ältere Kind und den beginnenden Übergang zum Erwachsenenleben:

> Wenn der Junge 12-14 Jahre alt ist, will er in der Regel am wenigsten ein Kind sein. Vielmehr strebt er mit all seinen Kräften danach, ein Mann zu sein, auch wenn er keine andere Art von Männlichkeit zeigen kann als Tabak zu rauchen und Liebesspiele zu spielen. Diese Zeit des Übergangs, die auf dem Land die Jahre der Vorwärtskrankheit und in den Städten das Schurkenalter genannt wird, gehört wohl überwiegend zur körperlichen Entwicklung. Der Körper wächst nach oben, es ist, als ob auch er versucht, erwachsen zu werden, bevor er es wirklich ist. (…)
>
> Was das Seelenleben betrifft, so hat dieses Zeitalter auch wegen seiner Unbarmherzigkeit einen schlechten Ruf. Echte geistige Entwicklung ist begrenzt, nur Arroganz und Eigensinn sind groß. Es gibt sogar eine Neigung zum Brutalen und Unansehnlichen. Unreine Bilder beherrschen die Vorstellungskraft; jede grimmige Phantasie, die in der Seele geweckt wurde, hat erhebliche Macht, sich festzusetzen und sich übermäßig fortzupflanzen. Niemals hat geiles Gerede die verführerische Macht über uns wie in diesen Jahren.

Dies ist ein Alter, in dem der Junge laut Bruun am besten geeignet ist, seine körperlichen Fähigkeiten durch Gymnastik und Sport und das Erlernen eines Handwerks zu entwickeln. Still in der Schule zu sitzen funktioniert in dieser Altersgruppe nicht!

> Doch dann tritt eine weitere Verschiebung ein. Wenn der junge Mann das achtzehnte Lebensjahr erreicht, zeigt sich, auch äußerlich, eine bedeutende Veränderung. Sein Körper hat Hal-

> tung, seine Bewegungen sind schön. Der ganze Körper wird fester und runder in seiner Form. In der Zeit seiner „blühenden Jugend" erreicht der Mensch die höchste Schönheit, die er je hatte.
>
> Eine ähnliche Veränderung hat sich in seinem Inneren vollzogen. Die Schönheit, die sich äußerlich zeigt, ist, glaube ich, ein Ausdruck der inneren Welt der Schönheit, die durch ihn strahlt, die in diesen Jahren in jedem menschlichen Leben auftritt und die sich fortsetzt, während die Pflanze blüht und all ihre Schönheit und Feinheit in einer Blume von tiefer Farbe sammelt. (…)
>
> Es ist eine natürliche Sache für jeden jungen Menschen in diesem Alter, zumindest eine gewisse Freiheit von körperlicher Arbeit zu haben, eine ruhige Zeit, um den Blick auf die inneren Bilder zu richten und darüber nachzudenken, was er dort sieht. Immer dann, wenn junge Menschen keine Freiheit haben oder diese Ruhe nicht haben und von diesem Recht Gebrauch machen dürfen, ist es nicht leicht zu vermeiden, dass ihr ganzes Leben vom Materialismus ohne Poesie geprägt ist. Denn die Jugend ist mehr als jede andere Zeit im Leben die Zeit der Poesie. Es ist die Zeit der Ideale, in der wir uns ein Bild vom Leben machen, nicht so, wie es uns in unserer Umgebung begegnet, sondern so, wie wir es gestalten würden, wenn wir könnten, ein Bild von einem Leben, wie es sein sollte. Es ist die schöne Zeit der Sehnsucht und der Jugendträume.

Die Jugend ist auch die Zeit der Aufregung, und Bruun möchte, dass junge Menschen das Beste aus dieser Energie und diesen Idealen herausholen: Die Kräfte des erwachsenen Mannes werden niemals seine Aufregung in der Jugend übersteigen. Mit anderen Worten: Wenn es uns nicht erlaubt ist, in der Jugend aufgeregt zu sein, werden wir als Erwachsene niemals engagiert und aktiv werden:

> Das, wofür ein Mensch in seiner Jugend nicht gebrannt hat, wird er sich als Mann nicht leicht erarbeiten.

> Hier muss ich ein Wort über die Volkshochschule sagen. Was sie sein will, ist eine Jugendschule, meist für die jungen Bauern organisiert. Sie wird ihnen einen Ort bieten, an dem sie, solange sie dort sind, von körperlicher Arbeit entlastet sind, ein wahres Leben der Jugend führen können, Frieden finden können für ein „nach innen gekehrtes Leben in Gedanken und Träumen". Aber ein Hauptzweck dieser Schulen ist es, den Jugendlichen eine Begegnung mit „dem Adler der Aufregung, der auf seinen breiten Flügeln fliegt", zu ermöglichen. Zu diesem Zweck führen wir sie zu den besten der uns bekannten Dichter. Und wir stellen besonders jene Dichter vor, die uns die mächtigsten gesprochen haben, und lassen sie zu den jungen Bauern sprechen.

Laut Bruun werden viele Erwachsene der Jugend diese Art von Aufregung erlauben, aber sie erwarten auch, dass junge Menschen daraus erwachsen. Aber er hält das für eine schlechte Idee:

> Für mich ist die Aufregung in der Jugend, der Glanz der Jugend, etwas, das nicht ausgelöscht werden soll. Es ist kein Rausch, aus dem man aufwachen sollte. Nein, es ist ein Geschenk, an das man sich festhalten muss. Es ist eine Kraft, die das ganze folgende Leben durchdringen muss, wenn daraus ein echtes Leben werden soll. Das bedeutet nicht, was manchmal gefolgert wurde, dass eine Person den ganzen Tag über ständig aufgeregt sein sollte; es bedeutet, dass man dem treu bleiben muss, was man in den großen Momenten der Aufregung empfunden hat, und sein ganzes Leben danach ausrichten muss. (…)
>
> Als ich selbst zum ersten Mal lernte, für einen schönen Gedanken zu brennen, als mein Blick für die Reichtümer der Welt des Geistes geöffnet wurde, dann muss ich zugeben, dass die menschliche Welt, die mich umgab, einen entmutigenden Eindruck auf mich machte. Ich dachte, dass das Leben, wie es um mich herum erschien, so niedrig war, und ich wusste, dass so viele der Menschen, die ich sah, sich erniedrigten. Sie konnten

> vollkommen anständige und gute Menschen sein, kein Zweifel, aber sie trugen das Zeichen der Erniedrigung in ihrer Existenz.

Bruun weiß, dass die meisten Menschen in ihrer Jugend für etwas gebrannt haben, und so stellt sich die Frage: Wie kann man dem treu bleiben? Häufig werden Menschen, die bis ins Erwachsenenalter aufgeregt bleiben, als Fanatiker bezeichnet; sich selbst treu zu bleiben mag seinen Preis haben, aber es ist dennoch entscheidend:

> Wenn das Leben des Volkes und des Einzelnen vor dem Untergang gerettet werden soll, dann muss der junge Mensch, der gelernt hat, sich für hohe Ideale und große Gedanken zu begeistern, auch lernen, daran festzuhalten. Und ich denke, selbst wenn dies um den Preis eines Lebens in Not, durch den Verlust von gefeierten Positionen, durch den Verlust von Ansehen, ja selbst wenn man durchs Leben gehen muss, indem man aus Liebe zu dem Traum, den man als junger Mensch hatte, ein Spektakel aus sich macht, dann ist es das voll und ganz wert.

Für Bruun ist das Erwachen der Ich-Schicht 3 nur ein erster Schritt. Er will das Bewusstsein über die Zugehörigkeit zum Volk und die Vergesellschaftung in die Selbstverwaltung als Norweger, aber er will mehr als das, er will Selbst-Autorenschaft, auch die Ich-Schicht 4: den moralischen Mut, sich abzuheben und unbeliebt zu sein.

Wie Grundtvig, Kold und seine norwegischen Kollegen bestätigt er den 6. Kreis der Zugehörigkeit, sowohl in Bezug auf die Volkszugehörigkeit als auch auf die Religion, aber er ist davon nicht so betrunken, wie Grundtvig und Kold es waren. Er führt eine nüchterne Feder. Während der gesamten Forschung, die wir durchgeführt haben, fördert keiner der Volksbildner in den skandinavischen Ländern bis zu diesem Zeitpunkt das Selbstschreiben und beschreibt den Preis, den man dafür zu zahlen riskiert, so klar wie Bruun.

Es ist bezeichnend, dass es in Norwegen, wo die Volkshochschulen auf Widerstand stoßen, zwei zeitgenössische Sachbücher aus den 1870er Jahren gibt, die erklären, worum es bei den Volkshochschulen geht und wie sie die Schüler verändern, und 1911 gibt es Austlids Buch über

Christen Kold. In Dänemark, wo die Dänen das Konzept gleich nach der Demütigung durch Bismarck übernommen haben, haben wir keine so klaren Bücher gefunden, und Kold bekommt erst in den 1980er Jahren eine ordentliche Biografie. Grundtvig drückt sich in 1.500 Liedern und einer Reihe anderer Schriften aus, Kold hat einen Vortrag gehalten, den jemand transkribiert hat, aber es gibt in Dänemark keine kohärente Sachbuchdarstellung darüber, wie *Bildung* bei jungen Erwachsenen aussieht und wie die Volkshochschulen sie transformieren sollen.

1869 garantierte die norwegische Schulgesetzgebung drei Jahre Grundschule mit Zugang zu sechs Jahren Mittelschule auch auf dem Land und Zugang zu drei Jahren Oberschule. Erst 1889 wurde die Grundschule für jedermann auf 7 Jahre verlängert.

Die Volkshochschulen wurden in Norwegen nie ganz so erfolgreich zu einer Bewegung wie in Dänemark; vielleicht, weil die Norweger von Bismarck nicht traumatisiert waren. Es mag aber auch daran liegen, dass die norwegische Regierung 1876 die freie Erwachsenenbildung einführt. Die Volkshochschulen waren ein Protest gegen das Establishment und sein Bildungskonzept, aber jetzt tritt die Regierung zurück. Die öffentliche Erwachsenenbildung konzentriert sich mehr auf formale Fähigkeiten als auf die persönliche Entwicklung, und im Gegensatz zu dem, was man denken könnte, versucht das Regierungsprogramm nicht, die Norweger für nationale Gefühle zu erwecken. Wenn überhaupt, dann ist es weniger Volkstümlichkeit und mehr Pietismus, weniger Grundtvig und mehr Hauge, dessen Bücher sich immer noch in großer Zahl verkaufen. 1905 erhält Norwegen die Unabhängigkeit von Schweden, und wenn Sie um den Unabhängigkeitstag am 17. Mai herum nach Norwegen fahren, werden Sie sehen, dass es den Norwegern nicht an Stolz auf ihr Land mangelt.

In seinen Schriften beschreibt Ole Vig, der 1857 stirbt, Norwegen als ein armes Land. Er sagt nicht, im Vergleich zu was, aber das stützt nicht die Statistik von Paul Bairoch, die Norwegen in die wirtschaftlich bessere Hälfte Europas stellt. Vielmehr ist es eine interessante Tatsache, dass das norwegische Pro-Kopf-BIP im Jahr 1820 zusammen mit der liberalen Verfassung Norwegens nicht signifikant steigt. Der Wandel vollzieht sich um 1890 oder 1900, 20 Jahre nach den ersten Volkshochschulen, der Erwachsenenbildung der Regierung und richtigen Schulen für alle Kinder – und obwohl Norwegen noch kein vollständig souveränes Land ist.

KAPITEL 9

DER SCHWEDISCHE FRÜHLING

Die schwedische Kultur wurde wie die Dänische vom deutschen Denken beeinflusst, aber politisch und kulturell war Schweden auch stark von Frankreich beeinflusst, und zwar in einer Weise, wie es Dänemark und Norwegen nicht waren. Als Schweden 1866 eine neue Verfassung erhielt, ließ sich Schweden von Dänemark inspirieren und entwickelte auch die Volksbildung.

Zu Beginn des 19. Jahrhunderts ist Schweden sehr arm, aber die Bevölkerung hat vielleicht die höchste Alphabetisierungsrate der Welt. Dies ist auf ein sehr spezifisches Lehrregime zurückzuführen, das von der Kirche verwaltet wird; das Lehrmittel ist der so genannte *Hustavla*, der Hausvorstand, der nicht gerade ein Vorstand ist, sondern Luthers Katechismus und insbesondere seine Systematik der Beziehung zwischen der Macht und Gott, dem König und seinen Untertanen. Der örtliche Klerus sorgt dafür, dass jeder seinen Platz erlernt und die Lesefähigkeiten erlernt, die erforderlich sind, um die Erinnerung daran immer wieder aufzufrischen. Es ist eine theokratische Regel, die bis ins Wohnzimmer jeder einzelnen Familie auf dem Land vordringt, wenn die Pfarrer zu Besuch kommen, um zu hören, wie die Menschen die *Hustavla* lesen.

Die schwedischen Lesefähigkeiten sind u.a. durch den schwedischen Statistiker Carl af Forsell gut dokumentiert, der 1833 die Lesefähigkeiten der Landbevölkerung erforschte. In Harvey Graffs *Literacy and Social Development in the West* (1981) wird Forsell von Egil Johansson zitiert, der Folgendes schreibt

> (...) Es gibt nicht einen von tausend Menschen in der schwedischen Bauernschaft, der nicht lesen kann. Der Grund dafür

sind vor allem die Anweisungen Karls XI., dass eine Person, die seine Bibel nicht gut kennt, nicht die heilige Kommunion empfangen darf und dass eine Person, die nicht konfirmiert ist, nicht heiraten darf. Man könnte heutzutage bereitwillig hinzufügen, dass jeder, um konfirmiert zu werden, nachweisen können sollte, dass er neben dem Lesen aus einem Buch auch über annehmbare Fähigkeiten im Schreiben und Rechnen verfügte. Auch wenn die Hütte des Bauern oder des Kleinbauern in anderer Hinsicht von höchster Armut zeugt, so wird sie doch fast immer ein Gesangbuch, eine Bibel, eine Predigtsammlung und manchmal mehrere andere Andachtsbücher enthalten. Der englische Lordkanzler Brougham sagte am 1. Mai 1816 im Parlament, dass in den vergangenen sechs Jahren 9765 Paare in Manchester verheiratet waren, von denen kein einziger Mensch lesen oder schreiben konnte. Laut der Revue Encyclopedique vom Oktober 1832 konnten 74 von hundert Jugendlichen in den nördlichen Departements Frankreichs lesen, während es in den westlichen Departements 12 von hundert und im ganzen Land nur 38 von hundert waren.

Es sind die Eltern, die ihre eigenen Kinder unterrichten, und das laut Johansson:

> Der soziale Druck war enorm. Alle im Haushalt und im Dorf versammelten sich einmal im Jahr, um an Prüfungen im Lesen und in der Bibelkunde teilzunehmen. Der Erwachsene, der diese Prüfungen nicht bestand, wurde sowohl von der Kommunion als auch von der Ehe ausgeschlossen.

Im Jahr 1808 schreibt ein schottischer Evangelist darüber (auch zitiert nach Johansson und Graff):

> Dieser Zustand der Dinge hat seine Vorteile, was die *Bildung* betrifft; aber leider hat er auch seine Nachteile, da er allen den Genuss religiöser Privilegien zugesteht und dadurch dazu neigt, eine Nation von religiösen Formalisten zu bilden.

Ausgezeichnete Lesefähigkeiten in Schweden, aber keine Befreiung des Geistes. Karl XI., der im ersten Zitat oben erwähnt wird, lebte 1655-1697 und gab 1686 das Kirchengesetz mit den religiösen Forderungen heraus. Es war sein Vater Charles X, der Comenius in den 1650er Jahren als Bildungsberater eingestellt hatte.

In anderer Hinsicht haben die Schweden größere Freiheiten als die Dänen und Norweger; im Gegensatz zu Dänemark waren die schwedischen Bauern nie Leibeigene. Seit den 1600er Jahren gibt es in Schweden vier Gutshöfe, von denen der vierte die Bauern sind, die sich regelmäßig im *Riksdagen*, dem schwedischen Parlament, treffen. Die vier Stände haben jeweils eine Stimme und die schwedischen Bauern haben somit eine lange Tradition der Beteiligung an der politischen Macht.

Auf lokaler Ebene gibt es eine lange Tradition von Dorfräten und -versammlungen, die ein paar Mal im Jahr zusammentreten, um über gemeinsame Angelegenheiten wie Aussaat und Ernte, die Instandhaltung von Zäunen, die Bewirtschaftung von Waldflächen und Mühlen in Gemeinschaftsbesitz zu entscheiden. Es gibt auch ein gewisses Maß an Selbstverwaltung durch Gemeindeversammlungen, bei denen Gemeindemitglieder unter der Leitung ihres Pfarrers Entscheidungen über die Armenfürsorge und den Erhalt der Kirche treffen. Auch das moralische Verhalten von Einzelpersonen kann ein Thema sein; es werden Prozesse wegen Vergehen wie Fluchen, Trunkenheit oder Sabbatbruch abgehalten. Angesichts der Armut, der Lesefähigkeiten und der relativen lokalen Freiheit unter strenger religiöser Herrschaft kann man zu dem Schluss kommen, dass Alphabetisierung allein ein Land nicht reich macht. Zum einen muss es Bibliotheken und Zugang zu nützlichem Lesematerial geben. Es ist jedoch interessant, dass ein ganzes Land vor 200 Jahren allein durch Eltern, die ihre eigenen Kinder unter der Schirmherrschaft des örtlichen Klerus unterrichten, alphabetisiert werden konnte. Dieses recht erfolgreiche Unterrichtsmodell war auch einer der Hauptgründe dafür, dass der schwedische Reichstag, *Riksdagen*, noch darüber nachdachte, ob Schweden tatsächlich im Jahr 1840 noch Schulen für die Bauern brauchte, als Dänemark mehr oder weniger überall Lehrer und Schulhäuser ausgebildet hatte und Norwegen auf dem Weg dorthin war.

Der politische Hintergrund

Wie im Falle Dänemarks und Norwegens spielt die politische Entwicklung in Schweden und der Übergang zu einem modernen Nationalstaat eine entscheidende Rolle für die Entwicklung des kollektiven und individuellen Selbstbewusstseins der Menschen, und wie beim Nationalismus im übrigen Europa ist Napoleon die Hebamme.

In den napoleonischen Kriegen hat der schwedische König Gustav IV. Adolf Schweden zusammen mit Russland und England gegen Frankreich unter Vertrag genommen, aber während Napoleon weiter gewinnt und Russland und Frankreich 1807 den Vertrag von Tilsit unterzeichnen, wird Schweden mit England allein gelassen, und 1809 erobert Russland von Schweden aus Finnland. Dies führt in Schweden zu einem Staatsstreich gegen König Gustav IV. Adolf, der ihn außer Landes schickt, und der Bruder seines Vaters, Herzog Karl, wird am 6. Juni 1809 König Karl XIII. Doch es gibt ein Problem: König Karl hat keinen Erben, er ist 61 Jahre alt und seine Frau ist 60 Jahre alt.

Die schwedische Regierung entwickelt dann den cleveren Plan, dass, wenn König Karl den 41-jährigen Christian August adoptiert, der Norwegen im Auftrag des dänischen Königs Frederik VI. regiert, dann könnte Schweden Norwegen vielleicht Dänemark entreißen und Norwegen und Schweden unter dem schwedischen Thron vereinen.

Christian August will Dänemark, Norwegen und Schweden unter Frederik VI. vereinen, aber in erster Linie will er Frieden zwischen den skandinavischen Ländern.

Da eine Union politisch nicht in Frage kommt, nimmt Christian August das schwedische Angebot nur zögerlich an, wenn auch Frederik VI. es annimmt, was er tut. Christian August wird dann vom schwedischen König adoptiert und ändert seinen Namen in Karl August, Kronprinz von Schweden, um. Unter diesen neuen Umständen setzt er seine Bemühungen um die Vereinigung Dänemarks, Norwegens und Schwedens fort, u.a. durch die Heirat mit der Tochter Frederiks VI. Die Pläne werden auf tragische Weise unterbrochen, als Karl August einen Schlaganfall erleidet und am 28. Mai 1810 stirbt.

Da die schwedische Regierung wieder ohne Kronprinzen ist, befürchtet sie, dass der entthronte Sohn Gustav IV. Adolfs zurückkehren und den Thron beanspruchen könnte; sie schlägt vor, dass der Bruder Karls Augusts, Herzog Frederik Christian II. von Schleswig-Holstein-Sonderburg-Augustenburg, ein geeigneter Kandidat ist. Dem Schiller-liebenden Herzog gefällt die Idee, aber seine Gemahlin, die auch die Schwester Frederiks VI. ist, ist ihrem Bruder gegenüber loyaler als ihrem Gatten (und liebt ihren Bruder offenbar mehr als die Aussicht, Königin von Schweden zu werden), und teilt ihre Bedenken mit Frederik VI. Frederik VI. schickt dann einige Schiffe, um die Insel Als von Herzog Frederik Christian II. zu blockieren, so dass er nicht mit den Schweden in Kontakt treten kann.

Währenddessen überlegen Mitglieder der schwedischen Aristokratie, ob sie anstelle des Schiller-lesenden dänischen Herzogs nicht besser mit einem der Generäle Napoleons als künftigem König auskommen könnten. Der dänische Herzog ist die Wahl von König Karl XIII., aber vielleicht könnte ein versierter Franzose mit mehr Erfahrung im Krieg die Russen schlagen?

Um zu erreichen, dass Napoleon Herzog Frederik Christian II. als nächsten König von Schweden akzeptiert, sollen zwei Kuriere mit einem Brief von König Karl XIII. zum französischen Kaiser fahren. Baron Carl Otto Mörner meldet sich freiwillig als einer der Reiter, aber er hat einen geheimen Plan: Nach Erfüllung seiner Dienstpflicht erkundet Mörner, ob es unter den Generälen Napoleons einen geeigneten Kandidaten für den schwedischen Thron gibt. Er wählt General Jean Bernadotte, der, um es kurz zu machen, am 21. August 1810 zum offiziellen Kronprinzen von Schweden wird. Als Karl XIII. 1818 stirbt, wird Bernadotte gekrönt und wird Karl XIV. Johannes von Schweden und Karl III. Bis zum heutigen Tag sind die Bernadotten immer noch die Königsfamilie von Schweden.

Schweden war seit einem Staatsstreich im Jahr 1772 eine absolute Monarchie. Jetzt, zusammen mit der neuen Wahl des Kronprinzen 1809, erhält Schweden eine neue Verfassung, die die Dreiteilung der politischen Macht in Legislative, Exekutive und Judikative festlegt. Die Legislative ist die Versammlung der Stände, kein direkt gewähltes Parlament, und die Exekutive liegt beim König, aber es ist dennoch eine bedeutende Verbesserung, und die norwegische Verfassung von Eidsvoll wurde 1814 von ihr und die dänische Verfassung von der Verfassung von Eidsvoll 1849 inspiriert.

Herzog Frederik Christian II. stirbt 1814, Louise Augusta lebt bis 1843, und ihre Ehe hat sich nie wirklich von seinem Flirt mit dem schwedischen Thron erholt.

Deutscher Einfluss in Schweden

Es ist offensichtlich, dass Dänemark in den 1700er Jahren mehr oder weniger, wie Herder es ausdrückte, das dänische Ende Deutschlands war; Schweden hatte nicht die gleiche Art von deutscher Verbindung, nicht einmal vor der Thronbesteigung des Franzosen Bernadotte. Dennoch war der Einfluss Deutschlands aufgrund der Reformation stark, und mindestens zwei Schweden aktualisierten den deutschen Einfluss in den 1700er Jahren: Daniel Boëtius, der 1725 geboren wurde und Philosophie und Theologie an der Universität Uppsala nördlich von Stockholm studierte und später nach Dänemark ging, wo er Pastor wurde, und Benjamin Höijer.

Höijer studierte in den 1780er Jahren in Uppsala bei Boëthius kantische Philosophie und war politisch aktiv in der so genannten „Junta", einer Studentenorganisation, die ihre politischen Hoffnungen auf die Französische Revolution setzte. Diese politischen Aktivitäten hinderten ihn daran, in Uppsala zu lehren, und schickten ihn mehr oder weniger ins Exil. 1798 reiste er nach Kopenhagen und über Kiel zu den großen deutschen Intellektuellenzentren, nicht zuletzt nach Jena, wo er speziell Fichte begegnete. Auch mit Klopstock freundete er sich an, und in Dresden wurden Höijer, Fichte und Schelling enge Freunde. Höijer kehrte 1802 nach Schweden zurück und begann, in Uppsala Vorlesungen zu halten, aber erst nach dem Staatsstreich und der neuen Verfassung von 1809 wurde er als Professor berufen – und starb dann 1812.

Boëtius und Höijer waren die ersten, die die neuen, deutschen, säkularen Gedanken zur *Bildung* in Schweden einführten, aber sie waren zu früh, um Teil der Welle zu sein, die erst nach 1809 Gestalt annahm.

Nationalismus in Schweden

Es ist schwer zu definieren, welche Art von Gefühlen die Menschen vor 200 Jahren vor dem Beginn des romantischen Nationalismus mit dem Staat und der Nation verbanden; ob es uns gefällt oder nicht, Nationalismus ist heute Teil unserer Epistemologie, und wir denken kaum darüber hinaus. Es ist daher schwer zu begreifen, dass es bis zum romantischen Nationalismus keinen romantischen Nationalismus gab. Die absoluten Könige besaßen ihren Staat, und wenn jemand ein Gefühl der Pflicht und Loyalität gegenüber etwas Größerem und Abstrakterem als seiner Familie, seiner Zunft und seiner lokalen Gemeinschaft empfand, d.h. gegenüber den Kreisen der Zugehörigkeit 1-5, wie gegenüber dem König, der eher konkret war, so war es gegenüber seinem religiösen Glauben.

Aber so wie die Intellektuellen der Kopenhagener Bourgeoisie 1802 reif für die Romantik waren, so waren ihre schwedischen Kollegen reif für Romantik und Nationalismus, als Schweden 1809 Finnland verlor.

Aus dieser nationalen schwedischen Katastrophe ging ein Nationalismus hervor, der als Götzismus bekannt ist und nach den Göten benannt wurde, die einer der beiden ursprünglichen Stämme waren, die Schweden zuerst bevölkerten. Der andere Stamm waren die *Sweas*, nach denen Schweden seinen Namen erhielt. Im Englischen sind die Göten als Goten bekannt, nach ihnen erhielt Göteborg seinen Namen, als holländische Kaufleute 1621 die Stadt gründeten, und der König der Goten ist der Held der Wikinger/Mittelalterlichen Sage Beowulf, die 1815 zum ersten Mal veröffentlicht werden soll.

Ab den 1810er Jahren inspiriert der Götismus in Schweden eine Welle der Romantik, genau wie in Dänemark: Romane, Kurzgeschichten, Gedichte, Lieder und Gemälde, die heroische Schweden der Antike darstellen. In den folgenden Jahren wird die skandinavische Mythologie in Schweden genauso populär wie in Dänemark. Zu den populären Schriftstellern gehören Esaias Tegnér und Erik Gustaf Geijer, die auch zu den Gründern von *Götiska Förbundet*, der Gotischen Gesellschaft, gehören, die eine Reihe prominenter Männer von den Universitäten in Uppsala und Lund versammelt.

Als Teil des Prozesses setzen sich einige von ihnen mit Grundtvigs Schriften auseinander, die Tegnér davon überzeugen, dass „der Mensch ein Genie ist, das den Verstand verloren hat".

In den 1820er Jahren erhält der Götizismus einen skandinavischen und nicht nur einen schwedischen Fokus, und die politische Idee eines vereinigten Skandinaviens erhält eine ästhetische Dimension und wird bei dänischen und schwedischen Intellektuellen gleichermaßen sehr beliebt. Golden-Horns-Oehlenschläger ist viel mehr nach dem Geschmack der Schweden als Grundtvig, und 1829 wird er von seinen schwedischen göthizistischen Kollegen mit Lorbeeren bedacht.

Unter den romantischen, nationalfördernden Aktivitäten, die die breitere schwedische Bevölkerung erreichen, sind historische Romane, Gemälde und Lieder, Schützenvereine und eher militaristische Gymnastik, Leichtathletik und Fechten, die alle darauf abzielen, eine stolze Nation von starken schwedischen Männern zu schaffen. Das Fechten ist wahrscheinlich die freieste Sportart, weil zwei Menschen auf der Grundlage individueller Fähigkeiten gegeneinander antreten und nicht im Einklang miteinander trainieren.

Eine neue und nichtmilitaristische Erfindung ist die von Pehr Henrik Ling entwickelte Gymnastik, die auf der menschlichen Anatomie und Physiologie und nicht auf den Bedürfnissen des Militärs basiert. Ling schreibt mehrere Bücher zu diesem Thema, er wird zu einem international anerkannten Pionier in der Leibeserziehung, und ein Großteil der modernen Gymnastik basiert auf seiner Arbeit.

Als Teil dieser Welle des Skandinavismus beginnt Grundtvig in den 1830er Jahren, die Möglichkeit einer skandinavischen Universität in Göteborg zu erwägen. Er schreibt 1839 darüber, aber seine wirkliche Absicht ist schwer herauszufinden, denn seine Schriften über die Universität sind ebenso schwer fassbar wie die über die Volkshochschulen, und was er für Wissenschaft hält, ist in keinem modernen Sinne wissenschaftlich. Sie ist eher eine Salatschüssel des kulturellen Erbes, des Geschichtenerzählens, der Geschichte und der Wissenschaft – ohne die geringste Vorstellung von Falsifizierung oder Peer-Review, zwei Konzepte, die in der Wissenschaft zu dieser Zeit ohnehin erst im Entstehen begriffen sind. Wie Christian Flor einem seiner schwedischen Kollegen anvertraut: „Allerdings hat Grundvig, wie Sie wissen, das Pech, dass fast niemand, nicht einmal seine besten Freunde, weiß, was er meint.

Was Grundtvig will, ist die Schließung der bestehenden skandinavischen Universitäten und die Schaffung einer gemeinsamen skandinavischen Volkshochschule mit einer universalistischen statt einer nationalen Agenda. Diese „Universität" sollte für Leute sein, die normalerweise zur Universität gehen würden, und für diejenigen, die bereits eine der Volkshochschulen besucht haben, die es noch nicht gibt und die er sich zu diesem Zeitpunkt nur vage vorstellt.

Zum Glück ist niemand wirklich interessiert daran, die skandinavischen Universitäten durch eine universalistische Volkshochschule zu ersetzen, aber die Idee selbst hätte, wenn sie die wirklichen Universitäten ergänzt hätte, statt sie zu ersetzen, eine interessante Dynamik zwischen Kultur und Wissenschaft und zwischen dem nationalen Schwerpunkt der Volkshochschulen und dem universellen Schwerpunkt, der ihnen eher fehlt, entstehen lassen.

Bildung in Schweden

Das hausgemachte Denken über *Bildung* in Schweden steht im Einklang mit dem deutschen Neuen Humanismus und findet unter Professoren, Bischöfen und allgemein unter Menschen von den Universitäten in Uppsala und Lund statt. Besonders um Uppsala herum entwickelt sich ein soziales Leben in der Elite, wo, wenn die Söhne des Bürgertums und der Aristokratie ihr Studium beginnen, die wohlhabenderen Familien in die Region Uppsala ziehen und sich sozialisieren. Nicht nur untereinander, sondern auch mit den Professoren, die in einigen Fällen Privatvorlesungen für Freunde und Studenten halten. Die Menschen des wirtschaftlichen und intellektuellen Wohlstands beginnen, sich zu vermischen, und zwei der Treffpunkte sind der Salon von Malla Silfverstolpe und die Gesellschaftsbälle, die der örtliche Gouverneur Robert von Kraemers veranstaltet. Seine Veranstaltungen sind rein gesellschaftlich; im Silfverstolpe's Salon finden die Teilnehmer die Intimität tieferer intellektueller Gespräche.

Diese Spitzenhut- und Krinoline-Schar nähert sich der *Bildung*, nicht als kollektives Erwachen wie ein Volk, das die Bauern einschließt, sondern wie die damalige deutsche, dänische und norwegische Elite: Die Bauern haben etwas Echtes an sich, und sie tragen einen Kern des indigenen Geistes in sich, aber Gott bewahre, dass man sich jemals mit ihnen einlassen muss. Diese Elite spricht fließend Deutsch und Französisch, viele auch Englisch, und viele kennen die Werke von Herder, Schiller, Goethe, Fichte usw.; ihre Echokammer ist nur auf die *Bildung* bezüglich der Gymnasiasten und Universitätsstudenten ausgerichtet. Im Gegensatz zu Dänemark und Norwegen gibt es in Schweden keine „Rebellion" gegen Fremdsprachen.

Wir werden uns nicht auf einen der schwedischen Befürworter der *Bildung* als solchen einlassen, weil ihr Denken dem Neuhumanismus anderswo sehr ähnlich ist: Die Gesellschaft verändert sich, und auch die *Bildung* muss sich verändern. Interessant ist jedoch, dass *Bildung* für sie, wie für die Deutschen, eine persönliche Entwicklung in Etappen war. Es ist auch klar, wie viel komplexer das Verständnis von *Bildung* vor 200 Jahren war, als wir dem Begriff heute allgemein zugestehen. Die folgenden vier Denker haben wir in der schwedischen Anthologie *Bildning* (*Bildung*) aus dem Jahr 2010 gefunden, und wir haben einen der Herausgeber gefragt, ob der älteste enthaltene Text von Erik Gustaf Geijer aus dem Jahr 1826 auch der älteste schwedische Text über *Bildung* ist. Das ist er nicht, aber er ist der früheste schwedische Text, der den säkularen Begriff der *Bildung* in einer akademischen und klaren Form darstellt.

Erik Gustaf Geijer

Geijer hatte Geschichte in Uppsala studiert, wo er einer der wenigen Studenten war, die es wagten, Höijers Vorlesungen zu besuchen, als Höijer 1802 aus dem Exil zurückkehrte. Geijer selbst wird 1827 Professor, doch zuvor, 1826, ist er Mitglied einer Regierungskommission für *Bildung*. In seinem Bericht *Försök till en kort översikt av uppfostran, dess särskilda arter och dessas förhållande till staten (Versuch einer kurzen Übersicht über die Erziehung, ihre verschiedenen Formen und ihr Verhältnis zum Staat)* definiert er vier Arten von *Bildung* (seine Klammern):

1. Gemeinsame Erziehung (menschliche *Bildung*)
2. Erziehung für das Land (Bürgerliche *Bildung*)
3. Erziehung für eine bestimmte Arbeit im Land (*Bildung* bezüglich des Nachlasses)
4. Erziehung für ein Amt im Staat (Beamter *Bildung*)

Was wir aufschlussreich finden, ist Geijers Gebrauch des Wortes „uppfostran". Im Schwedischen ist es im Allgemeinen das Wort, das man über Eltern verwendet, die Kinder erziehen, und deshalb haben wir es *Erziehung* und nicht *Bildung* übersetzt; es ist eine Parallele zu Schillers Gebrauch des Wortes Erziehung, mit dem er die Menschheit „erziehen" wollte. *Uppfostran* ist auch das Wort, das üblicherweise verwendet wird, wenn Rousseaus *Émile* ins Schwedische oder in eine der anderen skandinavischen Sprachen übersetzt wird, d.h. in den skandinavischen ist Rousseaus „Erziehung" semantisch viel näher an der elterlichen Fürsorge als am Lernen von einem Lehrer. Das bedeutet auch, dass Geijer, wenn er über die Erziehung des Volkes und nicht über die *Bildung* des Volkes schreibt, eine sehr von oben nach unten gerichtete, wenn nicht gar bevormundende Wahrnehmung davon zeigt, wie den Menschen das richtige Wissen und die richtige Einstellung vermittelt werden sollte. Im Gegensatz zu Schiller spricht Geijer nicht davon, dass Ästhetik niemanden anhebt. Wir wagen also zu behaupten, dass der gute Professor ziemlich elitär, aber wahrscheinlich sehr typisch für seine Zeit ist.

Was Geijer „gemeinsame Erziehung" und „menschliche *Bildung*" nennt, wie er sie weiter qualifiziert, betrifft menschliche Tugenden, Mut, Hilfsbereitschaft, Treue, Großzügigkeit gegenüber Feinden, Vaterlandsliebe, Ehrlichkeit und Wohlwollen gegenüber allen. Dazu könne man nicht erziehen, sagt er, sondern nur erziehen, und die Religion sei die einzige „Wissenschaft", wie er sie nennt, in der dies geschehen könne. Diese Art der *Bildung* sei das Fundament von allem anderen, sagt er, und sie sei älter als der Staat.

Die zweite Form der *Bildung* verlange mehr vom Individuum und erfordere echte *Bildung*, und wenn die Bauern an der Gesellschaft teilhaben wollen, müssten auch sie einen Teil dieser staatsbürgerlichen *Bildung* erwerben.

Die dritte Form betrifft Arbeitsplätze außerhalb des öffentlichen Dienstes, d.h. Handwerk, Handel usw. Der Staat hat keine Verantwortung für diese Erziehung, aber die Erziehung auf der anderen Seite muss nicht auf dem gleichen hohen Niveau sein wie die des Beamten *Bildung*.

Die vierte Form der *Bildung* betrifft die Menschen, die Verantwortung für den Staat tragen sollen, und die brauchen natürlich die fortgeschrittenste *Bildung*.

Geijer beschreibt *Bildung* zwar als eine Entwicklung, aber wir sehen sie nicht als eine gesteigerte Komplexität der Verstandes- und Ich-Entwicklung von einer Ich-Schicht zur nächsten, also etwa von Schicht 2 zur Schicht 3. Vielmehr verstehen wir alle vier Arten von Geijers *Bildung* als Selbstregierung in Schicht 3, in der die Kreise der Zugehörigkeit, d.h. die Kreise der moralischen Komplexität und deren Verständnis komplexer werden:

1. Gemeinsame Erziehung (menschliche *Bildung*) – berücksichtigt Familie und lokale Gemeinschaft
2. Erziehung für das Land (bürgerliche *Bildung*) – berücksichtigt die Nation, aber nicht mit technischem Wissen über Regierungsführung
3. Erziehung für eine bestimmte Position im Land (*Bildung* bezüglich des eigenen Nachlasses) – berücksichtigt die berufliche Gruppe innerhalb des Landes und erfordert vertiefte Fachkenntnisse
4. Erziehung für ein Amt im Staat (Beamten-*Bildung*) – nimmt Bezug auf die Nation und erfordert gründliche Kenntnis und Verständnis der Regeln des Staates und der vielen Gruppen innerhalb des Staates.

Wir sehen also, dass Geijer sich dem Begriff der *Bildung*, Erziehung und *Bildung* etwas anders nähert als die anderen Denker, und wenn er von staatsbürgerlicher *Bildung* spricht, dann gibt es überhaupt keine Verbindung zu Pestalozzis Konzept der „Bürgerlichen *Bildung*" von vor 30 Jahren.

Geijer beschreibt Erziehung wie folgt:

> ...die Entwicklung der menschlichen Fähigkeiten – und ihre Ausrichtung auf das Gute durch eigene und fremde Anstrengungen. Sie erfordert eine Gesellschaft (...) und ist ohne diese nicht denkbar. Die Gesellschaft in all ihren Entwicklungsstufen vom häuslichen bis zum staatsbürgerlichen Leben ist selbst eine Institution der Erziehung zum menschlichen Leben, so wie das Leben eine Erziehung zu einer höheren Welt ist.
>
> Es ist also klar, dass die bürgerliche Gesellschaft oder der Staat nicht nur durch Lehre und Erziehung erzieht, sondern durch alle ihre Beziehungen – Religion, Gesetzgebung, Regierung, Traditionen usw.

Im Laufe der Jahre entwickelt Geijer eine Persönlichkeitsphilosophie, nach der unser Persönlichkeitsgefühl aus unserem Gefühl, etwas zu wollen, unserem Sinn für Willenskraft entsteht. Diese Willenskraft kann sich nur unter anderen Menschen entfalten: Es gibt kein Ich ohne ein Du; es kann nie nur einen Menschen geben, zumindest muss es zwei geben, die die Persönlichkeit in einem anderen hervorgebracht haben. Durch Intimität sowie durch Kämpfe mit anderen Ichs, den Du´s, werden wir uns unserer selbst bewusst und können das, was Ich bin, entfalten. Geijer sieht die Entwicklung der Persönlichkeit und des Selbstbewusstseins in zwei sehr unterschiedlichen Umgebungen: dem intimen Salon mit persönlichen Gesprächen und der öffentlichen Sphäre, in der sich unser Selbstbewusstsein aus einem größeren sozialen, nicht-persönlichen Kontext heraus entwickelt. Wir haben Geiers Philosophie als solche nicht studiert und können daher nicht sagen, wie sehr sie mit den drei Stufen von Schiller und Pestalozzi übereinstimmt, aber es scheint, dass er sich mit der *Bildung* der Ich-Schicht 4, der Selbst-Autorenschaft, auseinandersetzt und ihr einen brachialen Egoismus entgegensetzt und nur den Normen der Gesellschaft folgt.

Esaias Tegnér

Esaias Tegnér war Professor für Altgriechisch an der Universität Lund und wurde 1824 Bischof in der schwedischen Stadt Växjö. Im Jahr 1827 schreibt er über die Bedeutung von Latein und Griechisch in der Oberschule und weist auf eine Reihe von Gründen für das Erlernen der beiden Sprachen hin:

> ... die klassischen Studien hören genau zu dem Zeitpunkt auf, an dem ihre wirkliche Macht der *Bildung* einen Unterschied machen könnte. Denn nichts stellt eine Rechnung dar, die nicht schon vorher Freude und Beteiligung ausgelöst hat. Aber wie kann man sich auf einen Autor einlassen, wenn man mit einem Wörterbuch in der Hand lesen muss, wo die Schwierigkeiten, die die Sprache mit sich bringt, alle Aufmerksamkeit auf sich ziehen, wo man einen wunden Schädel bekommt, bevor man den Kern erreicht hat? Wenn das Studium der klassischen Sprachen wieder dorthin gebracht würde, wo der junge Mann Sophokles mit der gleichen Leichtigkeit lesen würde, wie er Schiller, Aristophanes als Molière, Tacitus als Gibbon liest; dann sollten wir sehen, ob die alten Meister ihn nicht in ihren magischen Kreis ziehen, ihn dort festhalten und dadurch bilden, das heißt: seine edelsten Neigungen entwickeln, trainieren, stärken würden. (...)
>
> Wenn *Bildung* gemeinsam und vollständig sein soll, dann darf keine der Sprachen ausgeschlossen werden, in denen die Menschheit jetzt oder früher bedeutende Beiträge zu den Schätzen der Wissenschaften und Künste geschaffen hat. Gilt dies nicht für die Sprachen Griechenlands oder Roms? Wird jemand leugnen, dass diese Völker hoch, in vielen Fällen höher sind als wir, in der Kultivierung standen, dass ihr Gedächtnis die eine Hälfte, vielleicht die bessere Hälfte, der Weltgeschichte ausmacht und dass sie die Vorväter selbst unserer heutigen *Bildung* waren? Wer in ihrer Welt ein Fremder ist, ist unvollständig gebildet, seine *Bildung* ist einäugig: Aber jeder wird dort ein

Fremder bleiben, der ihre Sprache nicht kennt und nicht mit ihnen interagieren kann.

Mindestens vier Dinge sind hier interessant: erstens, dass Tegnérs Bildungsbegriff typisch für den deutschen Neuen Humanismus ist, der sich so sehr von den späteren Überlegungen zur Volksbildung unterscheidet; zweitens, dass es bei *Bildung* um die Entwicklung edler Neigungen geht, nicht um bloßes Wissen; drittens, dass der Zweck der klassischen Sprachen darin besteht, nicht einäugig zu sein. Tegnér geht es darum, dass der Zugang zu einer anderen Kultur mit derselben wissenschaftlichen und ästhetischen Raffinesse (Komplexität) wie die zeitgenössische Kultur der Schülerinnen und Schüler eine Perspektive bietet: zwei Augen für die eigene Zeit und Gesellschaft. Im Gegensatz zu dem, was Grundtvig über Griechisch und Latein denkt, sind tote Sprachen nicht nur tote Sprachen, sondern sie sind eine Linse, durch die man etwas in der eigenen Kultur sehen kann, das man sonst vielleicht nicht sehen könnte. Viertens schließlich: In Schweden dominiert dieser deutsche Neue Humanismus weiterhin das Thema *Bildung*; es gibt keinen „schwedischen Grundtvig", der das neuhumanistische Konzept von *Bildung* in Frage stellt, und *Bildung* bleibt bis in die späten 1860er Jahre völlig neuhumanistisch.

Carl Adolph Agarth

Agarth übersetzt Pestalozzi und stellt ihn 1810 den Schweden vor, und er gehört zu den ersten Schweden, die sich für öffentliche Schulen einsetzen, die allen Schweden offen stehen – was erst 1842 schwedische Staatspolitik sein wird.

Im Zusammenhang mit derselben Regierungskommission, an die sich Geijer wie oben erwähnt wandte, unterscheidet Agarth zwischen *Bildung* und Gelehrsamkeit, aber was er wirklich meint, ist der Unterschied zwischen Allgemeinbildung und Spezialisierung. Er unterscheidet zwischen einem breiten Wissen, das auf eine Vielzahl von Situationen in der realen Welt anwendbar ist, und dem Wissen eines Experten, nicht zwischen moralischer Entwicklung und Wissen.

Johan Vilhelm Snellman

Snellman ist der Grund, warum wir dieses Buch überhaupt schreiben. Als Tomas immer wieder von Ich-Entwicklung sprach und Lene immer wieder *Bildung* erwähnte, und keiner von uns verstand, wovon der andere sprach, war es Snellman, der uns zu Hilfe kam: Als Lene gerade zwei von Robert Kegans Büchern über Entwicklungspsychologie zu Ende gelesen hatte, nahm sie die schwedische Anthologie *Bildung* in die Hand, und da war es: Snellmans „*Bildungs*"-Text von 1840 und die klare Überschneidung zwischen Ich-Entwicklung und *Bildung.* Nachdem die Verbindung hergestellt war, las Tomas auch den Sammelband, wir begannen, die im Sammelband erwähnten deutschen Quellen zur *Bildung* zu untersuchen, und drei Jahre später haben wir nun die Entwicklung des Konzepts untersucht, von Shaftesburys *Bildung* über Jena bis zum modernen Skandinavien und darüber hinaus.

Aber wer war Snellman und was hat er eigentlich gesagt?

Johan Vilhelm Snellman war ein schwedisch-finnischer Philosoph und Staatsmann, der stark von Hegel beeinflusst war und Humboldts Ideen der Lehr- und Lernfreiheit, der Freiheit des Lehrens und Lernens sowie das Konzept der Forschungsuniversitäten in Finnland und Schweden vehement förderte. Snellman konzentrierte sich auf akademische Studien, nicht auf die *Bildung* der Allgemeinbevölkerung, aber er legte den Grundstein für die spätere finnische Volksbildung durch seinen Aktivismus in der Fennoman-Bewegung, der finnischen Emanzipationsbewegung, die sich für die finnische nationale Identität und Unabhängigkeit von Russland einsetzte.

1840 verfasste Snellman ein Pamphlet *Om det akademiska studium (Über akademische Studien).* In der Broschüre erklärt er, dass Studenten, wenn sie Theologie akademisch studieren, bereits ihren unschuldigen Glauben aus der Kindheit verloren haben, dass sie auch über das Dogma hinaus gedrängt werden und dass sie gezwungen werden müssen, ihre eigene Meinung zu entwickeln. Ähnlich argumentiert er dann auch für den Jurastudenten, der zunächst an die Unfehlbarkeit des Gesetzes glauben mag, dann das Gesetz studiert und sich an seiner Wiedergabe und Interpretation beteiligt und schließlich die Prinzipien, die dahinter stehen, in Frage stellen kann (und sollte).

Die Art und Weise, wie Snellman diese Entwicklung der persönlichen Einstellung zu Glaube und Gesetz beschreibt, passt wunderbar zu der Entwicklung von der selbst-konsolidierenden Kindheits-Ich-Schicht 2 über die selbstverwaltete (dogmatische, konforme) Ich-Schicht 3 und die Ich-Schicht 4 (Selbst-Autorenschaft) bis hin zur sich selbst transformierenden Schicht 5. Junge Männer, die Theologie oder Jura studieren, sollten nicht an ihrem Glauben aus der Kindheit festhalten oder das Gesetz blind reproduzieren, sie sollten auch nicht nur dem Dogma oder dem Urteil anderer folgen, sie müssen in der Lage sein, zu zweifeln und selbst zu denken. Snellman bezieht sich in seinem Text nicht auf Shaftesbury oder einen der deutschen *Bildung*-Denker, aber Shaftesburys Definition von Schönheit könnte unserer Meinung nach das Konzept sein, das am ehesten mit Snellmans Gedanken übereinstimmt: Der höchste Zustand der Schönheit ist, wenn man originale Gedanken hervorbringen kann, die andere kopieren.

Snellman fährt dann fort zu beschreiben, wie sich die Beziehung zwischen Subjekt und Objekt sowohl in der Menschheit als auch im Individuum entwickelt:

> Diese Beziehung zwischen Bewusstsein und Tradition (Freiheit und Notwendigkeit, Subjektivität und Objektivität) existiert in jedem Moment der historischen Entwicklung der Menschheit. Aber für jedes menschliche Individuum sind diese Momente, sowohl in seiner Einheit als auch in seiner Antithese, historische Momente der Entwicklung, die sich in der Zeit offenbaren.

Dies ist wahrscheinlich die kürzeste und präziseste Zusammenfassung der Hegelschen Phänomenologie des Geistes, auf die wir gestoßen sind.

Schwedischer Feminismus

Der erste Feminist in Schweden war ein Mann. Er war Mathilde Fibiger um 10 Jahre voraus und verursachte einen noch größeren Skandal. Sein Name war Carl Jonas Love Almqvist, eine faszinierende und tragische Figur, der in Uppsala studierte, Schulmeister und dann Schriftsteller wurde, des Betrugs verdächtigt wurde, nach Amerika emigrierte, wo er des Selbstmordversuchs verdächtigt wurde, und nach Europa zurückkehrte, wo er in Armut starb.

1839 schreibt er einen Kurzroman, der die wahre Emanzipation der Frauen beschreibt und damit der Frauenbewegung um mehr als 100 Jahre vorausgeht: *Det går an*, ein Titel, der fast unmöglich ins Englische zu übersetzen ist, aber ungefähr bedeutet: „das ist akzeptabel" oder „es ist OK".

Der Titel bezieht sich auf den Lebensstil und die Lebensentscheidungen einer jungen Frau, Sara Videbeck, der Hauptfigur des Romans, die sich dafür entscheidet, allein zu leben, ihr eigenes Geschäft zu betreiben und überhaupt keine Ehe einzugehen. Auf einem Dampfschiff während einer Geschäftsreise trifft sie Albert, einen jungen Unteroffizier, und als er sich in sie verliebt und ihr alle Zeichen von Ritterlichkeit und edlen Absichten anbietet, lehnt sie alle ab, außer, wenn sie echt ist, seine Liebe. Er will ihr ein Glas Sherry kaufen, und sie besteht darauf, es selbst zu bezahlen. Spontan kauft er bei einem kleinen Verkäufer zwei Ringe (nichts Teures, nur eine niedliche Geste), und sie wirft ihren Ring über die Reling des Bootes: Sie will niemandem gehören. Der arme Albert bleibt in geistiger Verwirrung zurück.

Der Roman handelt nicht von *Bildung* als solcher, sondern stellt eine Frau als Selbst-Autorin dar, die nicht an einem selbst-verwalteten, konformen Mann interessiert ist! Der Roman löst einen Skandal aus, Almqvist verliert seine Arbeit und sein Untergang beginnt. Bevor er jedoch den Tiefpunkt erreicht, wird er am 4. Februar 1846 nach Kopenhagen eingeladen, um bei *Det Skandinaviske Selskab (Die Skandinavische Gesellschaft)* zu sprechen, die den Skandinavismus fördert. Ihr Vorsitzender, Professor H. N. Clausen, gründete sie nach einem Besuch eines skandinavischen Studententreffens in Uppsala 1843 (Clausen ist der Theologe, den Grundtvig verspottete und der dafür sorgte, dass Grundtvig unter Misstrauen gestellt wurde). Da Dänemark noch keine freie Verfassung hat, behalten die dänischen Behörden die Gesellschaft im Auge, um sicherzustellen, dass sie keine illegalen politischen Agenden wie eine skandinavische Union fördert.

Almqvist verweist in seinem Vortrag auf diese Einschränkung und hält an kulturellen Fragen fest: Wenn es ein stärkeres skandinavisches Bewusstsein geben soll, sollten die Schulen nicht nationale Geschichte und Geographie, sondern skandinavische Geschichte und Geographie unterrichten. Dafür hat er zwei Gründe: Wenn die Kinder so erzogen werden, dass sie die skandinavische Karte als eine Einheit sehen und die skandinavische Geschichte als eine Einheit lernen, folgt die skandinavische Identität automatisch. Aber interessanter ist: Die Kinder sollten Geschichte als Kampf zwischen verschiedenen Interessen lernen und nicht nur aus der Perspektive ihres eigenen Landes sehen. Sehr fortschrittlich für 1846! Er schlägt auch vor, dass die skandinavischen Sprachen grammatikalisch und lexikografisch als Dialekte mit denselben isländischen Wurzeln behandelt werden sollten.

Nichts davon wurde jemals umgesetzt, aber sein Vortrag erzählt uns ein paar Dinge über die Nordländer: Die guten Absichten sind alt, die intellektuellen Kreise waren verbunden und klein, die politische Vision hat sich nie verwirklicht, und es könnte so viel mehr gemeinsames Handeln geben.

Schwedische Religion, Armut und amerikanische Bildung

1726 erließ der schwedische König das *Konventikelplakatet*, eine Verordnung, die religiöse Zusammenkünfte außerhalb der Staatskirche verbot. Jede religiöse Versammlung in den Häusern der Menschen mit Ausnahme des Familiengebets und der vollständigen Befolgung der *Hustavla* war mit schrecklichen Strafen verbunden. Der Befehl zielte darauf ab, den Pietismus in Schweden zu verhindern; offenbar wurde dieser neue persönliche, emotionale Glaube vom Staat als zu gefährlich erachtet.

Bis in die 1840er Jahre hält die schwedische Staatskirche die Bauern immer noch fest im Griff, private Bibelstudien sind verboten und jede Kommunion außerhalb der Kirche kann zur Vertreibung führen. 1844 wird ein Maler verbannt, weil er sich zum Katholizismus bekennt, 1845 kommt ein Schneider ins Gefängnis, weil er sagt, der Protestantismus sei vom Teufel, und 1858 werden sechs katholische Frauen ins Exil geschickt. Die Verfolgung der Schweden ist so hart, dass mehrere europäische Länder und die Vereinigten Staaten bei der schwedischen Regierung offiziell dagegen protestieren. Dieser Protest hat nicht das erhoffte Ergebnis, ganz im Gegenteil: 1855 verhängt Schweden ein neues Gesetz, das sich an die Baptisten richtet, und erläßt Strafen für Laien, die Sakramente zu verleihen:

> Wenn jemand den Gottesdienst, Gottes Wort und die Sakramente aus Mutwilligkeit verspottet: Strafe, fünfzig Taler.
>
> Wer, ohne Pastor zu sein, und außer in Ausnahmefällen die Kommunion austeilt, wird mit einer Geldstrafe von hundert Talern bestraft; und wer von einer solchen Person die heilige Kommunion empfängt, muss sechzehn Taler, zweiunddreißig Schilling, bezahlen.

1858 setzt die schwedische Kirche noch härtere Strafen durch.

Gleichzeitig ist die Armut unter der Landbevölkerung in Schweden schrecklich. Waisen und Bedürftige werden an den niedrigsten Bieter versteigert: Wer ein Waisenkind oder einen Bedürftigen in seinen Räumlichkeiten aufnimmt und dafür vom Staat, also der Kirche, die geringste finanzielle Unterstützung verlangt, bekommt das Waisenkind oder den Bedürftigen. Natürlich ist Missbrauch weit verbreitet, und das Elend ist verheerend. Die Schweden wandern massenhaft nach Amerika aus!

Von ihrer neu gewonnenen Freiheit und ihrem Wohlstand aus schreiben die Menschen nach Hause, und die Wirkung, die diese Briefe auf die zurückgebliebenen Schweden hatten (oder nicht hatten), ist ein Kapitel der schwedischen Geschichte, das weiterer Forschung bedarf. Von den 1840er Jahren bis in die 1900er Jahre verließen zwischen 20 und 30 % der schwedischen Bevölkerung das Land, was bedeutet, dass ein beträchtlicher Teil der verbliebenen Schweden eine Art Vorstellung davon bekommen haben muss, dass das Leben ganz anders gelebt werden kann.

Volksbildung in Schweden

Die strengen Religionsgesetze und die politische Organisation um die Stände herum werden zunehmend problematisch, und 1866 erhält Schweden eine neue Verfassung, die das Innenleben Schwedens neu strukturiert und der Mehrheit der schwedischen Männer politische Freiheit gewährt. Dies veranlasst die schwedischen Intellektuellen, sich um den Bildungs- und Ausbildungsstand der Landbevölkerung zu sorgen.

Sie ringen auch damit, wie man die alten Teilungen zwischen den Gütern aufheben kann, ohne den Bauern und Arbeitern allzu erhabene Vorstellungen darüber zu geben, welche Art von politischem Einfluss sie tatsächlich haben können; Wahlrecht ist nicht dasselbe wie die Gesellschaft auf den Kopf zu stellen, Bauern und Arbeiter müssen immer noch Bauern und Arbeiter sein. Kurz gesagt: Die Menschen in der schwedischen Elite sind sich bewusst, dass sich ihre Gesellschaft grundlegend verändert, aber wie kann diese Veränderung geschehen, ohne dass die Kontrolle verloren geht und der Prozess (oder das Volk) plötzlich Amok läuft?

Eine der Personen, die das Thema am meisten beschäftigt, ist August Sohlman, der Herausgeber von *Aftonbladet (Abendblatt),* der damals liberalsten Zeitung Schwedens. Er war 1845 auf einem Skandinaventreffen in Kopenhagen und ist einer der Gründer der *Nordiska Nationalföreningen (nordischer Nationalverband)* in Stockholm, die den Skandinavismus fördert.

So hat er mehrere dänische Freunde, und 1866 veröffentlicht Sohlman in seiner Zeitung einige Artikel über die dänischen Volkshochschulen von zwei Dänen: Frede Bojsen und Fredrik Bajer. Bojsen haben wir bereits kennen gelernt, er ist der Neffe von Grundtvigs Schwiegersohn, der mit dem Kleinen Theologicum herumhing, und er hat gerade 1865 die Volkshochschule Rødkilde in Dänemark gegründet. Bajer diente im Krieg von 1864 als Leutnant und widmet sich heute der Friedensarbeit, der Erziehung, der Sprachwissenschaft, der skandinavischen Zusammenarbeit und der Frauenbefreiung. 1867 findet in Paris eine Weltausstellung statt, und auf dem Weg dorthin trifft Sohlman im Zug zufällig Christian Flor. Flor ist im vergangenen Sommer in Schweden gereist und ist überrascht, dass die Schweden an allem, was über das Leben auf dem Bauernhof hinausgeht, kein Interesse haben. Er ist überrascht, dass sie bei einer so langen Tradition der Freiheit von nichts anderem reden als von „Schweinen, Rindern und Schnapsfässern". Das Gespräch verursacht Sohlman mehrere schlaflose Nächte, und im November 1867 schickt er einen seiner Angestellten, den Historiker Dr.Phil. Otto Wilhelm Ålund nach Dänemark, um in der Zeitung zu berichten, was es mit diesen Volkshochschulen auf sich hat. Sohlman bringt die Volkshochschulen auch in der Versammlung des nordischen Nationalverbandes am 5. Dezember zur Sprache und argumentiert, dass dies zum Schutz des Landes geschieht (seine Kursivschrift):

> Es reicht nicht aus, dass das Volk bewaffnet ist und die notwendigen Fähigkeiten besitzt, seine Waffen zur Verteidigung des Landes einzusetzen. Es ist ebenso wichtig, dass das Volk zu einem vollen Bewusstsein über sich selbst erweckt wird und dass es auf der Grundlage dieses Bewusstseins Liebe und Ehrfurcht vor seiner eigenen Nationalität hat. Dies kann nur geschehen, wenn die Volksmassen ein solches Maß an nationaler Erleuchtung erlangen, dass sie ein tiefes und lebhaftes Interesse an den allgemeinen Fragen haben und die Schwere und den Wert der nationalen Unabhängigkeit wirklich klar und vollständig verstehen und schätzen können.
>
> (...) Wir müssen also anerkennen, dass die dänische Volksbildung in einer Weise vorangeschritten ist, die uns in Erstaunen versetzen muss, besonders wenn man sich daran erinnert, dass noch keine hundert Jahre vergangen sind, seit die dänischen Bauern von der Leibeigenschaft emanzipiert wurden, und dass die verfassungsmäßige Freiheit in Dänemark noch keine zwei Jahrzehnte alt ist.

Herr Sohlman ist nicht nur der Meinung, dass ihr Verband Volkshochschulen in Schweden initiieren sollte, er hat auch seine Hausaufgaben gemacht und eine Reihe von Volkshochschulen in Dänemark telegrafiert, sie haben in ausführlichen Briefen geantwortet, und jetzt zieht er die Antworten heraus und liest sie laut vor. Der erste Brief ist von

Nørregaard von der Volkshochschule Testrup, der u.a. schreibt, dass 18 das richtige Alter für die Schüler ist, denn dann fangen sie an, über die großen Fragen des Lebens nachzudenken. Der Schulunterricht findet von 8.00 bis 12.00 Uhr und von 14.00 bis 19.00 Uhr statt, und das ist keineswegs zu viel für die Schüler:

> Von Zeit zu Zeit machen wir sogar Übungen mit Gewehren, die uns von der Krone geliehen wurden. An öffentlichen Versammlungen guter Art nehmen wir mit ihnen teil, aber politische Fragen im Zusammenhang mit den Parteien bringen wir ihnen nicht nahe, unsere Aufgabe besteht lediglich darin, ihnen die Positionen der Parteien zu erläutern; wir sind davon überzeugt, dass, wenn sich ihre männliche Reife entwickelt, sich auch ihre eigene Meinung entwickeln wird.

Aufgrund des nationalen Erwachens ist das Feedback der Armee laut Nørregaard, dass diejenigen, die eine Volkshochschule besucht haben, die besten Soldaten sind.

Aus Vallekilde hat Trier geschrieben, dass das Schulgeld 65 Taler beträgt; der Staat subventioniert die Schule mit 400 Taler pro Jahr und hält sich ansonsten völlig raus:

> Diese freie Entwicklung ist die Hauptsache. Die Regierung hat kein Mitspracherecht. Wir sind frei und fühlen in dieser Hinsicht den wunderbaren Segen.
>
> Aber so, wie wir unsere Freiheit nach außen hin gegenüber dem Staat behalten und dadurch gedeihen und wachsen, so ist auch die innere Freiheit, die sich in Bezug auf die *Bildung* definiert, indem sie durch Vorträge vermittelt wird. Wir fügen zu dieser Lehre gewöhnliche Fähigkeiten hinzu, die in einer zivilisierten Welt notwendig sind. (...) Das Ziel für unsere Schulen ist die allgemeine menschliche *Bildung* und die nationale skandinavische Aufklärung. (…)
>
> Der Jüngste ist 16 Jahre alt, aber er ist zu jung; niemandem sollte es erlaubt sein, hierher zu kommen, der nicht bereits 18 Jahre

> alt ist. Der Älteste ist 31 Jahre alt. Sie sind auf Grund ihres eigenen Willens gekommen, viele von ihnen in großer Not.

Nachdem Sohlman die Briefe vorgelesen hat, ist die Zeit verstrichen, und die Herren von *Nordiska Nationalföreningen* beschließen, ihre Gespräche bei einem Treffen am 11. Dezember wieder aufzunehmen. Bei ihrem erneuten Zusammentreffen hat Sohlman zwei weitere Briefe erhalten, die er laut vorliest; einer davon ist von Schrøder von der Askov-Volkshochschule, der über den Unterricht der Schüler in Isländisch und Herodot und Homer berichtet.

Nach einer Diskussion darüber, wie die Norweger das Konzept bereits kopiert haben, einigen Überlegungen, dass es in Schweden keine Grundtvigianer gibt, die die Schulen leiten können, und einigen Überlegungen, ob sie, die zur Elite gehören, oder die Bauern selbst schwedische Volkshochschulen initiieren sollten, kommen Sohlman und seine Freunde zu dem Schluss, dass niemand besser geeignet wäre, solche Schulen zu initiieren als *Nordiska Nationalföreningen.*

In der Zwischenzeit ist Dr. Ålund von seiner Reise nach Dänemark zurückgekehrt, und das *Aftonbladet* veröffentlicht zwischen dem 12. und 24. Dezember 1867 vier Artikel. Von all dem Material, das wir zur Erforschung dieses Buches durchgegangen sind, sind Ålunds Artikel diejenigen, die am deutlichsten beschreiben, was an diesen Volkshochschulen tatsächlich geschieht:

> Im Allgemeinen ist das Gespräch zwischen den Lehrern und den Schülern sowie unter den Schülern selbst das Lehrmittel, das nach den Vorlesungen am stärksten zu funktionieren scheint.
>
> Prüfungen irgendwelcher Art in der Art, wie wir das Wort verstehen, gibt es nicht. Da die Schule *Bildung* fürs Leben als Ziel hat, findet die Prüfung natürlich dort statt. Erwachte Reflexion, erweiterter Horizont, unabhängiges Urteilsvermögen, starker und kultivierter Wille – das sind die wichtigsten Ergebnisse, die schließlich geprüft werden. (…)

> [... die Schule] misst den Themen, die zum Allgemeinwissen gehören, wie Geschichte, insbesondere der Geschichte des Vaterlandes und der Verfassung, die größte Bedeutung bei. (…)
>
> Ich wünschte, Sie hätten zum Beispiel bei der sokratischen Vorlesung, die ich Lieutenant Nielsen über Makroökonomie gehört habe, anwesend sein können. Es war eines jener Gespräche zwischen dem Lehrer und dem Schüler, die – wie ich bereits erwähnt habe – neben dem normalen Vortrag die beste Lehrmethode dieser Schulen darstellen. Mit verblüffender Einfachheit und mit einer Lebendigkeit, die sofort die Aufmerksamkeit eines jeden Studenten erregte, gelang es ihm, vor seinem Auditorium eines der kompliziertesten Kapitel der Makroökonomie zu erklären, nämlich das des Kapitals. Doch während des Gesprächs gelang es ihm, eine Reihe von Wahrheiten aufzuzeigen, die im wirklichen Leben sofort nützlich sind. Und genau das ist der große Vorteil dieser Schulen. Die Lehrerinnen und Lehrer stehen ihren Schülerinnen und Schülern ständig gegenüber, ohne dass ein Lehrbuch oder ein Hausaufgabeninterview zwischen ihnen steht. Wenn er etwas enthält und die Kunst versteht, den Schüler zum Nachdenken zu bringen, kann er großzügig Wissen und Lebenserfahrung weitergeben.

Ålund besucht zwei Schulen auf Seeland, Hindholm und Marienlyst, und die Schule von Kold auf Fünen. Auf dem Weg zu letzterer reist er durch Odense, wo die ganze Stadt ihren weltberühmten Sohn, Hans Christian Andersen, feiert:

> ...mit seinem leicht erkennbaren Gesicht war er einer der ersten Menschen, die ich während eines Spaziergangs in der Stadt traf.

OK, das hatte nichts mit dem Thema zu tun; wir hatten nur nicht erwartet, Hans Christian Andersen zu begegnen. Hier ist etwas von dem, was Ålund über sein Treffen mit Kold schreibt:

> Vor mir stand ein Mann mittleren Alters mit feinen, ausgeprägten Gesichtszügen und wie ein Bauer gekleidet, seine Kleidung aus grauem, selbstgesponnenem Stoff mit einer Mütze auf dem Kopf, und er warf mir schweigend einen starren Blick zu. Während ich ihm meine Aufgabe erklärte, leuchteten seine Gesichtszüge auf, und ein mildes Lächeln zeigte sich in seinen Augen, und er schüttelte mir die Hand und begrüßte mich. Wir setzten uns hin und waren ohne Zögern tief in das Thema vertieft. (…)
>
> „Alles von innen heraus" ist seine Grundregel. Es ist das innerste Leben der Seele, das er erreichen will, um nach außen hin veredelnd zu wirken.

Inhalt der Ausbildung sind neben dem Erzählen von Geschichten, Geschichtsvorträgen und Makroökonomie auch Geographie, Schreiben, Rechnen, Physik und Chemie (andere Quellen erwähnen Landvermessung und andere praktische landwirtschaftliche Fertigkeiten). Was die Volkshochschulen bemerkenswert und erfolgreich macht, ist, dass sie nicht nur Wissen vermitteln, das die jungen Leute hier und jetzt befähigt, sondern dass sie darüber diskutieren und die Schüler zum Nachdenken anregen. Nach Vorträgen und Diskussionen lesen die Schülerinnen und Schüler die Themen selbstständig in Büchern aus der Schulbibliothek (alle Schulen haben einige Bücherregale mit den besten skandinavischen Autoren und Sachbüchern) und schreiben individuelle Essays. Es gibt nur keine zugewiesenen Hausaufgaben und keinerlei Tests.

Einer der begeisterten Leser von Ålunds Artikeln im *Aftonbladet* ist Dekan C.A. Bergman, der sich für die Entwicklung der *Bildung* für junge Erwachsene in seinem lokalen Bezirk Kristianstad einsetzt. Auf der Grundlage der Artikel besucht Bergman im März 1868 zusammen mit einem örtlichen Bauern Hindholm, und nach ihrer Rückkehr veröffentlicht Bergman in 2.300 Exemplaren eine aufgeregte Broschüre über die dänischen Schulen, in der er sie mit dem bereits angebotenen schwedischen Bildungsangebot vergleicht und zu dem Schluss kommt, dass Schweden das dänische Modell braucht.

Um das gute Wort über die dänischen Volkshochschulen weiter zu verbreiten, wird die Kurzgeschichte *Über Hans, der auf die Volkshochschule ging*, ins Schwedische übersetzt und als Serie in einer schwedischen Zeitschrift im Sommer 1868 veröffentlicht. Die Übersetzung bleibt dem dänischen Original treu und findet somit noch immer in Dänemark statt, wo Hans und seine Altersgenossen in ihrer Schule die schwedische Hymne singen und Hans' Vater erfährt, dass die Dänen, Norweger und Schweden Brüder sind.

Am 1. November 1868 eröffnen Bergman und Bauern aus der Umgebung die erste schwedische Volkshochschule, *Önnestad*, und am 2. November eröffnen die Leute um die Agronomieschule Alnarp zwischen Lund und Malmö die zweite Schule, *Hvilan*, in einem alten Gasthof. Leiter des letzteren ist Leonard Holmström, ein 28-jähriger Geologe, der auch Biologie und Zoologie studiert hat und sich stark mit Geschichte und Makroökonomie beschäftigt. Die beiden Schulen liegen nur 20 Kilometer voneinander entfernt, und angesichts der Tatsache, dass Holmström und die Bauern hinter Hvilan vier Monate zuvor ihren Verein hinter der Schule gegründet hatten, behaupteten beide Schulen, die erste Volkshochschule in Schweden zu sein. Ålund selbst eröffnet im Dezember 1868 die dritte schwedische Volkshochschule.

Sohlman's und Nordiska Nationalföreningen's Hauptbeitrag zu den schwedischen Volkshochschulen bestand darin, die Schulen auf die öffentliche Agenda zu bringen. Es entging nicht der Aufmerksamkeit der meinungsbildenden Öffentlichkeit, dass weder Sohlman noch seine Kollegen im Verband selbst Bauern oder Bäuerinnen waren, und tatsächlich gründeten sie keine einzige Schule.

Schwedischer Pragmatismus

Wenn die dänischen Volkshochschüler romantische Nationalisten sind, dann sind die schwedischen Schüler wegen der praktischen Fähigkeiten dabei; all das Gerede über Geschichte ist schön und gut, aber das ist nur ein zusätzlicher Bonus. In Schweden schreiben die Schülerinnen und Schüler politische Aufsätze, führen Rollenspiele in politischen Versammlungen durch und halten Reden. Die Schulen kontextualisieren die

Inhalte mit Geschichtsvorlesungen und ziehen Parallelen durch die Geschichte, so dass die Jugendlichen sich als Teil der Geschichte und der Gesellschaft sehen können, nur nicht in gleichem Maße. Die schwedischen Schulen möchten, dass ihre Schülerinnen und Schüler das Gefühl haben, zu etwas Größerem als sich selbst beizutragen, und bieten in ästhetischer Form die gleichen Inhalte wie die dänischen Schulen an, z.B. Romane, Gedichte und Gesang, aber das ist für die schwedischen Schulen nicht entscheidend. In einem Vortrag im Jahre 1871 beschreibt Holmström in berühmter Weise den Unterschied zwischen der dänischen und der schwedischen Volkshochschule: Die dänischen Volkshochschulen erziehen das Herz, die schwedischen den Verstand.

Einer von Holmströms Schülern in Hvilan, Leonard Holmberg, wird 1776 Leiter der Volkshochschule Tärna. Im Jahr 1897 schreibt er ein Buch, *Den Svenska Folkhögskolan (Die schwedische Volkshochschule)*, in dem er die Schweden in eine ähnliche Richtung diagnostiziert – und interessanterweise zieht er den Pietismus mit hinein:

> Unsere schwedische Kirche hat unter ihren Führern viele wichtige Ressourcen, kenntnisreiche, talentierte, warmherzige Männer, aber es lässt sich nicht leugnen, dass sie gegenüber kulturellen Bewegungen, die aus freier Initiative entstanden sind und nicht direkt unter die Interessen des Priestertums fallen, ziemlich kalt waren. (...)
>
> Was die freikirchliche Bewegung in unserem Land betrifft, so hat sie den Menschen zweifellos ein bedeutendes Mehr an Frömmigkeit und religiösem Leben gebracht, aber der Pietismus, in dem die Menschen tief in die subjektiven Gefühle des Lebens eintauchen, hatte immer Schwierigkeiten, die verschiedenen Bereiche des menschlichen Lebens zu durchdringen und die Sympathie unserer Jugend zu gewinnen und zu bewahren. (...)

Er stellt auch fest, dass die schwedischen Schulen nicht ganz so erfolgreich waren wie die dänischen:

> Die Zahl der Schüler an den schwedischen Volkshochschulen ist weder absolut noch relativ so groß wie an den dänischen Schulen. Im Durchschnitt besuchen jedes Jahr 1100-1200 männliche und weibliche Schülerinnen und Schüler die Schulen. Seit 1868 haben rund 22.000 Schülerinnen und Schüler die schwedischen Volkshochschulen absolviert. Schweden ist ein viel größeres Land als Dänemark, und die Bevölkerung ist verstreut. Obwohl das Eisenbahnnetz im Verhältnis zur Bevölkerungszahl das größte der Welt ist, sind die Entfernungen groß. Wir sind auch nicht so wohlhabend wie sie in Dänemark, wir haben weniger Schulen und unterrichten weniger Stunden. Hinzu kommt, dass das schwedische Volk seit dem Verlust Finnlands 1809 und den napoleonischen Kriegen 1813-14 von keinem großen Ereignis erschüttert wurde, das in der gesamten Bevölkerung zu spüren war, wie es in Dänemark durch den Krieg von 1864 der Fall war. Auch wurde das schwedische Volk nicht von einem so mächtigen, volkstümlichen, freudigen und religiösen Erwachen durchdrungen, das alles menschliche und nationale Leben belebt, wie es der dänische Grundtvigianismus tut.

Was jedoch der gemeinsame Nenner ist, ist der Bottom-up-Ansatz und die Auswirkungen auf die gesamte Gesellschaft:

> Es ist sicher richtig, dass die skandinavische Volkshochschule erwachsen geworden ist: aus kleinen Anfängen, aus individuellen Initiativen, aus der Selbstverwaltung des Volkes ist sie, mit einem Wort, von unten nach oben gewachsen.

Schwedische Freiheit und Wohlstand

Es gibt einige große Unterschiede zwischen Dänemark, Norwegen und Schweden während der 1800er Jahre, vor allem, dass die schwedischen Bauern eine gewisse lokale Selbstverwaltung und eine kollektive Stimme im schwedischen Parlament hatten.

Wenn wir das schwedische Pro-Kopf-BIP während des 19. Jahrhunderts betrachten, fällt auf, dass die schwedische Wirtschaft um 1890 zu wachsen beginnt und sich um 1925 der besseren Hälfte der europäischen Volkswirtschaften anschließt. Diese Entwicklung steht in engem Zusammenhang mit der Industrialisierung Schwedens, die in den 1880er Jahren einsetzt.

Aber auch als Agrarwirtschaft hätte es Schweden besser gehen können. Es ist nicht so, dass Schweden nicht über fruchtbaren Boden und viel Land verfügte, vor allem im Vergleich zu Norwegen, doch Norwegen hat unter der schwedisch-norwegischen Union wirtschaftlich besser abgeschnitten als Schweden unter der Union.

Kapitel 10

ZUSAMMENFASSUNG DES SKANDINAVISCHEN FRÜHLINGS - VOLKSBILDUNG 1.0

Die Volksbildung, die sich in den 1860er Jahren in Skandinavien durchzusetzen begann, verwandelte Zehntausende von jungen Menschen in inspirierte, selbst-verwaltete junge Erwachsene mit einem Ziel. Sie entwickelten ein staatsbürgerliches Selbstbewusstsein und erfanden sich neu als Individuen, die das tun wollten, was gut für sie selbst, ihre lokale Gemeinschaft und ihr Land war. Wir nennen das Volksbildung 1.0.

In den 1800er Jahren gingen die skandinavischen Länder von ständischen Gesellschaften mit unterschiedlichen Privilegien und Pflichten zu Nationalstaaten über, die durch Volkstümlichkeit, Staatsbürgerschaft und politische Rechte für die Mehrheit der Männer definiert waren. In einem Text aus dem Jahr 1859 nennt Grundtvig es „dette Folkelighedens Aarhundrede", „dies ist das Jahrhundert des Volksglaubens"; dieser Wandel vollzog sich in vielen europäischen Ländern.

In den Jahren 1848-51 löste ein Bürgerkrieg in Süddänemark, der zu einem Krieg mit Preußen und Österreich wurde, eine Welle der nationalen dänischen Identität aus; dies geschah zusammen mit der Schaffung der ersten Verfassung Dänemarks, die die Macht des Königs einschränkte und eine neue Art der konstitutionellen Volkszugehörigkeit definierte. Nach dem Krieg 1864 war Dänemark gelähmt und musste ein Gefühl der kollektiven Identität finden, das von innen kam; die Volkshochschulen waren das Konzept, das es den Dänen erlaubte, einen eifrigen Nationalismus unter sich zu verbreiten.

Nach 1864 trat keines der skandinavischen Länder in Kriege ein; das für das Funktionieren der entstehenden Demokratien notwendige Gefühl der nationalen Identität und der persönlichen Verantwortung für das Land als Ganzes musste von woanders her kommen. Die dänischen Ideen der Volkshochschulen, der Volksbildung und der Volksaufklärung wurden in den 1860er Jahren in Norwegen und Schweden aufgegriffen. In Bezug auf die Ich-Entwicklung war das bewusste Ziel der Volksbildung in allen drei skandinavischen Ländern in den späten 1800er Jahren das gleiche: junge Menschen aus den traditionell am wenigsten gebildeten Teilen der Gesellschaft dazu zu bringen, loyale, inspirierte, selbstverwaltete Bürger mit Enthusiasmus und Zielstrebigkeit zu werden. Wie die Geschichten über Hans und Karen zeigen, konnte die junge Landbevölkerung auf unterschiedliche Weise ichbezogen und unbewusst sein; nicht unbedingt sich selbst-konsolidierend wie große Kinder, auch nicht vollständig selbst-verwaltet, eher in einem Schwebezustand dazwischen. Hans war ein langweiliger „Fleischklumpen", und Karen, wenn sie heute gelebt hätte, hätte ihre Zeit damit verbracht, Selfies zu machen, die kein größeres Ziel verfolgen, als sich selbst zum 'Clickbait' zu machen. Bis zu einem gewissen Grad waren beide selbst-verwaltet, aber es war eine erzwungene Selbst-Verwaltung aufgrund des Drucks von Lehrern, Kirche, Eltern usw., wobei nichts davon persönlich bedeutsam war. Irgendwann hätten beide jemanden geheiratet, und mit ihrem ersten Kind und einem Bauernhof, den sie zu leiten hatten, erschien ein Gefühl der Zielstrebigkeit, das aber nicht notwendigerweise über den 4. Kreis der Zugehörigkeit hinausging: Familie 2. Die Volkshochschulen lösten ein Erwachen und den Wunsch aus, jemand zu sein und zu den Menschen und dem skandinavischen Kulturkreis zu gehören: dem 6. und 7. Kreis der Zugehörigkeit.

Die Dänen und Norweger waren offensichtlich die romantischsten; die Schweden zogen praktische Fertigkeiten dem Geschichtsunterricht und warme, verschwommene Gefühle vor, schwedisch zu sein. In diesem Zusammenhang ist es wohl bezeichnend, dass die Dänen stets eine existentielle Bedrohung ihres Landes empfanden: Viele Deutsche hielten Dänemark für deutsch, und militärisch gab es nie einen Zweifel daran, wer der Stärkere und Stärkere war. Ähnliches gilt für Norwegen und die

Norweger: Die meisten Dänen betrachteten Norwegen als dänisch; es wurde 300 Jahre lang von Dänen regiert, dann war es Teil einer Union mit Schweden, die vom Dänen Frederik VI. mehr oder weniger wie ein Stapel Chips in einem verlorenen Pokerspiel übergeben wurde. Historisch gesehen haben die Menschen im heutigen Schweden nie in der gleichen Weise um die Existenz Schwedens als souveräne Nation gefürchtet, so dass sie kein Bedürfnis verspürten, sich darüber aufzuregen.

In allen drei Ländern war es jedoch ein bewusstes Ziel der Volksbildung, ein verantwortungsbewusster Bürger zu werden: Zum einen mussten die alten Gutsgrenzen verschwinden, zum anderen sollten die Bauern weiterhin glückliche Bauern bleiben und Sinn und Zweck an ihrem Platz in der Gesellschaft finden. In den Volkshochschulen ging es darum, ein Gefühl von Bürgersinn, Verantwortung und Volkstümlichkeit zu entwickeln.

Da die frühen und initiierenden Volksbildner Schiller, Pestalozzi etc. kannten, kann kaum ein Zweifel daran bestehen, dass sie den *Sittlichen Menschen* anstrebten, was in unserem Verständnis und unserer Terminologie die Ich-Schicht 4, die Selbst-Autorenschaft, bedeuten würde. Was aber die Jungbauern, Bauern und Pächter betrifft, so ist unklar, wie selbsts-hervorbringend die Landbevölkerung gemäß der Pastoren und Akademiker hinter der Volksbildung eigentlich sein wollten. Die stärkste Stimme, die sich – bisher – für die Selbst-Autorenschaft einsetzt, die wir untersucht haben, wäre Christopher Bruun. Aber der Rest? Waren sie wirklich an einer Landbevölkerung interessiert, die den Mut hat, die sozialen und christlichen Normen herauszufordern oder zu übertreten? Um mehr als nur die Landwirtschaft anzustreben? Um ihre Nation in Frage zu stellen?

Grundtvig ist absolut für Individualität, er will Vielfalt, aber die Schulen sollten das Gemeinsame lehren und fördern. Man sollte das Vaterland als solches nicht in Frage stellen; hier aus seiner „Dummkopf"-Broschüre von 1847:

> Ich weiß sehr wohl, dass in unserer Zeit erwartet wird, dass an einem Gymnasium nach dem Studium der Statistik die Kritik

an den inneren Angelegenheiten des Vaterlandes folgt: wie alle Bestrebungen unvollständig und die Verwaltung unwissenschaftlich sind usw. Aber das ist, ob es nun nützlich ist oder nicht, genau das, worum ich bitte, dass das dänische Gymnasium verschont wird; ein solches wird niemals nützlich sein, sondern nur dem Volk schaden, und außerdem würde es immer langweilig sein und mindestens zehn für jeden, den es erregen würde, langweilen.

Was also allen angeboten werden soll, muss für alle da sein und muss in dem Maße nützlich und angenehm sein, wie man an dem teilhat, was dem Volk und der gemeinsamen Menschheit gehört, während alles, was nur für den Einzelnen gut und nützlich ist, für den Einzelnen da sein muss und seinem eigenen Kreislauf, seinem Fleiß und Glück überlassen werden muss.

Kritik sollte durch Freiheit gefördert werden, wie Grundtvig es ausdrückte: „Freiheit sowohl für Loke als auch für Thor."

Wir finden es daher interessant, dass Snellmans Text über *Bildung* von 1840 die Fähigkeit fordert, die Normen hinter dem Gesetz zu hinterfragen und über die Dogmen der Theologie hinauszugehen, weil sein Text so offensichtlich nur die traditionellen Gymnasiasten und akademischen Studenten betrifft.

Die Menschen, die die Gedanken hinter der Volksbildung entwickelt haben, konnten über die bestehenden Strukturen hinausblicken und müssen sich selbst geschöpft haben. Nicht zuletzt Grundtvig, der seinen frustrierten Volkshochschulkampf mehr als 30 Jahre lang geführt hat, zunächst allein und dann allmählich mit Hilfe anderer, bevor Bismarck zur Hebamme wurde. Aber wie viele der Lehrer, so inspirierend sie auch waren, wagten es, das Christentum, Dänemark, Norwegen oder Schweden herauszufordern, so wie sie waren? Wie viele von ihnen schöpften sich selbst? Wir wissen es nicht.

Unsere allgemeine Schlussfolgerung ist, dass die Menschen, die in den 1860er Jahren hinter der skandinavischen Volksbildung 1.0 standen, einige stumpfe junge Menschen in inspirierte, begeisterte, selbst-verwaltete junge Erwachsene verwandeln wollten. Sie wollten diese jungen Menschen so umgestalten, dass sie sich aus Liebe, Fürsorge, Verantwortung und Pflichtgefühl in ihren lokalen Gemeinschaften und für das Wohlergehen ihres Landes engagieren, und sie wollten, dass die Jugendlichen dies als wichtig und sinnvoll empfinden.

Diese Volksbildner versuchten nicht, Selbstschöpfung und eine kritische Haltung gegenüber Nation oder Religion als solche zu fördern. Sie wollten verantwortungsbewusstes Denken und sinnvolle Loyalität in den Kreisen der Zugehörigkeit 1-7, d.h. einschließlich des skandinavischen Kulturkreises, aber nicht des europäischen Kulturkreises außerhalb der skandinavischen Länder.

Bruun war wahrscheinlich der einzige, der Selbstschöpfer sein wollte, aber selbst er forderte keine Infragestellung von Religion oder Land, d.h. in Bezug auf den sechsten Kreis der Zugehörigkeit, und er schrieb das 1878.

Um 1880 beginnt das dänische Pro-Kopf-BIP seinen Weg an die Spitze der europäischen Volkswirtschaften, Norwegen bindet sich die Sprint-Schuhe an und Schweden beginnt seine Industrialisierung. Die 1880er Jahre bedeuten große Veränderungen in der skandinavischen Kultur, und der nächste Schritt beginnt im Schlafzimmer.

KAPITEL 11

DER MODERNE FRÜHLING - VOLKSBILDUNG 2,0

Die Volkshochschulen ermöglichten einen massenhaften Übergang der Landjugend zu einer sinnvollen patriotischen Selbstverwaltung als inspirierte und verantwortungsbewusste Bürger. Die Moderne stellte diese Art von Konformität in Frage und forderte die Selbst-Verwaltung der gesamten Bevölkerung; in den skandinavischen Ländern verwandelte sie sich in eine moderne Emanzipationsideologie, die durch ihre eigene Ästhetik gefördert wurde. Wir nennen sie Volksbildung 2.0.

Der große kulturelle Übergang in die Moderne in den skandinavischen Gesellschaften begann, als die Doppelmoral in Bezug auf die sexuelle Freiheit von Männern und Frauen in der öffentlichen Debatte zum Thema wurde: Warum durften Männer voreheliche Sex haben, wenn von Frauen erwartet wurde, bis zu ihrer Hochzeit keusch zu bleiben?

Die treibenden Kräfte hinter dieser neuen Debatte und dem damit verbundenen Übergang waren nicht die Pfarrer, Bauern, Landwirte und Lehrer, sondern die Dramatiker, die Autoren und, wiederum, die Dichter.

GEORG BRANDES

Einer der Menschen, die die erstickende Romantik und die Doppelmoral gegenüber Männern und Frauen satt haben, ist der 27-jährige Georg Morris Cohen Brandes. Er ist Däne und Jude, er hat in Kopenhagen Literatur studiert, und er hat seine Aufmerksamkeit auf die Geschehnisse im übrigen Europa gerichtet. Sein erstes Buch stammt aus dem Jahr 1868, und 1869 übersetzt er John Stuart Mills' *On the Subjection of Women* ins Dänische und versieht es mit einem konfrontativen Vorwort:

> Die dänische Nation, deren ästhetische *Bildung* in einem schlechten Zustand ist, ist vielleicht diejenige, die am häufigsten von Ästhetik spricht, und in dieser Nation spricht niemand lauter darüber, was Schönheit und was nicht Schönheit ist, als diejenigen, die nicht das geringste Verständnis von Ästhetik haben und die nicht den geringsten Sinn für Schönheit aus erster Hand besitzen. (…)
>
> Wir behandeln den Geist unserer Frauen, wie die Chinesen die Füße ihrer Frauen behandeln, und wie die Chinesen führen wir diese Operation im Namen der Schönheit und Weiblichkeit durch. (…)
>
> Nur Freiheit und das, was frei ist, ist wirklich schön. Deshalb sollte man nie befürchten, dass die Schönheit unter freien Bedingungen und einem freien Leben leiden wird. Der Übergang von einer unfreien zu einer freien Gesellschaft wird und muss notwendigerweise, wie alle Übergänge, viel Hässliches schaffen, aber das muss man akzeptieren. Wehe den Menschen, die so ästhetisch geworden sind, dass sie es nicht ertragen konnten, die Wahrheit zu hören, weil sie ihre Ohren beleidigt! Es ist heutzutage unmöglich zu wissen, was die natürliche Entwicklung der weiblichen Natur in all ihrem Reichtum und ihrer Fülle ist (...).

Aber das ist erst der Anfang.

In den Jahren 1870-71 studiert Brandes Literatur in Italien und hält nach seiner Rückkehr nach Kopenhagen eine Reihe von Vorlesungen an der Universität unter dem Titel *Hovedstrømninger i det 19de Aarhundredes Litteratur (Hauptströmungen in der Literatur des 19. Jahrhunderts).* Im Laufe seiner Vorlesungen zeigt er, wie die Romantik eine Reaktion auf die Rationalität der Aufklärung war, wie diese Romantik zu einer politischen Kraft wurde und wie sie dann 1848 durch Revolutionen in ganz Europa abgelöst wurde. Dänemark steckt geistig und kulturell immer noch in einer idyllischen Vergangenheit fest und muss aufwachen! Die Romantik ist nicht nur romantisch, in Bismarcks Deutschland hat sie die Revolutionen niedergeschlagen und ist zum Militarismus geworden. Brandes macht ziemlich genau das, was Steffens 70 Jahre zuvor getan hat: Er tritt das verschlafene Kopenhagen in den Hintern, und die Studenten lieben es!

Für die dänische Bourgeoisie, die immer noch unter dem Verlust eines großen Stücks Dänemark an Bismarck leidet, ist es, als ob ihnen eine unbekannte Naturgewalt genau zwischen die Augen geschlagen hätte und sie weiterhin zwischen den Ohren quält. Sie hassen es! Sie hassen Brandes! Sie können ihn einfach nicht ausstehen und sie verabscheuen seine Angriffe auf ihr ruhiges, sozialisiertes, berechenbares, selbst-verwaltetes Leben!

Die Tatsache, dass Brandes Jude ist, hilft natürlich nicht, und es gibt Leute, die behaupten, dass er nicht wirklich Däne sein kann, wenn er auch Jude ist. Insgesamt geht es aber nicht um sein Jüdischsein, sondern um seine Frontalangriffe auf die Normen.

Aber sie können ihn nicht aufhalten. Er schreibt Buch um Buch, hält Vorträge, redigiert, schreibt Zeitungskommentare und macht aus seinen Vorträgen die sechsbändige Buchreihe *Hauptströmungen in der Literatur des 19. Jahrhunderts*, in der jeder auf eigene Faust nachlesen kann, wie Literatur und politische Strömungen seine Art, die Welt zu verstehen, geprägt haben. Was die Menschen für ihre eigene Meinung halten, ist in Wirklichkeit ein soziales Konstrukt, das ein Produkt der historischen Entwicklung ist. Er verwendet nicht das Wort Epistemologie, aber das ist das Phänomen, das er beschreibt.

Während Brandes' *Hauptströmungen* in zehn Sprachen übersetzt werden und er zu einem Rockstar unter den Intellektuellen in ganz Europa wird, wird er in Dänemark zum Paria und flüchtet 1876-83 nach Berlin ins Exil. Von dort aus arbeitet er als Journalist für dänische Zeitungen, und seine Blickwinkel und Analysen stellen die Normen in Frage, während sie eine radikale Freiheit fordern, *frisind (freier Geist)*; er wird zu einem -ismus: Brandesismus.

Das Ironische daran ist natürlich, dass Brandes hier mehr oder weniger das wiederholt, was Schiller und Goethe 100 Jahre zuvor taten, als sie die Romantik entfachten: Er will, dass die Menschen sich von der Selbst-Verwaltung zur Selbst-Autorenschaft wandeln. Der Hauptunterschied besteht darin, dass es zu Brandes' Zeit in Skandinavien nicht dieselbe massive Unterschicht von Bauern gibt, die im Analphabetentum und ohne Volkssinn feststecken. Stattdessen gibt es Volkstümlichkeit und Patriotismus im Überfluss, und es ist die gesamte Gesellschaft von oben bis unten, die aufwachen und sich verändern muss!

HENRIK IBSEN

Einer der berühmtesten Skandinavier aller Zeiten außerhalb Skandinaviens ist der norwegische Dramatiker Henrik Ibsen, und der Grund, warum er so beliebt ist, liegt in seinen präzisen Diagnosen der Unzulänglichkeiten vormoderner gesellschaftlicher Normen und seiner cleveren Art, diese aufzudecken. Ibsen ist 1863 35 Jahre alt und hat in Norwegen einige Erfolge erzielt. Dann erhält er ein Reisestipendium und reist 1864 mit seiner Frau und seinem Sohn zunächst für einen Monat nach Kopenhagen und dann über Deutschland nach Italien. Er soll 27 Jahre lang fern von Norwegen leben, während dieser Zeit schreibt er seine berühmtesten Stücke und besucht Norwegen nur von Zeit zu Zeit.

Innere, existentielle Konflikte sind der Kern von Ibsens Stücken, und sie passen zu dem, was Kierkegaard über Helden sagte: Der ästhetische Held (den wir als Selbst-Verwaltung definiert haben, Schicht 3) ist durch einen äußeren Konflikt gekennzeichnet; der ethische Held (den wir als Schicht 4 definiert haben, Selbst-Autorenschaft) ist durch einen inneren Konflikt gekennzeichnet. In Ibsens Stücken geht es genau um den Ausbruch aus der Selbstverwaltung zur Selbst-Autorenschaft, die Konflikte der Hauptfiguren sind innerer Natur, und er rüttelt die Normen seiner Zeitgenossen gründlich auf.

1879 wird Ibsens *Et Dukkehjem (Ein Puppenhaus)* uraufgeführt, und Oslo steht unter Schock! Eine Frau in einer bedeutungslosen und bedrückenden Ehe entscheidet sich, ihren Mann zu verlassen!

Nora und Torvald sind seit acht Jahren verheiratet, als sie einen Vertrag über einige Geldangelegenheiten unterzeichnet, den sie aufgrund ihres Geschlechts und ihres Familienstands nicht unterschreiben kann. Wenn dieses Verbrechen von Nora an die Öffentlichkeit gelangt, werden Torvald und sein Name in Ungnade fallen. Gegen Ende des Stücks lässt der Auftragnehmer die Klage fallen, Nora wird aus dem Vertrag entlassen, Torvald wird entlassen, und Torvald vergibt seiner Frau.

Genau zu diesem Zeitpunkt beschließt Nora, ihn zu verlassen: Die Normen der Gesellschaft und sein Name und seine Ehre sind ihm offenbar mehr wert als seine Frau, die er offensichtlich für minderjährig hält; sie sind mehr wert als seine Liebe zu ihr:

> TORVALD:
>
> Du hast mich geliebt, wie eine Frau ihren Mann lieben sollte. Es ging nur um das Geld, dass du kein gesundes Urteilsvermögen hattest. Aber du denkst, dass du mir weniger lieb bist, weil du nicht verstehst, auf eigene Faust zu handeln. Nein, nein; verlaß dich auf mich; ich werde dich führen. Ich wäre kein Mann, wenn nicht gerade diese Hilflosigkeit, die so weiblich ist, dich in meinen Augen doppelt attraktiv machen würde. Du darfst dich nicht auf die harten Worte konzentrieren, die ich sagte, als ich das erste Mal unter Schock stand, als ich dachte, dass alles zusammenbricht. Ich habe dir verziehen, Nora, ich schwöre es dir, ich habe dir verziehen.
>
> NORA:
>
> Ich danke dir für die Vergebung.
>
> TORVALD:
>
> Nein, bleib – was machst du im Schlafzimmer?
>
> NORA:
>
> Ich ziehe mein Maskaden-Outfit aus.
>
> TORVALD:
>
> Ja, bitte. Beruhige dich und beruhige dich wieder, mein verängstigter kleiner Singvogel. Jetzt ruh dich aus, ich habe breite

Flügel und kann dich decken. – Oh, wie schön und warm ist unser Zuhause, Nora. Hier ist ein Unterschlupf für dich; hier kann ich dich wie eine gejagte Taube halten, die ich aus den Klauen des Falken gerettet habe; ich werde dein armes, aufgeregtes Herz beruhigen.

Torvald macht weiter und weiter, und schließlich bemerkt er, dass Nora ihren Mantel angezogen hat; sie sagt ihm, warum sie geht: Zuerst war sie eine Puppe im Haus ihres Vaters, dann wurde sie eine Puppe in Torvalds Haus. Sie verbringt den ganzen Tag mit ihren Kindern, und sie war nie glücklich. Aufgrund des Vertrags, den sie unterschrieben hat, und der Schande, die sie über die Familie bringen wollte, hat Torvald gesagt, sie sei unfähig, seine Kinder zu erziehen und zu erziehen; jetzt sagt sie selbst, sie sei unfähig, es zu tun:

NORA:

Nein, Du hast es schon mal gesagt: Ich bin dieser Aufgabe nicht gewachsen. Vor mir liegt noch eine andere Aufgabe. Ich muss mich selbst erziehen. Du bist nicht der Mann, der mir dabei helfen kann. Ich muss das allein tun. Und deshalb verlasse ich dich jetzt.

TORVALD:

Was hast du gerade gesagt?

NORA:

Ich muss allein stehen, wenn ich mich und alles andere verstehen will. Deshalb kann ich nicht länger bei dir bleiben.

TORVALD

Nora, Nora!

NORA:

Ich werde sofort aufbrechen. Kristine wird mich für die Nacht aufnehmen.

TORVALD

Du bist verrückt! Das lasse ich nicht zu! Ich verbiete es dir!

NORA

Es hat keinen Sinn, mir danach noch etwas zu verbieten. Ich nehme mit, was mir gehört. Von dir will ich nichts, nicht jetzt und nicht später.

TORVALD:

Was ist das für ein Wahnsinn?

NORA:

Morgen fahre ich nach Hause – ich meine, in meine alte Stadt. Dort wird es für mich einfacher sein, etwas zu finden.

TORVALD:

Du blindes und unerfahrenes Ding!

NORA:

Ich muss Erfahrung sammeln, Torvald.

TORVALD:

Du verlässt dein Zuhause, deinen Mann und deine Kinder! Und du kümmerst dich nicht darum, was die Leute sagen werden?

NORA:

Ich kann nicht auf sie hören. Ich weiß nur, dass das für mich notwendig ist.

TORVALD:

Das ist ungeheuerlich! Du kannst Deine heiligsten Pflichten nicht so ignorieren!

NORA:

Was sind für Dich meine heiligsten Pflichten?

TORVALD:

Muss ich es Dir sagen? Sind es nicht Ihre Pflichten gegenüber Ihrem Mann und Ihren Kindern?

NORA:

Ich habe noch andere, ebenso wichtige Pflichten.

TORVALD:

Nein, hast du nicht. Welche wären das?

NORA:

Meine Pflichten mir selbst gegenüber.

TORVALD:

Du bist in erster Linie Ehefrau und Mutter.

NORA:

Das glaube ich nicht mehr. Ich glaube, dass ich zuallererst ein menschliches Wesen bin, so wie Du – oder zumindest werde ich versuchen, es zu werden. Ich weiß, dass Dir die meisten Menschen wahrscheinlich zustimmen würden, Torvald, und dass es so in den Büchern steht. Aber ich werde es mir nicht länger erlauben, mich damit zufrieden zu geben, was andere sagen und was in den Büchern steht. Ich muss diese Dinge selbst betrachten und mir meinen eigenen Sinn daraus machen.

TORVALD:

Du kannst dir deinen Platz in deinem eigenen Haus nicht erklären? Hast du keinen zuverlässigen Führer in solchen Angelegenheiten? Hast du nicht deine Religion?

NORA:

Oh, Torvald, ich weiß nicht einmal, was Religion ist.

(…)

TORVALD:

Du sprichst wie ein Kind. Du verstehst die Gesellschaft, in der du lebst, nicht.

NORA:

Nein, ich verstehe sie nicht. Aber jetzt werde ich sie erforschen. Ich muss einiges aufholen: Wer hat Recht, die Gesellschaft oder ich?

Falls es jemals einen Text gibt, der zeigt, wie der Übergang von der selbstverwalteten Schicht 3 zur Schicht 4 der Selbst-Autorenschaft aussehen könnte, dann wäre es dieser; auch Robert Kegan bezieht sich in einem seiner Bücher auf diese Szene. Für die skandinavische Bourgeoisie im Jahr 1879 war diese Art von Unabhängigkeit für eine Frau empörend.

Die Anekdote besagt übrigens, dass Nora in Ibsens erster Fassung des Stückes nicht weggeht, sondern bei ihrem Mann bleibt, aber das gefiel Frau Ibsen nicht und sie sagte es ihrem Mann: „Entweder Nora geht, oder ich gehe!"

Eine noch größere Empörung brach 1881 über Ibsens Stück *Gengangere (Gespenster (*wörtlich *„die, die zurückkehren"))* aus. Das Stück erforscht die Art und Weise, wie Entscheidungen Konsequenzen haben und zurückkehren, um uns heimzusuchen, und es entlarvt die Ehe als nichts anderes als Heuchelei, Lügen und ein Handelsgeschäft mit Frauen als die gehandelten Güter.

Ibsen schreibt 1882 *En Folkefiende (Ein Feind des Volkes)*, das auch den Mut berührt, sich gegen die Normen und die Mehrheit zu stellen. Diesmal ist es ein Mann, Dr. Stockmann, der die Wasserverschmutzung in seiner Stadt aufdeckt und sich gegen wirtschaftliche Interessen stellt. Er kämpft also nicht für seine eigene Existenzberechtigung, sondern für Gesundheit, Umwelt und universelle humanitäre Werte, die von seiner lokalen Gemeinschaft nicht geteilt werden, die Profit verlieren könnte, wenn die Verschmutzung öffentlich bekannt wird. Das Stück hat diesen berühmten Satz bei einer Ratsanhörung:

> STOCKMANN:
>
> Die Mehrheit hat nie Recht! Niemals, sage ich! Es ist eine jener kollektiven Lügen, gegen die sich jeder freie, denkende Mensch auflehnen muss. Wer stellt in diesem Land die Mehrheit? Sind es die Weisen oder die Dummen? Ich glaube, wir sind uns einig, dass die Dummen die schrecklich überwältigende Mehrheit auf der ganzen Welt bilden. Aber es sollte niemals, in alle Ewigkeit, verdammt noch mal, als richtig angesehen werden, dass die Dummen die Weisen regieren!

August Strindberg

Der schwedische Autor und Dramatiker August Strindberg liebte den Fortschritt der modernen Wissenschaft und Technik. Nicht zuletzt faszinierte ihn Darwins Evolutionstheorie, die zu einer grundlegenden Erkenntnistheorie für viele von Strindbergs Schriften wurde: der Kampf zwischen den Schwachen und den Starken und der Kampf um Freiheit aller Art. Für die Menschen. Was Strindberg nicht gefiel, war die Befreiung der Frauen.

Im Jahr 1869 schreibt der 20-jährige Strindberg seine ersten Stücke, darunter *Fritänkaren (Der Freidenker)*, d.h. der Atheist; keines der Stücke erregt große Aufmerksamkeit. 1872 erregt Strindbergs Stück *Den Fredlöse (Der Gesetzlose)*, eine Wikingersage, mehr Aufmerksamkeit, und 1879 gelingt ihm mit *Röda Rummet (Das rote Zimmer)*, einem halbautobiografischen Roman über einen jungen Idealisten und einer Satire über das bürgerliche Leben in Stockholm, der große Durchbruch als Romancier.

1882 schreibt Strindberg eine bissige Satire mit dem Titel *Nya Riket (Das neue Königreich)*, in der er Religion und Autoritäten verspottet und wie Ibsen auf die Unfähigkeit der Mehrheit hinweist:

> Er weiß, dass der König wie folgt denkt, jetzt, da er über die Brücke zu seinem königlichen Hirschpark reitet: „Ihr jubelt mir zu, weil ihr denkt, dass ich euch eine neue Verfassung gebe, aber ich kann euch keine Freiheit geben, und das würde ich sicher auch nicht wollen, einer solchen Menge, die meinen Pfeifenputzer jubelt und so unwissend über die Verfassung ist, dass sie glauben, ich sei befugt, ihnen alles zu gewähren.

Die Reaktionen sind so feindselig, dass Strindberg Schweden verlassen muss und für einige Jahre in ganz Europa lebt, vor allem in Deutschland, Frankreich, der Schweiz, Dänemark und Österreich, wo er die Sprache beherrscht und die Schwingungen der Kultur auffangen kann. Aus seinem Exil schreibt er *Giftas (Getting Married, 1884-86)*, wofür er in seiner Heimat in Schweden wegen Blasphemie angeklagt wird, und *Inferno (Inferno, 1897)*, das auf seinem eigenen geistigen Zusammenbruch und seinem Kampf mit Mystik und Religion basiert.

Sein Privatleben ist höchst chaotisch, und er ist dreimal verheiratet; als Teil dieses Prozesses entwickelt er das, was am besten als schwerer Fall von Frauenfeindlichkeit bezeichnet werden kann, obwohl er das Gegenteil behauptet: Er liebt Frauen zweifellos, sie sollten einfach in der ihnen zugewiesenen Rolle als Mütter und Ehefrauen bleiben.

Bjørnstjerne Bjørnson

Wir lernten Bjørnstjerne Bjørnson bereits kennen, als er Bruun half, seine Volkshochschule zu gründen. 1874 kaufte Bjørnson, der romantisch über die norwegischen Bauern geschrieben hatte, einen Bauernhof in der Nähe von Bruuns Schule, um Teil der Umwelt zu sein und mit dem ländlichen Norwegertum in Verbindung zu treten. Es wurde ein ziemlich raues Erwachen. In einer Rede vor dem Studentenverband sagte er später: „Um herauszufinden, wie ignorant unsere Bauern sind, muss man aufs Land ziehen". Bruun schrieb später: „Dann, plötzlich, 20 Jahre nachdem er angefangen hatte, über den Bauern zu schreiben, entdeckte er, dass „der Bauer unglaublich ignorant ist". (...) Jemand weniger Romantisches hätte wohl genau gewusst, wie ignorant der Bauer ist, bevor er anfing, über ihn zu schreiben. Was die Freundschaft von Bjørnson und Bruun beendete, war jedoch ein Streit über die Strafen in der Hölle.

Bjørnson wurde Vorsitzender des Studentenvereins, er war politisch aktiv und ein enger Freund Ibsens, und er scheint für viele Menschen und Entwicklungen in und um Norwegen ein Vermittler gewesen zu sein. Nicht zuletzt entfachte er den einen großen Kulturkampf, der das moralische Gefüge in Skandinavien aufriss und Platz für die Moderne machte:

1883 wird Bjørnssons Stück *En Hanske (Ein Fehdehandschuh)* uraufgeführt, und es wirft die sehr einfache, aber höchst provozierende Frage der Doppelmoral in Bezug auf sexuelle Normen gegenüber Männern und Frauen auf.

Der junge Svava und Alf sind verlobt, als Svava erfährt, dass Alf früher eine andere Freundin hatte. Svava beendet die Verlobung und besteht darauf, dass für Männer und Frauen dieselben Regeln gelten müssen: Männer geben ihrer Frau ihre Zukunft, d.h. sie bleiben treu, wenn sie verheiratet sind; von Frauen wird erwartet, dass sie ihrem Mann auch ihre Vergangenheit geben, indem sie sich bis zur Ehe aufsparen. Svava erfährt dann von ihrer Mutter, dass ihr eigener Vater ständig untreu gewesen ist und dass die Mutter in der Ehe geblieben ist, hauptsächlich um Svava davor zu schützen, die Tochter einer geschiedenen Frau zu werden; wäre die Mutter gegangen, hätte die Tochter nie einen geeigneten Ehemann finden können.

Der moderne Durchbruch

Die traditionellen Sexualnormen wurden so seit Brandes' ersten Vorträgen 1870 in Frage gestellt, und Ibsen und Bjørnson heizten die

Debatte an, aber es ist Elisabeth Grundtvig, die den Stier bei den Hörnern packt: Wenn Männer und Frauen gleichberechtigt sein sollen, sollten sich die Männer an die sexuellen Normen in Bezug auf Frauen anpassen und bis zur Ehe keusch bleiben, oder sollten Frauen die gleiche sexuelle Freiheit zugestanden werden wie den Männern?

Elisabeth Grundtvig ist Redakteurin von *Kvinden og Samfundet (Die Frau und die Gesellschaft)*, der Zeitschrift des dänischen Frauenverbandes, und sie ist eine Suffragette (und die Enkelin des alten Grundtvig).

Sie wirft die Frage zunächst in einer Rede auf und veröffentlicht später ihre Rede in *Kvinden og Samfundet.* Persönlich ist sie der Meinung, dass beide Geschlechter vor der Heirat keusch bleiben sollten, weil dies Prostitution und die Geburt außerehelicher Kinder verhindern würde, was damals eine enorme Stigmatisierung darstellte.

Brandes ist völlig anderer Meinung als sie und schreibt in der Zeitung *Politiken* vom 6. bis 8. Juli 1887 nicht nur eine, sondern gleich drei Stellungnahmen, in denen er feststellt, dass natürlich sowohl Männer als auch Frauen vor der Ehe ein Sexualleben haben sollten! Warum nicht? Er weist auf häufige Fälle von Kindesmissbrauch hin und behauptet, nur wenn Menschen Sex vor der Ehe haben können, würden diese Verstöße aufhören. Aber er tut noch mehr als das, er greift sie persönlich an, und sie bringt ihn wegen Verleumdung und falschen Zitierens vor Gericht und gewinnt den Fall.

In der Zwischenzeit ist Bjørnson Frau Grundtvig in der Sex- und Geschlechterfrage zu Hilfe gekommen: Er ist der Meinung, dass Männer vor der Ehe keusch bleiben sollten, weil das die moralische Sache ist, die man tun sollte. Er reist sogar mit einem populären Vortrag über Monogamie und Polyamorie nach Skandinavien und empfiehlt Zurückhaltung.

Strindberg kann diese Prämisse überhaupt nicht akzeptieren und verspottet Bjørnson, Brandes, Frau Grundtvig, Ibsens Nora, Frauen im Allgemeinen und Suffragetten im Besonderen: Natürlich sollte Männern Sex vor der Ehe erlaubt sein! Und Frauen müssen keusch bleiben! Das ist die natürliche Ordnung der Dinge!

Natürlich nehmen auch die Kirche und konservative Stimmen teil, die moralische Tugend beanspruchen und sagen, was richtig ist, sei bereits durch die Schrift offenbart worden.

Viele Menschen nehmen daran teil und haben Meinungen zu den Themen. Eine Fülle von Romanen, Theaterstücken, Artikeln und Gedichten über Frauenrechte, sexuelle und andere Freiheiten werden in den skandinavischen Ländern veröffentlicht und über die skandinavischen Grenzen hinaus gelesen. Mehr als der Götiska Förbundet rund 70 Jahre zuvor ist diese Welle ein öffentliches, skandinavisches Gespräch vieler sehr unterschiedlicher Stimmen, auch wenn sie keine skandinavische Agenda als solche hat.

Ibsen, Bjørnson, Brandes und Strindberg sind jedoch die wichtigsten Namen dieser Zeit, und es ist eine interessante Tatsache, dass sie alle vier eine beträchtliche Anzahl von Jahren außerhalb ihres Heimatlandes verbringen; sie wären erstickt, wenn sie geblieben wären.

Volksbildung 2.0

In diesem Umfeld nimmt die Volksbildung andere Formen an als nur die Volkshochschulen für die Landbevölkerung. Vor allem in den Städten, aber auch auf dem Land, organisieren junge Menschen Sportvereine, und ab den 1880er Jahren entstehen Publikationen zur Popularisierung der Wissenschaft, Bibliotheken und größere Visionen für die *Bildung* der Arbeiterschaft.

In jedem der skandinavischen Länder und unter ihnen sind mehrere gegensätzliche Kräfte und Epistemologien im Spiel, die um die Wahrheit kämpfen. An den Volkshochschulen, vor allem in Dänemark und in gewissem Maße auch in Norwegen, spielt der romantische Nationalismus weiterhin eine entscheidende Rolle. In den Städten werden die Dinge durch die Ideen von Darwin und Marx sowie den erbitterten Kampf um die sexuellen Normen gründlich durcheinander gebracht. Unterdessen wollen viele Pastoren und konservative Kräfte in der Bourgeoisie, dass alles so bleibt, wie es ist.

Eine Bewegung von Bewegungen

Nicht jeder konnte sich drei bis fünf Monate an einer Volkshochschule leisten, und das Konzept war für die Arbeiter in den Städten nicht attraktiv. Stattdessen entfachte das organisierte Turnen Mitte der 1880er Jahre eine eigene Bewegung. Dabei handelt es sich hauptsächlich um Mannschaftsturnen, das anfangs eher militaristisch ist und darauf abzielt, die Jugend aufzurichten und ihr einige solide Werte zu vermitteln, aber es ist auch eine neue Art von Spaß, und die besten der jungen Leute, die sich einer Turnmannschaft anschließen, reisen zu großen Wettkämpfen in andere Teile ihres Landes.

Nach der Jahrhundertwende tauchen neue Sportarten auf, die individualistischer sind, aber es gibt immer noch einen starken Sinn für die Förderung guten Verhaltens unter den Teilnehmern. Das Ziel ist Teamgeist, *Bildung* und gemeinsamer Spass, und es ist die arbeitende und bäuerliche Jugend, die sich selbst in demokratischen Vereinigungen organisiert. Irgendwann werden auch Fußball und Handball zu beliebten Spielen.

Aus der Sicht der *Bildung* bringen die Turn- und Sportverbände:

- der Arbeiterklasse, den Knechten und Mägden buchstäblich bei, nach einem neuen und zusätzlichen Regelwerk zu spielen und sich einer anderen Art von Gemeinschaft anzuschließen, d.h. sie in die Ich-Schicht 3 zu sozialisieren.
- Den Körper nur von der Arbeit „befreien"; beim Sport ist der Körper im Besitz der Person selbst, nicht des Chefs, und man soll reine Freude an den Aktivitäten empfinden, eine neue Art des Selbstbewusstseins.
- Demokratische Schulung in persönlicher Verantwortung durch die Teilnahme an der Organisation des örtlichen Trainings und der Teilnahme an Wettkämpfen.
- Und sie erwarten, dass die Menschen Spaß haben können, ohne Alkohol zu trinken; es gibt ein Klassen-Selbstbewusstsein, das sowohl bezeichnend als auch interessant ist: Für die geringste Trunkenheit werden die Menschen ausgeschlossen. Ein Teil des Zwecks der strengen Regeln ist es,

> zu zeigen, dass junge Arbeiter und Bauern verantwortungsbewusste Menschen sind, die der Bourgeoisie moralisch in keiner Weise unterlegen sind.

Ein weiterer attraktiver Aspekt des Sports ist, dass diese Aktivitäten ein großartiger Ort sind, um einen Freund oder eine Freundin zu finden!

Zusammenarbeit mit der skandinavischen Volkshochschule

Wie wir in *Über Hans, der auf die Volkshochschule ging* gesehen haben, war der skandinavische Aspekt ein integraler Bestandteil der Volkshochschulen in Dänemark, und in Norwegen und Schweden hatten die Lehrer und Organisatoren der Volkshochschulen ein starkes Bewusstsein für die dänischen Wurzeln des Phänomens. Die Dänen wussten auch, was in Norwegen vor sich ging, aber nicht genau, was zwischen den Schulen in Schweden geschah.

Dies änderte sich, als im September 1883 ein skandinavisches Volkshochschul-Treffen an der Testrup Højskole in Dänemark stattfand: Rund 50 Dänen, 12 Norweger und 14 Schweden nahmen daran teil, wobei 6 der Schweden die Ehefrauen der teilnehmenden Volkshochschulleiter waren. Leonard Holmström, Leiter des schwedischen Hvilan, und Teodor Holmberg, Leiter von Tärna, den wir oben zitiert haben, waren zwei der Teilnehmer, ebenso wie Olaus Arvesen aus Norwegen und die Dänen Ludvig Schrøder, Jens Nørregaard und Christopher Bågø, die Theologen, die sich etwa 20 Jahre zuvor im Kleinen Theologicum versammelt hatten und von denen zwei auf Sohlmans Telegramme geantwortet hatten. Viele dieser Kontakte entwickelten sich zu persönlichen Freundschaften, an denen auch die Ehefrauen beteiligt waren.

1885 findet im norwegischen Sagatun ein skandinavisches Treffen statt, an dem sieben Frauen aus Finnland teilnehmen. Unter den rund 150 dänischen Teilnehmerinnen sind Elisabeth Grundtvig und ihre Kollegin Ida Falbe-Hansen. Dies ist immer noch zwei Jahre vor dem Kampf von Frau Grundtvig mit Brandes, aber ein ähnliches Thema wird auf dem Treffen angesprochen: Können die Volkshochschulen zusammengelegt werden? Arvesen und Falbe-Hansen geraten in einen Streit, in dem Arvesen bezweifelt, dass die jungen Männer sich beherrschen könnten, wenn Frauen dabei wären; Falbe-Hansen meint, es wäre ein Verlust für die Männer, wenn Frauen nicht an der Ausbildung teilnehmen. Die Mehrheit der männlichen Schulleiter ist unsicher über die Aussichten, die Geschlechter zu vermischen, aber Askov hat dies bereits in gewissem Umfang getan. Es ist eine Frau, die die Diskussion durchschneidet, Ragna Nielsen aus Norwegen:

Diejenigen, die besorgt sind, haben nicht die Erfahrung, und diejenigen, die die Erfahrung haben, sind nicht besorgt.

Ende der Diskussion. Nichtsdestotrotz wurden die dänischen Volkshochschulen mit Ausnahme von Askov erst Jahrzehnte später eingerichtet, und auch in Norwegen und Schweden änderte sich die Situation nicht; das Thema wurde 1894 erneut diskutiert.

Im Laufe der Jahre wurden mehr skandinavische Treffen abgehalten. Nur im Zusammenhang mit den politischen Fragen bezüglich der Unabhängigkeit Norwegens von Schweden im Jahr 1905 kam es zu einer gewissen Feindseligkeit in der Zusammenarbeit, aber das heilte schließlich ab, und die Treffen und die Zusammenarbeit gingen weiter.

BILDUNGS-ZEITSCHRIFTEN

In dem Maße, wie die politische Freiheit im Laufe des 18. Jahrhunderts zunimmt, nimmt auch die Zahl der Bildungs-, Kultur- und politischen Zeitschriften zu; wir werden nur drei davon nennen.

In Schweden gibt es eine Reihe mit dem Titel *Öreskrifter för folket (Pfennigblätter für das Volk)*, die zwischen 1860 und 1900 einmal wöchentlich in insgesamt 221 Ausgaben erscheint. Diese Zeitschrift erzählt Geschichte, aber auch Geschichten aller Art, von Erklärungen zu europäischen Kriegen bis hin zu Volkserzählungen aus verschiedenen Ländern. Im Jahr 1875 erscheint eine schwedische Übersetzung von *Über Hans*, d*er auf die Volkshochschule ging*, und 1883 wird *Über Karen, die auf die Volkshochschule ging*, übersetzt und veröffentlicht.

Es gibt mehrere Leichtlesepublikationen mit dieser Art von Allgemeinbildung, Aufklärung und Enkulturation der einfachen Leute, aber um die 1880er Jahre scheint es eine Verschiebung weg von Moralisierung und kulturellem Erbe hin zu Wissenschaft und Gesellschaft zu geben.

1882 gehören der 22-jährige Karl Staaff und der 22-jährige Hjalmar Branting, beide Studenten in Uppsala, zu den Gründern der Studentenorganisation Verdandi und ihrer gleichnamigen Publikation. Die Zeitschrift hat einen Umfang von etwa A5, ca. 80-100 Seiten, und erscheint einmal im Monat; jede Ausgabe präsentiert ein Thema in einem langen Artikel, der von einem führenden Wissenschaftler auf diesem Gebiet verfasst wird. Das Spektrum ist extrem breit und umfasst griechische Mythologie, politische Freiheit, Mathematik, *Bildung*, Weltgeschichte, Genossenschaften, Hygiene und vieles mehr. Obwohl das akademische Niveau hoch ist und der Inhalt von Wissenschaftlern geschrieben wurde, ist die Form sehr geradlinig und der Ton ist ganz anders als in Ole Vigs *Folkevennen* 30 Jahre zuvor; es gibt kein moralisches Urteil, nur die bestmögliche Aufklärung.

In Dänemark wird ab 1897 eine weitere aufklärerische Zeitschrift ein großer Erfolg: *Frem* (*Vorwärts*), die den Slogan „Wissen ist Macht" trägt. Sie betreiben ein geschicktes Marketing und bieten den Abonnenten coole Dinge wie eine Karte von Dänemark an, von der man im Laufe mehrerer Ausgaben jeweils einen Abschnitt erhält. Das Format der Zeitschrift ist etwa A4, sie hat 16 Seiten, mehrere Illustrationen und eine Reihe sehr kurzer, appetitlicher Artikel sowie ein langes Feature pro Ausgabe. Sie geben auch eine schwedische Version heraus, und um die Jahrhundertwende haben sie nach ihrer eigenen Verkaufsmasche in der Zeitschrift mehr als 156.000 Abonnenten in ganz Skandinavien, was bedeutet, dass wahrscheinlich etwa 500.000 Menschen sie gelesen haben.

Eine neue Generation von Denkern der *Bildung*

1899 schreibt Brandes ein Stück über die Situation der Dänen unter deutscher Herrschaft in Schleswig und Holstein, und er ist von den Deutschen nicht beeindruckt. In dem Stück erforscht er die Aufklärung unter den Dänen und den Beitrag der Universitätsstudenten, und er ist erst der zweite, der das dänische Wort für Volksbildung, *Folke-oplysning* (Volksaufklärung) verwendet:

> Auch sind unsere dänischen Studenten kultivierter als die deutschen Studenten. Mit berechtigtem Stolz kann der Däne gegenüber den Deutschen nicht nur die Nützlichkeit, sondern auch die kulturelle symbolische Bedeutung der bekannten Institutionen des Dänischen Studentenverbandes für sich in Anspruch nehmen: kostenlose *Bildung* für Arbeiter und Arbeiterinnen, kostenlose Rechtsberatung für die Armen, Herausgabe von Broschüren zur Förderung der Volksaufklärung, Führungen durch die Museen der Hauptstadt für das einfache Volk usw. Institutionen, die keine Studenten eines anderen Landes gegründet haben, oder die nur durch Kopieren dessen, was zuerst in Dänemark geschaffen wurde, entstanden sind.

Angesichts der Tatsache, wie sehr Brandes Dänemark und den Dänen gewöhnlich sehr kritisch gegenübersteht, vertrauen wir ihm, da er tatsächlich etwas Nettes über seine Landsleute sagt.

In Schweden sind die Intellektuellen und Pädagogen der Stadt auch um die Volksbildung der Arbeiter besorgt, und sie nehmen die kreative Fackel um die Jahrhundertwende auf.

Ellen Key

Die vielleicht berühmteste schwedische Volkskünstlerin ist Ellen Key, eine Schriftstellerin und Pädagogin mit einer Berufung, eine wahre Schulfrau! Sie war auch eine der frühen Suffragetten Schwedens und hatte einen Einfluss auf die Frauenbewegung, und dann schrieb sie ab etwa 1890 ausführlich über *Bildung*, und ihre Definition ist berühmt:

> *Bildung* ist das, was übrig bleibt, wenn wir alles, was wir gelernt haben, vergessen haben.

Eine Definition, die suggeriert, dass es in unserem Geist und in unserem Gedächtnis Strukturen gibt, die durch Wissen und Erfahrung entstanden sind und sich vom Wissen selbst unterscheiden; *Bildung* ist nicht der konkrete Inhalt, sondern die Strukturen, die der Inhalt hinterlässt.

Oscar Olsson

Der wirklich große Vorstoß für die Volksbildung in Schweden geschieht jedoch 1902, als Oscar Olsson, ein Lehrer, der in Lund studiert hat, den Studienkreis unter dem Motto *Folkbildning för folket och gjennom folket (Volksbildung für das Volk und durch das Volk)* erfindet. Unter dem Volk, d.h. den Arbeitern und zum Teil auch den Bauern, ist Volks-*Bildung* in Schweden hauptsächlich selbstorganisiert als Studienzirkel in den Häusern der Menschen im ganzen Land; die Volkshochschulen erreichen nie die gleiche Wirkung.

Das Format, die Art und Weise, wie die Menschen in diesen Kreisen gemeinsam lesen und studieren, garantiert, dass sie ein gewisses Qualitätsniveau hat und nicht nur zufälliges Gerede ist. Dass dieses Konzept in Schweden erfunden wurde, ist vielleicht keine so große Überraschung, wenn man die Traditionen der Hustavla und des Heimunterrichts der Kinder bedenkt; diese Traditionen des Selbststudiums gibt es bereits unter den Bauern und müssen mit den vielen, die in den Städten zu Arbeitern wurden, abgewandert sein. Auch wenn die Diagnose des schottischen Evangelisten, dass die Schweden Konformisten seien, durchaus zutreffend ist, so könnte eine solche Konformität selbstorganisierte Studiengruppen erleichtert haben. Selbstdisziplin in Gruppen wäre wahrscheinlich bei den Schweden viel einfacher gewesen als beispielsweise bei den Dänen, die eher dazu neigen, Organisationsprinzipien als Empfehlungen und nicht als Regeln zu betrachten, die befolgt werden müssen.

Staaff und Branting

Wie die dänischen und norwegischen Volksbildner haben die schwedischen Volksbildner die spezifische Absicht, die unterste, wenn nicht sogar die gesamte Gesellschaft auf eine höhere geistige oder spirituelle Ebene zu heben. Das Einzigartige an Schweden ist, dass zwei der Volksbildner Ministerpräsidenten werden und die Bildungsagenda von der

Spitze ihrer Gesellschaft aus bewusst vorantreiben, nämlich zwei der Initiatoren von Verdandi: Staaff und Branting.

Staaff ist der Sohn eines Stockholmer Pfarrers und wird in den 1890er Jahren Vorsitzender der schwedischen liberalen Partei und Schwedens Premierminister 1905-06 und 1911-14. 1905 nimmt Staaff an den Verhandlungen über die Abspaltung Norwegens von der Union mit Schweden teil.

Branting ist der Sohn eines Stockholmer Professors; er wuchs im Großbürgertum auf und besuchte die gleiche Privatschule wie der Kronprinz (der spätere König Gustaf V.), wo die beiden Klassenkameraden waren. Später studiert Branting in Uppsala Astronomie, bevor er in der Arbeiterbewegung aktiv wird, und er ist der De-facto-Vorsitzende der schwedischen sozialdemokratischen Partei seit ihrer Gründung 1889.

1889 ist auch das Jahr, in dem Branting in einer der sozialistischen Zeitungen einen Artikel schreibt, in dem er für den Atheismus wirbt, was ihm vier Monate Gefängnis wegen Blasphemie einbringt. Von seiner Gefängniszelle aus schreibt er 1889 einen Artikel für eine andere Arbeiterzeitung, *Arbetet*, in dem er eine Transformation fordert, die nicht nur materieller Natur ist oder „das Magenproblem", wie er es nennt, betrifft:

> Aber leider ist die Arbeiterbewegung auch heute noch nicht stark genug, um ein Organ zu tragen, das neben seinen rein sozioökonomischen und politischen Kapiteln dem Volk auch als Träger echter Kultur dienen, die kontinuierliche geistige Entwicklung begleiten, die Literatur und die Künste beleuchten, die Wissenschaft populär machen kann: das, mit einem Wort, in alle Richtungen eine Partei vertreten kann, die sich selbst dafür lobt, die Menschheit auf ein höheres Entwicklungsniveau heben zu wollen, nicht nur die „Magenfrage" lösen zu wollen, so wichtig dies als Voraussetzung für alles andere auch ist.

Was uns auffiel, als wir den Text zum ersten Mal sahen, war die „kontinuierliche geistige Entwicklung" und der „Wille, die Menschheit auf ein höheres Entwicklungsniveau zu heben". Er hat nicht nur einige sehr hohe Ideale zur Erhebung der Menschheit, er muss auch die deutschen

Idealisten gekannt haben! Da er den Atheismus fördert, muss die höhere „geistige Ebene" die *Bildung* und nicht Gott berücksichtigen.

Branting ist aber kein Luftschloss-Idealist. Er setzt seine Visionen in ganz konkrete politische Agenden um. Nach seiner Entlassung aus dem Gefängnis setzt er seine politische Karriere fort und wird 1907 zum ersten gewählten Vorsitzenden der schwedischen Sozialdemokraten gewählt. 1920 wird er der erste sozialdemokratische Ministerpräsident Schwedens – während sein alter Klassenkamerad König Gustaf V. ist.

1921 wird Branting nicht nur Minister für auswärtige Angelegenheiten, sondern auch Ministerpräsident, und hier wird die „Erhebung der Menschheit" zu mehr als nur einer erhabenen Idee. Die schwedische Politik ist nicht das, was ihn am meisten beschäftigt, er zieht es vor in Genf zu sein, wo er eine der treibenden Kräfte hinter der Gründung des Völkerbundes ist. Für seinen Beitrag erhält er 1921 zusammen mit dem Norweger Christian Lange den Friedensnobelpreis.

Was Branting als *Bildung* für die Gesamtbevölkerung ansieht, entspricht vermutlich der Ego-Schicht 4, der Selbst-Autorenschaft als Individuum und der Selbst-Autorenschaft als selbstbewusste Arbeiterklasse. Seine eigene *Bildung* muss in Schicht 5 gewesen sein, selbst-transformierend, und sein größter Zugehörigkeitskreis wäre mit Sicherheit die globale Zusammenarbeit und die kommenden Generationen gewesen – die globale Umwelt war noch kein Thema geworden. Branting und die Menschen, die mit ihm zusammenarbeiteten, stellten die bestehende internationale Machtstruktur unter den Nationalstaaten in Frage und wagten zu denken, dass die Welt anders sein könnte. Sie wagten es nicht nur zu denken, sie arbeiteten auch sehr direkt auf eine Veränderung der globalen Machtstrukturen hin.

Wir finden daher Branting's Bemerkung über die Erhöhung der Menschlichkeit bedeutsam: Diese „geistige" Erhöhung war die eigentliche politische Agenda der Sozialdemokraten, die nicht nur Schweden, sondern auch Dänemark und Norwegen prägte. Die Sozialdemokraten waren nicht die einzige Partei, die *Bildung* und Volksbildung wollte, aber wir kennen niemanden sonst, der es sich zur Aufgabe gemacht hat, *Bildung* global zu machen, die gesamte Spezies zu heben. (Und ein Hinweis aus der heutigen Zeit: Wann war das letzte Mal, dass ein skandinavischer

Sozialdemokrat solch hochfliegende Bestrebungen für den Planeten hatte?)

Insgesamt werden die beiden Studentenfreunde aus Uppsala, die die volksbildende Organisation Verdandi, Staaff und Branting gegründet haben, fünf Mal zum schwedischen Ministerpräsidenten gewählt. Staaff zweimal für liberale und Branting dreimal für sozialdemokratische Regierungen, und in den ersten Jahrzehnten des 20. Jahrhunderts machen sie die Volksbildung zu einem integralen Bestandteil der schwedischen Politik und des Staatshaushalts.

Alfred Nobel

Der Begründer der Nobelpreise, Alfred Nobel, kann kaum als Volksbaumeister an sich bezeichnet werden, aber indem er sein Vermögen „zum grössten Nutzen der Menschheit" gemäß seinem Testament von 1895 stiftet, wird er aus zwei Gründen interessant:

Erstens beeinflusst er die schwedische und bis zu einem gewissen Grad auch die norwegische nationale Identität. Die Preisträger in Wissenschaft und Literatur werden von der Königlichen Schwedischen Akademie der Wissenschaften bzw. der Königlichen Akademie der Literatur ausgewählt, und die Preisträger des Friedenspreises werden vom norwegischen Parlament gewählt. Die Feierlichkeiten finden jeweils in Stockholm und Oslo statt. Die ersten Preise wurden 1901 verliehen, zu einer Zeit, als Norwegen nur noch wenige Jahre zu Schweden gehören sollte.

Zweitens fördert Nobel so offensichtlich die komplexesten Kreise der Zugehörigkeit, und dies hat auch die schwedische Kultur und das Selbstverständnis nachhaltig beeinflusst. Wenn Grundtvig der Prophet des Dänentums ist, dann ist Nobel der Prophet des Universalismus. Das bedeutet zum einen, dass viele Schweden meinen, Schweden habe eine besondere Verpflichtung, den Rest der Welt in Ordnung zu bringen. Andererseits bedeutet es, dass es nicht ungewöhnlich ist, dass die Schweden denken, dass an ihnen nichts Schwedisches ist oder dass das Schwedentum einfach nicht existiert – und dass dies ironischerweise eine Sache ist, die an ihnen sehr schwedisch ist.

Kultureller Radikalismus

Um die Jahrhundertwende wurden die sexuellen Normen in Dänemark, Norwegen und Schweden in Frage gestellt, ebenso wie die Ehe selbst, der Patriotismus, die Religion, die Monarchie und im Grunde jede normtragende Institution in den skandinavischen Gesellschaften, aber die allgemeine Epistemologie hat sich noch nicht geändert. Die späten 1800er Jahre wurden als „moderner Durchbruch" bezeichnet, aber diese Modernität ist dabei, noch stärker zu werden und einen neuen eigenen ästhetischen Ausdruck zu erhalten, und dann bricht sie wirklich durch; zu den Treibern dieses Übergangs gehören eine neue Zeitung, eine neue Partei und eine neue Ideologie.

Die Dänischen Liberalen (im ursprünglichen Sinne, d.h. in Richtung Liberalismus neigend) waren ursprünglich die Bauernpartei, und sie waren die am stärksten linksgerichtete Partei, bis um 1870 die Sozialdemokraten auftraten. Wie so oft in der politischen Linken spaltete sich die Liberale Partei in mehrere Fraktionen auf, ebenso wie die Menschen um ihre Zeitung herum. Die beiden Hauptfraktionen der Liberalen waren die Grundtvigianer und die Radikalen; Brandes und die Menschen, die seine Ansichten teilten, waren die Radikalen, wobei sich ein Teil ihres Radikalismus auf ihre Haltung zu vorehelichem Sex bezog.

1884 gründen die Radikalen die Zeitung Politiken (Politik), um von den Grundtvigianern wegzukommen; das ist die Zeitung, in der Brandes 1887 Frau Grundtvig so rüde antwortet. Die Gründer der Zeitung sind Brandes' Bruder Edvard Brandes und Viggo Hørup, die beide liberale Abgeordnete des dänischen Parlaments zu dieser Zeit sind, sowie Herman Meyer Bing.

1905 gründen eine Reihe radikaler liberaler Politiker eine neue Partei, *Det Radikale Venstre (Die radikale Linke).*

Die Zeitung *Politiken* und die Partei *Det Radikale Venstre* entwickeln aus den normverändernden Debatten eine politische Ideologie, die einzigartig skandinavisch ist: Kultureller Radikalismus. Es ist ein nicht-sozialistischer Sozialliberalismus, d.h. sehr individualistisch, aber mit einem starken sozialen Gewissen, und er ist liberal im emanzipatorischen

Sinne: Er repräsentiert ein Wertesystem von Humanismus, Moderne, Internationalismus, Pazifismus und Demokratie.

Der moderne Durchbruch, Georg und Edvard Brandes und der kulturelle Radikalismus werden gewöhnlich nicht im Zusammenhang mit der Volksbildung erforscht; Georg Brandes verabscheute Grundtvig, Grundtvigianer und die Volkshochschulleute: er konnte ihren Nationalismus, ihre Religiosität und Romantik nicht ertragen. Wahrscheinlich auch nicht ihren Gesang. Dennoch erkannte er ihren immensen Beitrag zur Allgemeinbildung der Landbevölkerung an; im gleichen Stück von 1899, wie oben erwähnt, schreibt er:

> Aber unsere Bauernkultur ist weit kultivierter als die deutsche Bauernschicht.

In den 1890er und 1900er Jahren waren die Volkshochschulleute jedoch nicht mehr das Volk am Rande, das auf eine neue Ebene kultureller und geistiger Komplexität drängte; diese Rolle war von den Kulturradikalen übernommen worden. Wenn die Volkshochschulen die Jugend auf dem Land mit Enthusiasmus in die selbstverwaltete Schicht 3 drängten, fordert der Kulturradikalismus von jedem einen persönlichen Übergang von der selbstverwalteten Konformität zur Schicht 4 der Selbst-Autorenschaft; der Kulturradikalismus fördert eine Gesellschaft, in der Selbstverwirklichung und der Bruch mit den Normen die Norm sind.

Die Samen für diesen Normbruch werden vor dem Ersten Weltkrieg gepflanzt, aber bevor wir uns die frühen Früchte zwischen dem Ersten und Zweiten Weltkrieg ansehen, kehren wir kurz nach Schleswig und Holstein zurück.

Die Grenze zu Schleswig

Als sich 1918 herausstellt, dass Deutschland den Ersten Weltkrieg verliert, beschließt das dänische Parlament, dass die Möglichkeit einer dauerhaften Regelung bezüglich der Grenze zwischen Dänemark und Deutschland in Schleswig geprüft werden muss. Einige Dänen wollen ganz Schleswig zurück, andere wollen die Menschen in der Gegend darüber abstimmen lassen.

Und genau das passiert: 1920 gibt es eine Volksabstimmung, die Mehrheit in der nördlichen Hälfte Schleswigs will dänisch sein, die Mehrheit in der südlichen Hälfte Schleswigs will deutsch sein, und obwohl es vor und nach dem Zweiten Weltkrieg einige Streitigkeiten gibt, dürfen die Menschen, die dort leben, zu dem Land gehören, zu dem sie gehören wollen. Auf beiden Seiten der neuen Grenze gibt es eine Minderheit, die will, dass es anders wird, aber beide Minderheiten behalten ihre Sprache, ihre eigenen Schulen und ihre kulturelle Identität.

Wenn Hans und Karen, die in den späten 1860er Jahren auf die Volkshochschule gingen, gewusst hätten, dass der Konflikt auf diese Weise friedlich gelöst werden könnte, hätten sie wahrscheinlich einen schmerzlichen Verlust, vielleicht sogar eine Enttäuschung empfunden; kein romantisches Heldentum, nur der gesunde Menschenverstand. Im Jahr 1920 wären sie jedoch beide Anfang der 70er Jahre und Großeltern oder Urgroßeltern gewesen, wahrscheinlich selbstverändernd, und wahrscheinlich vollkommen glücklich, die Geschichte einfach weiterzuerzählen und den Konflikt loszulassen.

Kulturelle radikale Ästhetik

Zwischen den beiden Weltkriegen beginnen Nazismus und Kommunismus die Demokratie von beiden Seiten zu bedrängen. In diesem Prozess versuchen sich die anderen politischen Parteien in Skandinavien gegen die beiden Ideologien zu wehren, indem sie sich trotz der politischen Unterschiede um den nationalen Zusammenhalt scharen. Die überwiegende Mehrheit hat ein starkes demokratisches Bewusstsein, während andere mit dem Totalitarismus flirten, und innerhalb der Parteien gibt es Individuen, die in die eine oder andere Richtung tendieren. Dennoch gelingt es den demokratischen Parteien, gemeinsame Prinzipien zu wahren. Dazu gehören die Sozialdemokraten in allen drei Ländern, die ihre internationale Agenda aufgeben und von ganzem Herzen zu Volksparteien werden, die sich der nationalen Volkstümlichkeit verschrieben haben; in den 1930er Jahren war das eine bedeutende Änderung der politischen Agenda für Parteien, die ansonsten der Arbeiterinternationale beigetreten waren. Der Wandel eröffnete auch Raum für ein politisches Bündnis zwischen Industriearbeitern und Bauern, das für die skandinavischen Länder eher einzigartig ist, sich aber als sehr erfolgreich erwies.

Die einzige demokratische Ausnahme von dieser nationalen Agenda in den 1930er Jahren sind die Kulturradikalen. Sie beharren weiterhin auf Pazifismus und Universalismus, und sie sind nach wie vor eine Ideologie, die mit einer kulturellen Dynamik dazu beiträgt, dass sie sich nicht nur zwischen Sozialismus, Konservatismus und kapitalistischer Ideologie bewegen. Wenn wir die Geschichte aus der großen Perspektive betrachten, zeigt sich, wie erfolgreiche Meta-Erzählungen, d.h. Religionen und Ideologien, ihre eigene Ästhetik hervorgebracht haben, die in symbolischer Form zum Ausdruck bringt, was ihre Werte sind. Protestantische Kirchen wurden übertüncht, um eine neue Art von Gelassenheit zu erzeugen und den katholischen „Götzendienst" abzulehnen; als die Aufklärung die römische und griechische Kultur wiederentdeckte, wurde die Architektur neoklassizistisch. Kommunismus, Faschismus und Nazismus – alles totalitäre Ideologien –, schufen eine Architektur, die speziell darauf ausgerichtet war, die Menschen einzuschüchtern.

Die Sozialdemokraten und andere Teile der Arbeiterbewegung schufen politische Lieder und Plakate, sie schrieben auch große Sozialromane und -dramen, und einige Konservative schrieben Poesie, Drama und Literatur, sehr oft mit nationalistischem Einschlag, aber sie schufen nie ihre eigene Möbelserie.

Besonders interessant am Kulturradikalismus ist, dass er sich im Gegensatz zu anderen demokratischen Ideologien im 20. Jahrhundert bald in Ästhetik übersetzt und zum Schöpfer und Träger von Kultur wird. Seine humanistischen Werte manifestieren sich in Design, Architektur und im Grunde in allen Kunstformen. skandinavisches Design ist nicht nur glatte Ästhetik, es ist das Produkt des kulturellen Radikalismus und solcher Werte wie Harmonie, Proportionen menschlichen Maßstabs, Einfachheit, Minimalismus, Funktionalität, Rationalität, natürliche Materialien, Erschwinglichkeit, Gleichheit und ein gutes Leben für die einfachen Leute.

Ab den 1920er Jahren stellt der Stil das Erbe und die konservativen Normen in Frage, und seine Ästhetik wird zu einer Alternative zur Ästhetik der totalitären Ideologien Kommunismus, Faschismus und Nazismus. Das kulturradikale Design spricht die konservativ geprägte Mittel- und Arbeiterklasse vor dem Krieg zwar nicht an, dafür ist es zu avantgardistisch, aber es manifestiert andere Werte in physischer Form. Indem er Schönheit anbietet, manifestiert der Kulturradikalismus Ideale in der Realität. Kultureller Radikalismus leistet jedoch mehr als das, er produziert auch Schönheit in der Poesie und scharfe politische Satire, die den Totalitarismus entleert.

Poul Henningsen

Eine der schärfsten dänischen Stimmen gegen Nazismus und Kommunismus und für Demokratie und Modernität in den 1930er Jahren in Dänemark ist Poul Henningsen, der ebenfalls durch seine Initialen bekannt ist: PH. Sein Kampf gegen den Autoritarismus ist zweifach: autoritäre Ideologien in der Gesellschaft und autoritäre Tendenzen im Individuum; in beiden Kämpfen nutzt er Humor, Poesie und Design.

Henningsen studierte in den 1910er Jahren Architektur, und in den 1920er Jahren konzentriert er sich auf Licht und Lampen; 1925 entwirft er die PH-Lampe, die auf natürlichen Algorithmen basiert und eine ganze Philosophie des menschlichen Komforts hinter sich hat. Bis heute ist sie eine Ikone des kulturellen Radikalismus sowie des skandinavischen Designs und der Moderne – deshalb haben wir sie auf den Einband dieses Buches gesetzt.

Wie Brandes ist auch Henningsen zu stark für die Bourgeoisie, und doch wird er 1935 handverlesen, um einen offiziellen Kurzfilm über Dänemark zu drehen, der für das Land werben kann. Anstatt das romantische und idyllische Dänemark zu zeigen, das die Menschen erwarten, zeigt sein Film das moderne, industrialisierte Dänemark mit Menschen, die mit dem Fahrrad zur Arbeit fahren – und die Dänen sind empört!

Da die Nazis Dänemark im Mai 1940 besetzen und Henningsen sich nicht mehr direkt ausdrücken kann, werden seine Kabarett-Texte zu einer Fundgrube von Doppeldeutigkeiten und subtilen Wahrheiten. Einer seiner größten Hits stammt aus einem Sommerkabarett im Jahr 1940, das Lied *Man binder os på mund og hånd (Unsere Münder und Hände sind gefesselt).* In der letzten Strophe geht es um Freiheit, und das ist der Vers, den die besetzten Dänen unbedingt hören wollen, aber vor dieser letzten Strophe müssen sie einen Vers über die Perversität der Ehe und die lächerliche Erwartung hören, dem Ehepartner ein Leben lang treu zu bleiben. Die allgemeine Zuhörerschaft ist NICHT glücklich, aber ihr Hunger nach irgendeiner Art von Poesie, die Freiheit und einen Protest gegen die Deutschen ausdrückt, ist die Beleidigung gegen die heilige Institution der Ehe wert. Hier ist das Ende des letzten Verses, nach dem alle hungerten:

Unsere Münder und Hände sind gefesselt,
aber der Geist kann nie gefesselt werden.
und niemand ist gebunden, wenn die Gedanken frei sind.
Wir haben hier eine innere Festung
Die durch ihren eigenen Wert gestärkt wird,
solange wir für das kämpfen, was uns gefällt
Wer seine Seele aufrecht hält, kann niemals Sklave sein
Niemand kann über das herrschen,
was wir selbst entscheiden,
Dies versprechen wir mit Hand und Mund
in der Dunkelheit vor Tagesanbruch,
dass der Traum von der Freiheit
kann niemals enden.

Schiller hätte es nicht besser ausdrücken können.

Im September 1943 flohen Henningsen, seine Frau Inger, der dänisch-jüdische Architekt Arne Jacobsen und seine Verlobte in einem Ruderboot nach Schweden. Der Ruderer ist ein junger jüdischer Sportler, Herbert Marcus. Normalerweise wird den Dänen die Rettung der Juden zugeschrieben, aber in diesem Fall ist es ein sportlicher Jude, der sich selbst und einen der einflussreichsten Dänen rettet – und drei weitere Personen. (Lene hat Herbert, der nach dem Krieg nach Dänemark zurückkehrte und bis ins hohe Alter lebte, tatsächlich getroffen, aber er war nicht wirklich daran interessiert, über die Flucht zu sprechen: „Nee, ich war nur rudern...")

Skandinavien während des Zweiten Weltkriegs

Der Zweite Weltkrieg verlief in den drei skandinavischen Ländern recht unterschiedlich. Dänemark kapitulierte nach wenigen Stunden im April 1940, kollaborierte dann mit den Deutschen bis 1943, als die dänische Regierung zurücktrat. Norwegen wehrte sich ab April 1940 zwei Monate lang, kapitulierte danach und war bis Mai 1945 wie Dänemark besetzt. Schweden blieb neutral, erlaubte den Deutschen jedoch, seine Eisenbahnen für unbewaffnete deutsche Soldaten auf dem Weg von und nach Norwegen und Finnland zu nutzen, und Schweden exportierte während des gesamten Krieges Eisen nach Deutschland. Schweden nahm auch dänische Flüchtlinge auf.

Der Krieg hat keinen direkten Bezug zu unserem Thema, außer vielleicht zu einer Sache: der Rettung der dänischen Juden. In zwei Wochen im Oktober 1943 beförderten dänische Fischer etwa 7.200 Juden und etwa 700 nichtjüdische Familienmitglieder über den Öresund nach Schweden. Einige haben angedeutet, dass der Grund für die Rettung in den Volkshochschulen zu suchen sei. Wir wissen nicht, ob das wahr ist, aber wir bieten zwei Vorschläge an:

Das gegenseitige Zusammengehörigkeitsgefühl zwischen dänischen Juden und ethnischen Dänen war so stark, dass die Juden deshalb gerettet wurden, weil andere Dänen sie als Mit-Dänen betrachteten, d.h. die gemeinsame nationale Identität hatte sich über religiöse Grenzen hinweg manifestiert: Der Volksgeist von Fichte und Grundtvig konnte von der Religion losgelöst werden. Oder der Bildungsstand der Dänen erlaubte es ihnen, die Andersartigkeit der Juden zu schätzen und sie trotz unterschiedlicher Kultur und Religion als Mitmenschen zu sehen. Ob all dies der Grund dafür ist, wissen wir nicht, aber in einer Welt.

Skandinavische Moderne konsolidiert

Sehr zum Leidwesen der Kulturradikalen hassten die meisten „einfachen Leute" sehr oft ihr modernes Design und die Werte, die traditionelle Normen verhöhnten. Nichtsdestotrotz sickerte der Kulturradikalismus nach dem Krieg in alle Schichten der skandinavischen Gesellschaften ein, forderte sie heraus und schuf eine Erzählung, in der Selbstschöpfung heute eine Erstgeburt ist: Um ein voll respektierter Erwachsener zu werden, muss man Traditionen in Frage stellen und seinen eigenen persönlichen Lebensweg finden.

Es ist schwer zu sagen, wann die Volkshochschulen und die Volksbildung im Allgemeinen es nicht mehr nötig hatten, junge Menschen für das Menschsein und das Pflichtgefühl gegenüber der größeren Gesellschaft zu erwecken, sondern sich stattdessen auf persönliche Interessen und Selbstschöpfung konzentrieren konnten. Es ist sehr wahrscheinlich, dass der Wandel um die Zeit herum geschah, als der Nationalismus und der Einfluss der Grundtvigians auf die Gesellschaft so groß waren, dass Brandes es nicht mehr ertragen konnte. Vielleicht später.

Nach dem Zweiten Weltkrieg wurde es zu einem gemeinsamen Ziel der öffentlichen Schulen, den Schülern *Bildung* nicht nur in Richtung Selbstverwaltung, sondern auch in Richtung Selbst-Autorenschaft zu vermitteln.

Als politische Ideologie ist der kulturelle Radikalismus einzigartig skandinavisch, und obwohl der Name „radikal" ist, hat ihre sozial-liberale Agenda für den größten Teil des 20. Jahrhunderts die Mitte der skandinavischen Politik definiert. In Dänemark vielleicht mit der stärksten ideologischen Neigung und unter dem Namen „Radikal", in Norwegen passender als *Senterpartiet (Die Zentrumspartei)*, und in Schweden am häufigsten von der Liberalen Partei beherbergt, die jetzt rechts der Mitte steht.

Es gibt viel Gutes über eine Ideologie zu sagen, die will, dass der Einzelne zu einer selbst-verwalteten Persönlichkeit wird, und über eine Gesellschaft, die diese Ideologie fördert, aber sie löst auch einige familiäre Bindungen auf, die traditionell zur emotionalen und moralischen Unterstützung da sind. Mit seinem Rationalismus, Minimalismus und seiner Rebellion gegen über Generationen weitergegebene Normen trägt der Kulturradikalismus eine Kälte in sich, die nicht viel Raum für Leidenschaft, Patriotismus, Romantik, Sinnlichkeit, traditionelle Geschlechterrollen oder Werte wie Ehre, Scham und Ehrfurcht lässt. Er spricht eine Sprache, die die Menschen in vielerlei Hinsicht voneinander entfremdet, und eines ist sicher: Skandinavische Designer-Sofas sind nicht gerade warm und gemütlich.

Die Arbeiter, die Frauenbewegungen, die Pfadfinder und die Bibliotheken

Eine Reihe von Bildungsorganisationen oder Institutionen spielten in Skandinavien die gleiche Rolle wie anderswo im Westen und etwa zur gleichen Zeit, darunter die Arbeiterbewegung, die Frauenbefreiungsbewegung, die Pfadfinder und die Bibliotheken. Wir werden sie überhaupt nicht im Detail untersuchen, aber sie sind ein Teil des Gesamtbildes, und sie sind wichtig für den Kontext.

Die Arbeiter

Wir haben bereits kurz über die Arbeitnehmer berichtet, aber es ist auch erwähnenswert, dass 1899 ein großer Streik und Konflikt in Dänemark zu einer Gesamteinigung zwischen den dänischen Arbeitnehmerverbänden, den Arbeitgeberverbänden und der dänischen Regierung darüber führte, welche Rechte und Pflichten Arbeitnehmer und Arbeitgeber einander gegenüber haben. Sie schufen eine gegenseitige Anerkennung der Rolle des jeweils anderen auf dem Arbeitsmarkt und daher wird es das Drei-Parteien-Modell genannt. Die Einigung bedeutete, dass die Regierung sich aus der Festlegung der Löhne und Gehälter heraushält; diese werden zwischen Gewerkschaften und Arbeitgebern ausgehandelt, wobei die Regierung als dritte Partei am Tisch sitzt, jedoch ohne Abstimmung. Es gibt also keinen offiziellen Mindestlohn in Dänemark und auch nicht in Norwegen oder Schweden, die das Modell kopiert haben; wir haben also das „skandinavische Arbeitsmarktmodell", das ziemlich einzigartig ist und allen Parteien große Flexibilität, Freiheit und Sicherheit bietet. Als Teil des Modells trugen die drei Parteien zur Schaffung eines wirtschaftlichen Sicherheitsnetzes und zur Umschulung von Arbeitnehmern bei; dies ermöglichte es, dass sowohl die Einstellung als auch die Entlassung von Arbeitnehmern relativ einfach war, was wiederum die skandinavischen Arbeitsmärkte und industrialisierten Volkswirtschaften sehr flexibel gemacht hat. Solange sich die Länder an das Modell halten. Schweden wich in den 1970er-90er Jahren von Teilen des Modells ab, wodurch die gleiche starre Situation wie anderswo entstand.

Die Frauen

Die Frauenbefreiungsbewegungen in den skandinavischen Ländern unterschieden sich nicht allzu sehr von ähnlichen Bewegungen in den westlichen Ländern, und ihr Zeitpunkt des Auftretens war recht ähnlich. Eine interessante Kleinigkeit ist jedoch, dass der *Dansk Kvindesamfund (der dänische Frauenverein)* 1871 von Mathilde und Fredrik Bajer gegründet wurde. Letzterer war nicht nur in Bezug auf die Volkshochschulen aktiv und schrieb darüber in Sohlmans *Aftonbladet*, er war auch einer der Drahtzieher der 1889 gegründeten Interparlamentarischen Union, des internationalen Friedensrichters. Für diese Arbeit erhielt er 1908 gemeinsam mit dem Schweden Klas Pontus Arnoldson den Friedensnobelpreis.

Die verschiedenen Netzwerke von Menschen, die sich in der Volksbildung, der internationalen Friedensarbeit und der progressiven Emanzipation engagierten, überlagerten sich, und wir haben nur an der Oberfläche gekratzt, mit wem sie sonst noch in Verbindung standen, sei es innerhalb Skandinaviens oder in Finnland oder im übrigen Europa.

Die Pfadfinder

Die Pfadfinderinnen und Pfadfinder in den skandinavischen Ländern sind keineswegs einzigartig, aber wir finden sie entscheidend für die Ich-Entwicklung und für die Bildungsgeschichte, deshalb ist es interessant, dass das Phänomen auftaucht, wenn es auftaucht.

Die erste Pfadfinder-ähnliche Organisation waren die Woodcraft-Indianer, die 1902 in den USA entstanden, und Lord Baden-Powell schrieb 1908 sein Buch *Erkundungen für Jungs*, das von Jungen und Mädchen gleichermaßen verschlungen wurde. Von Anfang an bestand das Programm der Pfadfinder darin, Kindern Lebenskenntnisse und gute moralische Werte zu vermitteln. Sie sind eine Ego-Schicht 3 und eine Einführung in die Selbstverwaltung mit einem äußerst expliziten Gerüst in Form von Uniformen, Ritualen, Gruppenaktivitäten, Marschieren hinter der Fahne, Verdienstabzeichen, Gebeten, Gesang und einer Führungsstruktur, die es den Kindern erlaubt, die Verantwortung für die Führer untereinander zu wechseln.

Was die Pfadfinderinnen und Pfadfinder um 1910 begannen, 10-Jährigen anzubieten, hat einige strukturelle Ähnlichkeiten mit dem, was die Volkshochschulen um 1860 den 20-Jährigen anzubieten begannen. Es gibt natürlich einen riesigen Unterschied zwischen dem mentalen, emotionalen und intellektuellen Potenzial der 10- und 20-Jährigen, so dass der Inhalt sehr unterschiedlich war; die Pfadfinder förderten gute Taten hier und jetzt, die Volkshochschulen unterrichteten Makroökonomie. Aber angesichts der zunehmenden gesellschaftlichen Komplexität zwischen dem Landleben 1860 und dem Stadtleben 1910 finden wir es interessant, dass es so viele formale Ähnlichkeiten zwischen Pfadfindern und den frühen Volkshochschulen gibt; die drei Hauptunterschiede, die auffallen, sind die Uniformen, die Verdienstabzeichen und die Rituale wie spezieller Handschlag und Salutieren. Unsere Interpretation ist, dass mit zunehmender gesellschaftlicher Komplexität die jungen Köpfe bereit waren und Hilfe brauchten, um den Übergang zur Selbstverwaltung früher als bisher zu beginnen.

Die kulturradikalen Skandinavier haben die Pfadfinder im Laufe der Jahre wegen ihrer Marschbewegungen, ihrer Uniformen und ihres militaristischen Hintergrunds von ganzem Herzen verspottet. Aber wenn wir verstehen, dass für vorpubertäre Kinder die Schicht 3 eine Herausforderung ist, sollten die Gerüstelemente in der Pfadfinderei geschätzt werden; 8-Jährige neigen dazu, stolz auf eine Uniform zu sein, die zeigt, was sie erreicht haben, und die vielen verschiedenen Aktivitäten der Pfadfinder, die Verantwortung, Normen und moralische Werte fördern, erzeugen bei vielen Kindern ein bemerkenswertes Selbstvertrauen und eine bemerkenswerte Unabhängigkeit. Pfadfinderinnen und Pfadfinder helfen den Kindern, ein Gewissen gegenüber allen Kreisen der Zugehörigkeit und typischerweise ein Gefühl der persönlichen Verantwortung und Führung gegenüber den ersten drei Kreisen zu entwickeln: sich selbst, Familie 1 und Peer-Group. Sie engagieren sich auch in ihrer lokalen Gemeinschaft, im 5. Kreis der Zugehörigkeit. Die Übernahme von Verantwortung innerhalb dieser Kreise entspricht der kognitiven Entwicklung der Kinder und dem Grad der Komplexität, mit dem sie umgehen können. zunehmender Migrations- und Flüchtlingsströme ist es eine weitere Untersuchung wert.

DIE BIBLIOTHEKEN

Bücher und Bibliotheken hätten ein eigenes großes Kapitel haben müssen. Nicht zuletzt deshalb, weil die aktuelle Neurowissenschaft zeigt, dass Spiegelneuronen es uns ermöglichen, uns physisch mit Charakteren aus der Literatur zu identifizieren; wenn wir großartige Geschichten lesen, reagiert unser Gehirn emotional, als ob Dinge mit uns selbst geschehen würden. Im Gegensatz zu Film und Fernsehen zwingt uns das Lesen dazu, unsere eigene Bildsprache zu produzieren, und es ist daher ein aktiver Prozess, anders als das Betrachten visueller Medien.

Aus der Perspektive der *Bildung* und Ich-Entwicklung bieten öffentliche Bibliotheken also nicht nur Unterhaltungs- und Studienmaterial für Bildungszwecke, sondern auch Reisen aus unseren persönlichen Komfortzonen heraus. Durch Bücher können wir kulturelle und ideologische Rückschläge, moralische Dilemmata, Besuche in anderen Teilen der Welt, Identifikation mit Menschen, die ganz anders sind als wir selbst, mit anderen Werten und anderen Hoffnungen, Freuden und Frustrationen usw. erleben. Je mehr man liest, je mehr man bereits weiß, je mehr Erfahrung und *Bildung* man bereits hat, desto reicher wird jede Leseerfahrung; mit öffentlichen Bibliotheken und unterschiedlichen Lesegewohnheiten kann man zu einem geräumigeren Menschen werden.

In jedem westlichen Land haben gute, freie, öffentliche Bibliotheken eine entscheidende Rolle für die *Bildung* der Menschen gespielt. In Skandinavien entstanden um die 1880er Jahre Stadtbibliotheken, in den

1920er Jahren verstaatlichte die staatliche Gesetzgebung die Bibliothekssysteme und garantierte den gleichen Zugang zu Bibliotheken für alle, und ab den 1960er Jahren gab es massive kommunale Investitionen in den Aufbau guter öffentlicher Bibliotheken.

Den modernen Frühling zusammenfassen

In den 1880er Jahren gab es in ganz Skandinavien Volkshochschulen, die *Bildung* und Erziehung der Bauern zeigte in allen Gesellschaften Wirkung, und die Leiter der Schulen begannen sich auf skandinavischen Konferenzen zu treffen. Ebenso begann eine Reihe anderer Volksbewegungen zu blühen: Sport, Gewerkschaften, politische Parteien, Suffragetten und viele andere.

Ebenfalls in den 1880er Jahren begann eine Handvoll Intellektueller, die traditionellen Normen in den skandinavischen Ländern in Frage zu stellen. Die Debatten fanden über die Grenzen hinweg statt, wobei dänische, norwegische und schwedische Meinungsmacher ein wahrhaft skandinavisches Gespräch führten. Die Modernität und die kulturellen Veränderungen waren grenzüberschreitend und wurden zu einer skandinavischen Ideologie: Kulturradikalismus, der sich im skandinavischen Design um die 1930er Jahre herum manifestierte. Da der Kulturradikalismus Konformität verabscheute und auf Selbstverwirklichung und Normbruch bestand, beflügelte er einen gesellschaftlichen Übergang von Normen der Schicht 3, die Selbstverwaltung schätzen, zu Normen der Schicht 4, die Selbst-Autorenschaft schätzen.

Wenn wir also die Nordländer in der äußersten oberen rechten Ecke des World Values Survey finden, zeigt dies das Ergebnis einer Reise, die vor etwa 150 Jahren begann. Die Frage ist, wie schnell die skandinavischen Länder zu dieser Ecke der Matrix gelangt sind, aber die Umfragen gehen nicht weit genug zurück, um dies zu sagen.

Wirtschaftlicher Fortschritt

Angesichts der unterschiedlichen politischen Entwicklungen in Dänemark, Norwegen und Schweden und der unterschiedlichen Wirtschaftsstrategien in Bezug auf Landwirtschaft, Industrialisierung und

Hauptexporte scheint es in allen Ländern eine starke Korrelation zwischen Volksbildung und wirtschaftlichem Wohlstand zu geben. Dies sollte keine Überraschung sein, da eine Gruppe von Personen, die die Gruppe wichtig finden, die sich alle der Gruppe gegenüber verpflichtet fühlen und die sich für die Gruppe begeistern, eine starke und zuverlässige Gruppe schaffen wird, in der es sehr wenig Bedarf an Polizeiarbeit und anderen Formen der Kontrolle gibt. Wenn die Kontrolle erst einmal verinnerlicht ist und den Tag (buchstäblich) mit Gesang erfüllt, lässt sie viel individuelle Freiheit zu.

Wenn die Kultur darüber hinaus Individualität, individuelle Initiative und Selbst-Verwaltung akzeptiert, vielleicht sogar fördert, und eine kritische Anzahl von Menschen es wagt, kollektive Annahmen in Frage zu stellen, dann gibt es eine Grundlage für substantielle Veränderungen. Das ist geschehen.

Volks*bildung* in Skandinavien entwickelte sich aus dem deutschen Idealismus und dem englischen Pragmatismus und war stark von Rousseau und Pestalozzi inspiriert. Indirekt wurde die politische Entwicklung durch die amerikanische und französische Revolution beeinflusst, da die skandinavischen Eliten verstanden, dass das Volk *Bildung* brauchte, bevor es politische Macht ausüben konnte. Um das skandinavische Geheimnis zusammenzufassen: Skandinavien nahm das Beste von Deutschland, der Schweiz, Frankreich, England und den USA, fügte den skandinavischen Geist und die skandinavische Mythologie hinzu und machte sie zu unserer eigenen. Die Helden dieser Entwicklung waren Pastoren, Dichter, Lehrer, Bauern, Bauern und Arbeiter, Akademiker, die sich der Volksbildung widmeten, statt zu forschen oder Gymnasiallehrer zu werden, und Hunderttausende junger Menschen, die bereit und willens waren, aus Spaß zu studieren, und sich schließlich durch diese Erfahrung verwandelten.

TEIL IV

ERFORSCHEN, WAS WIR GEFUNDEN HABEN

Kontrollfälle; hält unser Denken stand? Skandinavien heute; was wir beim Schreiben dieses Buches gelernt haben, und kann die skandinavische Erfahrung dem Rest der Welt zugute kommen?

KAPITEL 12

WAS IST ANDERSWO PASSIERT? - KONTROLLFÄLLE

Um unsere Hypothesen zu überprüfen, können wir die Geschichte nicht noch einmal durchgehen, um zu sehen, was in Skandinavien ohne die Volkshochschulen und die Volksbildung geschehen wäre, so dass es schwierig ist, herauszufinden, ob es eine Kausalität zwischen Volksbildung und wirtschaftlichem Fortschritt, Glück usw. gibt. Aber wir können überprüfen, was in einigen anderen Ländern geschehen ist, und deshalb werden wir uns sechs weitere Fälle ansehen, um eine gewisse Perspektive zu erhalten: Finnland, Schweiz, Deutschland, skandinavische Einwanderer in den Vereinigten Staaten, Highlander Folk School in Tennessee und die Verbreitung von Kooperativen rund um den Globus.

Wir haben schon einen weiten Weg zurückgelegt. Vom feudalen, überwiegend analphabetischen Europa vor 400 Jahren bis zum modernen Dänemark, Norwegen und Schweden. Die fünf skandinavischen Länder: Island, Dänemark, Norwegen, Schweden und Finnland wetteifern fast untereinander darum, das glücklichste Volk der Welt zu sein, und die Schweiz ist das Land, das uns am ähnlichsten ist. Die fünf skandinavischen Länder stehen auch in der Matrix der World Values Survey oben rechts; Schweden ist das modernste und individualistischste Land der Welt, Dänemark und Norwegen liegen direkt dahinter. Ist die Volksbildung wirklich das Geheimnis hinter all dem?

Da es keinen Knopf zur Wiederholung der Geschichte gibt, haben wir sechs „Kontrollfälle" gefunden, die hoffentlich Licht auf diese Frage werfen werden.

FALL 1: FINNLAND

Finnland ist ein skandinavisches Land, so dass es wie eine Tautologie erscheinen mag, es als Fallstudie zu benutzen, um eine Hypothese bezüglich anderer skandinavischer Länder zu testen. Finnland unterscheidet sich jedoch in zwei wichtigen Punkten von den skandinavischen Ländern. Erstens ist die finnische Sprache nicht skandinavisch und unterscheidet sich ebenso von Russisch; sie ist mit Estnisch und Ungarisch verwandt, so dass jede kulturelle Verbindung, die Finnland zu Skandinavien und/oder Russland herstellt, eine bewusste Entscheidung ist, die eine sprachliche Anstrengung erfordert. Historische Umstände haben Finnland jedoch immer mit Schweden verbunden: Finnland war bis 1809, als Russland es an sich nahm, Teil Schwedens. Zweitens war das Land somit etwa 100 Jahre lang Teil Russlands, und die Unabhängigkeit Finnlands kam nach einem Bürgerkrieg im Jahr 1918; keines der skandinavischen Länder hat einen solchen Krieg erlebt. Der Krieg bestand zwischen den Roten und den Weißen, wobei die Roten die Arbeiter in den Städten waren, die mit Sowjetrussland sympathisierten, und die Weißen die alten bürgerlichen und übrig gebliebenen aristokratischen Eliten mit Verbindungen zu Schweden waren. Auch Finnland litt während des Zweiten Weltkriegs entsetzlich und musste buchstäblich um seinen Platz im Westen und in der skandinavischen Kulturzone kämpfen.

Während des gesamten 19. Jahrhunderts war Finnland pro Kopf der Bevölkerung das ärmste der skandinavischen Länder; erst um 1920-1925 änderten sich die Dinge radikal.

Während Finnland unter schwedischer Herrschaft stand, war Schwedisch die Regierungssprache in Finnland, aber während der russischen Herrschaft ab den 1830er Jahren setzte sich die so genannte fennomanische Bewegung für die Förderung der finnischen Sprache und des finnischen Kulturerbes ein. Zu den frühen Aktivitäten der Fennomans gehörten die *Lördagssällskapet (Die Samstagsgesellschaft)*, ein 1830 von einigen Studenten der Universität Helsinki gegründeter Samstagabend-Diskussionsklub, der darüber beriet, wie eine finnische Nation geschaffen werden konnte, und die 1831 gegründete Finnische Literaturgesellschaft. Letztere machte Grundtvig übrigens 1834 zum ehrenamtlichen „Ausländischen Korrespondenzmitglied des Vorstands". Johann Vilhelm Snellman, den wir bereits kennen gelernt haben, war eine der führenden Persönlichkeiten der fennomanischen Bewegung. 1835 veröffentlichten sie das alte finnische Epos Kalevala, das von dem Gelehrten und Volkskundler Elias Lönnrot zusammengestellt worden war.

Snellman wurde 1835 Dozent für Philosophie an der Universität Helsinki, und 1842 veröffentlichte er *Läran om staten (Politikwissenschaft)*, das stark von Hegels Philosophie beeinflusst war und die Idee förderte, dass das Wesen eines Staates ein nationaler Geist ist. 1844 initiierte er die Publikation *Maamiehenystävä (Freund des Bauern)* in finnischer Sprache, und später gab er zusammen mit *Lönnrot das Litteraturblad för allmän medborgerlig bildning (Literaturzeitschrift für allgemeine staatsbürgerliche Bildung)* in schwedischer Sprache heraus. 1856 wurde er Professor an der Universität Helsinki, und von 1863 bis 1868 war er Senator. Vor seinem Tod 1881 setzte er sich sehr aktiv für die Volkshochschulen in Finnland ein, und insgesamt ist er mehr oder weniger ein Katalog der Verbindung zwischen den deutschen Bildungsträgern und der skandinavischen Entwicklung von Volksbildung, nationaler Identität und persönlicher Entwicklung. Persönlich ist es also sehr passend, dass es ein Text von ihm war, der uns zu den Einsichten brachte, die uns dazu brachten, dieses Buch zu schreiben.

In den 1860er Jahren begannen die Finnen, wie die Schweden, den Volkshochschulen in Dänemark Aufmerksamkeit zu schenken, und finnische Schulkinder nahmen in den 1880er Jahren an den Treffen der skandinavischen Volkshochschulen teil. Die erste finnische Volkshochschule wurde 1889 von Sofia Hagman gegründet; es handelte sich um ein dreimonatiges Programm für Frauen mit Schwerpunkt auf Handarbeit und anderen Handwerken, Vorträgen über Geschichte und Literatur. Insgesamt spielten Frauen bei der Volksbildung in Finnland eine bedeutendere Rolle als in den anderen skandinavischen Ländern, und die Schulen wurden von Menschen mit akademischem Hintergrund und nicht von Bauern und Pastoren gegründet. Doch die nationale Identität und das nationale Erbe und die Religion spielten dieselbe Rolle wie in

Dänemark und Norwegen, und die Bindungen zu Dänemark waren stark, als die Schulen in Finnland gegründet wurden: Von den 13 Schulen, die zwischen 1889 und 1894 gegründet wurden, scheinen alle Leiter in Dänemark gewesen zu sein, 12 von ihnen an der Trierer Askov Højskole – und die Sponsoren und andere Personen, die die finnischen Schulen unterstützten, waren in der Regel auch an einer dänischen Volkshochschule gewesen.

Nach der Unabhängigkeit von Russland 1918 durchlief Finnland eine sehr schnelle Industrialisierung und Demokratisierung. Die Sieger des Bürgerkriegs waren die Weißen, die von den Fennomanen unterstützt wurden. Sobald der Bürgerkrieg vorbei war, wählte Finnland die Zugehörigkeit zu den skandinavischen Ländern statt zu Russland/der Sowjetunion und kopierte mehr oder weniger jede gesellschaftliche Institution Skandinaviens mit Ausnahme der Monarchie.

Die Geschwindigkeit, mit der Finnland diesen Aufstieg zu einem der reichsten Länder Europas vollzog, ist bemerkenswert. Abgesehen von der Tatsache, dass es uns allen Hoffnung geben sollte, ist es bemerkenswert, dass es bis dahin 30 Jahre Volksbildung gegeben hat. Diese muss nicht nur für die persönliche *Bildung* eines kritischen Teils der Bevölkerung im ganzen Land gesorgt haben, es gab auch Institutionen und eine Epistemologie für die Erwachsenenbildung, sobald das Land industrialisiert war. Es gab auch persönliche Bindungen zu Dänemark und Schweden, was den Know-how-Transfer angesichts der rasanten Modernisierung Finnlands sehr erleichtert hat.

Fall 2: Schweiz

Es ist wohl niemandem entgangen, dass die Schweiz in diesem Buch zu verschiedenen Themen auftaucht, am häufigsten im Zusammenhang mit Pestalozzi und den Top Ten in internationalen Umfragen. Kaum ein Land ist den Nordländern so ähnlich wie die Schweiz, wenn es um die Kombination von Glück, menschlicher Entwicklung, Wohlstand und anderen guten Länderqualitäten geht.

Pestalozzi spielte eine grosse Rolle in der Entwicklung der Volksbildung in den skandinavischen Ländern, aber er spielte eine noch grössere Rolle in der Entwicklung der Schweiz. Die Schweizer scheinen ihn aber vergessen zu haben. Wir wissen, dass dies nur ein anekdotischer Beweis ist, aber dennoch: Tomas lebte 25 Jahre lang in der Schweiz und hat nie etwas von Pestalozzi gehört. Er hat dort auch drei Kinder aufgezogen, die zwischen 2002 und 2016 auf öffentliche Schweizer Schulen gingen und kann sich auch nicht daran erinnern, von ihm gehört zu haben.

Seit Jahren versuchen Ökonomen und Politologen herauszufinden, warum und wie sich die Schweiz und die Nordländer zu einer so wohlhabenden und glücklichen Bevölkerung entwickelt haben. Die Ursache für die Kopfschmerzen liegt darin, dass, während die Bevölkerungszahl der Länder mehr oder weniger gleich gross ist (Dänemark 5,7 Mio., Norwegen 5,3 Mio., Schweden 9,9 Mio. und die Schweiz 8,6 Mio.), unsere Volkswirtschaften und politischen Systeme strukturell etwas unterschiedlich sind: Die Nordländer verfügen über ausgedehnte Sozialstaaten, die Schweizer über private und arbeitgeberfinanzierte Versicherungen. Die Nordländer haben sehr liberale Werte, die Schweizer sind relativ konservativ – nach dem World Values Survey sind sie die konservativsten und traditionellsten unter den Protestanten. Dies zeigt sich insbesondere bei der Gleichstellung der Geschlechter: Schweizer Frauen erhielten das Stimmrecht erst 1971, in einem Kanton erst 1991. Die Nordländer sind repräsentative Demokratien mit politischer Macht im nationalen Parlament und in der Regierung und einem unterschiedlichen Grad an kommunaler Autonomie; die Schweizer Demokratie ist direkter mit viel mehr Volksabstimmungen zu einzelnen Themen und mit einer Machtverteilung zwischen den relativ autonomen Kantonen und ihren Gemeinden.

Eine wirtschaftliche Ähnlichkeit zwischen der Schweiz und den skandinavischen Ländern besteht darin, dass wir sehr raffinierte/komplexe Produkte herstellen und daher hoch qualifizierte Arbeitskräfte benötigen – oder besser gesagt: wir haben hoch qualifizierte Arbeitskräfte und sie entwickeln komplexe Produkte.

Im Jahr 2013 verglich eine private Forschungsinitiative Dänemark und die Schweiz und erstellte den Bericht *Det gode samfund (Die gute Gesellschaft)*, der zu dem Schluss kam, dass eine Schweizer Familie im Durchschnitt etwas mehr Geld hat als eine dänische, aber abgesehen davon sind die Unterschiede in der Lebensqualität minimal. (Der Bericht ignoriert hübsch, wie spät Frauen das Wahlrecht erhielten; unter Gleichstellung konzentriert er sich nur auf den Zugang zu Kinderkrippen und Kindergärten). Der Bericht ist ein schlecht versteckter Versuch, die Dänen davon zu überzeugen, dass sie ein kleines Regierungssystem und niedrige Steuern wie die Schweizer bevorzugen sollten. Ob das eine Steuersystem und der Sozialstaat besser ist als das andere, ist definitiv eine Debatte wert, aber es ist sehr typisch, dass bei der Diskussion über „die gute Gesellschaft" nur die wirtschaftlichen Faktoren untersucht werden. Der Bericht lässt die kulturellen, bildungs- und bildungspolitischen Aspekte, die hinter den Erfolgen sowohl Dänemarks als auch der Schweiz stehen könnten, völlig außer Acht.

Was wir als den gemeinsamen Nenner zwischen den skandinavischen Ländern und der Schweiz sehen, sind

- eine starke und explizite pädagogische Tradition, in der jemand für die *Bildung* der unteren Schichten brennt; eine bewusste Agenda, um die Basis der Gesellschaft durch *Bildung* und persönliche Entwicklung von Bewusstsein und Gewissen zu heben.
- persönliche und politische Emanzipation und eine starke Ideologie für Gleichberechtigung (obwohl dies in der Schweiz bis vor kurzem noch nicht für Frauen galt).
- ein ausgeprägter Sinn für soziale Gerechtigkeit; wir verfolgen diese soziale Gerechtigkeit auf unterschiedliche Weise durch verschiedene Steuer- und andere Wirtschaftsstrukturen, aber die moralische Agenda war explizit, als unsere Wirtschaftsstrukturen entwickelt wurden.
- Bildungssysteme, die die Komplexität des Geistes fördern, was es uns ermöglicht, hochkomplexe Produkte herzustellen und eine hochkomplexe Wirtschaft am Laufen zu halten.

Für alle vier können wir alle Pestalozzi sehr dankbar sein, und insbesondere die Schweizer können auch dem Kinderpsychologen Jean Piaget danken.

Als vielleicht können die Schweizer auch Christen Kold und Fritz Wartenweiler danken. Wartenweiler wurde 1889 in der Schweiz geboren; 1909 wurde er Lehrer an der Ryslinge Højskole. Später studierte er Philosophie an der Universität Kopenhagen, und 1912 studierte er in Zürich, wo er seine Dissertation über Grundtvig schrieb. Ausgehend von seinen dänischen Erfahrungen begann Wartenweiler in den 1920er Jahren mit der Erwachsenenbildung in der Schweiz, gründete später dort seine eigene Volkshochschule und wird oft für die Entwicklung der Erwachsenenbildung in der Schweiz verantwortlich gemacht. Wir haben dies nicht weiter erforscht und wissen daher nicht, welche Auswirkungen die Erwachsenenbildung in der Schweiz im 20. Jahrhundert gehabt hat.

Fall 3: Deutschland im 19. und 20. Jahrhundert

Wir verließen die Deutschen und ihre *Bildung* um die Zeit von Hegel, von Humboldts Bildungsreformen, Napoleon und dem Aufkommen des *Neuhumanismus*, aber was geschah dann? Und wenn man bedenkt, dass die Deutschen all diese *Bildung* hatten, wie kommt es dann, dass so viele von ihnen sich dem Nazismus widmeten und den Zweiten Weltkrieg für sinnvoll hielten? Wie konnten sie das alles so falsch verstehen? Sollte die Ich-Entwicklung doch nicht eine gute Sache sein?

Napoleon wurde 1815 bei Waterloo in Belgien von den Briten besiegt und danach auf der Atlantikinsel St. Helena inhaftiert. Die Nationalstaaten Europas begannen dann wieder, sich selbst wiederherzustellen – und neue Kriege gegeneinander zu erfinden, um festzulegen, wo die Staatsgrenzen als nächstes verlaufen sollten.

Herder starb 1803, Schiller 1805, Fichte 1814. Pestalozzi starb 1827, Hegel 1831, Goethe 1832, Hölderlin 1843 und Schelling 1854.

Richard Wagner wurde 1813 in Leipzig geboren und begann in den 1840er Jahren mit der Komposition seiner hochromantischen Opern auf der Grundlage der skandinavischen Mythologie und des deutschen romantischen Nationalismus, wobei sein Markenzeichen das *Gesamtkunstwerk* ist: das Opernspektakel einschließlich aller Kunstformen.

Von Goethes *Werther* an und während der gesamten romantischen Epoche wurden die Bauern im deutschen Denken kaum mehr als eine malerische Requisite betrachtet, die der Natur Folklore hinzufügt und eine Art Materialisierung des lokalen Volksgeistes darstellt. In den Denk- und Schreibklassen wurden die Bauern nicht als potentielle politische Subjekte betrachtet, die der Emanzipation, Ermächtigung und irgendeiner Art von *Bildung* im emanzipatorischen Sinne bedurften. Dieser Standpunkt in Bezug auf die Bauern (und auch die Arbeiter, außer dass sie kein hübscher Teil der Natur waren) änderte sich wirklich nur unter den Intellektuellen mit Karl Marx.

Marx wurde 1818 in Trier geboren, das damals zu Preußen gehörte, nahe der Grenze zu Luxemburg. Mit 18 begann er ein Studium in Berlin und interessierte sich für Hegels Idealismus und sein dialektisches System. Zusammen mit anderen jungen Denkern entwickelte Marx auf der Grundlage des Hegelschen Systems das Konzept des dialektischen Materialismus, die Grundlage für das, was als Marxismus bekannt wurde. 1843 zog Marx nach Paris, wo er politisch aktiv wurde und 1844 Friedrich Engels traf.

Die beiden Männer verstanden sich gut und schrieben 1848 gemeinsam *Das kommunistische Manifest*, und 1850 zog Marx nach London, wo er *Das Kapital, Kritik der politischen Ökonomie* schrieb. Es ist eine brillante Analyse der wirtschaftlichen und gesellschaftlichen Mechanismen und Probleme im kapitalistischen System, aber wie das *Kommunistische Manifest* schlägt es einige allzu idealistische und schreckliche Lösungen vor; sein erster Band erschien 1867 (im selben Jahr, in dem *Hans, der auf die Volkshochschule ging* in Dänemark veröffentlicht wurde und der Herausgeber Sohlman sich für Volkshochschulen in Schweden einsetzte).

Marx zufolge wird sich die Welt in Richtung einer Situation entwickeln, in der die Arbeiter die Produktionsmittel gemeinschaftlich besitzen werden. Diese Gemeinschaft oder eben Kommunismus kann durch eine Revolution gefördert werden. Da diese Vorhersage auf Hegel und der historischen Analyse beruht, wurde die verzerrte Schlussfolgerung unter den Hardcore-Marxisten, dass jeder, der gegen die Revolution und den Kommunismus ist, gegen den Weltgeist und gegen die Geschichte selbst ist. Diese letztere Behauptung ist es, die den Kommunismus zu einem

Glaubenssystem mit seinen eigenen Eiferern, totalitären Herrschern und Inquisitionen gemacht hat. Wenn man bedenkt, dass Hegel, Hölderlin und Schelling eine neue Religion schaffen wollten, kann man mit Fug und Recht sagen: Mission erfüllt!

In den Jahren 1848-49 gibt es auf dem gesamten europäischen Kontinent, nicht nur in Preußen, versuchte Revolutionen. Die Menschen wollen politische Freiheit, die Arbeiter leiden wirtschaftlich, und viele Europäer hassen das Feudalsystem. In den Kämpfen zwischen dem Volk und dem örtlichen Militär und der Polizei in verschiedenen Ländern sterben schätzungsweise zwischen 24.000 und 77.000 Europäer.

In Preußen, wie auch anderswo, können die Arbeiter das Regime nicht ändern, aber sie können durch ihre politischen Organisationen Erwachsenenbildung organisieren – ein Bemühen, das bis 1871 recht erfolgreich ist.

1862 wird Otto von Bismarck von König Wilhelm I. zum Ministerpräsidenten Preußens ernannt, eine Position, die der hochkonservative Bismarck bis 1890 innehat (mit Ausnahme einer kurzen Zeitspanne im Jahr 1873). Bismarck will die vielen kleinen Staaten im Deutschen Bund hinter Preußen versammeln und ein vereintes Deutschland schaffen; ob er die Kriege gegen Dänemark 1864, Österreich 1866 und Frankreich 1870-71 aus eben diesem Grund provoziert, wird von Historikern diskutiert, Tatsache ist jedoch, dass Bismarck nach den Siegen 1871 das Deutsche Reich mit sich selbst als Kanzler und Wilhelm als Kaiser bildet.

Volksbildung

Nachdem sie 1848 ihre Lektion gelernt hatten und mit Karl Marx und anderen für Sozialismus und Revolution eintraten, sind die deutschen Konservativen angesichts der Aussicht auf weitere Aufstände entsetzt. Gleichzeitig sind sich Bismarck und andere, die gerade erst Deutschland geeint haben, bewusst, dass die Vereinigung des Volkes mehr als „Blut und Eisen" erfordert. Das Volk muss sich als deutsch fühlen. Bismarck und seine Kollegen müssen ihren Fichte studiert haben. Die politische Führung und die Industriellen fürchten auch die Unwissenheit der Arbeiter, weil die boomende Industriewirtschaft besser ausgebildete

Arbeitskräfte braucht. Kurzum: Jemand muss den Menschen etwas deutsche Identität, *Bildung* und nützliche Fähigkeiten vermitteln.

Zu diesem Zweck wird am 14. Juni 1871 in Berlin die *Gesellschaft für die Verbreitung von Volksbildung* gegründet. Eines der ersten Projekte der Gesellschaft ist die Einrichtung von Bibliotheken, was ein ziemlicher Erfolg wird. Weniger erfolgreich sind ihre Vorträge: nicht nur sind die Vorträge nicht um Themen angeordnet, die sich auf das Leben der Arbeiter beziehen, auch Fragen und Antworten nach den Vorträgen sind verboten. Wir finden das entscheidend: Im Handbuch der Volksbildungsgesellschaft steht, dass keine Diskussion oder Unterbrechung während des Vortrags erlaubt ist, da dies die harmonische Form der Präsentation zerstören würde. Das Ziel der Gesellschaft ist es, „den Geist zu erleuchten und das Herz zu erwärmen", nicht zu debattieren.

1878 beenden Bismarcks antisozialistische Gesetze die Erwachsenenbildung der Arbeiter und ihre Bibliotheken werden beschlagnahmt. Das bisschen Erwachsenenbildung, das die Arbeiter danach selbst zu organisieren wagen, ist Grundbildung und Berufsausbildung.

In den 1880er und 1890er Jahren entstehen in Deutschland eine Reihe von Initiativen zur Erwachsenenbildung oder *Volksbildung*, aber ein gemeinsamer Nenner ist, dass soziale, wirtschaftliche und religiöse Fragen vermieden werden. Stattdessen konzentriert sich die Volksbildung auf die Aufwertung der Arbeitskraft, und die einzige erlaubte nichtberufliche Ausbildung sind wissenschaftliche Themen oder Ästhetik, wobei letztere immer weniger Beachtung findet. Die antisozialistischen Gesetze werden 1890 aufgehoben, aber dies ändert nichts an der Erwachsenenbildung. Der Kontrast zur Entwicklung in Skandinavien ist bemerkenswert.

GOTT IST TOT - ES LEBE DER ÜBERMENSCH!

Während Bismarck versucht, jeden Deutschen in seine konservative, imperiale Erkenntnistheorie zu pressen, überzeugt sich Friedrich Nietzsche davon, dass Gott tot ist und dass die Zukunft einen Übermenschen hervorbringen wird.

Nietzsche wird 1844 geboren, ist 1869-78 Professor für Philosophie und von 1879 bis 1888, als er geisteskrank wird, ein unabhängiger Philosoph. Seine Hauptwerke schreibt er zwischen 1876 und 1888, und sein scharfer Witz und sein Mangel an Toleranz gegenüber Mittelmäßigkeit und menschlicher Torheit ist so brutal, dass es urkomisch ist. Wenn wir ihn diagnostizieren würden, würden wir sagen, dass er ein vollkommen gesundes und süßes, sinnliches Genie war, das schon in jungen Jahren die Selbst-Verwaltung und dann die Selbst-Autorenschaft transzendiert und sich dann in einer abgerundeten, sich selbst-transformierenden Schicht 5 niedergelassen hatte, in der er eine Systemperspektive und den Drang genoss, sich über den nationalen, sechsten Kreis der Zugehörigkeit hinaus zu verbinden.

Leider lebte er in einer Zeit und in einer Kultur, die nur die Selbst-Verwaltung der Schicht 3 akzeptierte und die keine Perspektive jenseits der Nation und der religiösen Konfession hatte, d.h. der 6. Kreis der Zugehörigkeit war der letzte Kreis. In einem solchen Umfeld konnte er niemanden finden, der seiner geistigen Komplexität entsprach - außer vielleicht Georg Brandes, Strindberg und ein paar andere, mit denen er Briefe austauschte, die er aber nie oder nur selten treffen konnte. Aus dieser schrecklichen Einsamkeit heraus schrieb er seine rücksichtslosen Kommentare über seine Mitmenschen, und wenn er über den Übermensch schrieb, der in der Zukunft auftauchen und herrschen würde, vermuten wir, dass er an mehr Selbst-Transformatoren dachte, an Menschen, die sich selbst transzendieren und die Komplexität der Welt als ein integriertes Ganzes aus einer globalen Systemperspektive beherbergen können. Wenn man Nietzsches Texte mit diesem Verständnis des „Übermensch" liest, ergibt das eine andere Art von Sinn. In *Also Sprache Zarathustra* beschreibt er die Entwicklung in drei Stufen: Das Kamel, das bereitwillig die Lasten trägt, die auf seinen Rücken gelegt werden, der Löwe, der in seinem Territorium herrscht, und das Kind, das spielt und die Welt erforscht; wir interpretieren dies als die drei Schichten 3, 4, und 5.

Gesprächsabende

Trotz des Engagements von Bismarck und anderen für die eingleisige Erwachsenenbildung beginnt eine Person, die *Bildung* der Arbeiter in einem anderen Licht zu sehen. Sein Name ist Robert von Erdberg; er hat seinen Titel als Baron von seinem verarmten Vater geerbt, ist aber ansonsten nur ein Bürokrat. Im Jahr 1895 wird er bei der Zentralstelle für Sozialwesen im Deutschen Reich für die Erwachsenenbildung zuständig und kümmert sich intensiv um die Volksbildung der Arbeiter. Erdberg ist inspiriert von den englischen Arbeitern und wie sie sich damit identifizieren, Engländer zu sein, und er will die Erwachsenenbildung in Deutschland verändern, weiß aber nicht wie.

Ein Hindernis ist, dass die Mehrheit der Teilnehmer an der deutschen Erwachsenenbildung aus der unteren Mittelschicht kommt, die sich nach Kräften mit der besser gestellten Mittel- und oberen Mittelschicht identifizieren. Ihnen geht es also nicht um gesellschaftlichen Wandel und Emanzipation, sondern um den persönlichen sozialen und wirtschaftlichen Aufstieg. Wir interpretieren dies auf drei Arten: 1: Was sie wirklich wollen, ist, Teil der bestehenden Bourgeoisie zu werden; sie wollen die bürgerlichen Normen lernen und nach oben fusionieren – und 2: Das ist der Grund, warum das Wort *Bildung* seine Potenz verloren hat: es kommt zu bürgerlichen Normen. 3: Dieses Kleinbürgertum will sich anpassen, es will die Ich-Schicht 3, die Selbstverwaltung, und damit hört es auf, und das tun im Grunde alle anderen im Bürgertum auch; in der Folge steht *Bildung* für Anpassung.

Unter den Arbeitern wollen einige große Veränderungen, aber nur wenige sprechen für sie, und wenn ein deutscher Arbeiter 1899 auf einer Tagung der Zentralstelle für Sozialwesen in Berlin das Wort ergreift und sich über den heutigen Stand der Erwachsenenbildung beklagt, wird er zum Schweigen gebracht. Bevor er jedoch vom Vorsitzenden zur Ordnung gerufen wird, sagt er, dass die Arbeiter die *Bildung* erst dann sinnvoll finden werden, wenn die Inhalte gemeinsam mit den Arbeiterverbänden geplant und programmiert werden.

Was in Bismarcks Deutschland offensichtlich ist, ist die autoritäre Haltung gegenüber den unteren Schichten: Sie dürfen einfach keine eigene Meinung entwickeln oder an der Planung ihrer eigenen *Bildung* mitwirken. Bismarck weiß, was das Beste für sie ist! Vater hat gesprochen, und sie sollten ihren Platz kennen.

1905 hat von Erdberg die Amerikanerin Amy Wesselhoeft geheiratet, und sie ziehen in ein Arbeiterviertel, um herauszufinden, was die Arbeiter wollen. Doch obwohl sie kostenlose Theater- und Museumskarten ausgeben, kommen sie nicht viel weiter. Erst irgendwann in den 1910er oder 1920er Jahren, als sie die *Volksunterhaltungsabende* erfinden, bringen sie eine Form hervor, die funktioniert. Die Treffen bestehen aus Gruppengesang, Vorträgen und Lesungen, die sich um ein einziges Thema drehen; diese Abende ziehen eine große Zahl von Arbeitern an.

Aber wir befinden uns in den 1920er Jahren, es ist die Zeit nach dem Ersten Weltkrieg, Deutschland wird zur Weimarer Republik umstrukturiert, und wegen der Kriegsreparationen an die Sieger wird das Land in wirtschaftliche Turbulenzen und Inflation gestürzt. Allen wird der Boden unter den Füßen weggezogen, und die Mittelschicht, insbesondere die untere Mittelschicht, steht vor dem, was sie immer am meisten gefürchtet hat: arm zu werden wie die Arbeiter.

Von Erdberg erkennt, dass seine Bildungsanstrengungen zu wenig und zu spät kommen, und er stirbt 1929.

Die Kehrseite der deutschen Bildung

1923 hält der Schriftsteller Thomas Mann einen Vortrag vor einer Gruppe republikanischer Studenten in München. Er spricht darüber, warum sich das Bildungsbürgertum in Deutschland nur lauwarm für Politik interessiert und warum er die Demokratie und die neue Weimarer Republik nicht aktiver unterstützt. Manns Rede wird in einem Buch von W.H. Bruford aus dem Jahr 1975 zitiert: *Die deutsche Tradition der Selbstkultivierung – ‚Bildung' von Humboldt bis Thomas Mann.* Hier Mann in der Übersetzung von Bruford (seine Klammern):

> Die Innerlichkeit, die Kultur ['*Bildung*'] eines Deutschen impliziert Introspektivität; ein individualistisches kulturelles Gewissen; Rücksichtnahme auf die sorgfältige Pflege, Gestaltung, Vertiefung und Vervollkommnung der eigenen Persönlichkeit oder, in religiöser Hinsicht, auf die Erlösung und Rechtferti-

> gung des eigenen Lebens; Subjektivismus in den Dingen des Geistes, also eine Art von Kultur, die man als pietistisch bezeichnen könnte, die dem autobiographischen Bekenntnis zugeneigt und zutiefst persönlich ist (...) Damit meine ich, dass die Idee einer Republik in Deutschland vor allem deshalb auf Widerstand stößt, weil der einfache bürgerliche Mensch hierzulande, wenn er je über Kultur nachgedacht hat, die Politik nie als Teil davon betrachtet hat und auch heute noch nicht tut. Ihn zu bitten, seine Gefolgschaft von der Innerlichkeit auf das Ziel, auf die Politik, auf das, was die Völker Europas Freiheit nennen, zu übertragen, käme für ihn einer Forderung gleich, seiner eigenen Natur Gewalt anzutun und seinen Sinn für nationale Identität tatsächlich aufzugeben.

Als der Nationalsozialismus in den 1930er Jahren in Deutschland zum politischen Programm und zur Ideologie wird, ist er – abgesehen davon, dass er paranoid, schrecklich, tödlich und verabscheuungswürdig ist – eine seltsame Mischung aus Goethes und Herders *Sturm und Drang*, aus Hölderlins Romantik, Fichtes Nationalismus, Hegels System, Wagners Opern, Nietzsches Übermensch, Okkultismus, kollektive Prädestination und eines Antisemitismus, der selten das Hauptthema in den Schriften der deutschen Philosophen war, aber irgendwie häufig vorkommt. Das Versprechen des Dritten Reiches ist das Tausendjährige Reich, das aus einer imaginierten, überlegenen Rasse besteht, die prädestiniert ist, die Erde unter der Führung eines „Übermensch" zu regieren, der die Inkarnation des Weltgeistes ist, ein Gesamtkunstwerk, orchestriert von Joseph Goebbels, mit Albert Speer als Bühnendekorateur und gefilmt von Leni Riefenstahl- und jeder Nonkonformist wird ins Todeslager transportiert.

Während sich diese perverse Fata Morgana entfaltet, wurde den untersten Schichten stets Gehorsam beigebracht, die untere Mittelschicht strebt nach Selbstverwaltung wie die Bourgeoisie, und die Bourgeoisie, so Mann, hat kein politisches Gewissen.

Nach dem Krieg durchlief Westdeutschland eine bewusste Entnazifizierungs- und Demokratisierungsphase, die hauptsächlich von den Amerikanern angeführt wurde. Das Programm beinhaltete demokratische Strukturen in den Gemeinden und an den Arbeitsplätzen sowie eine deutsche Verfassung, die ausdrücklich die Menschenwürde und die Menschenrechte förderte. Es führte zu Bildungseinrichtungen und Erwachsenenbildung in der gesamten deutschen Gesellschaft, und bis vor kurzem behielt *Bildung* viel von ihrer ursprünglichen Bedeutung für die Ich-Entwicklung und bedeutete mehr als nur Erziehung.

Im Deutschen ist *Bildung* immer noch ein sehr positives Konzept, aber Volksbildung ist es nicht. Aufgrund der Art und Weise, wie Volksbildung von Bismarck, den Nazis und später im kommunistischen Ostdeutschland erschaffen wurde, um die Menschen zur Anpassung und Konformität zu bewegen, ist das deutsche Wort heute vergiftet und hat keine der positiven und emanzipatorischen Konnotationen von Volksbildung in den skandinavischen Ländern.

FALL 4: HIGHLANDER FOLK SCHOOL

1929 durchlebten die Vereinigten Staaten eine schreckliche Finanzkrise und die Armut breitete sich aus. Im tiefen Süden gehörten die Menschen zu den Ärmsten in Amerika. Die weiße Arbeiterklasse litt fast so stark wie die schwarze (aber nur fast; das Leiden der armen Schwarzen war jenseits des modernen Verständnisses), und viele waren Analphabeten.

In Tennessee lebten Elsie und Perry Horton – beide weiß. Sie waren um die Jahrhundertwende nicht ausgebildete Schullehrer gewesen, aber bevor sie 1905 ihr erstes Kind bekamen, wurden sie Teilpächter und begannen verschiedene gering qualifizierte Tätigkeiten auszuüben. Sie nannten ihren erstgeborenen Sohn Myles, und bis 1929 hatte er selbst die High School und das College durchlaufen und war an der Organisierung und gewerkschaftlichen Organisierung der ärmsten Arbeiter des Südens beteiligt gewesen.

Nach zwei von ihm mitverfassten Biographien über Myles Horton, *Unearthing Seeds of Fire* (1975, mit Frank Adams) und *The Long Haul* (1998, mit Judith Kohl und Herbert Kohl), erkannte Horton bald, dass ihm die richtige Art von *Bildung* fehlte. Die Armen mussten die Fähigkeit entwickeln, sich selbst aus der Armut herauszuziehen, und berufliche Fähigkeiten reichten nicht aus, sie brauchten eine Art innere Stärke,

Kapazität, Motivation und Wissen über ihre eigene Situation und die vorhandenen Möglichkeiten, um über ihre eigene Situation nachdenken und etwas dagegen tun zu können.

Horton beschloss dann, am Union Theological Seminary in New York zu studieren, nicht um Minister zu werden, sondern um das nötige Wissen für die Arbeit mit den Armen zu erwerben. Er begann dort 1929 und wechselte 1930 an die Universität von Chicago. Vor allem die Erfahrung in New York öffnete seinen Geist auf eine neue Art und Weise für die Welt, aber es fehlte noch etwas.

Er hatte John Dewey gelesen, den berühmten amerikanischen Pädagogikphilosophen, und glaubte an Deweys Idee, dass *Bildung Bildung* für die demokratische Gesellschaft sein müsse. Die einzige Frage war: Was für eine Art von *Bildung* ist das? Keines der verfügbaren Bildungsangebote bot das, was Horton suchte.

Ein anderer Autor über Erziehung, den Horton studiert hatte, war Eduard Lindeman, ein Nachfahre dänischer Einwanderer, der 1920 Dänemark besucht hatte. Zu dieser Zeit war Europa noch vom Ersten Weltkrieg gezeichnet, an dem Dänemark nicht teilgenommen hatte, und der Besuch hinterließ bei Lindeman einen so großen Eindruck, dass er 1926 ein Buch darüber schrieb: *Die Bedeutung der Erwachsenenbildung*. Lindeman schreibt:

> 1920 besuchte ich Dänemark, nicht in erster Linie, um *Bildung* zu studieren, sondern um die Fäden der Vorfahren aufzugreifen (...)
>
> Hier kam ich mit einer Zivilisation in Berührung, die im schieren Gegensatz zum hasserfüllten Europa wie eine kulturelle Oase in der Wüste des Nationalismus wirkte. Während die siegreichen Nationen nach Territorium griffen, führten dänische Staatsmänner eine wissenschaftliche Studie durch, um festzustellen, wie viel von Schleswig-Holstein als integraler Bestandteil Dänemarks betrachtet werden könnte. (…)
>
> Und dann sah ich Landwirte, die an Volkshochschulen studierten, um das Leben interessanter zu gestalten; dieselben Landwirte waren Mitglieder umfassender genossenschaftlicher

> Unternehmen – Molkereien, Molkereien, Käsereien, Eiertransportv ereinigungen, Schlachthöfe, Banken, Geschäfte, Versicherungsgesellschaften usw. – , die so viele wirtschaftliche Funktionen ausübten, dass die Landwirte für andere Tätigkeiten frei wurden; und es gab weder Reichtum noch Armut auf dem Land. Hier schien mir, dass es sich um eine Kultur handelte, die viele der seit der Zeit der frühen Griechen erwünschten Eigenschaften enthielt; außerdem beruhte sie auf strenger Wissenschaft und einem gewissen Grad an wirtschaftlicher Freiheit - beides fehlte in der griechischen Kultur.
>
> Unter den leicht erkennbaren Unterschieden in der dänischen lebenskollektiven Wirtschaftsorganisation, dem Interesse an Literatur, Kunst und Erholung, der Abwesenheit des Imperialismus usw. findet man ein erzieherisches Ferment, wie es kein anderes Volk in der modernen Welt motiviert. Seit den Tagen von Grundtvig, die auch die Tage der materiellen und geistigen Ohnmacht Dänemarks waren, bemühen sich dänische Erwachsene darum, „den gähnenden Abgrund zwischen Leben und Aufklärung" zu schließen. „Was der Feind uns mit Gewalt von außen genommen hat, müssen wir durch Erziehung von innen wiedergewinnen", sagten sie und legten sogleich den Grundstein für ein Bildungssystem, das so lange wie das Leben dauert. Die Erwachsenenbildung, die man nach längerer Beobachtung zu lernen beginnt, hat nicht nur die Bürger vom Analphabetismus zum Alphabetismus verändert, sondern die gesamte Struktur der Werte des Lebens neu aufgebaut.

Als Horton über die dänischen Volkshochschulen las, wusste er, dass er gefunden hatte, wonach er suchte. Er wollte mit dieser Art von *Bildung* beginnen!

Doch bevor er damit anfing, traf er Aage Moller, einen dänischen Pastor in Chicago, der ihn davon überzeugte, dass er das Konzept der Volkshochschulen nie ganz verstehen würde, wenn er es nicht aus erster Hand erfahren würde. Mit anderen Worten: Horton musste nach Dänemark gehen.

Horton verbrachte etwa ein Jahr 1930-1931 in Dänemark und lernte genug Dänisch, um mit einigen der älteren Menschen sprechen zu können, die zu den frühen Bewegern gehörten und die seit Jahren in den Volkshochschulen aktiv waren. Er studierte auch das dänische politische System, die dänischen Gewerkschaften und ihre Organisation.

Insgesamt waren die Treffen mit den Volkshochschulen und ihren Leuten jedoch eine Enttäuschung. Horton besuchte eine Reihe von Schulen, aber die Menschen dort „kämpften, wie er es ausdrückte, gegen die Geister der Kämpfe ihrer Großeltern". Seine transatlantische Reise war ganz und gar nicht das, was er erwartet hatte.

Erst als Horton die Menschen an der Workers' Folk High School in Esbjerg an der Westküste Jütlands traf, fand er, wonach er gesucht hatte. Ein junger Mann namens Paul Hansen war der Leiter der Schule, und Horton und Hansen wurden bald enge Freunde, als sie über die Organisation der Arbeiter diskutierten und darüber, wie Erwachsenenbildung und *Bildung* aussehen sollten. Horton wurde Schulmann: Er beschloss, zu Hause eine „Volkshochschule" zu gründen!

Zurück in den USA tat sich Horton mit Don West, einem Theologen aus Tennessee, zusammen, der ebenfalls in Dänemark gewesen war, um die Volkshochschulen zu besuchen. Gemeinsam gründeten sie 1932 die Highlander Folk School (und ein Jahr später verließ West sie und gründete eine eigene Schule).

Die Highlander Folk School wurde in einem geräumigen alten Bauernhaus in Tennessee gegründet, das von Dr. Lillian Johnson gestiftet wurde, die einen Doktortitel in Geschichte von der Cornell University hatte, Präsidentin des Western State College in Oxford, Ohio und eine führende Suffragette des Südens gewesen war. Sie hatte in Italien gelebt, wo sie die Genossenschaftsbewegung studierte und beschloss, die Idee im amerikanischen Süden zu verbreiten. Als Horton und West an sie herantraten, war sie eine ältere Dame, die jemanden suchte, der ihr Haus für einen ähnlichen Zweck nutzen würde. Zur Finanzierung baten Horton und West um Spenden aus Hortons Netzwerk in Chicago, sie druckten und verkauften einige von Wests Gedichten und verkauften Mistelzweige; im Februar 1933 hatten sie einen Gesamtbetrag von 1.327,30 Dollar. Als die Schule begann, müssen sie weiterhin Spenden erhalten haben, und die Teilnehmer haben sich mit dem beigesteuert, was sie sich leisten konnten; die meiste Zeit lebten sie von Kartoffeln und Bohnen. Irgendwann spendete einer der armen Bauern in der Gegend einen Sack Kartoffeln an Highlander, und Horton wusste, wie groß diese Spende war, die aus der Haushaltswirtschaft eines armen Bauern stammte. Horton war gerade dabei, die Kartoffeln zurückzugeben, als er erkannte, dass die Fähigkeit zu empfangen genauso wichtig war wie die Fähigkeit zu geben; hätte er dem armen Bauern die Kartoffeln zurückgegeben, hätte er diesem Bauern etwas von seiner Würde genommen und seiner Umgebung indirekt gesagt, dass er sich ihnen irgendwie überlegen fühlte. Um die finanzielle Situation von Horton und Highlander zu verstehen, müssen wir die Armut verstehen, an die die Menschen gewöhnt waren, und dass für einige der Teilnehmer ein Bett, ein Dach und drei Mahlzeiten am Tag dort, wo sie herkamen, nicht unbedingt selbstverständlich waren. Horton und seine Frau Zilphia heirateten 1935, woraufhin sie in eine kleine Blockhütte im Wald bei der Schule zogen. Als sie 1943 und 1945 ihre beiden Kinder bekamen, zogen sie in eine größere Hütte, die näher am Schulhaus lag; ihre neue Hütte hatte fließendes Wasser und ein Telefon.

Neben der dänischen Inspiration und Dewey stammt Highlanders Schulphilosophie von Joseph K. Hart; er wird in Unearthing *Seeds of Fire* zitiert:

> Eine Volksschule in Amerika, wie auch in Dänemark, würde wahrscheinlich die Persönlichkeit eines echten Lehrers in den Mittelpunkt stellen; eines Mannes, der lernfähig ist und der lehren kann, nicht so sehr durch seinen Unterricht, sondern durch seine Lernfähigkeit. Der große Mangel Amerikas ist derzeit der Mangel an solchen Männern. Wir haben viele Männer und Frauen, die lehren können, was sie wissen; wir haben nur sehr wenige, die ihre eigene Lernfähigkeit lehren können.

Ein Lehrer, der lernen kann, ist das, was Horton wurde. Die Art und Weise, wie Highlander in den 1930er und 1940er Jahren lernte und lehrte, war bemerkenswert, und er wurde zu einer der wichtigsten Kräfte der Arbeiterbewegung in Amerika. Zilphia Horton spielte eine entscheidende Rolle bei der Entwicklung der Schule, nicht zuletzt im Hinblick auf den Volksgesang, der legendär wurde; sie und Pete Seger erfanden das Lied We Shall Overcome aus einem traditionellen Lied neu, das von einigen der schwarzen Arbeiter, die in Highlander studiert hatten, mitgebracht worden war.

Laut Horton war Highlander die erste Schule, die die Trennung zwischen schwarzen und weißen Schülern im Süden durchbrach und in den 1950er Jahren den armen Schwarzen Schulen mit Staatsbürgerschaft anbot, in denen sie sich zur Wahl registrieren lassen konnten. Die Staatsbürgerschaftsschulen wurden von Bernice Robinson und Septima Clark gegründet und geleitet; letztere war von Hause aus Lehrerin, aber Robinson, die die Lehrmethode entwickelte, besaß früher einen Schönheitssalon. Anstatt den Erwachsenen das Lesen anhand von Kinderlehrbüchern beizubringen, brachte sie Konserven und den Sears-Katalog, von dem man lernte, die Etiketten zu lesen und aus dem Katalog zu bestellen. In den späten 1950er Jahren war Highlander zu einem Zentrum des Lehrens, Lernens und Aktivismus unter den Schwarzen geworden, die für Bürgerrechte kämpften, und eine Reihe von Menschen, die Geschichte schrieben, besuchten entweder die Schule oder arbeiteten mit ihr zusammen.

Am 1. Dezember 1955 saß einer von Highlanders ehemaligen schwarzen Schülern in Alabama in einem Bus. Sie war nach einem langen Tag harter Arbeit müde, und irgendein Weißer war gesetzlich berechtigt, ihren Platz einzunehmen. Diese ehemalige Schülerin in Highlander war nicht nur zu müde, um im Bus aufzustehen, sie war auch davon überzeugt, dass sie genauso ein Mensch wie jeder andere sei, und dank ihrer Zeit an der Schule hatte sie den moralischen Mut, darauf zu bestehen, dass sie Anspruch auf ihren Sitzplatz hatte. Ihr Name war Rosa Parks, und da sie sitzen blieb, änderte sie den Kurs der Bürgerrechtsbewegung in Amerika.

Ein anderer Schüler in Highlander in den 1950er Jahren war einer der Hauptorganisatoren des Marsches 1963 auf Washington und später der Kongressabgeordnete John Lewis. Zu den Personen, die mit der Schule kooperierten und dort unterrichteten, gehörte auch Dr. Martin Luther King Jr.

Wir halten es für gerechtfertigt zu behaupten, dass Rosa Parks und die vielen anderen Menschen, die Highlander durchlebt hatten und für ihre Rechte eintraten, den persönlichen Weg zur Selbst-Autorenschaft gegangen waren; Parks hat vielleicht sogar den Übergang selbst in eben diesem Bus vollzogen. Wir können nicht wissen, ob diese Menschen sonst ihren Mut gefunden hätten, aber Parks hat ausdrücklich gesagt, dass es ihre Zeit in Highlander war, die ihr den Mut gegeben hat.

Fall 5: Skandinavische Einwanderer in den USA

Eine Sache, die die Politikwissenschaftler über die skandinavischen Länder verblüfft, ist unser hohes Maß an Vertrauen. Merkwürdigerweise sprechen diese Wissenschaftler nicht über das Verantwortungsbewusstsein, das es den Menschen erlaubt, einander zu vertrauen; vielleicht sollten sie stattdessen damit beginnen, den Grad der individuellen Verantwortung in den skandinavischen Ländern zu untersuchen.

Wenn man sich nur auf das Vertrauen konzentriert, wird der Wohlfahrtsstaat zu einer möglichen Erklärung: Da ein grundlegender wirtschaftlicher Schutz immer gewährleistet ist, können es sich die Dänen, Norweger und Schweden leisten, blaue Augen zu haben (im symbolischen Sinne des Wortes) und einander zu vertrauen. Wenn Sie im Leben verarscht werden, stehen Ihnen öffentliche Mittel zur Verfügung, um Ihr Leben wieder auf Kurs zu bringen.

Aber warum sollte jemand eine Enttäuschung nach der anderen erleben, nur weil die Regierung kostenlose Gesundheitsversorgung und Pensionierung anbietet? Eine Sache, die gegen den Wohlfahrtsstaat als Grund für ein hohes Maß an Vertrauen spricht, ist die Tatsache, dass amerikanische Staaten, in denen sich viele Skandinavier von Mitte des 18. und bis weit in die 1900er Jahre hinein niedergelassen haben, wie z.B. Minnesota, ebenfalls ein hohes Maß an Vertrauen genießen. Diese Siedler haben Skandinavien Generationen vor dem Wohlfahrtsstaat verlassen, also kann dies nicht der Grund dafür sein.

Es gibt eine Anekdote über Milton Friedman, den amerikanischen Pionier der freien Marktwirtschaft, mit einem schwedischen Ökonomen, der sich rühmt, dass es in Skandinavien keine Armut gibt (angeblich aufgrund des Wohlfahrtsstaates), auf die Friedman antwortet: „Das ist interessant, denn in Amerika gibt es auch unter den Skandinaviern keine Armut". Tatsache ist, dass die Armutsrate unter den Nachkommen skandinavischer Einwanderer zu den niedrigsten in den USA gehört.

Das niedrige Armutsniveau unter den Nachkommen skandinavischer Einwanderer in den USA sollte uns vielleicht nicht so sehr überraschen. Die Dänen hatten seit 1814 eines der fortschrittlichsten Schulsysteme der Welt entwickelt, und in den 1840er Jahren waren sie erfolgreich; jeder, der Dänemark nach 1850 verließ, hätte 7 Jahre lang eine Schule von hoher Qualität im Vergleich zum übrigen Europa gehabt. Die Norweger hatten seit 1814 das männliche Wahlrecht und waren im Allgemeinen auch Analphabeten. Die Schweden waren gebildet und pflegten ihre Kinder zu Hause zu erziehen, und obwohl viele von ihnen Schweden aufgrund von Armut verließen, verließen sie Schweden auch, weil es ihnen nicht erlaubt war, in Schweden Kirchen nach ihrem persönlichen Geschmack selbst zu organisieren. In den USA waren sie frei, sich selbst zu organisieren, was immer sie wollten, und sie hatten eine lange Tradition von Dorfversammlungen. Eine Erklärung für den Wohlstand der skandinavischen Einwanderer gibt es also reichlich: Sie müssen überdurchschnittlich gut ausgebildet gewesen sein.

Es wäre interessant, herauszufinden, wie viele skandinavische Auswanderer eine Volkshochschule besucht haben, aber wir haben dies nicht untersucht und bezweifeln, dass solche Daten überhaupt existieren. Jedenfalls können es vor 1880 nicht sehr viele gewesen sein, und wir halten es für wahrscheinlicher, dass die jungen Leute, die für ihren Nationalgeist geweckt worden waren, zu Hause geblieben sind. Vor allem in Dänemark und Norwegen, wo Nationalismus eine entscheidende Rolle im Lehrplan der Volkshochschulen spielte, ist es fraglich, ob die schwedischen nicht-nationalistischen, aber pragmatischen Volkshochschulen zur schwedischen Migration beigetragen haben. Es wäre auch interessant, herauszufinden, welche Art von Schulen die Skandinavier dort draußen in der Prärie entwickelt haben. Auch das haben wir nicht untersucht.

Was das Vertrauen betrifft, so meinen wir, dass die Menschen, die sich für die Auswanderung entschieden haben, dazu gezwungen werden, einige sehr wichtige persönliche Entscheidungen zu treffen, und dass diese Art des Zurückdrängens von der Realität die Menschen auf irgendeiner Ebene zu Selbst-Verwaltung und Selbst-Autorenschaft zwingen muss. Wenn man in einer fremden Kultur darum kämpft, es zu schaffen, ist man gezwungen, ständig ungewohnte Entscheidungen zu treffen, und man kann sich nicht auf verinnerlichte Normen verlassen. Dies war nicht zuletzt in den USA der Fall, denn in der neuen Welt, in die die Menschen kamen, gab es nur wenige gemeinsame Normen, an die man sich anpassen konnte. Wir spekulieren jetzt, aber das vergleichsweise hohe Bildungsniveau der Skandinavier, ihre engagierte Religiosität und, zumindest bei den Schweden, der Wunsch nach Selbstorganisation und die Gewohnheit, dies zu tun, verbunden mit dieser erzwungenen Ich-Entwicklung hin zur Selbst-Schöpfung mögen ihnen sehr gut gedient haben. Es wäre auch eine logische Erklärung für Gemeinschaften mit einem hohen Maß an Eigenverantwortung und gemeinsamen Werten hinsichtlich dieser Eigenverantwortung.

Eine sehr einfache (wenn auch zeitaufwändige) Möglichkeit, diese Annahme zu testen, wäre es, die Briefe von Einwanderern an ihre Familien in ihrer Heimat in ganz Europa zu vergleichen und zu schauen, ob sich jemand auf den Bau von Kirchen, Schulhäusern, Gemeindehäusern, Vereinen usw. in ihrem neuen Land bezieht. Ebenso wäre es möglich, amerikanische Archive zu durchsuchen, um herauszufinden, wie, wie schnell und von wem Schulen und Kirchen unter den Einwanderern gegründet wurden.

Fall 6: Genossenschaften

Parallel zur Entwicklung der Volkshochschulen in Skandinavien blühten die Kooperativen auf.

Es gibt eine bemerkenswerte Überschneidung zwischen den glücklichsten Ländern der Welt und den Ländern mit dem höchsten Pro-Kopf-Umsatz der Genossenschaften.

Verglichen mit dem gesamten BIP sind die Genossenschaftsumsätze in allen Ländern gering. Das umsatzstärkste Genossenschaftsland Dänemark hatte 2015 nur ca. 1.300 USD an genossenschaftlich erwirtschafteten Umsätzen pro Däne; das Pro-Kopf-BIP in Dänemark betrug laut Weltbank im Jahr 2015 51.989,30 USD und lag damit nur bei ca. 2,5%. Die Pro-Kopf-Zahlen für die anderen Länder waren noch geringer, aber die Ranglisten sind dennoch interessant. Die Top-Performer pro Kopf sind nämlich unsere üblichen Verdächtigen:

Tabelle 6 - Umsatz in Genossenschaften nach Ländern und Pro-Kopf

		100 MIO. USD UMSATZ DURCH GENOSSENSCHAFTEN	POPULATION MIO. MENSCHEN	100 USD UMSATZ IN GENOSSENSCHAFTEN PRO KOPF	
1	Dänemalr	76.37	5.7	13.40	10+
2	Finnland	73.11	5.5	13.29	
3	Schweiz	84.44	8.31	10.16	
4	Niederlande	163.37	17	9.61	5 bis 10
5	Neuseeland	32.2	4.66	6.91	
6	Norwegen	33.95	5.21	6.52	
7	Frankreich	410.41	64.51	6.36	
8	Österreich	48.5	8.66	5.60	
9	Deutschland	362.67	81.46	4.45	2 bis 5
10	Belgen	48.4	11.3	4.28	
11	Irland	16.78	4.64	3.62	
12	Schweden	29.01	9.85	2.95	
13	Japan	292.16	126.82	2.30	
14	Usa	737.69	322.76	2.29	
15	Spanien	101.01	46.42	2.18	
16	Italien	111.99	60.68	1.85	1 bis 2
17	Kanada	49.01	35.99	1.36	
18	Korea	63.29	51.54	1.23	
19	Uk	74.89	65.1	1.15	

Der World Co-operative Monitor ist eine Partnerschaft zwischen dem Internationalen Genossenschaftsbund und dem Europäischen Forschungsinstitut für genossenschaftliche und soziale Unternehmen. Im Jahr 2015 erstellten sie den Bericht Exploring the Co-operative Economy (Erforschung der Genossenschaftswirtschaft): http://monitor.coop/sites/default/files/WCM_2015%20WEB.pdf

Genossenschaften in Dänemark, Finnland und der Schweiz produzierten 2015 über 1.000 USD pro Kopf. Norwegen kam auf Platz 6, Schweden auf Platz 12. Da Genossenschaften in der Regel Schwierigkeiten haben, zusätzliches Kapital zu erhalten, sobald sie eine bestimmte Größe erreicht haben, handelt es sich bei Genossenschaften im Allgemeinen um kleine und mittlere Unternehmen, was bedeutet, dass die oben genannten Zahlen im Verhältnis zu einem ähnlichen Umsatz, der von öffentlichen Unternehmen erwirtschaftet wird, wahrscheinlich eine hohe Anzahl von Einheiten repräsentieren, so dass das Verhältnis der an der Entscheidungsfindung beteiligten Personen zum Genossenschaftsumsatz hoch ist. Einen relativ hohen Anteil des Genossenschaftsumsatzes in einer Volkswirtschaft zu haben, bedeutet also, einen relativ hohen Anteil an Bürgern zu haben, die an demokratischen Prozessen beteiligt sind und gewohnt sind, in Bezug auf Rechenschaftspflicht, gemeinsame Ziele und Verantwortung zu denken.

Eine auffällige Ähnlichkeit zwischen Dänemark, Norwegen, Schweden und der Schweiz besteht darin, dass die Supermarktkette COOP in allen vier Ländern einer der größten Konsumgüterhändler ist und dass die Zahl der Mitglieder, die sie auf ihren jeweiligen Websites erwähnen, etwa 1/3 der Bevölkerung in allen vier Ländern entspricht. Die Zahlen für das Vereinigte Königreich und die Niederlande, wo ähnliche Ketten existieren, sind nicht annähernd so hoch:

Tabelle 7 - Mitglieder von COOP-Lebensmittelgeschäften

	WEBSITE	FILLIALEN	MITGLIEDER	POPULATION	PROZENT
Dänemark	coop.dk	1,200	1.7 Million	5.7 Million	30 %
Norwegen	coop.no	1,150	1.5 Million	5.3 Million	28 %
Schweden	coop.se	655	3.4 Million	9.9 Million	34 %
Schweiz	coop.ch	2,476	2.5 Million	8.5 Million	29 %
UK	co-operative.coop	2,774	4 Million*	66.2 Million	6 %
Niederlande	coop.nl	250	0.7 Million	17.0 Million	4 %

* *Auf der Website des Vereinigten Königreichs heißt es „aktive Mitglieder", was mehr sein kann als nur zahlende und Dividenden einziehende Mitglieder; wir haben dies nicht weiter untersucht.*

UNSER BLINDER FLECK

Angesichts der Entwicklung in Großbritannien in Bezug auf Cromwells Revolution, die Industrialisierung, die liberale Demokratie, die Genossenschaften, das anglo-amerikanische Konzept der politischen Freiheit, wie von Erdberg vom englischen Arbeiternationalismus inspiriert wurde, usw., hätten wir die Entwicklung in Großbritannien viel mehr untersuchen müssen, als wir es getan haben. Aber wie jede Forschung geht: Man muss irgendwo stehen bleiben, und wir hoffen, dass andere nützliche Erkenntnisse über die parallele Entwicklung auf den britischen Inseln liefern können.

KAPITEL 13

BEWÄHRT SICH UNSER DENKEN?

Volksbildung ist mehr als Erwachsenenbildung, sie spielte eine bedeutende Rolle in der Entwicklung der skandinavischen Gesellschaften, und in den 1800er Jahren war es eine bewusste Agenda, um die unteren Klassen in Skandinavien auf ein höheres Niveau der Ich-Entwicklung zu heben. In diesem Kapitel kehren wir zu drei unserer Hypothesen zurück und beantworten die damit zusammenhängenden Fragen, die wir zu Beginn gestellt haben.

Wir haben uns nun mit der Entwicklung der *Bildung* befasst, mit der Art und Weise, wie sie in Skandinavien stattgefunden hat und umgesetzt wurde, mit der Volksbildung und mit sechs weiteren Fällen, die andere Beziehungen zur skandinavischen Entwicklung hatten. Wir haben auch unsere erste Hypothese untersucht und sind zu dem Schluss gekommen, dass es eine signifikante Überschneidung zwischen *Bildung* und Ich-Entwicklung gibt, obwohl sie nicht ganz gleich sind; *Bildung* ist komplexer. Wir werden nun die Hypothesen 2, 3 und 4 untersuchen und versuchen, die damit verbundenen Fragen zu beantworten:

HYPOTHESE 2: VOLKSBILDUNG UND ERWACHSENENBILDUNG

Unsere zweite Hypothese war:

2. Volksbildung ist anders als reine Erwachsenenbildung;

    a. Wie groß ist der Unterschied?

Erwachsenenbildung oder lebenslanges Lernen ist genau das, was es heißt: *Bildung* für Erwachsene. Es kann eine berufsbezogene Berufsausbildung sein oder eine Aufwertung des Abiturzeugnisses für ein weiterführendes Studium, und es kann zu einer Prüfung führen oder auch nicht, aber in der Regel führt es zu einer Art Diplom, das die Anstrengung dokumentiert.

Die Volksbildung, wie sie in den skandinavischen Ländern entwickelt wurde, ist radikal anders. Sie hat ihre Wurzeln in der Romantik und im Idealismus, sie dient einem emanzipatorischen und egoentwickelnden Zweck auf persönlicher Ebene mit dem Ziel, Bewusstsein und Gewissen zu schärfen, und sie hat den Zweck, auf kollektiver Ebene ein gemeinsames Bewusstsein als Volk zu formen. Ihr Ziel ist es, in jedem Menschen ein Zugehörigkeitsgefühl zum Volk/Nation und zur unmittelbaren Kulturzone zu schaffen, d.h. sie fügt den 6. und 7. Kreis der Zugehörigkeit zum Leben der Menschen hinzu oder stärkt ihn. Das „Volk" in der Volksbildung bezieht sich sowohl auf das Volksein als auch für das Sein vom Volk, vom Volk, volkstümlich, d.h. für alle, nicht nur für die wenigen Auserwählten.

Volksbildung ist zum reinen Vergnügen am Lernen da wie zur Selbstfindung und zum Selbstausdruck. Was die Ich-Entwicklung anbelangt, so hat die skandinavische Volksbildung die Übergänge von der Selbst-Konsolidierung zur Selbstverwaltung und von der Selbstverwaltung zur Selbst-Autorenschaft gefördert; von der Ich-Schicht 2 zu 3 zu 4. Durch Literatur, Poesie, Makroökonomie, Wissenschaft, Diskussion, Gesang, Kreativität, Vorträge und die Vermittlung eines Gefühls für Geschichte und Erbe hat sie zu nationalen Kulturen des Engagements und der Verantwortung beigetragen. In gewissem Sinne ist die skandinavische Volksbildung politisch; sie fördert nicht eine bestimmte politische Ideologie, sondern ermutigt die Menschen, herauszufinden, wo sie politisch, sozial und kulturell wirklich stehen, und sie zielt darauf ab, eine bewusste und gewissenhafte Wählerschaft zu schaffen.

Also, um unsere eigene Frage zu beantworten: Ja, es gibt einen großen Unterschied zwischen Erwachsenenbildung und Volksbildung. Die Ziele sind völlig unterschiedlich, ebenso wie die Lernatmosphäre, auch wenn einige der Ergebnisse gleich sein mögen; die Menschen wachsen im Allgemeinen mit mehr *Bildung*, und die Volksbildung vermittelt den Teilnehmern neue Kenntnisse und Fähigkeiten.

Wenn wir zu unseren konzentrischen Sphären zurückkehren, will die Erwachsenenbildung die horizontale Ebene oder zumindest einen Keil davon erweitern, während die Volksbildung darauf abzielt, runde Persönlichkeiten mit tiefem Charakter, tiefen Wurzeln und hohen Zielen zu schaffen.

Abbildung 7 revidiert – Dreidimensionale Schichten der Ich-Entwicklung.

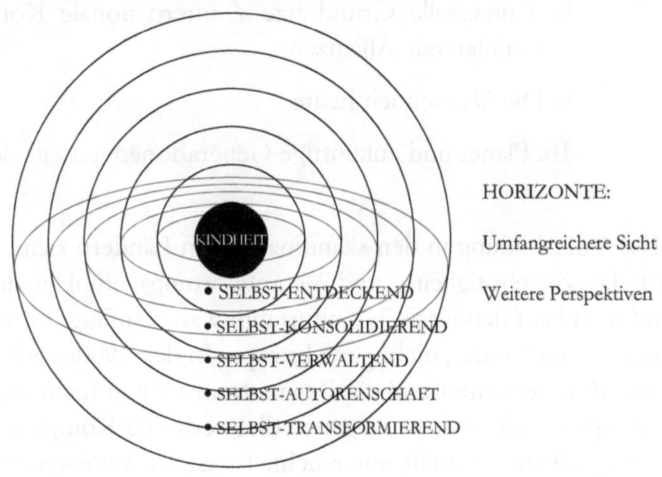

Erwachsenenbildung / lebenslanges Lernen erweitert die horizontale Ebene, Volksbildung inspiriert höhere Bestrebungen und erzeugt tiefere Wurzeln.

Kehren wir zu den Kreisen der Zugehörigkeit und ihrem zunehmend komplexen moralischen Gefüge zurück, so hat die gewöhnliche Erwachsenenbildung kein moralisches Element und man kann selten sagen, dass sie sich auf viel mehr als die Verbesserung individueller Fähigkeiten oder Kenntnisse konzentriert, also nur auf den ersten Kreis:

1. Ego / Selbst
2. Familie 1 (Eltern und Geschwister)
3. Peer-Gruppe
4. Familie 2 (Ehepartner, Kinder, Schwiegereltern)
5. Gemeinschaft (Nachbarschaft, Kirche, politische Partei, Sportmannschaft, Kollegen am Arbeitsplatz usw.)
6. Vorgestellte Gemeinschaft (Gesellschaft / Land / Nation / Volk // Religionszugehörigkeit)
7. Kultur-Zone
8. Universelle Grundsätze / internationale Konventionen / multilaterale Allianzen
9. Die Menschheit heute
10. Planet und zukünftige Generationen jenseits der Urenkel

Die Volksbildung in den skandinavischen Ländern zielte immer direkt auf das Zugehörigkeits- und Verantwortungsgefühl in den Kreisen 5 und 6 und auf den Kreis 7; Kulturraum waren anfangs die anderen skandinavischen Länder, nicht ganz Europa. In den 1900er Jahren wurde der Kulturkreis erweitert und das Bewusstsein auch in Richtung der Kreise 8 und 9 geschärft, aber wann genau diese erhöhte Komplexität zur Norm wurde, haben wir nicht untersucht. Es ist am wahrscheinlichsten, dass dies zuerst in Schweden geschah, nicht zuletzt aufgrund von Brantings Forderung nach einer Erhöhung der Humanität zusammen mit seinem Engagement im Völkerbund und den Auswirkungen der Nobelpreise; globales Engagement ist eine starke Strömung in der schwedischen Kultur.

Heute gewinnen Ökologie und ökologische Nachhaltigkeit an den Volkshochschulen, von denen viele über praktische Nachhaltigkeitsprogramme verfügen, an Bedeutung, aber die Volksbildung ist seltsamerweise nicht die treibende Kraft, wenn es um die globale oder ökologische Agenda in den skandinavischen Ländern geht.

Abbildung 14 – Kreise der Zugehörigkeit

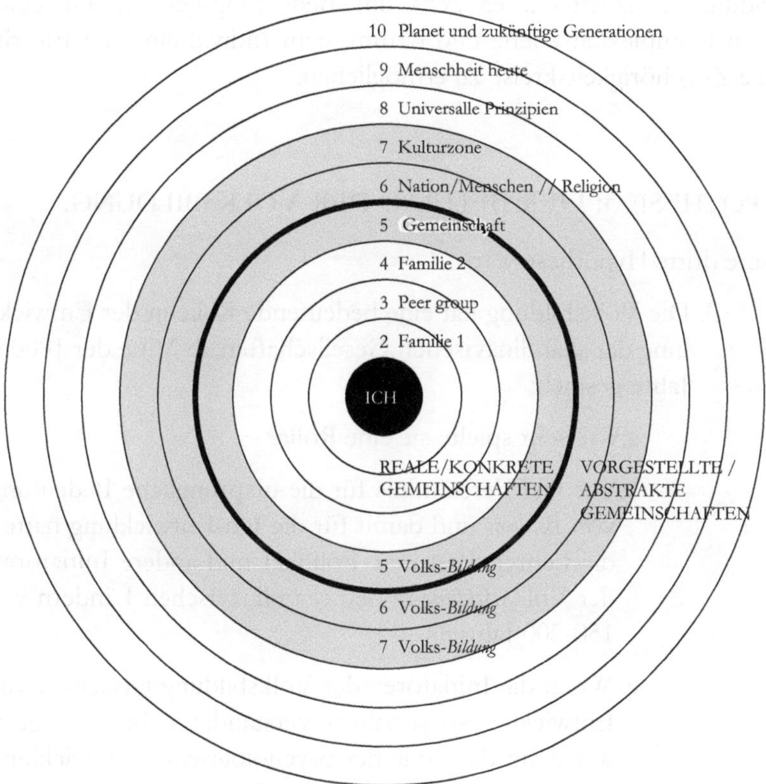

Die Volkshochschulen haben immer das Ziel verfolgt, einen Ersatzkreis 2, d.h. eine zeitgenössische Familie 1, zu schaffen, während die Menschen an den Schulen sind, und Studienzirkel sowie Volkshochschulen haben zum 3. Kreis der Zugehörigkeit in Form von Freundschaften während und nach der Teilnahme beigetragen. Da das kulturelle Erbe, sowohl das eigene als auch das des Kulturkreises, ein zentraler Teil des Erlebnisses ist, hat die Volksbildung einen emotionalen und poetischen Aspekt, der in der reinen Erwachsenenbildung, insbesondere in der Berufsausbildung, nicht vorhanden ist.

Volksbildung ist daher emotional, moralisch, sozial, philosophisch und existentiell viel reicher als die Erwachsenenbildung, sie nähert sich dem Individuum ganzheitlich; es geht um Bedeutungsgebung auf einer höheren Komplexitätsebene und darum, dem Individuum den Eintritt in neue Zugehörigkeitskreise zu ermöglichen.

HYPOTHESE 3: DER BEITRAG DER VOLKSBILDUNG.

Unsere dritte Hypothese war:

3. Die Volksbildung hat eine bedeutende Rolle in der Entwicklung der skandinavischen Gesellschaften ab Mitte der 1800er Jahre gespielt;

    a. Wie sehr spielte sie eine Rolle?

    b. Wie viel Verständnis für die ursprüngliche Bedeutung von *Bildung* und damit für die Ich-Entwicklung hatten die Lehrer, Pastoren, Politiker und andere Initiatoren der Volks*Bildung* in den skandinavischen Ländern vor 150-200 Jahren?

    c. Wenn die Initiatoren der Volksbildung tatsächlich die Entwicklungspsychologie verstanden haben, wie groß war dann die Rolle der psychologischen Entwicklung in der Entwicklung der modernen skandinavischen Länder?

DIE BEDEUTUNG VON VOLKSBILDUNG

Die Volksbildung setzt sich in Dänemark um 1865, in Norwegen um 1870 und in Schweden um 1870 bei den Bauern durch, erhält aber ihren eigentlichen Aufschwung um 1902 unter den Arbeitern. In allen drei Ländern werden im gleichen Zeitraum Genossenschaften gegründet. Mit Ausnahme des einen Zitats von Lindeman über „dieselben Bauern" gibt es keine gesicherten Beweise für eine Überschneidung zwischen den an der Volksbildung beteiligten Personen und denjenigen, die sich in

Genossenschaften selbst organisieren; es ist daher schwer zu sagen, wie jeder von ihnen zum wirtschaftlichen Wohlstand beiträgt. Nicht zuletzt deshalb, weil die Industrialisierung in diesen Jahren einsetzt.

Sicher ist aber, dass vor den 1880er Jahren, als eine kritische Zahl von Jugendlichen die Chance hatte, an der Volksbildung teilzunehmen, kaum nennenswerte wirtschaftliche Auswirkungen zu erwarten waren. 1878 beschrieb Austlid eine Generation von Jugendlichen, die zwar aufgewacht und sehr ehrgeizig geworden war, aber noch keine Zeit gehabt hatte, systemische Ergebnisse zu erzielen.

Unsere Schlussfolgerung ist, dass wir in Anbetracht der engen Beziehungen Finnlands zu Skandinavien und der Geschwindigkeit, mit der Finnland von einem noch im Jahr 1920 armen Land zu einem der reichen Länder vor 1950 wurde, und dass kein anderes so armes Land es so schnell geschafft hat, dasselbe zu tun, in den skandinavischen Ländern etwas richtig gemacht haben müssen. Volksbildung ist ein gemeinsamer Nenner, ebenso wie die Genossenschaften, und beide Phänomene erfordern und fördern die individuelle Verantwortung und das Pflichtbewusstsein gegenüber anderen Menschen, gemeinsamen Organisationen und dem Land als Ganzes. Als Finnland seine Unabhängigkeit erlangte und die Finnen ihr Land selbst organisieren konnten, haben sie sich nicht nur industrialisiert und die liberale Demokratie und Marktwirtschaft der engeren Bindung an die Sowjetunion vorgezogen, sondern sie verfügten bereits über einige Institutionen und eine Epistemologie für Erwachsenenbildung und Volksbildung.

Ein Land, das während der ganzen Zeit reich geblieben ist, ist die Schweiz; sie hatten sowohl den Bildungsteil als auch die politische Verantwortung schon früher herausgefunden.

Wir haben nicht untersucht, wie die Verbreitung der Erwachsenenbildung oder der Volksbildung war oder wie sie bei den Schweizern aussah, aber dank Pestalozzi hatten sie die persönliche Entwicklung schon vor den Nordländern herausgefunden, und Pestalozzis soziales Gewissen spielte schon früh eine Rolle in der Schweizer Kultur. Wie stark Wartenweilers Volksbildung in der Schweiz gewirkt hat, wissen wir nicht.

Die Schweizerinnen und Schweizer haben ein hohes Mass an selbstorganisierenden demokratischen Einheiten in den Kantonen und Gemeinden und viele Volksabstimmungen, und sie haben auch die Genossenschaften mit einbezogen; bemerkenswert ist der ähnliche Anteil der dänischen, norwegischen, schwedischen und schweizerischen Erwachsenen, die Mitglieder von COOP sind.

Wir kommen deshalb zum Schluss, dass die Volksbildung in Verbindung mit der Selbstorganisation – eine Selbstorganisation, die durch die Volksbildung gefördert worden sein mag –, eine wichtige Rolle in der Entwicklung der skandinavischen Länder ab den 1880er Jahren und nicht erst ab Mitte des 18. Jahrhunderts gespielt hat. Was wir nicht wissen, ist die genaue Beziehung zwischen der Volksbildung und dem Aufkommen der Selbstorganisation, welche der beiden die größere Wirkung hatte und was die genaue Synergie zwischen den beiden auf der konkreten lokalen oder Mikroebene war. Wir kommen jedoch zu dem Schluss, dass Selbst-Verwaltung, Selbst-Autorenschaft, Selbstorganisation, das Gefühl der Eigenverantwortung und ein kultiviertes Zugehörigkeitsgefühl zur Nation für den Erfolg unserer Länder entscheidend sind.

Wir können nicht sagen, wie sehr dies eine Rolle gespielt hat, aber wir sind überzeugt, dass es eine bedeutende Rolle gespielt hat, nicht zuletzt aufgrund des Eindrucks von August Sohlman aus dem Jahr 1867, Andreas Austlid aus dem Jahr 1878 und Eduard Lindeman aus dem Jahr 1920. Sohlman war von Dänemark als solchem beeindruckt, Austlid und Lindeman waren überwältigt von der Selbstmotivation und den Initiativen der volkstümlich geprägten Dänen, die sie kennen gelernt hatten. Jede zuverlässige Einschätzung der Auswirkungen würde weitere und detailliertere Untersuchungen der wirtschaftlichen Entwicklung auf lokaler Ebene erfordern.

DAS VERSTÄNDNIS VON ICH-ENTWICKLUNG

Betrachtet man das Verständnis von *Bildung* und Ich-Entwicklung bei den Erfindern, Initiatoren und Politikern der Volksbildung vor etwa 150-175 Jahren, so lässt sich leicht feststellen, dass sie ein sehr gutes Verständnis hatten. Sie alle lasen Deutsch so, wie ähnlich gebildete

Skandinavier heute Englisch lesen, und Herder, Schiller, Pestalozzi und andere hatten sich eingehend mit *Bildung* als emotionaler und moralischer Entwicklung beschäftigt. Das Wissen um *Bildung* wäre vor 150 Jahren bei Entscheidungsträgern, Pfarrern und Schülern wahrscheinlich ebenso weit verbreitet gewesen wie heute das Wissen über Legasthenie oder die PISA-Tests bei Bildungsentscheidern; ohne zumindest rudimentäre Kenntnisse über *Bildung* und die Rolle, die die persönliche Entwicklung dabei spielt, wäre man vor 150 Jahren nicht an *Bildung* herangegangen. Nicht zuletzt der Text von Ole Vig in *Folkevennen* (Freund des Volkes) aus dem Jahr 1851, Kolds Rede aus dem Jahr 1866, Sohlmans Rede aus dem Jahr 1867 und Hjalmar Brantings Essay, den er 1889 aus dem Gefängnis heraus verfasst hat, die man am besten als Leitbilder bezeichnen kann, zeigen, dass die Hebung der Bevölkerung auf ein höheres „geistiges" Niveau ein ausdrückliches Ziel der Volksbildner war.

Die Auswirkungen der Ich-Entwicklung

Da wir nicht genau sagen können, wie groß die Rolle von *Bildung* und Volksbildung in der Entwicklung der skandinavischen Länder war, ist es auch schwer zu sagen, wie groß die Rolle der Ich-Entwicklung war. Angesichts der Position der skandinavischen Länder im World Values Survey ist es jedoch offensichtlich, dass wir irgendwie kollektive Übergänge zur Moderne vollzogen haben, und Volksbildung wäre eine naheliegende Erklärung dafür. Die pan-skandinavische Debatte in den 1880er Jahren über gleiche Sexualnormen für Männer und Frauen hat einen großen Beitrag zu den modernen, egalitären und liberalen Normen in den skandinavischen Ländern geleistet, aber eine solche Diskussion in der Presse hätte die kollektiven Gefühle kaum bewegt, wenn dieselben Gesellschaften nicht auch Erwachsenenbildungs- und Sportvereinigungen für Studenten entwickelt hätten, in denen Männer und Frauen zusammenkamen und in denen der Körper ebenfalls Emanzipation fand. Vor allem in den 1930er Jahren schuf der Kulturradikalismus ästhetische Ausdrucksformen, die die modernen Normen popularisierten, sei es durch Liedtexte oder Möbeldesign, und die sozialdemokratische Bildungsagenda fand durch häufige sozialdemokratisch geführte Regierungen eine bedeutende Finanzierung; konservativere Regierungen sahen den Nutzen der *Bildung* und unterstützten sie auch. Zumindest bis vor kurzem.

Unser hohes Vertrauen in die Nordländer deutet auch auf die Volksbildung hin: Das Vertrauen wäre nicht da, wenn die Menschen nicht ein hohes Verantwortungsbewusstsein hätten.

HYPOTHESE 4: GAB ES EINE BEWUSSTE *BILDUNG* DER BEVÖLKERUNG?

Unsere vierte Hypothese lautet:

1. Die skandinavischen Länder wurden aufgrund einer bewussten kulturellen, intellektuellen, moralischen und emotionalen Kultivierung des am wenigsten gebildeten Teils der Bevölkerung erfolgreich;

   - Wie absichtlich war das?

   - Wie viele Menschen waren betroffen und wie?

Insgesamt kommen wir zu dem Schluss, dass die skandinavischen Länder aufgrund einer bewussten kulturellen, intellektuellen, moralischen und emotionalen Kultivierung des am wenigsten gebildeten Teils der Bevölkerung erfolgreich wurden. Diese bewusste Anstrengung konzentrierte sich auf zwei Dinge: Jedem das Gefühl der Zugehörigkeit und Verantwortung gegenüber der Nation und der skandinavischen Kulturzone, d.h. dem 6. und 7. Kreis der Zugehörigkeit, zu ermöglichen und innerhalb dieser Kreise eine eigene Meinung und einen eigenen Lebensweg zu entwickeln. Beide Dinge sind bemerkenswert. Die Nation/das Volk ist eine imaginierte Gemeinschaft, die sich von den konkreten Gemeinschaften im 5. Zugehörigkeitskreis, z.B. Dorf, Kirche usw., ziemlich unterscheidet. Die Schaffung eines Schulsystems, das politisches Bewusstsein, „spirituelle" Vielfalt und verantwortungsbewusste Uneinigkeit zwischen den unteren Schichten entwickelt, war damals ein radikales Konzept. Dieser Entwicklung gingen hohe Alphabetisierungsraten in der gesamten skandinavischen Bevölkerung, insbesondere in Schweden, zumindest bereits in den 1700er Jahren voraus. Dänemark erhielt 1814 die fortschrittlichste Schulgesetzgebung der Welt; auch Norwegen und Schweden erhielten im Vergleich zum größten Teil Europas relativ früh öffentliche Schulen.

Als „zweite Welle" ab den 1880er Jahren stellten die Kulturradikalen die „Heiligkeit" der Nation und der Konfession in Frage, d.h. den 6. Kreis der Zugehörigkeit; sie drängten auf ein Gefühl der Zugehörigkeit in der abstrakteren europäischen Kulturzone und förderten abstrakte universelle Prinzipien, d.h. den 7. Dieser Vorstoß war keine bewusste Kultivierung, sondern ein Kulturkampf, der über die nationalen Grenzen in Skandinavien hinweg stattfand.

Als Ergebnis beider Bewegungen entwickelten die skandinavischen Länder ein komplexes Gleichgewicht zwischen individueller Freiheit und der Verpflichtung auf kollektive Interessen; die skandinavischen Gesellschaften waren durch hohe Erwartungen hinsichtlich persönlicher Verantwortung, *Bildung* und Erziehung gekennzeichnet; von der Wiege bis zur Bahre wurden unsere Bildungs- und Erziehungssysteme darauf ausgerichtet.

In Dänemark besuchten von 1900 bis 1940 etwa 8% der Kohorte in ihren prägenden Jahren eine Volkshochschule; viele von ihnen nahmen auch an anderen Bildungs-, Kooperations- und Sportaktivitäten teil, ebenso wie viele Tausende von Menschen, die noch nie eine Volkshochschule besucht hatten. Es war also ein beträchtlicher Teil der erwachsenen Bevölkerung während der 1900er Jahre, der eine Art Bildungseinrichtung oder selbstorganisierte Bildungsaktivitäten durchlaufen hatte. In Norwegen beschloss die Regierung, mit den Volkshochschulen zu konkurrieren, und während die Regierungsprogramme vielleicht mehr auf praktische Fertigkeiten als auf die Entwicklung des Egos ausgerichtet waren, kam Ibsen zur Hilfe und zwang die Norweger, sich um Nora zu kümmern. Bis in die 1930er Jahre, so der dänische Historiker Niels Kayser Nielsen, war die Selbstorganisation zu einem so integralen Bestandteil der norwegischen Kultur geworden, dass 10- bis 12-jährige Kinder ihre eigenen Vereine gründeten (schriftliche Protokolle und alles), um Ski zu fahren, Schlittschuh zu laufen und Theaterstücke aufzuführen.

In Schweden erlaubten die Studienzirkel ab 1902 den abgelegenen Gemeinden, selbst für *Bildung* zu sorgen. Wir haben nicht untersucht, wie viele Menschen daran teilnahmen und dazu beitrugen, aber wie in Dänemark wurde es bestimmend für die kulturelle und politische Entwicklung im Allgemeinen. Direkt oder indirekt muss die überwiegende Mehrheit der skandinavischen Bevölkerung während des gesamten 20. Jahrhunderts von den Bildungsaktivitäten betroffen gewesen sein; wir haben gemeinsam die Erwartungen unter uns geweckt, und wer nicht persönlich an der Volksbildung teilgenommen hat, hätte die gleichen Erwartungen zu erfüllen und sich zusammen mit seinen Nachbarn weiterentwickeln müssen.

Die skandinavischen Wohlfahrtsstaaten entwickelten sich aufgrund bewusster politischer Agenden, die in den 1920er und 1930er Jahren begannen und sich ab den 1960er Jahren voll entfalteten, so dass jeder ohne wirtschaftliche Ängste leben konnte. Ab den 1920er Jahren war die Volksbildung Teil dieses politischen Projekts und ermöglichte es allen, das Beste aus ihrer wirtschaftlichen Sicherheit herauszuholen. Das bedeutet nicht, dass es in den skandinavischen Ländern keine Armut oder wirtschaftliche Ängste gibt, aber sie sind seltener und es gibt keine wirkliche wirtschaftliche Not. Armut in den skandinavischen Ländern lässt sich am besten als kulturelle, bildungs- und lebensstilbezogene Armut charakterisieren, in der es sich nicht jeder leisten kann, in Urlaub zu fahren, an Kultur und *Bildung* oder ständigem Konsum teilzunehmen oder seine Kinder zum Sport oder zur Pfadfinderei zu schicken oder sie ein Instrument spielen lernen zu lassen.

Wir wollen nicht behaupten, dass andere Länder nicht ähnliche Ergebnisse erzielt hätten; es ist ein Markenzeichen der westlichen Zivilisation, dass wir einen funktionierenden Sektor mit Sport, Pfadfindern, Freiwilligenarbeit, NGOs, Kooperativen und Erwachsenenbildung haben. Wir kommen nur zu dem Schluss, dass in den skandinavischen Ländern die Volksbildung und ihre Institutionen, seien es Volkshochschulen, Studienzirkel oder Abendkurse, es Individuen in der gesamten Bevölkerung ermöglicht haben, sich in kritischer Zahl selbst zu regieren, sich als Teil der Nation zu fühlen, und dass dies eine bewusste Agenda war, die sich seit Mitte des 18. und Anfang des 20. Im Anschluss an diese Entwicklung förderte der Kulturradikalismus in großem Maßstab das Selbstschreiben. Wir kommen auch zu dem Schluss, dass dies in der World Values Survey zum Ausdruck kommt.

Allgemeine Schlussfolgerung

Basierend auf dem engen Zusammenhang zwischen der Etablierung der Volksbildung und dem Anstieg des Pro-Kopf-BIP in Skandinavien in den späten 1800er Jahren und der Art und Weise, wie Finnland 1920-50 dem Klub der Reichen beitrat, sowie auf den vielen ähnlichen Qualitäten unter den Nordländern und der Schweiz trotz recht unterschiedlicher wirtschaftlicher und politischer Strukturen, plus die Errungenschaften der Bürgerrechtsbewegung in den USA, plus den Erfolg der Skandinavier, die in die USA auswanderten, und wie schrecklich falsch alles in Deutschland lief, wo *Bildung* nur für die Bourgeoisie ausgerichtet war, kommen wir zu dem Schluss, dass *Bildung* durch Volksbildung tatsächlich eine bedeutende Rolle für die Erfolge der skandinavischen Länder gespielt hat.

Die Ich-Entwicklung war ein bekannter Faktor in der *Bildung*, obwohl sie andere Namen hatte, und die Volksbildung wurde bewusst geschaffen, um diese Art der Selbstentfaltung in der gesamten ländlichen Bevölkerung zu schaffen und ihnen den Weg von der gerechten Zugehörigkeit zu ihrer Gemeinschaft zur Zugehörigkeit zu ihrer Nation zu ermöglichen. Später spielte bei den Arbeitern in den Städten auch die persönliche Entwicklung eine entscheidende Rolle, und in Bezug auf das Zugehörigkeitsgefühl mag die Perspektive universeller gewesen sein. Diese Förderung der persönlichen Entwicklung und der Zugehörigkeit zu komplexeren Kreisen der Zugehörigkeit hatte ihre Wurzeln in der frühen weit verbreiteten Alphabetisierung, und sie förderte die Liberalisierung der Wirtschaft, die Industrialisierung und die Demokratie.

Der genossenschaftliche Pro-Kopf-Umsatz sagt nur indirekt etwas über *Bildung* aus, nämlich dass Menschen bereit sind, sich selbst zu organisieren und gemeinsam Verantwortung nach demokratischen Prinzipien zu übernehmen. Es ist jedoch bezeichnend, dass es in einer Reihe von Ländern eine solche Überschneidung zwischen dem Pro-Kopf-Umsatz der Genossenschaften, der Entwicklung der Bildungsinstitutionen und dem Glück und Erfolg der Länder heute gibt.

Ein abschließendes Bild der Bildung

Wir haben jetzt viele Präsentationen und Blickwinkel zu ein und demselben Phänomen erlebt: Wachstum als Person, intellektuelle und emotionale persönliche Entwicklung und Entwicklung einer komplexeren inneren Welt. Um zu zeigen, wie sich die vielen Blickwinkel auf *Bildung*, Ich-Entwicklung und Existentialismus und ihre verschiedenen Schritte, Stufen oder Schichten überlappen, haben wir versucht, sie in einem Modell zusammenzufassen (nächste Seite).

Die Ich-Schichten 2, 3, 4 und 5, die von Robert Kegan als Stufen beschrieben wurden, stimmen mit Beschreibungen von Stufen überein, die wir bei Shaftesbury, Kant, Schiller, Pestalozzi und Kierkegaard gefunden haben. Abbt, Lessing und Fichte schreiben auch über Stufen, aber wir haben diese nicht im Detail untersucht.

Schiller beschreibt, wie Ästhetik uns erheben kann und unterscheidet zwischen beruhigender und belebender Schönheit. Pestalozzi schlägt vor, dass wir in den gesellschaftlichen Zustand für den sozialen und materiellen Nutzen eintreten, dass es aber Willenskraft braucht, um uns darüber hinaus zu entwickeln und in den moralischen Zustand einzutreten. Kierkegaards Gebrauch des Wortes Ästhetik bezieht sich auf die Übergangsphase 3½ zwischen dem, was er als das Kleinbürgerliche (Schicht 3) und das Ethische (Schicht 4) charakterisiert. Es handelt sich um eine andere Art von Ästhetik, die jedoch eine verstärkte Betonung der Selbstdarstellung darstellt. Kierkegaards Ironic hat auch eine tiefere und andere Bedeutung als die, wie die meisten Menschen heute den Begriff Ironie verstehen. Für Kierkegaard bedeutet es zu zeigen, dass etwas keinen Wert hat, und er bezeichnet es als eine instabile Übergangsphase, die perfekt zum Übergang passt 4½.

Abbildung 15 – Schichten und Übergänge

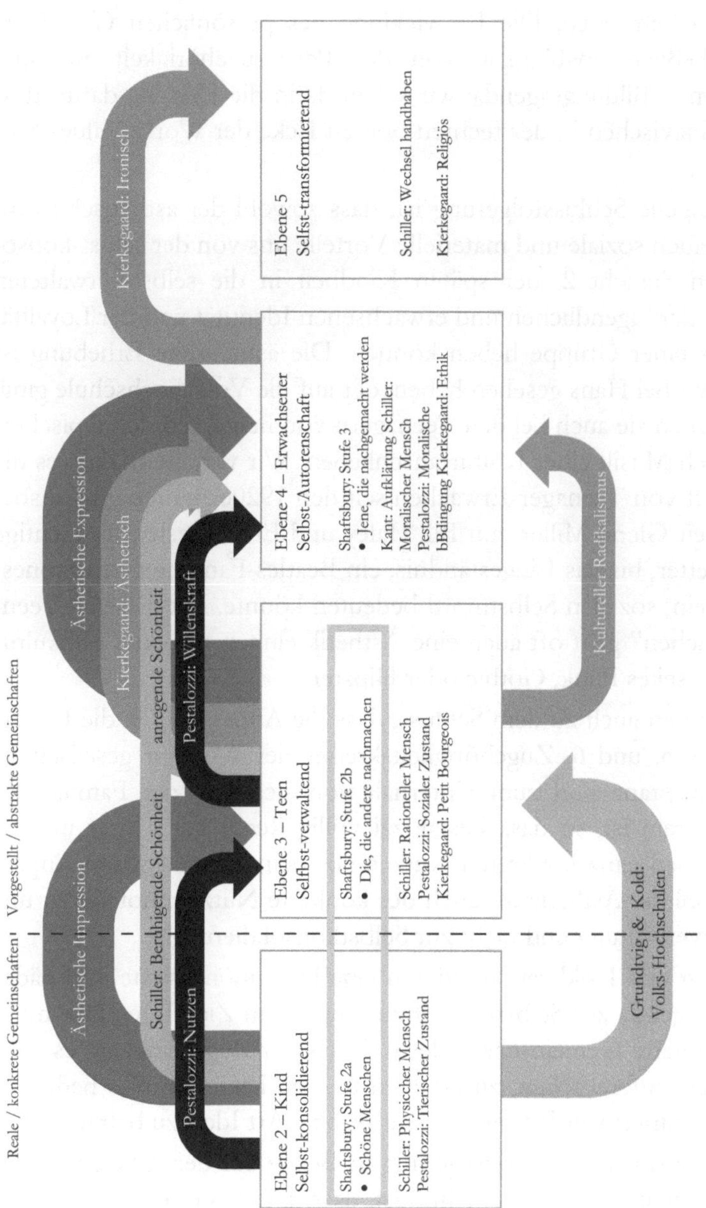

Selbst-Autorenschaft wird zur politischen Agenda, zunächst bei den Kulturradikalen in Dänemark, später bei den Sozialdemokraten, insbesondere in Schweden. Die Entwicklung des persönlichen Charakters wird schließlich unabhängig von der Parteizugehörigkeit zu einer gemeinsamen Bildungsagenda; wir sehen darin die Ursache dafür, dass die skandinavischen in der rechten oberen Ecke der World Values Survey stehen.

Unsere eigene Schlussfolgerung ist, dass sowohl der ästhetische Eindruck als auch soziale und materielle Vorteile uns von der selbst-konsolidierenden Schicht 2, der späten Kindheit in die selbst-verwalteten Schicht 3, der jugendlichen und erwachsenen Identität und der Loyalität gegenüber einer Gruppe heben können. Die ästhetische Erhebung ist das, was wir bei Hans gesehen haben, der auf die Volkshochschule ging, und wir sehen sie auch bei den Teenagern von heute, die sich typischerweise durch Musik einer Kultur anschließen. Wir vermuten, dass es die letztere Art von Teenager-Erwachen seit den 1920er Jahren gibt, insbesondere seit Glenn Miller, mit Bill Haley und Elvis Presley als wichtige Sprungbretter, bis das Eingeständnis, ein Beatles-Fan unter den Stones-Fans zu sein, sozialen Selbstmord bedeuten könnte. Mit diesem „Teenager-Erwachen" geht oft auch eine Ästhetik einher, die einer Subkultur entspricht, sei es Punk, Gothic oder Hipster.

Wir kommen auch zu dem Schluss, dass die Anpassung an die Erwartungen des 5. und 6. Zugehörigkeitskreises der Weg zur gesellschaftlichen Akzeptanz und zum Unterhalt von sich und der Familie mit legalen Mitteln ist, so dass Pestalozzi völlig Recht hat: Unser inneres Tier hat einen ganz konkreten Nutzen aus dem Gestalten und Anpassen. Sowohl die Ästhetik als auch der konkrete Nutzen motivieren uns zur Selbstverwaltung und nicht zur Selbstkonsolidierung.

Grundtvig und Kold repräsentieren eine institutionalisierte und pädagogische Agenda zur Selbstverwaltung mit einem Ziel. Irgendwie muss eine imaginierte Gemeinschaft, der 6. Kreis der Zugehörigkeit, es wert sein, für sie aufzuwachen, zu arbeiten und zu kämpfen, was bedeutet, dass wir inspiriert werden müssen, sie als eine Art Ideal zu betrachten.

Unsere allgemeine Schlussfolgerung in Bezug auf den Übergang von der Ich-Schicht 2 zur Ich-Schicht 3 ist, dass das, was es uns ermöglicht, selbst-verwaltete Erwachsene innerhalb unserer Gesellschaften zu werden, die Kombination von Kultur und Ästhetik ist, die eine emotionale Verbindung zu Gruppen außerhalb der Familie herstellt, die materiellen und sozialen Vorteile der Anpassung erfährt, von einigen Idealen inspiriert wird und ein Gefühl der Zugehörigkeit zu einer imaginierten Gemeinschaft hat und es daher als lohnenswert erachtet, für sie zu arbeiten. Eine andere Art, dies auszudrücken, ist, dass wir geliebt und einbezogen werden wollen; wir wollen, dass Menschen außerhalb unserer Familie uns mögen und verstehen. Wenn wir nicht herausfinden, wie wir von anderen außerhalb der Familie 1 umarmt werden können, bekommen wir Heimweh nach Intimität und Solidarität. Wir brauchen enge Freunde und Gleichaltrige, wir brauchen sexuelle Intimität mit einem anderen Erwachsenen, wir brauchen gute Kollegen, die sich freuen, uns zu sehen, die ihre Freuden und Sorgen teilen und mit denen wir unsere teilen können. Wir müssen uns selbst und anderen gegenüber feststellen, dass wir in Gruppen innerhalb der Kreise der Zugehörigkeit 3-6 angehören. Dies sind die Kreise, die uns mit moralischen Werten und Symbolen ausstatten und uns so die Möglichkeit geben, uns in unserer gemeinsamen Kultur und unserem sozialen Umfeld – und in unserem eigenen Leben – zurechtzufinden.

Im Hinblick auf den Übergang von der Ich-Schicht 3 zur Ich-Schicht 4 schlagen wir vor, dass, abgesehen davon, dass wir eine persönliche Krise durchmachen und einige größere Rückschläge erleiden, das Wissen über diese Ich-Schichten und Zugehörigkeitskreise selbst das nützlichste Werkzeug sein könnte, insbesondere wenn es mit Willenskraft und einer umgebenden Kultur kombiniert wird, die die Selbstschöpfung fördert. Wir schlagen auch vor, dass der persönliche Selbstausdruck in symbolischer Form, d.h. mit dem Schreiben oder Malen anzufangen oder etwas so Einfaches wie einen anderen Haarschnitt je nach individuellem Geschmack zu tun, einen solchen Übergang erleichtern kann. Im Allgemeinen handelt es sich jedoch um einen langen Entwicklungsprozess, der die richtige Kombination aus dem Gefühl der Sicherheit und der Herausforderung der eigenen Grundannahmen erfordert. Es ist ein Reifeprozess, der sowohl festen Boden unter den Füßen erfordert, als auch, dass man von Zeit zu Zeit den Teppich unter den Füßen wegzieht.

Insgesamt finden wir daher die Behauptung berechtigt, dass *Bildung* in Form von Volksbildung Gesellschaften verändern kann. Wir denken auch, dass *Bildung* ein komplexeres und viel umfassenderes Konzept als Ich-Entwicklung ist, wenn es um die vielen Aspekte der persönlichen Entwicklung und des Lernens geht, die wir durchlaufen müssen, um Sinn, Zweck und ein Gefühl der Zugehörigkeit zu finden und in der komplexen Welt, die uns umgibt, zu gedeihen. *Bildung* ist Freiheit und Verantwortung; Verantwortung ist Freiheit und *Bildung*; zusammen ergeben sie glückliche Menschen, robuste Gesellschaften und starke Volkswirtschaften.

KAPITEL 14

SKANDINAVIEN HEUTE - SELBSTZERSTÖRUNG IM ENTSTEHEN

Um Selbstgefälligkeit zu vermeiden, bevor wir weitermachen, lassen Sie uns diese kurze und unvollständige Aktualisierung mitteilen. Etwas ist faul im Staate Dänemark, was sich in den internationalen Umfragen noch nicht zeigt, und in Schweden sieht es nur wenig besser aus.

Wenn Sie als Däne oder Schwede dieses Buch lesen und wenn Sie so denken wie wir, haben Sie sich wahrscheinlich schon einmal gefragt: „Diese visionäre Agenda, die wir einst hatten – wo ist all die *Bildung* geblieben? Wenn Sie Norweger sind, sind Sie vielleicht nicht ganz so beunruhigt, zumindest nicht so, wie wir Norwegen aus dänischer und schwedischer Sicht wahrnehmen; Norwegen scheint es ein bisschen besser zu machen als wir es jetzt tun. Wenn Sie nicht zu den skandinavischen Ländern gehören, lesen Sie dieses Kapitel vielleicht als Warnung.

Wir sehen derzeit, wie Dänemark und Schweden ihre eigenen Erfolge und Ergebnisse demontieren. Wir sehen die Zerstörung dieser hart verdienten Qualitäten in unseren Gesellschaften, und wir befürchten, dass nicht sehr viele Menschen die Allgemeinbildung und *Bildung* haben, um dies zu sehen und die möglichen Folgen zu verstehen. Die Generation, die diesen Abbau vornimmt, ist zufällig unsere eigene; es ist die am besten ausgebildete Generation aller Zeiten, aber die am wenigsten gebildete im vergangenen Jahrhundert, außer vielleicht für die Generation, die nach uns kommt.

SCHULREFORMEN

Früher hatten wir sehr ehrgeizige öffentliche Schulen in Dänemark und Schweden, und *Bildung*, Allgemeinbildung und formale Ausbildung waren ebenso wichtig. Es ist bezeichnend, dass es in Schweden bis 1967 ein Ministerium für Kultur, *Bildung*, Erziehung und die schwedische Kirche gab: das *Ecklesiastikministeriet (Ministerium für Kirchenfragen)*. Die letzte Person, die für diesen gesamten Geistes-Bereich zuständig war, war Olof Palme. Den meisten Menschen in der übrigen Welt ist Palme wahrscheinlich am besten bekannt, weil er 1986 ermordet wurde, aber für die Menschen in den skandinavischen Ländern ist er der sozialdemokratische Premierminister, der, ob man ihn mochte oder nicht, zum Inbegriff für den Fortschritt des Wohlfahrtsstaates in der zweiten Hälfte des 20. Jahrhunderts wurde.

Wir wollen nicht anprangern, dass der religiöse Glaube die öffentlichen Schulsysteme in Schweden oder einem anderen Land verlassen hat, aber mit der Trennung von *Bildung* und geistiger Entwicklung auf administrativer Ebene und der Trennung der Kultur von der Idee der Ich-Entwicklung verloren die Schulen einen großen Teil ihres Inhalts, d.h. den moralischen Aspekt, das, was Pestalozzi als Herzensbildung bezeichnete, und den Sinn für Geschichte und Erbe. Pädagogisch waren die schwedischen Schulen für die Kinder bis 1967 nicht unbedingt bedeutungsvoller, aber das Ziel war tiefer und höher.

Schweden reformierte in den 1990er Jahren auch seine Schulen und erlaubte u.a. Handels- und Investmentgesellschaften, Privatschulen zu betreiben. Schwedische Kinder waren früher Spitzenreiter im Lesen, aber ab etwa 2000 erhöhte das schwedische Schulsystem die Zahl der schlechten Leser drastisch, und bei den PISA-Tests fielen die schwedischen Schüler in den Bereichen Lesen, Mathematik und Naturwissenschaften unter den OECD-Durchschnitt, bis sich die Regierung etwa 2012 mit diesem Problem befasste. Bis 2015 war Schweden wieder auf den Durchschnitt angestiegen.

Ursprünglich gab es ein Verständnis von *Bildung* und ihrer Bedeutung, aber in den letzten Jahrzehnten ist *Bildung* aus unseren Schulen verschwunden. Hauptsächlich, so scheint es, weil Politiker und Bürokraten sie als eine Art Luxus ansehen, da sie das Verständnis für die wichtigen Zusammenhänge zwischen Kultur, Ästhetik, Ich-Entwicklung, Demokratie und einer robusten Gesellschaft verloren haben.

Der Markt ist die einzige Metaerzählung, die übrig geblieben ist, und auch wenn er immer wieder zusammenbricht, war der Wettbewerb zwischen den Nationen die Richtschnur für unsere jüngsten Schulreformen. Das bedeutet, dass schwedische Kinder jetzt zur Schule gehen, um mit dänischen Kindern zu konkurrieren, die mit den Chinesen konkurrieren sollen, die vermutlich mit allen konkurrieren, insbesondere mit den koreanischen und finnischen Kindern, die mit den deutschen und britischen Kindern und denen in den USA und Bulgarien konkurrieren – Sie können die Liste fortsetzen ... Rund um den Globus erzeugen vom Industriezeitalter geprägte Politiker mit den Epistemologien jener Epoche PISA-Tests, Tabellenkalkulationen und standardisierte Modelle, um die nächsten Generationen zu messen und anzupassen, anstatt ihnen zu erlauben, sich moralisch, emotional, poetisch und existentiell zu entwickeln – und Dänemark und Schweden sind da keine Ausnahme.

In dänischen öffentlichen Schulen können die Schüler vielerorts keine Romane mehr lesen. Weder können sie Literatur in ihrer ganzen Länge erleben, noch die Freude und das Gewicht eines echten Buches in ihren Händen spüren; die taktile Erfahrung ist weg. Stattdessen lesen sie fotokopierte Auszüge, um Tests korrekt beantworten zu können. Es fehlt ein Verständnis von Literatur als Prozess der Identifikation mit anderen Menschen und anderen Welten als der eigenen und der Erweiterung des Blickwinkels.

Das Leitbild der öffentlichen Schulen in Dänemark lautete 1958:

> Der Zweck der öffentlichen Schulen besteht darin, die Eigenschaften und Talente der Kinder zu fördern und zu entwickeln, ihren Charakter zu stärken und ihnen nützliches Wissen zu vermitteln.

Im Jahr 1960 änderte sich das Ziel in die Entwicklung „harmonischer, glücklicher und guter Menschen". Die dänische Reform von 2012 konzentrierte sich auf Werte wie „Gemeinschaft, Wohlbefinden, informelle

Ansätze, demokratische Entscheidungsprozesse und Betonung des praktischen Wissens". Eine Schulreform im Jahr 2014 brachte Wissen und persönliche Entwicklung zurück in das Leitbild, aber die Zahl der Stunden und Schüler in den Klassenzimmern wurde ohne zusätzliche Mittel erhöht, was die Arbeitsbedingungen für die Lehrer erheblich verschlechterte.

Das Lückenjahr, das viele junge Menschen nach dem Gymnasium absolvieren und das früher als Bildungsjahr galt, oft in Form von sechs Monaten an einer Volkshochschule oder einer Bildungsreise in einen anderen Teil der Welt, wird heute von Politikern als „Goof Year" bezeichnet.

In der Hochschulbildung ist die Mono-Dimensionalität nun in Dänemark institutionalisiert. Die jüngste Hochschulreform macht es praktisch unmöglich, mehr als ein Thema zu studieren, die Studenten sollen einen vordefinierten Abschluss erhalten, ohne die Möglichkeit, eine weitere Perspektive hinzuzufügen. Keine Literatur für Ingenieure, keine Philosophie für Mediziner, keine Biologie und kein tieferes Verständnis von Evolutionsprozessen und Modellen der Virusverbreitung für Linguisten.

Zu unserem Glück für uns beide ging Lene auf eine Privatschule, Tomas lernte Geschichte an der Militärakademie, und wir sind alt genug, dass wir danach verschiedene Gebiete studieren konnten, was uns nun erlaubt hat, dieses Buch zu schreiben. Lene hat Betriebswirtschaft und Theologie studiert; ihren Bachelor-Abschluss hat sie nur in Wirtschaft gemacht; Theologie hat sie nach ein paar Jahren abgebrochen; auf dem Papier war Frau Andersen eine wirklich arme Studentin. Tomas machte einen Master-Abschluss in Mathematik und Physik und ergänzte diesen mit Makroökonomie, was ihm erlaubte, eine Bank in der Schweiz zu gründen. Wenn wir heute unsere Ausbildung bekämen, würden wir höchstwahrscheinlich zu deprimierten Bürokraten oder Wissenschaftlern ohne Sinn für Geschichte und Perspektive werden.

Als Gesellschaften schaffen wir derzeit eine Generation selbst-verwalteter, mono-epistemologischer, PISA-getesteter, tabellenüberwachter, politisch korrekter, geschichtsloser, umweltbewusster und vom Klimawandel verängstigter Feministinnen und Feministen beiderlei

Geschlechts, die nicht verstehen werden, woher sie oder andere kommen, die Poesie nie als Poesie kennen gelernt haben (nur als mögliche Texte für eine Prüfung) und die während ihrer gesamten Kindheit und Jugend von Helikopter-Eltern überwacht und denen gesagt wurde, dass sie wunderbar sind und das Beste verdienen und glücklich sein sollen. Da die Welt immer komplexer wird, machen wir die *Bildung* noch enger und bringen hochgradig test-erfahrene Schafe hervor. Und das ist das Paradoxon unserer Zeit: Wir brauchen zwar mehr Fachwissen und Experten in einer komplexeren Gesellschaft, aber damit die Demokratie funktioniert, muss jeder gleichzeitig auch das große Ganze verstehen.

Zunehmende Korruption, mangelnde Kompetenz, schwindende Vision

In internationalen Umfragen zur Korruption gehen die Nordländer immer als die am wenigsten korrupten Länder hervor. Aber das Maß für die Korruption in verschiedenen Ländern sind nicht tatsächliche Umfragen zur Korruption, sondern zur wahrgenommenen Korruption. In den letzten paar Jahren wurde Dänemark von einem politischen Skandal nach dem anderen heimgesucht, und wahrscheinlich ist dies nicht einmal auf Korruption zurückzuführen, sondern auf reine Inkompetenz, d.h. zu wenig komplexe Entscheidungs- und Bedeutungsfindung. Wir werden nur zwei erwähnen:

Um 2005 herum wurde beschlossen, dass Skat, die dänische Steuerbehörde, durch die Umstellung auf ein neues automatisiertes digitales Steuer- und Gebühreneinzugssystem namens EFI Geld sparen sollte. Im Jahr 2015 wurde klar, dass EFI niemals funktionieren würde. In der Zwischenzeit waren etwa 5.000 von etwa 11.500 Steuerangestellten entlassen worden, und 2017 wurde bekannt gegeben, dass sich die nicht eingezogenen Steuern aufgrund der Entlassungen und des unzureichenden EFI im Laufe der Jahre von etwa 50 Milliarden DKK auf 100 Milliarden DKK verdoppelt hatten. Der letztere Betrag ähnelt dem dänischen Verteidigungshaushalt für 4 Jahre und 8 Monate. Im gleichen Zeitraum wurden 12,3 Milliarden DKK an ausländische Betrüger gezahlt. In beiden Fällen hatten verantwortliche Angestellte Bosse und

Politiker gewarnt, aber niemand kümmerte sich darum oder verstand sie. Da es in Dänemark im gleichen Zeitraum neun Steuerminister aus dem gesamten politischen Spektrum gab, besteht derzeit im dänischen Parlament Einigkeit darüber, dass es keine Kommission geben wird, die irgendeine Art von Verantwortung überträgt.

Während wir dies schreiben, ist bekannt geworden, dass der dänische Integrationsminister im Jahr 2016 das dänische Gesetz gebrochen und die Menschenrechte einer Reihe von Asylbewerbern verletzt hat: Paare, die ankamen, bei denen eine Partei, d.h. die Ehefrau, unter 18 Jahren war, wurden bei ihrer Ankunft automatisch getrennt, ohne dass eine individuelle Bewertung des Charakters der Ehe vorgenommen wurde. Nach der dänischen Gesetzgebung und der Europäischen Menschenrechtskonvention darf eine Trennung der Ehegatten nur nach individueller Beurteilung erfolgen, und die Ministerin war von den Anwälten ihres Ministeriums gewarnt worden. Dennoch wurden die Paare auf ihre Anweisung hin getrennt. Die Entscheidung ist bei einem beträchtlichen Teil der dänischen Bevölkerung und bei einer Mehrheit im dänischen Parlament sehr beliebt, die sich offenbar beide nicht um Rechtsstaatlichkeit, die Rechenschaftspflicht der dänischen Minister und die Verletzung der Trennung von Legislative und Exekutive kümmern. Persönliche Emotionen bezüglich des fünften und sechsten Kreises der Zugehörigkeit überwiegen offenbar die Zugehörigkeit zum siebten Kreis, der Kulturzone, ganz zu schweigen von der Einhaltung der universellen Prinzipien des achten Kreises der Zugehörigkeit.

Was ging schief?

Unsere westlichen demokratischen Regierungssysteme, nicht nur in den skandinavischen Ländern, wurden von Menschen entworfen, die sich selbst-hervorbringenden oder sich selbst transformierten (Schichten 4 und 5) und von den Wählern erwarteten, dass sie sich selbst konsolidieren, sich selbst verwalten oder sich selbst hervorbringen würden. Sie erwarteten dies unter einigen anderen Namen, unter anderem: Tierischer/physischer Mensch, gebildeter/rationaler Mensch und moralischer Mensch. Da die Gründerväter der Demokratie sicherstellen wollten, dass diese Menschen nur pflichtbewusste Menschen wählten, die möglichst selbst-verwalteter und ihrer gesamten Nation gegenüber pflichtbewusst waren, schufen sie demokratische Systeme mit Gewaltenteilung und förderten entweder die *Bildung* der Wähler oder errichteten Barrieren für die Wähler.

Aus heutiger Sicht mag die Tatsache, dass anfangs nur Männer über 35 Jahre, die Eigentum besaßen und eine Reihe anderer Qualitäten besaßen, wählen durften, undemokratisch erscheinen, aber sie könnte tatsächlich einen Grund gehabt haben: Im Allgemeinen wären Männer über 35 Jahre mit wirtschaftlicher Autonomie die Menschen gewesen, die sich am ehesten Selbst-Autoren waren. Damals wie heute sind selbst-hervorbringenden und selbst-transformierenden Menschen die Einzigen, die, nachdem sie die Normen der Gesellschaft verinnerlicht haben und damit der Gesellschaft gegenüber loyal geworden sind, in der Lage sind, wirklich selbstständig zu denken und moralisch Stellung zu beziehen, selbst um den Preis, unbeliebt zu sein. Als Selbst-Autoren streben die Menschen nicht nur danach, mit den Denkweisen und Standpunkten anderer Menschen übereinzustimmen, sondern treten für das ein, was sie für die gesamte Gesellschaft für das Beste halten; eine sehr wichtige Eigenschaft sowohl beim Wählen als auch bei der Führung eines Landes. In den skandinavischen Ländern war die Methode die *Bildung* der breiten Öffentlichkeit: die Mehrheit der Gesellschaft auf ein höheres Niveau mentaler Komplexität zu heben. In den Vereinigten Staaten müssen sich die Menschen registrieren lassen, wenn sie wählen wollen, und was die Präsidentschaftswahlen betrifft, so sieht die Verfassung ein Wahlkollegium vor, das verhindern soll, dass das Volk einen Demagogen wählt.

Wir befürchten, dass der gegenwärtige Mangel an Selbst-Verwaltung, Selbst-Autorenschaft, Systemperspektive und Pflichtbewusstsein in der skandinavischen Politik ein Zeichen für ein tiefer liegendes Problem ist, und es geht Hand in Hand mit einem Mangel an Visionen für unsere Zukunft. Zu viele Wähler und Politiker kämpfen um eine Selbst-Verwaltungung auf der Ebene der nationalen Zugehörigkeit und Solidarität. Die Menschen können sich zwar in konkreten Gruppen wie Familie und lokalen Gemeinschaften selbst bestimmen, aber in abstrakten Einheiten wie Nation, Kulturkreis oder bei globalen Fragen fallen sie durch. Besonders beunruhigend ist, dass dies in einer Zeit geschieht, in der wir zunehmend selbst-hervorbringende und sich selbst-transformierende visionäre Politiker brauchen, die über die gegenwärtigen Normen und Generationen hinaus denken können, in der wir auch alle zehn Kreise der Zugehörigkeit so verzweifelt auf einmal in Betracht ziehen müssen und die Politik auf einer globalen Systemperspektive basieren muss.

Kurz gesagt: unseren politischen Systemen, einschließlich der Wähler, der Politiker, der Bürokraten und der Medien, die inkompetente Regierungsführung entlarven sollen, mangelt es an *Bildung*, insbesondere an dem Teil der Ich-Entwicklung, der es ihnen erlaubt, für abstrakte universelle Prinzipien und das Gesetz des Landes einzutreten, wenn sie mit ihren eigenen Emotionen und ihren konkreten In-Gruppen konfrontiert werden.

Wir denken, dass in Dänemark und Schweden fünf Dinge schief gelaufen sind:

- In der ersten Hälfte des 20. Jahrhunderts gab es in den skandinavischen Ländern eine sehr starke Verschiebung weg von der idealistischen Philosophie und hin zu empirischer Philosophie, Positivismus und Nihilismus. Diese Verschiebung wurde von dem schwedischen Philosophen Axel Hägerström an der Universität Uppsala geleitet, der Philosophen in den anderen skandinavischen Ländern und darüber hinaus beeinflusst hat.
- Alles Deutsche hatte nach dem Ersten und vor allem nach dem Zweiten Weltkrieg ein Imageproblem, und *Bildung* war einfach nicht mehr sexy. *Bildung* wurde auch, wie in Deutschland, als etwas verstanden, was die untere Mittelschicht angeht, die bürgerliche Normen erwirbt.
- Wir bekamen fantastische Hilfe von Großbritannien und dem amerikanischen Marshallplan, und da wir die Wahl hatten zwischen Mickey Mouse, Coca-Cola, Elvis Presley und *Bildung*... nun, *Bildung* verließ das Gebäude.

- Die Jugendrevolte von 1968 war wichtig und brachte eine Menge wertvoller Selbst-Autorenschaft, aber sie kippte das, was vom Baby übrig geblieben war, mit dem Badewasser aus; *Bildung* wurde reaktionär, und niemand aktualisierte das Konzept.
- Als die *Bildung* ihre Coolness verlor, wurde die Volksbildung in Erwachsenenbildung oder Lebenslanges Lernen umbenannt, und die Abendkurse verloren ihre politische Bedeutung und wurden zu harmlosen Hobbykursen.
- Die Kombination all dessen ist eine Katastrophe, die sich da abspielt, und entscheidende Einsichten und Strukturen verschlechtern sich innerhalb unserer Institutionen.

Wie können wir das wissen?

Wir wissen es, weil wir unter uns gesagt in den 1960er, 1970er und 1980er Jahren in Schweden und Dänemark zur Schule gegangen sind, und das Niveau fiel und die Anglisierung setzte ein. Wir wissen es auch, weil wir während der Zeit, in der wir dieses Buch geschrieben, die deutschen Philosophen erforscht und das in der Schule gelernte Deutsch entstaubt haben, das Gefühl bekamen, nach Hause zu kommen. Wir haben bis zu einigen Wurzeln und Schichten in unserer eigenen Existenz gegraben, die wir nicht so gut kannten und die wir, ohne es zu wissen, übersehen haben. Wir haben uns selbst durch die Reise besser verstanden, und vieles von diesem Verständnis hätten wir genauso gut in der Schule bekommen können; es war einmal da. Wir können sagen, dass die Generation unserer Eltern etwas bekam, was wir nicht hatten; wir mussten es selbst ausgraben.

Wir haben auch Moses Mendelssohn auf unserer Seite. Hier aus *Ueber die Frage: was heißt aufklären?* von 1784:

> Wo Aufklärung und Kultur gleichberechtigt voranschreiten, sind sie das beste Mittel, sich gegenseitig vor Korruption zu bewahren. Ihre Schattenseiten heben sich gegenseitig auf.

> Die *Bildung* einer Nation, die sich nach den oben genannten Begriffen aus Kultur und Aufklärung zusammensetzt, wird viel weniger der Korruption unterworfen sein.
>
> Eine gebildete Nation kennt in sich selbst keine andere Gefahr als das Übermaß ihres nationalen Ruhmes, der, wie die vollkommenste Gesundheit des menschlichen Körpers, an sich schon als Krankheit oder als der Übergang zur Krankheit bezeichnet werden kann. Eine Nation, die durch ihre *Bildung* den höchsten Gipfel ihres nationalen Ruhmes erreicht hat, ist in Gefahr zu bringen, weil sie nicht höher steigen kann.

Das zunehmend depressive glückliche Volk

Neben der obigen Entwicklung gibt es einen Aspekt in Bezug auf das berühmte skandinavische Glück, der nicht zusammenpasst: Laut OECD gehören Dänemark, Schweden und Island ebenfalls zu den Top-Konsumenten von Antidepressiva, auch Finnland liegt über dem Durchschnitt, und der Konsum hat sich zwischen 2000 und 2013 mehr oder weniger verdoppelt. Norwegen konsumierte 2011 überdurchschnittlich viel, fiel aber 2013 unter den Durchschnitt, wobei der Verbrauch im Vergleich zum Jahr 2000 dennoch gestiegen ist:

Abbildung 16 – Verbrauch von Antidepressiva

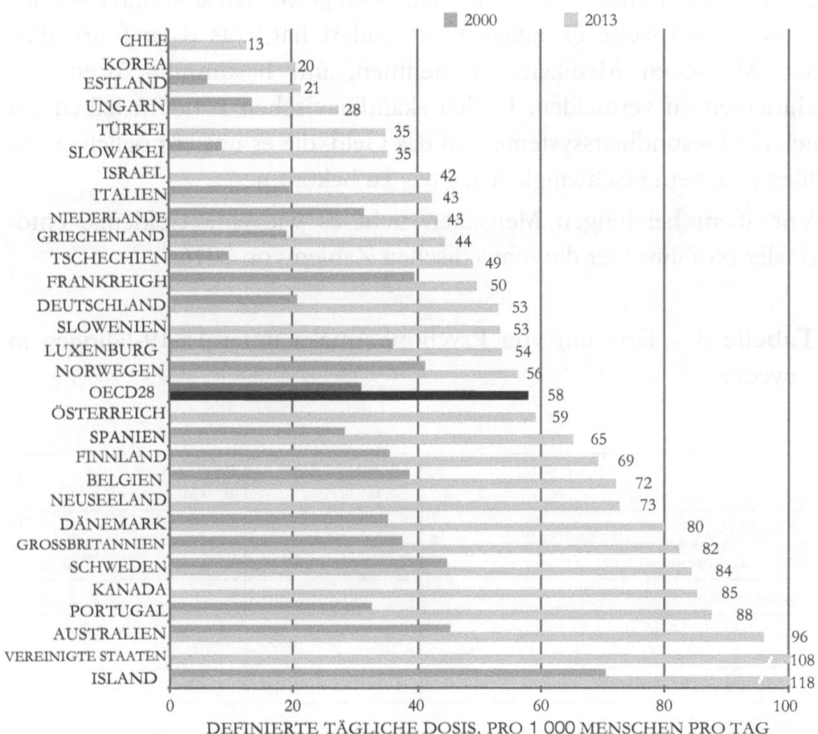

Die Zahlen für die USA stammen aus den Centers for Disease Control and Prevention 2008 und zeigen die Anzahl der Personen, die Antidepressiva pro 1000 Personen einnehmen, die anderen Zahlen stammen aus Health at a Glance 2015 – OECD Indicators und zeigen die Anzahl der Dosen von Antidepressiva pro 1000 Personen.

Von 5,6 Millionen Dänen haben im Jahr 2015 440.000 Antidepressiva eingenommen. Aus diesen Zahlen könnte man natürlich den Schluss ziehen, dass das Glück der Skandinavier den Arzneimitteln zu verdanken ist und dass der Rest der Welt genauso glücklich wird, wenn sie die Pillen bekommen.

Wir hingegen vermuten etwas anderes: dass unsere Erwartungen an ein glückliches und bedeutungsvolles Leben in den letzten Generationen in den skandinavischen Ländern extrem hoch geworden sind und dass sich unsere Lebensweise grundlegend verändert hat, was dazu führt, dass viele Menschen Medikamente nehmen, um bestimmte Arten von Schmerzen zu vermeiden. In den skandinavischen Ländern haben wir auch die Gesundheitssysteme und das Geld, die es uns ermöglichen, die Pillen zu einem erschwinglichen Preis zu bekommen.

Vor allem bei jungen Menschen sieht es wie eine Epidemie emotionaler Not aus; hier die schwedischen Zahlen von 2016:

Tabelle 8 – Konsum von Psychopharmaka unter 15-19-Jährigen in Schweden

	ANZAHL DER PATIENTEN	PATIENTEN/ 1000 MENSCHEN
JUNGEN 15-19		
ADHS Medikamente	13,203	48.72
Antidepressiva	7,269	26.82
Antipsychotische Medikation exkl. Lithium	1,830	6.75
Beruhigungs und Angst-Medikamente	4,334	15.99
Schlaf- und Beruhigungsmedikamente	8,551	31.55
	35,187	129.83
MÄDCHEN 15-19		
ADHS Medikamente	8,214	32.67
Antidepressiva	15,701	62.44
Antipsychotische Medikation exkl. Lithium	1,925	7.66
Beruhigungs und Angst-Medikamente	9,440	37.54
Schlaf- und Beruhigungsmedikamente	10,874	43.25
	46,154	183.56

Quelle: Der schwedische Sozialstyrelsen http://www.socialstyrelsen.se/statistik/statistikdatabas/lakemedel

Wir können anhand dieser Zahlen nicht sagen, wie viele von ihnen Mehrfachmedikamente erhalten, aber in absoluten Zahlen sind es 13% aller Jungen zwischen 15 und 19 Jahren, die irgendeine Art von Psychopharmaka einnehmen, und 18% der Mädchen zwischen 15 und 19 Jahren. Das sind erschreckend hohe Zahlen.

Wir sagen nicht, dass keine dieser Depressionen echt ist oder dass die Medikamente nie gerechtfertigt sind, sondern wir sagen, dass etwas, was früher funktioniert hat, nicht mehr so gut funktioniert wie früher, und was immer das ist, viele Menschen haben genug Schmerzen, um dafür Pillen zu nehmen.

Was wir vermuten, ist, dass es im Leben vieler Menschen an Sinn und Zweck fehlt, dass es an tiefen, intimen, dauerhaften und engagierten Beziehungen mangelt. Es besteht ein Missverhältnis zwischen dem Bedürfnis nach Zugehörigkeit und dem tatsächlichen Gefühl der Zugehörigkeit, es besteht ein Missverhältnis hinsichtlich der Sinnstiftung und des Zwecks. Es gibt auch ein Missverhältnis zwischen innerer und äußerer Komplexität. Dieses Missverhältnis drückt sich in verschiedenen Teilen der Bevölkerung unterschiedlich aus. Für einige wird die Welt aufgrund unzureichender *Bildung* und Erziehung zu komplex, um sie zu erfassen und zu bewältigen, und sie leiden unter Ängsten und Depressionen aufgrund eines Gefühls der Unzulänglichkeit. Für andere ist ihre geistige Komplexität zu hoch, als dass sie sinnvolle Herausforderungen in der *Bildung*, die sie annehmen, oder in den Jobs, die sie bekommen können, finden könnten.

Irgendwie entspricht das, was unsere Kreise der Zugehörigkeit von vielen von uns erwarten, nicht dem, was wir brauchen, sei es die Familie, Freunde und die Gemeinschaft, die zu viel erwarten, oder Arbeit und *Bildung*, die zu wenig erwarten – oder umgekehrt. Es fehlt uns auch eine Sprache für dieses Missverhältnis; es fehlt uns an Symbolen und Erkenntnistheorie, es fehlt uns an Werkzeugen, die es uns ermöglichen, Bedeutung auf der Ebene der Komplexität zu schaffen, die unserer Ich-Entwicklung und unseren emotionalen Bedürfnissen entspricht. Uns fehlen Zugehörigkeitskreise, die unseren emotionalen Bedürfnissen entsprechen – und uns fehlt die Fähigkeit, sie zu schaffen.

KAPITEL 15

WAS WIR BEIM SCHREIBEN DIESES BUCHES ENTDECKT HABEN

Bevor wir uns mit der Diskussion darüber befassen, wie wir etwas aus dem skandinavischen Geheimnis lernen können, wollen wir einige Einsichten mitteilen, die uns beim Schreiben dieses Buches überrascht haben. Einige davon sind persönlicher Natur, andere sind allgemeiner Natur.

Es ist nicht üblich, einen solchen persönlichen Lernprozess zu teilen, aber da *Bildung* und Ich-Entwicklung das Thema sind, hoffen wir, dass diese Liste von Bonus-Entdeckungen das Verständnis des restlichen Buches vertiefen wird.

VERÄNDERUNGEN BEGANNEN VON OBEN UND WIRKTEN DANN VON UNTEN

Wir sind beide bürgerliche Vorzeigekinder, die in extrem egalitären Gesellschaften aufgewachsen sind. Deshalb haben wir nie viel über die Dynamik zwischen Aristokratie und den unteren Ständen nachgedacht, die irgendwo in unserer Geschichte vorkam. Wir wussten um die Arbeiterbewegung und die Frauenbewegung, und wir waren stolz auf die Chancengleichheit, die jedem in unseren beiden Ländern geboten wurde, aber wir kannten nie die Mechanismen innerhalb der historischen Entwicklung, die Chancengleichheit möglich machten.

Es ist auffällig, dass die Emanzipation, *Bildung*, Ich-Entwicklung und bewusste Kultivierung der Menschen in den skandinavischen Ländern an der Spitze der Gesellschaft begann. Das Volk hat sich erst emanzipiert oder komplexere Denkweisen entwickelt, als Aristokraten, Intellektuelle und Geistliche die Strukturen dafür und die Erzählungen entwickelten, die es sinnvoll machten. Was geschah, war ein Erwachen: Visionäre inspirierten die Menschen dazu, ein reicheres und größeres Leben zu führen als das, das sie bereits kannten.

Da wir 1968 bzw. 1958 geboren wurden, wuchsen wir in Ländern auf, die 100-130 Jahre zuvor genauso arm oder ärmer gewesen waren als die Länder, die später faschistisch wurden und/oder Hitler willkommen hießen: Portugal, Spanien, Italien, Griechenland und Österreich-Ungarn. Russland, das wir in unseren beiden Diagrammen zum Pro-Kopf-BIP im 19. Jahrhundert nicht berücksichtigt haben, war und blieb ebenso arm und wurde kommunistisch. Deutschland begann reich, blieb über Generationen hinweg recht wohlhabend und verfügte über die gesamte *Bildung*, aber es fehlte etwas, das den Autoritarismus in Zeiten der Armut hätte in Schach halten können.

Was wir gefunden haben, denken wir, ist die Bedeutung von gebildeten Führungspersönlichkeiten in der Gesellschaft, die das Potenzial für *Bildung* und Ich-Entwicklung in jedem Menschen über alle Gesellschaftsschichten hinweg sehen und die die Bedeutung des Zugehörigkeitsgefühls verstehen. Es wird immer einen Bedarf an visionärer Führung geben, und die Herausforderung besteht darin, immer das Potenzial in jedem Einzelnen zu sehen und auf Würde und sinnvolle Entwicklung zu bestehen.

Ein europäisches Netzwerk, das Nationalismus schafft

Wie die meisten unserer Zeitgenossen denken wir, wenn wir an gesellschaftliche und kulturelle Entwicklung denken, in erster Linie in Form von Nationalstaaten. Vor 200 Jahren war das noch nicht der Fall. Die Spitze der Gesellschaft in den 1700er Jahren hatte eine stärkere Verbindung zur Spitze anderer Gesellschaften über nationale Grenzen hinweg als zu den Menschen des eigenen Landes; die gegenseitigen Verbindungen und persönlichen Gruppenidentifikationen waren sozusagen horizontal, nicht vertikal. Sowohl die intellektuellen als auch die tatsächlichen Aristokraten waren kosmopolitisch, schrieben einander und besuchten einander; es gab einen reichen Gedanken- und Ideenaustausch, längere wie kürzere Besuche, Einladungen zu Dinnerpartys und Teilnahme an kulturellen Salons.

Das heutige Volksempfinden, in dem sich Geschäftsführer, Arbeiter, Professoren und Bauern durch ein Gefühl der gemeinsamen nationalen Identität miteinander verbunden fühlen, ist ein Produkt der 1800er Jahre, nicht zuletzt der deutschen Denker. Unser Gefühl der Zugehörigkeit zum 6. Kreis der Zugehörigkeit ist ein soziales Konstrukt, das es uns erlaubt, Demokratie auf der Ebene der Komplexität zu haben, die der Nationalstaat darstellt. Das deutsche Konzept des Nationalismus führte zwar zum Nationalsozialismus, d.h. zum Nazismus, aber es führte auch zu dem Nationalismus, der es uns in den letzten 150 Jahren ermöglichte, loyale, steuerzahlende Bürger zu sein, die, wenn nötig, aus Pflichtgefühl und weil wir es für wichtig halten, unser Land zu verteidigen, in die Armee eintreten. Ohne ein europäisches intellektuelles und elitäres Netzwerk von Intellektuellen und Eliten hätten wir nicht Staatsangehörige sein können und uns nicht so national zugehörig fühlen können, wie wir es heute sind.

Es gab eine Verbindung zwischen individueller Entwicklung und nationaler Identität.

Viele der Denker, die wir untersucht haben, schreiben nicht nur über das Gefühl der Selbst- und psychologischen Entwicklung, sondern auch über Menschlichkeit/Patriotismus. Von Rousseau, Abbt und Fichte bis hin zu Fibiger und der Erfindung der Volkshochschulen ist die Entstehung eines Gefühls der nationalen Identität das große Neue, und es scheint Hand in Hand mit – oder zumindest in Hörweite der – persönlichen Entwicklung zu gehen. Da das Volksgefühl neu war, waren die Menschen nicht darin sozialisiert worden, sie mussten es erst entdecken. Heute sind die meisten von uns in das Volksein sozialisiert (was wichtig, aber nicht genug ist), und um über die Sozialisierung und Selbstverwaltung gemäß den Normen unseres Volkes hinauszuwachsen, müssen wir entdecken, was jenseits der Nation und unseres Volkes liegt.

Nationalismus versus nationalem Chauvinismus und Patriotismus

Seit dem Zweiten Weltkrieg ist Nationalismus ein heikles Thema, und der Aufstieg der Altrechten im Westen, insbesondere nach den Wahlen in den USA im Jahr 2016, hat es noch heikler gemacht.

Was uns beim Schreiben dieses Buches klar geworden ist, ist, dass wir eine viel nuanciertere Epistemologie und ein viel differenzierteres Vokabular in Bezug auf unsere Nationen und unser Zugehörigkeitsgefühl zu ihnen brauchen. Nationalismus muss keine schlechte Sache sein. Wenn wir unsere Kreise der Zugehörigkeit erweitern, ist die Nation ein wichtiger und überschaubarer erster Schritt über unsere konkreten In-Gruppen hinaus. Das Problem ist der nationale Chauvinismus, der seinen Schwung dadurch erhält, dass er andere schwächt und ausschließt, vielleicht sogar erniedrigt, verfolgt oder bekämpft.

Wir müssen auch zwischen Nationalismus und Patriotismus unterscheiden, und wir schlagen vor, dass wir dies auf eine andere Art und Weise tun müssen, als es die meisten Politologen heute tun. Ausgehend von der skandinavischen Erfahrung, so wie wir sie heute sehen, unterscheiden sich Nationalismus, Patriotismus und nationalem Chauvinismus auf folgende Weise:

- **Nationalismus** ist ein kultureller Prozess, der das Fundament einer blühenden nationalstaatlichen Demokratie ist. Diese Art der nationalen Solidarität und Zugehörigkeit muss daher mit Volksbildung, *Bildung* und Erziehung sowie durch die Einübung und Erneuerung des kulturellen Erbes gepflegt werden. Jeder Einwanderer, der sich gut in sein neues Land integriert, kann in dieser Kultur ein Nationalist werden, und als Einzelne können wir in mehr als einem Land Nationalisten sein. Nationalismus ist die Art und Weise, wie wir uns mit unserem Nationalstaat identifizieren, er ist offen für Neuankömmlinge, und er ist notwendig, wenn wir einander genügend Vertrauen entgegenbringen wollen, um Steuern zu zahlen und ein Pflichtgefühl gegenüber gemeinsamen Institutionen zu haben. Nationalismus in diesem Sinne ist inklusiv und eine Erweiterung unseres Gefühls der Zugehörigkeit zu einer größeren Gruppe als unserer Familie, unserem Dorf oder Clan. Ohne diese Art von Zugehörigkeit und Nationalismus können wir nicht als demokratische Nationalstaaten funktionieren.

- **Patriotismus** leitet seinen Namen von *pater*, d.h. Vater, ab, und er bezieht sich auf unsere Vorfahren und das Vaterland, unsere Patria. Kinder von Einwanderern haben vielleicht zwei Patriae, weil sie in einem Land aufgewachsen sind und ihre Eltern in einem anderen, sie haben also Wurzeln an zwei Orten, aber im Allgemeinen haben wir nur eine Patria, und daran kann man nicht viel ändern. In diesem Sinne ist Patriotismus exklusiv, wo Nationalismus inklusiv ist; Patriotismus lässt uns emotional nur an einem Ort feststecken. Patriotismus kann „Blut und Boden" sein, in einer Weise, wie Nationalismus, wie oben definiert, es nicht ist.
- **Nationaler Chauvinismus** ist Patriotismus und Nationalismus, die auf Abwege geraten sind. Er hat seine Wurzeln in der Denkweise „wir gegen sie" und in der WIR von IHNEN abhängig sind, um uns zu definieren. Weder Nationalismus noch Patriotismus sehen die Notwendigkeit dieses „Anderen", damit sich das Gefühl der Zugehörigkeit und des kollektiven Selbst entwickeln kann. Patrioten können sich um ein gemeinsames Erbe herum versammeln, Nationalisten können sich darum herum versammeln, dieses Erbe zu erneuern und Neuankömmlinge einzuladen. Es ist der Chauvinismus im nationalen Chauvinismus, der das Problem ist, und er teilt dieses Problem mit allen Arten von Chauvinismus.

Der Nationalismus fügt sich in die „Kette" der Zugehörigkeitskreise ein und ermöglicht es uns, auf nationaler Ebene stolz, verbunden und engagiert zu sein, während wir auch in allen anderen Kreisen wie Familie, Peer-Group, Kontinent usw. stolz, verbunden und engagiert sind.

Wir sind uns voll und ganz bewusst, dass die obige Definition mehr oder weniger die Bedeutung von Nationalismus vs. Patriotismus vertauscht, so wie viele Politologen, Philosophen usw. diese beiden Wörter verwenden. Aber es macht mehr Sinn, Patriotismus als die vertikale Wurzel nach unten in die Familienlinie und ihre verankerte Geschichte zu sehen, und Nationalismus als das horizontale Netzwerk der Bedeutungsgebung, das jeden in der Nation, der sich mit dieser Nation identifizieren und ihr angehören will, betrachtet und einschließt.

Mit anderen Worten und auf persönlicher Ebene: Das Schreiben dieses Buches hat uns nicht nur zu stolzen und engagierten Europäern gemacht, sondern uns auch zu stolzen und engagierten Nationalisten und Skandinaviern.

Nationalismus ist nur ein Schritt auf dem Weg

Wir alle müssen die Zahl unserer Zugehörigkeitskreise erweitern, bis wir das Gefühl haben, dass wir in und zu allen zehn Kreisen gehören und dass sie zu uns gehören – von unserem Selbstverständnis bis zur ganzen Welt der Menschen und des Planeten. Aber wir müssen auch erkennen, dass viele nicht bereit sind, sich mit der gesamten Menschheit, den künftigen Generationen und dem Planeten als solchem zu identifizieren. Kaum einmal mit ihrem eigenen Kontinent. Wir sehen auch viel zu viele Politiker, die sich nur mit ihrer Parteigruppe identifizieren und nicht mit ihrem Land als Ganzes oder den universellen Prinzipien, die moderne, demokratische Nationalstaaten definieren sollten.

Der 6. Kreis der Zugehörigkeit wird immer ein wichtiger erster Schritt sein, um unsere Solidarität über konkrete Gemeinschaften wie die eigene Familie und die lokale Gemeinschaft hinaus auszudehnen, aber unsere Ich-Entwicklung darf hier nicht stehen bleiben. Unsere Sprache und unsere Fähigkeit, existenzielle Fragen anzusprechen, sind an den symbol- und erkenntnistheoretisch orientierten sechsten Kreis gebunden. In der vormodernen Gesellschaft bedeutete das die religiöse Konfession, in der modernen Gesellschaft die nationale Kultur und das nationale Erbe, den Nationalstaat und das Volk. Unsere Demokratie hängt von der Schaffung einer landesweiten Solidarität ab, unsere Menschenrechte sind an die Rechtsstaatlichkeit in den Nationalstaaten gebunden, und unsere Steuer- und Rechtssysteme basieren noch immer hauptsächlich auf dem Nationalstaat. Wenn wir jedoch globale Probleme lösen wollen, müssen wir uns auf den Planeten und die gesamte Menschheit beziehen, wir brauchen eine globale Systemperspektive, und dafür brauchen wir neue Formen der *Bildung* und eine fortgeschrittenere Ich-Entwicklung.

Es ist wichtig zu verstehen, dass jeder Mensch, sofern er nicht an einer geistigen Behinderung leidet, das Potenzial hat, allmählich alle fünf Ich-Schichten zu entwickeln; jeder Mensch hat auch das Potenzial, sich allmählich mit allen zehn Kreisen der Zugehörigkeit zu identifizieren und ein Gewissen in Bezug auf alle diese Kreise zu entwickeln. Aber keiner von uns kann voreilig auf die Ich-Schicht 5 und die Solidarität mit der gesamten Menschheit springen. Jeder Zehnjährige kann ein Lippenbekenntnis zur globalen Solidarität und zur Rettung der Umwelt ablegen, aber das ist nicht dasselbe wie die Entwicklung eines persönlichen und authentischen Pflichtgefühls gegenüber der Familie, der Gemeinschaft, der Nation, dem Kontinent und allem anderen zwischen dem Selbst und der Zukunft der Spezies. Bewusstsein und Gewissen sind radikal verschieden, und während Herausforderungen und Rückschläge entscheidend sind, erfüllen uns zu hohe Erwartungen mit Angst.

Was wir erkannt haben, ist die Bedeutung einer schrittweisen Entwicklung, die es den Menschen ermöglicht, in der richtigen Reihenfolge und in einem Tempo zu reifen, das gleichzeitig herausfordernd ist und sich sicher fühlt, das, mit anderen Worten, bedeutungsvoll ist.

Die Rundung in der abgerundeten Persönlichkeit ist entscheidend. Besonders auf Ebene 3, der Selbst-Verwaltung, kommt es darauf an, weil es in der heutigen westlichen Kultur so einfach ist, die Selbst-Konsolidierung in der späten Kindheit bis ins selbst-konsolidierende Erwachsenenalter fortzusetzen, ohne dass man sich jemandem außer sich selbst gegenüber loyal fühlt. Viele Menschen sehen wie Selbstschöpfer aus, weil sie eine überzeugende Persönlichkeit und großen beruflichen Erfolg haben, haben aber Mitleid mit dem armen Trottel, der von ihnen erwartet, dass sie ein Versprechen halten, oder mit der Nation, die bei der Zahlung ihrer Steuern auf sie zählt.

Ebenso wichtig ist das allmähliche Hinzufügen von Kreisen der Zugehörigkeit. Zugehörigkeit ist ein menschliches Grundbedürfnis, und für die Stabilität unserer Gesellschaften ist es von größter Bedeutung, dass jeder das Gefühl hat, dazuzugehören. Die Zugehörigkeit ist für unser Wohlergehen von wesentlicher Bedeutung, und wir fühlen uns wahrscheinlich umso besser, je mehr Gruppen, konkrete Gemeinschaften und imaginäre Gemeinschaften wir uns wirklich zugehörig fühlen.

Zunehmende Selbst-Verwaltung vor der Selbst-Autorenschaft

Der 6. Kreis der Zugehörigkeit, d.h. die imaginierte Gemeinschaft der Religionsgemeinschaft und/oder der Nation, unterscheidet sich radikal von den Kreisen 7-10, da wir hier unsere symbolische Welt finden. Es ist dieser Kreis, der uns mit den großen Dingen versorgt: unsere Sprache, Poesie, moralische Werte außerhalb der Familie, Gesetzgebung und Rituale für Lebensübergänge wie Hochzeiten und Elternschaft.

Unsere Selbst-Verwaltung entwickelt sich von der Selbst-Verwaltung unseres Körpers, unserer Impulse und Emotionen zur Selbst-Verwaltung in Familie 1, Peer-Groups und realen Gemeinschaften. Wenn wir uns in diesen noch größeren und komplexeren Kreisen selbst-verwalten, verwenden wir eine Kombination von Symbolen, Sprache, Normen und Verhaltensweisen, die sich aus den einfachsten, imaginären Gemeinschaften, d.h. dem 6. Kreis der Zugehörigkeit stammen, wie auch von kleineren, wirklichen Gruppen selbst. Wenn wir in unserer Familie sind, verwenden wir sowohl die Sprache und die Normen unseres Volkes als auch die besonderen Normen und Idiome, die für unsere Familie einzigartig sind, ebenfalls in einer Peer-Gruppe oder am Arbeitsplatz.

Der Weg von der Selbst-Verwaltung in konkreten Gemeinschaften zur Selbst-Verwaltung in der vorgestellten Gemeinschaft – der Weg von der Selbst-Verwaltung in den Kreisen der Zugehörigkeit 2-5 zum 6. Kreis der Zugehörigkeit – ist für uns alle ein riesiger Schritt; das bedeutet im Grunde genommen, erwachsen zu werden.

Wir haben erkannt, dass es das Bewusstsein, das Gewissen, die Unterwerfung unter, die Beteiligung an, die Übernahme von Verantwortung für, die Selbst-Verwaltung und das Gefühl der Zugehörigkeit und Erfüllung in allen konkreten/realen Gemeinschaften (Kreise der Zugehörigkeit 1-5) plus der einfachsten imaginären Gemeinschaft (Menschen oder Religion im Kreis 6) ist, die unsere Schicht der Selbst-Verwaltung, die Schicht 3, umkreisen.

Über den 6. Kreis der Zugehörigkeit hinaus können wir typischerweise nicht unsere eigene Sprache verwenden und davon ausgehen, dass unsere verinnerlichten Normen ausreichen. Wenn wir unser Land verlassen oder andere religiöse Konfessionen besuchen (oder die Heimat von Menschen mit einem solchen anderen Hintergrund besuchen), müssen wir darauf achten, dass wir die Regeln und Normen dieser fremden Orte nicht brechen, wenn wir als höflich wahrgenommen werden wollen. In den Kreisen der Zugehörigkeit 7-10 müssen wir selbst denken; wir nehmen unsere Symbole mit in eine Welt, in der sie unzureichend sind.

Von Shaftesbury und seiner Europareise über den jungen Prinzen, dem Herder als Kaplan folgte, von Wilhelm Meister in Goethes *Bildungsroman* über alle anderen Hauptfiguren der klassischen Bildungsromane bis hin zu den jungen Männern des Bürgertums in den 1800er Jahren war die Bildungsreise eine Reise aus dem 6.ten Kreis der Zugehörigkeit zum 7. und zurück. Bei ihrer Rückkehr in die Heimat hatten diese jungen Männer – seien sie real oder fiktiv – ihre verinnerlichten Normen in Frage gestellt bekommen und sie hatten ihre eigene Kultur aus einer anderen Perspektive gesehen; sie hatten eine andere Perspektive auf ihre eigene Nation und damit die Voraussetzung erworben, sich selbst zu Selbstschöpfern zu machen. Was wir vorschlagen, ist, dass der Übergang von Schicht 3 zu 4 dadurch gefördert werden kann, dass man die Schicht 3 im Kreis 6 abrundet, dann an einen Ort im Kreis 7 oder 9 reist, der lang genug ist, um die verinnerlichten Normen in Frage zu stellen, und dann nach Hause zurückkehrt. Dies war das Ziel der Bildungsreise.

Wenn einige Kreise fehlen

Wenn wir keine Familie 1, keine Peer-Gruppen, keine Familie 2 und keine oder mehrere konkrete Gemeinschaften haben, kann es sein, dass eine gewisse Verinnerlichung von Normen und Erwartungen fehlt, dass manche Emotionen vielleicht nie eine Chance bekommen, sich zu entfalten, und dass wir als Erwachsene nicht reifen und vollständig abgerundet werden.

Da viele von uns in der heutigen westlichen Gesellschaft Familie 2 erst ziemlich spät im Leben gründen (d.h. Kinder bekommen), stellt sich die Frage: Was ist es, was Familie 2 mit uns macht, und kann die gleiche emotionale Entwicklung mit anderen Mitteln stattfinden? Was wir in Familie 2 tun, ist, dass wir uns um andere kümmern; wir werden zu Pflegern, unterwerfen uns den Bedürfnissen von jemandem, der schwächer ist als wir selbst, und ordnen uns ihren Bedürfnissen unter. Das kann durchaus auch in anderen Formen geschehen, als Kinder zu bekommen; zwei solcher Formen sind die Pflege eines kranken Elternteils, Geschwisters oder der Kinder eines anderen, oder die Arbeit mit Kindern, sei es als Berufstätige oder Freiwillige.

Erwachsene Selbst-konsolidierer

Wenn wir den Weg der Selbstverwaltung nicht durch alle Kreise der Zugehörigkeit 1-6 gehen, entwickeln wir keine abgerundete Schicht 3, und je nachdem, wie wenig wir akzeptiert haben, uns verschiedenen Gruppen und Gemeinschaften zu unterwerfen, bleiben wir vielleicht Selbst-Konsolidierer (Schicht 2) im Erwachsenenleben.

Es wäre verlockend, dies Narzissmus zu nennen, aber da Narzissmus eine psychiatrische Diagnose ist, werden wir bei dem Ausdruck selbstkonsolidierende Erwachsene bleiben. Wir werden uns jedoch erlauben, von einer narzisstischen Gesellschaft zu sprechen, da die Fürsorge für andere und die Solidarität innerhalb unserer Gesellschaften ihre frühere hohe Wertschätzung verlieren.

Drei Arten von Freiheit

Als wir begannen, dieses Buch zu schreiben, wussten wir bereits, dass es zwei Traditionen der politischen Freiheit gibt: die angloamerikanische und die französische. Was wir aus unserer Arbeit gelernt haben, ist, dass es auch eine deutsche gibt.

- Der angloamerikanische Freiheitsbegriff ist eine Freiheit vom Staat. Es ist eine Ideologie, die behauptet, dass jeder Mensch von seinem Schöpfer mit bestimmten Rechten ausgestattet ist, was die Freiheit einschließt, nach Glück zu streben. Die Bürger schaffen den Staat gemeinsam und halten ihn aufrecht.
- Das französische Konzept der Freiheit ist eine Freiheit, die vom Staat ausgeht. Nach dieser Ideologie ist es der Staat, der seinen Bürgern bestimmte Freiheiten gewährt und diese Freiheiten schützt und aufrechterhält. Der Staat existiert, bevor das Individuum zu einer Persona heranwächst, die persönliche Absichten und Wünsche haben kann.
- Der deutsche Freiheitsbegriff ist nicht politisch, sondern existentiell und heißt *Bildung*. Es ist Selbst-Verwaltung und Selbst-Autorenschaft unabhängig von politischer Freiheit.

Was wir erkannt haben, ist, dass es die Kombination dieser drei Begriffe ist, die die Grundlage aller freien Gesellschaften und der liberalen Demokratie ist. Das anglo-amerikanische und das französische Freiheitskonzept werden gewöhnlich als Gegensatz zueinander dargestellt, aber in Wirklichkeit hängen sie voneinander ab: Ohne den Staat, der unsere Rechte schützt, könnten wir niemals zu politischen Agenten heranwachsen, und ohne politische Agenten hätten wir keine Staaten, die vom Volk konstituiert sind. Praktisch gesehen sind sowohl das französische als auch das anglo-amerikanische Modell gleichzeitig richtig. Wir brauchen beide Ideologien. Und keine von beiden würde funktionieren, wenn die Individuen sich nicht über die Selbst-Konsolidierung und Selbst-Verwaltung hinaus entwickeln und sich selbst verfassen würden.

Jede funktionierende liberale Demokratie integriert alle drei Arten von Freiheit. Das ist es, was der Westen ist: drei Arten von Freiheit, die in ständiger Interaktion miteinander stehen und sich nie mit einem bestimmten Verhältnis unter ihnen zufrieden geben. Unsere Zivilisation wird verschwinden, wenn wir eine von ihnen verlieren oder wenn sie zu weit aus dem Gleichgewicht geraten. Offene Gesellschaften, die sowohl Freiheit als auch Sicherheit bieten, sind ein Dreibein; sobald ein Bein abgeschnitten ist, fallen wir; *Bildung* ist heute das schwächste Bein.

Unterschiede zwischen den skandinavischen Ländern

Es gibt einige interessante Unterschiede zwischen den skandinavischen Ländern, und das hat sehr viel mit Nationalismus zu tun.

Bis vor kurzem war es der Bildungs- und Erziehungsnationalismus, der die Entwicklung in den skandinavischen Ländern vorangetrieben hat: Wir haben aktiv einen starken Sinn für Kultur, Erbe, nationale Identität und Volkstümlichkeit geschaffen. Dies war ein wesentlicher Bestandteil des Aufbaus unserer Demokratien und Sozialstaaten. Vor allem in Dänemark und Norwegen wurde die Demokratie „folkestyre" als „Herrschaft des Volkes" und nicht mit dem griechischen Wort „Demokratie" bezeichnet. Das Volk hatte einen starken Sinn für eine gemeinsame Identität und Volkszugehörigkeit; nicht aufgrund eines Gefühls für Blut und Boden, wie es sich in Deutschland als Nationalchauvinismus entfaltete, sondern aufgrund der Volksbildung und einer ständigen Erneuerung der nationalen Kultur und des nationalen Gesprächs. Anstelle des deutschen Völkisch-Gefühls, das „Blut und Boden" war, gibt es eine Gemütlichkeit oder Heiterkeit der dänischen und norwegischen Volkszugehörigkeit – sobald man Teil der Gruppe ist. Schweden war schon immer „französischer" und aristokratischer, und seine Demokratie und Kultur haben einen bürokratischen Touch, der nicht so volkstümlich oder gemütlich ist. Dennoch sind die Schweden extrem egalitär, sie sind einfach formeller.

Wie bereits erwähnt, haben die Schweden nie die gleiche existenzielle Bedrohung ihres Souveränitätsgefühls für Schweden und ihre Schwedentradition empfunden wie die Dänen und Norweger. Besonders in Dänemark und bis zu einem gewissen Grad in Norwegen liegt der

Schwerpunkt auf der emotionalen Integration der Einwanderer, was die Integration in mancher Hinsicht sehr schwierig macht, da man sich als Däne (oder Norweger) fühlen muss, um voll akzeptiert zu werden. Was die Dänen in Wirklichkeit wollen, ist, dass sich die Menschen assimilieren. Der schwedische Ansatz ist eher französisch in dem Sinne, dass die Integration in Schweden fast ausschließlich juristisch beurteilt wird; er konzentriert sich mehr auf Rechte und Vorschriften als auf ein Gefühl der Schwedentradition. Unter den drei Ländern hat dies zu Schuldzuweisungen und Beleidigungen in Bezug auf Rassismus in Dänemark und schädliche politische Korrektheit in Schweden geführt, und weg ist das Verständnis für die Bedeutung von *Bildung* als derjenigen, die unsere nationale Kohärenz überhaupt erst geschaffen hat.

In keinem der beiden Länder haben wir unser Verständnis von der Bedeutung des Zugehörigkeitsgefühls und seiner Kultivierung auf der nationalen Ebene der Komplexität aktualisiert. In Dänemark, wo die Anforderungen an die Assimilierung so hoch sind, scheint die öffentliche Debatte darauf ausgerichtet zu sein, Einwanderer fernzuhalten, damit sie kein Zugehörigkeitsgefühl entwickeln können. In Schweden, wo die Anforderungen an die Integration so niedrig sind, lässt die öffentliche Debatte den Eindruck entstehen, als gäbe es so etwas wie die schwedische Kultur gar nicht.

Insgesamt gibt es jedoch mehr Ähnlichkeiten zwischen den skandinavischen Ländern als Unterschiede, und die Ähnlichkeit der drei skandinavischen Sprachen (Dänisch, Norwegisch und Schwedisch) erlaubt es uns, eine konstante und gesunde „Geschwisterrivalität" zu verfolgen. Erst in letzter Zeit, insbesondere nach der Flüchtlingskrise von 2015 – und das ist ein weiterer Grund für dieses Buch – war die skandinavische Zusammenarbeit nicht gerade vorbildlich. Wir fordern unsere skandinavischen Regierungen eindringlich auf, ihre Taten zu bündeln und höhere Ziele anzustreben, als dies derzeit der Fall ist: Selbst-Transformation hin zu globalem Bewusstsein und Gewissen und allen zehn Kreisen der Zugehörigkeit, bitte!

DIE NOTWENDIGKEIT VON ERZÄHLUNG, NATIONALISMUS, KONTINENTALISMUS UND GLOBALISIERUNG

Wir glauben, dass wir aus dem Nationalismus und der Entwicklung unserer nationalen Demokratien eine entscheidende Lektion lernen müssen. Nicht zuletzt, wenn man weiß, wie Dänemark 1848 und 1864 in zwei Kriege geriet, ab 1865 durch die Volksbildung eine neue Art von nationalem Selbstbewusstsein schuf und sich in den 1920er Jahren weigerte, über die dänisch-deutsche Grenze zu kämpfen, sondern stattdessen die Menschen in der Region wählen ließ. Den skandinavischen Ländern gelang es, den Übergang von der Feudalgesellschaft zur Moderne und liberalen Demokratie friedlich zu vollziehen, nachdem sich die Volksbildung verbreitet hatte.

Da wir in noch größeren und komplexeren transnationalen, inter- und supranationalen Einheiten zusammenarbeiten müssen, müssen Menschen, die kulturell und bildungsmäßig einfallsreich sind, die Erzählungen, Symbole und Strukturen entwickeln, die es jedem ermöglichen, Sinn, Zweck und ein Zugehörigkeitsgefühl auf nationaler, kontinentaler und globaler Ebene zu finden.

Besonders Politiker, Bürokraten und Beraterfirmen müssen hier aufpassen: Wer nur Wirtschaft, Politikwissenschaft, Recht und/oder Kommunikation studiert hat, hat keine Ausbildung, die ihn für die Lösung unserer aktuellen Probleme qualifiziert. Ihr Wissen ist unzureichend und sie tragen höchstwahrscheinlich dazu bei, unsere Demokratien zu ruinieren. Bitte lesen Sie diesen Absatz noch einmal, wenn Sie einem der genannten Berufe angehören und keine andere Ausbildung als diese haben.

Wenn Sie sich auf andere Weise *Bildung* und die damit verbundene kulturelle Tiefe und das Verständnis erworben haben, können Sie möglicherweise konstruktiv dazu beitragen, insbesondere wenn Sie sich eine Systemperspektive zumindest auf der Ebene Ihres Kulturkreises angeeignet haben und auch selbst zum Autor geworden sind. In diesem Fall sind wir darauf angewiesen, dass Sie Ihre eindimensional gebildeten Bürokraten- und Beraterkollegen erreichen und dazu beitragen, dass sie nicht noch mehr Unheil anrichten. Unsere Zukunft hängt davon ab.

(Vielleicht möchten Sie diesen Absatz auch zweimal lesen.) Wir haben diese beiden Absätze nicht geschrieben, um arrogant zu sein, sondern weil die Politik von Menschen in diesen Berufen übernommen wurde und es ein gemeinsames Verständnis gibt, nicht zuletzt untereinander, dass sie diejenigen sind, die am besten wissen, wie Politik und Regierungsführung aussehen sollte. Sie liegen falsch. Wir sind beide Wirtschaftswissenschaftler, und es gibt nichts, was wir während unseres Studiums gelernt haben, was im gegenwärtigen Übergang von der Industriegesellschaft zur nächsten nützlich ist. Der Grund dafür ist einfach: Im Allgemeinen lehrt keine der erwähnten Studien ihre Studenten, Synthese zu betreiben und das große Ganze zu sehen. Sie lehren keine Philosophie und kein unabhängiges Denken. Sie lehren Menschen, nach bestehenden Modellen zu analysieren und Modelle umzusetzen. Als ob das nicht schon schlimm genug wäre, funktionieren die alten Modelle aufgrund des Übergangs in unserer Gesellschaft nicht mehr.

Wir brauchen zwar neue Wirtschaftsmodelle, aber es ist ebenso dringend, dass wir neue Erzählungen entwickeln, die den neuen Modellen einen Sinn geben können – wie wir im nächsten Kapitel sehen werden.

Die Freimaurer spielten eine entscheidende Rolle

Wir begannen ürsprünglich damit, das zu schreiben, was wir als das skandinavische Geheimnis verstanden. Während wir weiter recherchierten und schrieben, wurde uns klar, dass wir tatsächlich auch über das Geheimnis der Freimaurer gestolpert sein könnten.

Von den Personen, die in diesem Buch erwähnt werden, waren die folgenden Freimaurer: Jens Baggesen, Knud Rahbek, Ernst Schimmelmann, Frederik VI., Frederik VII., Hans Christian Ørsted, Gustav IV. Adolf von Schweden, Karl XIII. von Schweden, Gotthold Ephraim Lessing, Herzog Karl August von Weimar, Johann Wolfgang von Goethe, Johann Gottlieb Fichte, Johann Gottfried Herder, Friedrich Gottlieb Klopstock, Wolfgang Amadeus Mozart, Christoph Martin Wieland, Voltaire, Lafayette, Benjamin Franklin, Alexander Hamilton, John Hancock, Benjamin Lincoln und George Washington. Höchstwahrscheinlich waren Friedrich Schiller, und vielleicht auch Alexander von Humboldt und James Madison, ebenfalls Freimaurer.

Zufall? Wir glauben nicht. Tatsächlich macht es sehr viel Sinn, wenn die Männer, die das säkulare Bildungskonzept entwickelt haben, auch Freimaurer waren. Wo sonst hätten vor 200-300 Jahren, unter der absoluten Monarchie, Selbst-Autoren und sich selbst-transformierende Männer die Chance gehabt, sich zu treffen, frei zu reden und ihre Schichten 4 und 5 zu umrunden? Es gibt viele Mythen um die Freimaurer, die oft als Mystiker wahrgenommen werden. Aber was wäre, wenn – und das war unsere Überlegung – die Freimaurer in Wirklichkeit eine Ego-Entwicklung fördernde Zusammenkunft von Männern waren, die *Bildung*, intellektuelle Herausforderungen und gebildete Gesellschaft suchten? Wo sonst hätten sie vor 250 Jahren eine Chance gehabt, die Schichten 3, 4 und 5 bei sich selbst und anderen zu runden und zu fördern?

Wenn Freimaurer tatsächlich ihren Geist und ihre Erkenntnistheorien durch Rituale erweitert haben und wenn Informationen über diese Aktivitäten durchgesickert sind, welche anderen Erklärungen abgesehen von Mystik und Magie hätten dann selbst-konsolidierende und selbst-verwaltete Nicht-Freimaurer in einer vorwissenschaftlichen Gesellschaft gehabt?

Die Geheimhaltung der Freimaurer hat natürlich zum Bild der Mystik beigetragen. Die Freimaurer wurden im Allgemeinen als Bedrohung für autoritäre Herrscher empfunden, seien es Nazis, Kommunisten, Faschisten oder religiöse Fundamentalisten; dies unterstützte auch unsere Bildungs- und Ich-Entwicklungshypothese: Es gibt nichts, was von autoritären Herrschern mehr gefürchtet wird als Menschen, die selbstständig denken können. (Sehr klug, einige der Herrscher zu Freimaurern zu machen! Neben den oben erwähnten Königen war Friedrich II. ein Freimaurer; er war der König von Preußen 1740 bis 1786 und einer der stärksten Förderer der Aufklärung in Europa. Kant erwähnt ihn in *Was ist Aufklärung?* als den ersten Herrscher, der den Menschen volle Gewissensfreiheit gewährte).

Nachdem er so unerwartet auf eine zusätzliche Hypothese und eine mögliche intellektuelle Kette durch die europäische Geschichte und die

Entwicklung von *Bildung*, Demokratie und Emanzipation gestoßen war, die für die meisten Menschen ein Rätsel ist, war die Frage naheliegend: Wie können wir dies testen? Die Freimaurer werden ihre Geheimnisse wahrscheinlich nicht teilen...

Es erwies sich als einfacher als erwartet: Ein pensionierter dänischer Politiker, Peter Duetoft, der Lene zuvor wegen einiger ihrer früheren Bücher kontaktiert hatte, erwies sich als der zweithöchstrangige Freimaurer in Dänemark. Nachdem wir unseren ersten Entwurf dieses Buches an Duetoft geschickt hatten, wurde Lene zum Mittagessen in die Freimaurerloge in Kopenhagen eingeladen, und da sie eine Frau ist und daher niemals Mitglied werden kann, war Duetoft sehr froh, sie herumzuführen.

Die Freimaurer gehörten zu den ersten – wenn nicht sogar den ersten offiziell demokratischen Vereinigungen in Europa; der offizielle Beginn der Freimaurerei war 1717 (Alles Gute zum 300. Jahrestag!). Der Grund für ihre Geheimhaltung sind die Erlebnisse, die sie sich für ihre Mitglieder auf ihrem Weg durch die Reihen des Ordens wünschen; wenn die Rituale im Voraus bekannt wären, gäbe es weniger zu tun. Lene hat nicht versucht, Duetoft und seine Freimaurer-Brüder dazu zu bringen, die Rituale zu verraten, und wenn sie es ihr gesagt hätten, hätte sie es nicht verraten. Alles, was wir hier enthüllen, ist, dass Duetoft als erste Reaktion auf unser Skript sagte, dass die Entwicklung von Bewusstsein und Gewissen genau das ist, worum es den Freimaurern geht.

Wir haben auch ein paar Bücher über die Freimaurer von ihnen bekommen, und da wurde uns klar, dass das Offensichtliche einen manchmal direkt ins Gesicht schreit, so laut, dass man nicht hören kann, was es sagt; die Bücher stellten plötzlich die Lautstärke ein, und dann sahen wir es:

Was sind die traditionellen Stadien der Handwerkskunst, wenn man, sagen wir, ein Maurer ist? Es wäre nicht zufällig ein Lehrling, ein Geselle und ein Meister, oder? So wie der physische Mensch, der rationale Mensch, der moralische Mensch oder der selbst-konsolidierende, selbstverwaltete und selbst-hervorbringende Mensch? Nach den uns vorliegenden Büchern haben die Freimaurer drei Entwicklungsstufen (mancherorts sind die drei in 11 Unterstufen unterteilt). Wir haben nicht versucht herauszufinden, was sie sind und wie eng die Freimaurerprogression mit der von uns beschriebenen Ich-Entwicklung und *Bildung* zusammenpasst, aber wir sind überzeugt, dass es sich lohnt, die Überschneidungen herauszufinden, wenn man ein Mann ist, der ein Geheimnis bewahren kann.

Deutscher Einfluss auf die Nordländer und die USA

Eine andere Sache, die wir beim Verfassen dieses Buches herausgefunden haben, ist, wie stark der deutsche Einfluss auf Dänemark war, nicht erst nach der Reformation, sondern auf neue Weise ab Mitte des 17. Jahrhunderts. Er gelangte von Dänemark aus auch in die Vereinigten Staaten und in die Bürgerrechtsbewegung.

Wir vermuten, dass dieser massive deutsche Einfluss auf unser Erbe neu für uns war, weil die Dänen, einschließlich der dänischen Historiker, nicht allzu glücklich darüber waren, Deutschland für zentrale Teile der dänischen Kultur Anerkennung zu zollen; Bismarck und Hitler haben nicht gerade viel guten Willen hervorgebracht. Wir sehen in dieser dänischen Haltung jedoch einen Patriotismus der Vergangenheit und sind eigentlich stolz darauf, wie frühere Generationen den Input aus anderen Ländern gemischt haben, um uns und unsere Vorfahren für die letzten 5-6 Generationen zu erziehen.

Wir vermuten auch, dass nicht sehr viele zeitgenössische Deutsche wissen, wie ihr Erbe zur Entwicklung der skandinavischen Länder und der Vereinigten Staaten beigetragen hat. Erlösung ist ein starkes Wort, aber wir denken, dass die Deutschen aufgrund ihres historischen Erbes viel Schuld auf sich geladen haben und dass sie diesem Erbe einen gewissen Stolz hinzufügen sollten (besonders wenn sie zuerst Schillers Briefe über die ästhetische Erziehung oder Goethes zweites Buch über den Faust lesen). Wir hätten uns nicht so entwickelt, wie wir es in den skandinavischen Ländern getan haben, und die Bürgerrechtsbewegung in den USA hätte wahrscheinlich ganz anders ausgesehen, wenn es nicht Herder, Schiller, Goethe und eine Reihe anderer Männer gegeben hätte, die sich nach Freiheit sehnten und über den Tellerrand der 1700er Jahre hinaus gefühlt und gedacht haben.

Wer weiß, vielleicht hätte Rosa Parks schon 1955 in Alabama einfach ihren Platz in diesem Bus aufgegeben.

Eine spirituelle Reise

Das Forschen und Schreiben dieses Buches war eine persönliche Reise, auf der wir uns mit etwas in uns selbst und in unserem kulturellen Erbe verbunden haben, von dem wir nicht wussten, dass es uns fehlte. Es hat uns auch zum Nachdenken gebracht: Was war es in uns, das für Schillers *Die Räuber* und Goethes *Werther* empfänglich war und uns einen persönlichen Schritt näher an die existenzielle Erfüllung brachte, als wir sie kennenlernten?

Warum hat unsere Übersetzung einiger dänischer Verse von Grundtvig eine tiefe emotionale Wirkung auf Lene, die Dänin ist, aber nicht auf Tomas, der Schwede ist? Und ebenso: Warum hat unsere Übersetzung dieses einen schwedischen Zitats von Hjalmar Branting eine ähnliche emotionale Wirkung auf Tomas, der Schwede ist, aber nicht auf Lene?

Kann es sein, dass wir beide ein kulturelles Erbe und damit ein inneres Gefüge haben, das für Schiller und Goethe bereit war, weil das ein Erbe ist, das wir beide teilen, obwohl wir vor Beginn dieses Projekts nie wirklich eines davon gelesen haben, während Grundtvig nicht Teil von Tomas' innerem Gefüge und Branting nicht Teil von Lenes war? Haben unsere frühen Auseinandersetzungen mit Grundtvig und Branting als Erbauer und Baumeister unserer jeweiligen Nationen in jedem von uns einen gewissen fruchtbaren Boden für die Begegnung mit ihren eigentlichen Texten geschaffen, obwohl wir diesen spezifischen Texten noch nie begegnet sind? Hätten wir die Texte vorher gekannt, wäre vielleicht eine süße Erinnerung wach geworden, aber das ist nicht der Fall; Texte, die für uns völlig neu waren, haben uns zutiefst berührt (ein Grundtvig-Lied, das wir zitiert haben, war Lene bereits vertraut, die anderen Texte jedoch nicht).

Das bringt uns zum Konzept der Idealisten vom Geist, dem Gemüt. Ist dieses Gefühl der tiefen Verbundenheit mit unserem deutschen Erbe der Geist, der sich mit uns verbindet? Nicht in irgendeiner metaphysischen Bedeutung des Wortes Geist, sondern in einer sehr banalen Bedeutung, die sich am besten als Idee oder als „Mem" übersetzen lässt. Hat unser früherer Umgang mit Teilen dieses Geistes – ein rudimentäres Wissen über Schiller und Goethe und das Bewusstsein, dass sie wichtig waren – unseren geistigen Boden geebnet, um für die eigentlichen Samen bereit zu sein, wenn wir sie nun endlich lesen? Hat unsere frühere verstreute Geistes-Exposition – in Bezug auf die beiden Autoren – eine Geistesbereitschaft geschaffen, eine Geist-Bereitschaft, und ist das Teil dessen, was *Bildung* ist und was mehr oder weniger komplex sein kann?

Da „Geistesbereitschaft" als Wort im Deutschen besser funktioniert als im Englischen, nennen wir dieses innere Bedeutungsnetzwerk, das es uns erlaubt, von noch unbekannten Elementen unseres kulturellen Erbes tief bewegt zu werden, eine „Bedeutungsbereitschaft" oder ein „Bedeutungspotential".

Wenn es ein solches Bedeutungspotential ist, das es uns erlaubt, uns mit Elementen unserer eigenen Kultur auf einer tieferen Ebene zu verbinden, wie wichtig ist es dann, dafür zu sorgen, dass alle Kinder ihr kulturelles Erbe von klein auf erfahren können! Dass sie eine komplexe Allgemeinbildung erhalten. Hätten wir in der Schule nichts über Schiller und Goethe gehört und wären wir nicht mit dem Werk von Grundtvig bzw. Branting in Berührung gekommen, hätte es einen ganzen emotionalen, spirituellen und sinngebenden Bereich gegeben, den wir beim Schreiben dieses Buches nicht erlebt hätten. Schiller, Goethe und Grundtvig wären nur tote Dichter und Branting ein alter Politiker mit einem dicken Schnurrbart gewesen. Wir haben den Verdacht, dass sie auf diese Weise auf diejenigen unserer Leser wirken, die keine Vorkenntnisse über sie haben – und wir hoffen, dass wir uns nicht zu sehr in unserer eigenen spirituellen Bildungsreise verfangen haben, als wir über sie geschrieben haben. Wir vermuten auch, dass unsere deutschen, schweizerischen, finnischen, dänischen, norwegischen und schwedischen Leserinnen und Leser einen Teil unserer emotionalen Verbundenheit mit uns teilen werden; so wie wir haben Sie wahrscheinlich die Teile dieses Buches, die Ihr eigenes Erbe betreffen, auf einer tieferen

Ebene als die anderen Teile als bedeutsam empfunden. Wir sind dann, mit den Worten von Hegel und den anderen Idealisten, spirituell verbunden.

Wenn wir mit diesem Bedeutungsbildungspotential und der Art und Weise, wie es uns erlaubt, uns mit unserem Erbe und miteinander zu verbinden, Recht haben, gibt es uns ein Argument dafür, warum Kultur wichtig ist: Je früher und je mehr Kinder dem kulturellen Erbe ausgesetzt sind, desto stärker wird ihr Bedeutungsbildungspotential, desto mehr Bedeutung werden sie als Erwachsene erfahren können und desto mehr Menschen werden sie ihr ganzes Leben lang auf einer tieferen Ebene verbinden können. Und – was am wichtigsten ist – umso mehr Bedeutung werden sie in der komplexen Gesellschaft, die sich heute entfaltet, erfahren können. Kultur ist kein Luxus; sie ist eine conditio sine qua non!

Die Hindernisse für die Demokratie

Ob wir von einem arabischen Frühling oder einer anderen Art von Frühling irgendwo mit autoritärer Herrschaft sprechen, sein Erfolg hängt von einer ausreichenden mentalen Komplexität in der gesamten Bevölkerung ab. Es mag möglich sein, eine Demokratie zu installieren, indem man Rechtsstaatlichkeit und die richtige Art von Institutionen zur Verfügung stellt, aber eine Bevölkerung kann keine Demokratie ohne ein kritisches Maß an Ego-Entwicklung und eine Kultur, die diese Entwicklung unterstützt, aufrechterhalten. Diese Kultur muss in irgendeiner Weise ständig gefördert und bei einem kritischen Teil der Bevölkerung, vorzugsweise bei allen, am Leben erhalten werden. Ohne sie wird es kein kritisches Denken und keinen Mut zur Unbeliebtheit geben, und es wird kein Verständnis für die universellen Prinzipien geben, die notwendig sind, wenn die Demokratie mehr sein soll als die Tyrannei der Mehrheit.

Ohne eine aktive Förderung der Kultur und des Kulturerbes wird es auch kein Zugehörigkeitsgefühl auf nationaler Ebene geben; es wird in der gesamten Bevölkerung nicht das Bewusstsein und Gewissen gegenüber der imaginären Gemeinschaft, der Nation als Ganzes, geben, das für die Menschen notwendig ist, um ihr gegenüber loyal und als Bürger engagiert zu sein. Es wird kein gegenseitiges Zugehörigkeitsgefühl geben.

Was besonders wichtig zu verstehen ist, ist, dass wir als Menschen einige angeborene Tendenzen haben, die nichts Gutes für die Demokratie verheißen. Wenn wir uns nicht von einer sich selbst-konsolidierenden zu einer sich selbst-verwaltende Regierungsform wandeln, und eine kritische Anzahl von Menschen wird zu Selbst-Autoren, kann es keine Demokratie geben. Im Allgemeinen bedeutet das auch, dass es keine Freiheit für die weibliche Hälfte der Bevölkerung geben kann. Die *Bildung*, die nötig ist, um die Menschen mit der mentalen Komplexität auszustatten, die es ihnen erlaubt, gute Demokraten zu sein, ist ziemlich umfangreich und komplex. Mit dieser Aussage schlagen wir keinen Kulturimperialismus vor; wir fordern *Bildung* und Ich-Entwicklung rund um den Globus nachdrücklich auf, dem lokalen kulturellen Erbe, einschließlich Traditionen und Erzählungen, zu entspringen. Tatsächlich schlagen wir mehr lokales Selbstbewusstsein und mehr kulturelle Vielfalt rund um den Globus vor, nicht globale Uniformität.

Unglücklicherweise haben wir in den vergangenen Generationen im Westen – sogar in Skandinavien – nicht die richtige Art von *Bildung*, Volksbildung und Erziehung aufrechterhalten oder angemessen entwickelt, damit wir unsere eigenen Demokratien erhalten können. Wenn wir nicht wiederentdecken, was es uns überhaupt erst ermöglicht hat, dauerhafte Demokratien zu schaffen und unsere Zivilisation neu zu überdenken, werden wir nicht in der Lage sein, Demokratie, Menschenrechte und unsere Freiheiten aufrechtzuerhalten, während wir ständig neue Technologien entwickeln, und wir werden definitiv auch nicht in der Lage sein, Demokratie und Freiheiten zu exportieren.

Vertrauen und Verantwortung

Schließlich ist uns aufgefallen, wie unser hohes Maß an Vertrauen in die skandinavischen Länder als eine besondere Qualität der skandinavischen Gesellschaften gefördert wird. All dieses Vertrauen – und der gute Glaube, der es möglich macht – erlaubt uns hohe persönliche Freiheitsgrade und erspart unseren Gesellschaften enorme Summen an Kontroll- und Anwaltskosten. Das Phänomen ist so bedeutsam, dass es Seminare und Konferenzen über Vertrauen gibt, und es gibt Op-eds und Artikel darüber, und viele haben versucht, eine Erklärung für diese Vertrauenskultur zu geben, von den sozialen Normen der Wikinger über die Genetik bis hin zum modernen Wohlfahrtsstaat.

Worüber niemand spricht, ist Verantwortung. Sie fehlt einfach in den Debatten und gehypten Konferenzen. Wenn die Menschen immer wieder betrogen werden, verschwindet das Vertrauen. Mit anderen Worten: Interessant ist nicht das Vertrauen, sondern das Verantwortungsgefühl, das früher die skandinavischen Gesellschaften durchdrungen hat. Verantwortung ermöglicht funktionierende Institutionen und reibungslose Interaktionen in Wirtschaft und Gesellschaft.

Wir denken also, dass die Entwicklung von Verantwortung eine Voraussetzung für Vertrauen ist, und wir finden sie viel interessanter als Vertrauen, nicht zuletzt deshalb, weil wir sehen, wie es aus unseren Institutionen und der politischen Sphäre verschwindet, und das verheißt nichts Gutes für die Zukunft der skandinavischen Gesellschaften.

TEIL V

Mit Blick nach vorn

Was können wir aus der Vergangenheit lernen, wohin gehen wir und was können wir tun?

KAPITEL 16

KANN DIE SKANDINAVISCHE ERFAHRUNG DEM REST DER WELT ZUGUTE KOMMEN?

Aus dem skandinavischen Geheimnis lassen sich einige nützliche, konkrete Lehren ziehen, die anderen zugute kommen können. In Gesellschaften, die große Veränderungen durchmachen, ist die Volksbildung von entscheidender Bedeutung, denn sie ermöglicht es den Menschen, mit den Veränderungen umzugehen, auf neue Weise Sinn zu finden und sowohl reale als auch imaginäre Gemeinschaften aufzubauen.

Wir begannen mit fünf Hypothesen; die fünfte und letzte Hypothese lautete:

1. Es gibt eine universelle Erkenntnis über die Gestaltung von Demokratie und stabilen Gesellschaften, die von den skandinavischen Ländern zu lernen ist;
   - Wie kann die skandinavische Erfahrung dem Rest der Welt zugute kommen?
   - Kann uns diese historische Erfahrung bezüglich des Übergangs von feudalen absoluten Monarchien zu industrialisierten demokratischen Nationalstaaten helfen, wenn wir uns in einem Übergang von den industrialisierten Nationalstaaten zu einer digitalisierten, globalisierten Wirtschaft befinden, die irgendwie zu einer globalen Gemeinschaft werden muss?

Was in den skandinavischen Ländern geschah, war, dass clevere Bildungsstrategien im Grunde alle Erwachsenen mit einem Ziel in die Schicht 3 schubsten, und eine kritische Anzahl von ihnen von dort in die Schicht 4; von der Selbst-Konsolidierung über die Selbst-Verwaltung bis zur Selbst-Autorenschaft. Wie viele, wissen wir nicht, aber es waren genug.

Es ist vielleicht keine Überraschung, dass wir zu dem Schluss kommen, dass Volksbildung, wie sie in den skandinavischen Ländern umgesetzt wird, als eine universelle Lektion gelten kann: Arme Länder können sich in weniger als zwei Generationen reich werden, wenn die Bevölkerung *Bildung*, Allgemeinbildung und Ich-Entwicklung erhält und wenn sie ein kollektives Zugehörigkeitsgefühl zu ihrer Nation entwickeln. An Skandinavien 1850 oder Finnland 1918 gab es nichts Einzigartiges, ganz im Gegenteil: Alle vier Länder waren arm, sehr religiös, und die Herrschaft war bis vor kurzem autoritär. Heute finden wir rund um den Globus viele ähnliche Umstände. Von der ersten erfolgreichen Volkshochschule 1851 bis zum Eintritt Dänemarks in die wirtschaftliche Elite dauerte es 50 Jahre; Norwegen und Schweden unternahmen ähnliche Anstrengungen, und Finnland schaffte dies in nur 30 Jahren.

Mit dem heutigen Wissen, der Kommunikationstechnologie und der internationalen Fähigkeit zur Hilfeleistung sehen wir keinen Grund, warum der skandinavische Fortschritt nicht überall reproduzierbar sein sollte. Was die skandinavischen Länder getan haben, sollte überall dort anwendbar sein, wo die Menschen Demokratie und stabile, wohlhabende Gesellschaften wollen. Was die skandinavischen Länder erfolgreich gemacht hat, waren nicht einzigartige natürliche Ressourcen oder irgendeine magische Zutat, die nicht anderswo reproduziert werden kann, sondern die menschliche Entwicklung und Kultivierung.

Die Menschen, die den Grundstein für die skandinavischen Länder und ihre Entwicklung zu wohlhabenden liberalen Demokratien mit einigen der glücklichsten Menschen der Welt legten, waren visionäre Politiker und einfache Pfarrer, Bauern, Bauern, Teilpächter, Lehrer und junge Akademiker. Selbst die ärmsten afrikanischen Länder von heute sollten für eine solche Entwicklung besser gerüstet sein als Skandinavien vor 150 Jahren.

In den skandinavischen Ländern stand hinter der Entwicklung der formalen *Bildung* (d.h. der öffentlichen Schulen, Gymnasien und Universitäten) eine politische Agenda der Regierung, aber die Volksbildung ging aus der Zivilgesellschaft hervor, und ab den 1920er Jahren gab es auch eine politische Agenda zur Förderung dieser Entwicklung. Überraschend wie bedeutsam an letzterer war die spezifische Bildungsagenda in Bezug auf die Ich-Entwicklung: Das frühe Ziel war es, die Landbevölkerung auf ein höheres Niveau geistiger Komplexität zu heben, von selbstsüchtigen zu selbstverwalteten und begeisterten Bürgern mit einem Zweck; später organisierten sich die Arbeiter selbst und stellten etwas Ähnliches für sich selbst bereit, aber mit einer weniger nationalistischen und mehr wissenschaftlichen Agenda.

Unser skandinavisches Geheimnis ist einfach und gleichzeitig nicht so einfach, aber da es in einigen sehr armen landwirtschaftlichen Gesellschaften erfunden und umgesetzt wurde, sollte es überall reproduzierbar sein. Neben aufgeschlossenen Regierungen, die sich ehrlich um die Bevölkerung kümmern, sind das die Zutaten:

- Engagierte Lehrer.
    - Ein Verständnis unter diesen Lehrern für die Konzepte von *Bildung* und Volksbildung als psychologische Entwicklung; vorzugsweise hätten die Lehrer eine solche Entwicklung und Volksbildung selbst am eigenen Leib erfahren.
    - Kulturelles Erbe. Ein Verständnis für die Bedeutung des kulturellen Erbes und des Erwachens und der emotionalen Verbindung, damit sich die Teilnehmer auf der nationalen Ebene der Komplexität und in Bezug auf die Kulturzone engagieren, wachsen und ein Zugehörigkeitsgefühl empfinden können.
    - Grundlegende Lese- und Schreibfähigkeiten in der gesamten Bevölkerung.
    - Zugang zu Literatur in der Muttersprache der Menschen.
    - Dies wurde in der Regel durch kleine Bibliotheken an den Volkshochschulen gewährleistet.
    - Investitionen in Treffpunkte für tiefe Gespräche und Lernen.

- Der Standard sollte der Lebensweise der Menschen zu Hause entsprechen.
- Die Lehrer sollten sich darauf einlassen – unter zwei Bedingungen:
- Es gibt eine solide akademische Grundlage, und Bücher werden als Nachschlagewerke verwendet.
- Lehren ist Lernen, Erzählen und Diskutieren, und die Ziele sind Sinn, Lebenskompetenzen und ein Gefühl der Zugehörigkeit, nicht das Erlangen von Noten. Das Wort ist frei und lebendig, nicht an Texte oder auswendig lernen gebunden; Menschen sollen sich aus Uneinigkeit entwickeln, Freiheit sowohl für Loke als auch für Thor.
- Auch die Lehrer müssen Lernende sein.
- Poesie und Ästhetik sind entscheidend, nicht zuletzt der gemeinsame Gesang.
- Es muss vermittelt werden, was für die Teilnehmer unmittelbar relevant ist, was sie politisch befähigt und was ihr Leben hier und jetzt verbessert.
- Ein Verständnis für die Bedeutung von Autonomie und lokaler Selbstorganisation, entweder durch einen oder mehrere Lehrer oder durch die lokale Gemeinschaft; keines dieser Ergebnisse geschieht bei Menschen, die keine persönliche Verantwortung übernehmen.
- Die erste Altersgruppe, an die man sich wendet, sind die 16-30-Jährigen, die reif genug sind, sich für etwas zu engagieren, das größer ist als sie selbst, und jung genug, um idealistisch und offen für die Erweiterung ihrer Perspektiven zu sein. Ältere Menschen können ebenfalls Perspektiven erweitern, aber es kann sein, dass dies nicht so spontan geschieht.

Ein Bestandteil des skandinavischen Geheimnisses, der manche überraschen mag, ist die Bedeutung des kulturellen Erbes. Angesichts der vielen ethnischen, nationalen und religiösen Konflikte auf der ganzen Welt würden viele wahrscheinlich zögern, ein kulturelles Selbstbewusstsein zu fördern.

Wir sehen es anders: Je selbstbewusster die Menschen in Bezug auf ihr Erbe sind, je tiefer ihre Wurzeln, je mehr Bedeutungsbildungspotential, Geistesbereitschaft, je mehr Folklore, je mehr Geschichten, je mehr Mythologien, die zu ihren Vorfahren gehören und die Menschen kennen und mit denen sie sich identifizieren können, desto komplexer und robuster wird ihre innere Welt sein. Je mehr man die eigene Kultur und Geschichte kennt und ihre Entwicklung im Zusammenhang sehen kann, desto weniger bedrohlich werden die Kulturen der anderen.

Was zu jeder Zeit vermieden werden sollte, ist nationaler Chauvinismus oder ethnisch-kultureller Chauvinismus; aber kultureller Stolz und Freude sind verschieden. Sie sind sogar entscheidend. Sie ermöglichen ein Gefühl der Zugehörigkeit, des Zusammenhalts in einer Nation und der Loyalität gegenüber dem gleichen Staat. Wenn das skandinavische Geheimnis in anderen Teilen der Welt umgesetzt werden soll, muss dies natürlich so geschehen, dass Nationalstolz und Freude nicht auf der Missachtung anderer Kulturen und Völker beruhen. Es darf niemals eine „Wir-gegen-sie"-Mentalität schaffen oder fördern. Hier wird die Entwicklung des Egos entscheidend: Als Selbst-Konsolidierer und Selbst-Verwaltende neigen wir dazu, „Feinde" zu suchen, um zu definieren, wer wir sind, indem wir feststellen, wer wir nicht sind; als Selbst-Autoren schätzen wir die Vielfalt.

Die Nordländer haben in Niger, einem der ärmsten Länder der Welt, das Lene mehrmals besuchen konnte, keine große Rolle gespielt. Das Land kann als Beispiel dienen: Die nigrische Bevölkerung ist zu 98% muslimisch und sie haben eine säkulare Verfassung; es gibt mehrere ethnische Gruppen mit unterschiedlichen Kulturen, aber alle Gruppen werden vom Staat anerkannt und dürfen ihr einzigartiges Erbe entwickeln. Die Demokratie in Westafrika ist zerbrechlich, und Niger bildet da keine Ausnahme, aber das Land hat es bisher geschafft, die Toleranz zu wahren und zwischen den einzelnen ethnischen Kulturen eine gemeinsame Identität als Nigrer zu entwickeln, worauf die Nigrer sehr stolz sind. Mehrere unterschiedliche kulturelle Identitäten, aber viel weniger „wir gegen sie" als in einigen Nachbarländern.

In unserem eigenen Teil der Welt sollte die skandinavische Lehre daraus gezogen werden, dass wir keine fortgesetzte Masseneinwanderung haben können, wenn wir nicht gleichzeitig in eine Kultur und Volksbildung investieren, die Neuankömmlinge einbezieht und für sie von Bedeutung ist. Auf der anderen Seite: Wenn wir die richtige Formel entwickeln, dann sollte Volksbildung genau das sein, was es den Einwanderern ermöglicht, in ihrem neuen Land Sinn zu finden und sich Gruppen in allen Zugehörigkeitskreisen anzuschließen. Die dänischen Volkshochschulen dienen derzeit diesem Zweck, und Einwanderer neigen dazu, sie zu lieben, aber es gibt einfach nicht genug davon, und es ist ein teures Modell, so wie es heute funktioniert.

Was also die Hypothese und die erste Frage betrifft, so sind wir davon überzeugt, dass es von den skandinavischen Ländern viel zu lernen gibt, was dem Rest der Welt zugute kommen kann: Es lohnt sich, in die Menschen und ihre *Bildung*, Kultivierung und Ich-Entwicklung zu investieren. Wenn wir als Spezies die Klimakrise lösen und die Armut beenden wollen, brauchen wir *Bildung*, aber wir brauchen auch mehr geistige Komplexität, und alle Erwachsenen müssen sich zumindest selbstverwaltend, zielstrebig und vorzugsweise selbst-verwaltet entwickeln. Wir müssen einen globalen Übergang von Schicht 2 über Schicht 3 zu Schicht 4 anstreben.

Kann die historische Erfahrung heute nützlich sein?

Die zweite Frage betrifft die Tatsache, dass wir uns aufgrund der technologischen Entwicklung in einem Übergang von der Industriegesellschaft zu etwas befinden, das wir noch nicht kennen, und die Frage ist: Können uns die alten Erfahrungen in diesem ganz anderen Übergang dienen?

Auch Grundtvig und Kold kannten die Zukunft nicht, als sie die Volkshochschulen entwickelten. Sie wussten nur, dass die Zeiten im Wandel begriffen waren. Das ist auch alles, was wir wissen. Wir befinden uns in einem Übergang, und deshalb sind die skandinavischen und schweizerischen Erfahrungen mit friedlichen Übergängen und der Aufwertung der mentalen Komplexität in der gesamten Bevölkerung beachtenswert.

Mit zunehmender gesellschaftlicher Komplexität liegt es auf der Hand, dass wir *Bildung*, Symbole, Ästhetik, Epistemologien, *Bildung* und Ich-Entwicklung schaffen müssen, die es uns ermöglichen, der Realität um uns herum einen Sinn zu geben, sie sicher zu navigieren und in ihr Sinn und Zweck zu finden. Es ist ebenso offensichtlich, dass wir ein Gefühl der Zugehörigkeit in noch größeren Kreisen entwickeln müssen und dass wir dafür Institutionen und pädagogische Philosophien brauchen, die es noch nicht gibt.

Die Herausforderung besteht darin, dass dies ein Prozess ist, der in jeder Generation ermutigt, gefördert und aktualisiert werden muss. Wenn wir die *Bildung* und Volksbildung aufgeben, wenn wir sie nicht erhalten und neu erfinden, werden wir nicht die persönliche Entwicklung sehen, die notwendig ist, um mit den komplexen Gesellschaften, die wir schaffen, umzugehen. Wie wir gesehen haben, ruinieren Dänemark und Schweden derzeit ihre eigenen herausragenden Ergebnisse, und auch das ist eine skandinavische Lektion, die es wert ist, beachtet zu werden.

Wird Bildung das Glück garantieren?

Die skandinavischen Länder gehören zu den glücklichsten, historisch gesehen hatten wir (und haben wahrcheinlich immer noch) die am weitesten fortgeschrittene Volksbildung, und heute haben wir aber auch einen sehr hohen Konsum von Antidepressiva und eine steigende Zahl von Depressionen unter Jugendlichen. Wir – die Autoren – haben behauptet, dass *Bildung* nicht mehr das ist, was sie einmal war; gibt es da einen Zusammenhang?

Warum sollte Bildung überhaupt jemanden glücklich machen?

Wenn die Dänen, die Norweger, die Schweden, die Finnen und die Schweizer so glücklich sind, können wir dann davon ausgehen, dass *Bildung* der Grund dafür ist? Mit anderen Worten: Wenn andere Volksbildung einführen und Kooperativen gründen würden, würde das Glück folgen?

Ein Vorschlag wäre, dass eine abgerundete *Bildung* und Allgemeinbildung und ein hoher Grad an Komplexität des Geistes das ist, was Bedeutungsbildung auf einem höheren Komplexitätsniveau ermöglicht und es uns erlaubt, unsere Gesellschaft zu verstehen und uns in ihr zurechtzufinden. Je komplexer unsere innere Welt ist, desto besser passt sie zur äußeren Welt und kann mit ihr umgehen, zumal die äußere Welt immer komplexer wird. Wir können uns mit mehr Situationen und Herausforderungen auf sinnvollere Weise auseinandersetzen. Die gegenwärtigen skandinavischen und schweizerischen Kulturen dienen als Beispiele für Gesellschaften, die es uns erlauben und von uns erwarten, uns zu engagieren, Verantwortung zu übernehmen und Dinge in Ordnung zu bringen, einschließlich Institutionen, wenn diese nicht funktionieren.

Schicht 3 ermöglicht es uns, uns mit anderen Menschen zu verbinden, uns selbst zu regieren und uns gegenüber Fremden in unserer Gesellschaft verantwortlich zu fühlen; am Ende sind wir von loyalen und pflichtbewussten Mitbürgern umgeben. Das würde uns viel Kummer ersparen.

Schicht 4 ist nicht nur Selbst-Autorenschaft, sie ist auch Selbstinitiierung und fördert Selbstorganisation und Selbstführung. Wir sorgen dafür, dass das Leben einen Sinn hat, was sehr sinnvoll ist. In einer Kultur, die Selbstschöpfung fördert, sind wir von Selbst-Autoren umgeben, und wir leben mit einer gegenseitigen Erwartung von Verantwortung, was zu einem Gefühl der Sicherheit führt. Mit mehr *Bildung* für uns selbst und die Menschen um uns herum leiden wir weniger unter Ängsten.

Ein anderer Vorschlag lautet: Je weiträumiger und runder wir sind, desto weniger Frustration haben wir über kleine Dinge. Erwachsene, die sich selbst verwalten, regen sich nicht darüber auf, dass es nicht immer so läuft wie sie es wollen, so wie es Kinder tun. Wir wissen, dass wir nicht immer sofortige Befriedigung haben können, und dass das eine gute Sache ist, da es weniger Frustration und mehr langfristiges Glück bedeutet. Als selbst-hervorbringende Erwachsene wissen wir, dass es in unserer eigenen Verantwortung liegt, unserem Leben einen Sinn zu verleihen und uns und unsere Umgebung glücklich zu machen. Wir wissen auch, dass wir nicht mit jedem übereinstimmen müssen und dass nicht jeder mit uns übereinstimmen muss; tatsächlich schätzen wir Vielfalt. Indem wir die Vielfalt schätzen und uns in verschiedene Richtungen entwickeln dürfen und so zur Vielfalt beitragen, gibt es mehr Vielfalt zu genießen, was mehr Glück bedeutet.

Die dritte Anregung ist, dass das Leben mit mehr *Bildung* und Allgemeinbildung einfach reicher wird. Reicher an Dingen, die nicht sehr viel kosten, wenn überhaupt, aber sehr sinnvoll sind. Zu diesen Gratisangeboten gehören Dinge, die man gemeinsam mit anderen Menschen tut, sei es Sport treiben, eine Gemeindeveranstaltung, Vorträge, Konzerte oder ein politisches Treffen organisieren oder Pfadfinderleiter oder Fussballtrainer sein. Mit kostenlosen Bibliotheken und billigem Internet ist der Zugang zu Büchern und Musik im Grunde unbegrenzt; es gibt keine Entschuldigung für Langeweile, und je mehr man bereits weiß, je mehr Bedeutungspotential man hat, desto mehr sinnvolle Aspekte kann man in Literatur, Musik und Kunst finden. Charaktertiefe spiegelt die Bandbreite und Tiefe von Erfahrungen wider, und gerade die Literatur ermöglicht es uns, lebensverändernde Erfahrungen sicher zu Hause auf der Couch bei einer schönen Tasse Tee zu machen.

Die vierte Anregung bezieht sich auf all das oben Gesagte: Mit *Bildung*, Allgemeinbildung und Ich-Entwicklung werden wir befähigt, unser Leben selbst in die Hand zu nehmen. Emotional und in Bezug auf professionelles wie auch angenehmes Wissen haben wir ein Gefühl der Kontrolle, wir sind emanzipiert von den Entscheidungen anderer und können uns frei fühlen. Die wirklich große Freiheit ergibt sich daraus, dass wir in der Lage sind, unsere Gesellschaft allein zu steuern (Schicht 3), während wir gleichzeitig die persönliche Robustheit besitzen, uns nicht den Erwartungen anderer Menschen zu unterwerfen (Schicht 4).

Wenn man ein grundlegendes Gefühl der wirtschaftlichen Sicherheit hat und sich sowohl in der Gesellschaft zurechtfindet als auch nicht von dem kontrolliert wird, was andere denken, hat man immense Macht über jede Stunde des Tages. Wenn man nicht in der Lage ist, sich in der Gesellschaft zurechtzufinden, weil man die Normen nicht verinnerlicht hat, wird man von sozialen Ereignissen, tiefen und intimen Beziehungen und einer Reihe von Unabhängigkeitsgefühlen als Erwachsener ausgeschlossen, und man ist einem erhöhten Risiko einer wirtschaftlichen Gefährdung ausgesetzt. Man mag sozial und wirtschaftlich sehr gut dran sein, aber die eigenen Entscheidungen werden von dem Drang geleitet, sich anzupassen, und es kann sein, dass man am Ende eher den Vorstellungen anderer Menschen vom guten Leben folgt als den eigenen Ideen und Werten.

In Schicht 4 und der Selbst-Autorenschaft werden die meisten von uns immer noch durch familiäre Verpflichtungen und Rechnungen, die bezahlt werden müssen, in unseren Schranken gehalten, aber wir haben die volle Kontrolle darüber, welche Art von Familienleben und welche Art von Lebensstil und wirtschaftlichen Verpflichtungen wir uns selbst auferlegen wollen. Wenn wir erst einmal das Verantwortungsbewusstsein haben, das es uns erlaubt, Verbindungen herzustellen und dauerhafte Beziehungen aufzubauen, und wenn wir auch den Mut haben, einige dieser Verbindungen zu trennen und zu verändern, wenn ihre Bedeutung verschwunden ist, dann sind wir an einem viel besseren Ort, als wenn wir uns entweder selbst konsolidieren oder selbst verwalten.

Es ist entscheidend, dass wir das konsolidierte Selbst entwickeln und die Normen verinnerlichen, sie uns zu eigen machen, indem wir uns ihnen unterwerfen, und lernen, uns selbst zu verwalten, denn ohne sie enden wir als erwachsene Selbstkonsolidierer und unfähig, uns auf Beziehungen festzulegen. Es besteht ein riesiger Unterschied zwischen Selbst-Autorenschaft (Schicht 4) und reiner Selbst-Konsolidierung (Schicht 2). Die Selbstkonsolidierer sind nicht frei, sie befinden sich inmitten ihrer eigenen Emotionen und brauchen Festigung und Bestätigung, und sie können keine dauerhaften, tiefen, erwachsenen, intimen Beziehungen aufbauen. Nur von den Selbst-Autoren, die sich den Beziehungen ergeben und alle Schichten durchlaufen und sich in ihnen niedergelassen haben, bevor sie weiterziehen, kann man sagen, dass sie sowohl die Verantwortung als auch die Freiheit haben, das zu sein, was Schiller und Pestalozzi als Ziel sahen: moralische Menschen; Menschen, die sich frei fühlen, Beziehungen einzugehen, loszulassen und selbst zu wählen.

Wenn wir mit diesen Zusammenhängen zwischen *Bildung* und Glück Recht haben, dann sollte der skandinavische Werkzeugkasten für Volksbildung der Welt zugute kommen, indem er sie glücklicher macht.

WAS SIND DIE FOLGEN DES VERSCHWINDENS VON BILDUNG?

Wenn wir Recht damit haben, dass *Bildung* und Ich-Entwicklung der Weg zu einem sinnvollen und glücklichen Leben ist, und dass *Bildung* aus unseren Bildungssystemen, aus der Gesellschaft im Allgemeinen und sogar aus der Volksbildung verschwindet, die jetzt hauptsächlich zur Berufsausbildung und zum Hobbyunterricht wird, ohne dass die Ich-Entwicklung und das gesellschaftliche Engagement angestrebt werden, dann sollte der verstärkte Einsatz von Antidepressiva keine Überraschung sein. Vor allem bei jungen Menschen. Statt Zugang zu stabilen und engagierten Gruppen zu haben, wo sie hingehören können, wird von ihnen erwartet, dass sie von klein auf ihren eigenen persönlichen Weg und ihre eigene Freude finden. Anstatt ein Leben voller Engagement, Sinn und Zweck zu verfolgen, leben sie in ständiger Angst, etwas zu verpassen. Wie das 14-jährige Mädchen in Tomas' Sommercamp: ihr muss es an fürsorglichen und reifen Erwachsenen in ihrer Umgebung gefehlt haben, die ihre Not sehen und sie hätten leiten können.

Anstatt dass ihnen eine dauerhafte Reihe von moralischen Werten angeboten wird, die sie verinnerlichen und nach denen sie ein Leben in hoher Wertschätzung von anderen führen können, werden die Teenager von heute gefragt, wie sie sich fühlen. Es wird von ihnen erwartet, dass sie in einer Lebensphase authentisch sind, in der sie die kollektiven Normen noch nicht vollständig verinnerlicht, sich die Symbole der Gesellschaft zu eigen gemacht und eine abgerundete Schicht 3 entwickelt haben.

Was wir in der Tat in den skandinavischen Ländern sehen, ist eine Kultur, in der sich die Menschen zunehmend selbst konsolidieren und weniger dem gemeinsamen kulturellen Erbe und dem Nationalstaat verpflichtet sind, d.h. dem Grad an Komplexität, der unsere Sprache, Symbole und Rechtsstaatlichkeit aufrechterhält und höhere Prinzipien institutionalisiert. Stattdessen engagieren sich die Menschen in Gruppen von Gleichaltrigen. Konkrete lokale Gemeinschaften, wie z.B. Dachgärten, die von Menschen in ein und demselben Wohnhaus geteilt werden, bedeuten mehr als nationales Kulturerbe. Gleichgesinnte Mitglieder einer politischen Partei scheinen den Politikern mehr zu bedeuten als die Verbesserung des Landes als Ganzes. Die Selbst-Verwaltung scheint sich zunehmend auf konkrete Gemeinschaften zu beziehen, nicht auf imaginierte oder abstrakte Gemeinschaften.

Die imaginierten Gemeinschaften, die sich entwickeln, wie das globale Netzwerk von Manchester United-Fans, Greenpeace-Aktivisten oder veganen Hipstern, haben keine gegenseitige Verpflichtung; „Ich beteilige mich nur so lange, wie ich Lust dazu habe", und alle anderen auch nicht. Wenn ich mich meinem Land gegenüber verpflichtet fühle und deshalb meine Steuern zahle oder mich zur Armee melde, um es zu schützen, erwarte ich, dass das Land für mich da ist, wenn ich es brauche, sei es, um meine Kinder zu erziehen, die nötigen Strassen zu bauen oder zu verhindern, dass ich sterbe, wenn ich eine Blinddarmentzündung bekomme. Wenn ich mich nur in der Fußballmannschaft, bei Greenpeace oder beim Pflanzenessen engagiere, revanchiert sich niemand, wenn ich Hilfe brauche – und ich fühle mich nicht verpflichtet, für die Gesundheitsversorgung der Kinder eines Manchester-Fans in Dortmund zu zahlen.

Eine narzisstische Kultur, die uns mehr oder weniger dazu ermutigt, in Schicht 2 zu bleiben und uns selbst zu konsolidieren, anstatt in Schicht 3 zu Selbstverwaltung und gegenseitiger Verantwortung heranzuwachsen, muss einige sehr unglückliche Menschen hervorbringen. Insbesondere dann, wenn der Wohlfahrtsstaat es möglich gemacht hat, die familiären Bindungen zu lösen, die historisch gesehen für gegenseitige Verpflichtungen gesorgt hätten.

Wenn wir glauben, dass wir die selbst-verwaltete Schicht 3 überspringen und gerade genug Normen lernen können, um zurechtzukommen, ohne die Normen wirklich zu verinnerlichen, ein Gewissen zu entwickeln und irgendwelche moralischen Verpflichtungen auf uns zu nehmen, wenn wir glauben, dass wir auf die Schicht 4 der Selbst-Autorenschaft springen können, ist es wahrscheinlicher, dass wir uns nur in der sich selbst-konsolidierenden Schicht 2 halten und eine sich auflösende Gesellschaft von Egoisten schaffen.

Persönlich, so wie wir – Lene und Tomas – die kulturelle Entwicklung um uns herum sehen, befürchten wir, dass diese Auflösung das ist, warum so viele nicht glücklich sind: Jeder ist zunehmend von Selbst-Konsolidierern umgeben und weniger haben das Gefühl, von engagierten Personen und Gemeinschaften umgeben zu sein, die sich wirklich um sie kümmern.

Erschwerend kommt hinzu, dass die Menschen auf der Suche nach Hilfe sind, sei es in der Therapie oder bei Coaches oder Selbsthilfebüchern, und die Botschaft lautet, dass sie ihr wahres Selbst finden sollten. Introspektion und egozentrische Achtsamkeit sollen das Heilmittel sein. Selbsthilfe-Literatur verkauft sich in den skandinavischen Ländern weiterhin; wenn irgendetwas davon tatsächlich helfen würde, würden die Verkaufszahlen sinken. Symptomatisch für die Bücher ist, dass *Bildung* in jeder Form und Gestalt völlig fehlt, ebenso wie moralische Werte und Gemeinschaftsbildung. Die Entwicklung des Egos wird nur oberflächlich gestreift. Wir sind bisher noch nicht auf ein Selbsthilfebuch gestoßen, in dem Menschen aufgefordert werden, einem Chor beizutreten und sich freiwillig in einer Gemeinschaft zu engagieren, in der ein gegenseitiges Verantwortungsgefühl herrscht und in der man ein Gefühl der Zugehörigkeit teilen kann.

Was die Menschen betrifft, die zu gestresst sind, um beides zu tun, so haben wir noch kein Selbsthilfebuch gesehen, in dem die Menschen gefragt werden, für welche Art von Gemeinschaften sie sich tatsächlich verpflichtet haben: Wie viele davon bieten gegenseitige Verpflichtungen? Wie viele von ihnen dienen einem höheren Zweck, der Sinn und ein Gefühl wahrer Befriedigung vermittelt? Wohin gehen Menschen, um nicht-romantische, intime, dauerhafte Beziehungen zu entwickeln?

Wenn wir nicht konkrete und imaginierte Gemeinschaften und gegenseitiges Engagement innerhalb dieser und unter ihnen aufrechterhalten und ständig weiterentwickeln, wenn wir nicht mehreren Gruppen und Gemeinschaften, in verschiedenen Kreisen der Zugehörigkeit angehören, werden wir sehr unglückliche Menschen sein. Und das passt perfekt zur Entwicklung in den skandinavischen Ländern seit den 1990er Jahren, obwohl noch nicht alles verloren ist. Noch ist nicht alles verloren. Überhaupt nicht.

Kapitel 17

GESELLSCHAFTLICHE ÜBERGÄNGE

Gesellschaftliche Übergänge hat es schon einmal gegeben. Bisher haben wir uns mit dem Übergang von vormodernen zu modernen Gesellschaften befasst. In dem Maße, in dem die Technologien komplexer werden und die Gesellschaften wachsen, werden auch die Gesellschaften komplexer, und damit auch unsere Kultur. In diesem Kapitel werden wir untersuchen, was das bedeutet.

Das Klima verändert sich, und die Migration zerbricht soziale Strukturen rund um den Globus. Gleichzeitig verändern neue Technologien die Art und Weise, wie wir unsere Güter produzieren, und in diesem Prozess verändern sich die Wirtschaft und die Eigentumsverhältnisse und damit auch die Machtstrukturen. Wir werden nicht auf die Besonderheiten der Bio-, Info-, Nano- und kognitiven Technologien (BINC-Technologien) eingehen, bei denen es sich um die neuen Erfindungen handelt, die die Welt, wie wir sie kennen, in Frage stellen. Aber um das Ausmaß der Veränderungen zu veranschaulichen, mit denen wir konfrontiert sind, wollen wir uns nur zwei Beispiele ansehen: selbstfahrende Autos und die Möglichkeit, von der Zahnbürste bis hin zu Gartenmöbeln alles in der eigenen Wohnung auszudrucken.

Wenn Autos keine Fahrer brauchen, brauchen wir die Autos nicht zu parken, wenn wir sie verlassen; sie können von sich aus weiterfahren und von jemand anderem benutzt werden. Es gibt also kaum einen Bedarf an Parkplätzen; es wird einen Bedarf an Ladestationen geben, aber sie können außerhalb der Stadtzentren konzentriert werden. Es wird auch nicht viel Bedarf an menschlichen Fahrern geben.

Wenn wir den digitalen Code herunterladen und Arzneimittel, Schuhe, Kerzen, Kleidung usw. zu Hause ausdrucken können, dann wird die gesamte Kette von Fabriken, Transportmitteln und physischen Geschäften überflüssig. Unsere heutige Wirtschaft und unsere Institutionen sind darauf ausgerichtet, mit physischen Gütern umzugehen, die an einem Ort hergestellt und an andere Orte transportiert werden. Obwohl wir solche Hausdrucker wie diese nicht mehr in 15 bis 20 Jahren sehen werden, sind die Technologien in der Pipeline. Um die potenzielle Geschwindigkeit der Entwicklung zu veranschaulichen, bedenken Sie, dass die erste bemannte Mission zum Mond erst vor etwa 50 Jahren mit Hilfe modernster Computer erfolgte, die so groß wie ein Haus waren und weniger leisten konnten als die Mobiltelefone, die wir heute haben.

Arbeitsmarkt, Verkehrsinfrastruktur, öffentliche Verkehrsmittel und Konzepte wie Urheberrecht und Eigentum an den Produktionsmitteln werden sich radikal verändern.

Wie Herder, Goethe, Schiller, Grundtvig, Kold, Bruun, Branting und all die anderen müssen wir uns der Zukunft und den Übergängen, in denen wir uns befinden, stellen. Da Gesellschaft und Kultur immer komplexer werden, brauchen wir komplexere Innenwelten, um ein sinnvolles Leben zu führen. Im Laufe der Menschheitsgeschichte hat es große technologische Veränderungen gegeben, aber bis vor 100 Jahren verlief die Entwicklung in der Regel nicht schneller, als sich jede Generation auch daran anpassen konnte; was man in der Jugend gelernt hat, blieb ein Leben lang nützlich. In den letzten 100 Jahren war das nicht ganz der Fall, aber jetzt müssen wir in der Lage sein, mit dem ständigen technologischen und kulturellen Wandel umzugehen. Berufliches Wissen kann schon in 5-10 Jahren nützlich sein. Auch im Privatleben zwingen uns neue Geräte und Anwendungen dazu, ständig zu lernen und uns anzupassen.

Dies stellt neue Anforderungen an unser „Selbst" oder „Ego". Bis wir uns selbst transformieren und mit dem ständigen Wandel um uns herum umgehen können, ohne davon überwältigt zu werden, müssen wir andere Wege finden, um die Welt verständlich und sinnvoll zu gestalten. Damit wir uns in den ständigen Veränderungen nicht verlieren, brauchen wir eine Kultur und Gemeinschaften, die sie sicher machen können, und wir müssen geistig wachsen. Wir müssen dafür sorgen, dass jeder mit Veränderungen umgehen kann und dass die Entscheidungsträger eine Systemperspektive haben, sonst können sie keine nützlichen Entscheidungen treffen. Die Zeiten einfacher, groß angelegter Lösungen sind vorbei.

Wir haben die Entwicklungsstadien der mentalen Komplexität von Erwachsenen beschrieben, aber wie beschreiben wir die zunehmende Komplexität in der Gesellschaft?

Kulturelle Codes

Wir haben bereits vormoderne und moderne Werte in Bezug auf die World Values Survey angesprochen, und wir haben den modernen Durchbruch in den skandinavischen Ländern untersucht. Die Vormoderne und die Moderne sind das, was Soziologen kulturelle Codes nennen, und diese Codes sind Erwartungen, Normen, Machtstrukturen, Epistemologien und Organisationsprinzipien, die „größer" sind als die kollektive Epistemologie einer bestimmten Kultur. Das Konzept der kulturellen Codes erlaubt es uns, verschiedene Kulturen in Stufen ähnlicher Komplexität zu klassifizieren und zu gruppieren. Wenn Gesellschaften wachsen und komplexer werden, werden auch die Codes, die sie definieren, komplexer.

Vormoderne und Moderne sind solche Codes, die mehrere Kulturen strukturieren, und jede Kultur kann sich von einem Code in den nächsten verwandeln und dennoch diese bestimmte Kultur bleiben; die französische Kultur blieb französisch, als sie von den vormodernen Codes zu den modernen Codes überging; sie wurde auf andere Weise französisch; die französische Epistemologie änderte sich, aber sie war immer noch einzigartig französisch.

Im Folgenden werden wir mit fünf kulturellen Codes operieren: indigene Codes, Vormoderne (oder traditionelle Codes), moderne, postmoderne und metamoderne Codes. Diese kulturellen Codes repräsentieren eine zunehmende kulturelle Komplexität und neue Wege der Strukturierung der Gesellschaft, um mit dieser zunehmenden Größe, Anzahl der

Menschen und Komplexität umzugehen, sie zu regieren und einzudämmen.

Wenn wir die Codes erklärt haben, werden wir sehen, wie die zunehmende kulturelle Komplexität mit der mentalen Komplexität und der Ich-Entwicklung zusammenhängt und in welcher Art von Übergang(en) wir uns gegenwärtig befinden.

Abbildung 17 – Kulturelle Codes

INDIGEN	TRADITIONELL/PRÄ-MODERN	MODERN	POST-MODERN	META-MODERN
Egalitär	Patriarchat	Egalitär	Ad-Hoc	Vielschichtig
Ordnung vs.	Hierarchisch	Demokratisch	Chaotisch	Nezwerk
Chaos	Religiös	Säkular	Gefühl	Relational
Magisch	Dogmatisch	Zweifeln	Ironie	Suchen
Pragmatisch	Glaube	Wissenschaft	Information	Wissen
Glaube	Wahrheit	Tatsachen	Konstruktion	Kombinierend
Mythen	Dorf / Stadt	Nation	Grenzenlos	Global
Familie / Klan	Einheit	Vereinigend	Dekonstruktion	Schöpfend
Gegeben				

GESELLSCHAFTLICHE KOMPLEXITY ERHÖHEN:
Größere Städte, mehr Menschen, komplexere Technologien

Indigen/Eingeborenenkulturen sind Jäger und Sammler und zeigen frühe Landwirtschaft, d.h. es ist eine sehr breite Kategorie, aber es ist die Art von Leben, die wir lebten, als die Evolution unsere Gehirne und unsere emotionalen Bedürfnisse hervorbrachte. Wir wurden durch und für diese Art von Leben biologisch geformt. Da die indigenen Gruppen, in denen die Menschen früher lebten, klein waren (gewöhnlich 50-200 Menschen in einem Stamm, vielleicht 1.000 in einem großen steinzeitlichen Dorf), kannte jeder jeden und konnte mit jedem reden, was bedeutete, dass die Machtstruktur sehr flach war und sich höchstens um einen Schamanen oder Medizinmann oder einen Clanführer drehte.

Traditionelle Kulturen/Vormoderne: Dies umfasst die alten Gesellschaften von den frühesten Stadtstaaten bis zum feudalen Europa um 1800 sowie den Nahen Osten und viele andere Orte heute, so dass auch diese Kategorie recht weit gefasst ist. Dennoch gibt es einige strukturelle und moralische Gemeinsamkeiten: Im Allgemeinen sind vormoderne

Gesellschaften autoritär, Religion und Politik sind nicht getrennt, und die Wissenschaft als Disziplin ist noch nicht erfunden oder akzeptiert worden.

Die Moderne: Dies betrifft vor allem den Westen in der nationalstaatlichen Ära nach Darwin: Wir überprüfen Tatsachenbehauptungen und haben Religion/Spiritualität von Regierung/Politik getrennt. Mit der Romantik ging der sechste Kreis der Zugehörigkeit von einer religiösen Konfession zu einer Mischung aus religiöser Konfession und Volkszugehörigkeit über; mit der Moderne trennten sich Religion und Volkszugehörigkeit im sechsten Kreis und erlaubten den Nationalstaaten, mehrere religiöse Konfessionen zu enthalten und gleichzeitig eine dominierende nationale Kultur auf der Grundlage des lokalen Erbes zu entwickeln.

Die Postmoderne wurde als der Zusammenbruch aller Meta-Erzählungen, d.h. Religion und politische Ideologien, charakterisiert, und eines der vorgeschlagenen Daten für den Beginn der Postmoderne ist der Fall der Berliner Mauer. Dies passt sehr gut zu dem Beginn der selbstdistanzierenden Ironie der 1990er Jahre im Westen. Die Hauptqualität der Postmoderne ist die Fähigkeit, alles zu dekonstruieren; das Problem ist, dass keine Gesellschaft aus der Dekonstruktion hervorgeht, noch kann eine solche Gesellschaft ihre Institutionen am Leben erhalten oder den inneren Zusammenhalt und die Loyalität aufrechterhalten; die Postmoderne funktioniert nur als Übergangsphase.

Meta-Moderne – wir werden es gleich erklären...

Konflikte zwischen Codes

Für den Menschen aus einer weniger komplexen Gesellschaft sieht die komplexere Gesellschaft (zu seiner Rechten in der obigen Tabelle) aus, als ob sie ohne moralische Werte wäre. Für eine Person, die in einer traditionellen/vormodernen Gesellschaft aufwächst, sieht es so aus, als seien die komplexeren Gesellschaften von Sündern bewohnt und vom Teufel oder etwas in der Art besessen. Ebenso hat ein Mensch aus einer modernen Gesellschaft das Gefühl, dass seine wertvollsten Wahrheiten von der Postmoderne und ihrem Relativismus verletzt werden.

Genauso wird in der modernen Gesellschaft fast alles, was die vormoderne Gesellschaft zusammenhält, lächerlich gemacht: Religion, sexueller Zwang und Patriarchat. Als Brandes, Ibsen, Bjørnson und Strindberg ihre zeitgenössische Gesellschaft und ihre Normen der absoluten Mehrheit ihrer Zeitgenossen gegenüber verspotteten, sah es so aus, als hätten sie überhaupt keine moralischen Werte. Als Nora das Haus verließ, hatte Torvald keine Ahnung!

Wenn Menschen aus irgendeinem Stadium der Moderne auf Gesellschaften mit älteren kulturellen Codes (zu ihrer Linken in der Tabelle) „zurückblicken", neigen sie dazu, die weniger komplexen Gesellschaften als primitiv zu bezeichnen. Der postmoderne Akademiker betrachtet die naive Akzeptanz sozialer Konstrukte wie „Geschlecht" und „Demokratie" durch den modernen Politiker mit der gleichen Geringschätzung wie der moderne Wissenschaftler den vormodernen Glauben an die biblische Offenbarung.

Der Blick auf das weniger Komplexe ist nicht nur ein westliches Phänomen, es ist ein Markenzeichen unserer Spezies. Die städtischen Babylonier, verspotteten die Stammesangehörigen, Hirten und Bauern vor den Stadttoren. Das Alte Testament, in dem die Hirten und Bauern der Vorfahren die Hauptelden sind, verabscheut die Stämme, die viele Götter und kein Gesetz haben. Wir haben immer dazu geneigt, die Menschen, die in Gesellschaften mit weniger komplexen Codes als unseren eigenen leben, als primitiv, als Untermenschen zu betrachten. Andere Völker als primitiv zu betrachten, ist natürlich eine falsche Schlussfolgerung; Individuen in weniger komplexen Kulturen und Gesellschaften haben genau das gleiche Potenzial wie alle anderen, und der typische Erwachsene hat angesichts der Normen dieser Gesellschaft immer zum Wohlergehen ihrer Gesellschaft beigetragen. Es ist nur so, dass verschiedene Gesellschaften unterschiedliche Erkenntnistheorien bieten und unterschiedliche Anforderungen an die Menschen stellen – und sie erfüllen dementsprechend auch unterschiedliche Erwartungen.

Die Integration aller Codes in die Meta-Moderne

Der Begriff **Meta-Modernismus** wurde erstmals in den 1970er Jahren verwendet. In den 1990er Jahren wurde er als Ergänzung zu Modernismus und Postmoderne weiter erforscht, um die Kluft zwischen ihnen zu überbrücken und sie in einem komplexeren Verständnis der Welt zu vereinen. Anstatt uns nur entweder mit der Moderne oder der Postmoderne zufrieden zu geben, brauchen wir beide. Wir brauchen die Wissenschaft, die Fakten und Strukturen der Moderne und die Fähigkeit der Postmoderne zur Dekonstruktion; es gibt Ernsthaftigkeit und Ironie, und beide sind wichtig.

Doch erst 2010, als zwei junge niederländische Kulturtheoretiker, die in London studieren, Timotheus Vermeulen und Robin van den Akker, begannen, sich mit der Meta-Moderne auseinanderzusetzen, gewann sie in den Kulturwissenschaften und dann vor allem in den Künsten an Schwung. Vermeulen und van den Akker schlagen ausdrücklich kein metamodernes Programm oder eine kohärente Philosophie vor; was sie versuchen, ist, eine Gefühlsstruktur festzulegen, ein Konglomerat von Empfindungen und Drängen, die von vielen in ihrer Generation geteilt werden: ihre Epistemologie ist ironisch/postmodern, die Realität ist ernst und modern; wie lebt man auf beiden Inseln gleichzeitig? Beide sind in den ironischen 1990er Jahren aufgewachsen und wurden dazu erzogen zu denken, dass alle Optionen offen sind, aber mit der Finanzkrise 2008 wurde die Welt plötzlich zu einem sehr ernsten Ort, und irgendwann muss man sich entscheiden. Die Welt hält sich nicht alle Optionen offen: Wenn man sich nicht aussucht, was man vom Leben will, bekommt man kein Leben.

Unter Akademikern ist die **Meta-Moderne** noch lange kein geflügeltes Wort. Soziologen, Anthropologen und Kulturtheoretiker erforschen seit Jahren die indigene Kultur, die traditionelle Kultur / Vormoderne, die Moderne und die Postmoderne, aber die Meta-Moderne und der Meta-Modernismus sind noch unerforschtes Gebiet.

Die Art und Weise, wie wir den Begriff Meta-Modernität verwenden, ist die Art und Weise, wie Lene ihn zuvor in ihrem Buch *Testosteroned*

Child (2017) definiert hat, und wir machen insbesondere zwei Dinge anders als Vermeulen und van den Akker: (1) Wir schlagen ein Programm und einen neuen Umgang mit uns selbst vor, dass die Meta-Moderne ein kultureller Code wie die Moderne oder Postmoderne ist (daher das Wort Meta-Moderne statt Meta-Modernismus) und (2) wir beziehen neben der Moderne und Postmoderne auch die indigene Kultur und die Vormoderne in die Struktur der Meta-Moderne ein. Die Meta-Moderne steht somit für eine ganzheitliche Wertschätzung der Qualitäten aller bisherigen Codes.

Wir sind nicht die Ersten, die so etwas behaupten; andere haben untersucht, wie die nächste Erkenntnistheorie aussehen könnte und wie man sie nennen könnte. Dazu gehören die Post-Postmoderne (Jeffrey Nealon, 2012), TEAL (Fredric Laloux, 2014), Integral (Ken Wilber, 1995), postsäkular (Jürgen Habermas, 2008 und M. Reder & I. Schmidt 2010) und die rekonstruktive Postmoderne (Robert Kegan, 1995). Sie alle untersuchen, wie unsere Bedeutungsgebung in der Zukunft frühere kulturelle Codes und Epistemologien irgendwie integrieren und unser Verständnis der Welt komplexer machen wird.

Die Komplexität der Meta-Moderne entspricht also der Komplexität der Globalisierung und der technologischen Entwicklung, die es ermöglicht, dass die Finanzmärkte rund um den Globus gleichzeitig zusammenbrechen, während wir, jeder in seiner Ecke der Welt sitzend, die gleichen Katzenvideos auf YouTube anschauen und uns nach nationaler Identität sehnen. Die Meta-Moderne erlaubt es uns, alle Aspekte der vorhergehenden Phasen zu genießen, wann immer es angebracht ist:

- Die Codes der indigenen Kultur sind das, was wir in unserer unmittelbaren Familie, in intimen Beziehungen und unter engen Freunden teilen: Mahlzeiten, persönliche Gespräche, spirituelle Entwicklung, Geburten, Sterbefälle, tiefe emotionale Verbindungen und Intimität. Wir erfreuen uns auch an indigenen Codes in stammesgeschichtlicher Umgebung wie bei Sportveranstaltungen, bei denen uns Gesichtsfarben All dies ist gut.

- Die Codes der vormodernen/traditionellen Kultur sind es, die uns eine Sprache für die großen existentiellen Fragen des Lebens erlauben, und sie liefern uns Poesie, Schönheit, Wege zur kollektiven Transzendenz und Rituale für Namensverleihung, Beerdigungen und Heirat. Sie helfen uns, zu imaginären Gemeinschaften zu gehören, und sie ermöglichen uns, sozialen Zusammenhalt und Erzählungen zu schaffen, die Gesellschaften zusammenhalten. All das ist gut.
- Die Kodizes der Moderne ermöglichen uns Wissenschaft, Technologie, Medizin, Rechtsstaatlichkeit, individuelle Rechte, Demokratie und persönliche Freiheit. All das ist gut.
- Die Codes der Postmoderne erlauben es uns, alle darüber liegenden Narrative, Machtstrukturen und sozialen Konstrukte zu analysieren und zu dekonstruieren und eine ironische Distanz zu wahren, und das ist fantastisch, es ist einfach unmöglich, eine Gesellschaft auf Dekonstruktion und Ironie aufzubauen, und deshalb ist die Postmoderne nur ein Phasenübergang. Wenn auch ein entscheidender.
- Die Codes der Meta-Modernität genießen all dies zu gegebener Zeit und an gegebenem Ort.

Passende Schichten und Codes

In seinem Buch *In Over Our Heads* untersucht Robert Kegan, wie die Erwartungen der vormodernen Gesellschaft mit der Ich-Entwicklung der Schicht 3, der Selbst-Verwaltung, übereinstimmten, während die Komplexität der heutigen Gesellschaft der Schicht 4, der Selbst-Autorenschaft, entspricht. Dann erklärt er, wie uns das Leben überwältigt, wenn wir uns in einer Welt, die Selbst-Autorenschaft erwartet, nicht über die Selbstverwaltung hinaus entwickeln. Er geht auch der Frage nach, wie die Komplexität der Postmoderne sowohl den Selbst-Verwalteten als auch den Selbst-Autoren Angst und Verwirrung bereiten kann.

Wir sind überzeugt, dass es Menschen gibt, die auf allen Ebenen der Ich-Entwicklung in allen Gesellschaften leben, egal welcher Code die Gesellschaft definiert, aber nicht alle Gesellschaften und ihre Codes erkennen oder fördern alle Ebenen der Ich-Entwicklung und *Bildung* gleich gut, und daher ist die Verteilung der Ich-Entwicklung in den Gesellschaften unterschiedlich. Wenn wir die Schichten der Ich-Entwicklung und die gesellschaftlichen Codes, d.h. die mentale Komplexität und die gesellschaftliche Komplexität, miteinander kombinieren, dann legen wir nahe, dass Menschen je nach ihrer Ich-Entwicklung unter verschiedenen kulturellen Codes sehr unterschiedliche Grade der Lebenszufriedenheit erfahren:

Abbildung 18 - Glück und Leid als Folge der Ich-Entwicklung unter verschiedenen kulturellen Codes.

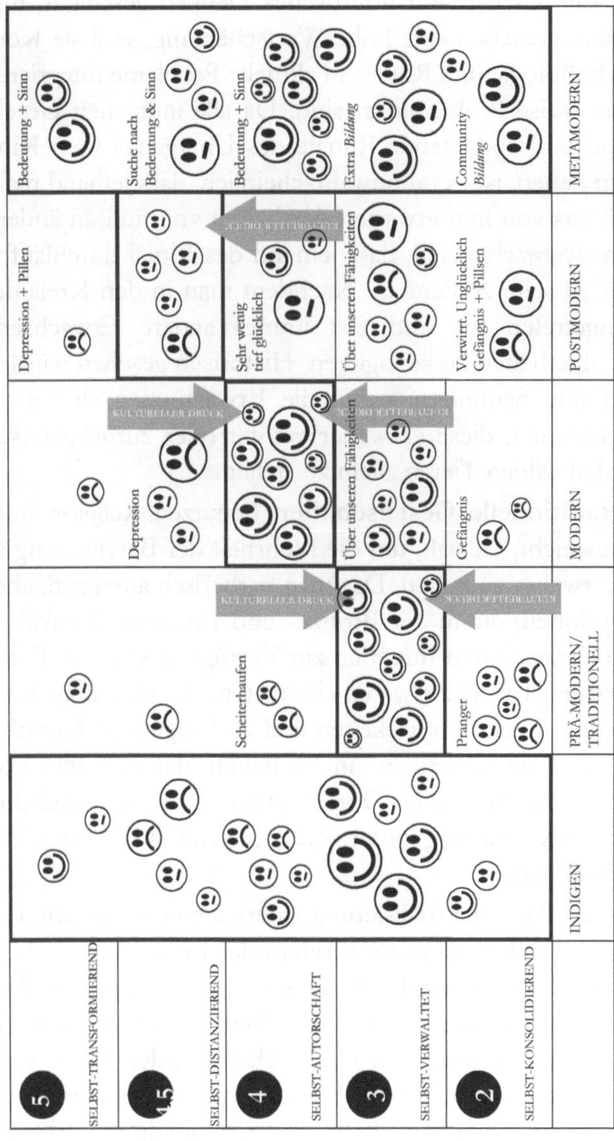

Die **indigne/eingeborene Gesellschaft** lässt alle Entwicklungsschichten zu, aber die überwiegende Mehrheit der Erwachsenen ist wahrscheinlich glücklich selbst-verwaltet; eine Minderheit der Erwachsenen als Selbst-Autoren wird für ihr frisches Denken geschätzt, und einige wenige Ältere genießen eine hohe Wertschätzung, weil sie Konflikte lösen und Mythologie und Rituale in aktuelle Probleme integrieren können und somit weise Problemlöser sind. Da alle indigenen Gesellschaften klein sind und bedeutende Rituale des Übergangs vom Kind zum Erwachsenen haben, ist es (a) unwahrscheinlich, dass jemand nicht begreift, dass sich das von ihm erwartete Verhalten von nun an ändert, und (b) nicht sehr wahrscheinlich, dass jemand das Ritual durchlaufen kann, ohne bereit zu sein. Außerdem: Nachdem man in den Kreis der Erwachsenen eingetreten ist, sind fast immer andere Erwachsene anwesend, um Fehlverhalten zu korrigieren. Historisch gesehen würden unter den Jägern und Sammlern, wenn die Erwachsenen sich nicht selbst verwalten könnten, diese entweder getötet oder zurückgelassen werden, um sich den wilden Tieren allein zu stellen.

Vormoderne/traditionelle Gesellschaften benutzen Religion und, wenn das nicht ausreicht, Gewalt, um die Mehrheit der Bevölkerung in Schicht 3 selbst-verwaltet zu halten. Das mag barbarisch aussehen, aber das waren die Optionen, die in der Bronze- und Eisenzeit der frühen Stadtstaaten, Feudalstaaten und Imperien zur Verfügung standen. Diese großräumigen sozialen Umfelder waren die ersten, die sich über konkrete Gemeinschaften hinaus entwickelten und zu imaginären Gemeinschaften wurden, und sie verlangten ein Verhalten, das sich sehr von dem der indigenen Stämme oder Dörfer unterschied. Die Religion erreichte diese Selbstverwaltung unter Zehn-, wenn nicht Hunderttausenden von Menschen.

Ein Mittel, um diese Massensozialisierung zu erreichen, ist Scham. Für die Selbst-Konsolidierenden, sei es als Kinder oder Erwachsene, gehört Scham immer zu den sozialisierenden Emotionen; keiner von uns hätte sich an die Normen der Gesellschaft gehalten, wenn er sich nie geschämt hätte. In der vormodernen Gesellschaft wurden Werkzeuge wie der Pranger benutzt, um Scham als Sozialisierungsmechanismus zu beschwören, und wir sprechen von Ehren- und Schamkulturen. Ehre ist das positive Motivationsinstrument in traditionellen Gesellschaften, und so hat die Armee auffällige Uniformen, und die Hüte und Helme werden umso höher, je ehrenhafter die Soldaten aussehen sollen. Medaillen mögen „an Idioten gehängt worden sein", aber das war eines der Werkzeuge, mit denen die Menschen in traditionellen Gesellschaften motiviert wurden, in die Selbstverwaltung hineinzuwachsen.

Leider haben es traditionelle Gesellschaften sehr schwer, mit der Selbst-Autorenschaft, Selbstdistanzierung und Selbst-Transformation umzugehen. Eine Reihe von Führungspersönlichkeiten wie Mohammed, Luther und Napoleon entwickelten sich weit über Schicht 3 hinaus, einige Philosophen und frühe Wissenschaftler auch, aber solange sie nicht die politische Macht ergriffen und es ihnen nicht gelang, die Peitsche über die gesamte Gesellschaft zu schwingen, hatte die traditionelle Gesellschaft nur sehr wenig oder gar keine Toleranz und keinen Platz für die Selbstverwirklichung. Die Menschen, die für sich selbst dachten, galten als Ketzer, was in Europa oft bedeutete, auf dem Scheiterhaufen verbrannt zu werden.

Es gibt eine rassistische westliche Tradition, Eingeborene als Kinder zu bezeichnen, aber anstatt dass die Eingeborenen in einer geistigen Kindheit stecken geblieben sind, könnte es tatsächlich ein wesentlicher Teil der europäischen Erwachsenen gewesen sein, die es bis vor 100-200 Jahren waren. Wir haben dies bereits im Kapitel über Europa vor 300 Jahren angesprochen, aber jetzt haben wir das Vokabular dafür: Ohne die Mehrheit der Gesellschaft durch *Bildung* zu heben, war ein wesentlicher Teil der europäischen Bauern und Bäuerinnen vor 300 Jahren das, was Schiller den *physischen Menschen* nannte; Pestalozzi nannte es den *tierischen Zustand*, und wir nennen es selbst-konsolidierend. Vor den guten öffentlichen Schulen und der Volksbildung waren Scham und Gewalt die Werkzeuge, die zur Verfügung standen, um selbstverwaltete Erwachsene zu schaffen, aber beide boten den Individuen nicht viel, was es ihnen erlaubte, auf einer höheren Ebene der Komplexität sinnstiftend zu werden. Sowohl Hans als auch Karen, die die frühe Volkshochschule besuchten, waren auf unterschiedliche Weise egozentrisch, Hans schaute ständig wie ein Tier auf den Boden und blieb in seinem eigenen Kopf stecken, Karen konsolidierte sich durch Mode und schaute ständig in den Spiegel. Die Methode, Hans aufzubauen, wäre traditionell gewesen, ihn in der Schule zu beschämen, und um Karen zu einem Verhalten zu bewegen, hätten ihre Eltern oder später ihr Arbeitgeber sie wahrscheinlich häufig geohrfeigt, bis sie sich anpasste.

Es gab einen kollektiven Druck, Menschen zu beschämen, damit sie sich entwickeln. Gewalt wurde eingesetzt, um Selbst-Konsolidierer zu formen, aber auch, um potenzielle Selbst-Autoren zu unterdrücken; Scham konnte auch für Letzteres eingesetzt werden – aber natürlich weniger effektiv. Jeder sollte sich der Selbstverwaltung in der Ich-Schicht 3 anpassen, und wenn er die Normen nicht verinnerlichen konnte, musste er einfach gehorchen. Das war die Art von Unterdrückung, die Goethe und Schiller in den Wahnsinn trieb und sie veranlasste, mit dem Schreiben zu beginnen.

Die **moderne Gesellschaft** ist auf Menschen als Selbst-Autoren angewiesen und vermittelt *Bildung* in Richtung der Schichten 3 und 4; unsere öffentlichen Schulen sind sozialisierende Institutionen, die uns helfen, die Normen der Gesellschaft zu verinnerlichen, ebenso wie Sport und Pfadfinder. Als Erwachsene wird von den Menschen erwartet, dass sie irgendwann „zu sich selbst finden", sei es durch Arbeit, Hobbys, ehrenamtliche Arbeit, politisches Engagement, Reisen, die Entwicklung einer Karriere oder eine Seelensuche.

Das Konzept der *Bildung* wurde als Teil des Übergangs zur Moderne entwickelt, um die kollektive Erkenntnistheorie um die persönliche Entwicklung zu erweitern; mit der *Bildung* kam das Werkzeug, um die Ich-Entwicklung bei sich selbst und anderen zu beschreiben und zu beurteilen und junge Menschen zu ermutigen, sich zunächst selbst zu verwalten und dann den Übergang zum selbst-verwalteten oder moralischen Menschen zu vollziehen. Da *Bildung* so sehr ein Begriff der 1800er Jahre war, hat er heute ein altmodisches Image, aber er ist eines der entscheidendsten Elemente bei der Schaffung und Aufrechterhaltung von Demokratie und Menschenrechten für alle.

In der Moderne geht man also davon aus, dass alle Erwachsenen in der Lage sein sollten, von der Ebene 3 aus zu operieren und in die Ebene 4 hineinzuwachsen, wo sie selbstständig und selbst-verwaltet denken und unser demokratisches System davon abhängt. Allerdings schaffen es auch heute noch zu viele Menschen – vielleicht die Mehrheit – nicht, sich selbst zu herbvorzubringen, und befinden sich daher aufgrund der Erwartungen der modernen Gesellschaft in vielerlei Hinsicht „überfordert". Wie wir dargelegt haben, waren die Gründerväter unserer heutigen Demokratien höchstwahrscheinlich selbst-verwaltet, und sie wollten Wähler mit derselben mentalen Komplexität, demselben kritischen Denken und derselben moralischen Unabhängigkeit.

Eine Minderheit in modernen Gesellschaften schafft es nicht, sich selbst zu regieren, sondern bleibt in Schicht 2 selbst-konsolidierend. Einige von ihnen können die Normen herausfinden, ohne sie zu verinnerlichen, und erfolgreich werden, ohne sich jemandem außer sich selbst verpflichtet zu fühlen; sie werden zu erwachsenen Selbst-Konsolidierern. Andere verstehen die Normen nicht und finden nicht die explizite moralische Führung, die sie brauchen, um den Erwartungen der Gesellschaft gerecht zu werden; es gibt keine starken Gemeinschaften mehr, die diese Menschen einschüchtern können, und diese Selbst-Konsolidierer werden zu den Verlierern der Gesellschaft, viele von ihnen enden im Gefängnis.

Die Moderne ist tolerant gegenüber selbstdistanzierenden Menschen im Übergang 4½ und gegenüber selbst-transformierenden Menschen in Schicht 5, aber die kollektive Epistemologie bietet keine gemeinsame Sprache für diese Zustände. Die Selbstdistanzierung ist an sich schon schmerzhaft, und wir vermuten, dass sie für viele Menschen, die sie durchmachen, ein depressiver Zustand sein kann. Die vielen Großeltern, die Schicht 5 und eine Systemperspektive in Bezug auf ihre eigene Familie entwickeln, mögen vielleicht Reichtum und Fülle im Leben empfinden, aber die wenigen Menschen, die eine abgerundete Schicht 5 und eine Systemperspektive auf die Gesellschaft, universelle Prinzipien und die Spezies als Ganzes entwickeln, fühlen sich in einer modernen Gesellschaft manchmal sehr allein und unverstanden.

Postmoderne Gesellschaften, oder Gesellschaften mit vielen postmodernen Aspekten, befinden sich in der Phase der kollektiven Selbstdistanzierung, und es macht nur sehr wenige Menschen glücklich. Auch wenn das postmoderne Denken eine wertvolle Kritik an den verborgenen Annahmen und Machtstrukturen der Moderne liefert, so hat es doch eine Reihe von widersprüchlichen Codes und Werten. Und auch wenn die Postmoderne all diese dekonstruieren und die Elemente der Gesellschaft auseinandernehmen kann, haben sie keine Möglichkeit, sie wieder so zusammenzusetzen, dass sie einen tieferen Sinn ergibt.

Dieser kollektive Übergang im Westen fällt mit pharmazeutischen Alternativen zu persönlichem Wachstum zusammen, und anstatt unsere kulturellen Codes und unsere Zivilisation zu verändern, schlucken wir Pillen gegen Depressionen, Angstzustände, soziale Phobien, ADHS, Zwangsstörungen und eine Reihe anderer Diagnosen, die uns sonst sagen müssten, dass in unserer Kultur etwas völlig falsch läuft. Wir leugnen nicht, dass es Depressionen und andere Krankheiten gibt, die medizinisch behandelt werden müssen, aber wir wissen auch sicher, dass die Evolution uns nicht mit Gehirnen und emotionalen Bedürfnissen ausgestattet hat, die auf den Umgang mit der Postmoderne ausgerichtet sind. Biologisch gesehen haben wir uns so entwickelt, dass wir in indigenen Gruppen in einer vorhersehbaren Umgebung leben, umgeben von Menschen, denen unser Wohlergehen wirklich am Herzen liegt, und wo niemand in einem ständigen Zustand des Wettbewerbs und der Angst, etwas zu verpassen, lebt.

In unseren heutigen postmodernen Gesellschaften werden Menschen, die sich selbst konsolidieren oder sich selbst verwalten, keine soliden Normen angeboten, an denen sie sich orientieren können, und selbst Menschen, die sich selbst regieren, können es schwer haben, sich in einer sich ständig verändernden Gesellschaft ohne feste Normen zurechtzufinden.

Diejenigen, denen es gelingt, eine 5. Schicht und damit ein komplexeres Verständnis und eine Systemperspektive zu entwickeln, sind in einer postmodernen Kultur möglicherweise schlechter dran als in einer modernen Kultur, weil zumindest die moderne Kultur Weisheit und die Fähigkeit zur Anwendung komplexerer Perspektiven schätzt. Die postmoderne Erkenntnistheorie erkennt nicht an, dass komplexere Perspektiven einer subjektiven Perspektive auf einer niedrigeren Komplexitätsebene vorgezogen werden könnten.

Es ist wichtig, sich daran zu erinnern, dass unsere verschiedenen westlichen Gesellschaften heute bereits eine Mischung aus traditionellen, modernen und postmodernen Code- und Kulturelementen sind. Aber wir haben keine gemeinsame Sprache für diese Mischung, und die komplexeste Erkenntnistheorie, die fortschrittlichste Perspektive der Bedeutungsgebung, die in der Lage ist, den Rest zu beurteilen und zu bewerten, ist die Postmoderne. Die vormodernen und modernen Elemente können die Postmoderne nicht so dekonstruieren, wie die Postmoderne sie dekonstruieren kann. Außerdem neigen Tradition/Offenbarung, Wissenschaft und Dekonstruktion dazu, entweder den Anspruch zu erheben, die Wahrheit in allen Aspekten des Lebens und der Gesellschaft zu sein, oder einen Relativismus zu akzeptieren, der alles einer tieferer Wahrheit und Bedeutung beraubt. Ersteres schafft Konflikte, letzteres schafft Verwirrung. Der kollektive Rahmen, der jedem ein Gefühl von besser vs. schlechter, Fortschritt vs. Beeinträchtigung, richtig vs. falsch, gut vs. schlecht, Qualität vs. Mist und Schönheit vs. Hässlichkeit usw. vermitteln könnte, ist verschwunden.

Um die Verwirrung noch größer zu machen, erkennen wir auch nicht die Tatsache an, dass wir nicht alle in der gleichen Ich-Schicht angesiedelt sind. Wir haben radikal unterschiedliche emotionale und existentielle Bedürfnisse, und wir haben dafür keine gemeinsame Sprache. Wir verbinden uns auch mit verschiedenen Kreisen der Zugehörigkeit.

Gemeinsam hindert uns dieses mangelnde Verständnis in Bezug auf Ich-Entwicklung und Zugehörigkeitskreise, das Fehlen einer gemeinsamen Sprache in Bezug auf diese Aspekte der *Bildung*, unser Mangel an Wertehierarchien und das Fehlen eines gemeinsamen Verständnisses kultureller Codes und der Unterschiede zwischen ihnen daran, ein fruchtbares politisches oder philosophisches Gespräch darüber zu führen, wer wir als Gesellschaften sind und sein sollten. Jeder Versuch, einen Dialog zu führen, verkommt schnell zu unvereinbaren persönlichen Perspektiven und „Bauchgefühl".

Die **metamoderne Gesellschaft** findet sich derzeit nirgendwo, wir müssen sie noch entwickeln. Selbst wenn es möglich ist, einige frühe Tendenzen in diese Richtung zu erkennen, gibt es noch nicht viele Beispiele. Was wir – die Autoren – uns vorstellen, ist eine Gesellschaft mit einem kulturellen Code, in der *Bildung*, Allgemeinbildung, Schichten der Ich-Entwicklung, Zugehörigkeitskreise und Systemperspektive ein integraler Bestandteil unseres gemeinsamen Vokabulars und unserer Erkenntnistheorie sind, so wie es heute Begriffe wie Solidarität, Ich-Zentrismus, Egoismus, ADS, Legasthenie, Crowdfunding und Flash-Mob sind. Wir stellen uns das als eine Kultur vor, in der wir Abgerundetheit in allen Schichten schätzen und es dem Einzelnen erlauben, sich niederzulassen und emotional, intellektuell, moralisch ganz und rund in einer Schicht zu werden, bevor er den Übergang in die nächste Ebene vollzieht. Wir erlauben uns auch gegenseitig, in allen Kreisen in der Reihenfolge zunehmender Komplexität ein gesundes Zugehörigkeitsgefühl zu entwickeln, d.h. von einem gesunden Selbstgefühl über Familie 1, über Peer-Gruppen, Familie 2 oder andere konkret-fürsorgliche Gemeinschaften, imaginierte Gemeinschaften usw. Im Idealfall handelt es sich um eine Kultur, in der wir uns dieser Prozesse selbst bewusst sind und einen Sinn in unserer eigenen Entwicklung hin zu einem Gefühl des Zuhauseseins und der Zugehörigkeit in noch größeren Teilen der Welt sehen.

Wir stellen uns dies als eine Gesellschaft vor, in der wir Menschen auf ihrem persönlichen Weg überall begegnen und schätzen und in der wir in der Lage sind, alle Kreise der Zugehörigkeit zu schätzen und zu fördern. Wir stellen es uns als eine Gesellschaft vor, in der wir in der Lage sein werden, so etwas zu sagen: „Ich muss eine sinnvolle Gemeinschaft finden, in der ich mich engagieren und Vertrauen und dauerhafte Beziehungen aufbauen kann", oder „Ich bin einfach noch nicht so weit; ich muss ein besserer Teamplayer werden, bevor ich eine Führungsposition übernehme", oder „Ich habe so viel Verantwortung für meine Familie, meinen Job, meinen Chef und alle anderen übernommen, dass ich mich auf die Literatur konzentrieren und sechs Monate lang mein Russisch auffrischen muss". Wenn wir über Politik diskutieren, müssen wir in der Lage sein zu sagen: „Dies bietet eine Systemperspektive auf nationaler Ebene, aber auf globaler Ebene ist dieser Rahmen viel zu einfach. Oder, unter Freunden, warum nicht: „Wir werden uns vorerst unserer Religion und Religionsgemeinschaft widmen; wir brauchen nur diese Art von Gelassenheit, um uns vollständig zu fühlen und unsere Ehe wieder auf den richtigen Weg zu bringen.

Mit Robotern, künstlicher Intelligenz und 3D-Druckern, die einen Großteil der Produktion übernehmen, sollte die Gesellschaft in der Lage sein, diese Art von Menschen zu fördern: *Bildung*, Ego-Entwicklung, Sinnstiftung, Engagement und das Bedürfnis, dazuzugehören. Wir sollten in der Lage sein, das Heimweh nach allen Ebenen der Komplexität, d.h. in allen Kreisen der Zugehörigkeit, zu würdigen.

Kapitel 18

WO STEHEN WIR JETZT? - HERAUSFORDERUNGEN, HINDERNISSE UND ENTSCHEIDUNGEN

Wir stehen vor Herausforderungen, denen sich keine Generation vor uns gestellt hat – und wir stehen vor vielen der gleichen Herausforderungen wie sie. Die allgemeine Herausforderung, die wir mit früheren Generationen teilen, besteht darin, dass wir, wenn unsere äußere Welt komplexer wird, unser Verständnis und unsere Sinnstiftung verbessern müssen. Dieses Kapitel geht kurz darauf ein, wo wir uns derzeit als Spezies befinden und welche Herausforderungen, Hindernisse und Entscheidungen wir haben, um einen Planeten zu entwickeln, auf dem jeder in allen fünf Ich-Ebenen gedeihen, wachsen und reifen kann. Wir müssen wählen, welche Art von Zukunft wir wollen, weil alle kommenden Generationen von uns abhängig sind.

Wir stehen an einem Scheideweg. Einerseits wird unsere Welt aufgrund der technologischen Entwicklung, die es uns ermöglicht, uns rund um den Globus zu verbinden, immer kleiner. Auf der anderen Seite fühlt sich die Welt größer an, und wir müssen eine immer komplexere Welt verstehen, um unser eigenes Leben sicher zu meistern.

Unsere größten Herausforderungen haben ihren Ursprung nicht in unserer Umwelt, sondern in uns selbst; die Herausforderungen waren einst die Lösung für etwas anderes. Wir riskieren, dass dasselbe auch für die Technologien gilt, die heute entwickelt werden. Wenn die Menschen, die neue technologische Lösungen entwickeln, nur ihre eigenen unmittelbaren Bedürfnisse im Auge haben, seien sie kommerziell oder anderweitig, und dabei die Auswirkungen ihrer neuen Erfindungen nicht aus der systemischen Perspektive des 10. Kreises, aus der Perspektive der gesamten Spezies und aller künftigen Generationen sehen, werden sie Probleme schaffen, die in Zukunft eine noch komplexere Ebene der Problemlösung erfordern werden.

Es sind nicht nur technologische Erfindungen, die hochkomplexe Probleme schaffen, wenn wir keine Lösungen auf der Grundlage einer Systemperspektive des 10. Kreises entwickeln; politische Erfindungen und Entscheidungen und makroökonomische Erfindungen und Entscheidungen, die auf einem zu niedrigen Komplexitätsniveau entwickelt werden, schaffen ebenso viele Probleme. Ein Beispiel dafür ist die politische Orthodoxie der vergangenen Generation in Bezug auf die ideologische Globalisierung und Privatisierung, die die Nationalstaaten, das kulturelle Erbe, die Zugehörigkeit, die lokale Bedeutungsgebung und die wirtschaftliche Sicherheit der Mittelklasse untergraben haben.

Der heutige globale Markt liefert mehr Effizienz bei der Befriedigung menschlicher materieller Bedürfnisse als jeder andere Markt, aber wie der dramatische Rückschlag durch Brexit und die Wahl von Trump in jüngster Zeit gezeigt hat, liefert der globale Markt – in seiner gegenwärtigen Umsetzung – für einen großen Teil der Bevölkerung keine Ergebnisse. Viele leiden in dieser globalen Wirtschaft, verlieren ihre Arbeitsplätze, verlieren lokale Zugehörigkeitskreise, verlieren ihre Fähigkeit, Sinn und Zweck dort zu finden, wo sie leben. Weder Einzelpersonen noch Gemeinschaften, Gesellschaften oder Institutionen sind geistig, emotional oder kulturell darauf vorbereitet, in einer schnelllebigen, multikulturellen Welt zu leben, die von ständigen Veränderungen geprägt ist und in der sich Perspektiven und Rollen ändern.

Herausforderungen außerhalb von uns, Herausforderungen innerhalb von uns

Grundsätzlich stehen wir vier Arten von Herausforderungen gegenüber:

1. die kollektiven Herausforderungen in der äußeren Welt, d.h. in unseren Gesellschaften und Umwelt,

2. die kollektiven inneren Herausforderungen in unseren Kreisen der Zugehörigkeit,

3. die individuellen Herausforderungen in der Außenwelt, z.B. einen Arbeitsplatz zu finden und eine Familie zu unterstützen,

4. die individuellen Herausforderungen in unserem Inneren, d.h. unsere Fähigkeit, auf einer der Außenwelt entsprechenden Komplexitätsebene sinnstiftend zu wirken.

Da die Lösungen für Nummer 3 von unserem Erfolg bei Nummer 4 abhängen, werden wir uns im Folgenden auf 1,2 und 4 konzentrieren.

Die Herausforderungen außerhalb von uns

Hier könnten wir eine unendliche Liste konkreter Herausforderungen aufstellen, und höchstwahrscheinlich würde uns immer noch etwas fehlen. Stattdessen werden wir uns auf die strukturellen Veränderungen konzentrieren, die in Bezug auf einige unserer Probleme stattfinden und die erfordern, dass wir anfangen, die Probleme ganz anders anzugehen:

1. Wir befinden uns in einem Übergang von kleinen geschlossenen Gesellschaften zu einer vernetzten multikulturellen Welt.
    - Dies stellt uns vor die Herausforderung, mit mehreren Perspektiven zu denselben Themen umzugehen.
    - Konformität wird immer schwieriger, weil es nicht eine Kultur gibt, über die sich alle einig sind.

- Wenn es eine Kultur geben soll, die lokale und/oder nationale Werte definiert, dann muss sie aktiv gefördert und auf eine Weise aufrechterhalten werden, die für Einwanderer sinnvoll ist; wenn Sie ein Einwanderer sind, muss es sinnvoller sein, die lokalen Werte an Ihrem neuen Wohnort in Ihr Leben zu integrieren, als an denen festzuhalten, mit denen Sie aufgewachsen sind.

2. Wir leben derzeit nicht nachhaltig und konsumieren über unsere Verhältnisse, und wir müssen eine Reihe von Dingen ändern, um dies zu ändern. Dazu gehört die Art und Weise, wie wir Güter produzieren und transportieren und wie wir Energiequellen nutzen; sehr große und grundlegende Strukturen in unseren Gesellschaften und Volkswirtschaften.

   - Mit den Technologien der Zukunft wird es möglich sein, die Sonnenenergie zum Ausdrucken und Recyceln von Gütern so weit zu nutzen, dass wir die Ressourcen der Erde nicht erschöpfen.

3. Wir bewegen uns von einer Welt der Knappheit zu einer Welt des potentiellen Überflusses.

   - Unsere Wirtschaftsmodelle haben nur sehr wenige aussagekräftige Aussagen über diese Situation, die Modelle basieren alle auf der Annahme der Knappheit.
   - Ernährung, Unterkunft, *Bildung*, Transport, Unterhaltung und Kleidung für alle werden kein Problem sein, die Ressourcen sind vorhanden, es fehlt nur ein Modell, das eine viel bessere Verteilung ermöglicht und die Umwelt nicht zerstört.

4. Früher dachten wir, dass die natürlichen Ressourcen grenzenlos seien und dass wir unsere Abfälle einfach in den weiten Ozeanen, auf Deponien oder als Luftverschmutzung abladen könnten; heute wissen wir, dass dies nicht nachhaltig

ist. Wir gehen also von einem linearen Verständnis der Produktion zu einem zirkulären Verständnis über.

- Auch hier haben die derzeitigen Wirtschaftsmodelle so gut wie nichts Sinnvolles darüber zu sagen, Produktion und Wirtschaft als miteinander verbundene und in Wechselbeziehung stehende Kreisläufe zu verstehen und nicht, buchstäblich, als Produktionslinien mit einem Anfang, einer Mitte und einem Ende auf der Deponie.
- Statt neue Produkte danach zu beurteilen, ob sie Gewinn abwerfen können oder nicht, müssen wir die Produkte als Beitrag zum globalen Wohlstand und Gleichgewicht betrachten.

5. Anstatt unsere Umwelt als konstant zu verstehen, müssen wir sie als einen Prozess verstehen; Veränderung ist die einzige Konstante.
   - Das ist schon in der Natur so: Das Leben ist Kreisläufe ständigen Wandels, wir neigen nur nicht dazu, es im Westen so wahrzunehmen, und die westliche Erkenntnistheorie verfügt über keine guten Möglichkeiten, dies auszudrücken und damit umzugehen – die östliche Philosophie ist besser dafür geeignet.
   - Obwohl sich die Dinge verändern und ständig weiterentwickeln, bedeutet das nicht, dass alle Veränderungen gut sind oder dass wir kulturell und emotional einfach mit dem Strom schwimmen sollten; deshalb ist die sich selbst-transformierende Ich-Schicht so entscheidend, um sie zu verstehen und zu entwickeln: Es ist ein komplexes Gleichgewicht zwischen dem Akzeptieren, dass alles ein zusammenhängendes Ganzes ist, in dem sich alles verändert und seinen Zweck erfüllt, und einen gesunden moralischen Kompass, der es erlaubt, moralische Entscheidungen zu treffen.

6. Früher sahen wir das Klima und unsere Umwelt als etwas Gegebenes an, wir müssen verstehen, dass wir sie verändert haben und weiterhin verändern werden. Unser Einfluss auf den Globus ist so groß, dass wir die Verantwortung dafür übernehmen müssen.

   - Wir – die Autoren – sehen vier Möglichkeiten, auf unseren Einfluss auf Klima und Umwelt zu reagieren, und sie beziehen sich auf *Bildung* und Ich-Entwicklung. Wenn wir mit der wissenschaftlichen Tatsache konfrontiert werden, dass sich unser Klima und unsere Umwelt verändern, entscheiden wir uns für:

     - „Selbst-Konsolidierung" als Gesellschaft und leugnen wir, dass wir solche Auswirkungen verursachen und unsere Art zu tun und zu denken ändern müssen?

     - „Selbst-Verwaltung" als Gesellschaft und erlegen uns selbst Beschränkungen auf, um die Veränderungen zu verlangsamen?

     - „Selbst-Autorenschaft" als Gesellschaft und bewusste und nachhaltige Ziele für die Art von Gesellschaft entwickeln, die wir unter den gegebenen Umständen wollen?

     - Oder „Selbst-Transformation" als Gesellschaft, eine Systemperspektive anwenden, Ziele dafür entwickeln, wie wir zur Zukunft des gesamten Planeten beitragen können, und dann die am besten geeigneten Maßnahmen nicht nur in unserer eigenen Gesellschaft anwenden, sondern uns den Herausforderungen im globalen Maßstab stellen?

   - Ein Lösungsvorschlag für Klima- und Umweltveränderungen ist das „Geo-Engineering", d.h. die bewusste

Veränderung und Bewirtschaftung des Klimas durch Aufforstung und andere Maßnahmen.

- Einige Maßnahmen, wie z.B. Aufforstung, sind unproblematisch, wenn sie unter Berücksichtigung der Biodiversität etc. durchgeführt werden.

- Andere Maßnahmen, wie z.B. die Manipulation der Atmosphäre, um einen Teil des Sonnenlichts, das die Erde erreicht, zu blockieren, klingen wie der perfekte Weg, auf dem der Mensch das verbleibende natürliche Gleichgewicht, das wir nicht bereits beeinträchtigt haben, durcheinander bringt.

Die Quintessenz ist: Wir müssen in Bezug auf eine Reihe von Dingen, die früher als gegeben angesehen wurden, grundlegend anders denken.

Zu diesen „Gegebenheiten", die der modernen Gesellschaft und der Moderne eigen sind, gehören „der Markt" und „die Demokratie". Keines von beiden ist gegeben, sie sind nur deshalb vorhanden, weil unsere Vorfahren und wir selbst sie geschaffen und erhalten haben. Beide sind soziale Konstrukte, die unterschiedlich sein könnten. Das ist bei der Demokratie wahrscheinlich keine Überraschung; jeder, der sich ein wenig für Politik interessiert, weiß, dass die westlichen Demokratien ihre demokratischen Institutionen auf unterschiedliche Weise definiert haben, obwohl wir im Großen und Ganzen die gleiche liberale Demokratie praktizieren. Weniger scheinen sich bewusst zu sein, dass wir auch den Markt konstruieren: Der einzige Ort, an dem es einen völlig freien und unregulierten Markt gibt, ist in der organisierten Kriminalität, im Drogenhandel, im Schmuggel und im „dark" Internet; man kann davon ausgehen, dass ein sehr kleiner Teil der Weltbevölkerung dort leben möchte.

Kollektive innere Herausforderungen

Die kollektiven äußeren Herausforderungen üben Druck auf jede kollektive Gruppe in allen Zugehörigkeitskreisen aus. Familien, lokale Gemeinschaften und Nationalstaaten stehen vor Problemen, mit denen wir noch nie zuvor zu tun hatten. Unser Kernproblem ist, dass wir keine Erkenntnistheorien und Modelle haben, die mit den äußeren Herausforderungen umgehen können.

Eine der Herausforderungen, vor denen wir als Nationalstaaten und Kontinente stehen – und wir haben sie bereits angesprochen – besteht darin, dass die makroökonomischen Kernmodelle nicht mehr funktionieren. Die Modelle basieren auf Volkswirtschaften mit knappen Ressourcen und hungernden Menschen, die hinter nationalen Grenzen bleiben.

Wir produzieren bereits mehr, als wir konsumieren können, wir können nur nicht herausfinden, wie wir es verteilen. Nur wenige sind sich dessen bewusst, aber so wie die Dinge derzeit im Westen funktionieren, müssen wir unseren Konsum steigern, um an die Arbeit gehen zu können. Mit der nächsten Generation der Technologie können wir noch mehr produzieren, aber ohne viele Menschen zu beschäftigen, wenn wir nur in der Produktion materieller Güter denken.

Wir könnten eine Reihe konkreter Beispiele dafür anführen, wie sich die Wirtschaft grundlegend verändert, wollen aber nur zwei nennen, von denen wir das erste freundlicherweise von Sara Modig und Per Ödling, zwei Kollegen von uns, übernommen haben:

Beispiel 1: Die meisten Menschen haben wahrscheinlich schon von Volvo und Minecraft gehört; das erste ist ein Auto, das zweite ein Computerspiel; das erste ist ein typisches Produkt des Industriezeitalters, das zweite ein typisch digitales Produkt. Im Jahr 2010 wurde das schwedische Unternehmen, das Volvo herstellt, an das chinesische Unternehmen Geely verkauft; 2014 wurde das schwedische Unternehmen, das Minecraft herstellt, Mojang, an Microsoft verkauft. Hier sind die Zahlen:

Tabelle 9 – Alte Wirtschaft / Neue Wirtschaft

VOLVO	MOJANG / MINECRAFT
• Gegründet 1927	• Gegründet 2010
• Von Geely gekauftz 2010	• Von Microsoft gekauft 2014
• 1.5 Milliarden USD	• 2.5 Milliarden USD
• Angestellte: 23,000	• Angestellte: 40

Nicht nur, dass 40 Menschen heute in vier Jahren mehr Marktwert schaffen können als 23.000 Menschen und Generationen früherer Kollegen in 83 Jahren, in vielen Startups ist das Unternehmen selbst das Produkt. Als Volvo gegründet wurde, waren die Autos das Produkt, das die Gründer verkaufen wollten. Für viele Unternehmer geht es heute nicht mehr darum, was das Unternehmen produziert, sondern es ist der Verkauf des Unternehmens, welches den Gewinn einbringt. Wenn die meisten Politiker heute von Unternehmensgründungen träumen, die Tausende von Arbeitsplätzen schaffen, denken sie an Autofabriken und nicht an die Art von Unternehmen, die tatsächlich gegründet werden.

Beispiel 2: Wenn Microsoft, Google, Facebook und eine Handvoll anderer Unternehmen der gleichen Größe Firmen wie Mojang aufkaufen, häufen sie eine immense Macht über das Internet an und schaffen strukturelle und wirtschaftliche Hegemonien im Cyberspace.

Solange wir kein völlig neues Wirtschaftsmodell schaffen, das den technologischen Veränderungen entspricht, werden wir die großen strukturellen Probleme nicht lösen, und das ist gefährlich, vor allem, wenn Menschen gleichzeitig Arbeit, Geld, Privatsphäre und Sinn verlieren.

Die individuellen Herausforderungen in uns

Gemeinsam brauchen wir Epistemologien, die es uns ermöglichen, die gegenwärtige Entwicklung zu verstehen, und wir brauchen kulturelle Codes, die es uns ermöglichen, funktionierende und gedeihende Familien, Gemeinschaften, Länder und Kulturzonen, d.h. kontinentale Regierungsstrukturen, zu organisieren. Indigene kulturelle Codes können nur mit Gesellschaften von bis zu etwa 1.000 Menschen umgehen, die Religion als Sitz der politischen Führung hat sich vor Hunderten von Jahren als problematisch erwiesen, die Nationalstaaten können die aktuellen Probleme nicht allein lösen, und das ironische Schulterzucken der Postmoderne wird nichts lösen. Wir müssen die kulturellen Codes der Meta-Modernität entwickeln, die den globalisierten Realitäten des 21. Jahrhunderts entsprechen.

Mit anderen Worten, wir müssen das Indigene, das Vormoderne, das Moderne und das Postmoderne in einen kohärenten kulturellen Code integrieren, der es uns erlaubt, auf verschiedene Weise Sinn zu stiften, und zwar lebenslang und jeden Tag.

Wir müssen auch Kulturen und Epistemologien entwickeln, die es uns ermöglichen, uns aller zehn Kreise der Zugehörigkeit bewusst zu sein, sie anzunehmen, Verantwortung für sie zu übernehmen und ihnen anzugehören:

- Ich/Selbst
- Familie 1 (Eltern und Geschwister)
- Peer-Gruppe
- Familie 2 (Ehepartner, Kinder, Schwiegereltern)
- Gemeinschaft (Nachbarschaft, Kirche, politische Partei, Sportmannschaft, Kollegen am Arbeitsplatz usw.)
- Vorgestellte Gemeinschaft (Gesellschaft / Land / Nation / Volk // Religionszugehörigkeit)
- Kultur-Zone
- Universelle Grundsätze / internationale Konventionen / multilaterale Bündnisse
- Die Menschheit heute
- Planet und zukünftige Generationen jenseits der Urenkel

Um in diese Art von allumfassendem Bewusstsein und Gewissen hineinzuwachsen, von unserem eigenen Körper über das Leben aller Geborenen und noch nicht Geborenen bis hin zu allem dazwischen, müssen wir eine viel komplexere innere Welt entwickeln.

Von verschiedenen Ich-Ebenen aus sieht diese Herausforderung ganz anders aus:

Aus der Perspektive der Ich-Schicht 5, selbst-transformierend, ist es zutiefst erfüllend, mit einem Gefühl der Zugehörigkeit in allen zehn Kreisen durchs Leben zu gehen, mit dieser Art von Komplexität des Geistes und intimer wie auch globaler Verbundenheit. Es ist sehr bedeutungsvoll und aufregend, solange man nicht der Einzige ist, um den herum der Geist so arbeitet; wir alle brauchen andere, mit denen wir unsere Gedanken und Gefühle teilen können.

Von der **Ego-Schicht 4, Selbst-Autorenschaft,** kann das Umfassen der Kreise 7-10 der inspirierende Teil der persönlichen Reise sein. Indem man sich seiner Kultur, seiner universellen Prinzipien, der Menschheit und des gegenwärtigen und zukünftigen Planeten bewusst wird, sie umarmt und ein Gefühl der Verantwortung und der Begeisterung für ihr Engagement empfindet, wächst man mit den Herausforderungen. Dabei kann man einige der Bindungen zu seinen kleineren Gruppen lösen und eine neue Art von persönlicher Freiheit und Verantwortung gegenüber etwas Größerem empfinden. Nicht nur ein größeres Bewusstsein, sondern auch ein größeres Gewissen.

Auf der **Ich-Schicht 3, Selbst-Verwaltung**, stellen diese Kreise 7-10 jenseits der Nation, der religiösen Konfession und der konkreten In-Groups jedoch eine Herausforderung, wenn nicht gar eine wahrgenommene Bedrohung dar. Wenn man bei der Selbst-Verwaltung auf die kulturellen Codes der eigenen Gesellschaft angewiesen ist, ist die kontinentale oder zivilisatorische Kulturzone verwirrend, weil es keine einzige Kultur mit gemeinsamen Symbolen gibt. Die universellen Prinzipien, die nur Prinzipien sind, haben keine Symbole oder gemeinsamen Rituale, mit denen man sich verbinden könnte, und dasselbe gilt für die gesamte Spezies und die Menschheit und den Planeten in alle Ewigkeit. Sie sind einfach zu groß und komplex, als dass man sich damit wohlfühlen könnte. Wenn man darauf angewiesen ist, dass andere die Sprache und die Symbole zur Verfügung stellen, die eine Sinnstiftung ermöglichen, kann man selbst keine Bedeutung außerhalb der eigenen Kultur und ihrer bestehenden Epistemologie konstruieren. Die einzige Möglichkeit, sich beispielsweise auf die globale Umwelt zu beziehen, bestünde darin, einige Normen aus einer Subkultur zu verinnerlichen, die diese Normen zum Ausdruck bringt, ohne wirklich die persönliche Raum- oder Systemperspektive dafür entwickelt zu haben.

Von der **Ich-Schicht 2 und Selbst-Konsolidierung** ist es als großes Kind eine Herausforderung, ein Gefühl der Zugehörigkeit zu allem jenseits konkreter Gemeinschaften zu empfinden, und obwohl wir allmählich ein Bewusstsein bezüglich aller zehn Kreise der Zugehörigkeit entwickeln können, können wir im Allgemeinen nur in den Kreisen 2-5 ein Gewissen gegenüber den wirklichen Gemeinschaften entwickeln. Wir sind noch nicht bereit, Verantwortung für etwas anderes als uns selbst zu übernehmen. Ein Gewissen in Bezug auf imaginierte Gemeinschaften und darüber hinaus ist etwas ganz anderes als nur deren Existenz zu verstehen.

Als erwachsener Selbst-Konsolidierer der Ego-Schicht 2 können wir ein Bewusstsein für mehrere oder alle der Kreise der Zugehörigkeit entwickeln, aber wir weigern uns, viel Gewissen zu zeigen und Verantwortung für einen von ihnen zu übernehmen; im Leben geht es darum, uns selbst zu konsolidieren, und alles andere bleiben Werkzeuge in diesem Projekt.

Als Gesellschaften, Gemeinschaften und Einzelpersonen müssen wir in der Lage sein, diesen erwachsenen Selbstverfestigern bei ihrer Entwicklung zu helfen. Die Technologien der Zukunft sind zu gefährlich, um in den Händen von Menschen zu liegen, die die intellektuelle und akademische Komplexität eines Erwachsenen und die moralische und emotionale Komplexität eines Kindes haben, d.h. das Bewusstsein eines Erwachsenen und das Gewissen eines Kindes. Wenn man von unseren obigen Untersuchungen ausgehen kann, dann führt der Weg zum emotionalen und moralischen Erwachsensein und zur Freiheit über Selbst-Verwaltung und die Fähigkeit, in Kreisen der Zugehörigkeit 2-6 anzugehören, sich um sie zu kümmern und ihr Gewissen und ihre Verantwortung zu zeigen.

Für verantwortungsbewusste Eltern, Betreuer, Lehrer, Politiker usw. ist es daher von entscheidender Bedeutung, dass wir verstehen, dass es Kindern erlaubt sein muss, sich selbst zu konsolidieren, und dass es ebenso wichtig ist, dass sie gewissenhafte und verantwortungsbewusste

Teamplayer in allen Kreisen der Zugehörigkeit 2-6 werden, bevor sie das Wahlalter und die gesetzliche Volljährigkeit erreichen. Wir müssen uns in allen Symbol-, Sprach-, Norm- und Moralvorsorgekreisen selbst verwalten, bevor wir politischen Einfluss bekommen und zu Entscheidungsträgern jenseits unserer Privatsphäre werden. Das ist nicht neu, es ist das Ziel jeder menschlichen Gesellschaft seit Anbeginn der Menschheit, neu sind die Konsequenzen, wenn wir versagen. Was neu ist, sind die Technologien mit globaler Reichweite in den Händen aller.

Eine allgemeine Herausforderung besteht also darin, einen kulturellen Code und Kulturen zu schaffen, die alle Ebenen der persönlichen Entwicklung unterstützen und schätzen, damit sich niemand verloren und überfordert fühlt. Wir gehen davon aus, dass indigene Gesellschaften diese Art von Toleranz hatten. Wir müssen eine Kultur entwickeln, in der man sich auf allen Entwicklungsstufen oder Egoebenen des Lebens zu Hause fühlen und unterstützt werden kann. Dazu brauchen wir eine Erkenntnistheorie und die Bildungsinstitutionen, die sinnvolle Wege von der Selbst-Konsolidierung und Selbst-Verwaltung über die Selbst-Autorenschaft bis zur Selbst-Transformation und einen ebenso sinnvollen Weg in und durch alle zehn Kreise der Zugehörigkeit anbieten können.

Unsere Erkenntnistheorie sehen

Ein Hindernis für die Entwicklung einer metamodernen Kultur und eines metamodernen Bewusstseins und Gewissens in allen Kreisen der Zugehörigkeit ist unsere mangelnde Fähigkeit, unsere eigene Erkenntnistheorie zu sehen.

Als selbst-verwaltet (Schicht 3) sind wir sowohl erkenntnistheoretisch blind als auch erkenntnistheoretisch von anderen abhängig; wir können weder unsere eigene noch die Epistemologie der Gesellschaft sehen. Auf Schicht 4, Selbst-Autorenschaft, können wir zunehmend unsere Erkenntnistheorie hervorbringen und werden zunehmend fähig, unsere eigene und die Epistemologie der Gesellschaft zu sehen. Als selbst-transformierende Wesen (Schicht 5) können wir große Teile unserer eigenen Epistemologie als Objekte sehen und bewusst an der Transformation der bestehenden Epistemologien um uns herum teilnehmen. Rousseau, Herder, Goethe, Schiller und die anderen, die mit ihren Gedanken unsere Erkenntnistheorien bewusst verändert und erweitert haben, schrieben offensichtlich alle ab der Ich-Schicht 5, auch wenn sie vielleicht nur die Schichten 2, 3 und 4 beschrieben haben. Hätten sie nicht Schicht 5 entwickelt, wären sie einfach nicht in der Lage gewesen, die anderen Schichten geistiger Komplexität in sich selbst und in anderen zu betrachten, noch hätten sie entdeckt, wie diese Schichten die Epistemologien der Menschen strukturieren.

Die Herausforderung, vor der wir als Spezies stehen, besteht darin, dass weder unsere individuelle Ich-Entwicklung noch unsere kollektiven Epistemologien zum größten Teil für die globale Bewusstseins-, Verständnis-, Interaktions-, Kooperations-, Gewissens- und Systemperspektive bereit sind, von der wir sprechen: selbst-transformierend und metamodern in allen zehn Kreisen der Zugehörigkeit. Wir haben noch nicht die Erkenntnistheorie entwickelt, die es genügend Erwachsenen erlaubt, ihre eigene Erkenntnistheorie als Objekt zu sehen, noch haben wir die Symbole oder die Ästhetik entwickelt, die es uns erlauben, diese gemeinsame globale Erkenntnistheorie als eine Spezies zu entwickeln.

Emotionale Verwüstung schaffen

So wie sich die Produktionsmittel und damit die Wirtschaft verändern, so verändern sich auch viele andere Dinge um uns herum. Das ist schon einmal geschehen, aber damals war das Tempo langsamer. Da sich die Welt rasch verändert und unser Verstand und unsere Sinnstiftung damit nicht Schritt halten, besteht ein erhebliches Risiko, dass wir in die falsche Richtung gehen, nicht in Richtung einer erhöhten mentalen Komplexität und Ich-Entwicklung, sondern in die andere Richtung. In dem Maße, wie Globalisierung und technologische Entwicklung den mittleren und unteren Schichten ihre Arbeitsplätze und Wege zum Wohlstand wegnehmen, verlieren die Menschen ihre Hoffnungen und schnell auch ihre Ersparnisse, falls sie je welche hatten. Sie leiden unter Ängsten und werden schließlich zornig, und sie werden nach einfachen

Antworten suchen und jedes Gefühl von Sicherheit und Zugehörigkeit suchen, das sie finden können: Sie werden nach dem Sinn greifen, den sie finden können, auch wenn es sich dabei um Bedeutungsgebung auf einem unzureichend komplexen Niveau handelt. Oder im Klartext: Die Menschen werden Heimweh nach einfacheren Lösungen haben und werden für denjenigen stimmen, der ihnen den Grad an Komplexität verspricht, der für sie sinnvoll ist. Typischerweise in Form von nationalem Chauvinismus. Das ist schon einmal passiert, und es ist unglaublich gefährlich.

Dies ist jedoch nicht schwer zu verstehen. Wenn die Gesellschaft und ihre Normen zusammenbrechen, wie kann man dann noch navigieren? Vor allem, wenn man sich nach eben diesen Normen selbst verwaltet, wie kann man die sich verschlechternden Normen verinnerlichen, ohne in ständigem Aufruhr zu sein und zu kämpfen, um sich zusammenzuhalten?

Der Hang zu nationalem Chauvinismus, Faschismus, Autoritarismus und Totalitarismus ist nicht etwas „da draußen", sondern etwas, das wir in uns tragen. Wir alle tragen es in uns. Es ist in gewisser Weise etwas, worauf wir stolz sein können: Es ist eine natürliche und gesunde Neigung, denn sie bedeutet, dass wir loyale und fürsorgliche Menschen sind, die sich unseren engsten Kreisen der Zugehörigkeit widmen, unseren symbolischen und normbildenden Kreisen. Psychopathen oder Menschen ohne Kultur würden kein Problem empfinden.

1941 hatte es der deutsche und jüdische Philosoph Erich Fromm längst sicher in die USA geschafft und das Buch *Furcht vor der Freiheit* geschrieben. Darin geht er der Frage nach, was passiert, wenn sich die bestehende Wirtschaft und Gesellschaft im Übergang zu einer höheren Komplexität befindet. Wenn sich das wirtschaftliche Gefüge verändert, gesellschaftliche und moralische Strukturen zusammenbrechen, die Kultur und ihre Symbole nicht mehr ausdrücken können, was vor sich geht, die Menschen ihre Erkenntnistheorien nicht mehr anwenden können und unter dem leiden, was Fromm moralische Einsamkeit nennt:

> Sich völlig allein und isoliert zu fühlen, führt zu geistiger Desintegration, so wie körperliches Verhungern zum Tod führt. (...)

> Diesen Mangel an Bezug zu Werten, Symbolen, Mustern können wir moralische Einsamkeit nennen und feststellen, dass moralische Einsamkeit ebenso unerträglich ist wie die körperliche Einsamkeit, oder besser gesagt, dass körperliche Einsamkeit nur dann unerträglich wird, wenn sie auch moralische Einsamkeit impliziert. (…)

Um dieses schreckliche Gefühl zu vermeiden, so Fromm, fallen die Menschen auf eine autoritäre Führung herein und entwickeln einen autoritären Charakter.

Wir würden es etwas anders ausdrücken, aber der Sinn ist derselbe: Da die bekannten Gemeinschaften in den verschiedenen Zugehörigkeitskreisen zusammenbrechen, werden vor allem selbstverwaltete Erwachsene moralisch allein gelassen. Sie können sich nicht mehr zurechtfinden, sie fühlen sich schrecklich, und sie haben Heimweh nach der alten Ordnung der Dinge. Um diese schrecklichen Gefühle zu vermeiden, wählen sie, anstatt in die Schicht 4 zu treten und sich selbst hervorzubringen, jemanden, der eine Rückkehr zur alten Ordnung verspricht.

Da die gute alte Zeit nicht zurückkehrt, weil die Welt unweigerlich auf dem Weg zu höherer Komplexität ist, zwingt der Anführer ein zunehmendes Maß an Überwachung und Gewalt auf, um die Kontrolle zu behalten. Unter diesem autoritären Regime ist Selbstverwaltung gleichbedeutend mit der Verinnerlichung des Autoritarismus. Verinnerlichter Autoritarismus führt schließlich zu einem Zusammenbruch von Einfühlungsvermögen, Fürsorge und allem moralischen Gewissen und führt so zu einem Rückfall in die Selbst-Konsolidierung: Um zu überleben, kann man es sich nicht leisten, an jemand anderen als an ein Selbst zu denken.

Anstatt die Trump-Wähler, die Le Pen-Wähler, die Alt-Right und alle anderen, die von der Globalisierung nicht begeistert sind, zu ächten, sollten die Globalisierer, Privatisierer, McKinseyisten und die so genannten Liberalen und Progressiven ihre Epistemologie neu kalibrieren. Sie müssen die Bedeutung des Nationalstaates, des kulturellen Erbes, der Volkszugehörigkeit, des Nationalismus und der kollektiven

Werte verstehen, die wir als Gesellschaften geschaffen haben, wie z.B. Infrastruktur, Stromnetze, Flughäfen, öffentliche Bibliotheken, kostenlose Gesundheitsfürsorge, freie und gute öffentliche Schulen, kostenlose oder zumindest erschwingliche Hochschulbildung, sauberes Wasser, wissenschaftliche Forschung frei von kommerziellen Interessen, Umweltschutz, zuverlässige öffentliche Verkehrsmittel, Postdienste usw. Diese Errungenschaften der Moderne wurden durch die harte Arbeit unserer Eltern, Großeltern und Urgroßeltern geschaffen; für Hans und Karen, die die Volkshochschule besuchten, hätten diese Dinge wie paradiesische Phantasien geklungen, doch die Generationen vor uns haben sie geschaffen – und wir reißen sie auseinander und verkaufen sie stückweise an den Meistbietenden.

Nationaler Chauvinismus wird nicht mit mehr Globalisierung und wirtschaftlicher Unsicherheit bekämpft, sondern mit verantwortungsbewusstem, selbstbewusstem Nationalismus, mit Kultur und Zugehörigkeitsgefühl, mit *Bildung*, Allgemeinbildung und Volksbildung und mit der Entwicklung von Wirtschaftsmodellen, die sich auf alle Zugehörigkeitskreise in allen Gesellschaften beziehen. Das brauchen wir, damit wir uns alle sicher genug fühlen, um unsere kollektiven globalen Herausforderungen anzunehmen und zu bewältigen. Wir müssen uns auch der Tatsache bewusst sein, dass Nationalismus ein notwendiger, wenn auch vorübergehender Schritt ist, um sich in einer globalen Welt zu Hause und zugehörig zu fühlen.

Veranschaulichung der Herausforderungen – Politische Korrektheit

Ein Beispiel für die Herausforderungen, vor denen wir stehen, ist die Art und Weise, wie die politische Korrektheit von einer völlig legitimen Art und Weise, unsere eigenen Epistemologien zu entdecken und Rücksicht auf andere Menschen zu nehmen, zu einer politischen Agenda geworden ist, bei der immer mehr Menschen gegenüber der Würde des Selbst und der anderen immer mehr taub erscheinen.

In Universitäten und Hochschulen gibt es Fakten, die unter „Liberalen" nicht mehr politisch korrekt sind, und das ruiniert die Wissenschaft von innen heraus. In der öffentlichen politischen Debatte beschweren sich Menschen von der extremen Rechten (nun ja, und noch nicht einmal nur dort), dass die politische Korrektheit Menschen daran hindert, die Wahrheit zu sagen. Eine häufige Behauptung ist, dass man den Islam nicht kritisieren könne.

Der gemeinsame Nenner auf beiden Seiten ist aus unserer Sicht der Mangel an *Bildung*. Dieser Mangel an *Bildung* zeigt sich einerseits in der Unfähigkeit zu tolerieren, was man anstößig findet (seien es unangemessene Fakten oder Aussagen oder die politische Korrektheit selbst), andererseits manifestiert er sich als Mangel an Urteilsvermögen und Selbstverwaltung in der Öffentlichkeit, in den sozialen Medien und im Internet im Allgemeinen. Konfrontiert mit etwas, das ihnen nicht gefällt, können viele sich nicht selbst kontrollieren.

Wir, die Autoren, interpretieren die politisch korrekte Sensibilität unter Studenten und „Liberalen" als eine Sozialisierung in einige Normen der Toleranz, für die einige von ihnen offenbar nicht die Reife besitzen, sie tatsächlich zu zeigen. Sie wurden durch Schicht 4-Perspektiven der Toleranz sozialisiert und haben sich daran angepasst, sie auszudrücken, ohne die emotionale Reife zu besitzen, um tatsächlich tolerant zu sein. Wir schlagen daher vor, dass anstatt tolerant und offen für Vielfalt als Selbst-Autoren zu sein, sich diese Menschen innerhalb einer Peer-Gruppe mit einer Reihe von Normen, die behaupten, dass z.B. Feminismus oder Multikulturalismus die Wahrheit ist, selbst verwalten oder sich sogar selbst konsolidieren. Anstatt zu akzeptieren, dass mehrere Dinge in unserem gemeinsamen kulturellen Erbe in einer anderen Zeit geschaffen wurden und Ausdrücke enthalten, die wir nicht mehr verwenden, sind diese Vergehen für sie so gewalttätig, dass sie ‚safe spaces' brauchen.

Die Beleidigung für rechten Chauvinisten besteht vor allem dann, wenn der Rest von uns Selbst-Verwaltung erwartet. Es ist ein normaler Teil des Verhaltens von Erwachsenen, zu verstehen, dass man einen Gedanken nicht unbedingt teilen muss, nur weil man einen Gedanken hat. Dinge können im Kopf bleiben, und wenn sie herauskommen müssen, besteht *Bildung* in der Freiheit, seine Gedanken so zu formulieren, dass jeder mit Würde behandelt wird. Gibt es mörderische religiöse

Fundamentalisten im Islam, und können sie im Koran eine Rechtfertigung für ihre Gewalt finden? Ja. Bedeutet das, dass die westliche Zivilisation unter Beschuss steht und dass 1,8 Milliarden Muslime Terroristen sind? Nein. Kann ich beide Themen im Westen öffentlich diskutieren? Natürlich kann ich das, und ich kann dabei den Anspruch an mich stellen, dass ich die Fakten respektiere und höflich bleibe. Es mag sein, dass ich durch mein Verhalten in den Medien nicht sehr viel Aufmerksamkeit erhalte, aber das ist eine andere Frage.

Wir alle durchleben eine Phase, in der die Dinge schwarz-weiß sind, wir gegen sie. Eine ‚Wir-gegen-sie'-Perspektive trägt zur individuellen und kollektiven Selbst-Konsolidierung bei, sie erleichtert auch die Selbst-Verwaltung, weil sie deutlich macht, was die „richtigen" Normen sind. Da sie aber auch Menschen stigmatisiert, die Würde aller Menschen aushöhlt und Konflikte schürt, ist sie moralisch falsch. Es ist eine Aufgabe für uns alle, nicht zuletzt für unsere politische Führung, die Bildungsstandards hoch zu halten und eine Kultur und einen Kodex mitzugestalten, in dem alles in würdiger Weise öffentlich diskutiert werden kann.

Hindernisse

Die äußeren und inneren Herausforderungen sind natürlich miteinander verbunden. Sie sind miteinander verknüpft, und sie sind mit einer Reihe von Hindernissen verbunden, die sich mit den Herausforderungen mitentwickeln, bis wir es schaffen, die Gesamtheit aus einer Systemperspektive zu bewältigen. Die drei Haupthindernisse, die wir sehen, sind die politische und andere Führung, die aktuelle Marktideologie und die kollidierenden kulturellen Codes.

Die Wahl der richtigen Art von Führungspersönlichkeiten

In einer zunehmend komplexen und vernetzten Welt ist es offensichtlich, dass Führungspersönlichkeiten, seien sie politisch oder nicht, in Schicht 5 abgerundet sein und eine Systemperspektive auf den Globus haben müssen, wenn wir die richtigen politischen, geschäftlichen und organisatorischen Entscheidungen treffen wollen. Sie müssen sich in allen zehn Kreisen der Zugehörigkeit zu Hause und sich allen gegenüber moralisch verpflichtet fühlen, wenn sie die Komplexität der Probleme bewältigen wollen, mit denen die Welt konfrontiert ist.

Von dieser Art Menschen gibt es heute nicht mehr viele auf der Welt. Wir sehen derzeit vier politische Führer, die sich als metamoderne Führungspersönlichkeiten mit einer Ego-Schicht-5-Systemperspektive und einem Gefühl der moralischen Verpflichtung gegenüber allen zehn Kreisen der Zugehörigkeit auszeichnen: Angela Merkel, Emmanuel Macron und Justin Trudeau, die alle derzeit politische Ämter innehaben, und Barack Obama. Es mag mehr Politiker geben, die eine ähnliche Komplexität des Geistes haben, aber dies sind definitiv die bekanntesten von allen.

Es wäre ein Irrtum zu glauben, dass irgendeiner dieser Leute in jeder politischen Frage immer die richtigen Entscheidungen treffen wird, niemand tut das, aber es gibt eine Tiefe und Bandbreite ihres Denkens, die bei ihnen hervorstechen. Wenn wir von Politikern erwarten, dass sie unfehlbar sind, dann sagt das eigentlich mehr über unsere Sehnsucht nach Elternfiguren und allwissender Autorität aus als über die Fähigkeiten der Politiker.

Zwei Politiker mit einer Systemperspektive, die das größte moralische Verständnis ihrer Zeit hatten, waren Goethe und Napoleon Bonaparte. Goethe nutzte sie zur Erforschung der menschlichen Seele, versammelte in Jena die besten Köpfe der Zeit und schrieb unter anderem den Faust. Napoleon nutzte seine Gaben, um Europa zu erobern – und verschätzte sich beim Klima in der russischen Steppe. So sehr wir auch vom militärischen Genie und von Napoleons Systemperspektive beeindruckt sind, so ist es das strategische Erbe Goethes, Herzog Karl August von Sachsen-Weimar-Eisenachs und Herzogin Anna Amalia von Braunschweig-Wolfenbüttels, das wir auf all diesen Seiten erkundet haben und das durch uns nachhallte, während wir den *Geist* entfalteten. Sie waren diejenigen, die die besten Köpfe versammelt haben, um ihre – und unsere – Welt voranzubringen.

Bis wir herausfinden, wie wir mehr Goethes erziehen und aufbauen können, müssen wir Wege entwickeln, um Menschen zu finden und zu wählen, die eine Schicht 5, eine metamoderne Systemperspektive haben und die ein Gefühl der moralischen Verantwortung gegenüber allen zehn Kreisen der Zugehörigkeit empfinden. In dem Maße, in dem es nicht genügend willige und fähige selbst-transformierende Politiker gibt, müssen wir zumindest die Politiker als Selbst-Autoren fördern, und nicht die selbstverwalteten oder selbstkonsolidierten, die weder eine Systemperspektive noch den erforderlichen moralischen Handlungsspielraum haben. Die Zukunft unserer Spezies hängt davon ab.

Die Marktideologie

In dem Machtvakuum, das durch die postmoderne Dekonstruktion und den Mangel an moralischer Orientierung entstand, füllte der globale Markt die Leere.

Persönlich sind wir überhaupt nicht gegen Marktwirtschaft, aber wir sehen einige große Probleme, die vom Markt, so wie er derzeit funktioniert, ausgehen. Das eine ist, dass nationale und internationale Märkte für die industrielle Wirtschaft konzipiert wurden und es keine geeigneten Modelle für die Wirtschaft der Zukunft gibt – wir haben dies bereits angesprochen.

Das andere Hindernis in Bezug auf den Markt ist, dass er zu dem geworden ist, was Religion früher war: das Monopol auf die Wahrheit, das einzige gültige Argument, unser Hauptaugenmerk, die Metaerzählung, die den größten Teil unserer Zeit, Hoffnungen, Träume und Ressourcen verschlingt. Es ist der Ort, an den wir unsere Familie in den Ferien mitnehmen; die größten und teuersten Tempel, die wir in unseren Gesellschaften bauen, sind üppige Marktplätze. Als sich die Postmoderne in alle Teile der Gesellschaft einschlich, verlor die Politik ihren moralischen Kompass, und die einzige Metaerzählung, die überlebte, war der Markt.

Aus mehreren Gründen muss das aufhören. Menschen sind mehr als Geld. Wir leiden unter emotionalem, moralischem, kulturellem und spirituellem Hunger, wenn wir unsere Seelen an den Markt verkaufen. Wir sind unglücklich unter seiner Theologie. Wann immer wir versuchen, uns von ihm zu lösen, werden wir moralisch einsam, wie Fromm es nannte. Wir haben unser Gefühl von Zugehörigkeit und Gemeinschaft verloren und uns in Besitz und Ware verwandelt. In den so genannten „freien" sozialen Medien sind wir zum Produkt geworden; unsere Such- und Verhaltensmuster sind der Ort, an dem das Geld verdient wird. Anstatt Gemeinschaften und dauerhafte Beziehungen zu schaffen, machen wir uns selbst zu Ködern und füllen die Lücke mit Geldtransaktionen.

Der Markt war nie dazu bestimmt, diese Art von Macht zu haben, nicht einmal unter den glühendsten Philosophen des freien Marktkapitalismus wie Friedrich Hayek oder Milton Friedman. Sowohl Hayek als auch Friedman wiesen auf die Tatsache hin, dass der Markt bestimmte Arten von Gütern nicht handhaben kann, wie „kollektive Güter" und „Verdienstgüter", d.h. Güter, die unterversorgt sind, wenn sie dem Markt allein überlassen und nicht von der Regierung bereitgestellt werden. *Bildung*, sei es in der gesamten Bevölkerung oder auf der individuellen Ebene, ist sowohl ein kollektives als auch ein Verdienstgut.

Das Problem mit ihnen ist das einzig stichhaltige Argument, dass alles, was wir in diesem Buch vorgeschlagen haben, nur dann als wertvoll betrachtet wird, wenn es einen wirtschaftlichen Wert erzeugt; selbst eine erhöhte Sinnstiftung zählt nicht – so die beiden Grafiken in der Einleitung, die das BSP/PPP und das Pro-Kopf-BIP im Europa des 19. Jahrhunderts zeigen. Menschliches Wohlergehen und Entwicklung ist einfach kein Argument im Vergleich zu Geld. Wenn *Bildung* und Volksbildung weder das BIP noch die Wettbewerbsfähigkeit erhöhen, scheint es heute niemanden zu kümmern, der für politische Entscheidungen zuständig ist. Welchen Sinn und Zweck *Bildung*, Ich-Entwicklung, Poesie und Schönheit dem Leben der Menschen auch immer geben mögen, sie zählen einfach nicht auf sich allein gestellt.

Dieser Marktfetisch macht es fast unmöglich, darüber zu diskutieren, welche Art von Zukunft wir wirklich wollen und worum es bei *Bildung* und Erziehung gehen sollte, und er macht uns buchstäblich dümmer.

Nur aus einer Systemperspektive können wir den Markt als das soziale Konstrukt sehen, das er ist, und ihn so strukturieren, dass das freie Unternehmertum auch unter den neuen Technologien frei bleibt und jeder den gleichen Zugang hat, um auf diesem Markt zu Akteuren zu werden.

Der Zusammenprall der kulturellen Codes

Je mehr Menschen emigrieren und je mehr die postmoderne Kultur über Mobiltelefone und das Internet in die traditionellen Gesellschaften eindringt, desto mehr sehen sich alle Gesellschaften mit kulturellen Zusammenstößen konfrontiert. Im Westen fällt es Einwanderern aus weniger komplexen Volkswirtschaften, Gesellschaften und Kulturen mit traditionellen/vormodernen kulturellen Codes schwer zu erkennen, dass wir in den modernen und postmodernen Gesellschaften tatsächlich moralische Werte haben, sie unterscheiden sich nur sehr stark von dem, woher sie kommen. Wir Westler hingegen müssen den Unterschied zwischen einer bestimmten Religion und der Vormoderne verstehen. Wenn Menschen nicht in unsere Gesellschaften und unsere Kultur passen, sind die Unterschiede zwischen Judentum, Christentum und Islam sehr gering im Vergleich zu den Unterschieden zwischen den vormodernen und modernen Manifestationen dieser Religionen. Hans und Karen, die auf die Volkshochschule gegangen sind, hätten mit dem durchschnittlichen Immigranten aus dem Nahen Osten in Europa heute mehr moralische Werte geteilt als mit dem durchschnittlichen Westler von heute. Selbst nach ihrem Aufenthalt an der Schule war ihre Weltanschauung hochreligiös, und erst nach Georg Brandes und Henrik Ibsen hätten sie die Chance gehabt, moderne Normen zu erwerben, und diese Normen wären nur schwer zu verkaufen gewesen.

Die Bedrohung der westlichen Gesellschaften durch religiösen Fanatismus geht derzeit zufällig hauptsächlich von einer bestimmten Religion aus, aber im Kern handelt es sich dabei nicht um einen Kampf der Religionen, sondern um einen Kampf zwischen Prämoderne, Moderne und Postmoderne. Es ist der Zusammenprall zwischen einer imaginären Gemeinschaft (religiöse Konfession) im 6. Zugehörigkeitskreis, der die Vormoderne charakterisiert, und zwei (religiöse Konfession und Nation/Volk), der die Moderne charakterisiert. Es ist auch der Zusammenprall zwischen der Zugehörigkeit zu einem Clan, der alle Kreise 2-5 (Vormoderne) repräsentiert, und der Zugehörigkeit zu mehreren unterschiedlichen realen Gemeinschaften und Gruppen in den Kreisen 2-5 (Moderne).

Es untergräbt unsere demokratischen Gesellschaften, wenn ein wesentlicher Teil der Bevölkerung die Moderne nicht unterstützt. Damit sie das tun können, müssen sie die *Bildung* haben, um mit der Moderne umgehen zu können, sie müssen Zugang zu den Gemeinschaften, Symbolen, der Ästhetik und der Bedeutungsgebung haben, die es ihnen ermöglichen, die Normen der modernen, liberalen Demokratie zu verinnerlichen und sich unter uns selbst zu regieren. Mit anderen Worten, sie müssen ein Gefühl der Zugehörigkeit haben. Sie müssen in der Lage sein, in unseren hochkomplexen Gesellschaften Sinn und Zweck zu finden, und sie müssen über Wege zur Selbstverwirklichung verfügen, die in der gesamten Wählerschaft notwendig sind, wenn unsere Gesellschaften und ihre demokratische Regierung funktionieren sollen. Das gilt für Juden, Christen, Muslime, jede andere Religion und Atheisten ebenso wie für Einwanderer und für Menschen, die hier aufgewachsen sind.

Unsere Aufgabe als Westler ist es, zu erkennen, was Religion und was ein allgemeiner kultureller Code ist. In dem Moment, in dem wir den Unterschied erkennen können, werden wir uns nicht als in einem Konflikt mit dem Islam sehen, sondern in einem Konflikt mit einigen Codes, die wir früher selbst teilten und gegen die wir große Kunst, Ibsens Stücke und vieles mehr haben. Gegenwärtig liegt das meiste dieses kulturellen Erbes einfach nur in den Regalen, und anstatt dazu beizutragen, einen globalen Aufschwung der Menschheit hin zu mehr Freiheit, Selbst-Verwaltung und Schönheit zu schaffen, haben wir unsere kulturellen Wurzeln verloren. Erschwerend kommt hinzu, dass einige Postmodernisten sogar behaupten, dieses kulturelle Erbe sei ein veralteter und bedrückender Kanon, der von „toten weißen Männern" geschaffen wurde und durch eine multiethnische und geschlechtergerechte Alternative ersetzt werden müsse. Natürlich haben sie in gewisser Hinsicht Recht, das meiste davon wurde von weißen Männern geschaffen (die tot sind); in anderer Hinsicht liegen sie schrecklich falsch: universelle menschliche Erfahrungen verlieren nicht ihren Wert, nur weil eine bestimmte Gruppe sie zuerst erlebt hat. Die Wiederentdeckung zeitloser und universeller menschlicher Erfahrungen, wie sie in der Mode früherer Jahrhunderte verschleiert sind, ist komplex, wenn sich heute alle damit identifizieren können sollen. Wir geben zu, dass es als asiatisch-amerikanische lesbische Feministin des 21. Jahrhunderts schwer sein mag, sich mit dem 60-jährigen Goethe in Weimar zu identifizieren, aber der 20-jährige Goethe in Straßburg, der vom Feudalsystem und seinen Jurastudien genug hat, sollte bei allen, die 20 Jahre alt sind oder waren, Widerhall finden. Gleiches gilt für Lessing, der Komödien schreiben wollte, und Schiller, der vor der Militärakademie davonlief. Sie haben den Weg für unsere Freiheiten und Rechte geebnet.

Terrorismus

Die Bedrohung durch junge, frustrierte Männer, die sich in einem inneren Aufruhr befinden, die keinen Sinn in unserer Gesellschaft und die im Tod mehr Sinn als im Leben finden, ist real. Die Mehrheit von ihnen ist einheimisch, das heißt, sie sind die ehemaligen Klassenkameraden unserer eigenen Kinder. Dies gilt unabhängig davon, ob es sich um muslimische Jugendliche und junge Männer, um Schulschützen oder um jemanden wie den norwegischen Massenmörder Anders Breivik handelt. Die Mehrheit von ihnen sind Kleinkriminelle, die früher Gras geraucht und Alkohol getrunken haben, die nicht besonders religiös sind, und was diejenigen mit einer guten Ausbildung betrifft, so sind die meisten von ihnen Ingenieure oder aus einem anderen wissenschaftlichen Bereich mit klaren mathematischen Antworten. Es sind nicht junge Soziologen oder Theologen, die sich in die Luft sprengen oder Lastwagen in Touristengruppen fahren, es sind überwiegend Männer, die weder Grauzonen studiert haben, noch persönliche Interpretationen diskutieren mussten und auf einer sehr komplexen Ebene anderer Meinung sind. Bei allen kann man davon ausgehen, dass ihnen sinnvolle Zugehörigkeitskreise gefehlt haben – vor allem einige, die sie hätten aufhalten können. Es ist nur allzu leicht, Zitate aus dem Koran zu finden, die Gewalt und Angriffe auf westliche Gesellschaften rechtfertigen. Vor allem, wenn man die Welt durch eine binäre Schwarz-Weiß-Brille sieht, sie gegen uns, Recht gegen Unrecht, Gut gegen Böse ohne Mittelweg, also die Epistemologie der Ich-Schichten 2 und 3.

Das Hauptproblem, vor dem wir als offene Gesellschaften stehen, ist nicht die Religion, sondern junge Männer, die nichts Sinnvolles zu tun haben, die sich in einer Marktgesellschaft mit nicht sehr vielen sichtbaren moralischen Werten moralisch allein fühlen und absolut nirgendwo hingehen können, um etwas Heldenhaftes zu tun. Anstatt unseren jungen Menschen Sinn, Zweck und Orte der Zugehörigkeit anzubieten, bieten wir ihnen PISA-Tests, jahrelange Ausbildung und einen Arbeitsmarkt, der in seiner jetzigen Form nicht Bestand haben wird. Auf ihrem Weg dorthin erwarten wir von ihnen, dass sie Kredite aufnehmen und sich jahrelang verschulden.

Wenn 16-Jährige ein Flugticket von Belgien, Dänemark oder einem anderen westlichen Land aus buchen können und über die Türkei bis nach Syrien gelangen, ohne dass es hier jemand merkt, bevor es zu spät ist, dann sollte uns das zumindest zwei Dinge sagen: 1: Wir haben ihnen nicht das Zugehörigkeitsgefühl geboten, das sie brauchen, 2: Sie sind eine enorme Ressource, die wir als Gesellschaft ignoriert haben. Aus irgendeinem Grund war es eine vormoderne Version der Religion, als diese Jugendlichen über die wirklichen Gemeinschaften hinaus in den sechsten Kreis der Zugehörigkeit und der imaginierten Gemeinschaften traten und als sie nach Selbstverwaltung strebten, die sich ihrer bemächtigte und ihnen Sinn und Zweck bot, und nicht der demokratische Nationalstaat. Stellen Sie sich vor, nur 10% aller 16-Jährigen hätten ähnliche Fähigkeiten wie diejenigen, die es nach Syrien geschafft haben, und sie würden sich von uns statt von Daesh inspirieren lassen. Stellen Sie sich vor, sie würden von uns geweckt statt von irgendeinem psychopathischen Imam, der seine vormodernen kulturellen Codes nicht dazu bringen kann, die Moderne und Postmoderne, die ihn umgibt, zu begreifen.

Wie hätte Hans, der auf die Volkshochschule gegangen ist, reagiert, wenn die Person, die in ihm Gold finden wollte, kein religiöser Volkshochschullehrer gewesen wäre, der heroisches Dänisch anbietet, sondern ein religiöser Koranschulen-Lehrer, der „heroischen" Islamismus anbietet? Hätte Hans den Unterschied erkannt?

Wenn wir weitere Zusammenstöße zwischen der vormodernen Religion und der vom Markt beherrschten postmodernen liberalen Demokratie vermeiden wollen, müssen unsere Gesellschaften eine moralische Stimme, sinnvolle Erzählungen und eine inspirierende Ästhetik entwickeln. Wir müssen auch sinnvolle, sichtbare, offene und einfache Wege in unsere Lebensweise und in unsere Kreise der Zugehörigkeit anbieten. Nicht zuletzt ist es von entscheidender Bedeutung, dass junge Menschen einen Sinn für Ziele entwickeln können und dass die Gesellschaft sie moralisch nicht allein lässt. Der einzige Weg, den wir, die Autoren, persönlich in diese Richtungen sehen können, ist die Meta-Moderne und die *Bildung*.

Abschließend zu den Herausforderungen

Wir brauchen innere Entwicklung, um die geistige Komplexität zu erlangen, die es uns ermöglicht, unsere äußeren Probleme als das zu sehen, was sie sind.

Wir müssen Symbole, eine kollektive Sprache, gemeinsame Erzählungen und eine gemeinsame Epistemologie für eine metamoderne Zukunft in allen zehn Kreisen der Zugehörigkeit entwickeln. Und zwar schnell! Wenn unsere bestehenden Epistemologien zu kurz kommen, wenn die Gesellschaft und ihre Normen im Umbruch sind, leiden wir unter moralischer Einsamkeit und Angst, und wenn wir es kollektiv tun, riskieren wir, eine autoritäre Führung zu suchen und Konflikte zu eskalieren. Das müssen wir vermeiden. Weder die Vormoderne, noch die Moderne oder die Postmoderne sind dieser Aufgabe gewachsen.

Wir müssen metamoderne Kulturen entwickeln, die, jede auf ihre Weise, ihr besonderes Erbe stärken, ohne es allen anderen aufzwingen zu müssen. Wir sind überzeugt, dass dies das Projekt von Fichte und Grundtvig war, außer dass sie nicht herausfinden konnten, wie das die Juden einschließen könnte. Zu dieser Zeit war der 6. Kreis der Zugehörigkeit nur religiös; der Nationalismus war erst im Entstehen begriffen, und Religion und Nation hatten es nicht geschafft, sich in verschiedene Arten von imaginären Gemeinschaften zu trennen. Aber heute haben wir nationale Kreise der Zugehörigkeit, die stark genug sind, dass sie sich nicht mit einer bestimmten Religion überschneiden müssen. Wir haben andere landesweite kulturelle Einrichtungen als die Gebetshäuser, wie Bibliotheken und das nationale Radio und Fernsehen, und Religionsunterschiede sollten in einem säkularen Staat kein Problem hinsichtlich der nationalen Kultur darstellen. Über 150 Jahre jüdische, katholische, protestantische und atheistische gemeinsame Entwicklung der Demokratie beweisen dies.

In der Tat muss das gleichzeitige Leben innerhalb einer Religionsgemeinschaft und einer Nation und das Gefühl der Zugehörigkeit zu beiden, selbst wenn sie im Widerspruch zueinander stehen, einen komplexeren Geist hervorbringen, als wenn man nur in einem dieser beiden Staaten leben würde, sei es in einem säkularen Staat ohne jegliche Religion oder in einem religiösen Staat. Wenn diese Annahme wahr ist, dann müssen unsere religiösen Vorfahren, die darauf bestanden, Demokratien zu erschaffen, die keine Wurzeln in den heiligen Schriften haben, eine höhere geistige Komplexität gehabt haben als viele von ihnen heute, und religiöse Einwanderer, die sich von ganzem Herzen für die Demokratie einsetzen, ohne die Religion oder den Atheismus der Mehrheit zu teilen, können einen komplexeren Geist entwickeln als die monokulturelle Mehrheit in unseren postmodernen Staaten.

Wir wollen damit sagen, dass wir in modernen, post- und metamodernen Gesellschaften alle zu mehreren Gruppen innerhalb mehrerer Zugehörigkeitskreise gehören, und in den meisten Fällen ist es unsere Komplexität des Geistes (oder das Fehlen eines solchen), die bestimmt, ob es einen Konflikt zwischen diesen Gruppen und Kreisen gibt oder nicht. Die Meta-Moderne erkennt sowohl die Gruppen an als auch schätzt die Vielfalt und das Gefühl der Zugehörigkeit und liefert eine Epistemologie für diese Einschätzung.

Es gibt keinen Konflikt zwischen der Liebe zu der eigenen Familie, dem religiösen oder atheistischen Glauben und der Liebe zu dem eigenen Land, alles zur gleichen Zeit. Familien sind gut, und es ist nichts Falsches daran, religiös oder nationalistisch zu sein, denn es sind der Absolutismus und der Chauvinismus, die die Probleme verursachen; Intoleranz vs. Wertschätzung der Vielfalt. Genauso wenig gibt es einen Konflikt zwischen einem Lokalisten, einem Nationalisten, einem Kontinentalisten und einem Globalisten zur gleichen Zeit, die Welt muss auf allen Ebenen der Komplexität gleichzeitig funktionieren. Die Herausforderung besteht darin, alle zehn Kreise der Zugehörigkeit gleichzeitig in unserem Bewusstsein und Gewissen zu halten und dafür eine Erzählung zu entwickeln. Aber wenn die skandinavischen Bauern vor 100-150 Jahren ihre Nation in ihre Epistemologie integrieren konnten, sollten wir heute in der Lage sein, den gesamten Planeten in unsere Epistemologie zu integrieren.

Eine solche Integration und ein solcher Übergang von der Moderne und Postmoderne zur Meta-Moderne geschieht nicht von selbst. Es geschah auch nicht aus dem Nichts für die skandinavischen Bauern und Arbeiter; es bedurfte einer bewussten Bildungsanstrengung, damit die Menschen die neuen Realitäten der Welt als sinnvoll und sicher empfanden. Wir stehen also vor der Herausforderung, die Institutionen und die *Bildung* zu entwickeln, die es uns allen ermöglichen, das Leben im 21. Jahrhundert sinnvoll und sicher zu gestalten. Wir brauchen Volks*bildung* 3.0.

GLOBALER EXISTENTIALISMUS – UNSERE ENTSCHEIDUNGEN

Als Zivilisation und als Spezies befinden wir uns in einer Übergangsphase, und wir müssen den Weg unserer Zukunft wählen. Seit der Renaissance befinden sich alle Generationen in einer Zeit des Übergangs, aber unsere ist grundlegender und steht im Mittelpunkt dessen, was es bedeutet, Mensch zu sein. Es ist ein existenzieller Übergang: Bio-, Informations-, Nano- und kognitive Technologien (BINC) sind dabei, die Rolle des Menschen auf dem Planeten neu zu definieren. Wir stehen vor dem, was einige Futuristen die Singularität nennen, dem Zeitpunkt, an dem unsere Erfindungen lebendig und intelligenter werden können, als wir selbst sind.

Dies ist auch ein Zeitpunkt, an dem der Mensch für sein Überleben nicht mehr gebraucht wird. Wir werden nicht mehr arbeiten müssen, um uns zu ernähren oder zu wohnen; Roboter können für uns pflanzen und ernten, und 3D-Drucker können alles von Schuhen bis zu Häusern liefern. Sobald wir so weit sind, dass wir Atom für Atom und nicht nur Material für Material oder Molekül für Molekül ausdrucken können,

können wir künstliche lebende Zellen drucken, die sich fortpflanzen und zu lebenden Organismen heranwachsen können.

Wie würde und sollte eine Gesellschaft aussehen, wenn der Mensch für unser eigenes Überleben nicht mehr sorgen muss? Ganz zu schweigen von der Möglichkeit, dass die Roboter unserer überdrüssig werden und entscheiden, dass wir eine Verschwendung von Ressourcen sind, uns austricksen und den Planeten übernehmen.

Es ist eine existentielle Frage, wie intelligent wir unsere eigenen Erfindungen werden lassen, und es ist ein Gespräch, das wir führen müssen. Zu viele Tech-Investoren und andere, meist Männer mit großen Ambitionen, sehen die neuen Technologien als einen Glücksfall. Elon Musk will Chips oder intelligenten Staub entwickeln, die in das menschliche Gehirn implantiert werden können, damit wir aufgerüstet und nicht von unseren eigenen Erfindungen überlistet werden können. Aus irgendeinem Grund scheint es einfacher (und besser?), den Menschen technologische Veränderungen aufzuzwingen und unsere Gehirne technologisch zu manipulieren, als ein existentielles Gespräch darüber zu führen, welche Art von Technologien wir entwickeln und welche Art von Spezies wir in Zukunft sein wollen. Warum? Um künstliche Intelligenz zu entwickeln, anstatt echte Weisheit zu entwickeln, uns selbst zu kultivieren und mehr Schönheit, Sinn und Zweck zu schaffen. Und warum? Ebenso finden es einige besser, den Mars zu kolonisieren, als den Planeten zu retten, den wir bereits haben. Und warum?

Wir stehen also vor einer Wahl, vor der noch keine Generation je zuvor stand, zwischen denen wir wählen müssen:

- Eine Zukunft, in der Roboter intelligenter sind als wir und in der der Mensch oder die Natur selbst nicht mehr über unser Schicksal auf dem Planeten bestimmen können. Eine Zukunft, in der wir keine Privatsphäre mehr haben und in der die Macht in Algorithmen und der Handvoll Menschen, die sie besitzen, versammelt ist. Es ist eine Zukunft, in der implantierte Chips sagen, wo sich jeder befindet und überwachen kann, was wir denken, und in der Software unsere Entscheidungen mit 99%iger Genauigkeit vorhersagen kann. Wo Implantate in unseren Gehirnen Upgrades benötigen und von außen gesteuert oder von Viren durcheinander gebracht werden können. Es ist auch eine Welt, in der Daten buchstäblich darüber entscheiden, welche Türen sich für uns öffnen, wo uns ein Auto fahren darf, zu welcher Art von Lebensmitteln wir in den Geschäften Zugang haben und wer unseren Aufenthaltsort und unsere Verhaltensmuster kennt.

- Eine Zukunft, in der wir von Grund auf Privatsphäre und in der wir alle die Kontrolle über unsere persönlichen Daten haben. Es ist eine Zukunft, in der jeder alle Freiheiten hat, die wir heute im Westen genießen, in der wir reisen können, wie es uns gefällt, ohne Folgen für die Umwelt, in der wir zu unseren Gemeinschaften, unserer Nation, unserem Kontinent und unseren Arten beitragen können, und in der wir unsere Zeit damit verbringen können, das zu verfolgen, was uns am meisten am Herzen liegt, sei es Klavierstunden nehmen, angeln gehen oder mit unseren Kindern spielen.

Als Spezies haben wir die Technologien, die all unsere Probleme lösen können, und wir haben die Ressourcen, die jeden ernähren und ihm ein freies, sicheres, unterhaltsames und sinnvolles Leben ermöglichen können. Das Einzige, was fehlt, ist die Reife, *Bildung* und Entwicklung, die wir brauchen, um sie zu schaffen und zu handhaben.

Wir sind die Generation, die die digitale, rechtliche und moralische Grundlage für die kommenden Generationen schafft. Ob wir es wollen oder nicht, es sind unsere Entscheidungen in Bezug auf Menschenwürde, Freiheit und Privatsphäre im Cyberspace und anderswo, die die Zukunft und die Freiheiten unserer Kinder und Enkelkinder bestimmen werden. Es sind auch unsere Entscheidungen, die bestimmen, in welcher Art von Klima und Umwelt sie leben und ihre Kinder aufwachsen lassen werden.

Kapitel 19

WIE KÖNNTE BILDUNG 3.0 AUSSEHEN?

Den meisten dürfte jetzt klar sein, dass zur Bewältigung der Herausforderungen, die wir für uns als Spezies geschaffen haben, individuelle *Bildung* und Wachstum sowie neue und komplexere kollektive Perspektiven notwendig sind. Wie können wir das Wachstum und die *Bildung* ermöglichen, die wir brauchen? Welche Art von Bildungs- und Volksbildungsinstitutionen sollten wir für uns erschaffen, um die Zukunft zu gestalten, die wir wollen?

Wenn wir die Volkshochschulen und den selbstorganisierten sozialisierenden Sport der späten 1800er Jahre als Volksbildung 1.0 und die Volkshochschulen, Volksbildung und Kulturradikalismus der 1900er Jahre als Volksbildung 2.0 betrachten, wie sehen dann *Bildung* und Volksbildung 3.0 im 21. Jahrhundert aus?

Als *Bildung* und Volksbildung für eine meta-moderne Kultur schlagen wir natürlich vor, dass die bisherigen Errungenschaften Teil dessen sind, was wir in Zukunft tun, dass wir insofern die bestehende Volksbildung in die nächste Stufe integrieren:

Tabelle 10 - Generationen der *Bildung*

	BILDUNG 1.0		BILDUNG 2.0		BILDUNG 3.0	
Wann zuerst?	1850		1900		Jetzt	
	Von	Bis	Von	Bis	Von	Bis
Welche Ego-Schichten?	Selbst-Konsolidierend / selbsz-absorbiert gezwungen selbst-verwaltet	Selbst-Verwaltet mit einem Zweck	Selbst-Konsolidierend Selbst-Verwaltet	Selbst-Autorenschaft	Selbst-Konsolidierend Selbst-Verwaltet Selbst-Autorenschaft	Selbst-transformierend über notwenige Schritte in der richtigen Zeit
	Ego-Schicht 2, 2½ und gezwungen 3	Ego-Schicht 3 mit einem Zweck	Ego-Schichten 2 und 3	Ego-Schicht 4	Ego-Schichten 2, 3, 4	Ego-Schicht 5
Welche Kreise der Zugehörigkeit?	Stadt	Nation Skandinavien	Nation	Der Westen	Lokale Gemeinschaften Nation Kontinent	All 10 circles of belonging
	Konkrete Gemeinschaften	Nordische Kulturezone Vorgestellte Gemeinschaften	Vorgestellte Gemeinschaften	Europäische Kultur zone Universelle Prinzipien	Konkrete Gemeimschaften Vorgestellte Gemeimschaften Kulturzone Universelle Prinzipien	
Teilnehmer	Teens und junge Erwachsene		Junge Erwachsene und Erwachsene		Teens und alle Erwachsene	
Ziele	Erwachen, Sozialisieren & Ermächtigen		Individualisierung		System-Perspektive	
Initiatoren	Pastoren, Lehrer, Bauern, Arbeiter		Intellektuelle, Schriftsteller, Autoren, Politiker		Leute die schon eine System-Pperspecktive haben und jene die erkennen dass sie eine benötigen	
Institutionen	Farmhouses and dedicated boarding school facilities Selbst-organierte Sport clubs, Gemeinschafts-Zentren, Studien-Zirkel, Abendkurses, etc.		Medien, Theater, Kabaret, Satire, Poesie, Literatur, öffentliche Debatten		Noch zu entwickeln...	

Angesichts der Atomisierung der Gesellschaft, die durch Kulturradikalismus, Postmoderne und Der-Markt-als-Theologie gefördert wird, muss die metamoderne Volksbildung Wege zur Inklusion in alle Kreise der Zugehörigkeit anbieten, wenn das Heimweh nach ihnen auftaucht oder sich entwickelt.

Das Bewusstsein über alle Kreise der Zugehörigkeit ist nicht dasselbe wie ein tatsächliches Gefühl der Zugehörigkeit oder des Zuhauseseins in allen zehn Komplexitätsstufen. Die tatsächliche Zugehörigkeit zu einer Gruppe oder Gemeinschaft setzt ein Gewissen gegenüber der Gruppe voraus, dass man sich auf andere einlässt, eine moralische Verpflichtung gegenüber der Gruppe empfindet und Verantwortung für das Wohlergehen der Gruppe als Ganzes übernimmt. Es reicht nicht aus, zu einer Gruppe zu gehören, es muss auch zu uns gehören. Dazu brauchen wir Lebenskompetenzen auf verschiedenen Ebenen der Komplexität. Man kann sich einer Gruppe bewusst sein und ihr überhaupt nicht angehören, man kann ein sich selbst-konsolidierender Erwachsener sein, der die Gruppe nur in den Dienst seiner persönlichen Selbst-Konsolidierung stellt.

So wie Kold die dänische Jugend zum Heimweh nach dem Wohlergehen Dänemarks erweckte, besteht unsere Aufgabe in einer metamodernen globalen Gemeinschaft darin, 8 Milliarden Menschen zum Heimweh nach dem Wohlergehen ihrer Altersgenossen, ihres Ehepartners und ihrer Kinder, ihrer konkreten lokalen Gemeinschaften, ihrer imaginären konfessionellen und nationalen Gemeinschaften, der Umsetzung universeller Prinzipien und Menschenrechte, unserer Umwelt und – letztendlich – der gesamten Spezies, unseres Erbes und aller künftigen Generationen zu erwecken.

Das klingt nach viel, wissen wir, aber es existiert. Wir haben dieses Buch mit diesen Emotionen geschrieben. Wir kennen auch andere Menschen, die auf diese Weise denken und fühlen. Bisher fehlte uns nur eine Sprache und eine Epistemologie dafür, um darüber sprechen zu können. Wir hoffen, dass dieses Buch hilft, wir hoffen auch, dass es andere inspiriert, sich an dem Gespräch zu beteiligen.

WAS HAT DIE ENTWICKLUNGSPSYCHOLOGIE ZU BIETEN?

Die Entwicklungspsychologie hat einige deskriptive Werkzeuge, die es uns erlauben, die Ich-Entwicklung abzuschätzen. Doch bevor wir das tun, müssen wir daran denken, dass alle Entwicklungsschichten für eine gesunde Entwicklung notwendig sind, und wir sollten niemanden nach der Schicht beurteilen, in der er gegenwärtig ein sinnvolles Leben führt.

Was jedoch zählt und worüber wir viel besser urteilen sollten, ist das moralische Gewissen, das wir in unserer gegenwärtigen Schicht und unseren Kreisen der Zugehörigkeit zeigen. Hier sind Kohlbergs sechs Stufen der moralischen Entwicklung viel angemessener als die von Kegan; verhalten sich die Menschen nur, um nicht erwischt zu werden, denken sie nur an die Folgen für sich selbst, oder betrachten sie das Wohlergehen aller und des Systems als solches?

Wenn Menschen sich in das Leben anderer Menschen einmischen – z.B. um Einfluss auf die Politik zu nehmen, ein Unternehmen zu leiten oder zu lehren – sollten wir unbedingt ihre Ich-Entwicklung beurteilen und beurteilen, welche Kreise der Zugehörigkeit ihnen bewusst zu sein scheinen und gegenüber welchen sie ein Gewissen haben. Wir sollten uns niemals von selbst-konsolidierenden Politikern, Geschäftsführern usw. beeindrucken lassen; auch Selbstverwaltung reicht bei einer Führungskraft nicht aus. Eine Führung, die nicht nur auf Selbstschöpfung und einem Gefühl der Zugehörigkeit und einer Systemperspektive in allen ersten acht Zugehörigkeitskreisen beruht, ist einfach nicht in der Lage, die Herausforderungen des 21.

Die Entwicklungspsychologie kann uns in beruflichen Kontexten helfen, festzustellen, ob Menschen zu der von ihnen gewünschten Verantwortung fähig sind, aber sie ist so viel weniger komplex als *Bildung*, dass wir uns nur dann etwas vormachen würden, wenn die Ich-Entwicklung zum allgemeinen Maßstab würde.

Nichtsdestotrotz hat die Entwicklungspsychologie einige nützliche Fragen entwickelt, die es wert sind, dass man darüber nachdenkt, wenn man sich auf die Reise begibt. Wir haben auch ein paar hinzugefügt.

Gute Fragen zur Selbstverwaltung, Ich-Schicht 3

Der Übergang von der Selbst-Konsolidierung zur Selbst-Verwaltung ist ebenso wichtig wie die späteren Übergänge, obwohl ihm in der postmodernen Gesellschaft nicht viel Aufmerksamkeit geschenkt wird. Wir finden, dass dies gute Fragen sind, über die man nachdenken sollte:

- Bin ich ein guter Teamplayer?
- Wo diene ich anderen? Und wo fühle ich mich erfüllt, wenn ich anderen diene?
- Kann ich einer Gruppe, einem Team oder einer Gemeinschaft beitreten, ohne dass es dabei um mich geht? Kann ich es genießen, ein Mitläufer zu sein?
- Fühle ich Stolz und Freude, wenn ich zu einem größeren Ganzen beitrage? Macht es mich glücklich, mich wie ein Rädchen in eine große und reibungslos laufende Maschine einzufügen?

Vor allem die letzte Frage wäre das perfekte Setup für totalitäre Regime, wenn unsere Ich-Entwicklung dort aufhören würde – und die Frage reibt wahrscheinlich viele moderne, kulturell radikale und postmoderne Menschen völlig falsch auf. Aber wenn man, sagen wir, Fußball oder ein Musikinstrument spielt, sind diese seltenen Momente, in denen sich das Team oder die Band zu einem integrierten Organismus vereinigt, fast transzendental. Wenn wir noch nie ein solches Gruppengefühl erlebt haben, wenn wir noch nie eine ähnlich transzendente Intimität mit engen Freunden oder – natürlich – mit einem Sexualpartner erlebt haben, dann fehlt ein emotionaler Bereich in uns. Das ist es, wie Schiller in der zweiten Strophe der *Ode an die Freude* schrieb:

Wem der große Wurf gelang
Eines Freundes zu sein;
Wer ein holdes Weib errungen
Mische seinen Jubel ein!
Ja, wer auch nur eine Seele
Sein nennt auf dem Erdenrund!
Und wer's nie gekonnt, der stehle
Weinend sich aus diesem Bund!

Gute Fragen zum Thema Selbst-Autorenschaft, Ego-Schicht 4

Wenn wir uns in Schicht 3 abgerundet und in der Lage finden, uns intimen Beziehungen und größeren Gruppen zu unterwerfen, und wir anfangen, uns nach mehr zu sehnen, können diese Fragen als Leitfaden für das Selbststudium dienen:

- Habe ich den Mut, authentisch zu sein?
- Warum will ich, was ich will? Wessen Agenda steckt dahinter; meine oder die von jemand anderem?
- Kenne ich mich selbst gut genug, um in meinem eigenen Leben selbstverwaltet und pro-aktiv zu sein?
- Leite ich Veränderungen in meinem Leben ein? Oder initiieren andere sie für mich?
- Passen meine Werte, meine Entscheidungen und das Leben, das ich tatsächlich lebe, zusammen?
- Schätze ich es, mit Menschen zusammen zu sein, die mich herausfordern und mich dazu bringen, neue Dinge zu erforschen?
- Schätze ich es, mit Menschen zusammen zu sein, die andere Werte haben als ich und auf eine radikal andere Art und Weise leben?
- Engagiere ich mich für eine Sache, die größer ist als ich selbst? Genieße ich es zu wachsen, indem ich so bin?
- Kann ich die Dinge aus der Perspektive anderer Menschen sehen?
- Kann ich mich und meine Handlungen aus der Perspektive anderer Menschen sehen?

Die Entwicklungspsychologen vermögen dies nicht in ästhetischer Form auszudrücken, aber Poul Henningsen schrieb 1931 ein kabarettistisches Lied darüber mit dem Titel *Den offentlige mening / Die öffentliche Meinung*. Es hat sechs Strophen, die Klatsch, Heuchelei und kleinbürgerliche Normen zerfetzen; die letzte Strophe geht:

Diese öffentliche Meinung...
Ich spreche nicht von Ihnen!
Es ist der Mann zu Ihrer Rechten
oder der zu Ihrer Linken.
der so schnell zur Verschmutzung der Stadt beiträgt.
Hochmütig, scheinheilig, moralisch,
gute Menschen und Säulen der Gesellschaft,
mutige Bürger und Freunde
du, der du dir immer die Hände wäschst,
Geh und schieb dir die öffentliche Meinung rein.

Gute Fragen zur Selbst-transformation, Ego-Schicht 5

Wenn wir anfangen, unser eigenes Karriereprojekt zu verabscheuen, wenn wir das Gefühl haben, dass unsere Bemühungen einem höheren Zweck dienen müssen, damit wir dabei bleiben, und wenn es uns mehr Freude bereitet, andere wachsen zu sehen, als unsere eigenen persönlichen Ziele zu verfolgen – oder wenn die Ankunft der Enkelkinder uns plötzlich eine Last von den Schultern nimmt und unsere Augen für die innere Dynamik unserer Familie geöffnet werden – dann sind wir auf dem Weg der Selbst-Transformation. Einige gute Fragen, die es zu erforschen gilt, könnten sein:

- Leiste ich einen Beitrag zum Wachstum anderer Menschen?
- Sehe ich in anderen ein Potenzial, das sie selbst nicht sehen, und kann ich sie mit den richtigen Herausforderungen versorgen, die sie glücklicher machen?
- Kann ich wählen, ob ich mich von persönlichen verbalen Angriffen emotional beeinflussen lasse oder nicht, und kann ich mich dafür entscheiden, die Mechanismen dahinter zu sehen und mit diesen anstelle des Angriffs umzugehen?
- Kann ich mehrere oder alle Zugehörigkeitskreise ein- und auszoomen, sie auf der systemischen Ebene beobachten und

die Mechanismen in ihnen auf der angemessenen Komplexitätsebene analysieren, ohne den Fehler zu machen, mich auf unangemessene Details zu konzentrieren?

- Kann ich, wenn ich z.B. meine örtliche Gemeinschaft beobachte, die Gesamtheit des Zusammenspiels zwischen Einzelpersonen und Familien innerhalb dieser Gemeinschaft erfassen, anstatt mich nur auf eine Gruppe von Einzelpersonen oder Familien zu konzentrieren?
- d.h. kann ich auf der Ebene der nationalen Politik die Gesamtheit der Wechselwirkungen zwischen Gemeinschaften, Institutionen, Gesetzgebung, Wirtschaft usw. und der Gesellschaft als Ganzes erfassen, anstatt mich auf eine Untergruppe der Bevölkerung oder einen Aspekt der Wirtschaft zu konzentrieren?
- d.h. kann ich die Welt als Systeme innerhalb von Systemen mit unterschiedlichem Komplexitätsgrad sehen?
- Kann ich mich sowohl tief engagieren als auch die Dinge loslassen? Kann ich ganz eintauchen und ein Lebenskapitel abschließen?

Wir haben nicht viel Poesie auf dieser Ebene mentaler Komplexität gefunden, aber es gibt ein schwedisches Volksbildungsprojekt, das Themen wie Freudsche Psychologie, Ich-Entwicklung im Zusammenhang mit Musik, die Bedeutung der Wissenschaft und die Opfer der Wissenschaftler bei ihrer Suche nach Wahrheit, Existenzphilosophie, Unterdrückung der Freiheit unter autoritärer Herrschaft, Emanzipation des Geistes und vieles mehr behandelt hat. Merkwürdigerweise blieben ihre Bemühungen um die Volksbildung, obwohl sie eine große Fangemeinde hatten, unbemerkt. Sie nannten sich ABBA, und wenn man über den kitschigen Anfang hinauskommt, fangen die Texte von *Move On* (Andersson, Anderson, Ulvaeus, 1977) die Selbstveränderung recht gut ein:

Man sagt, ein unruhiger Körper kann eine friedliche Seele verbergen.
Ein Reisender und ein Siedler, beide haben ein fernes Ziel.
Wenn ich den Himmel erforsche, oder wenn ich im Inneren suche.
Nun, es spielt wirklich keine Rolle, solange ich mir sagen kann,
dass ich es immer versucht habe.

Wie eine Walze im Ozean ist das Leben Bewegung - Move on
Wie ein Wind, der immer weht, fließt das Leben - Move on
Wie die Sonne am Morgen aufgeht, dämmert das Leben - Move on
Wie ich jede Minute schätze
Teil davon sein, dabei sein Mit dem Drang zum Weitermachen

Ich habe jedes Land bereist, ich bin in Gedanken gereist
Es scheint, dass wir uns auf einer Reise befinden, einer Reise
durch Raum und Zeit, und irgendwo liegt die Antwort
Auf alle Fragen, warum
Was wirklich den Unterschied ausmacht
Zwischen allen toten und lebenden Dingen,
der Wille, am Leben zu bleiben

WAS HAT *BILDUNG* ZU BIETEN?

Bildung ermöglicht es uns, in allen Lebensabschnitten, in allen Schichten Schönheit und Sinn zu finden. Sie erlaubt es uns, allen Schichten der Ich-Entwicklung, einschließlich der drei soeben erforschten, Sinn hinzuzufügen und ihnen Bedeutung zuzuschreiben. Sie ermöglicht es uns, diese Entwicklung mit dem kulturellen Erbe zu verbinden, uns auszudrücken, Erfahrungen auszutauschen und gemeinsam Kunst und Schönheit zu erforschen. Es erlaubt uns, dies zu tun, auch wenn wir es vielleicht aus verschiedenen Blickwinkeln und Erfahrungen tun. Die Ich-Entwicklung, wie sie von der Entwicklungspsychologie beschrieben wird, ist eine leere Struktur; *Bildung* wächst aus der Zugehörigkeit zu anderen und ist Kultivierung im wahrsten und tiefsten Sinne des Wortes: Enkulturation, Partizipation, Aufbau eines sinnstiftenden Potenzials in unserem Geist, das uns Geist gibt und in uns eine eingestimmte Seele hinterlässt. Wie Ellen Key sagte: „*Bildung* ist das, was übrig bleibt, wenn wir alles, was wir gelernt haben, vergessen haben".

Was derzeit in unserer Zivilisation Mangelware ist, sind Schönheit, Symbole und Erzählungen, die uns in den Kreisen 7-10 eine tiefe Bedeutungsbildung ermöglichen. Wenn wir *Bildung* 3.0 entwickeln wollen, die es uns erlaubt, uns um die globalen Probleme zu kümmern und sie gewissenhaft zu lösen, wenn wir uns emotional mit der Zukunft unserer Spezies verbinden wollen, brauchen wir Kultivierung und Volksbildung 3.0 auf diesem Komplexitätsniveau.

Wie schaffen wir Volksbildung 3.0?

Gute Frage. Wir wünschten, wir wüssten es.

Einige der ersten Schritte müssen darin bestehen, unser Verständnis von und unsere Perspektiven auf eine Reihe von Dingen zu ändern; wir brauchen eine aussagekräftige Erzählung, und dann müssen wir neue Arten von Institutionen entwickeln und die Institutionen, die wir bereits haben, besser nutzen.

Eine neue und sinnvolle Erzählung

Die indigenen und vormodernen Erzählungen über das gute Leben besagen, dass sich nichts geändert hat. Die Welt war chaotisch oder wurde von unberechenbaren Geistern regiert, und wann immer keine großen Veränderungen eintraten, war alles gut. Die Eingeborenenstämme waren zu klein für eine Spezialisierung der Arbeit, so dass jeder mehr oder weniger die gleichen Dinge tun konnte, und wenn man einmal als Erwachsener eingeweiht worden war, änderte sich nichts. Die Bedingungen waren in der vormodernen Gesellschaft ähnlich, in der mehrere unberechenbare Götter oder ein unberechenbarer Gott herrschten und in der die Frauen Hausfrauen wurden und die Männer (oder zumindest die Erstgeborenen) im Allgemeinen den Beruf und den Status ihrer Väter übernahmen.

In der Moderne und Postmoderne erwarteten wir sowohl von Frauen als auch von Männern, dass sie ihren eigenen Lebensweg finden, und wir erwarteten auch, dass dieser Weg ein Leben lang Bestand hat. Einmal ein Zimmermann, immer ein Zimmermann, einmal ein Fabrikarbeiter, immer ein Fabrikarbeiter. Akademiker könnten Professoren werden, Kunsthandwerker könnten Meister werden, und im Allgemeinen hätte jeder die Aussicht auf mehr Verantwortung und einen höheren Status, aber es wäre innerhalb desselben Bereichs, und man würde sich auf dem Höhepunkt seines Status und seiner Leistung zur Ruhe setzen.

In Zukunft wird uns keine Ausbildung mehr ein Leben lang erhalten bleiben. Aber sie wird an Wert gewinnen, wenn wir sie mit mehr Ausbildungen und mehr Lebenserfahrung kombinieren, denn mit jeder zusätzlichen Ausbildung, die wir erhalten, werden wir eine andere Perspektive auf die Welt bekommen, und unsere Innenwelt wird umfassender und komplexer werden. Eine veraltete Ausbildung, eine sterbende Karriere, eine Scheidung, der Umzug in eine kleine Wohnung, um drei Jahre lang zu studieren, nachdem die Kinder ausgezogen sind, sind keine Rückschläge oder Misserfolge, sondern Phasen eines Lebens, das in mehrere Richtungen wachsen wird.

Aufgrund verbesserter Medizin und Lebensbedingungen verlängern wir derzeit unsere Lebensspanne auf wahrscheinlich 100 Jahre. Damit bleiben uns 60-70 aktive Jahre, wenn wir Mitte 20 sind und unsere erste Ausbildung abgeschlossen haben, und nicht 30-40 aktive Jahre wie heute. Wir müssen all diese Jahre sinnvoll nutzen, und angesichts der Technologien, die uns bei der Produktion unserer materiellen Bedürfnisse überflüssig machen, müssen wir uns andere sinnvolle Dinge einfallen lassen und neue Herausforderungen finden, die über den bloßen Aufstieg auf der Karriereleiter hinausgehen.

Vielleicht besteht das gute Leben darin, im Alter von 23 Jahren als Krankenschwester anzufangen, mit 40 Jahren Ingenieurwesen und Programmierung zu studieren und dann an medizinischen Anwendungen zu arbeiten. Im Alter von 50 Jahren drei Jahre von der Arbeit freizunehmen und Geschichte und Anthropologie zu studieren, während man in einem Studentenwohnheim mit Studenten aller Altersgruppen lebt und genießt, wie wenig Geld man eigentlich braucht, um ein erfülltes Leben zu führen. Dann ziehe man in ein Ökodorf und wird Lehrer. Ab dem 70. Lebensjahr arbeitet man in einem Kindergarten und kehrt mit 80 Jahren in die Krankenpflege zurück und arbeitet in einem Altersheim, wo man sich um die 110-Jährigen kümmert, von denen es viele gibt; 110 werden die neuen 90.

Unsere erste Aufgabe besteht also darin, das gute Leben neu zu definieren: Es ist ein erfülltes Leben in mehrere Richtungen, und es wird im Bewusstsein gelebt, dass Fortschritt nicht ein höherer äußerer Status ist, sondern tiefere, innere Komplexität. Diese innere Komplexität entwickelt sich mit Rückschlägen und Veränderungen. Einige dieser Veränderungen sind hart und schmerzhaft, andere machen Spaß und sind bedeutungsvoll. Was den Unterschied ausmacht, ist, ob wir in allen Kreisen der Zugehörigkeit engagierte Beziehungen haben, so dass es immer Menschen gibt, mit denen wir unsere Erfahrungen, Rückschläge, Enttäuschungen, Frustrationen, Glück und Fortschritt teilen können.

Unsere Perspektive ändern

Das sollte eigentlich der leichte Teil oder zumindest der billige sein – aber die Welt zu verändern, unsere Sicht der Dinge, unsere Erkenntnistheorie zu ändern, ist in der Tat eine der schwierigsten Aufgaben.

Die Geschichte der skandinavischen Länder und der Schweiz hat gezeigt, dass sich gute Volkswirtschaften aus verantwortungsbewussten Menschen entwickeln, die sich selbst regieren und selbstverwaltet handeln und sich selbst motivieren können. Statt uns auf die Wirtschaft zu konzentrieren, sollten wir uns auf die Menschen konzentrieren und sie sich um die Wirtschaft kümmern lassen, wenn sie abgerundet und bereit sind.

Um diese andere Perspektive in der Politik einzunehmen, müssen wir die Zahl der traditionellen Bürokraten mit einem politik-, wirtschafts- und rechtswissenschaftlichen Hintergrund minimieren und Psychologen, Lehrer, Philosophen, Anthropologen und Soziologen in die Ministerien, öffentlichen Verwaltungen, Think Tanks und andere politikerfindende und -verwaltende Institutionen holen. Wir brauchen ihr spezifisches Wissen als solches, und wir brauchen dringend Menschen, die das gegenwärtige Denken in Frage stellen können.

Ein solcher Perspektivwechsel könnte für die bereits vorhandenen Bürokraten höchst unangenehm sein, aber das würde nur bedeuten, dass sie in dem Maße, wie sie mit den Herausforderungen umgehen, als Personen wachsen werden. Es wird *Bildung* während der Arbeitszeit bezahlt werden, und wer könnte mehr verlangen?

Dieser Perspektivenwechsel muss auf allen Ebenen unserer Organisationen, Gemeinschaften und Gesellschaften stattfinden. Als Bürger und Angestellte müssen wir anfangen, nach breiteren Perspektiven für die gesellschaftliche Entwicklung und den Handel zu fragen, als sie von den derzeitigen Politikern, Bürokraten und Chefs angeboten werden. Führungspersönlichkeiten, ob in der Wirtschaft oder in der Politik, müssen verstehen, dass sie sich höchstwahrscheinlich der notwendigen Instrumente beraubt haben, um dauerhafte Entscheidungen zu treffen. Wir alle sind geschult worden, eine zu enge Perspektive auf die kulturelle, menschliche, wirtschaftliche und gesellschaftliche Entwicklung zu haben.

Eine konkrete Maßnahme, die jeder Entscheidungsträger in Betracht ziehen sollte, ist, dass es keinem Team erlaubt sein sollte, nur aus einem Beruf zu bestehen oder völlig von Menschen dominiert zu werden, die ähnlich denken. Wir betrachten den „Bürokraten" als einen Beruf, auch wenn einzelne Personen ihren Hintergrund in Wirtschaft, Politikwissenschaft oder Recht haben mögen, weil sie alle im Grunde genommen von der gleichen Art des Denkens und den gleichen Modellen erzogen worden sind. Sogar ein Team von Buchhaltern oder Ingenieuren sollte mindestens einen Philosophen, Anthropologen oder anderen Fachmann mit Verständnis für die menschliche Bedeutungsgebung und jemanden mit einem völlig anderen kulturellen Hintergrund an Bord haben, um die Art und Weise, wie das Team denkt und sich mit der größeren Welt auseinandersetzt, zu hinterfragen. Letztendlich muss das, was produziert wird, in der realen Welt funktionieren, und die Menschen müssen es als eine Verbesserung wahrnehmen.

Der erste Ort, um diese Vielfalt des Denkens zu beginnen, ist ganz oben: Ministerien, Sitzungssäle, Gemeinden usw.; lassen Sie die Bürokraten nicht allein, verschaffen Sie sich alternative Perspektiven, um sie herauszufordern und ihre Arbeit langsamer, weniger bequem und komplexer zu machen.

Unsere Psychologie verstehen und Bildung verändern

Nicht zuletzt dank Rousseau, Pestalozzi, Piaget und neueren Entwicklungspsychologen gibt es in unserem primären und sekundären Bildungssystem eine solide Basis der Kinderpsychologie. Doch sobald wir in die *Bildung* für Erwachsene einsteigen, sei es in der formellen oder informellen *Bildung* / lebenslanges Lernen, fehlen in der Regel die Aspekte der Ich-Entwicklung und *Bildung*.

Jeder Aspekt der *Bildung* muss ein integraler Bestandteil der *Bildung* sein, vom Kindergarten bis zur Doktorarbeit. Geschichte, kulturelles Erbe, Poesie; alle sinngebenden Geisteswissenschaften, Allgemeinbildung, Schönheit und Ich-Entwicklung müssen integraler Bestandteil unseres Denkens und unserer Erziehung sein.

Um dies zu erreichen, muss dem bereits vorhandenen Wissen viel mehr Aufmerksamkeit geschenkt werden. Wie wir mit diesem Buch gezeigt haben, haben wir 300 Jahre säkulares Verständnis der menschlichen Psyche im Westen; wir haben auch, dank Christen Kold, 150 Jahre Erfahrung damit, *Bildung* sinnvoll und transformativ zu gestalten.

Tatsächlich wird eine „neue" Art der Erwachsenenbildung genau das genannt: transformatives Lernen. Sie hat ihre Wurzeln in den Werken von John Dewey, dem amerikanischen Pädagogikphilosophen, Paulo Freire, dem brasilianischen Pädagogen und Philosophen, und bis zu einem gewissen Grad auch in den Werken von Myles Horton – es gibt auch andere. Interessant ist, dass viele das, was Christen Kold getan hat, zum großen Teil neu erfinden.

Mit all diesem Wissen da draußen sollte es eine machbare Aufgabe sein, *Bildung* für das Leben auf allen Ebenen des Bildungssystems zu schaffen.Die Herausforderung besteht darin, die richtige Art von Herausforderungen und transformativer *Bildung* mit der mentalen Komplexität und der emotionalen Entwicklung in jeder Altersgruppe von Schülern in Einklang zu bringen – und natürlich auch in der Lage zu sein, die notwendigen Veränderungen für Personen vorzunehmen, die langsamer oder schneller als die Mehrheit sind.

Da unsere Kulturen immer komplexer werden und Kinder von frühester Kindheit an so viel mehr Input jeder Art ausgesetzt sind, müssen wir herausfinden, ob sie tatsächlich früher reifen und/oder ob einige Teile des Reifeprozesses durch andere Faktoren verzögert werden. Solche Faktoren könnten zum Beispiel sein: mehr von den Eltern organisierte Spieltermine, weniger Konflikte auf dem Spielplatz, die die Kinder selbst lösen müssen, mehr Computerspiele und YouTube-Videos, weniger Lesen von Romanen mit Charakterentwicklung. Wir wissen es nicht, aber als Gesellschaften müssen wir es wissen.

Pädagogische Ziele

Die Ziele eines Bildungssystems, das ein Leben lang für uns da ist und auf *Bildung* 3.0 abzielt, könnten sein:

- Dass jeder die Lebenskompetenzen erhält, um seine lokale Gemeinschaft, Nation und Kulturzone zu verstehen und sich dort einzubringen, so dass er in allen ein Gefühl der Zugehörigkeit empfinden kann.
- Dass jeder die Werkzeuge und Herausforderungen erhält, die er braucht, um zumindest eine abgerundete, sich selbst verfassende Ich-Schicht 4 zu entwickeln.
- Dass die Mehrheit irgendwann im Leben eine Systemperspektive entwickelt, eine selbst-transformierende Ich-Schicht 5, und dass wir dies von niemandem erwarten, bis er um die 50 ist; vielleicht ist es früher, vielleicht später ein Ziel, aber es geschieht erst, wenn es geschieht.
- Dass jeder diese verschiedenen Schichten in seinem eigenen Tempo entwickeln oder abrunden kann.

- Dass jeder nach und nach sein Bewusstsein und sein Gewissen in Bezug auf die Kreise der Zugehörigkeit erweitert; das Bewusstsein mag in Bezug auf sie alle ziemlich früh geschärft werden, aber wenn wir zu früh Gewissen und die Fähigkeit erwarten, etwas gegen die größten und abstraktesten Entitäten zu unternehmen, dann wird das nur Frustration und Angst erzeugen.
    - Wie bei den Ich-Ebenen ist es wichtig, dass wir mit einer Ebene der Komplexität in Bezug auf die Kreise der Zugehörigkeit umgehen können, bevor wir zur nächsten übergehen; sich über etwas bewusst zu sein und ein Gewissen zu haben, sind zwei radikal verschiedene Dinge.
- Dass sie die Meta-Moderne fördert, d.h. sie enthält
    - Stammeselemente für den Gruppenzusammenhalt und die Fähigkeit, starke Bindungen, ein Gefühl der Verpflichtung gegenüber anderen und ein Gefühl der Zugehörigkeit zu einer konkreten, physischen Gruppe zu entwickeln.
    - Vormoderne Elemente wie Poesie und Nationalfeiertage, Rituale, Erzählungen und Erbe, um sich mit imaginären Gemeinschaften, abstrakten Gruppen voller Fremder, verbinden zu können.
    - moderne Elemente wie die harten Wissenschaften und die für unsere Freiheit notwendigen Abstraktionen, d.h. Rechtsstaatlichkeit, Menschenrechte, Demokratie usw.
    - postmoderne Elemente, die es den Schülerinnen und Schülern ermöglichen, Ersteres zu dekonstruieren und Systemperspektiven auf kleinere Systeme zu entwickeln und beginnen, kulturelle Machtstrukturen und das sozial konstruierte Wesen der Gesellschaft zu sehen.

- Eine Entwicklungsperspektive auf Natur, Gesellschaft und den individuellen menschlichen Geist.

- Dass die verschiedenen Elemente der Meta-Moderne im richtigen Alter und Reifegrad eingeführt und dementsprechend auch wieder abgebaut werden;
  - 7-Jährige sollten ermutigt werden, starke soziale Bindungen in einem gutartigen „Stamm" zu bilden, aber sie sollten nicht der Dekonstruktion oder dem Werte-Relativismus ausgesetzt werden; in diesem Alter müssen Kinder das Gefühl haben, dass die Welt um sie herum ein solider, sicherer und berechenbarer Ort ist, und sie müssen die Fähigkeit zur Bindung entwickeln. Sie brauchen moralische Führung, großartige Geschichten, Schönheit, kulturelles Erbe und kollektive Normen; erst später sollte man von ihnen erwarten, dass sie diese in Frage stellen.
  - 16-Jährige sollten jenseits von Stammesdenken sein, aber wenn sie es immer noch brauchen, jenseits der Identifikation etwa mit einer Fußballmannschaft, sollten ihnen bessere Alternativen als kriminelle Banden oder Hooligan-Gruppen geboten werden; die Pfadfinder und Mannschaftssportarten sollten für sie da sein. Statt konkreter Gruppen sollten sie sich mit imaginären Gemeinschaften wie Subkulturen, Religion, Nation und Kulturkreis identifizieren und ein Gewissen gegenüber diesen und den sie leitenden Prinzipien entwickeln. Sie sollten auch beginnen, kulturelle Phänomene intellektuell zu dekonstruieren und zu analysieren.

- Dass jeder eine breite und spezialisierte Ausbildung, Allgemeinbildung und Expertenwissen erhält. Jeder muss in der Lage sein, sein Fachgebiet im Kontext zu sehen: Die Ingenieure müssen wissen, wie andere Menschen denken und was für den Menschen Sinn macht, die Keramiker müssen wissen, wo wir uns in der Geschichte befinden, und die

Friseure müssen in der Lage sein, sicher im Internet der Dinge zu navigieren. Es ist eine komplexe Welt da draußen, und wir werden in einer Welt leben, die über unsere Köpfe hinausgeht, wenn wir nicht über ein breites Bedeutungsbildungspotenzial verfügen, das es uns ermöglicht, in ihrer Gesamtheit zu navigieren und uns neuen Erkenntnissen zu nähern.

- Dass jeder gute Erfahrungen mit Literatur, Musik und Kunst gemacht haben muss, die ihn überrascht und Lust auf andere ästhetische Überraschungen macht. Wir brauchen eine Ästhetik, die uns bewegen und anheben oder uns trösten kann, wenn das Leben hart ist. Wir brauchen Inspiration, um uns auszudrücken, wenn das Leben größer ist, als es die rationale Sprache fassen kann.

Wir müssen uns darüber im Klaren sein, dass all dies nicht in die derzeitige Zahl der Jahre eingepfercht werden kann, in denen wir zur Schule gehen und eine Ausbildung erhalten. Wir müssen unsere inneren Welten während des ganzen Lebens ständig erweitern, und wir brauchen lebenslanges Lernen, das uns hilft.

Jedes neue Individuum wird mit Potenzial geboren; jeder Mensch muss auf seine Weise ausgebildet werden. Jeder Mensch ist ein Geist, der bereit ist zu wachsen, ein moralisches Gefüge und ein moralischer Kompass, die darauf warten, sich zu entwickeln. Damit wir runde Menschen werden können, darf man uns nicht drängen, sondern wir können – und müssen – herausgefordert werden. Wir müssen uns in jeder Schicht niederlassen und uns dort sicher und zu Hause fühlen, bevor wir angstfrei weiterziehen können. Wir werden immer durch Selbst-Konsolidierung reisen und uns dort niederlassen müssen, bevor wir uns selbst verwalten können, und wir müssen uns selbst verwalten, bevor wir uns selbst hervorbringen können, wenn wir der Gesellschaft gegenüber loyal sein wollen und wenn wir runde Persönlichkeiten mit intimen Beziehungen und einem zuverlässigen Netzwerk werden wollen. Wir brauchen auch ein gewisses Maß an Selbstverwirklichung, bevor wir uns selbst transformieren und eine Systemperspektive entwickeln können; es muss ein moralisches Selbst geben, das zu unabhängigen Entscheidungen fähig ist, wenn die Systemperspektive mehr sein soll als ein relativistischer Eintopf von In- und Output.

Unser mangelndes Selbstverständnis ist wahrscheinlich die größte Herausforderung, vor der wir stehen. Wenn wir unsere Fähigkeit wie auch unser Bedürfnis verstehen würden, uns zu abgerundeten Personen mit Charakterstärke, einem komplexen moralischen Gefüge, Verantwortungsbewusstsein und dem Mut zur Freiheit zu entwickeln, dann könnten wir uns zu einem Gefühl der Zugehörigkeit zu immer größeren und komplexeren Kreisen verhelfen.

Konkrete Maßnahmen

Um das oben genannte zu erreichen, schlagen wir vor, dass:

- mehr Lehrer aus Schicht 5 rekrutiert werden. Anstatt im Alter von 25 Jahren Lehrer zu werden, sollten die Lehrer reife Erwachsene sein, die bereits zwei oder drei Ausbildungen und etwas Lebenserfahrung haben, und ihre Gehälter sollten dieser mentalen Komplexität entsprechen.
- Die Lehrer bekommen Lehrerassistenten, die ihnen im Unterricht helfen, und diese können 25 Jahre alt sein und etwas Ähnliches wie die heutigen Lehrerqualifikationen haben.
- Technologie darf die menschliche Interaktion in der *Bildung* nicht ersetzen. Wir können Internet, Software und Hardware vielleicht viel besser und produktiver nutzen, aber *Bildung* bedeutet, dass *Bildung* und Erziehung unter anderen Menschen stattfindet.

Insgesamt sehen wir drei Ziele:

- Dass alle Erwachsenen eine abgerundete Reife in allen Ich-Ebenen entwickeln, zumindest die ersten vier, vorzugsweise fünf.
    - Jede Schicht muss abgerundet sein. Das braucht Zeit, lassen Sie sich Zeit; es muss sinnvoll sein.
- Dass jeder ein Bewusstsein und Gewissen bezüglich aller zehn Kreise der Zugehörigkeit entwickelt.

- Alle Kreise müssen einbezogen werden. Das braucht Zeit, lasst es dauern, es braucht Zeit.
- Dass jede Prüfung der Ich-Entwicklung und des Zugehörigkeitsgefühls von Menschen in verschiedenen Kreisen nur in Bezug auf bestimmte Arten von Jobs stattfindet, und dass es ein offenes Gespräch gibt und transparent wird, welche Jobs welchen Grad an geistiger Komplexität, Bewusstsein und Gewissen erfordern.
    - Verschiedene Arten der beruflichen Entscheidungsfindung können von einem hohen Grad an geistiger Komplexität, d.h. von Umfang und Tiefe der Perspektiven, mehr profitieren als von einer bestimmten Ausbildung.

Damit unsere Bildungssysteme dies gewährleisten können, sehen wir mindestens vier Voraussetzungen:

- Wir brauchen ein Gefühl der Sicherheit, um wachsen zu können.
    - Unsere Institutionen müssen daher so gestaltet sein, dass sie sichere Räume zum Experimentieren und zum Überschreiten bestehender Grenzen sind; keine Räume, die vor Angriffen geschützt sind, sondern sichere Räume, in denen man Fehler macht, Gefahr läuft, Anstoß zu erregen und daraus zu lernen.
    - Wir müssen Settings entwickeln, in denen wir unseren Ängsten begegnen können; dies kann durch „therapeutische" Settings oder durch Experimente ohne tatsächliches Risiko geschehen.
- Wir brauchen Herausforderungen, um zu wachsen.
    - Früher kamen viele dieser Herausforderungen aus dem Krieg, dem Militärdienst, der Arbeit und der Eingliederung in einen Arbeitsplatz. Wir müssen die Wirtschaft und Gesellschaft der Zukunft so gestalten, dass es noch Herausforderungen und Arbeit für alle

gibt – und keine Versuchungen, in den Krieg zu ziehen.

- Unsere Grenzen respektieren
    - Man kann von einer 10-Jährigen nicht verlangen, dass sie sich zu Europa oder der Welt zugehörig fühlt. Sie muss zur Familie, zur Schule, zur lokalen Gemeinschaft usw. gehören. Man sollte versuchen, ihr über diese Kreise hinaus Mitgefühl und Solidarität zu vermitteln, aber seien Sie erwachsen und tragen Sie die Verantwortung auf Ihren eigenen Schultern.
    - Man darf von einer 15-Jährigen nicht verlangen, dass sie sich selbst hervorbringt und mit einem postmodernen kulturellen Code umgehen kann. 15-Jährige brauchen Richtlinien und vormoderne und moderne Poesie, Strukturen und Symbole. Ihr Körper sagt ihnen, in jeder Hinsicht romantisch zu sein. Man biete ihnen ein Umfeld, in dem sie danach streben können, Gutes zu tun.
    - Man darf von jungen Erwachsenen nicht erwarten, dass sie ihren eigenen Lebenszweck finden. Wenn wir ihnen nicht dabei helfen, einen Sinn zu finden, der für sie hier und jetzt sinnvoll ist und ihrer jugendlichen Sehnsucht nach heroischem Idealismus entspricht, wird jemand anders sie finden und ihnen einen „heroischen" Weg in irgendeiner Stammesform anbieten, seien es religiöse oder politische Fanatiker.
    - Man kann nicht erwarten, dass alle Erwachsenen ihre eigenen Experten für die Verwaltung von Pensionsfonds,Stromerzeugung, Telefonabonnements oder hippe Gemeinschaftsaktionen werden wollen. Oder dass sie eine qualifizierte Meinung über Steuerpolitik, Grundeinkommen, Privatsphäre im Cyberspace, Gentechnik oder darüber haben, welches Land die Olympischen Spiele ausrichten sollte. Wir brauchen das Recht, zu wählen, was uns wichtig ist,

und wir brauchen das Recht – und auch die Pflicht – , sagen zu können: „Ich bin einfach nicht qualifiziert, etwas Sinnvolles zu diesem Thema zu sagen." Wir alle haben ein Recht auf unsere Emotionen, aber wir sollten auch das Recht haben, etwa zu sagen: „Wissen Sie was; ich bin nicht die richtige Person, um zu fragen." Eine solche Antwort sollte den Menschen Respekt einbringen.

- Das ändert sich, wenn Menschen mit ihren Standpunkten in die Öffentlichkeit treten; dann sollten wir zumindest Selbstverwaltung plus Gewissen und eine Systemperspektive zu dem Thema fordern, zu dem sie eine Meinung haben. Gegenüber Menschen, die Macht wollen, sollten unsere Forderungen noch höher sein.

- Es muss eine individuelle Frage sein, wenn man bereit und abgerundet ist.
    - Es muss akzeptabel sein zu sagen: „Tut mir leid, ich bin einfach nicht bereit, weiterzumachen" oder „Nein, ich kann keine Zeit für die globale Umwelt aufwenden, bis meine Nachbarschaft für die Kinder sicher ist".

In einer Gesellschaft des Überflusses sollte dies alles auf eine Weise machbar sein, wie es vorher nicht möglich war, als Knappheit die Norm war.

Eine visuelle Darstellung

Wir schlagen vor, dass das Bildungsmodell (Abbildung 19) als praktisches Werkzeug für uns alle dienen kann, nicht nur für Pädagogen und Bildungsplaner, sondern während wir durchs Leben gehen und versuchen, herauszufinden, was sinnvoll ist und für uns funktioniert und was uns Angst, Frustration, Depressionen und/oder Schmerzen bereitet.

Abbildung 19 – Schichten und Übergänge einschließlich der Flucht aus der Freiheit

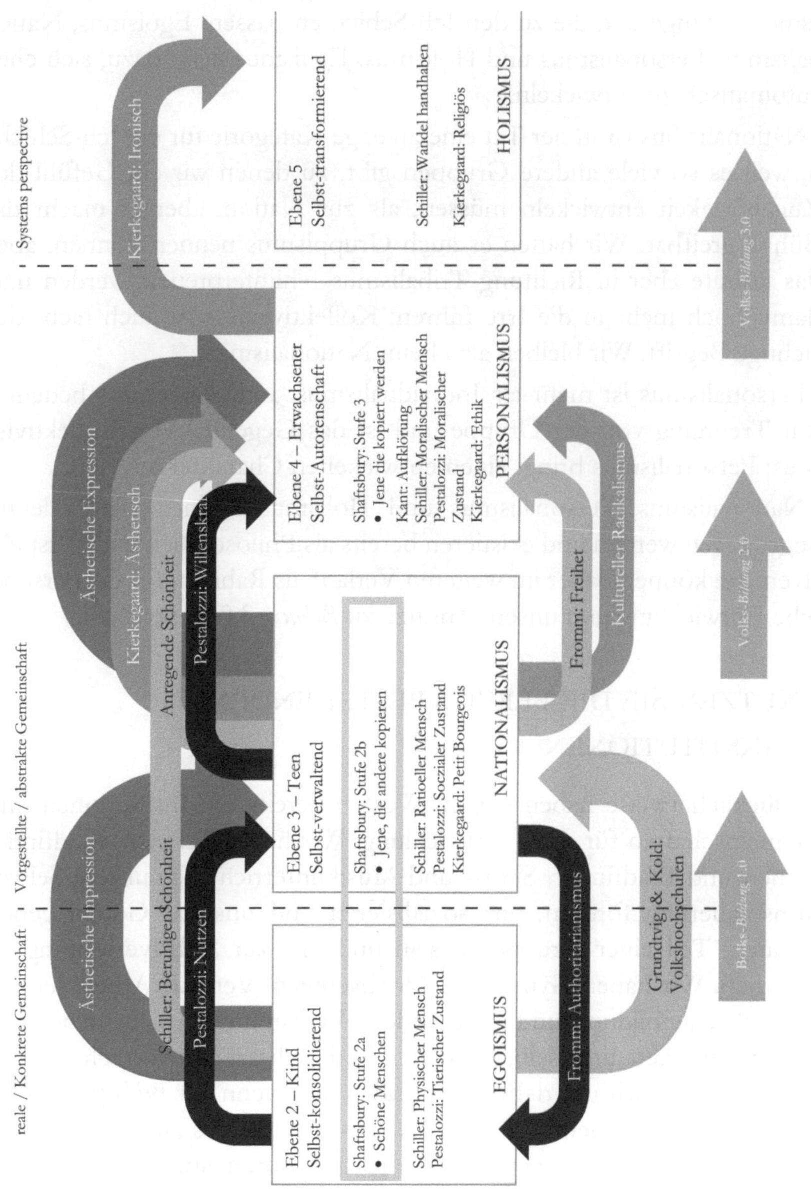

In dieser endgültigen Version des Modells haben wir Fromms Beschreibung der Regression von der Ich-Schicht 3 zur Ich-Schicht 2 sowie der Progression von 3 zur 4 hinzugefügt, und wir haben vier Ismen hinzugefügt, die zu den Ich-Schichten passen: Egoismus, Nationalismus, Personalismus und Holismus. Egoismus neigt dazu, sich eher automatisch zu entwickeln.

Nationalismus ist in der Tat eine zu enge Kategorie für die Ich-Schicht 3, weil es so viele andere Gruppen gibt, zu denen wir ein Gefühl der Zugehörigkeit entwickeln müssen, als zur Nation, aber er macht die Bühne greifbar. Wir hätten es auch Gruppismus nennen können, aber das könnte eher in Richtung Tribalismus fehlinterpretiert werden und damit noch mehr in die Irre führen; Kollektivismus ist auch nicht der richtige Begriff. Wir bleiben also beim Nationalismus.

Personalismus ist mehr als Individualismus. Individualismus bedeutet nur Trennung von der Gruppe und ist das Gegenteil von Kollektivismus; Personalismus bringt einen entwickelten Charakter mit sich.

Nationalismus, Personalismus und Holismus können alle kollektiv angegangen werden und existieren bereits als Philosophien und Perspektiven. Sie können daher im weiteren Verlauf als Rahmen für die persönliche Entwicklung und unsere Ansätze zu *Bildung* 3.0 dienen.

Nutzen Sie die bereits bestehenden Institutionen

Glücklicherweise haben wir im Westen bereits die Institutionen und Gemeinschaften für diese Entwicklung. Wir haben Schulen, Pfadfinderinnen und Pfadfinder, Sport- und Musikunterricht, die unsere Selbstkonsolidierung fördern, uns sozialisieren und uns das Gefühl geben können, Teil einer Gruppe zu sein und uns zur Selbstverwaltung zu erziehen. Wir haben Gymnasien, Hochschulen, Vereine, Arbeitsstätten, Erwachsenenbildung und viele andere Versammlungen, in denen wir uns ausdrücken und selbstverwaltet und selbstverantwortlich werden können, wenn wir uns dafür entscheiden und wenn wir *Bildung* und Ich-Entwicklung zu einem Teil ihres Zwecks machen. Es gibt Reisen, Freiwilligenarbeit, das Internet und viele globale Foren, auf denen wir Menschen aus anderen Teilen der Welt kennen lernen und unseren Horizont erweitern können, so dass wir sie rund um den Globus erreichen können. Wir müssen nicht viel von Grund auf neu erfinden.

Unsere Aufgabe ist es, uns selbst so herauszufordern, dass wir immer wieder Sinn, Zweck, Verantwortung und Freiheit auf noch höheren Ebenen von Komplexität, Verantwortung und Freiheit finden. Dass wir uns so lange weiterentwickeln, bis wir die Welt um uns herum aus einer Systemperspektive in der Ego-Schicht 5 verstehen, die in sich selbst eine ständige Weiterentwicklung ist. Dass wir im Laufe des Lebens in den verschiedenen Zugehörigkeitskreisen die richtigen Gruppen finden, die es uns ermöglichen, das Leben sinnvoll zu finden, so dass wir moralisch nicht allein sind und das Leben uns nicht überwältigt oder einschüchtert. Als Zivilisation haben wir das Wissen, die Institutionen und die Möglichkeiten. Es ist alles da, wir müssen es nur wirklich wollen, danach suchen und es organisieren und entwickeln.

Was den heutigen Bildungszielen fehlt, ist der Sinn, das Gefühl der kulturellen Verbundenheit, die moralische Tiefe und die Möglichkeit, dass die Schüler einen runden Charakter entwickeln können. Um dies zu ändern, sollten wir die Bildungseinrichtungen der Zukunft mit einem viel stärkeren Fokus auf unsere natürliche geistige Entwicklung entwickeln. Wir sollten das Beste von Comenius, Rousseau, Schiller, von Humboldt, Grundtvig, Kold, Horton, Kohlberg und Kegan und all den anderen dazwischen liegenden Menschen nehmen und Schönheit und Sinnstiftung fördern, anstatt sie zu testen.

Jeder sollte in der Lage sein, sich selbst durch die große Kette des Seins zu sehen und die Welt zu verstehen und entsprechend Sinn zu machen. Dazu müssen wir andere Prioritäten setzen und die Welt, einschließlich unserer eigenen Entwicklung, aus einer Systemperspektive sehen. Wir müssen auch die Furcht vor dem Versäumen auf ein engagiertes moralisches Miteinander umstellen.

Europa in eine Volkshochschule verwandeln

Da sich das Klima verändert, Flüchtlinge und arme Menschen immer wieder nach Europa kommen und unsere Arbeitsplätze verschwinden, brauchen wir Kultur und *Bildung* mehr denn je. Europa kann nicht für immer Millionen von Menschen aus aller Welt beherbergen, aber wir können die Gelegenheit nutzen, eine Bildungsinitiative zu entwickeln, die Flüchtlinge in die Lage versetzt, nach Hause zurückzukehren und ihre eigenen demokratischen Gesellschaften aufzubauen. Wenn die Bauern vor 150 Jahren eine Selbst-Verwaltung ereichen und einige von ihnen mehr oder weniger Selbst-Autoren werden konnten, und wenn sie die *Bildung* erwerben konnten, um Kooperativen zu führen, dann können das heute Menschen überall auf der Welt auch tun.

Stellen Sie sich vor, Flüchtlinge in Europa würden in einem Jahr an einer Volkshochschule Bürgerkompetenz, Wissenschaft und die Wurzeln und den „Geist" ihrer eigenen Kultur erlernen; wenn wir beispielsweise syrischen Flüchtlingen *Bildung* durch das syrische Kulturerbe und durch eine metamoderne Linse vermitteln würden.

Stellen Sie sich vor, der Flüchtlingsstatus in Europa bedeute auch die praktische Teilnahme am Aufbau von Kooperativen, die praktische Interaktion mit neuen Lebens- und Gesellschaftsperspektiven.

Dies wäre möglich, wenn wir eine Systemperspektive einnehmen und, wie Grundtvig, Kold, Bruun, Staaff und Branting, eine Entwicklungsperspektive auf das Leben einnehmen würden. Nicht nur das Leben im Westen, sondern das Leben rund um den Globus. Wagen wir es?

Wie würde die Welt aussehen, wenn wir es täten? Wie würde ihr Leben aussehen, wenn diese Flüchtlinge nach Hause zurückkehren würden? Welche Art von Würde würden sie erwarten und schützen? Welche Art von Gesellschaften würden sie aufbauen? (Und nur, um die Aufmerksamkeit der Bürokraten zu erregen: Welche Art von Rendite) würde es uns bringen, wenn Menschen rund um den Globus sich westliche Produkte leisten könnten?

Wie würde unsere eigene Zivilisation aussehen, wenn wir unser eigenes Erbe studieren und neu erfinden und uns an der „Globus-*Bildung*" beteiligen würden? Wie würde unsere Kultur und unser Leben in den sozialen Medien aussehen, wenn wir uns in der hitzigen Debatte alle beherrschen, bei Beleidigungen mit den Achseln zucken, die Vielfalt und unser eigenes Erbe mit gleichem Vergnügen schätzen und den Globus und unsere Spezies als ein miteinander verbundenes Ganzes sehen könnten? Wie würde das 21. Jahrhundert aussehen? Wie würde die Zukunft unserer Kinder aussehen?

Pfadfinderinnen und Pfadfinder 3.0

Die Pfadfinder, wie die meisten Menschen sie kennen, sind eine Kinderorganisation mit ehrenamtlichen Erwachsenen als Pfadfinderleiter. In den vergangenen Generationen waren die Pfadfinder – zumindest in den skandinavischen Ländern und wie wir sie kennen – gut darin, ihre Inhalte und Ziele an den Rest unserer Kultur anzupassen, so dass den heutigen Kindern sozusagen Pfadfinder 2.0 angeboten wird.

Die dänischen Pfadfinderinnen und Pfadfinder haben gerade eine kleine Insel zwischen Dänemark und Schweden gekauft, die früher eine Festung war und die zu einem „Jugend ist Land" werden soll. Die Nordea-Stiftung hat 120 Millionen DKK (ca. 15 Millionen Euro) gespendet, und sie wird für jeden in Dänemark offen stehen, der eine tolle Idee für Kinder- und Jugendaktivitäten hat.

Tomas und seine Stiftung Ekskäret haben ihre eigene – im Vergleich eher bescheidene – Insel in den Stockholmer Schären, auf der die Stiftung Sommer-Jugendcamps nach dem finnischen Konzept Protus durchführt, das die Ich-Entwicklung fördert.

Wir brauchen etwas, das die Pfadfinder ablösen kann, wenn Kinder in die Pubertät kommen und neue Herausforderungen verlangen. Etwas, das die Natur einbezieht und auf den Lebenskompetenzen aufbaut, auf die sich die Pfadfinderinnen und Pfadfinder konzentrieren, etwas, das den Geist anhebt und einen Lebensinhalt inspiriert, und das vorzugsweise auch körperlich herausfordernd ist, so dass *Kopf, Herz und Hand*, wie Pestalozzi sagte, gefordert sind. Es muss etwas sein, das so hart und verblüffend ist, dass 16-20-jährige junge Männer und Frauen es als erstrebenswert empfinden, damit zu kämpfen. In den skandinavischen Ländern sind die Volkshochschulen für diese Altersgruppe bereits vorhanden, aber es fehlt etwas, und wir müssen herausfinden, was.

VORSTANDS-*BILDUNG*

Angesichts der Dringlichkeit in Bezug auf globale Herausforderungen sollten die Menschen, die bereits Entscheidungsträger auf Komplexitätsebenen sind, auf denen Zehntausende von Menschen oder mehr betroffen sind, Zugang zu Fast-Track-*Bildung* haben, die eine Systemperspektive bietet.

Wie das aussehen sollte, wissen wir noch nicht, denn wie an anderer Stelle gesagt: Die Entwicklung der Ich-Schichten und deren Abrundung braucht Zeit. Worüber wir uns jedoch ziemlich sicher sind, ist, dass es keinen Grund gibt, Menschen zu bewundern, die Millionen von Dollar und Euro verdienen, wenn sie nicht die Perspektive eines anderen Menschen einnehmen können, nicht wissen, wie man andere Menschen wachsen lässt, nicht in verschiedene Kreise der Zugehörigkeit hinein- und herauszoomen und in allen zehn ein Gefühl der Zugehörigkeit empfinden können. Allein vom Geld beeindruckt zu sein zeugt von einem konkretes Denken des sich selbst-konsolidierendes 10-jährigen Selbst, und wer braucht wirklich eine solche Erkenntnistheorie nach dem 15. Lebensjahr?

GRUNDTVIG'S VOLKSBILDUNGS-UNIVERSITÄT IN GÖTEBORG

Ein Großteil des für die Bewältigung dieser Herausforderungen erforderlichen Know-hows ist bereits vorhanden, es wurde rund um den Globus entwickelt, aber es muss weltweit gesammelt und zugänglich gemacht werden. Es muss auch erforscht werden, welche Arten von transformativem Lehren und Lernen am besten funktionieren und was für die Teilnehmer am sinnvollsten ist.

Wir schlagen daher vor, dass Grundtvigs alte Idee einer skandinavischen Universität in Göteborg, Schweden, endlich verwirklicht wird. Allerdings nicht ganz so, wie er sie sich vorgestellt hat; es sollte eine Forschungseinrichtung für Volksbildung sein, die die besten historischen und aktuellen Praktiken finden und das Volkshochschulkonzept auf die globalen Bedürfnisse des 21. Jahrhunderts aufwerten und weltweit verbreiten kann. Die skandinavischen Regierungen sollten sich hier engagieren; wir haben bereits einen skandinavischen Rat, der – wie soll man sagen – nicht so viele Aktivitäten hat, die den skandinavischen Bevölkerungen sehr bekannt sind. Wenn wir Göteborg zum globalen Zentrum des Know-hows im Bereich der Volksbildung machen würden, dann wäre es geschichtlich verwurzelt und geographisch zentral für die skandinavischen Volksbildungsinstitutionen, die das tägliche Testfeld bilden würden. So wäre es für Forscher und ausländische Gäste/Studenten einfach, an lokalen Programmen teilzunehmen oder diese zu besuchen, während sie die Methoden an der Volksbildungsuniversität studieren.

Eine europäische Bildungsuniversität in Straßburg

Es begann alles in Straßburg. In Straßburg erfand Gutenberg den Buchdruck mit beweglichen Lettern, und in Straßburg wurde Herder wegen seines schlechten Auges operiert und verbrachte Zeit mit Goethe. Aus kleinen Bleistücken mit umgedrehten Buchstaben wuchsen die Renaissance, die Reformation, Kriege und Frieden und ganz neue Wege des Menschseins. Aus den Gesprächen während des Drehens von Pferdehaaren in Herders Tränenkanal wuchs die Romantik, unsere Vorstellungen vom Menschsein, der Idealismus und der Idealismus, der uns erlaubt, große Träume zu träumen.

Heute ist Straßburg vor allem für die lächerlichste Verschwendung von EU-Geldern bekannt, da das Europäische Parlament, einschließlich der Bürokraten, von Brüssel nach Straßburg reist, um von dort aus jeden Monat eine Woche zu arbeiten. Alle notwendigen Papiere und Personen reisen Monat für Monat mit geschätzten Kosten von 100 Millionen Euro pro Jahr zwischen den beiden Städten hin und her; es sind wahrscheinlich 2-3.000 Menschen, die an dieser Farce teilnehmen, die durch einen sich gegenseitig festigenden deutsch-französischen Kompromiss vor fünfzig Jahren zustande kam.

Wenn diese Menschen alle in Brüssel blieben und arbeiteten, könnte die EU die coolste Universität in Straßburg mit 2-3.000 Studenten und Professoren aus ganz Europa schaffen. Straßburg könnte zum Bildungszentrum der Welt werden, zur Hauptforschungseinrichtung in den Bereichen Sinnfindung, Kunst, Kultur, Folklore, Literatur, Wirtschaft, Politikwissenschaft, Computerspiele, Psychologie, Ich-Entwicklung und Neuinterpretation des vorhandenen Erbes. Sie könnte zur Hauptquelle werden, aus der die Volksbildungsuniversität in Göteborg von Fachleuten begutachtete Forschungsarbeiten und neue Interpretationen und Umsetzungen des kulturellen Erbes erhalten könnte, kreative Inhalte, aus denen sich eine globale Reichweite entwickeln ließe. Ohne viel finanzielle Vorstellungskraft stünden dafür sogar rund 100 Millionen Euro pro Jahr zur Verfügung, da die Bürokraten und ihre Dokumente nicht jeden Monat reisen müssten.

Als EU-Bürger müssen wir sagen, dass wir dies für eine wirklich brillante Idee halten, und wir sagen das nicht nur, weil wir sie uns ausgedacht haben.

KAPITEL 20

SICH AUF UNSERE GESPRÄCHE FREUEN

Dies ist erst der Anfang.

Wir Menschen lösen im Allgemeinen nicht die Probleme, die wir haben; wir lösen die Probleme, die wir verstehen – wenn wir das Gefühl haben, dass es unsere Probleme sind, die wir lösen müssen.

In diesem Buch haben wir die Entwicklung der Bildungs- und Erziehungsphilosophie von Shaftesbury, den deutschen Philosophen und Pestalozzi über die skandinavischen Volksbildner vor rund 150 Jahren durch den modernen skandinavischen Kampf um persönliche Unabhängigkeit und Emanzipation für beide Geschlechter nachgezeichnet und sie mit dem heutigen Glück, starken Volkswirtschaften und liberalen Werten in den skandinavischen Ländern in Verbindung gebracht. Wir haben diese Entwicklung durch das Prisma der Entwicklungspsychologie und unser Gefühl der Zugehörigkeit zu dieser Welt betrachtet. Wir haben persönliche innere Schichten und kollektive Kreise erforscht; wir haben sogar so alte Konzepte wie Paideia und Metanoia berührt, die zeigen, dass persönliche Transformation eine bekannte und alte Erfahrung in unserer Zivilisation ist. Wir haben auch untersucht, wie Kulturen sich verändern und komplexer werden und welche kulturellen Codes damit einhergehen; auf dieser Grundlage haben wir unsere Augen auf die Meta-Moderne gerichtet und sie als einen gangbaren Weg in eine sinnvolle Zukunft vorgeschlagen.

Zusammengenommen ist es eine Geschichte der Freiheit und der Schönheit, und es ist eine Geschichte des gewachsenen Verständnisses und Verantwortungsbewusstseins, des Bewusstseins und des Gewissens.

Die meisten der Probleme, denen wir heute als Spezies, als Zivilisation und als Völker und Nationen gegenüberstehen, sind Probleme, die wir selbst geschaffen haben. Es ist möglich, sie zu lösen. Wir haben das Wissen, um sie zu lösen. Was uns vielleicht fehlt, ist das Verständnis und der Sinn für persönliche und kollektive Verantwortung, bevor es zu spät ist.

Die beste Antwort, die wir, die Autoren, vorschlagen können, wenn wir uns diesen Herausforderungen gemeinsam stellen, ist, dass wir beginnen, das Potenzial jedes Einzelnen zu erkennen, zu entwickeln und zu nutzen. Dass wir uns gegenseitig erlauben und ermutigen, die Grenzen unseres Bewusstseins und unseres Gewissens zu erweitern und zu erforschen. Dafür ist die Volksbildung bereits entwickelt worden und hat sich bewährt; *Bildung* und Allgemeinbildung beinhalten und fördern einen geräumigeren Geist und ein reiferes Selbst.

Aufgrund der technologischen Entwicklung, als Spezies, als Zivilisation und als Völker und Nationen befinden wir uns in einer Neuordnung der Art und Weise, wie wir physische Güter produzieren, und der grundlegenden Strukturen in unseren Gesellschaften. Diese technologischen Veränderungen werden von Menschen entwickelt, die Entscheidungen treffen; als Spezies müssen wir zu kollektiven Selbst-Autoren der Technologien werden, die wir uns erlauben, zu entwickeln. Als Selbstautoren entscheiden wir über unsere eigene Zukunft, als Selbstverwalter oder Selbstverfestiger nicht.

Wie wir auf die Veränderungen reagieren, ist eine Wahl: Verbessern wir unser Verständnis, unser Bewusstsein und unser Gewissen, damit es mit dem übereinstimmt, was wir erschaffen, oder lassen wir zu, dass die Mehrheit der Menschen auf dem Planeten von einer Entwicklung zurückbleibt, über die sie kein Mitspracherecht haben? Erlauben wir Investoren, Erfindern und Unternehmern, eine Welt zu schaffen, in der Millionen – wenn nicht Milliarden – von Menschen keinen Sinn und Zweck mehr finden können?

Das sind Entscheidungen, die wir zu treffen haben, und diese Entscheidungen können wir nur mit ausreichender Reife, mit *Bildung* und Allgemeinbildung richtig treffen.

Der Westen hat schon einmal eine ähnliche Umgestaltung unserer Gesellschaften durchlaufen. Wir sind von feudalen Agrargesellschaften mit absoluten Monarchen zu industrialisierten liberalen Demokratien mit gleichen Rechten für alle geworden, und die USA, Kanada, Australien und Neuseeland sind von Kolonien zu unabhängigen Staaten geworden.

Während dieses Übergangs sahen sich die Völker der skandinavischen Länder den gleichen Versuchungen durch Nazismus, Faschismus und Kommunismus ausgesetzt wie auch das übrige Europa, die USA und Russland. Angesichts des Zweiten Weltkriegs kann man mit Fug und Recht behaupten, dass Dänemark und Schweden sich nicht mit Ruhm bedeckt haben, aber es ist bemerkenswert, dass die skandinavischen Länder sich von einigen der ärmsten Länder Europas zu den reichsten und glücklichsten entwickelten, ohne bei der Umgestaltung der Gesellschaften in Autoritarismus und totalitäre Ideologien zu verfallen.

Nachdem wir den skandinavischen Übergang von der autoritären Monarchie zur liberalen Demokratie aus der Perspektive der Volksbildung untersucht haben, und nachdem wir die emotionale Notwendigkeit des Autoritarismus in den Ländern um uns herum gesehen haben, als die Menschen nicht mehr in der Lage waren, ihr eigenes Leben zu steuern und Sinn und Zweck zu finden, als sich die Dinge änderten, kommen wir zu dem Schluss, dass eine neue Form der Volksbildung von entscheidender Bedeutung ist, da wir gegenwärtig einen weiteren Übergang oder eine Neugestaltung unserer Zivilisation, wie wir sie kennen, durchlaufen. Dies gilt auch für die Nordländer: Wir haben unsere Volksbildung, *Bildung* oder Allgemeinbildung nicht auf den aktuellen Stand gebracht, und wir gefährden das, was wir geschaffen haben.

Was wir in den skandinavischen Ländern haben, ist ein Geheimnis: Als sich Gesellschaft und Wirtschaft veränderten, wurden die am wenigsten Gebildeten zur Selbstverwaltung inspiriert und zu verantwortungsbewussten und zielbewussten Bürgern. Im Zuge des gesellschaftlichen Wandels wurde die kulturelle Norm, dass Selbstverwaltung nicht mehr ausreicht, sondern dass wir selbstverwaltet handeln und in der Lage sein müssen, unsere eigenen Entscheidungen zu treffen, anstatt uns auf Familie, Freunde, Gesellschaft, Tradition und kollektive Normen zu verlassen, um unsere Entscheidungen für uns zu treffen.

Das skandinavische Geheimnis ist ein Werkzeugkasten und Know-how. Es sind 150 Jahre Erfahrung mit der Bereicherung und Herausforderung unserer inneren Welten, so dass unsere Bedeutungsgebung der Komplexität einer sich wandelnden Gesellschaft entspricht. Während wir dies schreiben, ist es in der Tat genau 150 Jahre her, dass *Über Hans, der auf die Volkshochschule ging*, veröffentlicht wurde, dass Christopher Bruun seine Volkshochschule mit Hilfe von Bjørnstjerne Bjørnson eröffnete und dass August Sohlman die Volkshochschulen in Nordiska Nationalföreningen und Aftonbladet ins Gespräch brachte.

Der Werkzeugkasten und das Know-how der Schweiz müssen etwa 220 Jahre alt sein.

Zu all den Themen, die wir erforscht haben, gab es so viel mehr zu erzählen. Es gibt noch Forschungsarbeiten, die durchgeführt werden können, um uns ein besseres Verständnis davon zu vermitteln, was genau passiert ist und was gute Gesellschaften hervorbringt, die es den Menschen ermöglichen, geräumig zu werden und ein reiches und sinnvolles Leben zu führen.

Wir hoffen, dass dieses Buch mehr *Bildung*, mehr Sinn, mehr Kultur, mehr Erbe, mehr Schönheit und eine andere Art von Gespräch in unseren Gesellschaften anregen kann. Eine andere Art von Fragen und eine kollektive Metanoia hin zu einer anderen Art von Bewusstsein und Gewissen in Bezug auf Gesellschaft und Politik. Wir tun nicht so, als hätten wir alle Antworten, aber wir haben einige unserer Ideen und Vorschläge skizziert. Es muss noch viel mehr geben.

Unser Ziel mit diesem Buch war und ist ein zweifaches: eine Erfolgsgeschichte über den gesellschaftlichen Wandel vorzustellen und ein Gespräch zu beginnen, vielleicht das wichtigste in unserer Generation: Was für eine Art von Spezies wollen wir sein und wie machen wir das rund um den Globus sinnvoll? Wie werden wir zu einer sich selbst schaffenden Spezies, und können wir uns selbst transformieren?

Unser Buch endet hier.

Die Geschichte von Schönheit und Freiheit geht weiter.

APPENDIX

	1800	1820	1830	1840	1850	1860	1870	1875	1880	1885	1890	1895
ÖSTERREICH		1218	1399	1515	1650	1778	1863	1973	2079	2215	2443	2688
BELGIEN					1847	2293	2692	2861	3065	3138	3428	3512
DÄNEMARK		1274	1330	1428	1767	1741	2003	2112	2181	2274	2523	2770
FINNLAND					911	959	1140	1211	1155	1231	1381	1492
FRANKREICH		1135	1191	1428	1597	1892	1876	2219	2120	2207	2376	2569
DEUTSCHLAND					1428	1639	1839	2112	1991	2216	2428	2686
GRIECHENLAND				1212	1008	1333	1216	1210	1272	1591	1416	1348
ITALIEN	1363	1511	1507	1537	1481	1459	1542	1550	1589	1671	1690	1765
NIEDERLANDE	2609	1874	1893	2257	2355	2392	2755	2876	2927	3223	3186	3270
NORWEGEN		801	835	935	956	1137	1360	1551	1517	1544	1709	1763
PORTUGAL	1024	923			923		975	959	947	1052	1128	1117
SPANIEN					1079	1236	1207	1496	1646	1661	1624	1689
SCHWEDEN	857	888	921	984	1076	1218	1345	1.434	1480	1582	1635	1836
SCHWEIZ					2293	2339	2876	3590	3427	4455	4830	4944
GROSSBRITANIEN	2097	2074	2227	2521	2330	2830	3190	3434	3477	3574	4009	4118
REICH/ARM DURCHSCHNITT	1800	1820	1830	1840	1850	1860	1870	1875	1880	1885	1890	1895
REICHE LÄNDER	2353	1694	1770	2069	1911	2209	2470	2700	2716	2872	3085	3231
ARME LÄNDER	1194	1217	1453	1421	1228	1451	1360	1438	1507	1638	1660	1721
SCHWEIZ					2293	2339	2876	3590	3427	4455	4830	4944
DÄNEMARK		1274	1330	1428	1767	1741	2003	2112	2181	2274	2523	2770
NORWEGEN		801	835	935	956	1137	1360	1551	1517	1544	1709	1763
SCHWEDEN	857	888	921	984	1076	1218	1345	1434	1480	1582	1635	1836
FINNALND					911	959	1140	1211	1155	1231	1381	1492

QUELLE: The Maddison-Project, http://www.ggdc.net/maddison/maddison-project/home.htm, 2013 version.

	1830	1840	1850	1860	1870	1880	1890	1900	1910	1913	1925	1938
ÖSTERREICH	-	-	-	-	-	-	-	-	-	-	655	640
ÖSTERREICH-UNGARN	250	266	283	288	305	315	361	414	469	498	-	-
BELGIEN	295	345	411	490	571	589	630	721	854	894	985	1015
DÄNEMARK	208	225	256	294	340	396	502	633	739	862	845	1045
FINNLAND	188	205	227	241	313	327	368	425	451	520	578	913
FRANKREICH	264	302	333	365	437	464	515	604	680	689	893	936
DEUTSCHLAND	245	267	308	354	426	443	537	639	705	743	712	1126
GRIECHENLAND	0	200	215	230	250	260	290	300	325	322	393	590
ITALIEN	265	270	277	301	312	311	311	335	366	441	480	551
NIEDERLANDE	347	382	427	452	506	542	586	614	705	754	909	920
NORWEGEN	280	305	350	401	421	464	523	577	673	749	863	1298
PORTUGAL	250	255	260	275	270	270	270	287	290	292	320	351
SPANIEN	263	288	313	346	329	323	321	351	370	367	426	337
SCHWEDEN	194	198	211	225	246	303	356	454	593	680	765	1097
SCHWEIZ	276	315	391	480	549	676	705	785	895	964	1020	1204
GROSSBRITANNIEN	346	394	458	558	628	680	785	881	904	965	970	1181
EUROPA	240	260	283	310	359	366	388	455	499	534	515	671
WEST EUROPA	276	-	-	384	-	-	-	583	-	678	710	839
OST EUROPA	190	-	-	214	-	-	-	314	-	389	315	509
REICH/ARM DURCHSCHNITT	1830	1840	1850	1860	1870	1880	1890	1900	1910	1913	1925	1938
REICHE LÄNDER	299	338	387	444	514	544	611	692	770	809	894	1036
ARME LÄNDER	257	256	270	288	293	296	311	337	364	384	455	494
SCHWEIZ	276	315	391	480	549	676	705	785	895	964	1020	1204
DÄNEMARK	208	225	256	294	340	396	502	633	739	862	845	1045
NORWEGEN	280	305	350	401	421	464	523	577	673	749	863	1298
SCHWEDEN	194	198	211	225	246	303	356	454	593	680	765	1097
FINNLAND	188	205	227	241	313	327	368	425	451	520	578	913

Qulle: Europe's Gross National Product 1800-1975, Paul Bairoch, University of Geneva, 1976

	1900	1905	1910	1915	1920	1925	1930	1935	1940	1945	1950
ÖSTERREICH	2882	3090	3290	2653	2412	3367	3586	2907	3959	1725	3706
BELGIEN	3731	3882	4064	3858	3962	4666	4979	4894	4562	4333	5462
DÄNEMARK	3017	3346	3705	3778	3992	4378	5341	5480	5116	5066	6943
FINNLAND	1668	1742	1906	1882	1846	2328	2666	3093	3220	3450	4253
FRANKREICH	2876	2894	2965	3248	3227	4166	4532	4086	4042	2573	5186
DEUTSCHLAND	2985	3104	3348	2899	2796	3532	3973	4120	5403	4514	3881
GRIECHENLAND	1237	1606	1626	1143	1433	2140	2258	2480	2223	938	1915
ITALIEN	1855	2007	2176	2070	2153	2602	2631	2654	2897	1609	3172
NIEDERLANDE	3329	3598	3783	3926	4220	5031	5603	4929	4831	2686	5996
NORWEGEN	1877	1892	2186	2554	2739	2863	3627	3800	4038	3980	5430
PORTUGAL	1302	1233	1228	1228	1229	1446	1571	1669	1615	1804	2086
SPANIEN	1786	1777	1895	2033	2177	2451	2620	2583	2080	2102	2189
SCHWEDEN	2083	2225	2543	3037	3004	3443	4238	4492	4855	5145	6739
SCHWEIZ	5899	6302	6885	6623	6568	7361	8492	7698	8139	7475	9064
GROSSBRITANNIEN	4492	4520	4611	5288	4548	5144	5441	5799	6856	7056	6939
REICH/ARM DURCHSCHNITT	1900	1905	1910	1915	1920	1925	1930	1935	1940	1945	1950
REICHE LÄNDER	3482	3600	3754	3844	3750	4508	4905	4766	5139	4233	5493
ARME LÄNDER	1812	1943	2043	1825	1881	2401	2533	2458	2555	1635	2614
SCHWEIZ	5899	6302	6885	6623	6568	7361	8492	7698	8139	7475	9064
DÄNEMARK	3017	3346	3705	3778	3992	4378	5341	5480	5116	5066	6943
NORWEGEN	1877	1892	2186	2554	2739	2863	3627	3800	4038	3980	5430
SCHWEDEN	2083	2225	2543	3037	3004	3443	4238	4492	4855	5145	6739
FINNLAND	1668	1742	1906	1882	1846	2328	2666	3093	3220	3450	4253

Quelle: The Maddison-Project, http://www.ggdc.net/maddison/maddison-project/home.htm, 2013 version.

Unsere zusätzlichen Kommentare zur wirtschaftlichen Entwicklung

Das Vereinigte Königreich war die treibende Kraft der industriellen Revolution, und aus wirtschaftlicher Sicht konnten andere europäische Länder als Lieferanten für das Vereinigte Königreich oder als Konkurrenten auftreten. Laut Bairoch nahmen Deutschland und Schweden den Kurs des Wettbewerbs ein, Deutschland ab den 1860er Jahren, Schweden ab den 1880er Jahren, als das Land sich industrialisierte und begann, seine natürlichen Ressourcen in Industriegüter umzuwandeln. Portugal und Dänemark gingen beide den Weg des Lieferanten und exportierten hauptsächlich landwirtschaftliche Produkte. Die wirtschaftliche Entwicklung Schwedens folgt einer guten Wirtschaftstheorie: Mit der Industrialisierung lässt sich mehr Geld verdienen als mit der Landwirtschaft, aber sie erklärt nicht, wie sich die portugiesische und die dänische Wirtschaft so unterschiedlich entwickeln konnten, als beide hauptsächlich Agrarprodukte an die Briten lieferten.

Bietet die Geographie eine Erklärung? Im Vergleich zu Portugal, wo Schiffe weiter fahren und den Golf von Biskaya überqueren mussten, um Rohstoffe und landwirtschaftliche Produkte nach Deutschland und England zu verkaufen, war es relativ einfach, aus Dänemark, Norwegen und Schweden zu exportieren. Aber den Briten gelang es, den größten Teil der Welt per Schiff zu kolonisieren, und die Portugiesen waren große Seefahrer und begeisterte Kolonialherren, so dass auch dies nicht die vollständige Erklärung sein kann.

Eine einfache Erklärung für den Anstieg des Pro-Kopf-BIP in Schweden könnte darin bestehen, dass etwa 20% der Bevölkerung zwischen 1850 und 1910 ausgewandert sind, hauptsächlich nach Amerika und hauptsächlich aufgrund von Armut. Da viele Menschen das Land verließen, blieben mehr Land und natürliche Ressourcen für die Zurückgebliebenen übrig, aber es bedeutete auch, dass ein erheblicher Teil der leistungsfähigsten jungen Menschen die Arbeitswelt verließ und keinen Beitrag zu den aufstrebenden Industrien leisten konnte. Trotz der Auswanderung wuchs die schwedische Bevölkerung von 1870 bis 1908 um 38%. Die Auswanderung erklärt auch nicht den gestiegenen Wohlstand pro Kopf in Dänemark, da nur etwa 10% auswanderten und die Bevölkerung von 1870-1916 um 64% wuchs. Sie bietet auch keine Erklärung dafür, warum Griechenland, Italien, Portugal und Spanien keine ähnliche wirtschaftliche Entwicklung verzeichneten.

Haben Kriege mitgespielt? Dänemark und Deutschland (Preußen) kämpften 1848-1850 um Schleswig-Holstein, und 1864 führte der zweite Krieg dazu, dass Bismarck die dänischen Truppen zerschlug, die Grenze ins dänische Kernland verlegte und bei den Dänen eine kollektive Identitätskrise biblischen Ausmaßes auslöste. In Bezug auf das Pro-Kopf-BIP scheint dies nicht einmal die geringsten Auswirkungen gehabt zu haben. Ebenso wenig lässt sich an den Zahlen ablesen, dass Schweden seit 1814 neutral ist und sich nicht mehr im Krieg befindet.

Man kann also davon ausgehen, dass die natürlichen Ressourcen, die geographische Lage, die technologische Entwicklung, die Eisenbahn, die Industrialisierung, die religiöse Marke, die Alphabetisierungsrate und der Krieg allein nicht erklären können, warum die Nordländer im Laufe des 19. Jahrhunderts im Vergleich zum übrigen Europa eine kollektive soziale Mobilität erreicht haben. Eine einzigartige Kombination all dieser Faktoren kann natürlich eine Erklärung sein, aber es ist wahrscheinlicher, dass etwas anderes die Entwicklung verursacht hat.

Quellen

Abbt, Thomas: Vom Tode für das Vaterland (1761)
Abbt, Thomas: Vom Verdienste (1765)
Adams, Frank with Myles Horton: Unearthing Seeds of Fire: The Idea of Highlander (John F.
Blair, 1975)
Adler, Hans and Wulf Köpke: A Companion to the Works of Johann Gottfried Herder (Camden
House, 2009)
Agarth, Carl Adoph: Reservation mot Stora undervisningskommitténs slutbetänkande (1828)
from Burman, Anders and Per Sundgren: Bildning (Daidalos, 2010)
Almqvist, Carl Jonas Love: Det går an (Det går an, Danish translation: Ida Jessen, Gyldendal, 2008)
Almuevennen (weekly periodical, 5 issuse 1849)
Alsheimer, Leif: Bildningsresan – Från ensidig instrumentell utbildning till sammanhangsskapande
bildning (Bokförlaget Prisma, 2004)
Andersen, Lene: Globalt gearskift (Det Andersenske Forlag, 2014)
Andersen, Poul E.: Det myteløse menneske (Aschehoug, 1969)
Austlid, Andreas: Ein folkelærar (Gyldendalske Boghandel, Nordisk Forlag, 1911)
Bairoch, Paul: Europe's Gross National Product: 1800-1975,: (1976)
Beutin, Wolfgang and Klaus Ehlert, Wolfgang Emmerich, Helmut Hoffacker, Bernd Lutz, Volker
Meid, Ralf Schnell, Peter Stein, Inge Stephan: A History of German Literature: From the
Beginnings to the Present Day (Routledge, 2005)
Björkman, Tomas: The Market Myth (Fri Tanke, 2016)
Björkman, Tomas: Världen vi skapar (Fri Tanke, 2017)

Bjørn, Claus: Folkehøjskolen og Andelsbevægelsen (Selskabet for skole- og uddannelseshistorie,

Årbog 1971)

Bjørnson, Bjørnstjerne: En Hanske (1883)

Booth, Michael: The Almost Nearly Perfect People (Vintage Books, 2015)

Bradley, S.A.J.: N.F.S. Grundtvig a Life Recalled (Aarhus University Press, 2008)

Brandes, Georg: Samlede skrifter 1-13 (Collected writings 1-13) (Gyldendal, 1919)

Branting, Hjalmar: Op-ed (Arbetet, 10 August, 1889)

Brinkmann, Svend: Stå fast – et opgør med tidens udviklingstrang (Gyldendal Business, 2014)

Bruford, W.H.: The German Tradition of Self-Cultivation – 'Bildung' from Humboldt to Thomas

472 sources Mann (Cambridge University Press, 1975)

Brühlmeier, Arthur: Head, Heart and Hand – Education in the Spririt of Pestalozzi (Sophia

Books, 2010)

Brühlmeier, Arthur: J.H.Pestalozzi – Auswahlt aus seinen Schriften Vol. 1-3 (Uni Taschenbücher,

1979)

Brühlmeier, Arthur: Menschen Bilden (Verlag Merker im Effingerhof)

Bruun, Christopher: Folkelige Grundtanker (Alb. Cammermeyers Forlag, 1878)

Bruun, Kristoffer: Folkelige Grundtanker (For Kirke-, Skole- og Folkeoplysning – Tillæg til Oplandenes

Avis, No. 6, 1877, 1 Årgang)

Bukdahl, Jørgen and Jens Marinus Jensen (editors): Fri Ungdom – Dansk folkeligt Ungdomsarbejde

(Forlaget Arnkrone, 1944)

Burman, Anders and Per Sundgren: Bildning (Daidalos, 2010)

Burman, Anders and Per Sundgren: Svenska Bildningstraditioner (Daidalos, 2012)

Bygdén, Leonard: Benjamin Höijer. En kort sammanställning af hans lefnad och filosofiska

tillstånd (J. Sundvallson, 1782)

Christensen, Dan. Ch.: Hans Christian Ørsted – Reading Nature's Mind (Oxford University

Press, 2013)

Danske Frimurerorden, Den: I Guld og Himmelblåt – Frimureriet i Danmark gennem 250 år –

1743-1993 (Den Danske Frimurerorden, 1992)

Duetoft, Peter: Frimureri – fortid eller fremtid? (Den Danske Frimurerorden, 2003)

Eckermann, Johann Peter: Samtaler med Goethe (Gespräche mit Goethe, excerpts translated

by Elsa Gress, Hans Reitzels Forlag, 1963)

Eigaard, Søren (editor): Velfærd og folkeoplysning (Odense Universitetsforlag, 2002)

Engberg, Hanne: Historien om Christen Kold, en skolehistorisk afhandling (Gyldendal, 1985)

Evangelisk Kyrkovän, various issues 1854-1857.

Fattig og Riig, et Søndagsblad til opbyggelig Underholdning (H. Halling, personel Kapellan, 1848-

49, M.C. Fabritius's Bogtrykkeri)

Fibiger, Mathilde: Clara Raphael Tolv Breve (1851) (Lindhardt & Ringhof, 1976)

Fichte, Johann Gottlieb: Beitrag zur Berichtigung der Urteile des Publikums über die französische

Revolution (1793)

Fichte, Johann Gottlieb: Die Bestimmung des Menschen, (Der Vossischen Buchhandlung, 1800 /

Reclam, 1962)

Fichte, Johann Gottlieb: Tal till tyska nationen (Albert Bonniers förlag, 1914)

Fichte, Johann Gottlieb: Über den Begriff der Wissenschaftslehre (Reclam, 1972)

Fiell, Charlotte and Peter: Scandinavian Design (Taschen, 2002)

The Nordic Secret 473

Frisch, Hartvig: Europas kulturhistorie (Politikens Forlag, 1962)

Fromm, Erich: Escape from Freedom (1941) (Avon Books, 1965)

Gärdenfors, Peter: Den meningssökande människan (The meaning seeking human), (Natur och

Kultur, 2006)

Geijer, Erik Gustaf: Försök till en kort översikt av uppfostran, dess särskilda arter och dessas

förhållande till staten (1826) from Burman, Anders and Per Sundgren: Bildning (Daidalos, 2010)

GEO EPOCHE Nr. 52: Otto von Bismarck

Goethe, Johann Wolfgang von: Briefwechsel zwischen Schiller und Goethe, Vol. 1 (1805)

Goethe, Johann Wolfgang von: Faust (in Danish translation – version can currently not be verified)

Goethe, Johann Wolfgang: Die Leiden des jungen Werter (1774)

Goethe, Johann Wolfgang: Götz von Berlichingen mit der eisernen Hand (1773)

Goethe, Johann Wolfgang: The Sorrows of Young Werther:

Graff, Harvey J. et.al.: Literacy and social development in the West, (Cambridge University

Press, 1981)

Graves, Clare W.: Human Nature Prepares for a Momentous Leap (The Futurist, April 1974)

Green, Allan: Kierkegaard bland samtida (Förlags AB Gondolin, 1995)

Grundtvig, Nikolai Frederik Severin: Smaaskrifter om den historiske Høiskole (Karl Schønberg,

1872)
Habermas, Jürgen et.al.: An Awareness of What is Missing: Faith and Reason in a Post-secular
Age (Cambridge, UK: Polity, 2010) http://eu.wiley.com/WileyCDA/WileyTitle/productCd-
0745647219.html
Habermas, Jürgen: Secularism's Crisis of Faith: Notes on Post-Secular Society (New Perspectives
Quarterly, vol. 25 p 17-29, 2008)
Haidt, Jonathan: The Righteous Mind (Vintage Books, 2012)
Hall, John A., Ove Korsgaard, and Ove K. Pedersen: Building the Nation – N.F.S. Grundtvig and
Danish National Identity (Djøf Publishing, 2015)
Hammerich, Paul: Lysmageren : en krønike om Poul Henningsen (Gyldendal, 1986)
Hansen, Jan-Erik Ebbestad: Norsk tro og tanke 1800-1940, vol. 2 (Tano-Aschehoug, 1998)
Hastedt, Heiner: Was ist Bildung (Reclam, 2012)
Heafford, M.R.: Pestalozzi: His Thought and its Relevance Today (Routledge, 2016)
Hegel, G.W.F.: Åndens fænomenologi (Gyldendal, 2005)
Hegel, G.W.F.: Phänomenologie des Geistes (1807 / Reclam, 2014)
Hegel: De Store Tænkere; Uddrag af diverse tekster (excerpts from various texts – Danish
translation Oskar Borgman Hansen, Rosinante, 2000)
474 sources Henningsen, Poul: Kulturkritik Bind I-IV (Rhodos, 1973)
Hentig, Hartmut von: Bildung (Karl Hanser Verlag, 1996)
Herder, Johann Gottfried von: Sammtliche Werke: zur Philosophie ..., Volume 16
Herder, Johann Gottfried: Auch eine Philosophie der Geschichte zur Bildung der Menschheit (1774)
Herder, Johann Gottfried: Journal meiner Reise im Jahr 1769

Hertel, Hans: Det stadig moderne gennembrud (Gyldendal, 2004)

Høiris, Ole and Thomas Ledet (editors): Romantikkens verden – Natur, menneske, samfund,

kunst og kultur (Aarhus Universitetsforlag, 2008)

Holmberg, Teodor: Den svenska folkhögskolan (Föreningen Heimdals Folkskrifter. — N:r 45. – F.

& G. Beijers Bokförlagsaktiebolag, 1897)

Horton, Myles with Judith Kohl & Herbert Kohl: The Long Haul, an autobiography (Teachers

College Press, 1998)

Høverstad, Torstein: Ole Vig – Ein norrøn uppsedar (Forlag Norrøn Livskunst, 1953)

Humboldt, Wilhelm von: Ideen zum einem Versuch, die Grenzen der Wirksamkeit des Staats zu

bestimmen (Reclam, 1967 / 2005)

Hume, David: An Enquiry Concerning Human Understanding (1748)

Ibsen, Henrik: En Folkefiende (1882)

Ibsen, Henrik: Et Dukkehjem (1879)

Ignasiak, Detlef: Das Literarische Jena (Qvartus Verlag, 2012)

Jacob, Margaret C.: Living the Enlightenment – Freemasonry and Politics in Eighteenth-Century

Europe (Oxford University Press, 1991)

Kant, Immanuel: Uddrag af Kritik af den rene fornuft samt Grundlæggelse af moralens

metafysik (excerpts from Kritik der reinen Vernunft and Grundlegnung zur Metaphysik

der Sitten – Danish translation Justus Harnack; from De store tænkere, Rosinante, 1991)

Kant, Immanuel: Was ist Aufklärung?

Kant, Immanuel: Zum ewigen Frieden und andere Schriften (Fischer Taschenbuch Verlag, 2008)

Kegan, Robert: Immunity to Change: How to Overcome It and Unlock the Potential in Yourself and Your Organization (Leadership for the Common Good) (Harvard Business School Publishing Corporation, 2009)

Kegan, Robert: In Over Our Heads: Mental Demands of Modern Life (Harvard University Press, 1994)

Kegan, Robert: The Evolving Self: Problem and Process in Human Development (Harvard Univeristy Press, 1982)

Kemp, Peter: Løgnen om dannelse – opgør med halvdannelsen (Tiderne Skifter, 2015)

Kemp, Peter: Verdensborgeren – Pædagogisk og politisk ideal for det 21. århundrede (Hans Reitzels Forlag, 2013)

Keßler, Martin: Johann Gottfried Herder – der Theologe unter den Klassikern: Das Amt des Generalsuperintendenten von Sachsen-Weimar (Walter de Gruyter, 2007)

Key, Ellen: Bildning. Några synpunkter (1897) from Burman, Anders and Per Sundgren: Bildning (Daidalos, 2010)

Key, Ellen: Från människosläktets barndom (Studentföreningen Verdandis Småskrifter, 1888)

Key, Ellen: Individualism och socialism (Studentföreningen Verdandis Småskrifter, year unclear)

Key, Ellen: Moralens utveckling, 1891 Fri bearbetning efter Ch. Letourneau: »L'Évolution de la morale» (Studentföreningen Verdandis Småskrifter, 1891)

Key, Ellen: Skönhet för alla (Studentföreningen Verdandis Småskrifter, 1870 / 1891 / 1904)

Kierkegaard, Søren: Enten-Eller (Either-Or) Vol. 1 & 2, 1843 (Samlede Værker vol. 2 & 3, Gyldendal, 1962)

Kierkegaard, Søren: Stadier på Livets Vei (Stages on Life's Way) Vol. 1 & 2, 1845 (Samlede Værker vol. 2 & 3, Gyldendal, 1962)

Knudsen, Jørgen: Georg Brandes – den mangfoldige (Gyldendal, 2005)

Koch, G.H. von: Om Arbetarnas Konsumptionsföreningar i England (Studentföreningen Verdandis Småskrifter, 78, 1899)

Kold, Christen: Tale ved Vennemødet i København 1866.

Koller, Hans-Christoph: Bildung anders denken – Einführung in die Theorie transformatorischer Bildungsprozesse (Kohlhammer, 2012)

Kühn, Manfred: Johann Gottlieb Fichte: Ein deutscher Philosoph (C.H. Beck, 2012)

Laloux, Frederic: Reinventing Organizations (Nelson Parker, 2016)

Lambert, David A.: How Repentance Became Biblical – Judaism, Christianity, and the Interpretation of Scripture (Oxford University Press, 2016)

Laneth, Pia Fris: 1915 Da kvinder og tyende blev borgere (Gyldendal, 2015)

Larsen, Christian, Erik Nørr og Pernille Sonne: Da skolen tog form 1780-1850 (Aarhus Universitetsforlag, 2013)

Lessing, Gotthold Ephraim: Die Erziehung des Menschengeschlechts (Gotthold Ephraim Lessing, 1780)

Lessing, Gotthold Ephraim: Nathan der Weise (1779)

Liessmann, Konrad Paul: Theorie der Unbildung (Piper Verlag, 2008 / 2015)

Lindeman, Eduard: The meaning of adult education (New Public, Inc., 1926)

Linge, Karl: Hur den svenska folkskolan kom till (Studentföreningen Verdandis Småskrifter, no.

62, 1911)

Lübcke, Poul: Politikens Filosofileksikon (Politikens Forlag, 1995)

Maanedstidende for den norske Almueskole – Under medvirken af norsk Kirketidendes Redak476

sources tør, Cand. i Theol. Th. C. Bernhoft med flere Theologer og Lærere (B.S. Krognæss, Skolelærer i

Aker, 1861, B.M. Bentzens Bogtrykkeri)

Maddison Project, The: Bolt, J. and J. L. van Zanden (2014). The Maddison Project: collaborative

research on historical national accounts. The Economic History Review, 67 (3): 627–651

Marx, Karl: De Store Tænkere; Uddrag af diverse tekster (excerpts from various texts – Danish

translation Johannes Witt-Hansen, Rosinante, 2000)

Mendelssohn, Moses: Über die Frage: was heißt aufklären? (1784)

Merle, Jean-Christoph (ed.): Johann Gottlieb Fichte: Grundlage des Naturrechts (De Gruyter, 2016)

Mezirow, Jack, Edward W. Taylor, and Associates: Transformative Learning in Practice – Insights

from Community, Workplace, and Higher Education (Jossey-Bass, 2009)

Michelsen, Wilhelm: Pædagogik og livssyn (Selskabet for Dansk Skolehistorie: Årbog for dansk

skolehistorie, 1967, p.48-58)

Mykland, Knut: Norges Historie, Bind 11 To kulturer en stat 1851-1884 (J.W. Cappelens Forlag,

1976-80)

N.F.S. Grundtvigs Bibliothek (N.F.S. Grundtvig's Library) Catalogue of the books from Grundtvig's library that were put up for sale in 1873 after his death (see image below)

Nealon, Jeffrey T.: Post-Postmodernism or, The Cultural Logic of Just-in-Time Capitalism (Stanford University Press, 2012)

Nida-Rümelin, Julian: Auf dem Weg in eine neue deutsche Bildungskatastrofe – Zwölf unangenehme Wahrheiten (Verlag Herder, 2015)

Nida-Rümelin, Julian: Der Akademisierungswahn – Zur Krise beruflicher und akademischer Bildung (Körber-Stiftung, 2014)

Nida-Rümelin, Julian: Philosophie einer humanen Bildung (Körber-Stiftung, 2013)

Nielsen, Anton: Om Hans, der kom paa Høiskolen (O. H. Delbanco, 1867)

Nielsen, Anton: Om Karen, der kom paa Høiskolen (O. H. Delbanco, 1868)

Nielsen, Niels Kayser: Bonde, stat og hjem (Aarhus Universitetsforlag, 2009)

Nietzsche, Friedrich: Antikrist (Der Antichrist. Flucht aus das Christentum – Danish translation by Peter Thielst, Det lille Forlag, 2005)

Nietzsche, Friedrich: Menneskeligt, alt for menneskeligt (Menschliches, Allzumenschliches – Danish translation by Niels Henningsen, Det lille Forlag, 2007)

Nietzsche, Friedrich: Således talte Zarathustra (Also sprach Zarathustra – Danish translation by Niels Henningsen, Det lille Forlag, 1999)

Olsson, Oscar: Folklig självuppfostran (1918) from: Burman, Anders and Per Sundgren: Bildning (Daidalos, 2010)

Pestalozzi, Johann H.: Sämtliche Werke und Briefe. Registerband 1

The Nordic Secret 477

Pestalozzi, Johann Heinrich: Meine Nachforschungen über den Gang der Natur in der Entwicklung

des Menschengeschlechts

Piaget, Jean: Psychology Of The Child (Basic Books, 1969, 1971, 2000)

Piaget, Jean: The Language and Thought of the Child (Routledge Classics, 2001)

Pilling, Claudia; Diana Schilling, Miriam Springer: Friedrich Schiller (Rowolt Taschenbuch Verlag,

2002, 2010)

Pirtle, Wayne G.: German Adult Education Following the Unification of 1871 (Adult Education, 23,

2, 99-114, W 73)

Rauhut, Franz, Ilse Schaarschmidt, Wolfgang Klafki: Beiträge zur Geschichte des Bildungsbegriffs

(Verlag Julius Beltz, 1965)

Rousseau, Jean-Jacques: Considerations on the Government of Poland

Rousseau, Jean-Jacques: Discours sur les Sciences et les Arts (1750)

Rousseau, Jean-Jacques: Discourse on the Arts and Sciences

Rousseau, Jean-Jacques: Emile

Rousseau, Jean-Jacques: Julie, or the New Heloise

Rousseau, Jean-Jacques: The Social Contract

Safranski, Rüdiger: Goethe – Kunstwerk des Lebens (Fischer Taschenbuch, 2015) Safranski, Rüdiger:

Schiller – oder Die Erfindung des Deutschen Idealismus (Hanser, München 2004)

Safranski: Rüdiger: Goethe und Schiller. Geschichte einer Freundschaft (Hanser, München 2009)

Scavenius, Bente: The Golden Age Revisited – Art and Culture in Denmark 1800-1850 (Gyldendal, 1996)

Schaarschmidt, Ilse: Der Bedeutungswandel der Worte “bilden” und “Bildung” in der Literaturepoche von Gottsched bis Herder, in: Beiträge zur Geschichte des Bildungsbegriffs, (as reproduced

in Beitrage zur Geschichte des Bildungsbegriffs, Verlag Julius Beltz, 1965)

Schanz, Hans-Jørgen: Frihed (Aarhus Universitetsforlag, 2012)

Schelling, F.W.J.: Über das Wesen der menschlichen Freiheit (Reclam, 1964)

Schiller, Friedrich: Die Räuber (1781)

Schiller, Friedrich: Die Räuber (1781) (Reclam, 1969, 2014)

Schiller, Friedrich: On the Aesthetic Education of Man (Dover Publications, 2004)

Schiller, Friedrich: On the Aesthetic Education of Man (Penguin Classics, 2016)

Schiller, Friedrich: Über die ästhetische Erziehung des Menschen, in einer Reihe von Briefen (1795)

Schück, H., K. Warburg: Illustrerad Svensk Litteraturhistoria (Hugo Gebers Förlag, 1929)

Schück, Henrik: Allmän Litteraturhistoria (Hugo Gerbers Förlag)

Seitter, Wolfgang: Geschichte der Erwachsenenbildung (Das Deutsche Institut für Erwachsenenbildung

(DIE), 2007)

Shaftesbury, Anthony Ashley-Cooper, 3rd Earl of Shaftesbury: Volume 1: (1707-27)

478 sources Shaftesbury, Anthony Ashley-Cooper, 3rd Earl of Shaftesbury: Volume 2: (1707-27)

Shaftesbury, Anthony Ashley-Cooper, 3rd Earl of Shaftesbury: Volume 3 (1707-27)

Similar periodicals from the same time:

Simon, Erica: – og solen står med bonden op – De nordiske folkehøjskolers idehistorie (Askov

Højskoles Forlag, 1989)

Snellman, Johan Vilhelm: Om det akademiska studium (1840) from Burman, Anders and Per

Sundgren: Bildning (Daidalos, 2010)

Sohlman, August: Om bonde-högskolor. : Förhandlingar i Nordiska nationalföreningen den 5 och 11 dec. 1867. (Aftonbladet, 1868 / National Library of Sweden)

Sørensen, Svend and Niels Nielsen: I hælene på Christen Kold – En skildring af en thybo og hans skole (Sparekassen Thy's Forlag, 1990)

Spicer, Chriss (editor): Lifted by the Heart – Writings from Option, Journal of the Folk Education Association of America (Circumstantial Productions, 2009)

Staaff, Karl: Församlingsrätten, (Studentföreningen Verdandis Småskrifter, 1891)

Stephenson, George M.: The Religious Aspects of Swedish Immigration (The University of Minesota Press, 1932)

Stewart, Jon: Kierkegaard and His Contemporaries: The Culture of Golden Age Denmark (Walter de Gruyter, 2003)

Strindberg, August: Nya riket (1882)

Strindberg, August: Röda rummet (1879)

Suny, Ronald Grigor and Michael D. Kennedy: Intellectuals and the Articulation of the Nation (University of Michigan Press, 2001)

Svenning, Olle: Hövdingen. Hjalmar Branting: En biografi (Albert Bonniers Förlag, 2014)

Taylor, Edward W., Patricia Cranton and Associates: The Handbook of Transformative Leraning – Theory, Research, and Practice (Jossey-Bass, 2012)

Tegnér, Esaias: Tal i Jönköping skola (1827) from Burman, Anders and Per Sundgren: Bildning (Daidalos, 2010)

Theml, Christine: Schiller und Goethe in Jena (Verlag Janos Stekovics, 2009)

Tøsse, Sigvart: Folkeopplysning og vaksenopplæring, idear og framvekst gjennom 200 år (Didakta

Norsk Forlag, 2005)

Vieweg, Klaus and Michael Winkler: Bildung und Freiheit – Ein vergessener Zusammenhang

(Ferdinand Schöningh, 2012)

Vig, Ole et al.: Folkevennen (periodical, Selskabet til Folkeoplysningens Fremme, years 1852,

1853, 1854)

Wäktaren, Tidning för Stat och Kyrka, 17 January 1855.

The Nordic Secret 479

Wäktaren, Tidning för Stat och Kyrka, 20 January 1855.

Welzel, Christian: Freedom Rising: Human Empowerment And The Quest For Emancipation

(Cambridge University Press, 2014)